KB241779

日本古典文學精解

申鉉夏著

보고사

머 리 말

本書는, 대학·대학원에서 日語·日文學을 연구하는 사람이나 일본 고전에 관심과 흥미를 가지고 교양으로써 이를 익히려고 하는 분들을 위해, 되도록 친절한 길잡이가 되었으면 하는 念願에서 집필된 것이다.

근래 우리 나라에서는, 이 방면의 학습·연구자가 불어나는 추세에 있으나, 자료의 부족은 물론이려니와, 학습·연구의 요점을 어디에 두는 것이 좋을지 몰라, 소비한 시간과 노력에 비해 그 효과가 나타나지 않음을 안타까워하는 분들이 많음을 알고 있다. 이와 같이 고민을 덜기 위한 里程標로써, 또 진지하게 고전학습을 적극적으로 추진하려는 사람들의 좋은 伴侶로써, 本書가 그 구실을 다할 수 있다면 다행이겠다.

日本古典文學은, 上代로부터 中古·中世를 거쳐 近世末에 이르기까지 1,200년의 긴 역사를 가지고 있다. 그런데, 이들 선인들이 남긴 커다란 문화유산에 접함으로써 故人들의 마음과 생활에 맞닿을 수 있음과 동시에, 현대의 일본인 그리고 일본문화를 이해하는 데 있어서 크게 도움이 되리라고 확신하는 바이다.

그러나, 위와 같은 의도와 의욕에 비해, 그 결과는 너무나 미흡함이 많음을 자인하지 않을 수 없다. 이와 같은 점은 후일 보완해 나갈 것을 기약하면서, 先學의 叱正을 바라는 바이다.

끝으로, 본서의 출판에 기꺼이 응낙해 주신 보고사의 김흥국 사장님과, 까다롭고 번거로운 절차를 무릅쓰고 애써 주신 편집부 직원 여러분에게 심심한 감사를 표하는 바이다.

2002년 3월

구성과 내용

概　觀　각 章의 처음에, 그 시대의 간단한 해설을 실었다. 작품의 내용을 이해하기 위해서는, 그 시대와의 관련을 아는 것이 매우 중요하다.

作　品　本書에서 취급한 작품은, 일본의 고교나 대학의 교과서에 실린 것을 중심으로 하여, 꼭 읽어둬야 할 작품이라고 생각되는 것을 精選했다. 예문은 읽기 쉽게 하기 위해, 「読みがな」와 한자를 곁들였다.

作品解說　취급한 작품의 종류・작자・성립・특색 등에 대한 간결한 해설을 붙였다.

現代語譯 및 韓譯　예문을 되도록 충실하게 현대일본어 및 우리말로 直譯하는 데 정성을 기울였다. 다만 直譯을 했기 때문에 뜻이 잘 통하지 않을 때는, 意譯을 한 곳도 있으니, 「語句의 解釋 및 文法」도 함께 읽는 것이 좋다.

語句의 解釋 및 文法　예문의 독해에 필요한 어구의 의미와 문법사항을 해석했다. 특히 걸림맺음(係り結び), 식별하기 힘드는 단어에 대해서는, 반복의 번거로움을 무릅쓰고 해설했다.

目次

中古의 文學 91

中世의 文學 378

上代의 文學

概觀

時代區分 일본의 문학이 발생한 때부터 서울을 平安京(지금의 京都)로 천도할 때(794)까지의 그것을 上代文學이라고 한다. 이 때는 정치나 문화의 중심이 거의 大和(지금의 奈良県)지방에 있었기 때문에 일명 大和時代라고도 한다.

歷史的 背景 일본열도의 주민은 구석기시대에서 縄文・弥生시대를 거쳐, 1・2세기경에 이르러서는 씨족제를 중심으로 한 소국가를 전국 각지에 형성해 가기 시작했다. 그것이 4・5세기경부터 大和지방을 근거지로 하는 세력에 병합・통일되어, 大和朝廷의 탄생을 봄과 동시에 통일국가가 형성됐다. 이와 같이 형성된 大和朝廷은 많은 호족들에 의해 성립되어 있었는데, 그 중에서도 황실(지금의 천황가)은 가장 유력한 씨족이었다. 그러나 황실은 그때까지만 해도 절대적인 제왕이 아니었기 때문에 大和朝廷은 아직 중앙집권적 국가라고는 부를 수 없었다.

7세기에 이르러, 韓半島와 그리고 한반도를 경유하여 중국대륙과의 교섭이 성행해지면서부터 대륙의 문물이 수입되어, 국가체제의 확립에 커다란 힘이 되었다. 645년, 中大兄皇子(天智天皇 제38대)와 藤原鎌足에 의해 이른바 大化改新이 이루어져, 公地公民制를 기반으로 한 중앙집권국가의 건설이 착수되었다. 나아가 「壬申の乱」(672)이 있은 뒤, 天武天皇이 律令이나 姓(氏

族의 家系 등에 의해 나눈 계급적 호칭. 臣・連 등)를 제정하여 씨족을 통제하고, 중앙집권적 율령국가인 大和朝廷을 확립시켰다. 이와 같이 해서 달성된 改新의 제도는 飛鳥・白鳳文化의 융성을 가져왔다.

710(和銅 3)년, 서울이 奈良로 옮겨지고, 唐의 서울인 長安을 본딴 平城京가 장대하게 조성되었다. 한편 史書나 地誌의 편찬이 이루어지고, 중앙귀족이 번영하였으며, 율령국가는 더욱더 발전하여 이른바 天平文化를 낳게 된다. 그러나 그와 같은 번영의 그늘에서 귀족 사이의 정권 쟁탈이나 음모가 거듭 나고, 경제면에서도 율령제의 모순이 표면화되어 사회불안이 생겨나 문화가 난숙해짐에 따라 정치의 힘은 차츰 쇠약해져 갔다.

이러한 사정으로 인해 奈良朝 중・후기는 창조적 활력이 모자라는 시대가 되었다. 이와 같은 사태를 타개하려고 일으킨 것이 말기의 光仁天皇(제49대)의 개혁운동인데, 그로부터 시대는 크게 전환하게 된다. 그리고 大化改新과 율령의 제정에 커다란 공을 세운 藤原氏가 聖武天皇 때 천황을 보좌하는 자리에 있던 長屋王를 음모에 의해 죽이고, 그들 一族의 딸들을 황후로 삼아 외척으로써 황실과 밀접한 관계를 맺어 후일의 攝關政治의 기초를 다지게 된다.

大陸文化의 輸入 이 때는 대륙문화를 섭취한 시대이다. 대륙과의 접촉은 기록에 나타나기 이전부터 있었지만, 공식적인 교류가 시작된 것은, 607(推古 15)년에 聖徳太子에 의해 최초로 小野妹子가 隋나라에 사신으로 파견된 때부터이다. 그 후 遣隋使・遣唐使가 약 20회나 파견되었으며, 그때마다 많은 學問僧이나 유학생이 따라가서 장기간에 걸쳐 수학한 후 중국의 문물을 가지고 돌아왔다. 한편 唐의 고승과 학자들도 도래하여, 정치・종교・학문・예술・산업 등의 진보 발전에 크게 공헌했다. 그리고 사상면에서는 유

교가 도입되고, 老莊사상이 애호되기도 했지만, 당시의 일본문화에 커다란 영향을 끼친 것은 불교이다. 聖德太子는 불교의 隆興에 힘을 썼으며, 天武天皇은 國家鎭護의 종교로써 적극적으로 이를 수용했다. 奈良시대에 와서는 聖武天皇이 전국에 国分寺(こくぶんじ)를 설치하도록 했으며, 奈良에 있는 東大寺(とうだいじ)에 大佛을 건립하여 불교의 융흥에 정열을 기울였다. 天平期의 불교예술은 그것의 절정이라 하겠다.

이와 같이, 대륙문화의 수입은 다방면에 걸쳐 일본문화 형성에 도움이 되었지만, 특히 문학에 획기적인 영향을 끼친 것은 한자의 수입이었다. 즉, 한자의 수입으로 인해, 그때까지 문자를 가지지 않았던 일본인은 처음으로 문학을 표기할 수 있게 되었다. 그리고 언어의 구조가 다른 한자를 수득하고 소화하는 과정에서 平仮名(ひらがな)와 片仮名(かたかな)를 만들어 내어, 平安시대 이후의「仮名」문학 융성의 기틀을 마련했다.

文學의 特色

上古時代의 문학에는 어느 민족에서도 볼 수 있는 일이지만, 口傳에 의지하던 긴 시기가 있다. 이와 같은 구전문학은, 문학으로서 독자적으로 발생한 것이 아니고, 노동·생산·신앙·제사 등 집단적 생활과 결부된 장소에서 발생했다고 보여진다. 그러나 그것이 집단으로부터 생겨나서 집단에 의해 감상되고, 그리고 구전되었기 때문에, 유동하고 변화하였다.

그러나 대륙으로부터 문자가 수입되어 기록되게 되자, 문학으로서의 성격은 크게 변질되어 갔다. 이리하여 국가체제가 급속히 정비되어 감에 따라, 신화·전설·설화 등의 구전문학은 정치적 목적에 의해 통일되어,『古事記(こじき)』,『日本書紀(にほんしょき)』,『風土記(ふどき)』속에 정착되어 간다. 한편 대륙문화의 유입은 국가의식과 아울러 개인의 서정시의 탄생과 성숙을 가져오게 된다.『万葉集(まんようしゅう)』의 성립이 바로 그것이다. 그리고,『懷風藻(かいふうそう)』의 詩도 한문학의 모방이기는 하지만,

개인적 창작의식의 발달을 말해 주는 것이다.

이와 같이, 上代의 문학은 민족생활에 깊이 결부된 구전의 문학에서 기록의 문학에로, 집단적 문학에서 개인적 창작의 문학에로의 발전이라고 볼 수 있다.

古事記

현존하는 최고의 史書인데, 전 3권으로 되어 있고, 완성을 본 것은 8세기 초두인 712(和銅 5)년이다. 天武天皇의 명에 의해 稗田阿礼가 誦習하고 있던 「帝紀」(皇室의 系譜)와 「本辞」(諸家에서 전해진 신화·전설)를 元明天皇(제43대)이 太安万侶에게 撰錄시켰다. 상권은 천지개벽 때부터 鵜草葺不合命까지의 신화, 중권은 神武天皇(제1대)에서부터 応神天皇(제15대)까지, 하권은 仁徳天皇(제16대)에서 推古天皇(제33대)까지의 역사·전설을 수록했다.

표기는 모두 한자를 사용했으며, 전체적으로는 한문 형식에 의하면서도 곳곳에 삽입된 가요는 「万葉がな」로 기술하는 등, 옛부터 구전되어 온 일본어의 보존에 각별히 유의하고 있어, 언어학상으로도 귀중한 자료가 되어 있다.

일본 고대의 수많은 전승들이 여러 가지 형태로 남아 있는 이 책은 上代의 역사·언어·풍속 등을 알 수 있는 자료로서 귀중할 뿐만 아니라, 上代人들이 무엇을 생각하고, 어떠한 삶을 바라고 있었던가를 말해 주는 하나의 문학으로서, 높은 예술적 가치를 가지고 있는 작품이라 하겠다.

倭建命

倭建命(제12대 景行天皇의 제 3皇子)는 西国(大和의 서쪽 지방)을 평정한 뒤 곧바로 東国(大和의 동쪽 지방)을 정벌하라는 명을 받고, 수많은 고난을 극복하여 임무를 다하고 돌아온다. 그러나 귀로에 伊吹山의 신과의 싸움에서 방심했던 탓으로 실수를 저질러, 아름답고도 참혹한 생애를 마치게 된다. 倭建命의 東征의 경과와 임종의 모습을 그리는 것을 주제로 하고, 고대인의 공감과 동경을 命의 비극적, 낭만적 영웅상 속에 결정시키고 있다.

東国征伐

ここに[1]天皇(すめらみこと)、また[2]頻(し)きて[3]倭建命に「[4]東(ひむがし)の方十二道(かたとをまりふたみち)の荒ぶる神、またまつろはぬ人どもを、[5]ことむけやはせ。」とのりたまひて、[6]吉備(きび)の臣(おみ)らが祖(おや)、名は御鉏友耳建日子(みすきともみみたけひこ)をそへてつかはすときに、[7]ひひらぎの八尋矛(やひろぼこ)を賜ひき。[8]かれ、命(みこと)をうけたまはりて、罷りいでますときに、伊勢(いせ)の大御神(おほみかみ)の宮にまゐりて、[9]神の朝廷(みかど)ををろがみたまひき。すなはちそのみをば倭姫命(やまとひめのみこと)[10]にまをしたまひしくは、「天皇すでにあれを死ねと[11]思ほせか、何ぞ、西の方の荒ぶる人どもを撃ちにつかはして、返りまゐ上り来しほど、[12]いくだもあらねば、いくさびとどもをも賜はずて、今、さらに東の方の十二道の荒ぶる人どもをことむけにつかはす。これによりて思へば、なほあれをすでに死ねと思ほしめすなり。」とまをして、うれへ泣きてまかりたまふとき、倭姫命、[13]草薙(くさなぎ)の剣(たち)を賜ひ、また御袋(みぶくろ)を賜ひて、「もしとみの事あらば、この袋の口を解きたまへ。」とのたまひき。

語句의 解釋 및 文法

1) **天皇**	景行天皇. 제12대.
2) **頻きて**	여러 번 거듭해서. 앞서 西国정벌을 명한 것을 받고 있다.
3) **倭建命**	景行天皇의 제3 황자.
4) **東の方十二道**	동쪽의 12도.
5) **ことむけやはせ**	평정하여라.
6) **吉備の臣**	「吉備」는 備前(びぜん), 備中(びっちゅう), 備後(びんご), 美作(みまさか)(岡山(おかやま)県)지방. 「臣」는 주로 조정에 출사하는 部属을 거느리는 씨족에게 내린 姓(かばね)를 가리키는 말이다.
7) **ひひらぎの八尋矛**	호랑가시나무(ひいらぎ)로 만든 자루(손잡이)가 긴 훌륭한 무기(양쪽에 날을 세운 창 비슷한 것). 호랑가시나무는 잎사귀 끝에 가시가 있어, 魔物에 대해 위력이 있다고 생각되고 있었다.
8) **かれ**	그래서.
9) **神の朝廷**	신이 여러 가지 일을 행하는 곳이라는 뜻으로서, 신전, 신사.

10) **まをしたまひしくは** 말씀드리기를.「し」는 과거의 조동사「き」의 연체형.「く」는 체언을 만드는 접미어.

11) **思ほせか** 생각하시기 때문일까.「せ」는 고대 전기에 쓰인 4단활용형의 존경의 조동사「す」의 已然形(口語의 仮定形에 해당).

12) **いくだもあらねば** 그다지 시간도 지나지 않았는데,「ば」는 여기서는 역접의 확정조건을 나타내는 특수한 용법.

13) **草薙の剣** 須佐之男命가 八保大蛇의 꼬리에서 얻은 칼, 天叢雲剣라고도 한다.

現代語訳 そこで景行天皇は、また重ねて倭建命に、「東の方の十二国の荒れすさぶ神、また服従しない者どもを、征伐し平定せよ。」とおっしゃって、吉備の臣らの祖先にあたる、その名は御鉏友耳建日子という人を従わせて東国にお遣わしになるにあたり、ひいらぎで作った柄の長い矛をお授けになった。こうして勅命を排して退出なされる時、まず伊勢の大神宮にお参りして、その神宮を拝まれた。それからその叔母の斉宮、倭姫命に、「天皇は、全く私なんか死んでしまえと思っていらっしゃるのでしょうか。そうでなければ、どうして、西の方の悪者どもを征伐するために私をお遣わしになり、都に帰ってまいりましてから、まだいくらもたっていないのに、兵士らも下さらないで、今再び東の方の十二道の悪者どもの平定にお遣わしになるでしょうか。これによって考えますと、天皇はやはり私なんか全く死ねばよいとお思いになっていらっしゃるようです。」と申し上げて、嘆き悲しみながらそこから退出なさろうとするときに、倭姫命は、そこの宝である草薙の剣をお授けになり、また御袋をもお授けになって、「もし火急のことがあったら、この袋の口を解きなさい。」とおっしゃった。

韓 譯 그런데 景行天皇은 또 거듭 倭建命에게, 「동쪽 12국의 거칠고 사나운 신, 또 복종하지 않는 자들을 정벌하여 평정시켜라.」고 말씀하시며, 吉備臣들의 조상에 해당되는 이름을 御鉏友耳建日子라고 하는 사람을 딸려 동국으로 파견시킬 때, 호랑가시나무로 만든 자루(손잡이)가 긴 훌륭한 창을 건네주셨다. 이렇게 해서 천황의 칙명을 받고 물러 나올 때, 먼저 伊勢에 있는 大神宮에 참배하고, 그리고 나서 그의 숙모인 齊宮, 倭姫命에게, 「천황은, 참으로 나 같은 것은 죽어 버리라고 생각하고 계시는 것일까요? 그렇지 않다면, 어째서 서방의 나쁜 놈들을 정벌하기 위해 나를 파견하시고, 서울로 돌아와서, 아직 얼마 지나지 않는데, 병사들도 내려 주시지도 않고, 지금 거듭 동방 12도의 나쁜 놈들의 평정을 위해 보내시는 것일까요? 이렇게 생각해 볼 때, 천황은 역시 나 같은 것은 죽으면 좋겠다고 생각하고 계시는 것 같습니다.」고 말씀드리고, 한탄하여 울고 슬퍼하면서 그 자리에서 물러서려고 할 때, 倭姫命는 그 신궁의 보물인 「草薙の剣」를 건네 주시고, 또 주머니도 건네 주시면서, 「만일 몹시 급한 일이 있거든, 이 주머니의 입(묶음)을 열어(풀어)라.」고 말씀하셨다.

かれ、[1]尾張(をはり)の国に至りまして、尾張の国の[2]造(みやつこ)が祖、美夜受姫(みやずひめ)の家に入りたまひき。すなはち[3]婚(あ)はむと思ほししかども、また帰り上りなむときに婚はむと思ほして、ちぎり定めて、東の国にいでまして、山川の荒ぶる神、またまつろはぬ人どもを、[4]ことごとにことむけやはしたまひき。かれ、ここに[5]相模(さかむ)の国に至りますときに、その国の造、いつはりてまをさく、「この野のうちに大きなる沼あり。この沼の中に住める神、いと[6]ちはやぶる神なり。」とまをしき。ここにその神を[7]見そなはしに、その野に入りましき。ここにその国の造、その野に火つけたり。かれ、欺(あざむ)かえぬと知らしめして、そのみをば倭姫命の賜へる袋の口を解きあけて見たまへば、そのうちに火打ちあり。ここにまづその御刀(みはかし)もちて、草を刈りはらひ、その火打ちもちて火を打ちいで、向かへ火をつけて焼き[8]そけて、帰りいでまして、その国の造どもをみな切り滅ぼし、すなはち火つけて、焼きたまひき。かれ、今に焼遣[9](やきつ)といふ。

語句의 解釋 및 文法

1) **尾張の国** 지금의 愛知(あいち)県의 일부.
2) **国の造** 조정의 명을 받아 일국을 지배하던 지방관.
3) **婚はむと** 결혼하려고.
4) **ことごとに** 남김 없이. 모두.
5) **相模の国** 神奈川(かながわ)県의 일부.
6) **ちはやぶる神** 난폭한 신.
7) **見そなはしに** 보시기 위해.
8) **焼きそけて** 불길을 돌려.
9) **焼遣** 神奈川県 厚木(あつき)市의 서부.

現代語訳

さて尾張国(おわりのくに)に着いて、尾張の国(くに)の造(みやつこ)の祖先の美夜受姫の家におはいりになった。そして、結婚しようとお思いになったけれども、再びここに帰って来た時に結婚しようと思い直(なお)され、姫としっかり約束だけをして、東国へとお進みになって、山や川の荒れすさぶ神、また天皇に服従しない者どもを、ことごとく平定されたのであった。このようにして、まず相模の国にお着きになったとき、その国の造は倭建命にいつわって申すには、「この野原の中に大きな沼(ぬま)があります。この沼に住んでいる神は、たいへん荒々し い神でございます。」と申し上げた。これを聞いた倭建命は、その神を見るためにお出かけになり、その野原にお入りになった。するとその国造は、火をその野原につけた。倭建命は、だまされたとお気づきになって、かの叔母倭姫命が下さった袋の口を解き開いてごらんになると、その中に火打石がはいっていた。そこで、まず叔母から授けられたご帯刀をもって、草を刈り払い、その火打石で火を打ち出して、燃え迫ってくる火に向い、こちらから草に火をつけて敵の方に火の勢いをしりぞかせ、そこを脱出してから、その国造どもをみな斬り殺し、そして死体に火をつけて、お焼きになった。それゆえ、今日その地を焼津というのである。

韓 譯 그래서 尾張国에 도착하여, 尾張의 지방관의 조상인 美夜受姫 집에 드셨다. 그리고 美夜受姫와 결혼하려고 생각하셨지만, 여기에 다시 돌아왔을 때 결혼을 하리라고 생각을 고쳐, 姫와 굳게 약속만 해두고, 東国으로 나아가셔서, 산이나 하천에 있는 난폭한 신, 또 천황에게 복종하지 않는 자들을 모조리 평정하신 것이었다. 이와 같이 한 뒤, 먼저 相模国에 도착하셨을 때, 그 지방 장관이 倭建命에게 거짓으로 고하기를,「이 들(野) 가운데에 큰 늪이 있습니다. 그 늪에 살고 있는 신은, 매우 난폭한 신입니다.」라고 말씀드렸다. 이 말을 들은 倭建命는 그 신을 보려고 나가셔서, 그 들판에 들어가셨다. 그러자 그 지방관은, 그 들판에 불을 질렀다. 倭建命는, 倭姫命가 주시던 주머니(의 입)를 열어보시니, 그 안에 부싯돌이 들어 있었다. 그래서 우선 숙모께서 내리신 칼을 들고, 풀을 베어 버리고, 그 부싯돌로 불을 쳐서, 타 들어오는 불을 향해 이쪽에서 풀에 불을 질러 불길을 적쪽으로 돌리고, 거기에서 탈출해서, 그 国造(지방관)들을 모두 베어 죽이고, 그리고 시체에 불을 붙여 태우셨다. 그런 이유로, 오늘날 그 땅을 焼津(야키츠)라 하는 것이다.

そこより入り幸(い)でまして、[1]走水(はしりみづ)の海を渡りますときに、その渡りの神、波を立てて、御船(みふね)をもとほして、え進み渡りまさざりき。ここにその后名は弟橘姫命のまをしたまはく、「あれ、[2]御子に代はりて海に入らむ。御子はつかはさえし政とげて、[3]かへりごとまをしたまは[4]ね。」とまをして、海に入らむとするときに、菅畳八重、皮畳八重、[5]絁畳八重を波の上に敷きて、その上におりましき。ここにその荒き波おのづからなぎて、御船え進みき。ここにその后の歌よみしたまひしく、

[6]さねさし　相模の小野に　燃ゆる火の　火中に立ちて　問ひし君はも

かれ、七日ののちに、その后の御櫛海べたによりき。すなはちその櫛を取りて、御陵を作りてをさめ置きき。

語句의 解釋 및 文法

1) **走水の海**　지금의 浦賀水道(神奈川県과 千葉県 사이). 「走水」는 조류가 급한 바다의 뜻.
2) **御子に代はりて海に入らむ**　황태자를 대신해서 바다에 들어가겠다. 바다 위에서 풍랑을 만나는 것은, 바다의 신이 船中의 사람이나 물건을 탐내서 그런 것이라고 생각했었다.
3) **かへりごと**　復命.
4) **ね**　희망하여 바라는 뜻의 조사. 고대 전기에 쓰였음.
5) **絁畳**　비단으로 짠 깔개.
6) **さねさし**　「相模」의 枕詞(일정한 말의 앞에 쓰이는 수식어-주로 和歌 등에서).

現代語訳　相模から東へお進みになって、走水海をお渡りになるとき、その水道(海峡)を支配する神が、怒って大波を立て、船をくるくる回して、倭建命は先へ進むことができなくなってしまった。その時、その后の名は弟橘姫命という方が、「(神の怒りをしずめるために)、私が御子の身代りとなって海に入りましょう。御子は命じられ た任務を成し遂げて、天皇に復命をなさいませ。」と進言して、海に入ろうと

なさり、菅(すげ)や皮や絹の敷物を何枚も重ねて波の上に敷いて、その上に海の神の妻としてお降りになった。するとその恐ろしい荒波も自然におさまって静かになり、御船は向う岸に進むことができた。この時その后はお歌いになった。

(さねさし)相模の野原に燃える火の、炎の中に立って、私の安否(あんぴ)を気づかい、呼びかけて下さったわが君よ。

それから七日たったのち、その后のお櫛が海辺に流れついた。そこでその櫛を拾い上げて、御陵を造ってその中に埋葬した。

韓 譯 相模로부터 동쪽으로 진출하여, 지금의 浦賀水道를 건너려고 할 때, 그 해협을 지배하는 신이 성을 내어 큰 파도를 일으켜, 배를 빙글빙글 돌려, 倭建命는 앞으로 나아갈 수 없게 되었다. 그때 그의 황후(중궁)인 이름이 弟橘姫命라는 분이「신의 노여움을 진정시키기 위해, 제가 황태자를 대신해서 바다에 들어가겠어요. 황태자는 천황으로부터 명을 받은 임무를 다해서, 천황에게 복명하시기를 바랍니다.」라고 진언드리고 바다에 들어 가시려고 해서 莎草나 가죽, 그리고 비단으로 만든 깔개를 파도 위에 몇 겹으로 깔고, 海神의 아내로써 그 위에 내리셨다. 그러자 그렇게도 사납던 파도는 스스로 진정되고, 그가 타신 배는 저쪽 기슭으로 나아갈 수 있었다. 그때 그 황후는 이런 노래를 읊으셨다.

相模의 들판에 타오르는 불길, 그 불길 속에 서서, 나의 안부를 걱정하여, 소리 내어 부르시던 사랑하는 나의 낭군님이여!

그로부터 7일이 지난 뒤, 그 황후의 머리 빗이 해안에 떠내려 왔다. 그래서 그 빗을 건져, 陵을 만들어 그 속에 매장했다.

そこより入りいでまして、ことごどに荒ぶる蝦夷[1)えみし]どもをことむけ、また山川の荒ぶる神どもをことむけやはして、帰り上りいでますときに、足柄[2)あしがら]の坂もとに至りまして、御粮[3)みかれひ]きこしめすところに、その坂の神、白き鹿[か]になりて来立ちき。ここにすなはちその食[を]し残りの蒜[4)ひる]の片端もちて、待ち打ちたまへば、その目にあたりて、打ち殺しつ。かれ、その坂に登りたちて、三たび嘆かしてのりたまひしく、「吾妻はや。」とのりたまひき。かれ、その国に名づけて「あづま」といふなり。

語句의 解釋 및 文法

1) **蝦夷**	지금의 아이누족인 듯하다.
2) **足柄の坂もと**	지금의 神奈川県 足柄上郡에 있는 足柄山의 기슭.
3) **御粮**	「粮」는 말린 밥. 즉 乾飯이다. 여행용 휴대양식.
4) **蒜**	백합과의 식용식물. 野蒜(多年草)이나 마늘 종류.

※ 野蒜(야선)이나 마늘에 대한 고대인의 생각에 유의.

現代語訳

倭建命は上総[かずさ](今の千葉[ちば]県の南部地方)からもっと奥地にはいっていかれて、ことごとく荒れすさぶ蝦夷どもを服従させ、また山や川の荒れすさぶ神々を平定して、都に帰ってこられる時、足柄山の麓[ふもと]にお着きになって、お食事の乾飯を召し上がっているところに、その坂の神が、白鹿に姿を変えてやって来た。これを見てすぐに食べ残しになった野蒜[のびる]の片端[かたはし]で、待ちかまえて鹿めかけてお打ちになると、その目にあたって、そのまま鹿は打ち殺されてしまった。それから倭建命はその坂の上に登り立って、今は亡なき弟橘姫命を追慕して三度もため息をおつきになり、「吾妻はや(わが妻よ)」と絶叫なさった。この故事によってその国を「あづま(阿豆麻)」と名をつけた。

韓 譯 倭建命는 上総(지금의 千葉県의 남부)에서 더욱 오지로 들어가셔서, 난폭한 신들(지금의 아이누족인가?)을 모조리 복종시키고, 또 산이나 하천의 거칠고 사나운 신들을 평정하여, 서울로 돌아오실 때, 足柄山 기슭에 도착하셔서, 식사인 말린 밥을 들고 계시는데, 그 언덕의 신이, 흰 사슴으로 모습을 바꾸고 다가왔다. 이것을 보고 곧 먹다 남기신 野蒜의 한 쪽 끝으로 기다렸다가 사슴을 향해 내리치시니, 그 눈에 맞아 그대로 사슴은 맞아 죽었다. 그리고 나서 倭建命는 그 언덕 위에 올라서서, 지금은 돌아가신 황후를 추모하여 세 번 탄식하시고, 「나의 아내여(あづまはや)」라고 절규하셨다. 이와 같은 고사로 인해, 이 지방을 「あづま」라고 이름했다.

すなはち、その国より越えて、[1]甲斐にいでまして、[2]酒折の宮にましますとき、歌よみしたまひしく、

[3]新治 [4]筑波を過ぎて、幾夜かねつる

と歌ひたまひき。ここに、その[5]御火焼のおきな、御歌につぎて歌ひしく、

[6]かがなべて、夜には九夜、日には十日を[7]

と歌ひき。ここをもちてそのおきなをほめて、すなはち東の国造を賜ひき。

語句의 解釋 및 文法

1) **甲斐** 지금의 山梨県.

2) **酒折の宮** 지금의 山梨県 甲府(こうふ)市 酒折町에 그 궁의 뒷자리가 있다고 한다.
3) **新治** 새로 개척한 토지라는 뜻으로서, 常陸国(ひたちのくに)(지금의 茨城県(いばらき))의 군명으로 본다.
4) **筑波** 常陸国의 군명.
5) **御火焼き** 경비를 위한 횃불을 담당한 역.
6) **かがなべて** 「日々並べて」란 뜻으로서 날을 거듭해서.
7) **を** 영탄을 나타내는 조동사.

現代語訳 倭建命はさらにその国から山を越えて甲斐に出て、酒折宮にご滞在になった時に、お歌いになられたことには、

新治や筑波の地を過ぎてから、今までにもう幾日ぐらいたったのであろうか。

とお歌いになった。すると夜警の火をたく老人が、倭建命のお歌に続けて歌をよんだことには、

日に日を重ねて、夜は九日、日では十日になります。

と歌った。即座で歌ったので、その老人をほめて、東(あづま)の国の造の姓(かばね)をお授けになった。

韓 譯 倭建命가 그 지방에서 산을 넘어 甲斐에 나와, 酒折宮에 머무르셨을 때,

常陸国의 新治나 筑波 지방을 지나서, 지금까지 벌써 며칠쯤 지났을까?

라고 노래하셨다. 그러니까 夜警불 당번인 노인이, 倭建命의 노래에 이어서,

日數를 거듭해서 밤으로 치면 아홉 밤, 낮으로 치면 열흘이 됩니다.

하고 노래했다. 즉석에서 노래에 대답했기 때문에, 그 노인을 칭찬하여, 東国을 다스리는 지방관의 성을 내리셨다.

その国より信濃[1]の国に越えまして、信濃の坂[2]の神をことむけて、尾張の国に帰り来まして、先の日にちぎりおかしし美夜受姫のもとに入りましき。

かれ、ここに御婚ひしたまひて、その御刀の草薙の剣をその美夜受姫のもとに置きて、伊服岐[3]の山の神を取りにいでましき。

ここにのりたまひしく、「この山の神は徒手[4]にただに[5]取りてむ。」とのりたまひて、その山に登りたまふときに、山のべに白猪あり。その大きさ牛のごとくなり。ここに言[6]あげしてのりたまひしく、「この白猪になれるは、その神の使者にあらむ。今取らずとも、帰らむときに取りて帰りなむ。」とのりたまひて登りたまひき。ここに大氷雨[7]を降らして、倭建命をうち惑はしまつりき。かれ、帰り下りまして玉倉部[8]の清泉に至りて、いこひますときに、御心ややさめたまひき。かれ、その清泉に名づけて居寤の清泉といふ。

語句의 解釋 및 文法

1) **信濃の国** 지금의 長野県.
2) **信濃の坂** 長野県 飯田市에서 岐阜県 恵那市로 빠지는 산길.
3) **伊服岐の山** 지금의 岐阜県과 滋賀県과의 경계에 있는 伊吹山.
4) **徒手** 맨손, 무기를 안 가지는 것

5) **ただに**	직접.
6) **言あげ**	특히 강조하는 것.
7) **氷雨**	우박.
8) **玉倉部の清泉**	지금의 滋賀県 坂田(さかだ)郡의 醒ケ井(さめがい)는 그 전설의 땅.

現代語訳 その(甲斐の)国から信濃の国に山を越えて、すぐに信濃の坂の神を平定して、尾張の国に帰って来て、以前に約束しておいでになった美夜受姫のもとにおはいりになった。そして、ここでご結婚なさって、その身に帯びておられる草薙の剣をその美夜受姫のもとに置いて、伊吹山の山神を討ちにおいでになった。

そこで仰(おお)せになったことには、「この山の神は、素手ですぐに討ち取ってやろう。」と仰せになって、その山にお登りになった時、白い猪が山の中で(倭建命に) 出会った。その大きさは牛のようであった。そこで、大言して仰せになったことには、「この白い猪になっているのは、その山の神の使者だ。今殺さなくても、帰りに殺そう」と仰せになってお登りになった。そこで、山の神は大粒のひょうを降らせて、倭建命をうちまどわせた。それで、命は山から帰り下っていらっしゃって、玉倉部の清水に着いてお休みになったとき、お心が次第に正気づかれた。その清水を名づけて、居寤の清水という。

韓 譯 그(甲斐) 나라에서 信濃国으로 산을 넘어서 바로 곧 信濃고개의 신을 평정하고, 尾張国에 돌아와, 이전에 약속하고 계셨던 美夜受姫의 집으로 드셨다. 그리고 거기서 결혼을 하신 뒤, 몸에 차고 계시던 「草薙」의 칼을, 그 美夜受姫의 집에 두고, 伊吹山의 산신을 치려고 오르셨다.

거기서「이 산의 신은 맨손으로 당장에 쳐 죽이리라.」고 말씀하시며, 그 산에 오르셨을 때, 흰 멧돼지가 산중에서 倭建命를 만났다. 그 크기는 소만큼이나 되었다. 그래서 큰 소리로 말씀하시기를,「이 흰 멧돼지로 변해 있는 것은, 이 산의 신의 사자다. 지금 죽이지 않더라도 돌아올 때 죽이리라」고 말씀하시고 오르셨다. 그랬더니 산신이 큰 우박을 내리게 해서, 倭建命를 당황하게 만들었다. 이윽고 倭建命는 산으로부터 내려오셔서, 玉倉部의 清水에 도착하여 쉬셨을 때, 정신이 차츰 제 정신으로 돌아왔다. 그래서 그 清水를 이름지어「居寤の清水」(의식이 회복된 清水라는 뜻)라고 한다.

望郷の歌

そこよりたたして、[1]当芸(たぎ)の野の上(へ)に至りますときに、のりたまわくは、「わが心、常は[2]空より翔(かけ)り行かむと思ひつるを、今わが足え歩かず、[3]たぎたぎしくなりぬ。」とのりたまひき。かれ、そこに名づけて当芸といふ。そこよりややすこしいでますに、いたく疲れませるによりて、御杖を突かして、ややに歩きたまひき。かれ、そこに名づけて[4]杖突坂(つゑつき)といふ。[5]尾津(をつ)の前(さき)の一つ松のもとに至りまししに、さきに、御食(みをし)しせしとき、そこに忘らしたりし御刀、うせずてなほありけり。ここに御歌よみしたまひしく、

尾張に　ただに向かへる　尾津の前なる　一つ松　[6]吾兄(あせ)を　一つ松
人にありせば　大刀(たち)はけましを　衣(さぬ)着せましを　一つ松　吾兄を

そこよりいでまして、[7]三重(みへ)の村に至りますときに、またのたまはく、「わが足三重の[8]まがりなして、いたく疲れたり。」とのりたまひき。かれ、そこに名づけて三重といふ。

語句의 解釋 및 文法

1) **当芸の野** 지금의 岐阜(ぎふ)県 養老(ようろう)郡.

2) **空より** 하늘을 지나서. 「より」는 경유·경과를 나타내는 조사. 고대 전기에 쓰였다.

3) **たぎたぎしくなりぬ** 절뚝거리게 됐다는 뜻으로 봄.

4) **杖突坂** 지금의 三重県 三重郡에 그 이름의 땅이 있다.

5) **尾津の前** 지금의 三重県 桑名(くわな)市 부근의 땅. 「前」는 돌출한 지형을 말한다.

※「忘らしたりし」의「忘ら」의 활용,「し」의 품사·의미에 유의.

6) **吾兄を** 흥을 돋우는 말. 「당신이여」란 뜻.

※「一つ松」에 대한 倭建命의 기분에 유의.

7) **三重** 지금의 三重県 三重郡의 땅.

8) **まがり** 비틀어진 모양의 과자(떡). 또는 길이 몇 구비로 굽어 있듯이 다리가 휘청거리는 모양.

現代語訳

そこ(玉倉部の清水)から出発されて、当芸野(たぎの)のあたりにおいでになった時に、仰せになったことには、「私の心は、いつも(ふるさとの都へ)空からでも飛んでいこうと思っていた。それなのに今は、わたしの足は歩くことができず、びっこをひくようなってしまった」と仰せになった。そこで、その地を名づけて当芸という。そこからなお少しおいでになるのに、非常にお疲れなさったので、お杖をついて少しずつお歩きになった。そこで、その地を名づけて杖突坂という。尾津のみさきの一本松のところにお着きになったところ、前に食事をなさったとき、そこにお忘れになった御刀が、なくならないでまだ残っていた。それで、お歌をおよみになったことには、

尾張の国にまっすぐに向かって立っている尾津のみさきの一本松、お前よ。一本松、お前が人であったならば、大刀を腰に帯びさせ

ようものを。着せようものを。一本松、お前よ。

とお歌いになった。

そこからおいでになって、三重の村にお着きになった時、また仰せになったことには、「私の足は三重に曲がったもちのようになって、ひどく疲れてしまった。」と仰せになった。そこで、その地を名づけて三重という。

韓 譯 거기(玉倉部의 清水)에서 출발하셔서, 当芸野 부근에 오셨을 때, (말씀하시기를) 「내 마음은, 언제나 (고향인 서울에) 하늘을 (거쳐) 날아가려고 생각하고 있었다. 그런데 지금은 내 발은 걸을 수 없게 절뚝거리게 됐다」고 말씀하셨다. 그래서 그 지명을 当芸라고 부른다. 거기서부터 조금 오시는데, 매우 피로해지셨기에, 지팡이를 짚고 천천히 걸으셨다. 그래서 그 지명을 杖突坂(지팡이를 짚고 넘은 고개)라고 한다. 尾津곶(岬)의 외톨박이 소나무 아래에 도착하셨더니 앞서 식사를 하셨을 때 거기에다 잊고 오셨던 칼이 없어지지 않고 아직 남아 있었다. 그래서 (노래하시기를),

尾張国 쪽을 똑바로 향해 서 있는 尾津곶의 외톨박이 소나무, 그대여. 외톨박이 소나무여, 네가 만일 사람이었다면, 큰 칼을 허리에 채워 줄 것을. 옷을 입혀 줄 것을. 외톨박이 소나무, 그대여.

라고 읊으셨다.

거기서부터 더 오셔서, 三重村에 도착하셨을 때, (또 말씀하시기를) 「내 발은 三重(세 겹)으로 굽은 떡처럼 되어, 몹시 피로해졌다.」라고 말씀하셨다. 그래서 그 지명을 三重라고 부른다.

それよりいでまして、[1]能煩野(のぼの)に至りますときに、国しのばして歌よみしたまひしく、

[2]倭(やまと)は　国の[3]まほろば　[4]たたなづく　[5]青垣　山ごもれる　[6]倭しうるはし

また、歌よみしたまひしく、

[7]命の　またけむ人は　[8]たたみこも　[9]平群(へぐり)の山の　[10]くまかしが葉を　[11]うずにさせ　その子

と歌ひたまひき。この歌は[12]国しのひ歌なり。また歌よみしたまひしく、

[13]はしけやし　[14]吾家(わぎへ)の方よ　雲居(くもゐ)立ち来(く)も

と歌ひたまひき。こは[15]片歌(かたうた)なり。このとき御病(みやまひ)いとにはかになりぬ。ここに御歌よみしたまひしく。

をとめの　床のべに　わが置きし　つるぎの大刀はや

と歌ひをへて、すなはち[16]かむあがりたまひき。ここに[17]駅使(はゆまづか)ひを奉りき。

語句의 解釋 및 文法

1) **能煩野**　지금의 三重県 亀山(かめやま)市 川崎(かわさき) 부근.
2) **倭**　지금의 奈良분지를 중심으로 하는 지역.
3) **まほろば**　가장 훌륭한 곳.
4) **たたなづく**　겹쳐 있다.
5) **青垣**　푸르르게 둘러싼 울타리. 산을 말함.
6) **倭し**　大和国은.「し」는 強意의 부조사.

7) **命のまたけむ人** 無事한 사람. 종자들을 가리킴.「またけ」는 형용사의 미연형. 고대전기에 쓰였다.

8) **たたみこも** 「へ」의 枕詞.

9) **平群** 지금의 奈良県 生駒(いこま)郡.

10) **くまかし** 「くま」는 美称. 훌륭한「かし」(떡갈나무)의 뜻.

11) **うず** 머리에 꽂는 장식. 마귀를 쫓는다는 신앙에서 꽂았다.

12) **国しのひ歌** 망향의 노래.

13) **はしけやし** 아아, 사랑하는, 그리운.「はしけ」는「愛しき」,「やし」는 영탄을 나타내는 조사.

14) **吾家のかたよ** 내집 쪽으로부터.「よ」는「より」의 고어.

15) **片歌** 5음, 7음, 7음의 3구로 이루어진 노래.

※「をとめの」의 노래 중에서, 임종 때 왜 칼을 생각하고 있는가에 유의.

16) **かむあがりましき** 돌아가셨다.

17) **駅使ひ** 말을 빨리 모는 使者. 말을 바꿔 타면서 급행하는 使者.

現代語訳 そこからおいでになって、能煩野にお着きになった時、故郷を思い慕ってお歌いになったことには、

大和は国のまんなかのすぐれたところだ。たたみ重なる青い垣根(のような周囲の山々)。その山々に取り囲まれている大和は美しいなあ。

とお歌いになった。またお歌いになったことには、

いのちが無事であるような人は、大和の国の平群山の立派なかしの木の葉を髪飾りにさしなさい。お前たちよ。

とお歌いになった。この歌は国しのび歌である。またお歌いになったことには、

ああ、なつかしいなあ。わが家の方から、雲が立ちのぼってくることよ。

とお歌いになった。これは片歌である。この時、(命の)ご病気が非常に重くなった。そこでお歌をおよみになったことには、

おとめ(美夜受姫)の床のあたりに、わたしが置いたつるぎの大刀、あの大刀はなあ。

と歌い終わると、そのまますぐに息をひきとられた。そこで、早馬の使いを(都へ)さしあげた。

韓 譯 거기서부터 오셔서, 能煩野에 도착하셨을 때, 고향을 사모하여 노래하시기를,

大和는 나라의 한가운데 있는 훌륭한 곳이다. 첩첩이 둘러싸인 푸른 울타리(와 같은 주위의 산들). 그 산들에 둘러싸여 있는 大和는 아름답구나.

라고 노래하셨다. 또 노래하시기를,

목숨이 무사해서 돌아가는 사람은, 大和에 있는 平群山의 훌륭한 떡갈나무 잎을 머리에 꽂으세요. 그대들이여.

라고 노래하셨다. 이 노래는 망향의 노래이다. 또 노래하시기를,

아아, 그립구나. 내 집 쪽으로부터, 구름이 피어오르고 있네.

라고 노래하셨다. 이것은 片歌이다. 이 때, (倭建命의) 병환이 매우 무거워졌

다. 그래서 노래를 부르시기를,

소녀(美夜受姬)의 잠자리 언저리에 내가 두었던 칼(「草薙の劍」), 그 칼은.

라고 노래부르시고는, 그냥 곧 숨을 거두셨다. 그래서 말을 탄 使者를 (서울로) 급히 보냈다.

万葉集

현존하는 최고의 歌集이며, 20권으로 되어 있다. 성립은 奈良時代의 후기, 771(宝亀 2)년경이라고 추정되며, 편찬은 몇 사람의 손에 의해, 수차에 걸쳐 이루어진 듯하나, 최종적으로 현재의 20권의 모습을 갖춘 것은 大伴家持라고 생각되고 있다.

노래 수는, 長歌・短歌・旋頭歌 등을 합쳐서 약 4천 5백 수. 노래의 제작연대는, 4세기경에 만들어진 것도 있으나, 대부분은 舒明天皇(제33대)시대 이후, 759(天平宝字 3)년에 이르는 약 130년간에 걸친 것이다.

작자는, 천황에서부터 무명의 서민에 이르기까지 넓은 계층에 이르고 있으나, 솔직한 표현이나 소박한 詠風에 의해 上代人의 생활 감정을 노래하여, 이른바 「ますらをぶり」의 가풍을 전개하고 있어, 그 문학적 가치는 극히 높다. 作風은 보통 4기로 나누어 그 변천이 고찰되고 있으며, 연대나 작자불명의 노래는 2천 3백 수를 넘고, 또 東歌나 防人歌를 포함하는 등, 극히 다채다양한 내용을 가지고 있다. 표기는 한자의 음과 훈을 차용한 万葉仮名에 의했다.

第一期의 노래

이 시기는 672(壬申の乱)년까지의 시기로서, 万葉歌風의 萌芽期라고도 할 수 있다. 歌風은 극히 순박하고, 후대에 없는 고대적 아름다움을 발산하고 있다. 舒明天皇・天智天皇・大海人皇子・額田王・有間皇子 등이 주된 가인이다.

天皇(すめらみこと)の御製歌(おほみうた)　　(雄略(ゆうりやく)天皇)

1. [1]籠(こ)もよ　[2]み籠持ち　[3]ふくしもよ　みぶくし持ち　この丘に　[4]菜摘(つ)ます児(こ)
[5]家聞かな　[6]名告(の)らさね　[7]そらみつ　大和の国は　[8]おしなべて　[9]われこそを
れ　[10]しきなべて　われこそませ　[11]わにこそは告(の)らめ　家をも名をも

(巻1・雑歌・1)

天皇の、[12]香具山(かぐやま)に登りて[13]望国(くにみ)し給ひし時の御製歌　　(舒明天皇)

2. 大和には、[14]郡山(むらやま)あれど　[15]とりよろふ　[16]天(あめ)の香具山　登り立ち　国見を
すれば　[17]国原(くにはら)は　[18]煙(けぶり)立ち立つ　[19]海原(うなはら)は　[20]鴎(かまめ)立ち立つ　[21]うまし国ぞ　[22]あき
づ島　大和の国は　(巻1・雑歌・2)

[23]額田王(ぬかたのおほきみ)の歌

3. [24]熟田津(にきたつ)に　[25]船乗りせむと　[26]月待てば　[27]潮もかなひぬ　今は[28]漕ぎいでな

(巻1・雑歌・8)

額田王の近江(おうみ)の国に下りし時、[29]作れる歌

4. [30]味酒(うまさけ)　[31]三輪(みわ)の山　[32]あをによし　奈良の山の　[33]山の際(ま)に　[34]い隠(かく)るまで
[35]道の隈(くま)　い積もるまでに　[36]つばらにも　[37]見つつ行かむを　しばしばも
[38]見放(みさ)けむ山を　[39]情(こころ)なく　[40]雲の[41]隠さふべしや　(巻1・雑歌・17)

[42]反歌(はんか)

5. 三輪山を　[43]しかも隠すか　[44]雲だにも　[45]情(こころ)あらなも　隠さふべしや

(巻1・雑歌・18)

語句의 解釋 및 文法

1) 籠もよ	「も」는 強意의 係助詞.「よ」는 영탄의 間投助詞.(푸성귀를 담는) 바구니여. 바구니를 칭찬하는 마음이 담겨 있다.
2) み籠持ち	「み」는 美称의 접두어.「바구니여, 그 바구니를 들고」란 뜻.

3) **ふくし** 나무나 대나무로 만든 주걱.

4) **菜摘ます児** 푸성귀를 캐는 사람. 「す」는 상대의 존경의 조동사. 親愛의 정을 품고 있다.

5) **家聞かな** 집(家門)을 묻고 싶다. 「な」는 희망을 나타내는 조사.

6) **名告らさね** 이름을 말하세요. 「さ」는 존경의 조동사. 「ね」는 상대방에게 바라는 뜻의 조사.

7) **そらみつ** 「やまと」에 걸리는 枕詞(まくらことば).

8) **おしなべて** 모두.

9) **われこそをれ** 내가 다스리고 있다. 「こそ」는 強意의 係助詞.

10) **しきなべてわれこそませ** 「しきなべて」는 모두를 다스리고. 「こそ」는 強意의 係助詞. 「ませ」는 그 맺음이며, 「座(ま)す・坐(ま)す」로서 「ゐる」의 존경어.

11) **われこそは告らめ** 나에게만은 말하겠지요? 「め」는 推量의 조동사.

12) **香具山** 奈良県 桜井(さくらい)市에 있음.

13) **望国** 높은 곳에 올라 나라의 형세나 백성들의 생활을 바라보는 일. 「国見」와 같음.

14) **群山あれど** 많은 산들이 있지만.

15) **とりよろふ** 충분히 갖추어져 있는. 산으로서 완전히 정비되어 있는 모습을 말함.

16) **天の** 신성한 것이라는 느낌을 나타냄. 하늘 또는 궁정에 관계있는 사물에 씌우는 말.

17) **国原** 나라의 넓은 곳. 여기서는 大和平野를 가리킴.

18) **煙立ち立つ** 민가에서 취사하는 연기가 자꾸만 피어오르고 있다.

19) **海原** 바다의 넓은 곳. (여기서는 호수를 가리킴).

20) **鴎** 갈매기. 또 흰 물새의 총칭.

21) **うまし国ぞ** 좋은 나라이구나.

22) **あきづ島** 「やまと」의 枕詞. 「あきつ島」라고도 함.

23) **額田王** 鏡王(かがみのおおきみ)의 딸. 大海人皇子의 사랑을 받았으나, 후에 天智천황의 부름을 받음.

24) **熟田津** 지금의 愛媛(えひめ)県 松山(まつやま)市 부근의 부두로 보여짐.

25) **船乗りせむと** 배를 타고 출발하려고. 「む」는 의지의 조동사.

26) **月待てば** 만월이 되는 것을 기다리고 있으니.

27) **潮もかなひぬ** 조수가 배를 내기에 알맞게 되었다. 「ぬ」는 완료의 조동사.

28) **漕ぎいでな** 배를 저어가자. 「な」는 소망의 조사로서 여기서는 권유의 용법.

29) 作れる歌	만든 노래.
30) 味酒	「三輪」에 걸리는 枕詞.
31) 三輪の山	지금의 奈良県 桜井市에 있는 산.
32) あをによし	「奈良」에 걸리는 枕詞.
33) 山の際	산과 산 사이.
34) い隠るまで	숨을 때까지. 「い」는 동사의 뜻을 강하게 하는 접두어.
35) 道の隈	길 모퉁이.
36) つばらにも	자세히.
37) 見つつ行かむを	보면서 가리라고 생각한다. 「を」는 영탄의 조사.
38) 見放けむ山を	먼 데서 바라보려고 생각하는 산을.
39) 情なく	무정하게도.
40) 雲の	「の」는 주격을 나타내는 격조사.
41) 隠さふべしや	감추어 버릴까, 아니 감추어 버릴 것이 아니다. 「べし」는 타당의 뜻의 조동사. 「や」는 反語의 계조사.
42) 反歌	장가 끝에 붙여, 그 뜻을 따든지 보완하는 노래. 형식은 短歌.
43) しかも隠すか	그와 같이 감추는가.
44) 雲だにも	구름만이라도. 「だに」는 「セメテ……ダケデモ」라고 풀이함.
45) 情あらなも	동정하는 마음이 있으면 좋겠다.

現代語訳

天皇がお作りになった歌

1. 籠(かご)ですね、よい籠を持ち、ふくしですね、よいふくしを持って、この丘で菜を摘んでいなさる娘さん、(あなたの)家がどこか聞きたい、名まえをおっしゃってくださいよ。この大和の国は、押しなびかせてわたしが治めている、治めなびかせてわたしが支配している(のですよ)、そのわたしにこそは教えてくれるでしょうね。あなたの家をも名まえも。

天皇が香具山に登られて国見をなさる時にお作りになった歌

2. 大和の国には、多くの山々があるけれど、(その中でも)姿のととのっている天の香具山よ。(その山に)登り立って国の中を見渡すと、広々とした平野には村々の炊煙がさかんに立ち上がり、広い池の面には水鳥がしきりに飛び立っている。ああ、すばらしい国だなあ、この大和の国は。

額田王の歌

3. 熟田津で、船出をしようと思って月の満ちるのを待っていると、(いよいよ満月になって)潮も満ち、船出にちょうど都合がよくなった。さあ、今はもう漕ざ出そうよ。

額田王が近江国(今の滋賀県)に下る時に作った歌

4. (なつかしい)三輪の山よ、その姿が奈良山の山の間に隠れるまで、道の曲がり角がいくつも重なって(遠くへだたって)しまうまで、よくよく見て行こうと思うものを、幾度も眺めやろうとするその山を、無情にも雲が隠し隠ししてよいものだろうか。(そういう法はあるまいよ。)

反歌

5. 三輪山をそのように(無情に)隠すのか。せめて雲だけでも思いやりがあってほしいものだ。(わたしがこうもなつかしがっている三輪山を)隠してよいものだろうか。(隠すという法はあるまいよ。)

韓 譯 天皇이 만드신 노래

1. 바구니군요, 훌륭한 바구니를 들고, 주걱이군요. 훌륭한 주걱을 가지고, 이 언덕에서 푸성귀(나물)를 뜯고 있는 아가씨여, (당신의) 집이 어디 있는지 묻고 싶소, 이름을 말해 주시오. 이 大和国은, 모두 복종시켜 내가 다스리고(있어요), 모두 평정해서 내가 지배하고(있어요), 그러한 나에게만은 가르쳐 주시겠

지요. 당신의 집이 있는 곳도, 이름도.

天皇이 香具山에 오르셔서 나라의 사정을 살피실 때 만드신 노래

2. 大和国에는, 많은 산들이 있지만, (그 중에서도) 모양이 잘 갖추어진 香具山. (그 산에) 올라 서서 나라를 둘러보니, 넓은 들에는 집집마다 취사하는 연기가 계속 피어 오르고, 넓은 호수의 수면으로부터는 흰 물새가 자꾸만 날아오르고 있다. 아! 훌륭한 나라이구나, 大和国은.

額田王의 노래

3. 熟田津에서, 배를 출항시키려고 생각해서 달이 만월이 되기를 기다리고 있는데, (드디어 満月이 되어) 조수도 밀물이 되어, 출항하기에 알맞게 됐다. 자! 지금부터 배를 내기로 하자꾸나.

額田王가 近江国으로 내려갈 때 만든 노래

4. (그리운) 三輪山이여, 그 모습이 奈良의 여러 산 그늘에 가려질 때까지, 길이 구불구불 몇 겹으로 구부러질 (멀리 떨어질) 때까지, 마음껏 보고 떠나려고 생각하는데, 몇 번이고 바라보려고 하는 그 산을, 무정하게도 구름이 가리고 또 가리는 것이 옳단 말인가. (그런 법은 없을 테지요.)

反歌

5. 三輪山을 그처럼 (무정하게) 가려버릴 건가. 적어도 구름만이라도 동정심이 있어주면 좋겠다. (내가 이다지도 그리는 三輪山을) 가려도 좋단 말인가. (가려도 좋다는 법은 없을 터인데.)

反歌(中大兄[1](なかのおほえ)の三山[2]の歌) (天智天皇)

6. わたつみ[3]の 豊旗雲[4](とよはたくも)に 入り日さし こよひの月夜[5](つくよ) あきらけくこそ[6]

(巻1・雑歌・15)

[7]天皇の、[8]蒲生野(かまふの)に[9]遊猟(みかり)したまひし時、額田王の[10]作れる歌

7. [11]茜(あかね)さす　[12]紫野行き　[13]標野(しめの)行き　[14]野守(のもり)は見ずや　[15]君が袖(そで)振る

(巻1・雑歌・20)

[16]皇太子(ひつぎのみこ)の[17]答へましし御歌(みうた)

8. [18]紫草(むらさき)の　[19]にほへる[20]妹(いも)を　[21]憎くあらば　[22]人妻(ひとづま)ゆゑに　われ[23]恋ひめやも

(巻1・雑歌・21)

[24]有間皇子(ありまのみこ)の、[25]自ら(みずか)傷(いた)みて[26]松が枝(え)を結べる歌二首

9. [27]磐代(いはしろ)の　浜松が枝を　引き結び　[28]まさきくあらば　[29]またかへり見む

(巻2・挽歌・141)

10. [30]家にあれば　[31]笥(け)に盛る飯(いひ)を　[32]草枕(くさまくら)　[33]旅にしあれば　[34]椎(しひ)の葉に盛る

(巻2・挽歌・142)

語句의 解釋 및 文法

1) **中大兄**	中大兄皇子(なかのおおえのおうじ). 제38대 천황. 藤原鎌足(かまたり)와 함께 大化改新을 단행한다.
2) **三山**	奈良県에 있는 香具山・耳梨(みみなし)山・畝傍(うねび)山의 이른바 大和三山.
3) **わたつみ**	바다. 원래는 「海神」의 뜻.
4) **豊旗雲**	「豊(とよ)」는 미칭. 「旗雲」는 깃발처럼 나부끼고 있는 구름.
5) **月夜**	「달밤」이 아니고, 「달」임.
6) **あきらけくこそ**	환하게 밝겠지. 「こそ」는 強意의 조사.
7) **天皇**	제38대 天智천황.
8) **蒲生野**	지금의 滋賀(しが)県 蒲生(かもう)郡의 들.
9) **遊猟**	산과 들에서 약초를 채집하는 행사.
10) **作れる歌**	만든 노래. 「作れ」는 4단의 동사의 已然形. 「る」는 완료의 조동사 「り」의 연체형.
11) **茜さす**	「日・昼・紫」 등에 걸리는 枕詞.
12) **紫野**	紫草를 재배하고 있는 들. 「紫草」는 그 뿌리로부터 자색의 염료를 채취한다.

13) **標野** 황실 소유의 땅으로, 사람들의 출입이 금지된 땅.

14) **野守は見ずや** 들지기가 보고 있지 않습니까?「ずや」는 내심의 곤혹을 나타내면서, 상대를 나무라는 용법.

15) **君が袖振る** 「君」는 大海人皇子를 가리킴.「소매를 흔든다」는 것은, 애정을 나타내는 신호이다.

16) **皇太子** 大海人皇子.

17) **答へましし** 대답하셨다.「まし」는 존경어의 補助動詞.「し」는 과거의 조동사.

18) **紫草の** 「の」는「……ノヨウニ」의 뜻인데, 비유를 나타내는 격조사.

19) **にほへる** 아름답게 빛나고 있는.

20) **妹** 남성이, 아내·연인·자매 등을 친숙한 감정으로 부르는 말.

21) **憎くあらば** 좋아하지 않거든.

22) **人妻ゆゑに** 다른 사람의 아내이기에. 사랑해서는 안될 사람이기 때문에.「ゆゑ」는 원인·이유를 나타내는 명사.

23) **恋ひめやも** 그립다고 생각하겠는가, 아니, 사랑하지 않는다.

24) **有間皇子** 蘇我赤兄(そがのあかえ)의 꾀임에 빠져 반역을 꾸몄으나, 赤兄에 배반당해 잡히게 되어, 紀伊(きい)에 유배되는 도중에서 이 노래를 불렀다. 후일, 藤代(ふじよ)에서 교수형에 처해졌다.

25) **自ら傷みて** 스스로 자기의 운명을 애통히 여겨.

26) **松が枝を結べる歌** 소나무의 가지와 가지를 묶어서 소망을 곁들여 부른 노래.

27) **磐代** 지금의 和歌山(わかやま)県 日高(ひたか)郡의 岩代(いわしろ).

28) **まさきくあらば** 만일 다행하게도 무사히 있다면.「ま」는 접두어.「さきく」는「다행」.

29) **またかへり見む** 다시 돌아와 이것을 보리다. 제4구에 이어, 사형을 용서받았으면 하는 심정이 솔직하게 노래되고 있어, 독자의 가슴을 슬프게 만든다.

30) **家にあれば** 집에 있으면.「ば」는, 순접의 恒時条件을 나타내는 접속조사.

31) **笥に盛る飯** 식기에 담아서 먹는 밥.

32) **草枕** 「여행」에 걸리는 枕詞. 여행을 할 때는, 풀베개를 베고 자는 데서 옴.

33) **旅にしあれば** 여행 도중이기에.「し」는 強意의 부조사.

34) **椎の葉に盛る** 식기가 없어서, 눈에 띄는 구실잣밤나무의 잎에 담아(싸)서 먹는다는 뜻.

現代語訳

反歌(中大兄の三山の歌)

6. 海の上の旗のようにたなびいている美しい雲に(赤く)夕日がさしている

が、(このぶんではさぞかし)今夜の月は明るくみごとなものであろう。

天皇が、蒲生野で薬草を採集なされた時、額田王が作られた歌

7. 紫草のはえている野を行きながら、ご料地の印のしてある野を行きながら、野守が見ているではありませんか。(それなのに)あなたはそんなに袖をお振りになっていて。

皇太子がお答えになった御歌

8. 紫草のように美しく照りはえているあなたを、もしも憎いと思うなら、(恋してはならない)他人の妻であるあなたのために、どうしてわたしが恋したりしようか。(こんなにも恋いこがれるのは、あなたを憎からず思うからですよ。)

有間皇子が、みずから運命を哀傷して松の枝を結んだ歌二首

9. 磐代の浜の松の枝を引き結んで(無事を祈るのだが)、もし幸いにも無事であったならば、再び帰ってきてこれを見よう。

10. 家にいるときには食器に盛って食べる飯を、(今は罪人としての)旅の途上なので、椎の葉に盛って食べることである。

韓 譯 反歌(中大兄의 三山의 노래)

6. 바다 위의 깃발처럼 가로로 기다랗게 끼여 있는 구름에 (붉게) 저녁햇살이 비치고 있는 것을 보니, (이런 상태라면 틀림없이) 오늘 밤의 달은 밝고 볼 만한 것이리라.

천황이 蒲生野에서 약초를 채집하고 계실 때, 額田王가 지은 노래

7. 紫草가 돋아 있는 들을 지나면서, 황실 소유지란 표시가 있는 들을 지나가

면서, 들지기가 보고 있지 않습니까. (그런데) 당신은 그렇게도 옷소매를 흔들고 계시니.

황태자가 이에 답하신 노래

8. 紫草처럼 아름답게 빛나는 당신을, 만일 밉다고 생각한다면, (사랑해선 안될) 다른 사람의 아내인 당신을 위해, 왜 내가 사랑하겠는가. (이렇게도 그리워하는 것은, 당신을 싫어하지 않기 때문이라오.)

有間皇子가, 스스로 한탄하여 소나무가지를 끌어당겨 묶으면서 지은 노래 2首

9. 磐代 해변의 소나무가지를 서로 묶어 (무사할 것을 빌고 있으나) 만일 다행하게도 무사할 수 있다면, 다시 돌아와서 이것을 보리다.

10. 집에 있을 때는 식기에 담아서 먹는 밥을, (지금은 죄인의 몸으로서) 여행도중이라서, 구실잣밤나무 잎에 싸서 먹고 있다.

第二期의 노래

이 시기는 天武天皇이 즉위한 후, 奈良천도(710)에 이르는 약 40년간으로서, 柿本人麻呂(かきのもとのひとまろ)를 정점으로 하여 호화로운 예술적 완성을 보인 때이다. 그 외에 대표적인 가인으로는 高市黒人(たけちのくろひと)・持統(じとう)天皇・大津皇子(おおつのみこ)・大伯皇女(おおさくのひめみこ)・志貴皇子(しきのみこ) 등을 들 수 있다.

[1]近江(あふみ)の荒れたる都を過ぎし時、[2]柿本朝臣(あそみ)人麻呂の作れる歌

1. [3]玉襷(たまだすき) [4]畝火(うねび)の山の 橿原(かしはら)の [5]ひじりの[6]御代(みよ)ゆ [7]生(あ)れましし [8]神のことごと [9]樛(つが)の木の [10]いやつぎつぎに 天(あめ)の下 [11]知らしめしを [12]天(そら)にみつ 大和(やまと)を置きて [13]あをによし 奈良山を越え [14]いかさまに 思ほしめせか

[15]天離(あまざか)る [16]ひなにはあれど [17]石走(いはばし)る 近江の国の [18]楽浪(ささなみ)の 大津の宮に 天の下 [19]知らしめしけむ 天皇(すめろき)の 神のみことの 大宮は ここと聞けども 大殿は こ(こと言へども) 春草の しげくおひたる かすみ立つ 春日(はるび)の[20]霧(き)れる [21]ももしきの 大宮処 見れば[22]悲しも

(巻1・雑歌・29)

反歌

2. 楽浪の [23]志賀の辛崎(からさき) [24]幸(さき)くあれど [25]大宮人(ひと)の [26]船待ちかねつ

(巻1・雑歌・30)

3. 楽浪の 志賀の[27]大曲(おほわだ) [28]よどむとも 昔の人に またも[29]逢はめやも

(巻1・雑歌・31)

柿本朝臣人麻呂の、[30]石見国(いはみのくに)より妻に別れて[31]上(のぼ)り来(き)し時の歌

4. 石見の海 [32]角(つの)の浦廻(うらみ)を [33]浦なしと 人こそ見らめ 潟(かた)なしと 人こそ見らめ [34]よしゑやし [35]浦はなくとも よしゑやし 潟はなくとも [36]鯨魚(いさな)取り [37]海辺を指して [38]和多津(にきたつ)の [39]荒磯(ありそ)の上に [40]か青なる [41]玉藻沖(たまもおき)つ藻(も) [42]朝羽(あさは)振る [43]風こそ寄せめ 夕羽(ゆふは)振る 浪こそ来寄せ [44]浪の共(むた) [45]か寄りかく寄り [46]玉藻なす 寄り寝し妹(いも)を [47]露霜(つゆしも)の [48]置きてし来れば この道の [49]八十隈(やそくま)ごとに よろづたび かへりみすれど [50]いや遠に [51]里は放(さか)りぬ いや高に 山も越え来ぬ [52]夏草の [53]思ひ萎(しな)えて [54]偲(しの)ふらむ [55]妹(いも)が門(かど)見む [56]靡(なび)けこの山

(巻2・相聞・131)

反歌二首

5. [57]石見(いはみ)のや [58]高角山(なかつの)の 木(こ)の間(ま)より [59]わが振る袖(そで)を [60]妹見つらむか

(巻2・相聞・132)

6. 小竹(ささ)の葉は [61]み山もさやに [62]さやげども われは妹思ふ [63]別れ来ぬれば

(巻2・相聞・133)

語句의 解釋 및 文法

1) **近江の荒れたる都** 지금의 大津(おおつ)市. 天智天皇시대의 서울. 「近江」는 지금의 滋賀(しが)県. 「壬申の乱」후, 서울은 大和에 옮겨지고, 大津宮은 황폐했다.

2) **柿本朝臣人麻呂** 持統・文武(もんむ)天皇을 모시고, 궁정에 관한 노래를 많이 지었다. 그 가풍은 雄渾・荘重하여, 『万葉集』 가운데서 대표적인 가인이다.

3) **玉襷** 「うね」에 걸리는 枕詞.

4) **畝火の山** 畝傍(うねび)山. 奈良県 高市(たかいち)郡에 있는 산.

5) **ひじり** 日(太陽)을 영유하는 사람으로서, 天의 支配者란 뜻. 여기서는 제1대 神武天皇을 가리킴.

6) **御代ゆ** 임금의 代로부터. 「ゆ」는 「より」란 뜻의 상대의 격조사. 기점이나 경유를 나타냄.

7) **生れましし** 태어나셨다. 「まし」는 존경의 보조동사. 「し」는 과거의 조동사 「き」의 연체형.

8) **神のことごと** 대대의 천황 전부. 「神」은 천황을 가리킴.

9) **樛の木の** 「つぎつぎ」에 걸리는 枕詞.

10) **いやつぎつぎに** 잇달아서. 「いや」는 「いよいよ」란 뜻의 접두어.

11) **知らしめししを** 다스리셨는데. 「知らしめす」는 「知る」의 존경어. 「知る」는 원래 「領有하다. 다스리다」란 뜻. 「を」는 역접의 접속조사.

12) **天にみつ** 「大和」에 걸리는 枕詞.

13) **あをによし** 「奈良」에 걸리는 枕詞.

14) **いかさまに思ほしめせか** 어떻게 생각하셨던지. 「思ほしめす」는 「おぼしめす」와 같으며 「思ふ」의 존경어. 「おもほす」보다 경의가 높다. 「か」는 의문의 계조사.

15) **天離る** 「ひな」에 걸리는 枕詞.

16) **ひなにはあれど** 시골이기는 하지만. 「ひな」는 서울에서 멀리 떨어진 지방. 「に」는 단정의 조동사 「なり」의 연용형.

17) **石走る** 「近江・たるみ」에 걸리는 枕詞.

18) **楽浪** 琵琶湖(びわこ)의 南西岸地方의 古称.

19) **知らしめしけむ** 다스리셨다고들 하는. 「けむ」는 과거의 伝聞을 나타내는 조동사의 연체형.

20) **霧れる** 안개가 끼어 있는. 「霧れ」는 4단동사 「霧る」의 已然形. 「る」는 존속의 조동사 「り」의 연체형.

21) **ももしきの** 「大宮」에 걸리는 枕詞.

22) **悲しも** 슬픈 일이로다. 「も」는 영탄의 종조사.

23) **志賀の辛崎** 大津市 북부의 琵琶湖岸.

24) **幸くあれど** 무사하지만. 여기서는 옛 모습이 변하지 않고 그대로 남아 있다는 뜻. 「さきく」는, 무사히, 평온하다. 그리고 「さきく」는, 앞의 「辛崎」와 동음의 반복이 되어 있다.

25) **大宮人** 宮廷人. 여기서는 琵琶湖에 배를 띄우고 놀던 近江朝의 궁정인을 가리킨다.

26) **船待ちかねつ** 이 구의 주어는 「辛崎」이며, 「辛崎가 大宮人의 배를 초조하게 기다리고 있다」라고, 辛崎를 의인화한 표현이다.

27) **大曲** 크게 만곡해 있는 포구.

28) **よどむとも** 물이 정체해서 흐르지 않게 되어도. 「とも」는 역접의 가정조건을 나타내는 접속조사.

29) **逢はめやも** 만날 일이 있을까? 아니 만날 일은 없을 것이다. 「め」는 推量의 조동사 「む」의 已然形. 「や」는 계조사의 문말용법이며 반어의 뜻. 「も」는 영탄의 종조사.

30) **石見国** 지금의 島根県.

31) **上り来し時** 서울로 올라왔을 때. 「し」는 과거의 조동사 「き」의 연체형.

32) **角の浦廻** 島根県 江津市 都濃津 부근. 人麻呂의 아내가 살고 있던 곳. 「廻」는 접미어.

33) **浦なしと人こそ見らめ** 좋은 포구(海岸)가 없다고 사람들은 보겠지. 「こそ」는 強意의 계조사. 그 종결은 「らめ」이며, 現在推量의 조동사의 已然形.

34) **よしゑやし** 가령. 설사. 「よし」는 가령・설사란 뜻의 부사. 「ゑ」, 「や」는 함께 영탄의 間投助詞. 「し」는 強意의 부조사.

35) **浦はなくとも** 좋은 해안이 없어도. 「とも」는 역접의 가정조건을 나타내는 접속조사.

36) **鯨魚取り** 「海」에 걸리는 枕詞.

37) **海辺を指して** 먼 바다 위로부터 해안 쪽으로.

38) **和多津** 地名. 「わたづ(渡津)」라고 읽고, 배가 닿는 곳이라고 풀이하는 설도 있다.

39) **荒磯** 거친 파도가 밀려 오는 바위가 많은 해안.

40) **か青なる** 새파란. 「か」는 접두어.

41) **玉藻沖つ藻** 「玉」는 美称. 「玉藻」는 아름다운 말(藻). 「沖つ藻」의 「つ」는 연체수식격의 격조사로서, 「の」와 같다.
42) **朝羽振る** 아침에, 새가 날개를 치듯이 힘차게 바람이 분다.
43) **風こそ寄せめ** 바람이 불어서 한쪽으로 모으겠지.
44) **浪の共** 파도와 함께. 「共」는 명사. 「とともに……といっしょに」란 뜻을 나타냄.
45) **か寄りかく寄り** 저쪽으로 몰리고 이쪽으로 몰리고 해서. 「か」, 「かく」는 부사.
46) **玉藻なす** 아름다운 말처럼. 「なす」는 「……ノヨウニ」라는 접미어. 여기까지는 石見의 바다의 叙景으로서, 아름다운 해안의 경치를 그려, 전체가 서문과 같은 것이며, 다음의 「寄り寝し妹」를 이끌어내는 구성으로 되어 있다.
47) **露霜の** 「置く」에 걸리는 枕詞.
48) **置きてし来れば** 뒤에 남겨 두고 왔기에. 「し」는 強意의 부조사.
49) **八十隈** 많은 길모퉁이.
50) **いや遠に** 점점(더욱더) 멀리. 「いや」는 「いよいよ」란 뜻을 곁들인 접두어.
51) **放りぬ** 멀어져 버렸다.
52) **夏草** 「萎(しな)ゆ」에 걸리는 枕詞.
53) **思ひ萎えて** 깊이 사모하다 낙심하여 기운이 빠져.
54) **偲ふらむ** 생각하며 그리워하고 있겠지. 「らむ」는 現在推量의 조동사의 연체형으로서, 다음에 오는 「妹」에 걸리는 형.
55) **妹が門** 아내가 있는 집의 대문. 「が」는 連体修飾格의 격조사.
56) **靡けこの山** 「靡け」는 4단의 동사의 명령형. 「寄り寝し妹を(함께 자던 아내를)」란 구 이하, 집에 남겨 두고 온 아내에 대한 사모의 정이 점차 높아져, 마지막의 「靡けこの山(내 말에 복종해라-내 말을 듣고 키를 낮추어라-이 산아)」라는 절규에 의해, 작자의 감동이 절정에 달해 있다.
57) **石見のや** 이 石見国의. 「や」는 영탄의 간투조사.
58) **高角山** 지금의 島根県 江津市에 있는 산.
59) **わが振る袖** 자기가 이별이 안타까워서 흔드는 소맷자락.
60) **妹見つらむか** 아내는 보고 있을 것인가? 「つ」는 強意의 조동사의 종지형. 「らむ」는 現在推量의 조동사.
61) **み山もさやに** 산 전체가 버석버석 울리듯이. 「み」는 미칭의 접두어.

62) **さやげども** 버석버석 소리를 내고 있지만. 「ども」는 역접의 확정조건을 나타내는 접속조사.

63) **別れ来ぬれば** 헤어져 왔기 때문에. 「ぬれ」는 완료의 조동사 「ぬ」의 已然形. 「ば」는 접속조사.

現代語訳 近江の荒れている(昔の)都を過ぎる時に、柿本朝臣人麻呂が作った歌

1. 畝傍の山の(南東の)橿原の地で即位なされた神武天皇の御代以来、お生まれになった神々(天皇)のすべてが、つぎつぎに(大和の国で)天下をお治めになったのに(その)大和の国をあとにして、奈良山を越え、どのようにお思いになられたからか、都をはなれたいなかではあるが、近江の国の大津の宮で天下をお治めになったとかいう、天皇(天智天皇)の皇居はここであると聞くけれども、(その)御殿はここであったというけれども、(今はただ)春草が繁くおいしげっている、(また)春の日がぼうっとかすんでいる、(この大津の宮の)宮殿の跡を見ると、もの悲しいことだ。

反歌

2. ささなみの地の志賀の辛崎は昔のままに変わらずにあるけれども、(都がすっかり荒れはててしまったいまでは、昔ここで船遊びをしていた)大宮人の船は、もういくら待っても待ち受けることができなくなってしまったことだ。

3. ささなみの地の志賀の大きな入り江は、(いくら人待ち顔に)よどんでいても、昔の(大津の宮のころの)人々に、再び会うことがあろうか。(いやそんなことはできない。)

柿本朝臣人麻呂が、石見国から妻と別れて上京する時の歌

4. 岩見の海の角の浦を、よい浦がないと人々は見るであろうが、(また)よい潟がないと人々は見るであろうが、たとえよい浦はなくても、たとえよい潟はなくても、(沖の方から)海辺をめざして、和多津の荒波のうち寄せる磯のあたりに、青々とした美しい藻や沖の藻を、朝吹く風が寄せるであろう、(また)夕方に立つ波が寄せて来るであろう、その波とともにあちらへ寄ったりこちらへ寄ったりする美しい藻のように、自分に寄り添って寝た妻を、あとに残して(別れて)来たので、この道の数多くの曲がり角ごとに幾度も幾度もふり返って見るけれども、ますます遠く(妻のいる)里は離れてしまった。ますます高く山も越えてきてしまった。夏草のようにしおれて、わたしを思い慕っているであろう妻の家の門を見よう。(その門が見えるように)なびき伏して平らになってくれ、この山よ。

反歌2首

5. 石見の高角山の木立の間から、わたしが(別れを惜しんで) 振る袖を、妻はきっと見ているであろうか。

6. ささの葉は、山全体がさやさやと鳴りひびくかのようにさやさやとそよいでいるが、わたしはただひたすらに妻のことばかり思っている。今別れてきたばかりであるので。

韓 譯　近江의 황폐해진 (옛) 서울을 지날 때, 柿本朝臣人麻呂가 지은 노래

1. 畝傍山의 (남동쪽의) 橿原 땅에서 즉위하신 神武天皇의 治世 이래, 태어나

신 신들(천황) 모두가, 계속해서 차례로 (大和国에서) 천하를 다스리셨는데, (그) 大和国을 뒤로 하고, 奈良山을 넘어, 어떻게 생각하신 탓인지, 서울을 멀리 떠난 시골이지만, 近江国의 大津宮에서 천하를 다스렸다고들 하는, 천황(天智天皇)의 황궁이 여기였었다고 듣고 있지만, (그) 궁궐은 여기에 있었다고 말하지만, (지금은 단지) 봄철의 풀만이 무성하게 돋아 있는, (또) 봄철의 태양이 희끄무레하게 아지랑이 속에 떠 있는, (이 大津宮의) 궁전의 뒷터를 바라보니, 공연히 슬프기만 하다.

反歌

2. 琵琶湖 부근의 志賀의 辛崎는 옛 모습 그대로 변하지 않고 있지만, (서울이 완전히 황폐해진 지금에 와서는, 옛날 여기서 뱃놀이를 하고 있던) 宮廷人의 배는, 이젠 아무리 기다려도 마중할 수 없게 되어 버렸구나.

3. 琵琶湖 부근의 志賀의 큰 만은, (제 아무리 사람을 기다린다는 모습으로) 停滯해서 잔잔하지만, 옛날 (大津宮시대의) 사람들을, 다시 만날 수 있겠는가? (아니 그렇게는 안 된다.)

柿本朝臣人麻呂가 石見国로부터 아내와 작별하고 상경할 때 지은 노래

4. 岩見 바다의 「角(つの)」灣을, 좋은 포구가 없다고 사람들은 볼 것이지만, (또) 좋은 갯벌이 없다고 사람들은 볼 것이지만, 설사 좋은 포구가 없어도, 설사 좋은 갯벌이 없어도, (바다 안쪽부터) 해변을 향해, 和多津의 거센 파도가 밀어닥치는 물가 언저리에, 새파란 아름다운 말이나 바다 안쪽의 말을, 아침에 부는 바람이 한 쪽으로 모아오겠지, (또) 저녁에 이는 파도가 밀어부치겠지, 그 파도와 함께 이리 몰리고 저리 몰리고 하는 아름다운 말처럼, 나에게 다가와서 잠자리를 함께 한 아내를, 뒤에 남겨 두고 (작별해) 왔기에, 오는 도중에 수많은 길모퉁이 마다 몇 번이고 뒤돌아 보지만, 점점 멀리 (아내가 있는)

동네는 멀어져 버렸다. 더욱더 높이 산을 넘어오고 말았다. 여름철의 풀처럼 시들어져, 나를 생각하며 그리워하고 있을 아내의 집 대문을 보고 싶다. (그 대문이 보이도록) 엎디어 평평해져라. 이 산아!

反歌2首

5. 石見国 高角山의 나무숲 사이에서, 내가 (석별의 정을 못내 아쉬워) 흔드는 소매를, 아내는 꼭 보고 있을까?

6. 작은 대나무 잎은, 산 전체가 버석거리도록 버석버석 소리를 내면서 나부끼고 있으나, 나는 오직 한결같이 아내생각만 하고 있다. 방금 헤어져 왔기 때문에.

柿本朝臣(あそみ)人麻呂の、妻 死(みまか)りし後、[1]泣血哀慟(きふけつあいどう)して作れる歌

7. [2]天(あま)飛ぶや [3]軽(かる)の路(みち)は [4]吾妹子(わぎもこ)が 里にしあれば [5]ねもころに [6]見まく
ほしけど [7]止(や)まず行かば [8]人目を多み [9]数多(まね)く行かば [10]人知りぬべみ
[11]さねかづら のちも逢はむと [12]大船の 思ひたのみて [13]玉かぎる 岩垣淵(いわかきふち)
の [14]隠(こも)りのみ [15]恋ひつつあるに 渡る日の [16]暮れ行くがごと 照る月の
雲隠(がく)るごと [17]沖つ藻の [18]なびきし妹(いも)は [19]黄葉(もみちば)の [20]過ぎて去(い)にきと [21]玉梓(たまづさ)
の 使ひの言へば [22]梓弓(あづさゆみ) [23]音に聞きて [24]言はむすべ 為(せ)むすべ知らに
音のみを [25]聞きてありえねば わが恋ふる [26]千重(ちへ)の 一重(ひとへ)も [27]慰むる
情(こころ)もありやと 吾妹子が 止(や)まずいで見し [28]軽(かる)の市(いち)に わが立ち聞けば
[29]玉襷(たまだすき) 畝傍(うねび)の山に 鳴く鳥の [30]音も聞こえず [31]玉鉾(たまほこ)の 道行く人も [32]一
人だに 似てし行かねば [33]すべをなみ 妹が名呼びて [34]袖ぞ振りつる

(巻2・挽歌・207)

短歌二首

8. 秋山の [35]黄葉(もみちば)を茂み [36]迷(まと)ひぬる 妹を求[37]めむ [38]山(やま)道知らずも

(巻2・挽歌・208)

9. 黄葉の [39]散りゆくなへに 玉梓の 使ひを見れば [40]逢ひし日思ほゆ

(巻2・挽歌・209)

柿本朝臣人麻呂の羇旅(たび)の歌

10. [41]天離る(あまさかる) [42]夷(ひな)の[43]長道(ながち)ゆ 恋ひ来れば [44]明石(あかし)の門(と)より 大和島見ゆ

(巻3・雑歌・255)

雲を[45]詠める(柿本朝臣人麻呂之歌集に出づ)

11. [46]あしひきの [47]山川(やまがは)の瀬の [48]鳴るなへに [49]弓月(ゆづき)が獄(たけ)に 雲立ち渡る

(巻7・雑歌・1088)

語句의 解釋 및 文法

1) **泣血哀慟して** 눈물이 마르고 피가 날 만큼 비탄해서.

2) **天飛ぶや** 「雁(かり)」의 枕詞이지만, 類音으로 「軽(かる)」에도 걸린다.

3) **軽の路** 지금의 奈良県 橿原(かしわら)市 大軽(おおかる) 부근.

4) **吾妹子が 里にしあれば** 내 아내가 살고 있는 곳이기에. 「が」는 연체수식격의 격조사. 「し」는 強意의 부조사.

5) **ねもころに** 마음으로부터. 친절하고 공손하게.

6) **見まくほしけど** 보고싶지만. 「ま」는 의지의 조동사 「む」의 미연형의 古形. 「く」는 활용어를 명사화하는 접미어.

7) **止まず行かば** 멈추지 않고 간다면. 「ば」는 순접의 가정조건을 나타내는 접속조사.

8) **人目を多み** 남의 눈이 많기에. 「み」는 원인・이유를 나타내는 접미어.

9) **数多く** 몇 번이고. 자주.

10) **人知りぬべみ** 반드시 남이 알게 될 것이니까. 「ぬ」는 強意의 조동사의 종지형. 「べみ」는 推量의 조동사 「べし」의 어간에, 원인・이유를 나타내는 접미어 「み」가 붙은 것.

11) **さねかづら** 「逢(あ)ふ」에 걸리는 枕詞.

12) **大船の** 「思ひたのみて」에 걸리는 枕詞.

13) **玉かぎる 岩垣淵** 「隠り」를 이끌어내는 서사. 「玉かぎる」는 「岩見淵」의 枕詞. 「岩見淵」는, 바위가 울타리처럼 둘러 있는 소(淵).

14) **隠りのみ** 집에 틀어박혀만 있어. 「のみ」는 한정의 부조사. 남의 눈을 꺼려, 남몰래 사랑하고 있다는 것.

15) **恋ひつつあるに** 계속 연모하고 있는데. 「つつ」는 동작・작용의 반복・계속을 나타내는 접속조사. 「に」는 역접의 접속조사.

16) **暮れ行くがごと** 저물어 가는 듯이. 「ごと」는 상황을 비교하는 조동사 「ごとし」의 연용형 「ごとく」와 같음. 「過ぎて去にき」를 연용수식한다.

17) **沖つ藻** 「なびく」에 걸리는 枕詞.

18) **なびきし妹は** (人麻呂에게) 가까이 다가와서 잠자리를 함께 한 아내는.

19) **黄葉の** 「過ぐ」에 걸리는 枕詞.

20) **過ぎて去にき** 죽어 버렸다. 「過ぐ」는 죽다의 뜻. 「去に」는 「ナ」변동사의 연용형. 「き」는 과거의 조동사의 종지형.

21) **玉梓の** 「使ひ」에 걸리는 枕詞.

22) **梓弓** 「音(おと)」에 걸리는 枕詞.

23) **音に聞きて** 使者가 하는 말을 듣고.

24) **言はむすべ 為むすべ知らに** (응당) 말해야 할 방법도 행해야 할 수단도 모르고. 「すべ」는 방법. 「に」는 부정의 조동사 「ず」의 연용형의 古形.

25) **聞きてありえねば** 듣고 (그냥) 가만히 있지 못하여. 「ね」는 부정의 조동사의 已然形.

26) **千重の一重も** 천분(千分)의 일이라도. 『万葉集』의 관용구이다.

27) **慰むる 情もありやと** 마음을 위로할 수도 있을 것일까 하고. 「や」는 의문의 계조사의 문말용법.

28) **軽の市** 「軽」지방의 장터.

29) **玉襷 畝傍の山に 鳴く鳥の** 「音(おと)」를 이끌어내는 서사. 玉襷는 「うね」의 枕詞.

30) **音も聞こえず** 위의 序를 받아서, 우는 새소리도 안 들리고 아내의 목소리도 안 들리고.

31) **玉鉾の** 「道」에 걸리는 枕詞.

32) **一人だに 似てし行かねば** (길 가는 사람은 많으나, 그 중의) 한 사람도 죽은 아내를 닮은 모습을 한 사람이 지나가지 않기에. 「だに」는 정도의 가벼운 것을 들어, 言外에 무거운 것을 유추시키는 부조사. 「し」는 強意의 부조사. 「ね」는 부정의 조동사.

33) **すべをなみ** 어떻게 할 수가 없어. 「な」는 형용사 「なし」의 어간. 「み」는 원인・이유를 나타내는 접미어.

34) **袖ぞ振りつる** 소매를 흔들었단다.「ぞ」는 強意의 계조사.「つる」는 그에 호응하는 것으로서, 완료의 조동사「つ」의 연체형.

35) **黄葉を茂み** 단풍이 한창이기에.「茂み」는 앞에 나온「多み」「なみ」와 같은 용법.

36) **迷ひぬる** 산에서 길을 잃었다. 죽었음을 뜻한다.

37) **求めむ** 찾아내려고 생각한다.「む」는 意志의 조동사의 연체형으로서, 아래의「山道」에 걸리는 용법.

38) **山道知らずも** 산길을 모르게 되었도다.「も」는 영탄의 종조사.

39) **散りゆくなへに** (꽃이) 떨어져 가는 것과 함께.「なへに」는「…와 함께, …에 따라서」란 뜻.

40) **逢ひし日思ほゆ** 생전 아내를 만났던 때의 일이 생각난다.「し」는 과거의 조동사「き」의 연체형.「思ほゆ」는 조동사「思はゆ」가 바뀐 것이며, 자연히 생각난다는 뜻.

41) **天離る** 「夷(ひな)」에 걸리는 조사.

42) **夷** 시골. 지방.「鄙」라고도 쓴다.

43) **長道ゆ** 긴 해변을 지나서.「ゆ」는 상대의 격조사로서, ①기점을 나타내며,「…カラ」란 뜻. ②경유하는 장소를 나타내며,「…ヲ通ッテ」란 뜻. 여기서는 ②의 뜻.

44) **明石の門** 明石(あかし)海峡. (지금의 兵庫(ひょうご)県지방)「門」이란 양쪽에서 육지가 튀어나와 문과 같은 지형으로 되어 있는 곳을 말한다. 그것이 넓은 것을「大(おお)門(と)」, 조금 좁은 것을「瀬戸(せと)」라고 한다.

45) **詠める** 지은 (읊은) 노래.「詠め」는 4단동사의 已然形.「る」는 완료의 조동사「り」의 연체형인데, 그 아래「歌」가 생략되어 있는 꼴.

46) **あしひきの** 「山」에 걸리는 枕詞.

47) **山川** 산중에 있는 시내.「ヤマガワ」라고 탁음으로 읽는다.「ヤアカワ」라고 청음으로 읽으면「山と川」란 뜻이 된다.

48) **鳴るなへに** 크게 울리는 데 따라.「なへに」는 앞에서도 보았다.

49) **弓月が獄** 奈良県 磯城(しき)郡에 있는 巻向山의 높은 봉우리.

現代語訳 柿本朝臣人麻呂の妻が死んだ後、涙が尽き血が出るほど悲しみ嘆いて作った歌

7. 軽の地はわたしの妻の里であるので、心から見たいと思うけれども、

絶えず行ったら人目に立つので、あまり何度も行ったらきっと人が知るであろうから、(今ではなく)のちにでも会うことにしようと、それを心頼みにして、あの岩見淵にこもるように、家にこもってばかりいて、恋い慕い続けているのに、空を渡る日が暮れてゆくように、空に照る月が雲に隠れて見えなくなるように、(わたしに)なびき寄って寝た妻は死んでしまったと、使いの者が言うので、その知らせを聞いて、何を言おうにも言う方法もなく、何をするにもどうしてよいかわからないで、知らせだけ聞いて(そのままで)じっとしてもいられないので、わたしが恋しく思う(心の)千分の一でも慰めることもできるであろうかと(思って)、いとしい妻がいつも出て見た軽の里の市に(行って)、わたしがたたずんで聞くと、畝傍山で鳴く鳥の声も聞こえず、道行く人も、ひとりさえも(亡き妻に)似ている人が通って行かないので、どうしようもなくて、妻の名を呼んで、袖を振ったことであるよ。

短歌二首

8.　秋の山の黄葉が茂っているので、迷いこんで(もどれなくなって)しまった妻をさがし求めようにも、その山道がわからないことであるよ。

9.　黄葉が散って行くとともに(妻の死を知らせてきた)使いの者を見ると、(生前に妻に)会った日のことが自然と思い出されてくることだ。

柿本朝臣人麻呂の旅(たび)の歌

10.　遠い地方からの長い海路を通って、(都を)恋しく思いながらやって来ると、明石の海峡から(なつかしい)大和の山々が見えることだ。

雲を詠める歌(柿本朝臣人麻呂の歌集に出る)

11. 山あいを流れる川の瀬が音高く響き流れるにつれて、弓月が嶽に雲が一面にわき立ってゆくことだ。

韓 譯 柿本朝臣人麻呂가 아내가 죽은 뒤, 피눈물을 흘리며 애통해 하며 지은 노래

7. 「軽」의 땅은 내 아내의 고장이기에, 진정으로 가 보려고 생각하지만, 자주 가면 남의 눈에 뜨이기에, 자주 몇 번이고 가면 반드시 남이 알 것이기에, (지금이 아니고) 뒤에라도 가 보리라고 하고, 그것을 속으로 기대하여, 저 岩見淵에 틀어박혀 있듯이, 집에만 틀어박혀 있어, 계속 연모하고 있는데, 하늘을 건너가는 해가 저물어 가듯이, 하늘에 빛나는 달이 구름에 가려서 안 보이게 되듯이, (내게) 쏠려 잠자리를 함께 한 아내는 죽어 버렸다고, 심부름꾼이 말하기에, 그 전갈을 듣고, 무엇을 말하려 해도 할 말이 없고, 무엇을 하려고 해도 어떻게 해야할 지를 몰라, 전갈만 듣고 (그대로) 가만히 있을 수도 없어서, 내가 그리워하는 (마음의) 천분의 일이라도 위안을 줄 수 있을지도 모르겠다고 (생각해서), 사랑하는 아내가 언제나 나와서 보던 「軽」 고장의 장터에 (가서), 내가 서서 들으니, 畝傍山에서 우는 새소리도 죽은 아내의 목소리도 안 들리고, 길 가는 사람도, 한 사람도 (죽은 아내를) 닮은 사람이 지나가지 않기에, 어떻게 할 바를 몰라서, 아내의 이름을 부르면서, 소맷자락을 흔들었던 것이다.

短歌2首

8. 가을철의 산에 단풍이 무성하여, 미로 (迷路)에 빠져(돌아올 수 없게 되어) 버린 아내를 찾아내려 해도, 그 산길을 알 수 없는 일이로다.

9. 단풍이 떨어져 가는데 (아내의 죽음을 알려 온) 심부름꾼을 보니까, (생전에 아

내를) 만났던 그 날의 일이 자연히 회상되는구나.

柿本朝臣人麻呂의 여행의 노래

10. 먼 지방으로부터 긴 해로를 지나, (서울을) 그리면서 찾아오니, 明石의 해협에서 멀리 (정든) 大和의 산들이 보이는구나.

구름을 노래함 (柿本朝臣人麻呂의 가집에 나옴)

11. 산골을 흐르는 시냇물이 점점 크게 계곡을 울리면서 흘러가는 데 따라, 弓月山 전체에 구름이 피어오르고 있구나.

天皇(すめらみこと)の 御製歌(おほみうた)　([1]持統天皇)

12. 春過ぎて [2]夏来たるらし [3]白妙(しろたへ)の 衣(ころも)乾(ほ)したり 天(あめ)の香具山

(巻1・雑歌・28)

[4]慶雲三年 丙午(ひのえうま)、難波宮(なにはのみや)に [5]幸(いでま)しし時、[6]志貴皇子(しきのみこ)の[7]作りませる御歌(みうた)

13. 葦辺(あしべ)行く 鴨(かも)の[8]羽がひに 霜降(しもふ)りて 寒き夕べは [9]大和(やまと)し思ほゆ

(巻1・雑歌・64)

志貴皇子の懽(よろこび)の御歌(みうた)

14. [10]石(いは)そそぐ [11]垂水(たるみ)の上の [12]さ蕨(わらび)の 萌(も)え出づる春に [13]なりにけるかも

(巻8・「春の雑歌」・1418)

[14]大津皇子(おほつのみこ)の、窃(ひそ)かに伊勢の神宮に下りて、[15]上り来ましし時、[16]大伯皇女(おほくのひめみこ)の作りませる御歌(みうた)

15. [17]わが背子を 大和へ[18]遣(や)ると [19]さ夜深けて [20]暁露(あかときつゆ)に わが立ち濡れし

(巻2・相聞・105)

大津皇子、[21]被死(みまか)らしめらゆる時、[22]磐余(いはれ)の池の陂(つつみ)にして涕(なみだ)を流して作りましし歌

16. [23]ももづたふ 磐余の池に 鳴く鴨(かも)を [24]けふのみ見てや [25]雲隠りなむ

(巻3・挽歌・416)

高市連黒人(26)たけちのむらじくろひと の羇旅(たび)の歌(二首)

17. 桜田へ[27] 鶴鳴き(28)たづ わたる 年魚市潟(29)あゆちがた 潮干(30)しほひ にけらし 鶴鳴きわたる

(巻3・挽歌・271)

18. わが船は 比良の湊に(31)ひらみなと 漕ぎ泊てむ(32)こ は 沖へな離り(33)さか さ夜ふけにけり[34]

(巻3・挽歌・274)

語句의 解釋 및 文法

1) **持統天皇** 제41대 천황. 天智天皇의 황녀.

2) **来たるらし** 드디어 여름이 오는가 보다.「来たる」는 4단동사의 종지형.「らし」는 근거있는 추정을 나타내는 조동사의 종지형.

3) **白妙** 흰 의복.「白妙の」는「衣」의 枕詞로 쓰이지만, 여기서는 枕詞가 아님.

4) **慶雲三年丙午** 706년.

5) **幸しし時** 행차하셨을 때.

6) **志貴皇子** 天智天皇의 황자.

7) **作りませる御歌** 만드(지으)신 노래.「ませ」는 존경의 보조동사.

8) **羽がひに霜降りて** 새의 날개에 서리가 내려서. 현실적으로 서리가 내린 것이 아니고, 심한 추위를 구체적으로 나타낸 표현.

9) **大和し思ほゆ** 大和의 일이 그립게 느껴지는 구나.「し」는 強意의 부조사.「思ほゆ」는 자연히 생각된다는 뜻.

10) **石そそぐ** 「垂水」에 걸리는 枕詞.

11) **垂水の上** 폭포 근처.

12) **さ蕨** 「さ」는 어조를 갖추는 접두어.「蕨」는 고추냉이.

13) **なりにけるかも** 되었구나.「に」는 완료의 조동사「けり」의 연체형.「かも」는 영탄의 종조사.

14) **大津皇子** 天武天皇의 황자. 大伯皇女의 同母弟. 686년 반역의 혐의로 처형됨.

15) **上り来まししし時** 大和로 돌아가셨을 때.「来」는「上り」에 붙어서 행동성을 나타낼 뿐인 용법.

16) **大伯皇女** 天武天皇의 황녀.

17) **わが背子** 나의 동생.「背子」는, 여성이 남편이나 형제를 친히 부르는 말.

18) **遣ると** 돌려 보내려니까.「遣る」는 자기 쪽에서 떼어놓아 멀리 보낸다는 뜻으로서, 보내기 싫다는 뜻도 포함하고 있다.

19) **さ夜** 「さ」는 (12)와 같은 쓰임이다.
20) **暁露** 새벽녘의 이슬.
21) **被死らしめらゆる時** 죽음을 명령받았을 때.
22) **磐余の池** 奈良県 桜井(さくらい)市 부근에 있었다고 함.
23) **ももづたふ** 「磐余」에 걸리는 枕詞.
24) **けふのみ見てや** 오늘 보는 것이 마지막이라고. 「のみ」는 부조사로서 強意의 용법. 「や」는 의문의 계조사.
25) **雲隠りなむ** 죽어가는 것인가. 「雲隠り」는 죽음의 뜻. 「な」는 強意의 조동사. 「む」는 推量의 조동사.
26) **高市連黒人** 持統・文武天皇을 모셨다. 「連」는 8종의 姓(かばね)의 제7등.
27) **桜田** 지금의 名古屋(なごや)市 南区 일대.
28) **鶴** 歌語로서 「つる」라고 하지 않고, 「たづ」라고 한다.
29) **年魚市潟** 桜田의 서쪽 늪지대.
30) **潮干にけらし** 조수가 빠진 듯하다. 「干」는 상1단동사의 연용형. 「に」는 완료의 조동사 「ぬ」의 연용형. 「けらし」는 「けるらし」의 준말. 「ける」는 과거의 조동사의 연체형. 「らし」는 근거있는 추정을 나타내는 조동사의 종지형.
31) **比良** 지금의 琵琶湖 서쪽 해안.
32) **漕ぎ泊てむ** 배 저어가서 정박하자. 「む」는 의지의 조동사의 종지형.
33) **な離り** 멀어지지 말라. 「な」는 아래에 동사의 연용형을 수반하여 금지를 나타내는 부사.
34) **さ夜ふけにけり** 밤도 깊어졌다. 「さ」는 接頭語. 「に」는 完了. 「けり」는 영탄의 조동사.

現代語訳 天皇の御製歌

12. 春が過ぎて(いよいよ)夏がやって来るらしい。あの天の香具山には、(衣がえにそなえて)まっ白な着物が干してある。

慶雲三年丙午の年、難波宮に行幸なさった時、志貴皇子がお作りになられた御歌

13. 葦の生えているあたりを行くかもの翼に霜がおりるような、寒いこ

の夕暮れには、(ふるさとの)大和の地が恋しく思われることだ。

志貴皇子のよろこびの御歌

14. 滝が音をたてて流れ落ちるそのあたりのわらびが芽を出す春になったことだなあ。

大津皇子が、ひそかに伊勢の神宮に来られて、大和の方へ上られた時、大伯皇女がお作りになられた御歌

15. わたしの弟を大和へ帰そうとして(見送っているうちに)夜もふけて、明け方の露に、わたしは立ちつくしたまま(しっとりと)ぬれてしまったことだ。

大津皇子が、死を命ぜられた時、磐余の池のつつみで涙を流してお作りになられた御歌

16. 磐余の池に鳴いているかもを、今日を限りと見て、わたしは死んでゆくのであろうか。

高市連黒人の旅の歌(二首)

17. 桜田の方の田んぼに向かって鶴が鳴きながら飛んで行くことよ。(さては)年魚市潟では潮が引いたらしい。鶴が鳴きながら飛んで行くことよ。

18. わたしの乗っている船は(今夜は)比良の港に漕いで行って停泊しよう。沖の方へ離れていくな。夜も深くなってしまったのだよ。

韓 譯 天皇이 만드신 노래

12. 봄이 지나고 (드디어) 여름이 오는가 보다. 저 香具山에는, (更衣철을 맞아) 흰 옷들이 널려 있다.

慶雲 3年 丙午, 難波宮에 행차하셨을 때, 志貴皇子가 지으신 노래

13. 갈대가 우거진 근처에서 노는 오리의 날개에 서리가 내릴 만큼 추운 해질 녘이면, (고향인) 大和땅이 그리워지는구나.

志貴皇子의 환희의 노래

14. 폭포가 소리내어 떨어져 내리는 물가에 돋아 있는 고추냉이가 움(芽)트는 봄이 되었나 보다.

大津皇子가 남몰래 伊勢神宮으로 내려갔다가, 다시 大和길에 오르실 때, 大伯皇女가 만드신 노래

15. 내 동생을 大和로 돌려 보내려고 (전송을 하는 중에) 밤이 깊어져, 새벽녘 찬 이슬 (속)에, 나는 계속 선 채로 (촉촉하게) 젖어 버리고 말았도다.

大津皇子가, 죽음을 하명(下命)받았을 때, 磐余못(池) 방죽에서 눈물을 흘리면서 만드신 노래

16. 磐余못에서 울고 있는 오리를, 오늘 마지막으로 보고, 나는 죽어가는 것인가.

高市連黒人의 여행의 노래 (2首)

17. 桜田 쪽의 논들을 향해 학(鶴)이 울면서 날아가는구나. (어쩌면) 年魚市潟(갯벌)에는 바닷물이 빠진 모양이구나. 학이 울면서 날아가는 것을 보니.

18. 내가 탄 배는 (오늘 밤은) 比良港까지 저어가서 정박시키자. 먼 바다 쪽으로 멀어져 가지 말라. (벌써) 밤도 깊어졌으니까.

第三期의 노래

이 시기는 奈良에 천도해서부터 733(天平 5)년까지의 약 20년간인데, 万葉歌風의 圓熟期라고 말해진다. 노래가 문학작품으로 완성의 경지에 다다라, 山部赤人・大伴旅人・山上憶良・高橋虫麻呂 등, 개성적인 뛰어난 가인을 배출한 시기이다.

[1]大宰師大伴卿、酒を讃むる歌 (大伴旅人)

1. 験なき [2]物を思はずは [3]一坏の 濁れる酒を [4]飲むべくあるらし

(巻3・雑歌・338)

故郷の家に還り入りて、[5]すなはち作れる歌(二首) (大伴旅人)

2. [6]人もなき 空しき家は [7]草枕 旅にまさりて 苦しかりけり

(巻3・挽歌・451)

3. 妹として 二人作りし わが[8]山斎は 木高く繁く [9]なりにけるかも

(巻3・挽歌・452)

[10]反歌([11]山部宿禰赤人)

4. [12]田子の浦ゆ うち出でて見れば 真白にぞ 不尽の高嶺に [13]雪は降りける

(巻3・雑歌・318)

[14]神亀元年甲子の冬十月五日、紀伊の国に幸しし時 山部宿禰赤人の作れる歌(反歌)

5. [15]若の浦に 潮満ち来れば [16]潟を無み 葦辺をさして 鶴鳴きわたる

(巻6・雑歌・919)

[17]反歌二首(山部宿禰赤人)

6. [18]み吉野の [19]象山の[20]際の [21]木末には [22]ここだも騒く 鳥の声かも

(巻6・雑歌・924)

7. ぬばたまの[23] 夜(よ)[24]の更(ふ)けゆけば 久木(ひさき)[25]生(お)ふる 清き川原に 千鳥(ちどり)[26]しば鳴く

(巻6・雜歌・925)

山部宿禰赤人の歌

8. 春の野に すみれ採みにと 来しわれぞ 野[27]をなつかしみ 一夜(ひとよ)寝(ね)にける

(巻8・春の雜歌・1424)

語句의 解釋 및 文法

1) **大宰帥大伴卿** 大伴旅人이다. 漢詩文의 소양이 깊고, 中国思想의 영향도 보인다.「大宰帥」는 大宰府의 장관.

2) **物を思はずは** 생각하지 말고.

3) **一坏の濁れる酒** 한 잔의 탁주.

4) **飲むべくあるらし** 마시는 것이 좋겠다.「べく」는 적당의 조동사의 연용형.「ある」는「ラ」변동사의 연체형.「らし」는 推量의 조동사의 종지형인데, 여기서는 불확실한 단정에 가까운 용법.

5) **すなわち** 곧 바로.

6) **人もなき空しき家** 사랑하는 아내가 없는 집이기에,「텅빈 집-空しき家」라고 느낀 것이다.

7) **草枕** 「旅」에 걸리는 枕詞.

8) **山斎** 정원. 林泉(숲과 샘 따위가 있는 정원).

9) **なりにけるかも** 되어 버렸구나.「に」는 완료의 조동사의 연용형.「ける」는 과거의 조동사의 연체형.「かも」는 영탄의 조동사.

10) **反歌** 이 노래는「天地(あめつち)の分(わ)かれし時ゆ……」라고 하는 장가에 곁들여진 단가이다.

11) **山部宿禰赤人** 聖武天皇 때, 下級官吏로서 출사했던 듯하며, 천황의 행차에 수행하면서 지은 노래가 많다. 叙景歌에 뛰어나고, 人麻呂와 어깨를 나란히 한다.「宿禰」는 8종의 姓의 제3등.

12) **田子の浦ゆ** 「ゆ」는 상대의 격조사로서, 경유를 나타냄.「……ヲ通ッテ」의 뜻이다.「田子の浦」는 지금의 静岡(しずおか)県 富士(ふじ)郡의 富士川 동쪽의 땅이라고 본다.

13) **雪は降りける** 눈이 쌓여 있을 것이겠지.「ける」는 영탄의 조동사의 연체형으로, 위의 강의의 계조사「ぞ」의 맺음이다.

14) **神亀元年甲子** 724년. 聖武天皇의 원년.「甲子」는「甲子年」을 말함.

15) **若の浦** 지금의 和歌山市 和歌浦 근방.

16) **潟を無み** 갯벌이 없어지기에.

17) **反歌二首** 이 2수의 노래는, 「やすみししわが大君の……」라고 하는 장가에 곁들여진 것.

18) **み吉野** 「み」는 미칭의 접두어. 吉野는 지금의 奈良県 吉野郡의 吉野川 유역 일대의 땅.

19) **象山** 吉野山 가운데의 작은 봉우리.

20) **際** 산과 산이 서로 맞닿은 골짜기.

21) **木末** 나뭇가지의 끝.

22) **ここだも** 이렇게도 많이.

23) **ぬばたまの** 「夜」에 걸리는 枕詞.

24) **夜の更けゆけば** 밤이 깊어가면. 「の」는 주격의 격조사. 「ば」는 순접의 확정조건을 나타내는 접속조사.

25) **久木** 식물의 빨간 새싹. 또는 붉은 잎이 돋는 떡갈나무.

26) **しば鳴く** 자꾸만 우는. 「しば」는 부사로서, 「しばしば」의 뜻.

27) **野をなつかしみ** 들이 그리워서.

※ 上代의 영탄의 종조사 「かも」는 체언・활용어의 연체형에 붙으며, 반드시 문말에 쓰여 영탄의 뜻을 나타낸다. 中古 이후는 「かな」가 이를 대신한다.

・なりにけるかも(연체형에 접속)

・鳥の声かも(체언에 접속)

단, 다음과 같이 문장 안에 쓰여 의문(반어)의 뜻을 나타낼 때는, 계조사 「か」에 「も」가 붙은 것이다.

・あしひきの山鳥の尾のしだり尾の長々し夜を独りかも寝む(万葉集) <……寝ルノデアロウカナア。>

現代語訳

大宰府の長官大伴旅人の酒をほめる歌

1. 思ってもかいのない物思いなどしないで、一杯の濁り酒を飲むほうがよいようだ。

故郷の家に還ってきて、作った歌

2. 妻もいないがらんとした(わが)家(のうつろさ)は、旅の(ときに味わった)苦しさにもまして、さびしくつらいものだなあ。

3. 妻とふたりで作ったわが家の庭は、(留守にしていた間に)木々も高くこんもりと茂ったことだなあ。(木はこんなに生長したが、妻はもう、ともにそれを見ることができないのだ。)

反歌

4. 田子の浦を通って、(見晴らしのよい所へ)出て見ると、まっ白に、富士の高い峰に雪が降り積もっていることだ。

神亀元年甲子の冬十月五日、紀伊の国においでになった時山部宿禰赤人が作った歌

5. 若い浦の潮が満ちてくると、干潟がなくなるので、葦の生えている岸辺の方をめざして、つるの群れが鳴きながら飛んでいくことであるよ。

反歌二首

6. 吉野の象山の山あいの木々の梢には、たいそう鳴き騒いでいる鳥の声がすることだなあ。

7. 夜がふけてゆくと、久木の生えている(吉野川の)清らかな河原で、千鳥がしきりに鳴いていることであるよ 。

山部宿禰赤人の歌

8. 春の野にすみれを摘もうとやって来たわたしは、その野があまりにもなつかしいので、(とうとう)一晩とまってしまったことであるよ。

韓 譯 大宰府長官인 大伴旅人의 술을 찬미하는 노래

1. 생각해도 소용없는 근심걱정일랑 하지 말고, 한 잔의 탁주를 마시는 것(쪽)

이 나을 듯하다.

고향집에 돌아와서 만든 노래

2. 아내도 없는 텅 빈 (우리) 집(의 공허함)은, 여행의 (때에 맛본) 괴로움보다 더 쓸쓸하고 괴로운 것이로구나.

3. 아내와 둘이서 손질하여 만든 우리집 정원은 (집을 비웠던 사이에) 나무들도 자라서 울창하게 되었구나. (나무는 이렇게도 성장했지만, 아내는 이미, 나와 함께 그것을 볼 수 없게 되었다.)

反歌

4. 田子의 포구를 지나, (전망이 좋은 곳에) 이르러 보니, 새하얗게, 富士山(일본에서 가장 높은 산)의 높은 봉우리에 눈이 내려 쌓여 있는도다.

神亀元年甲子의 겨울 10월 5일, 紀伊国에 행차하셨을 때 山部宿禰赤人가 만든 노래

5. 「若の浦」에 조수가 밀려 오면, 갯벌이 없어지기에, 갈대가 자라 있는 해변을 향해, 학의 무리가 울면서 날아가고 있는 것이로다.

反歌2首

6. 吉野의 象山의 골짜기의 나무들의 가지 끝에서는, 대단히 시끄럽게 울고 있는 새소리가 나는구나.

7. 밤이 깊어가면, 떡갈나무(赤芽柏)가 돋아 있는 (吉野川의) 맑은 냇가에서, 물떼새가 자꾸만 울고 있구나.

山部宿禰赤人의 노래

8. 봄의 들녘에 제비꽃을 꺾으려고 나온 나는, 그 들이 너무나도 그리워서, (결국) 하룻밤을 묵고 말았던 것이다.

[1]山上憶良臣(やまのうえのおくらのおみ)、宴(うたげ)をまかる歌

9.　[2]憶良らは　今は[3]まからむ　[4]子泣くらむ　[5]それその母も　吾(わ)を[6]待つらむぞ

(巻3・雑歌・337)

子らをしのふ歌

10.　[7]瓜(うり)食(は)めば　子ども[8]思ほゆ　栗(くり)食めば　まして[9]しのはゆ　いづくより来たりしものぞ　[10]まなかひに　[11]もとなかかりて　[12]安眠(やすい)し寝(な)さぬ

(巻5・雑歌・802)

反歌

11.　銀(しろかね)も　金(くがね)も玉も　[13]なにせむに　[14]まされる宝　子に[15]如(し)かめやも

(巻5・雑歌・803)

貧窮問答の歌一首，短歌あわせたり

12.　[16]風交じり　雨降る夜(よ)の　雨交じり　雪降る夜は　[17]すべもなく　[18]寒くしあれば　[19]堅塩(かたしほ)を　取りつづしろひ　[20]糟湯酒(かすゆざけ)　うちすすろひて　[21]しはぶかひ　[22]鼻びしびしに　[23]しかとあらぬ　ひげかきなでて　[24]あれをおきて　[25]人はあらじと　[26]誇ろへど　寒くしあれば　[27]麻衾(あさぶすま)　引きかがふり　[28]布肩衣(ぬのかたぎぬ)　[29]ありのことごと　[30]着そへども　[31]寒き夜すらを　われよりも　貧しき人の　父母(ちちはは)は　[32]飢ゑ寒からむ　妻子(めこ)どもは　[33]さくり泣くらむ　この時は　[34]いかにしつつか　汝(な)が世は渡る。

天地(あめつち)は　広しといへど　[35]あがためは　狭(さ)くやなりぬる　日月は　明(あ)かしといへど　あがためは　[36]照りやたまはぬ　[37]人みなか　あれのみやしかる　[38]わくらばに　人とはあるを　人並みに　[39]あれも作るを　綿もなき　布肩衣(ぬのかたぎぬ)の　[40]海松(みる)のごと　[41]わわけ下がれる　[42]艦褸(かがふ)のみ　肩にうち掛け　[43]伏廬(ふせいほ)の　曲廬(まげ)の内に　[44]直土(ひたつち)に　藁(わら)解き敷きて　[45]父母は　枕の方(かた)に　妻子どもは　あとの方に　囲(かく)みゐて　[46]憂(うれ)へさまよひ　[47]かまどには　煙(けぶり)吹き立てず

[48]こしきには　蜘蛛(くも)の　巣かきて　飯炊(いひかし)ぐ　ことも忘れて　[49]ぬえ鳥の　[50]のどよひをるに　[51]いとのきて　[52]短きものを　端(はし)切ると　[53]いへるがごとく　[54]しもと取る　[55]里長(さとをさ)が声は　寝屋戸(ねやど)まで　[56]来(き)立ち呼ばひぬ　[57]かくばかり　[58]すべなきものか　[59]世の中の道　(巻5・雜歌・892)

反歌

13. 世の中を　[60]うしと[61]やさしと　思へども　[62]飛び立ちかねつ　[63]鳥にしあらねば　(巻5・雜歌・893)

語句의 解釋 및 文法

1) **山上憶良**　持統・文武・元明・元正・聖武의 5조에 출사했다. 사상적인 소재를 취급하고, 인생시인으로서 『万葉集』 가운데서도 이색적이다.

2) **憶良らは**　「ら」는 자신을 낮추어 말하는 느낌을 나타내는 접미어. 복수의 뜻은 아니다.

3) **まからむ**　퇴출하리라. 「まかる」는 귀한 곳에서 퇴출하는 뜻의 겸양의 동사.

4) **子泣くらむ**　지금쯤은 아이들이 울고 있으리라. 「らむ」는 現在推量의 조동사의 종지형.

5) **それその母も**　「それ」는 흐름을 세게 하기 위해 곁들인 것. 「その母」는, 그 아이의 어머니로서, 자신의 처를 완곡하게 말한 것. 「そのかの母も」「そを負ふ母も」 등으로 읽는 說도 있다.

6) **待つらむぞ**　기다리고 있으리라. 「ぞ」는 強意의 계조사의 문말용법.

7) **瓜食めば**　외를 먹으면.

8) **思ほゆ**　자연히 생각나다.

9) **しのはゆ**　자연히 그립게 생각되다. 「しのは」는 「그립게 생각하다」인 「慕わしく思う」란 뜻의 동사 「しのふ(偲ふ)」의 미연형. 「ゆ」는 상대의 자발의 조동사의 종지형.

10) **まなかひ**　눈 앞. 「目(ま)な交(かい)」로서 両眼의 시선이 교차되는 사이.

11) **もとなかかりて**　자꾸만 아른거려. 「もとな」는 무턱대고, 까닭없이란 뜻의 부사.

12) **安眠し寝さぬ**　安眠시키지 않는 구나. 「し」는 強意의 부조사. 「寝(な)さ」는 「眠らせる」(잠들게 하다)란 뜻의 4단의 타동사 「寝す」의 미연형. 「ぬ」는 부정의 조동사의 연체형으로서, 여기서는 영탄적 표현.

13) **なにせむに** 무엇이 되겠는가.「せ」는「サ」변의 동사의 미연형.「む」는 추량의 조동사의 연체형.「に」는 영탄의 종조사.

14) **まされる宝** 뛰어난 보배.

15) **如かめやも** 미칠까, 아니 미치지 못하리라.「め+や」의 形에 주의.

16) **風交じり 雨降る夜の**「の」는 동격의 격조사로서,「……デ」의 뜻. 또 이 句는「雨交じり 雪降る夜は」와 대구가 된다.

17) **すべもなく** 어떻게 할 방도가 없어.

18) **寒くしあれば** 춥기에.「し」는 強意의 부조사.「あれ」는「ラ」변의 동사의 已然形.「ば」는 순접의 확정조건을 나타내는 접속조사.

19) **堅塩を 取りつづしろひ** 덩어리진 억센 소금을 조금씩 빨면서.「取りつづしろひ」는 4단의 동사의 연용형이지만, 이것은「取りつづしる」의 미연형에 반복・계속의 조동사「ふ」의 연용형이 접속된「取りつづしらひ」의「ら」가 음운변화하여「ろ」로 된 것으로서, 一語의 동사로 취급한다. 다음에 오는「うちすすろひ」도 같은 용법. 그리고, 이 句는「糟湯酒うちすすろひて」와 대구를 이룬다.

20) **糟湯酒** 술막지를 더운 물에 녹인 것. 보통의 술을 못 마시는 가난함을 나타내고 있다.

21) **しはぶかひ** 기침을 하고 또 하며.「しはぶか」는 4단의 동사의 미연형.「ひ」는 반복・계속의 조동사「ふ」의 연용형.

22) **鼻びしびしに** 콧물을 훌쩍거리면서.

23) **しかとあらぬ** 그런 정도도 아닌.「しか」는 부사.「ぬ」는 부정의 조동사의 연체형.

24) **あれをおきて** 자기를 제외하고.「あれ」는「あ」「わ」「われ」와 같은 자칭의 대명사.

25) **人はあらじ** 사람은 없겠지.「じ」는 부정추량의 조동사의 종지형으로서, 미연형에 접속한다.

26) **誇ろへど** 언제나 자만(자랑・뽐냄)하고 있지만.「誇ろへ」는「誇らへ」가 음운변화한 것인데, 4단의 동사의 已然形.「ど」는 역접의 접속조사.

27) **麻衾** 삼베로 만든 허술한 이불.

28) **布肩衣** 삼(麻)이나 어저귀나 모시풀 등으로 짠 거친 허술한 소매 없는 옷.

29) **ありのことごと** 있는 것은 모조리.「あり」는「ラ」변의 동사의 연용형의 명사적 용법.

30) **着そへども** 겹쳐 입지만.「ども」는 역접의 접속조사.

31) **寒き夜すらを** 추운 겨울인데.「すら」는 부조사로서, 가벼운 것을 들어 言外에 무거운 것을 유추시킨다.

32) **飢ゑ寒からむ** 「飢ゑ」는「ワ」행 하2단의 동사「飢う」의 연용형.「寒から」는 형용사의 미연형.「む」는 추량의 조동사의 종지형.

33) **さくり泣くらむ** 흐느껴 울고 있으리라.「らむ」는 現在推量의 조동사의 종지형.「父母は飢ゑ寒からむ」와「妻子どもはさくり泣くらむ」는 대구.

34) **いかにしつつ 汝が世は渡る** 어떻게 (하면서) 너는 살아가는 것인가?「し」는「サ」변의 동사의 연용형.「つつ」는 반복・계속의 접속조사. 그 종결은「渡る」로서 4단의 연용형.「が」는 주격의 격조사. 여기까지가 貧者의 물음이고, 뒤의 것은 窮者의 대답이다.

35) **あがためは 狭くやなりぬる** 나에 게는 (나를 위해서는) 좁아져 버린 것일까?「あ」는 자칭의 대명사.「が」는 연체수식어.「狭く」는 형용사「狭し」의 연용형.「や」는 의문의 계조사.「ぬる」가 그 매듭으로서 완료의 조동사의 연체형.

36) **照りやたまはぬ** 비추어 주지 않으시련가?「や……ぬ(助動・打消—부정・연체형)」으로서, 걸림맺음(係り結び).「天地は……狭くやなりぬる」와「日月は……照りやたまはぬ」와는 대구.

37) **人みなか あれのみやしかる** 세상 사람들이 모두가 그러한 것인가. 나만 그러한 것인가?「か」도「や」도 의문의 계조사이며,「しかる」는 그 종결로서「ラ」변의 복합동사「しかり(しく+あり)」의 연체형.「人みなか(しかる)」와「あれのみやしかる」와는 対句.

38) **わくらばに** 우연히. 마침. 부사.

39) **あれも作るを** 나도 경작하는데.「を」는 역접의 접속조사.「わくらばに 人とはあるを」와「人並みに あれも作るを」와는 대구.

40) **海松** 얕은 바다의 암석에 돋는 짙은 녹색의 바닷말.

41) **わわけ下がれる** 「わわく」는, 찢어져서 흐트러진다는 뜻.

42) **襤褸** 남루한 것. 누더기.

43) **伏せ廬の 曲げ廬の** 짜부러진 듯한 지붕이 없는 낮은 조그마한 집인데, 기울어서 금방 넘어질 듯한 작은 집의. 위의「の」는 동격의 격조사.

44) **直土** 흙바닥. 직접 닿는 흙.

45) **父母は 枕の方に** 부모는 베갯머리에. 다음의「妻子どもは あとの方に」와 대구.

46) 憂へさまよひ 한탄하고 신음하여.

47) かまどには 煙吹き立てず 다음의「こしきには 蜘蛛の 巣かきて」와 대구. 며칠 동안 이나, 밥을 지은 일도 없다고 하는 빈궁상태를 말한 것임.

48) こしき 밥을 짓는 그릇. 옛날에는 밥을 쪄서 만들었다.

49) ぬえ鳥の「のどよふ」의 枕詞.「ぬえ鳥」는 호랑지빠귀(새)로서, 밤에 슬피 울기 때문에 이렇게 말한다.

50) のどよひをるに 가늘고 힘이 없는 소리를 내고 있는데.「に」는 역접의 접속조사.

51) いとのきて 副詞. ①특별히 유별나게. ②그렇지 않다고 해도. ③매우. 여기서는 ①의 뜻.

52) 短きものを 端切る 당시의 속담. 불행한 위에 더욱 불행하게 만드는 것. 가난해서 고생하고 있는 위에, 또 세금을 바치게 해서 괴롭힘을 당하는 것을 말함.

53) いへるがごとく 세상에서 말해지고 있듯이.「ごとく」는 比況의 조동사「ごとし」의 연용형.

54) しもと 회초리. 새로 돋은 가지로 만든 매.

55) 里長が声 村長의 목소리.「里長」은 50호로 이루어지는「里」의 장.「が」는 연체 수식격의 격조사.

56) 来立ち呼ばひぬ 찾아와서 다리를 벌리고 막아 서서, 몇 번이고 불러댄다.「ひ」는 반복・계속의 조동사「ふ」의 연용형.

57) かくばかり 그렇게까지도.「かく」는 부사.「ばかり」는 정도를 나타내는 부조사.

58) すべなきものか 어떻게 할 수 없는 것일까?「か」는 의문의 계조사의 문말용법.

59) 世の中の道 이 세상의 도리란 것은. 인생이란 것은.「すべなきものか」의 주어로서 도치법.

60) うし「憂し」로서, 괴롭다.

61) やさし ①부끄럽다. ②우미하다. 품위가 있다. ③꾸미거나 진지한 척하다. ④기특하다. 여기서는 ①의 뜻.

62) 飛び立ちかねつ 날아가 버릴 수가 없어.「かね」는, 동사의 연용형에 붙어 하2단의 동사를 만드는 접미어「かぬ」의 연용형으로서, 하려고 해도 되지 않는다고 하는 기분을 나타냄.

63) 鳥にしあらねば 새가 아니기 때문에.「に」는 단정의 조동사「なり」의 연용형.「し」는 強意의 부조사.「あら」는「ラ」변의 보조동사의 미연형.「ね」는 부정의 조동사의 已然形.「ば」는 已然形에 붙어 있는 탓으로 순접의 확정조건을 나타내는 접속조사.

現代語訳 山上憶良臣、宴席を退出するときの歌

9. 憶良めはもう退出いたしましょう。(家では)子どもが泣いているでしょう。それにその子の母(であるわたしの妻)もわたしを待っているでしょうよ。

子どもたちをしのぶ歌

10. 瓜を食べると自然と子どものことが思われる。くりを食べるといっそう(いとしく)思い出される。(いったい子どもは)どからやって来たものか。(その面影が)目の前にしきりにちらついて、わたしに安眠もさせないことであるよ。

反歌

11. 金も銀も珠玉も何になろうか。これらのすぐれた宝も子どもに及ぼうか。(いや及ばない。)

貧者と窮者との問答の歌一首、短歌をあわせる

12. 風が交じって雨の降る夜で、その雨に交じって雪の降る夜は、どうしようもなく寒いので、 かたまった荒塩をすこしずつなめなめし、酒のかすをとかした湯をすすりすすりして、せきをしいしい、鼻水をぐずさせ、ろくにはえてもいないひげをかきなでて、自分のほかに人間らしい人間はあるまいと、しきりに自慢をしているが、寒くてしかたがないので、麻の夜具をひっかぶり、布の袖なしをありったけ重ね着ても、それでさえ寒い夜であるのに、(ましてや)わたしより貧しい人の父母は、飢えてこごえているであろう。妻子たちはしゃくりあげて泣いているであろう。こんな時は、どんなふうにしいしいして、おまえは暮らしていくのか。

天地は広いというけれども、わたしに対しては狭くなったのであろ

うか。太陽や月は明るいというけれども、わたしのためには照ってくださらないのであろうか。世間の人がみなそうであるのか、わたしだけがそうであるのか。たまたま人間として生まれてきたのに、人並みにわたしも耕作しているのに、綿もない布なし(の着物)で、まるで海藻のようによれよれになっているぼろぎれだけを肩にかけ、押しつぶれひん曲がった小屋の中に、地べたにじかにわらをほぐして敷いて、父母は自分の枕の方に、妻や子どもは自分の足もとの方に、ぐるりと取り囲んですわって、嘆きうめいており、かまどには(煮るものがなくて)煙も吹きたてず、こしきにはくもが巣をかけて、飯をたくことも忘れて、ぬえ鳥のように力のない声でうめいているのに、「特別に短いものを、さらにその端を切る」と(ことわざに)言っているように、むちを持った村長の声は、寝ている小屋の戸口まで来てどなり立てる。こんなにまでどうしようもないものなのかなあ、この世の中に生きてゆくということは 。

反歌

13. この世の中をつらいとも恥ずかしいとも思うけれども、(それでもどこかへ)飛び立ってしまうこともできない。(わたしは)鳥ではないのだから。

韓 譯

山上憶良臣(おみ)(臣는 上代의 姓의 하나. 8종의 姓 가운데서 6등)가 술자리를 물러나는 노래.

9. 소인 憶良는 물러납니다. (집에서는) 아이들이 울고 있겠지요. 그리고 그들의 母(인 저의 아내)도 저를 기다리고 있을 테니까요.

자식들을 그리는 노래

10. 참외를 먹으면 자연히 자식들의 일이 생각난다. 밤을 먹으면 더욱(사랑스럽게) 생각난다. (도대체 자식이란 것은) 어디에서 온 것일까? (그 모습이) 눈앞에

자꾸만 어른거려, 나로 하여금 단잠을 못 이루게 하니 말이다.

反歌

11. 금이고 은이고 구슬인들 무엇하랴. 이와 같은 좋은 보배도 자식에게 비길 수 있겠는가? (아니 비길 수 없다.)

貧者와 窮者와의 문답가 1수. 단가를 곁들이다.

12. 바람이 섞여 비가 내리는 밤. 그 비에 섞여 눈이 내리는 밤은, 어떻게 할 수 없이 춥기에, 덩어리진 굵은 소금을 조금씩 빨고, 술막지를 푼 더운 물을 마시면서, 자꾸만 기침을 하고, 콧물을 훌쩍거리고, 제대로 나 있지 않은 수염을 쓸면서, 나 이외에 인간다운 인간은 없겠지 하고, 자꾸만 스스로 자랑하고 있지만, 추워서 어쩔 수가 없어, 삼베로 된 이불을 뒤집어 쓰고, 천으로 된 소매 없는 옷을 있는 대로 겹쳐 입어도, 그래도 추운 겨울밤인데, (하물며) 나보다 가난한 사람의 어버이는, 배고파 떨고 있겠지. 처자들은 흐느끼며 울고 있겠지. 이럴 때, 어떻게 하면서, 너는 살아가는가?

천지가 넓다고들 하지만, 나에게 대해서는 좁아진 것일까? 태양이나 달이 밝다고들 하지만, 나를 위해서는 비추어 주지 않는 것일까? 세상 사람들이 모두 다 그런 것인가, 나만이 그런 것인가. 우연히 인간으로 태어났는데, 다른 사람과 다름없이 나도 경작을 하고 있는데, 솜도 넣지 않은 천으로 된 소매 없는 옷으로, 마치 바닷말처럼 찢어져서 조각이 난 누더기만을 어깨에 걸치고, 짓눌리고 휘어진 조그마한 집안에, 땅바닥에 바로 짚을 펼쳐 깔고, 어버이는 나의 베갯머리 쪽으로, 아내나 자식들은 나의 발치 쪽에 빙 둘러 앉아, 한숨지며 신음하고 있고, 부엌에는 (찌고 삶을 것이 없어) 연기도 내지 못하고, 밥솥에는 거미가 줄을 쳐, 밥을 짓는 것도 잊고, 호랑지빠귀새처럼 힘없는 소리로 신음하고 있는데, 「가뜩이나 짧은 것을, 또 그 끝을 끊는다」라고 (속담에서) 말하고 있듯이, 회초리를 든 村長의 음성은 자고 있는 움막집의 입구까지 와서 막아서서 고함을 친다. 이렇듯 어쩔 수 없는 일이겠는가?

이 세상을 살아간다는 것은.

反歌

13. 이 세상을 괴롭다고도 부끄럽다고도 생각하지만, (그래도 어딘가에) 날아가 버릴 수도 없다. (나는) 새가 아니기 때문에.

[1]勝鹿の真間の娘子を詠める歌 (高橋虫麻呂)

14. [2]鶏が鳴く 吾妻の国に 古に ありける事と 今までに 絶えず言ひ来る 勝鹿の 真間の [3]手児奈が [4]麻衣に [5]青衿着け [6]直さ麻を [7]裳には織り着て [8]髪だにも 掻きは梳らず 履をだに 穿かず行けども [9]錦綾の 中につつめる [10]斎児も [11]妹に如かめや [12]望月の 満れる面わに [13]花のごと 笑みて[14]立てれば 夏虫の 火に入るがごと [15]水門入りに 船漕ぐごとく [16]行きかぐれ 人のいふ時 [17]いくばくも 生けらじものを [18]何すとか [19]身をたな知りて 波の音の 騒く水門の [20]奥津城に [21]妹が臥せる 遠き世に ありける事を [22]昨日しも 見けむがごとも [23]思ほゆるかも

(巻9・挽歌・1807)

反歌

15. 勝鹿の 真間の井を見れば [24]立ち平し [25]水汲ましけむ [26]手児奈し思ほゆ

(巻9・挽歌・1808)

語句의 解釋 및 文法

1) **勝鹿の真間** 지금은 葛飾라고 쓴다. 「真間」는 지금의 千葉市 川市 真間.

2) **鶏が鳴く** 「吾妻」의 枕詞. 「吾妻」는 東国.

3) **手児奈** 東国의 말로서 처녀・소녀(おとめ)의 뜻. 「てこ」는 「おとめ」, 「な」는 애칭의 접미어.

4) **麻衣** 삼으로 짠 조잡한 옷.

5) 青衿　푸른 동정.

6) 直さ麻　순수한 삼(麻). 「さ」는 접두어.

7) 裳　여자가 치마 밑에 입는 옷.

8) 髮だにも　머리조차도. 「だに」는 정도의 가벼운 것을 들어, 言外에 무거운 것을 유추시키는 부조사. 머리조차도 빗지 않고 있으니, 더구나 화장은 하지 않는다는 것. 「履をだに……」의 「だに」도 마찬가지로서, 「더구나 수레 같은 것에도 타지 않고」라는 것이다.

9) 錦綾　비단. 고급의 옷감(직물). 앞의 삼베에 대해 말한 것.

10) 斎児　소중하게 키우고 있는 자식.

11) 妹に如かめや　이 手児奈에 미칠까 보냐, 아니 미치지 못한다.

12) 望月の 満れる面わ　보름달처럼 둥근 얼굴 모양. 「の」는 비유를 나타내는 격조사. 「満れ」는 4단의 동사의 已然形. 「る」는 존속의 조동사 「り」의 연체형.

13) 花のごと　꽃과 같이. 「ごと」는 比況의 조동사의 연용형 「ごとく」의 古形.

14) 立てれば　서 있기에. 「立て」는 4단의 동사의 已然形. 「れ」는 존속의 조동사 「り」의 已然形. 「ば」는 순접의 확정조건을 나타냄.

15) 水門入りに 船漕ぐごとく　河口에 들어가기 위해 배를 정신없이 젓듯이. 앞의 「夏虫の火に入るがごと」와 대구의 형으로서, 「行きかぐれ」에 이어지는 비유의 연용수식구.

16) 行きかぐれ　가서 모여. 「求婚해서」란 뜻으로 새기는 설도 있다.

17) いくばくも 生けらじものを　얼마만큼도 살고 있지 않을 것인데, 짧은 인생인데라고 하는 기분. 「ものを」는 역접의 접속조사.

18) 何すとか　어떤 생각에서일까? 「妹が臥せる」에 걸린다. 「か」는 의문의 계조사이며, 그 맺음은 「臥せる」의 「る」.

19) 身をたな知りて　자기 처지를 잘 분별하여. 「たな」는 強意의 접두어.

20) 奥津城　무덤.

21) 妹が臥せる　그 소녀(처녀)는 누워 있다. 물에 빠져 죽어 묘 안에 누워 있다는 뜻. 「臥せ」는 4단의 동사의 已然形. 「る」는 존속의 조동사 「り」의 연체형이며, 위의 「か」의 맺음이다.

22) 昨日しも 見けむがごとも　바로 어제 만난 듯하게도. 「し」는 強意의 부조사. 「けむ」는 과거 推量의 조동사의 연체형.

23) 思ほゆるかも　자연히 생각나는 일이구나. 「思ほゆる」는 하2단의 동사 「思ほゆ」의 연체형. 「かも」는 영탄의 종조사.

24) **立ち平し** 서성거려서 지면을 고르게 해서.
25) **水汲ましけむ** 물을 길었다든가 하는. 「し」는 존경의 조동사 「す」의 연용형이나, 여기서는 친애의 뜻. 「けむ」는 과거의 伝聞을 나타내는 조동사의 연체형.
26) **手児奈し** 「し」는 強意의 부조사.

現代語訳 葛飾の川市真間の少女を詠んだ歌

14. 東国で、昔あったことと、今に至るまで絶えず語り伝えてきている葛飾の真間の手児奈が、麻の着物に青いえりをつけ、まじりけのない麻を裳に織って着て、髪さえもかきけずらず、はき物さえもはかないで行くけれども、錦や綾の中に包んで大切に育てている箱入り娘も、このおとめに及ぼうか。(及びはしない。) 満月のように(美しくふくよかに)満ち足りている顔で、花のようににっこり笑って立っているので、夏虫が火に飛び込むように、(あるいは)河口に入ろうと船を漕ぐように、行き集まって人々が言い寄ったとき、(人というものは)どれほども生きてはいられないものなのに、どういうつもりで(自分の)身のほどを思い知って、波の音が騒がしい河口(に身を投げ、そ)の墓にこのおとめは横たわってしまったのか。その遠い昔にあったことを、つい昨日でも見たかのように思われることだなあ。

反歌

15. 葛飾の真間の井戸を見ると、(昔ここに)いつも立ち慣れて水を汲んだとかいう手児奈のことが自然と思われることだ。

韓 譯 葛飾의 川市真間의 처녀(소녀)를 읊은 노래

14. 東国에서, 옛날에 있었던 일이라고, 지금에 이르기까지 끊임없이 이야기되어 전해 오는 葛飾의 真間의 처녀가, 삼베옷에 푸른 동정을 달고, 순수한 삼으로 속옷을 짜서 입고, 머리조차 빗지 않고, 신을 것조차도 신지 않고 가

지만, 비단으로 몸을 싸서 소중히 기르고 있는 규중 처녀도, 이 처녀에 미칠 것인가. (미치지 않는다.) 보름달처럼 (아름답고 탐스럽게) 모자람이 없는 얼굴로, 꽃처럼 방긋이 웃으면서 서 있기 때문에, 여름 벌레가 불에 뛰어드는 듯이, (또는) 河口에 들어가려고 배를 저어 가듯이, 모여 와서 사람들이 말을 걸어 왔을 때, (사람이란 것은) 얼마만큼도 살고 있지 못하는데, 어떤 생각으로 (자기의) 분수를 알아차리고, 파도 소리가 요란한 河口(에 몸을 던져, 그) 무덤에 이 처녀는 묻혀 버렸는가? 그런 먼 옛날에 있었던 일을, 바로 어제라도 본 것처럼 생각나는 구나.

反歌

15. 葛飾의 真間의 우물을 보니까, (옛날, 여기에) 언제나 자주 나타나서 물을 길었다던가 하는 처녀의 일이 자연히 생각나는 구나.

第四期의 노래

이 시기는 天平 6년에서 天平宝字 3년(759)에 이르는 약 25년간으로서, 天平文化의 爛熟에 따라, 文人化의 경향을 더듬어, 이지적・기교적에로 옮아지고, 古今風에의 추이가 엿보인다. 大伴家持(おおとものやかもち)・狭野弟上娘子(さののおとがみのをとめ) 등이 주된 가인이다.

[1]中臣朝臣宅守(なかとみのあそみやかもり)と[2]狭野弟上娘子と贈り答ふる歌 (狭野弟上娘子)

1. 君が行く 道の[3]長路(ながて)を [4]繰(く)りたたね 焼きほろぼさむ [5]天(あめ)の火もがも

(巻15・3724)

[6]天平勝宝(てんぴようしようほう)二年三月一日の夕べに、春の苑(その)の桃李(たうり)の花をながめて作れる歌

([7]大伴宿禰(すくね)家持)

2. 春の苑 [8]くれなゐにほふ 桃の花 [9]した照る道に いで立つをとめ
(巻19・4139)

[10]二十三日、興に依(よ)りて作れる歌二首 (大伴宿禰家持)

3. 春の野に 霞(かすみ)たなびき [11]うらがなし この[12]夕かげに うぐひす[13]鳴くも
(巻18・4290)

4. わが宿の [14]いささ群竹(むらたけ) 吹く風の 音のかそけき この[15]夕べかも
(巻19・4291)

二十五日、作れる歌一首 (大伴宿禰家持)

5. [16]うらうらに 照れる春日に ひばり上がり [17]情(こころ)悲しも [18]ひとりし思へば
春日[19]遅々としてひばりまさに鳴く。[20]悽惆(せいてう)の意、歌にあらずは払ひ
がたきのみ。よりてこの歌を作り、もちて[21]締緒(ていしよ)を展(の)ぶ。(巻19・4292)

語句의 解釋 및 文法

1) **中臣朝臣宅守** 国禁을 깨고 狭野弟上娘子와 통한 탓으로 越前国(지금의 新潟(にいがた)県)에 유배당했으나, 뒤에 용서를 받고 従5位下를 받음.

2) **狭野弟上娘子** 斎宮寮蔵部의 여관. 神事에 봉사하는 몸이었기에 결혼할 수 없었다.

3) **長路** 먼 거리. 「て」는 「行くて」와 마찬가지로, 그 방면을 말함.

4) **繰りたたね** 끌어당겨 접어서. 「たたね」는 下2段의 동사 「たたぬ」의 연용형.

5) **天の火もがも** 불가사의한 힘을 가진 하늘의 불이 있었으면 좋겠구나. 「もがも」는 원망의 종조사.

6) **天平勝宝二年** 750년. 孝謙(こうけん)天皇 때.

7) **大伴宿禰家持** 大伴旅人의 子. 越中守, 因幡守, 太宰大弐 등을 역임하고, 中納言이 됨. 「宿禰」는 8종의 姓 중에서 제3위.

8) **くれなゐにほふ** 다홍색으로 아름답게 물들어 있는. 「にほふ」는 아름다운 색깔로 피는 것.

9) **した照る** 복숭아꽃의 빛깔로 그 나무 밑이 밝게 빛나고 있는 광경을 말함.

10) **二十三日** 天平勝宝 5월 23일. 뒤에 나오는 25일도 같은 해 같은 달의 25일.

11) **うらがなし** 마음에 어쩐지 슬픈 생각이 드는 것. 「うら」는 「心」를 뜻하는 접두어.

12) **夕かげ** 석양 빛. 「かげ」는 빛(光).

13) 鳴くも　울고 있구나. 「も」는 영탄이 종조사.
14) いささ群竹　얼마 안 되는 대나무 숲. 「いささ」는 「少量」을 뜻하는 접두어.
15) 夕べかも　저녁이구나. 「かも」는 영탄의 종조사.
16) うらうらに　한가롭게. 형용동사의 연용형.
17) 情悲しも　「も」는 영탄의 종조사. 노래는 여기서 끊어지고, 제5구와 도치되고 있음.
18) ひとりし思へば　「し」는 強意의 부조사. 「ば」는 已然形에 붙어서 확정조건을 나타내는 접속조사.
19) 遅々として　화창한 모양으로. 달리 「봄날이 저무는 것이 늦은 모양」이라고 해석하는 설도 있다.
20) 悽惆の意　비상한 마음. 마음이 쓸쓸한 고독감을 말하며, 이것도 이른바 춘수의 정이리라.
21) 締緒を展ふ　울적한 마음을 밝게 한다. 「緒」는 마음. 「展ぶ」는 밝게 하다.

現代語訳

中臣朝臣宅守と狭野弟上娘子とが贈答した歌

1. あなたが(流されて)行く道の遠い道のりを、たぐりよせ(短く)たたんで、焼き滅ぼしてしまうような天の火がほしいことだなあ。

天平勝宝二年三月一日の夕方に春の苑の桃や李の花をながめて作った歌

2. 春の庭園に紅色に美しく咲いている桃の花よ。(そして)その木の下が明るく、照りはえている道に出て立っている少女(のなんと美しいこと)よ。

二十三日、興に依って作った歌二首

3. 春の野にかすみがたなびいて、なんとなくもの悲しい。この夕方の(あわい)日ざしの中でうぐいすが鳴いていることよ。

4. わたしの家の少しばかり群がり生えている竹の茂みに吹きわたる風の音の、かすかに聞こえてくるこの(もの静かな)夕暮れだなあ。

二十五日に作った歌一首

5. うららかに照っている春の日にひばりが舞い上がり、なんとももの寂しいことだなあ。(こうして)ひとりでもの思いにふけっていると。

春の日はうらうらとのどかに照っていて、ひばりがしきりに鳴いている。このこころ悲しい気持は、歌によむほかに払いのけることはできない。よって、この歌を作って、はればれしない気持を晴らすのだ。

韓 譯

中臣朝臣宅守와 狹野弟上娘子가 서로 주고 받은 노래

1. 그대가 (유배를 당해) 가는 그 먼 道程을, 내 앞으로 끌어당겨서 (짧게) 접어, 불태워 버릴 만한 하늘의 불이 있었으면 좋으련만.

天平勝宝 2년 3월 1일의 저녁 때, 봄의 정원의 桃李의 꽃을 바라보면서 만든 노래

2. 봄의 정원에 붉은 색으로 아름답게 피어 있는 복사꽃이여. (그리고) 그 나무 밑이 밝고, 빛나고 있는 길에 나와서 서 있는 소녀(의 무어라고 형용할 수 없는 아름다움이)여.

23일, 흥에 겨워서 만든 노래

3. 봄의 들녘에 아지랑이가 끼어, 어쩐지 나도 모르게 슬프다. 이런 해질녘의 (엷은) 햇살 속에서 꾀꼬리가 울고 있구나.

4. 우리집 뜰의 조그마하게 群生해 있는 대나무숲을 흘러가는 바람소리가, 어렴풋이 들려오는 (고요한) 해질녘이구나.

25日에 만든 노래

5. 화창하게 빛나고 있는 봄날에 종달새가 날아 오르는데, 어쩐지 쓸쓸하기만 하구나, (이렇게) 혼자서 생각에 잠겨 있으니까.

봄날은 화창하고도 한가롭게 빛나고 있는데, 종달새가 자꾸만 우지진다. 이 어딘지 모르게 쓸쓸한 마음은, 노래에 옮기는 외엔 씻을 도리가 없다. 따라서 이 노래를 지어 울적한 마음을 푸는 것이다.

無名歌(旋頭歌(せどうか))・東歌(あづまうた)・防人歌(さきもりのうた)

권14의 「東歌」나, 권20에 집중적으로 채록된 「防人歌」를 비롯하여, 『万葉集』에는 이름도 없는 庶民의 노래가 수없이 수록되어 있다. 상대인의 소박한 생활감정이나 풍속을 전해 주는 것으로서 중요한 歌群이다.

[1]十年 戊寅(つちのえとら)、[2]元興寺(ぐわんこうじ)の僧のみづから嘆く歌

1. [3]白珠(しらたま)は 人に[4]知らえず [5]知らずともよし 知らずとも [6]われし知れらば 知らずともよし

(巻6・雑歌・1018)

[7]旋頭歌(柿本人麻呂の歌集に出づ)

2. [8]水門(みなと)の 葦(あし)の[9]末葉(うらば)を [10]たれか手折(たを)りし わが[11]背子(せこ)が 振る手を見むと [12]われぞ手折りし

(巻7・雑歌・1288)

[13]東歌([14]常陸国(ひたちのくに)の歌)

3. [15]筑波嶺(つくばね)に [16]雪かも降らる [17]否(いな)をかも [18]愛(かな)しき児(こ)ろが [19]布乾(にの)さるかも

(巻14・雑歌・3351)

東歌([20]武蔵国(むさしのくに)の歌)

4. [21]多摩(たま)川に さらす手作(てづく)り さらさらに 何ぞこの児(こ)の [23]ここだ[24]愛(かな)しき

(巻14・相聞・3373)

東歌(国土山川の名を[25]勘(かむが)へ知ることを得ず)

5. [26]稲つけば [27]かかるあが手を [28]今宵もか [29]殿(との)の若子(わくご)が 取りて嘆かむ

(巻14・相聞・3459)

[30]天平勝宝七歳乙未(てんぴやうしようほうしちねんきのとひつじ)の二月、[31]相替りて[32]筑紫(つくし)に遣(つかは)さるる諸国(くにぐに)の[33]防人(さきもり)らの歌([34]遠江国(とほたふみのくに)・[35]主帳丁(ふみひとのよぼろ)・[36]麁玉郡(あらたまのこほり)の若倭部身麻呂(わかやまとべのむまろ))

6. わが妻は いたく[37]恋ひらし[38] 飲む水に 影さへ見えて[39] 世に忘らえず[40]

(巻20・4322)

(駿河国・丈部稲麻呂)[41]

7. 父母が 頭かき撫で[42] 幸くあれて 言ひしけとばぜ[43] 忘れかねつる[44]

(巻20・4346)

(信濃国[45]・国造[46] 小県郡[47]の 他田舎人大島)

8. 唐衣[48] 裾に取りつき 泣く子らを 置きてぞ来のや[49] 母なしにして[50]

(巻20・4401)

(武蔵国・妻椋椅部弟女)

9. 草枕 旅の丸寝[51]の 紐絶えば[52] あが手と[53]つけろ[54] これの針持し[55]

(巻20・4420)

語句의 解釋 및 文法

1) **十年戊寅** 738(天平 15)년의 일.

2) **元興寺** 지금의 奈良市에 있었다. 일본국의 最古의 절의 하나.

3) **白珠** 진주. 자기의 뛰어난 재주의 비유.

4) **知らえず** 알려지지 않는다.「え」는 상대의 수동의 조동사「ゆ」의 미연형. 「ず」는 종지형.

5) **知らずともよし** 남은 몰라도 좋다.「とも」는 역접의 가정조건을 나타내는 접속조사.

6) **われし知れらば** 자기만 알고 있다면.「し」는 強意의 부조사.「知れ」는 4단동사의 已然形.「ら」는 존속의 조동사「り」의 미연형. 따라서「ば」는 순접의 가정조건의 접속조사.

7) **旋頭歌** 5・7・7, 5・7・7의 38음으로 이루어지며, 전후반으로 나뉘어져 문답의 형식으로 되는 것이 기본적이다.

8) **水門** 江이나 바다의 출입구.

9) **末葉** 잎사귀의 끝부분.「うらば」란 읽기에 주의

10) **たれか手折りし** 누가 꺾었는가.「か」는 의문의 계조사. 그 맺음은「し」로서 과거의 조동사「き」의 연체형.

11) **背子** 남편. 여성이 남성을 친히 부르는 말.

12) **われぞ手折りし** 「たれか手折りし」라는 물음에 대답한 것. 「ぞ……し」로서 「係り結び(위에 걸림 조사가 왔을 때 문장의 술어를 종지형 이외의 형태로 맺음)」가 된다.

13) **東歌** 동국지방의 민요풍의 노래를 말함. 권14에 「東歌」라고 해서 230수 남짓 수록되어 있으나, 어느 것이나 작자와 연대가 불명이다.

14) **常陸国** 지금의 茨城(いばらき)県.

15) **筑波嶺** 筑波山. 茨城県 筑波郡에 있는 명산.

16) **雪かも降らる** 눈이 내린 것일까. 「か」는 의문의 계조사. 그 맺음은 「る」로서 완료의 조동사 「り」의 연체형. 「も」는 強意의 계조사. 「降らる」는 「降りある」에서 나온 사투리로서, 「降れ(動・4・已然)る」와 같다.

17) **否をかも** 아니, 틀렸을까. 「否かも」에 홍취를 더하기 위해 間投助詞 「を」를 곁들였다.

18) **愛しき児ろ** 사랑스런 저 아이.

19) **布乾さるかも** 천을 널고 있는 것일까. 「にの」는 사투리. 「乾さる」는 「乾せ(動・4・已然)る(조동・존속・연체)」의 사투리.

20) **武蔵国** 지금의 東京都를 중심으로 埼玉(さいたま)・神奈川(かながわ)県에 걸쳐진 지역.

21) **多摩川に さらす手作り** 「さらさら」를 끌어내는 서사. 「手作り」는 손으로 짠 천.

22) **さらさらに** 점점. 「さらに」를 겹쳐 센 느낌을 주는 말.

23) **ここだ** 이렇게 심하게. 부사.

24) **愛しき** 귀여운. 사랑스런. 형용사의 연체형으로서, 위의 「ぞ」의 맺음.

25) **勘へ知ることを得ず** 생각해서 알아낼 수가 없다.

26) **稲つけば** 벼를 찧기 때문에. 「つけ」는 4단의 동사의 已然形. 「ば」는 순접의 확정조건을 나타내는 접속조사.

27) **かかる** 손발이 거칠어 트는 것.

28) **今宵もか** 오늘 저녁도 또……가. 「か」는 의문의 걸림 조사이나, 여기서는 단순한 의문이 아니고, 이면에 작자의 기대가 담겨 있다. 「か」의 맺음은 「む」이며, 推量의 조동사의 연체형이다.

29) **殿の若子** 저택에 사는 도련님.

30) **天平勝宝七歳乙未** 755년.

31) **相替りて** 교체되어.

32) **筑紫** 筑前(ちくぜん)・筑後(ちくご)의 고칭. 지금의 福岡県(ふくおか)의 중서부.

33) **防人の歌** 「防人」는 동국으로부터 징집되어 九州(きゅうしゅう) 북변의 방비를 맡았던 병사. 정원 1000명, 임기는 3년이었다. 「防人らの歌」는 권14에 약간 보이는 외는, 거의가 권20에 실려 있다.

34) **遠江国** 지금의 静岡県(しずおか) 서부지방.

35) **主帳丁** 主帳이 보낸 장정. 主帳은 郡司의 최하급직. 「丁」은 14세에서 65세까지의 남자로서, 公用의 노동에 종사했다.

36) **麁玉郡** 지금의 天竜川 연안의 지역.

37) **いたく** 매우. 심히. 부사.

38) **恋ひらし** 연모하고 있는 듯하다. 「恋ふらし」가 바른 어법임. 동국지방의 사투리. 「らし」는 근거있는 추정을 나타내는 조동사의 종지형.

39) **影さへ** 모습까지. 「かご」는 「かげ」의 동국방언이며, 모습. 「さへ」는 곁들인 부조사.

40) **世に忘らえず** 완전히 잊을 수가 없다. 「世に」는 부사로서, 아래에 부정의 말을 수반해서 「결코, 조금도 …(않는다)」의 뜻이 된다. 「え」는 上代의 가능의 조동사 「ゆ」의 미연형.

41) **駿河国** 지금의 静岡県의 중부지방.

42) **幸くあれて** 평안하게 지내라고. 「さく」는 「さきく」와 같은 것으로서 「무사히」란 뜻의 부사. 「て」는 격조사 「と」의 동국방언.

43) **けとばぜ** 「ことばぞ」의 동국방언. 「ぜ」는 강의의 계조사이며, 「ぜ…つる」로서 걸림맺음.

44) **忘れかねつる** 잊을 수 없게 되어 버렸다. 「かね」는 다른 동사의 연용형에 붙어서 불가의 뜻을 나타내는 하2단활용의 접미동사 「かぬ」의 연용형. 「つる」는 완료의 조동사 「つ」의 연체형이며, 「ぜ」의 맺음이다.

45) **信濃国** 지금의 長野県(ながの).

46) **国造** 상대에 나라(지방)를 다스린 세습의 지방관. 여기서는 国造家에서 나온 장정이란 뜻.

47) **小県郡** 지금의 上田市(うえだ) 부근.

48) **唐衣** 唐風으로 만든 옷. 「からころむ」는 「からころも」의 동국사투리. 「唐衣」는 「裾」의 枕詞라고 하는 설도 있지만, 여기서는 防人(さきもり)의 의복으로서 만든 당풍의 옷이리라.

49) **置きてぞ来のや**	뒤에 남겨 두고 와 버렸단다. 「来のや」는 「来ぬや」의 동국방언. 「の(ぬ)」는 완료의 조동사의 종지형. 위의 強意의 계조사 「ぞ」의 맺음이니까 연체형의 「ぬる」라야 하지만, 틀린 것이나 아닌지. 「や」는 영탄의 간투조사.
50) **母なしにして**	어머니가 없다는 상태에서. 「母」는 우는 아이의 母이며, 작자의 아내. 사별한 듯하다. 「に」는 단정의 조동사 「なり」의 연용형. 「して」는 접속조사.
51) **丸寝**	옷을 입은 채로 자는 것.
52) **紐絶えば**	옷의 끈이 끊어지거든. 「絶え」는 하2단의 동사의 미연형. 따라서, 「ば」는 순접의 가정조건을 나타내는 접속조사.
53) **あが手と**	나의 손이라고 생각하고. 「あ」는 「わ」와 같은 것으로서, 아내(작자) 자신을 가리킴. 일설에는 방인을 가리킨다고 해서 「자신의 손으로」라고 풀이한다.
54) **つけろ**	「つけよ」의 사투리. 명령형에 「ろ」를 붙이는 것은 동국의 방언인데, 지금까지 쓰여진다.
55) **針持し**	「針持ち(바늘을 가지고)」의 동국방언.

現代語訳

十年戊寅の年、元興寺の僧がみずから嘆く歌

1. 真珠は(そのすぐれた価値を)人に知られない。(しかし)世の人が知らなくてもかまわない。世の人が知らなくても、自分さえ(その価値を)知っているなら、世の人が知らなくてもかまわない。

旋頭歌(柿本人麻呂の歌集に出てくる)

2. 川口葦の葉先をいったいだれが手折ったのか。わたしの夫が(別れを惜しんで)振る手を見ようと 思って、このわたしが手折ったのだよ。

東歌(常陸国の歌)

3. 筑波山に雪が降ったのかな。いやそうではないのかな。いとしいあの

娘が布を乾しているのかな。

東歌(武蔵国の歌)

4. 多摩川にさらす手織りの布がさらさらとするように、いまさらに、どうしてあの娘がこんなにもかわいく思われるのだろうか。

東歌(国土山川の名を考え知ることができない)

5. 稲をつくので、ひびやあかぎれで荒れるわたしの手を、今夜もまたお屋敷の若様が手に取って、(かわいそうにと)嘆くことでしょうか。

天平勝宝七年乙未の二月、 交替して筑紫へ派遣される諸国の防人らの歌

6. わたしの妻はたいそう(わたしを)恋い慕っているらしい。(こうして)飲む水に(妻の)面影までも映って見えて、どうしても(妻を)忘れることはできない。

(駿河国・丈部稲麻呂)

7. 父母がわたしの頭をなでて、「元気でいろよ」と言ったことばは、どうにも忘れられないことだ。

(信濃国・国造小県郡の他田舎人大島)

8. わたしの着物のすそに取りすがって泣く子どもたちを置いてきてしまったなあ。

(武蔵国・妻椋椅部弟女)

9. (草を枕とするような難儀の多い)旅で着物を着たまま寝て、その紐が切れたら、わたしの手だと思って縫いつけなさい。この針を持って。

韓 譯

10년 戊寅年, 元興寺의 중이 스스로 한탄하는 노래

1. 眞珠는 (그 뛰어난 가치를) 사람들이 알아주지 않는다. (그러나) 세상 사람들이 몰라도 상관하지 않는다. 세상 사람들이 몰라도, 자신만이 (그 가치를) 알고 있다면, 세상 사람들이 몰라도 상관하지 않는다.

旋頭歌(柿本人麻呂歌集에 나온다)

2. 河口에 있는 갈대의 잎을 도대체 누가 꺾었는가? 내 남편이 (이별을 애석해 하면서) 흔드는 손을 보려고 생각해서, 이 사람이 꺾었던 것이란다.

東歌(常陸国의 노래)

3. 筑波山에 눈이 내렸는가 보지. 아니 그렇지는 않은 것일까? 귀여워 견딜 수 없는 저 처녀가 옷감을 널어놓은 것일까?

東歌(武蔵国의 노래)

4. 多摩川에서 바래는 손수 짠 옷감이 매끌매끌 (「さらさら」) 하듯이, 새삼스럽게 (「いまさら」-앞의 「さらさら」와 「いまさら」의 「さら」를 걸어서 말함), 어찌하여 저 소녀가 이다지도 귀엽게 느껴지는 것일까?

東歌(國土山川의 이름을 짐작할 수 없다)

5. 벼를 찧기 때문에, (추위로) 튼 거친 내 손을, 오늘 밤도 저택에 사는 도련님이 (손에) 잡고, (가련하게도 하며) 근심하며 슬퍼해 주실 것인지.

天平勝宝 7년 乙未年 2월, 교체되어 筑紫(지금의 福岡県)에 파견되는 여러 자방의 防人들의 노래

6. 나의 아내는 매우 (나를) 연모하고 있는 듯하다. (이렇게) 마시는 물에 (아내의) 모습까지도 비쳐 보여, 아무리 해도 (아내를) 잊을 수가 없다.

(駿河国・丈部稲麻呂)

7. 부모가 내 머리를 쓰다듬으면서, 「잘 있으라」고 한 말을, 아무래도 잊을 수 없는 일이다.

(信濃国・国造小県郡의 他田舎人大島)

8. 내 옷자락에 매달려 우는 아이들을 두고 와 버렸구나. 어미도 없는 것을 그대로…….

(武蔵国・妻椋椅部弟女)

9. (풀을 베개를 삼아야 하는 고생이 심한) 여행에서 옷을 입은 그대로 자서, 옷의 끈이 끊어지거든, 내 손이라고 생각해서 꿰매도록 하세요. 이 바늘을 가지고.

中古의 文學

概觀

時代區分 794(延暦 13)년 桓武天皇(제50대)이 平安京에 천도한 때부터 1192(建久 3)年 源 頼朝가 鎌倉에 幕府를 개설할 때까지의 약 400년 간을 中古라고 부른다. 이 시대는 古代 후기에 해당하며, 京都가 정치·문화의 중심이었고, 조정·귀족이 그 기수였던 탓으로, 平安시대 또는 王朝(貴族)시대라고 부른다.

文學의 흐름 이 시대의 문학의 흐름은, 4기로 나누어진다. 제1기는, 이른바 平安 초기인 9세기의 중엽까지로서, 漢詩文의 융성기이다. 그리고 제2기는, 9세기의 말엽부터 10세기에 걸쳐 和歌가 부흥하고, 『土佐日記』『竹取物語』『伊勢物語』 등, 仮名文에 의한 日記·物語가 나타난 시기이다. 다음으로 제3기는 10세기 후반부터 11세기 중엽에 걸쳐, 『枕草子』『源氏物語』 등, 중고문학의 대표적인 작품이 쓰여진 시기이다. 그리고 마지막으로 제4기는 平安 말기(院政期)로서 『大鏡』『今昔物語集』『梁塵秘抄』 등, 새로운 경향의 문학이 생겨난 시기이다.

歷史的 背景 桓武天皇은, 奈良 말기의 정치의 쇠퇴를 타파하려고, 延暦 13년에 서울을 京都로 옮기고, 唐의 서울을 본 따 대규모의 平安京를

造營했다.

이미 鎌足(かまたり) 이후, 율령제를 지탱하는 관료로서 정계에서 중요한 지위를 차지하고 있던 藤原(ふじはら)氏는, 平安京로 천도한 뒤에도 점점 그 세력을 확대하여 9세기 경부터는 조정의 주된 관직은 거의 그 일족이 독점하였다. 그리고 집안의 여자를 궁중으로 보내, 그녀들이 낳은 황자가 천황으로 즉위하면 외척으로서 섭정·관백이 되어, 정치의 실권을 쥔다고 하는, 이른바 섭관정치체제를 만들어 낸 것이다. 한편으로는 율령제가 공동화하고 攝關家의 정권을 둘러싼 항쟁 때문에, 중하류의 귀족들은 불안에 떠는 일이 많았다. 섭관정치는 11세기 전반의 藤原道長(みちなが)·頼通(よりみち)시대에 그 전성기를 맞게 되지만, 이윽고 벽에 부딪히게 되어, 11세기 말이 되면 攝關家의 속박에서 벗어난 上皇이 정권을 장악하고, 攝關家에 눌려 있던 傍流나 하류의 귀족, 무사가 이를 지지하여, 이후 院政이라고 불리는 정치형태가 1세기 여에 걸쳐 행해졌다. 이어서 平氏(たいら)의 정권이 대두하여, 源平(げんぺい)의 동란이 일어나고, 1192년 鎌倉幕府에 의한 무가정치의 개시와 때를 같이 하여 귀족정권의 시대는 종말을 고했다.

文化의 特色 초기에는 아직도 唐나라와의 교류가 있어, 遣唐使가 두 번이나 파견되고 유학생도 보내져, 당의 문화가 수입되었다. 그러나 894(寛平 6)년에 견당사가 중지됨에 따라 대륙의 문화는 공식적으로는 전래되지 않게 되고, 그 후 일본의 독자적인 문화가 차츰 육성되게 되었다. 특히 한자를 토대로 한 仮名文字의 발명은, 문학의 발달에 크게 기여하여, 11세기 초두의 화려한 平安朝 여류문학의 꽃을 피웠던 것이다.

그러나, 그 시대의 문학의 제작과 享受는 대체로 귀족사회의 조직 내에 국한되어 있어, 일반 서민에게는 전혀 인연이 없는 것이었다. 勅撰의 漢詩文集이나 和歌集의 작자의 대부분은 황족이나 귀족이었고, 일기·紀行·수필·物語(ものがたり) 등의 작자는 귀족이라기보다 수령계급이나 하급관리의 일족이 많

았으나, 어느 쪽이나 다 귀족들의 비호 아래 있었다. 그리고 이들 문학작품의 독자도 또한, 귀족이나 禁中後宮인 女房(女官들), 그들과 관계가 깊은 公卿·殿上人·가인·학자·승려들이었다. 그러한 의미에서, 이 시대의 문학을 귀족문학이라고 부를 수 있다.

또, 사상적으로는 불교가 담당한 역할은 크다. 이 시대에 보급된 불교의 淨土思想은 위대한 사랑의 종교로서 당시의 문학에 깊이 침투했다. 인과응보의 사상을 근본으로 하는 宿世나 輪回轉生의 사상도, 당시의 문학에 신비한 그림자를 던져 준다. 이에 더하여 陰陽道의 신앙은 密敎와 결부되어, 加持祈禱나 「物忌み」(齋戒)·「方違え」(陰陽道에서 외출할 때, 그 방향에 길을 막는 신이 있을 때, 다른 방향으로 가서 묵은 다음 거기서부터 다시 목적지로 향하는 습관)의 풍습을 낳게 하여, 일상생활을 규제하면서 그 시대의 문학을 복잡하게 채색하고 있었다.

文學의 特色

중고문학은 소박하고 힘찬 상대문학에 대해, 優美纖細한 정취를 바탕으로 한다. 그 중심된 이념은 「みやび」(우아·풍류)의 존중과, 마음에 스며드는 듯한 정취인 「もののあはれ」이다. 이것들은 생활에 조화적 우미함을 희구해 마지 않던 平安귀족이 낳은 것이지만, 전부가 귀족생활의 밝은 면만을 긍정해서 묘사하고 있는 것은 아니다. 당시 문학의 담당자였던 중·하류귀족, 특히 그 자녀들은, 浮沈이 심한 그들의 지위에 불안을 느끼고, 일부다처라고 하는 사회제도 아래서 고뇌의 나날을 보내고 있었다. 사회의 모순이나 애정 문제 때문에 괴로워하고, 거기서부터 인생을 성찰하게 되어 사회나 인간에 대한 관찰이 깊어지고 넓어져서, 문학작품에 인간성의 심오함을 표현하려고 했다. 여기에 平安문학의 하나의 뛰어난 점을 찾아낼 수 있다. 그리고 平安말기에 이르면, 역사의 전개에 따라, 憂愁, 나아가서는 비현실적인 경향이 짙어지는 한편, 신세력의 대두를 묘사한 문학이 나타나게 된다.

竹取物語

日本文(和文)으로 쓰여진 最古의 이야기이다. 2권으로 되어 있으며, 작자는 모른다. 성립 연대는 9세기 후반에서 10세기 초경이라고 생각되고 있다.

대나무 속에서 발견된「かぐや姫」가 다섯 사람의 귀공자의 구혼을 물리치고 황제의 부르심에도 응하지 않고, 승천한다는 傳奇的・낭만적 이야기인데, 내용은 크게 나누어 다음과 같이 4부로 성립되어 있다고 보는 것이 좋겠다. 즉, (1)「かぐや姫(여주인공의 이름)」의 生長(化生說話・小人傳說)……①「姫」의 출현 ②구혼, (2) 다섯 사람의 귀공자의 구혼담(求婚說話・難題說話), (3) 사냥의 행차, (4)「天の羽衣(仙女의 나래옷)」(「姫」의 승천)가 그것이다.

『源氏物語』의「絵合」의 巻에「物語のいできはじめの祖なる竹取の翁」(物語가 생기기 시작하는 데 있어 시조로서의 竹取翁)라고 쓰여 있듯이, 그 뒤에 속출한 이야기의 원조로서의 사적 가치는 지극히 크다.

「かぐや姫のおひたち」

「竹取の翁」가 대나무 속에서 발견한 귀여운 아이는, 3개월쯤 해서 완전히 성장하여, 성인으로서의 의식을 올리고,「なよ竹のかぐや姫」라고 이름 지어진다. 翁은 황금을 손에 넣어 큰 부자가 되고,「かぐや姫」의 아름다움은 세상에 소문이 난다.

[1]今は昔、竹取の翁といふ者[2]ありけり。野山に[3]まじりて、[4]竹を取りつつ、[5]よろづのことに使ひけり。[6]名をば、[7]さかきの造となむいひける。その竹の中に、もと光る竹なむ一筋ありける。[8]あやしがりて寄りて見

るに、筒の中光りたり。それを見れば、[9]三寸ばかりなる人、[10]いと[11]うつくしうて[12]ゐたり。[13]翁言ふやう、「われ朝ごと夕ごとに見る竹の中に[14]おはするにて知りぬ。[15]こになりたまふべき[16]人なめり」とて、手にうち入れて、家へ持ちて来ぬ。[17]妻(め)の嫗(おうな)に預(あづ)けて養はす。[18]うつくしきこと限りなし。いと幼ければ、[19]籠(こ)に入れて養ふ。

竹取の翁、[20]竹を取るに、この子を見つけてのちに、竹取るに、[21]節を隔てて、[22]よごとに金(こがね)ある竹を見つくること重なりぬ。[23]かくて翁[24]やうやう豊かになりゆく。

語句의 解釋 및 文法

1) 今は昔 지금은 벌써 옛 이야기지만. 옛 전승이나 物語의 처음에 놓여지는 정해진 말투. 다른 物語 등에도 쓰여진다.

2) ありけり 「き」가 자기가 체험한 사실을 회상해서 말하는 데 대해, 「けり」는 다른 사람으로부터 전해들은 과거의 일을 회상해서 말하는 데 쓰인다. 「……ダソウダ」「……タトサ」라고 하는 것이 적당하지만, 현대어역에서 이것을 되풀이하는 것은 번잡해지는 탓으로, 간단하게 「……タ」라고 한다. 즉 「あった」(있었다).

3) まじりて 헤쳐 들어가서.

4) 竹を取りつつ 대나무를 베면서. 「つつ」는 동작・작용의 반복・계속을 나타내는 접속조사.

5) よるづのこと 「万事」로서, 바구니나 키 등 여러 가지 기구를 만드는 것을 말함.

6) 名をば 「ば」는 係助詞 「は」의 탁음표기. 격조사 「を」에 접속될 때는 「ば」가 된다.

7) さかきの造となむいひける 「さかき」는 翁의 姓. 「造」는 翁의 이름. 「翁」는 늙은 남자. 할아버지. 본래는 조정에 출사하는 사람을 칭함. 「なむ」는 強意의 계조사. 「ける」는 그 맺음으로서 과거의 조동사의 연체형. 「なむ……ける」로서 걸림맺음(係り結び)이 된다. 다음의 「竹なむ一筋ありける」도 같다. 「さかき」의 「造」라고 했다.

8) あやしがりて 이상하게 생각해서.

9) **三寸ばかりなる人** 키가 3寸(약 9㎝) 정도의 사람. 「なる」는 단정의 조동사 「なり」의 연체형.

10) **いと** 대단히. 매우. 부사.

11) **うつくしうて** 귀여운 모습으로.

12) **ゐたり** 앉아 있었다. 「ゐ」는 상1단의 동사 「ゐる」의 연용형인데, 앉다의 뜻. 「たり」는 완료의 조동사의 종지형.

13) **言ふやう** 말하는 데는. 「やう」는 명사.

14) **おはするにて** 계시기에. 「おはする」는 「サ」변의 동사 「おはす」의 연체형으로서, 「居り」의 존경어. 「にて」는 「……ノデ」라고 하는 원인・이유를 나타내는 격조사.

15) **こになりたまふべき人** 당연히, 내 아이가 되실 사람. 「こ」는 「籠」(바구니)와 「子」(자식)와를 걸어서 말한 것. 대나무 속에 있으니까, 籠(바구니)는 아니지만, 자식이 되는 것이 당연하다는 것이다. 「たまふ」는 존경의 보조동사의 종지형. 「べき」는 당연의 조동사의 연체형.

16) **なめり** 「なるめり」의 音便形 「なんめり」의 「ん」의 표기가 탈락한 것. 「なる」는 단정의 조동사 「なり」의 연체형. 「めり」는 推量의 조동사의 종지형.

17) **妻の嫗** 아내인 老女. 「おうな」는 老女이며, 「をむな」 「をうな」는 젊은 여성을 말함.

18) **うつくしきこと** 귀여운 것. 「美しい」로 오인하지 않도록 유의해야 함.

19) **籠に入れて** 바구니(대나무로 만든)에 넣어서라는 뜻인데, 익살스런 표현이다.

20) **竹を取るに** 대나무를 베니, 바로 아래에 「竹取るに」라고 같은 말투가 중복되어 있으나, 옛날 이야기에 공통되는 말투이다.

21) **節を隔てて** 마디와 마디 사이에.

22) **よごとに** 어느 마디 사이에도. 「よ」는 대나무의 마디 사이의 빈 곳.

23) **かくて** 이렇게 해서. 부사.

24) **やうやう** 점점. 부사.

現代語訳 今となってはもう昔のことであるが、竹取の翁という者がいた。野や山に分け入って、竹を取り取りしては、いろいろのことに使っていた。その名をさかきの造といった。その(翁が毎日取る)竹の中に、根もとが光る竹が一本あった。不思議に思って近寄って見ると、竹の筒の中が光っていた。それをよく見ると、三寸(約九㎝)ぐらいの人が、たいそうかわいらしい姿ですわっていた。翁が言うには、「わたしが毎朝毎晩見ている竹の中にいらっしゃることで、わかった。(わたしの)子におなりになるはずの人であるようだ」と言って、手の中に入れて、家へ持って帰ってきた。妻のおばあさんに預けて育てさせる。(その子の)かわいらしいことはこのうえもない。たいへん小さいので、かごに入れて育てる。

竹取の翁は、(相変わらず)竹を取るが、この子を見つけてから後は、竹を取りに行くと、節を隔てて、節と節との間ごとに、黄金のはいっている竹を見つけることがたび重なった。このようにして、翁はしだいに富裕になっていく。

韓 譯 지금으로 봐선 벌써 옛날 일이지만, 대나무를 베는 할아버지가 있었다. 들이나 산을 헤쳐 들어가, 대나무를 베어서는, 여러 가지를 만드는 데 쓰고 있었다. 그 이름을「さかきのみやっこ」라고 했다. 그 (할아버지가 매일 끊어 오는) 대나무 가운데, 뿌리 쪽이 빛나는 대나무가 한 그루 있었다. 이상히 여겨 가까이 가 보니, 대나무의 대롱 속이 빛나고 있었다. 그것을 자세히 보니, 약 9㎝쯤 되는 사람이, 매우 귀여운 모습을 하고 앉아 있었다. 할아버지가 말하기를,「내가 매일 아침 저녁으로 보고 있는 대나무 속에 계시는 것으로써 알았다. (나의) 자식이 되실 것이 틀림이 없는 사람인 듯하다」고 하여, 손아귀에 넣어, 집으로 가지고 돌아왔다. 그래서 아내인 할머니에게 맡겨 키우게 했다. (그 아이의) 귀엽기란 더할 나위가 없었다. 매우 작았으므로, 바구니에 넣어서 키웠다.

대나무를 베는 할아버지는 (전과 다름없이) 대나무를 베는데, 그 아이를 발견하고 난 뒤부터는, 대나무를 베러 가면, 마디를 사이에 두고, 마디와 마디 사이마다, 황금이 들어 있는 대나무를 발견하는 일이 거듭되었다. 이와 같이 해서, 할아버지는 차츰 부유하게 되어간다.

この[1]児(ちご)、養ふほどに、すくすくと[2]大きになりまさる。三月ばかりになるほどに、[3]よきほどなる人になりぬれば、[4]髪上げなど[5]さうして、[6]髪上げさせ、[7]裳(も)着す。[8]帳(ちやう)の内よりもいださず。[9]いつき養ふ。この児の[10]かたちの[11]けうらなること[12]世になく、家(や)の内は暗き所なく、光満ちたり。翁、ここちあしく苦しきときも、この子を見れば、苦しきこともやみぬ。腹だたしきことも慰めけり。

翁、竹を取ること久しくなりぬ。[13]勢ひ猛の者になりにけり。この子いと大きになりぬれば、名を[14]三室戸(みむろど)の斎部(いんべ)の秋田(あきた)を呼びて[15]つけさす。秋田、[16]なよ竹の[17]かぐや姫とつけつ。このほど三日(みか)[18]うちあげ遊ぶ。[19]よろづの遊びをぞしける。男は[20]うけきらはず呼びつどへて、[21]いとかしこく遊ぶ。

[22]世界の男(をのこ)、[23]貴(あて)なるも賤(いや)しきも、[24]いかで、このかぐや姫を[25]得てしがな、見てしがなと、[26]音に聞き、[27]めでて惑ふ。

語句의 解釋 및 文法

1) **児** ①젖먹이. 어린아이. ②유아. 여기서는 ②의 뜻.
2) **大きに** 커다란 몸으로. 형용동사의 연용형.
3) **よきほどなる人** 훌륭하게 제 구실을 할 만큼의 크기의.
4) **髪上げ** 여자가 성인이 된 표식으로 머리를 올려 묶는 의식.

5) **さうして** 「左右해서」란 뜻으로서, 手配해서. 달리 「相して」 즉 「좋은 날을 잡아서」라고 해석하는 설도 있다.

6) **髮上げさせ** 머리를 올리도록 해서. 「髮上げ、させ」가 아니고, 「髮、上げさせ」로서, 「させ」는 使役의 조동사 「さす」의 연용형.

7) **裳着す** 「裳、着ス」이며, 裳(치마)를 입힌다는 뜻. 「着す」는 하2단의 동사의 종지형. 달리, 「裳着、す」라고 해서 「裳着をする」라는 해석도 있음. 「裳」는 여자의 정장 때, 치마에 겹쳐 허리 뒤에 입는 의복. 이는 「髮上げ」와 더불어, 성인식 의식의 하나.

8) **帳** 帳台. 실내에 한 층 높은 台를 만들어, 둘레에 막을 드리운 곳. 달리 「几帳」(장막)라고 하는 說도 있다.

9) **いつき養ふ** 소중하게 키우다. 「いつく」는 신에 봉사하는 뜻에서 변하여, 소중히 봉사하는 뜻.

10) **かたち** 용모, 얼굴 모양.

11) **けうらなる** 「清らなる」가 변한 것으로서, 맑고 깨끗하며 아름답다. 「けそうなる」라고 보는 책도 있으나, 그렇다면 「뛰어나게 아름다운」이란 뜻.

12) **世になく** 세상에서 유례가 없이. 더할 나위 없이.

13) **勢ひ猛の者になりにけり** 세력이 왕성한 부호가 되었다. 아래의 「に」는 완료의 조동사 「ぬ」의 연용형.

14) **三室戸の斎部の秋田** 「三室戸」는 지명. 「斎部」는 中臣氏와 더불어 제사를 관장하던 씨족. 「秋田」는 그의 이름.

15) **つけさす** 「さす」는 使役조동사의 종지형.

16) **なよ竹** 부드러운·가냘픈 대나무. 女竹라고도 불리며, 「かぐや姫」의 탄생과 그 유연함을 표현한 말. 비유해서 어여쁜 소녀.

17) **かぐや姫** 「光りかがやく姫」(빛나고 훌륭한 여자).

18) **うちあげ遊ぶ** 연회를 열고, 가무와 관현으로 즐긴다. 「うちあげ」는 「手を打ちあげる」란 뜻으로서, 이 말로부터 「うたげ(宴)」란 말이 생겼다.

19) **よろづの遊びをぞしける** 여러 가지 가무 음악을 다했다. 「ぞ」는 強意의 계조사. 「ける」는 그 맺음이며, 과거의 조동사 「けり」의 연체형.

20) **うけきらはず** 이 사람 저 사람을 가리지 않고.

21) **いとかしこく** 매우 성대하게. 「いと」는 부사. 「かしこく」는 형용사의 연용형이며, 「おそれ多く。すぐれている」(황공하와. 뛰어나 있다) 등의 뜻이지만, 여기서는 정도가 심한 모양을 말한다.

22) **世界** 세간. 세상. 불전에서 나온 말.

23) **貴なるも賤しきも** 신분이 높은 사람도 낮은 사람도. 「貴なる」는 형용동사의 연체형이며 아래에 「者」가 생략되어 있다. 「賤しき」의 対語.

24) **いかで** 어떻게라도 해서. 이런 뜻일 때는, 아래에 願望의 말을 수반한다.

25) **得てしがな** 얻었으면 좋겠다. 결혼하고 싶다. 「てしがな」는 강한 願望을 나타내는 종조사.

26) **音に聞き** 소문으로 듣고. 「音」는 평판. 소문.

27) **めでて惑ふ** 가슴 타게 생각해서 마음이 흐트러짐. 「めづ」는 사랑하다, 극구 찬양하다, 칭찬하다의 뜻.

現代語訳 この幼児は、養育していくうちに、すくすくと大きく成長する。三か月ぐらいになる間に、(背丈が)りっぱな一人前の大きさの人になったので、髪あげの(祝いの)儀式などをあれこれと手配して、髪を結い上げさせ、裳を着せる。(翁夫妻は、姫を)帳台の中から(外へも)出さないで、たいせつに育てる。この幼児の容貌がきわだって美しいことは世間にくらべるものがなく、家の中は(この子の美しさで)暗い所もなく一面に光が満ちている。翁は、気分が悪く苦しい時でも、この子を見ると、苦しいこともおさまってしまった。腹だたしいことも慰むのであった。

翁は、竹を取ることが長い間続いた。(それで)勢力の強い金持になってしまった。この子は非常に大きくなったので、名まえを三室戸の斎部の秋田を呼んでつけさせた。(すると)秋田は、なよ竹のかぐや姫と名づけた。その(名づけの祝いの)三日間、宴会を催し歌舞の遊びをする。ありとあらゆる歌舞音楽をしたことだ。男子はだれかれの区別なく呼び集めて、たいそう盛大に宴会を催す。

世間の男は、身分の高いものも低いものも、何とかしてこのかぐや姫を妻にしたいものだ、会いたいものだと、(その美しさを)うわさに聞いて、心をひかれて思い乱れる。

韓 譯 그 어린아이는 양육해 가는 동안에 무럭무럭 크게 성장한다. 3개월쯤 되는 사이에, (키가) 충분히 어른과 같은 크기가 되었기에 이모저모 준비해서, 머리를 올리고, 치마를 입힌다. (翁 부부는, 이 아이를) 帳臺 안으로부터 (밖에도) 내놓지 않고, 매우 소중하게 키운다. 이 어린아이의 용모가 뛰어나게 아름다운 것은 이 세상에서 비할 것이 없고, 집안은 (이 아이의 아름다움으로) 어두운 곳도 없이 온통 밝음이 충만해 있다. 할아버지는 기분이 언짢아 괴로울 때도, 이 아이를 보면, 괴로운 것이 가시고 말았다. 화가 나는 일도 가라앉는 것이다.

할아버지는, 대나무를 베는 일이 오래 계속되었다. (그래서) 세력이 강한 부자가 되고 말았다. 이 아기가 매우 자랐기 때문에, 그 이름을 三室戶의 斎部의 秋田란 사람을 불러 짓게 했다. (그러니까) 秋田는, 「なよ竹のかぐや姫」라고 이름지었다. 그 (작명을 축하하는 잔치의) 3일간, 宴會를 개최하여 가무로 즐겼다. 모든 歌舞音曲을 다했다. 남자라면 이 사람 저 사람 구별 없이 불러 모아, 매우 성대한 잔치를 벌린다.

세간의 남자들은, 신분의 고하를 막론하고, 어떻게 해서든지 이 「かぐや姫」를 아내로 삼고 싶다, 만나고 싶다고 하면서, (이 아름다움을) 소문으로 듣고, 마음이 끌려 어지러워진다.

「かぐや姫(ひめ)の昇天(しょうてん)」

8月 15日 밤, 황제의 명을 받은 많은 군사가 「かぐや姫」를 지키고, 달세계로부터의 使者와 싸우려고 하지만, 사람들의 염원도 헛되이 「姫」는 翁부부에게 작별을 고하고, 황제에게는 不死藥과 진심을 담아 쓴 편지를 남기고는 승천하고 만다.

[1]かかるほどに、[2]宵(よひ)うち過ぎて、[3]子(ね)の時ばかりに、家のあたり、昼の明かさにも過ぎて[4]光りわたり、[5]望月(もちづき)の明かさを十合(とを)はせたるばかりにて、[6]ある人の[7]毛の穴さへ見ゆるほどなり。大空より、人、雲に乗り来て、[8]土より五尺ばかり上がりたるほどに、立ち連ねたり。これを見て、[9]内外なる人の心ども、[10]ものに襲はるるやうにて、[11]あひ戦はむ心もなかりけり。からうじて[12]思ひ起こして、[13]弓矢を取り立てむとすれども、手に力もなくなりて、[14]なえかかりたるうちに、[15]心さかしき者、[16]念じて射むとすれども、[17]ほかざまへ行きければ、[18]荒れも戦はで、ここちただし[19]れにしれて、[20]まもり合へり。

語句의 解釋 및 文法

1) **かかるほどに** 그럭저럭 하고 있는 동안에. 「竹取の翁」·「嫗」·경호하고 있는 무사들이, 「かぐや姫」를 지키려고 준비하고 있는 것을 가리킨다. 「かかる」는 「かく(副詞)ある(動詞·<ラ>変·連体形)」의 줄어든 형태로서, 연체사로 취급한다.

2) **宵** 밤이 아직 깊어지지 아니할 무렵. 초저녁. 지금의 7시에서 9시 사이를 말함.

3) **子の時** 지금의 오후 12시경. 그 앞뒤의 2시간을 가리킨다는 설과, 그 뒤의 2시간을 가리킨다는 설이 있다.

4) **光りわたり** 그 근방 일대에 빛나고 있어. 「わたる」는 보조동사로서의 용법인데, 위의 동사에 붙어, ①(시간적으로) 죽 ……계속한다. ②(공간적으로) 그 부근 일대에 ……한다는 뜻을 나타냄. 여기서는 ②의 뜻.

5) **望月** 만월. 대보름달.

6) **ある人** 거기에 있는 사람. 「ある」는 「ラ」변 동사 「あり」의 연체형.

7) **毛の穴さへ** 사람의 털구멍까지도. 「さへ」는 첨가의 부사이며, 「(ソノ上ニ)……マデモ」의 뜻이다. 여기서는 밝음을 강조해서 말한 것.

8) **土より五尺ばかり上がりたるほど** 天人(천상계에 사는 사람)은 지면에 발을 대지 않는다고 하는 사상에 따른 표현이다. 1척은 약 30. 3㎝.

9) **内外なる人** 집안에 있는 사람, 밖에 있는 사람. 「なる」는 단정의 조동사 「なり」의 연체형.

10) **ものに襲はるるやうにて** 무엇인가 무서운 것에 위협을 받고 있는 듯해서. 「るる」는 수동의 조동사 「る」의 연체형. 「に」는 단정의 조동사 「なり」의 연용형.

11) **あひ戦はむ** 맞서서 싸우자. 「む」는 의지의 조동사 「む」의 연체형.

12) **思ひ起して** 마음을 분발해서.

13) **弓矢を取り立てむ** 활을 잡고 화살을 메기자.

14) **なえかかりたる** 「なえ」는 「萎(な)ゆ」의 연용형으로서, 힘이 다하여 축 늘어지는 것을 말함. 「かかり」는 「かかる」의 연용형인데, 물건에 기댄다는 뜻이다. 이것을 「かかる」라고 해서, 「(손발 등이) かじかむ(추워서 굽다)」로 풀이하는 설도 있다.

15) **心さかしき者** 마음이 굳센(다부진) 사람.

16) **念じて** 참고. 견디어.

17) **ほかざま** 짐작과는 다른 방향으로.

18) **荒れも戦はで** 용감하게 싸우지도 않고. 「荒れ戦ふ」 사이에, 強意의 계조사 「も」를 넣은 것이다. 「で」는 부정의 뜻을 포함하는 접속조사이며, 「……ナイデ」의 뜻이다. 「ず+て」의 줄인 모양.

19) **しれにしれて** 그저 어리둥절하고 멍청해져서.

20) **まもり合へり** 서로 바라보고 있다. 「まもる」는 「まぼる」와 같은 뜻으로서, 물끄러미 바라본다는 뜻. 「り」는 존속의 조동사의 종지형.

現代語訳 こうしているうちに、よいも過ぎて、夜中の十二時ごろに、家のあたりが、昼の明るさにもまして一面に光り輝き、満月の明るさを十も合わせたほどであって、そこにいる人の毛穴までも見えるほどである。大空から、人が、雲に乗っておりてきて、地上から五尺(約一・五メートル)ほどの高さのあたりに、立ち並んでいる。これを見て、(家の)内外にいる人々の心は、物の怪(け)に襲われるようで、手向い戦おうと思う心もなかった。やっと気力がなくなって、ぐったりとして物に寄りかかっている。(人々の)中で、気丈な者が、がまんして矢を射ようとするけれども、(矢が)見当違いの方向へ飛んでいったので、荒々しく戦うこともしないで、心がただもうぼんやりとして、互いに(顔を)見つめ合っている。

韓 譯 이렇게 하고 있는 동안에, 초저녁도 지나, 밤 12시경에 집 부근이 한낮보다도 더 온통 밝게 빛나, 보름달의 밝기를 열 배나 한 정도가 되어서, 거기에 있는 兵士들의 털구멍까지도 보일 정도였다. 공중으로부터 사람이 구름을 타고 내려와, 땅으로부터 약 1. 5미터 정도의 높이쯤 되는 곳에 정렬해서 서 있다. 이것을 보고, (집의) 안팎에 있는 사람들의 마음은, 귀신에라도 홀린 것처럼 되어, 대항해서 싸우려는 마음도 일지 않았다. 겨우 기력을 북돋아, 활을 세우고 화살을 메기려고 하지만 손에는 힘이 빠지고, 전신의 맥이 빠져 물건에 기대어 서 있는 (사람) 가운데서, 마음이 다부진 사람이, 무서움을 참고 활을 쏘려고 하지만, (화살이) 엉뚱한 곳으로 날아가 버렸기 때문에 용맹스럽게 싸우려고도 하지 않고, 마음은 그저 멍청해져서, 서로가 (얼굴을) 마주 보고 있다.

[1]立てる人どもは、[2]装束(さうぞく)の清らなること[3]物にも似ず。飛ぶ車一つ[4]具し

たり。[5]羅蓋(らがい)さしたり。その中に[6]王とおぼしき人、家に、「[7]造麻呂(みやつこまろ)まうで来(こ)」と言ふに、[8]たけく思ひつる造麻呂も、ものに酔(ゑ)ひたるここちして、うつぶしに伏せり。いはく、「なんぢ、[9]幼き人、[10]いささかなる[11]功徳(くどく)を翁作りけるによりて、なんぢが助けにとて、[12]片時(かたとき)のほどとて下ししを、[13]そこらの年ごろ、そこらの金賜ひて、身を変へたるごとなりにたり。かぐや姫は、[14]罪を作りたまへりければ、かくいやしきおのれがもとに、しばし[15]おはしつるなり。罪の限り果てぬれば、かく迎ふるを、なほ嘆く、[16]あたはぬことなり。[17]はや[18]返したてまつれ」と言ふ。

翁答へて申す、「かぐや姫を[19]養ひたてまつること二十余年になりぬ。片時と[20]のたまふに、[21]あやしくなりはべりぬ。また、[22]ことどころに、かぐや姫と申す人ぞ、[23]おはすらむ」と言ふ。

「ここにおはするかぐや姫は、重き病をしたまへば、[24]えいでおはしますまじ」と申せば、その返り事はなくて、屋の上に飛ぶ車を寄せて、「[25]いざ、かぐや姫、[26]きたなき所に[27]いかでか久しくおはせむ」と言ふ。[28]立てこめたるところの戸、[29]すなはちただ[30]あきにあきぬ。[31]格子(かうし)どもも、[32]人はなくしてあきぬ。嫗いだきてゐたるかぐや姫、外(と)にいでぬ。[33]えとどむまじければ、ただ[34]さし仰ぎて[35]泣きをり。

語句의 解釋 및 文法

1) **立てる人ども** 공중에 서 있는 사람들로서, 천인을 가리킨다. 「る」는 존속의 조동사 「り」의 연체형.

2) **装束の清らなること** 복장이 아름다운 것. 「清らなる」는 형용동사의 연체형으로서, 아름답다란 뜻.

3) **物にも似ず** 달리 비길 데가 없다.

4) **具したり** 가지고 옴. 준비해 있음.

5) **羅蓋** 엷은 비단을 바른 양산인데, 貴人의 머리 위에 바친다.

6) **王とおぼしき人** 왕이라고 여겨지는 사람. 「おぼしき」는 형용사의 연체형.

7) **まうで来** 앞으로 나오너라. 「まうで」는 「まうづ」의 연용형이며, 고귀한 곳에 나아가는 뜻의 겸양어. 여기서는 天人의 입장에서 翁을 낮추어 보고 한 말. 「来」는 「カ」변의 동사의 명령형.

8) **たけく思ひつる** 용맹스럽게 마음을 가다듬고 있었던. 「つる」는 완료의 동사 「つ」의 연체형.

9) **幼き人** 유치한 사람이란 뜻이며, 翁에 대해 하는 말.

10) **いささかなる** 임시적인. 불과 얼마 동안.

11) **功徳** 불전에 의한 말. 현재 또는 미래에, 행복을 가져오는 좋은 행실. 선행.

12) **片時のほど** 잠시 동안.

13) **そこら** 많이. 「ここら・ここだ・そこだ」 등과 같은 뜻의 부사.

14) **罪を作りたまへりければ** 죄를 저지르셨기에. 「たまへ」는 존경의 보조동사이며, 4단의 已然形. 「ば」는 순접의 확정조건을 나타내는 접속조사.

15) **おはしつるなり** 오신 것이다. 「おはし」는 「サ」변의 연용형이며, 「をり」의 존경어. 「つる」는 완료의 조동사의 연체형.

16) **あたはぬことなり** 불가능한 일이다. 翁이 아무리 울며 슬퍼한다고 해도, 「かくや姫」의 승천을 만류한다는 것은 무리한 일이라는 것이다. 「ぬ」는 부정의 조동사 「ず」의 연체형.

17) **はや** 부사. ①명령문 등에 쓰며, 재촉의 마음을 나타냄. 빨리. 어서. ②이미. 벌써. ③뜻밖에도. 실은. 여기서는 ①의 뜻.

18) **返したてまつれ** 내어 드리시오. 「たてまつれ」는 겸양의 보조동사 「たてまつる」의 명령형.

19) **養ひたてまつる** 양육해 드리다.

20) **のたまふ** 말씀하시다. 「言ふ」의 존경어.

21) **あやしくなりはべりぬ** 뭐가 뭔지 모르게 되었습니다. 「はべり」는 공손의 보조동사이며, 「ラ」변의 연용형. 「ぬ」는 완료의 조동사의 종지형. 「片時(한때, 잠시)」와 「20여년」과는 앞뒤가 안 맞는다라는 것을 강조해서 한 말이다.

22) **ことどころ** 「異所」. 즉 딴 장소. 다른 곳.

23) **おはすらむ** 계시는 것이겠지요. 「おはす」는 「サ」변의 종지형. 「らむ」는 현재 推量의 조동사 「らむ」의 연체형이며, 위의 強意의 계조사 「ぞ」의 맺음이다.

24) **えいでおはしますまじ** 나오시지는 못하시겠지. 「え」는 부사이며, 아래에 부정의 말을 수반해서 불가능의 뜻을 나타냄. 「おはします」는 존경의 補助動詞이며, 4단의 종지형. 「まじ」는 부정추량의 조동사의 종지형.

25) **いざ** 자아! 감동사.

26) **きたなき所** 더러운 인간 세상. 달의 세계에 대해 인간의 지상의 세계를 말한다.

27) **いかでか久しくおはせむ** 어째서 오랫동안 계실 일이 있겠습니까. 그럴 필요는 없습니다. 「か」는 반어의 계조사. 그 맺음은 「む」이며, 推量의 조동사의 연체형.

28) **立てこめたるところの戸** 닫아 두었던 문. 「立てこむ」는, 문이나 미닫이 등을 닫아 출입을 막는다는 뜻. 「たる」는 존속의 조동사 「たり」의 연체형.

29) **すなはち** 곧 바로, 즉시란 뜻의 부사. 「やがて」보다는 한층 더 시간이 절박해 있는 느낌을 나타냄.

30) **あきにあきぬ** 완전히 다 열려 버린다. 「しれにしれ」와 같은 꼴. 「ぬ」는 완료의 조동사.

31) **格子** 가는 3角의 나무를 가로와 세로로 조립해서 만든 문이며, 기둥과 기둥 사이에 아래 위로 두짝을 끼워 넣어, 위의 것을 밀어 올리고, 아래 것은 그냥 세워 두도록 한 것.

32) **人はなくして** 손을 대는 사람이 아무도 없는데 자연히. 「して」는 접속조사.

33) **えとどむまじければ** 만류할 수 없을 듯하기에. 「え……まじけれ」의 호응이며, 앞서 나온 「えいでおはしますまじ」와 같은 용법. 「まじけれ」는 「まじ」의 已然形. 「ば」는 순접의 확정조건을 나타내는 접속조사.

34) **さし仰ぎて** 우러러 보고. 「さし」는 접두어.

35) **泣きをり** 울고 있다. 「をり」는 「ラ」변의 보조동사의 종지형.

現代語訳 立っている天人たちは、服装の美しいことといったら、他に似るものもない。空を飛ふ車を一台用意している。薄絹を張ったかさを(供の者が)さしている。その中で王と思われる人が、家に向って、「造麻呂、出て参れ」と言うと、たけだけしくかまえていた造まろも、何かに酔ったようなここちがして、うつ伏せに伏してしまった。(王と思われる天人が)言うには、「なんじ、愚かな者よ、少しばかりの善行をおまえがしたことによって、おまえの助けにと思って、ほんのしばらくの間ということで(姫を)下したのであるが、長い年月の間、多くの黄金を(天が)下されて、(おまえは)別人のよう(な長者)になってしまった。かぐや姫は、罪を犯されたので、このようにいやしいおまえの所に、しばらくの間おいでになったのである。(姫はもう)罪を償う期間が終わったので、こうして迎えるのに、(おまえは)なおも嘆くが、(姫を引きとめることは)できないことだ。早くお出し申し上げよ」と言う。

翁が答えて申しあげるには、「(わたしは)かぐや姫をお養い申し上げることは二十年余りになりました。(それなのに、あなた様は)ほんのしばらくの間とおっしゃいますので、わけがわからなくなりました。また、どこか別の所に、かぐや姫と申しあげる人が、おいでになるのでしょう」と言う。

「ここにいらっしゃるかぐや姫は、重い病気をしていらっしゃるので、出でいらっしゃることはできますまい」と言うと、その返事はなくて、屋根の上に空飛ぶ車を寄せて、「さあ、かぐや姫よ、(このような)汚れた人間世界にどうしていつまでもおとどまりになることがありましょう。(そんな必要はありません)」と言う。(すると)締め切っていた戸が、すぐさま、するするっとあいてしまった。多くの格子戸も、(あける)人もないのにあいてしまう。おばあさんが抱いていたかぐや姫は、家の外に出てしまう。止めることができそうもないので、(翁夫婦は)ただ仰ぎ見て泣いている。

韓 譯

서 있는 천사들의 복장의 아름다움이란, 달리 비길 데

가 없다. 하늘을 나는 수레가 한 대 준비되어 있다. 엷은 비단을 씌운 양산을 (시종이) 받치고 있다. 그중에서 王이라고 여겨지는 사람이, 집안을 향해, 「造麻呂(翁을 가리킴)」, 나와 대령하렸다」고 말하니, 용맹스럽게 대비하고 있던 「造麻呂」도, 무엇엔가 홀린 듯한 기분이 들어, 땅 위에 엎디어 버렸다. (王이라고 여겨지는 天人이) 말하기를, 「그대, 어리석은 자여. 조그마한 선행을 네가 했기에, 너에게 도움을 주는 뜻에서, 극히 짧은 동안이라는 것을 전제로 (『かぐや姬』를) 내려 보낸 것이지만, 긴 세월 동안, 많은 황금을 (하늘이) 내려 주셔서, (너는) 사람이 달라진 듯이 (부자가) 되어 버렸다. 『かぐや姬』는, 죄를 범하셨기에, 이와 같이 미천한 너의 집에, 잠시 동안 오셨던 것이다. 『かぐや姬』는 이미 죄를 보상하는 기간이 끝났기 때문에, 이와 같이 마중을 하는데, (너는) 아직도 슬퍼하지만, (『かぐや姬』를 못 가게 만류하는 일은) 안 되는 일이다. 빨리 밖으로 모시고 나오너라」라고 말한다.

翁이 대답하여 말씀드리기를, 「(저는) 『かぐや姬』를 양육해 올린 것이 20년이나 되었습니다. (그런데, 당신은) 겨우 잠시 동안이라고 말씀하시기에, 무슨 영문인지 모르겠습니다. 어디 다른 곳에, 또 『かぐや姬』라고 불리는 분이 계시는 것이겠지요」라고 말한다.

「여기 계시는 『かぐや姬』는, 무거운 병에 걸려 있으셔서, 나오실 수는 없을 것입니다」라고 말하니까, 그에 대답은 않고, 지붕 위에 하늘을 나는 수레를 갖다대어, 「자아, 『かぐや姬』여. (이와 같은) 더러운 인간 세상에 어찌하여 언제까지나 계실 수가 있겠습니까? (그럴 필요는 없습니다.)」라고 한다. (그러자) 닫혔던 문이, 즉시에, 소리 없이 열리고 말았다. 많은 格子문도, (여는) 사람이 없는 데도 열려 버렸다. 할머니가 안고 있던 「かぐや姬」는 집밖으로 나와 버렸다. 만류할 수가 없다는 생각이 들어, (翁夫婦는) 그저 우러러 보고 울고 있다.

竹取[1]心惑ひて[2]泣き伏せる所に寄りて、かぐや姫、「[3]ここにも[4]心にもあらでかく[5]まかるに、[6]のぼらむをだに見送りたまへ」と言へども、「[7]何しに悲しきに見送りたてまつらむ。[8]われをいかにせよとて、捨ててはのぼりたまふぞ。[9]具して率(ゐ)ておはせね」と泣きて伏せれば、[10]御心(みこころ)惑ひぬ。「文(ふみ)を書き置きてまからむ。[11]恋しからむをりをり、取りいでて見たまへ」とて、うち泣きて書くことばは、

「[12]この国に生まれぬるとならば、[13]嘆かせたてまつらぬほどまで[14]はべるべきを、[15]過ぎ別れぬること、かへすがへす[16]本意(ほい)なくこそおぼえはべれ。脱ぎ置く衣(きぬ)を[17]かたみと見たまへ。[18]月のいでたらむ夜は、[19]見おこせたまへ。[20]見捨てたてまつりてまかる空よりも[21]落ちぬべき[22]ここちする」と書き置く。

語句의 解釋 및 文法

1) **心惑ひて** 마음이 산란해서.

2) **泣き伏せる** 엎드려서 울고 있다. 「る」는 早速의 조동사 「り」의 연체형.

3) **ここにも** 저(나)로서도. 「ここ」는 장소를 가리키는 지시대명사가 人代名詞로 전용된 것.

4) **心にもあらで** 자기의 본심으로부터가 아니고. 「で」는 「ずて」의 준 것으로서, 否定의 뜻을 포함하는 접속조사.

5) **まかる** 물러 떠나다의 겸양어. 고귀한 곳에서 비천한 곳으로 간다는 뜻. 여기서는 翁의 곁으로부터 떠나가는 것을 말하며, 말하는 사람 즉 「かぐや姫」의 翁에 대한 경의를 나타낸 것.

6) **のぼらむをだに** 적어도 昇天하는 모습만이라도. 「む」는 완곡의 조동사의 연체형이며, 아래에 「さま」 등의 체언을 보충해서 생각하면 좋다. 「だに」는 최소한도의 희망을 나타내는 부조사.

7) **何しに** 어찌하여. 反語의 부사이며, 아래의 「見送りたてまつらむ」에 걸린다.

8) **われをいかにせよとて** 나를, 앞으로 도대체 어떻게 하라고 해서.

9) **具して率ておはせね** 함께 데리고 가 주십시오. 「おはせ」는 존경의 보조동사이며, 「サ」변의 미연형. 「ね」는 남에 대해 주문하고 바라는 뜻을 나타내는 上代의 종조사.

10) **御心惑ひぬ** 「かぐや姫」도 마음이 산란해 지셨다.

11) **恋しからむをりをり** 나를 그립다고 생각할 때마다. 「む」는 완곡의 조동사의 연체형.

12) **この国に生まれぬるとならば** 이 나라에 태어난 사람이라면. 「なら」는 단정의 조동사의 미연형. 「ば」는 순접의 가정조건의 접속조사.

13) **嘆かせたてまつらぬほどまで** (내가 금후 翁에게) 근심 걱정을 끼쳐 드리지 않을 때까지. 「せ」는 사역의 조동사 「す」의 연용형. 「ぬ」는 부정의 조동사의 연체형.

14) **はべるべきを** 당연히, 곁에서 모셔야 할 것인데. 「はべる」는 「ラ」변의 연체형이며, 귀인을 곁에서 모신다는 뜻의 겸양어이다. 「べき」는 당연의 조동사 「べし」의 연체형. 「を」는 역접의 접속조사.

15) **過ぎ別れぬること** 이 인간 세상을 떠나 헤어져 버리는 것.

16) **本意なくこそおぼえはべれ** 본의가 아니라고 생각합니다. 「本意」는, 본래 가지고 있는 희망 본심의 뜻. 「ほんい」라고 읽지 않는 것은, 撥音(ん)을 생략하는 당시의 읽는 버릇. 같은 것에 「案内(あない)」「対面(たいめ)」 등이 있다. 「こそ」는 強意의 계조사. 「はべれ」가 그 맺음이며, 「ラ」변의 已然形. 이 「はべれ」는 정중(공경)의 보조동사이기 때문에, 앞서 나온 「はべる」와의 異同에 주의할 것.

17) **かたみ** 形見. 친숙해진 사람을 회상하게 하는 물품.

18) **月のいでたらむ夜** 달이 떠 있는 밤(에는). 「たら」는 존속의 조동사 「たり」의 미연형. 「む」는 완곡의 조동사의 연체형.

19) **見おこせたまへ** 달 쪽을 봐 주십시오. 「見おこす」는 이쪽을 보다. 「見やる」의 반대어.

20) **見捨てたてまつりてまかる** 당신을 내버려 두고 돌아간다.

21) **落ちぬべき** 꼭 떨어져 버릴 뜻한. 「ぬ」는 완료의 조동사의 종지형이지만, 아래에 推量의 조동사 「べし」를 수반해서 「ぬべし」의 모양을 취할 때는 강의의 용법. 「ぬべし」로서 강한 推量을 나타내며 「キット……シテシマイソウダ」「キット……ダロウ」 등으로 새긴다.

22) **ここちする** 그런 기분이 든다. 「する」는 「サ」변의 연체형이며, 여기서는, 連体中止로서 여정・여운을 남기는 영탄적 표현.

現代語訳 竹取の翁が心を取り乱して泣き伏している所に近寄って、かぐや姫が言うには、「わたしとしても本心からではなく、こうして(月の世界に)帰って行くのですから、せめて(わたしが)天に昇って行く(姿)だけでも見送ってください」と言うけれども、(翁は)「どうして(こんなに)悲しいのにお見送り申し上げられましょう。わたしを(この先)どうしろというわけで、見捨てて天にお昇りになるのですか。(どうか)いっょに連れて行ってください」と泣き伏しているので、(姫も)お心が乱れてしまう。「手紙を書き置いてまいりましょう。(わたしを)恋しく思うような時々には、取り出してごらんください」と言って、泣いて書くことばは、

「(わたしが)この(地上の)国に生まれたというのでしたら、お嘆かせ申しあげない時まで(お側に)お仕えいたすべきですのに、(そうでないから)去ってお別れしてしまうことは、くれぐれも残念に存じます。脱いで残しておく着物を(わたしの)形見としてごらんください。月の出ているような夜は(月を)見やってください。(あなたを)お見捨て申し上げて参ります空からも落ちてしまいそうな気持がすることです」と書いて置く。

韓 譯 「竹取の翁」가 마음이 미칠 듯하여 엎디어 울고 있는 곳으로 다가와, 「かぐや姫」가 말하기를, 「저로서도 본심에서가 아니고, 이렇게 하여 (달나라로) 되돌아 가는 것이니까, 적어도 (제가) 하늘로 올라가는 것 (모습) 만이라도 전송해 주세요」라고 말하지만, (翁은) 「어째서 (이렇게도) 슬픈 데 전송해 드릴 수가 있겠습니까? 나를 (앞으로) 어떻게 하라는 뜻으로, 버리고 하늘로 오르시려는 것입니까? (부디) 함께 데리고 가 주십시오」하고 엎디어 울고 있으므로, (姫도) 마음이 심난해져 버린다. 「편지를 써 두고 가겠습니다. (저를) 그립게 여기실 때마다, 꺼내어 보세요.」라고 말하고, 울면서 써

놓은 말은,

「(제가) 이 (地上의) 나라에서 태어났다고 한다면, 슬프게 해 드리지 않을 때까지 (옆에서) 시중을 들어 마땅합니다만, (그렇지 않기 때문에) 떠나 이별한다는 것은 거듭 유감스럽게 생각합니다. 벗어서 남겨 두는 옷을 (저의) 유물로 생각하시고 봐 주세요. 달이 밝게 솟은 밤은 (달을) 봐 주세요. (당신을) 버리고 떠나야만 하기에 (어쩌면) 하늘로부터도 떨어져 버릴 듯한 느낌이 드는군요」라고 써 둔다.

天人(あまびと)の中に[1]持たせたる箱あり。[2]天の羽衣入れたり。また、[3]あるは不死の薬入れり。ひとりの天人言ふ、「[4]壺(つぼ)たる御薬(みくすり)たてまつれ。[5]きたなき所の物[6]きこしめしたれば、[7]御(み)ここちあしからむものぞ」とて、[8]持て寄りたれば、いささかなめたまひて、少しかたみとて、脱ぎ置く衣に包まむとすれば、[9]ある天人包ませず。御衣(おんぞ)を取りいでて着せむとす。そのときに、かぐや姫、「しばし待て」と言ふ。「衣着つる人は、[10]心ことになるなりといふ。[11]ものひとこと言ひ置くべきことありけり」と言ひて、文書く。天人、「おそし」と[12]心もとながりたまふ。かぐや姫、「[13]もの知らぬこと[14]なのたまひそ」とて、いみじく静かに、[15]おほやけに御文奉りたまふ。あわてぬさまなり。

語句의 解釋 및 文法

1) **持たせたる** 들려 있는. 「せ」는 使役의 조동사의 연용형. 「たる」는 존속의 조동사의 연체형.

2) **天の羽衣** 天人(천사나 선녀)이 입는 옷. 이것을 입으면 사람의 마음이 사라져서 天人으로서의 자격을 얻게 되는 물건으로 생각되고 있었다.

3) **あるは** 어떤 상자에는. 「ある」는 연체형.

4) **壺なる御薬たてまつれ** 항아리에 있는 약을 드십시오. 「たてまつる」는, 여기서는 「食べる」란 뜻의 존경어.

5) **きたなき所** 더러운 곳. 인간세상을 가리킴.

6) **きこしめしたれば** 드셨기에. 「きこしめす」는, 원래 「聞く」의 존경어지만, 널리 「食ふ・飮む・治む・行ふ」 등의 존경어로 쓰여진다. 「ば」는 已然形에 붙어서 순접의 확정조건을 나타내는 접속조사.

7) **御ここちあしからむものぞ** 반드시 기분이 좋지 않으실 것입니다. 「あしから」는 형용사의 미연형. 「む」는 推量의 조동사의 연체형. 「ものぞ」는 강한 영탄표현.

8) **持て寄りたれば** 가지고 다가왔기에. 「持て」는 「持ちて」가 준 형태.

9) **ある天人** 거기에 마침 있던 천인. 「ある」는 「存る」로서 「ラ」변의 동사의 연체형.

10) **心ことになるなりといふ** 마음이 보통상태가 아니게 되어 버린단다. 「ことに」는 형용사 「異なり」의 연용형. 「なり」는 단정의 조동사.

11) **ものひとこと** 무엇인가 한 마디. 「もの」는 막연하게 무엇인가를 가리키는 말.

12) **心もとながりたまふ** 초조하게 생각하신다. 매우 초조하게 기다리신다. 「心もとながり」는, 형용사의 어간 「心もとな」에 접미어 「がる」가 붙어서 된 동사.

13) **もの知らぬこと** 사물의 정을 이해하지 않는 것. 이별을 애석해 한다는 인간적인 기분을 천인이 이해하지 못한 탓으로 그것을 꾸짖고 있다.

14) **なのたまひそ** 말씀하시지 마세요. 「な」는 부사. 「そ」는 종조사. 「な……そ」의 호응이란 형으로 금지의 뜻을 나타냄.

15) **おほやけ** 황제를 가리킴. 따로, 皇居・朝廷 등의 뜻으로도 쓰인다.

現代語訳 天人の中に持たせている箱がある。(その中には) 天の羽衣がはいっている。また、ある箱には不死の薬がはいっている。ひとりの天人が言うには、「壺にあるお薬を召し上がれ、汚れた下界の物を召し上がったので、お心持が悪いことでしょう」と言って、持って近寄ると、(姫は)ほんの少しおなめになって、少し形見として、脱いで置く着物を包もうとすると、そばにいる天人が包ませない。天の羽衣を取り出して(姫に)着せようとする。その時に、かぐや姫は、「しばらくお待ちなさい」と言う。「天の羽衣を着てしまった人は、心が違って(天の心になってしまって)しまうということです。(その前に)ひとこと言っておかなくてはならないことがありましたよ」と言って、手紙を書く。天人は、「おそい」と言ってじれっていらっしゃる。かぐや姫は、「情け知らずなことをおっしゃいますな」と言って、たいそう静かに、帝にお手紙をさしあげなさる。(その態度は)あわてずおちついたようすである。

韓譯 천인의 한 사람에게 들려진 상자가 있다. (그 안에는) 하늘의 깃옷이 들어 있다. 한 사람의 천인이 말하기를, 「항아리에 있는 藥을 드십시오. 더러운 下界의 것을 드셨기 때문에, 기분이 좋지 않으시겠지요」라고 하며, 가지고 다가오니까, (姫)는 아주 조금 핥으시고, 유품으로 해서, 벗어 놓은 옷을 조금 싸려고 하니까, 옆에 있던 天人이 싸지 못하게 한다. 하늘의 깃옷을 꺼내어 (姫에게) 입히려고 한다. 그때, 「かぐや姫」는, 「잠깐만 기다리세요」라고 말한다. 「하늘의 깃옷을 입어 버린 사람은, 마음이 달라져 (천인의 마음이 되어) 버린다고 합니다. (그 전에) 한 마디 말해 두지 않으면 안 될 것이 있습니다」라고 말하며, 편지를 쓴다. 천인은 「늦다」고 하며 초조히 여기고 계신다. 「かぐや姫」는, 「인정을 모르는 말을 하시지 마세요」라고 하며, 지극히 조용히, 황제에게 편지를 올린다. (그 태도는) 당황하지 않고 침착한 모습이다.

「かくあまたの人を[1]賜ひて[2]とどめさせたまへど、[3]許さぬ迎へまうで来て、[4]取り率(ゐ)てまかりぬれば、[5]くちをしく悲しきこと。宮仕へ[6]仕うまつらずなりぬるも、かく[7]わづらはしき身にてはべれば、[8]心得ず[9]おぼしめされつらめども、[10]心強く[11]承らずなりにしこと、[12]なめげなる者に[13]おぼしめしとどめられぬるなむ。[14]心にとまりはべりぬる」とて、

[15]今はとて[16]天の羽衣着るをりぞ君を[17]あはれと思ひいでぬる

とて、壺の薬添へて、頭[18]の中将呼び寄せて奉[19]らす。中将に、天人取りて伝ふ。中将取りつれば、ふ[20]と天の羽衣う[21]ち着せたてまつりつれば、翁をい[22]とほしかなしとおぼしつることもうせぬ。この衣着つる人は、物思ひなくなりにければ、車に乗りて、百人ばかり天[23]人具してのぼりぬ。

語句의 解釋 및 文法

1) **賜ひて** (황제가 翁의 집에) 보내셔서. 「賜ふ」는 「与ふ」의 존경어.

2) **とどめさせたまへど** 못 가게 만류하시지만. 「させ」는 존경의 조동사 「さす」의 연용사. 「たまへ」는 존경의 보조동사의 已然形. 「させたまふ」는 최상급의 존경을 나타냄.

3) **許さぬ迎へ** 거절하는 것을 용서하지 않는 마중. 거절할 수 없는 마중.

4) **取り率て** 이끌고.

5) **くちをしく悲しきこと** 억울하고 (분하고) 슬픈 일이 옵니다. 체언으로 맺는 영탄표현.

6) **仕うまつらずなりぬるも** 섬기지 못하고 만 것도.

7) **わづらはしき身にてはべれば** 성가신 身上(처지)이옵기에. 언젠가는, 달나라에 돌아가지 않으면 안 된다는 宿命을 지닌 처지라는 것을 말함. 「に」는 단정의 조동사 「なり」의 연용형. 「はべれ」는 정중의 보조동사 「はべり」의 已然形.

8) **心得ず** 납득이 안 가는 것으로. 황제의 궁중에 出仕하라는 분부를 거절해 온 것을 가리켜 말함.

9) **おぼしめされつらめども** 생각하신 것이겠지요만. 「おぼしめさ」는 「思ふ」의 존경어 「おぼしめす」의 未然形. 「れ」는 존경어 「る」의 연용형. 「らめ」는 現在推量의 조동사 「らむ」의 已然形.

10) **心強く** 고집이 세게. 황제의 분부에 복종하지 않았던 것을 말함.

11) **承らずなりにしこと** 동의(승낙)하지 않은 채로 되어 버린 일. 「に」는 완료의 조동사 「ぬ」의 연용형. 「し」는 과거의 조동사 「き」의 연체형.

12) **なめげなる者に** 무례한 자라고. 「なめげなる」는 형용동사의 연체형.

13) **おぼしめしとどめられぬるなむ** 기억에 남게 되어 버린 일이. 「おぼしめしとどめ」는 「思いとどめ」의 존경표현이며, 「思い込む(깊이 마음먹다)」의 뜻. 「らむ」는 존경의 조동사 「らる」의 연용형. 「ぬる」는 완료의 조동사 「ぬ」의 연체형. 「なむ」는 強意의 係助詞.

14) **心にとまりはべりぬる** 마음에 걸리는 일입니다. 「はべり」는 정중의 보조동사이며, 「ラ」변의 연용형. 「ぬる」는 완료의 조동사 「ぬ」의 연체형이며, 위의 「なむ」의 맺음.

15) **今はとて** 이젠 끝장이라고 생각해서.

16) **天の羽衣着るをりぞ** 하늘의 깃옷을 입을 때가 되어. 「ぞ」는 強意의 계조사. 그 맺음은 「ぬる」이며, 완료의 조동사 「ぬ」의 연체형.

17) **あはれと** 절실하게 그리워.

18) **頭の中将** 近衛의 中将이며, 蔵人所의 우두머리를 겸한 사람. 蔵人所는 기밀문서를 취급하고, 천황과 신하와의 사이를 중개해 주며, 기타 천황의 주요 사무를 취급하는 관청으로 커다란 세력이 있었다.

19) **奉らす** 「かぐや姫」가 「頭の中将」를 통해, 황제에게 献上시키는. 「奉る」는 「さしあげる」란 뜻의 겸양의 동사. 「す」는 사역의 조동사의 종지형.

20) **ふと** 갑자기. 날렵하게. 부사.

21) **うち着せたてまつりつれば** 입혀 드려 버렸기 때문에. 「たてまつり」는 겸양의 보조동사의 연용형. 「つれ」는 완료의 조동사의 已然形. 「ば」는 순접의 확정조건의 접속조사.

22) **いとほしかなしとおぼしつること** 가엽다, 불쌍하다라고 생각하고 계시던 마음. 「いとほし」는 「気の毒だ、あわれだ、ふびんだ」하는 마음을 나타내는 형용사. 「かなし」는 통절히 애석해 하는 마음을 나타내는 형용사. 「おぼし」는 「思ふ」의 존경어 「おぼす」의 연용형이며, 주어는 「かぐや姫」.

23) **天人具して** 천인을 인솔해서. 「具す」의 주어는 「かぐや姫」.

現代語訳 「このようにおおぜいの人をおつかわしくださって(わたしを)お引き止めあそばしますが、(拒むことを)許さない迎えの者がやってきて、連れて行ってしまいますので、残念で悲しいことでございますよ。宮仕えをいたさないでしまいましたのも、このようにめんどうな(事情のある)身の上でございますので、さぞ合点のゆかぬことにお思いあそばされたことでしょうが、強情に(仰せを)お受けしないようになってしまいましたことを、無礼な者としてお心におとどめになられてしまったことが、(何よりも)心残りでございます」と書いて、

今こそ(いよいよ最後のお別れのとき)と思って天の羽衣を着る時になって、帝をしみじみと(慕わしく)思い出しているのでございます。

とよんで、壺の薬を添えて、頭の中将を呼び寄せて(帝に)献上させる。中将には、天人が取って渡す。中将が受け取ってしまうと、(天人がかぐや姫に)さっと天の羽衣をお着せ申しあげたので、(姫はついさっきまで)翁を気の毒だ、いとしいとお思いになっていた気持も消えうせてしまった。この羽衣を着ってしまった人は、何の悩みもなくなってしまったので、車に乗って百人ほどの天人を引き連れて天に昇ってしまった。

韓 譯 「이와 같이 많은 사람들을 보내 주셔서 (저를) 못 가게 만류하십니다만, (거절하는 것을) 허락하지 않는 마중하는 사람들이 찾아와, 데리고 가 버리는 탓으로, 유감스럽고 슬픈 일이 옵니다. 宮中에 出仕하지 않고 말았던 것도, 이와 같이 까다로운 (사정이 있는) 처지이기에, 필시 납득이 안 가는 일이라고 생각하셨겠지요만, 고집 세게 (분부를) 받들지 않고 말았던 것을, 무례한 자라고 마음에 남기시게 되어 버린 일이, (무엇보다도) 마음에 걸리는 바입니다」라고 써서,

이제야 (드디어 마지막으로 이별할 때)라고 생각해서 하늘의 깃옷을 입을 때가 되어, 황제를 절실하게 (그립게) 회상하고 있는 바입니다.

라고 읊고, 항아리의 약을 곁들여, 우두머리인 中將을 가까이에 불러서 (황제에게) 바쳐 올린다. 中將에게는, 天人이 받아 건넨다. 中將이 건네 받아 버리자, (천인이 「かぐや姫」에게) 재빨리 깃옷을 입혀 드렸기 때문에, (「かぐや

姬」는 아까까지) 翁을 가엽다, 불쌍하다고 여기고 있던 마음도 사라져 버렸다. 이 깃옷을 입어 버린 사람은, 아무런 근심 걱정도 없어져 버리는 탓으로, 수레를 타고 백 명 정도의 天人을 거느리고 (하늘로) 올라가 버렸다.

伊勢物語

歌物語이며, 1권으로 되어 있다. 작자는 미상이고, 성립된 것은 10세기 초두라고 한다. 和歌를 중심으로 하는 단편의 125단으로 이루어진 歌物語인데, 在原業平라고 여겨지는 사나이의 일생에 가탁한 일기라고도 보여지는 것으로 해서, 옛 이름으로는, 「在五が物語」(『源氏物語』의 総角의 巻에 의함), 「在中将」(『更級日記』에 의함), 「在五中将日記」(『狭衣物語』에 의함) 등으로도 불린다.

각 단은, 거의 전부가 「昔, 男ありけり」로 시작되며, 業平로 보이는 「昔男」를 주인공으로 해서, 그 유전하는 생애에 초점을 맞추면서, 남녀의 순애, 모자의 진정, 주종의 정애, 교우의 정, 여행의 고독감 등이 소박하고 간명한 필치로 그려져 있으나, 그 根底에는 노래(和歌)의 명예를 顯彰하는 의도가 있었는 것으로 생각된다.

원래, 歌物語는, 和歌의 詞書에서 발전한 것이며, 서정시가 서사적인 것에로 이행해 가는 하나의 과정으로서 나타난 문학형태이지만, 『伊勢物語』는 그 최초의 작품으로서 가치가 있을 뿐만이 아니라, 문학으로서 不滅의 것으로 되어 있다.

初冠(第一段)

옛날, 성인이 되는 의식을 갓 치룬 젊은이가, 奈良의 옛 서울, 「春日の里」에 매사냥을 가서, 아름다운 자매를 살짝 보고 마음이 끌려, 사냥옷의 자락을 끊어 사랑의 노래를 써 보냈는데, 그것은 진실로 풍아하며, 더구나 정열적인 사랑이었다고 찬탄한 것이다.

[1]昔，[2]男，[3]初冠して、[4]奈良の京(みやこ)、春日の里に[5]しるよしして、[6]狩りに[7]往(い)にけり。その里に、いと[8]なまめいたる[9]女はらから住みけり。この男、[10]かいま見てけり。[11]思ほえず、[12]ふるさとにいと[13]はしたなくてありければ、[14]心地まどひにけり。[15]男の着たりける[16]狩衣(かりぎぬ)の裾を切りて、歌を書きてやる。その男、[17]しのぶずりの[18]狩衣をなむ着たりける。

[19]春日野の若紫の[20]すり衣[21]しのぶの乱れ限り知られず

となむ、[22]おひつきて[23]いひやりける。[24]ついで[25]おもしろきことともや思ひけむ。

[26]陸奥(みちのく)のしのぶもぢずり[27]誰(たれ)ゆゑに乱れそめにし[28]我ならなくに

といふ歌の[29]心ばへなり。[30]昔人(むかしびと)は、かくいちはやきみやびをなむしける。

語句의 解釋 및 文法

1) 昔 『伊勢物語』의 첫머리에 놓여 있는 관용어.「昔」로 시작되는 서두는 전승설화의 첫머리의 하나의 형식이며,『日本霊異記』,『大和物語』,『宇津保物語』 등에도 그런 예가 보인다.

2) 男 「をとこ」로서,「をとめ」에 맞서는 말.「若い男子」의 뜻에서 변해서,「男性」의 뜻으로 쓰인다.『伊勢物語』가 在原業平의 일대기란 꼴을 취하고 있는 것으로 해서, 옛적에는 이 사나이는 業平를 가리킨다고 했었으나, 지금에 와서는 반드시 業平라고 한정시킬 것이 아니라고 한다.

3) 初冠 元服. 成人式. 당시의 남자는 15세경이 되면 머리를 어른처럼 올리고, 처음으로 관을 쓰고 성인의 의식을 올렸던 데서 온 말이다.

4) 奈良の京、春日の里 현재의 奈良市 春日野 부근.

5) **しるよしして** 영지가 있는 관계로. 「しる」<領る>는 다스리다・領有하다란 뜻. 「して」는 격조사이며, 「……デモッテ」란 뜻.

6) **狩り** 매사냥.

7) **往にけり** 갔다고 한다. 「往に」는 「ナ」변의 동사 「往ぬ」의 연용형. 「けり」는 과거의 조동사의 종지형이지만, 자기가 직접 경험한 일이 아니고, 伝聞한 과거의 일들을 「……タソウダ」라고 회상적으로 말할 때 쓴다. 그러나, 「けり」를 언제나 「……タソウダ」라고 하면 장황해지기 때문에, 처음이나 끝부분에 올 때만 「……タソウダ」라고 하고, 나머지는 간편하게 「……タ」라고 새기는 것이 좋다.

8) **なまめいたる** 품위가 있고 아름다운. 젊고 고귀한 느낌의 아름다움을 말한다. 「なまめい」는 4단의 동사 「生めく」의 연용형 「生めき」의 「イ」음편. 「たる」는 존속의 조동사 「たり」의 연체형.

9) **女はらから** 姉妹. 「はらから」는 본래 같은 母로부터 태어난 同胞를 가리킨다.

10) **かいま見てけり** 틈으로 살짝 엿보고 말았다. 「かいま見」는 「垣間見」가 변한 것이며, 상1단의 동사의 연용형. 「て」는 완료의 조동사 「つ」의 연용형.

11) **思ほえず** 뜻밖에도. 의외로. 「はしたなく」에 걸리는 연용수식어. 「思ほえ」는 하2단의 동사 「思ほゆ」의 미연형.

12) **ふるさと** ①옛 서울. ②옛 정이 든 곳. ③지난날에 살았던 집. 여기서는 ①의 뜻.

13) **はしたなくてありければ** 어울리지 않는 아름다움이었기 때문에. 「はしたなし」란 이도 저도 아닌 어중간한 모양을 말함. 여기서는 아름다운 자매와 황폐한 옛 서울이 서로 어울리지 않는다는 것. 「ば」는 已然形에 붙어, 순접의 확정조건을 나타내는 접속조사.

14) **心地まどひにけり** (사나이는) 완전히 마음을 빼앗기고 말았다. 「に」는 완료의 조동사 「ぬ」의 연용형.

15) **男の着たりける** 사나이가 입고 있던. 「の」는 주격을 가리키는 격조사. 「たり」는 존속의 조동사의 연용형. 「ける」는 과거의 조동사의 연체형.

16) **狩衣** 公卿들이 사냥 등에 즈음하여 입었던 옷. 뒤에 가서는 귀족의 평상복이 되었다.

17) **しのぶずり** 信夫摺. 福島県 信夫郡 지방에서 생산된 직물의 무늬라고도, 「忍ぶ草」(忍草・원추리)의 잎이나 줄기를 헝겊에 문질러 대서 만든 무늬라고도 함.

18) **狩衣をなむ着たりける** 「なむ」는 強意의 계조사. 「ける」가 그 맺음으로서, 과거의 조동사의 연체형. 「たり」는 존속의 조동사의 연용형.

19) **春日野の若紫** 春日野에 돋아나고 있는 어린 紫草로서, 사나이가 착용하고 있는 狩衣의 무늬를 말하고 있으나, 실은 「아름다운 젊은 姉妹」를 칭송한 것.

20) **すり衣** 닭의장풀(「ホタルグサ」) 등의 染料로 쓰이는 草木으로, 여러 가지의 무늬를 문질러서 물들인 옷. 여기까지는 「すり衣」의 緣語로서, 「しのぶの乱れ」를 이끌어내는 序詞(수식어구).

21) **しのぶの乱れ** 「しのぶずり」의 흐트러진 무늬와, 사랑으로 인해 흐트러지는 마음을 서로 비유하고 있다. (「しのぶ」는 그리워하다, 연모하다란 뜻.)

22) **おひつきて** 「追ひつきて」로서, 곧, 즉시란 뜻. 여자를 보자 '곧'이라는 뜻. 「老ひづきて」라고 해서, 어른다와지다, 점잖아지다라고 하는 설도 있다.

23) **いひやりける** 노래를 적어서 보냈다. 「ける」는 위의 「なむ」의 맺음인데, 과거의 조동사의 연체형.

24) **ついで** 「序(ついで)」로서, 일이 되어가는 형편.

25) **おもしろきことともや思ひけむ** 재미·아취가 있다고나 생각했던 것일까. 「や」는 의문의 계조사. 「けむ」는 그 맺음으로서, 과거 추량의 조동사의 연체형. 이 부분은 「春日野の」의 노래를 읊어서 보낸 사나이의 심중을 物語의 작자가 추측해서 곁들여 쓴 것.

26) **陸奥のしのぶもぢずり** 제4句의 「乱れ」를 말하기 시작하려는 序詞. 「陸奥」는 대체로 지금의 동북지방. 「しのぶ」는 지명의 「信夫」와 사람을 그리워하는 「しのぶ」를 서로 비유한 掛詞이다.

27) **誰ゆゑに乱れそめにし** 도대체 누구의 탓으로 마음이 천 갈래 만 갈래로 흐트러지기 시작한 것일까요. 「に」는 완료의 조동사 「ぬ」의 연용형. 「し」는 과거의 조동사 「き」의 연체형. 「誰」라는 의문의 대명사를 받은 맺음으로써 연체형으로 되어 있다.

28) **我ならなくに** 나는 아닌데. 여기서는, 내 탓은 아닌데란 뜻. 「なり」는 단정의 조동사 「なら」의 미연형. 「な」는 부정의 조동사 「ず」의 미연형의 古形. 「く」는 활용어를 체언화하는 접미어. 「に」는 역접의 접속조사.

29) **心ばへ** 마음. 생각. 배려. 여기서는, 「노래의 雅趣, 노래의 의미」 정도의 뜻이다.

30) **昔人は、かくいちはやきみやびをなむしける** 옛 사람은, 이와 같이 과격한 풍요로운 거동을 했던 것이다. 지금 사람은 옛 사람에 뒤진다는 의식의 표출이라고 하겠다.「かく」는 부사.「いちはやき」는 형용사의 연체형인데,「勢いにはやった、激しい」의 뜻이다.「すばやい」라고 하는 說도 있다.「みやび」는, 품위있는, 우미, 풍아, 풍류의 뜻.「なむ」는 強意의 계조사.「ける」가 그 맺음이며, 과거의 조동사의 연체형.

現代語訳 昔、ある男が成人式をして、奈良の旧都の春日の里に領地のある縁で、鷹狩りに行ったそうだ。その里に、たいそう若々しく美しい姉妹が住んでいた。この男は、(その姉妹を)のぞき見してしまった。思いもかけず、(こんな寂しい)旧都には全く不似合い(な美しさ)でいたので、(男の)心はすっかり動かされてしまった。男(は自分の)の着ていた狩衣の裾を切りとって、(それに次の)歌を書きつけて贈る。その男は、しのぶずりの狩衣を着ていたそうである。

春日野の若紫で染めたこの狩衣のしのぶずりの乱れ模様のように、(あなた方をお見かけしてから)わたしの心は(恋しさで)限りもなく乱れていることです。

とすぐに言い贈ったそうである。事の次第が(その場にふさわしい)趣があるとでも思ったのであろうか。(この歌は)

陸奥の国の(信夫郡にゆかりのある)しのぶもぢずりの乱れ模様のように、(忍ぶ恋のために)わたしの心は乱れておりますが、いったいだれのために乱れはじめたのでしょうか。わたしのせいではありません。(みんなあなたのせいです。)

という歌の趣意(をふまえてよんだの)である。昔の人は、このように激しい風流なふるまいをしたことであるよ。

韓 譯 옛날, 어떤 사나이가 성인식을 하고, 奈良의 옛 서울인, 「春日の里」에 영지가 있는 인연으로 해서, 매사냥을 갔다고 한다. 이 마을에 매우 젊고 아름다운 자매가 살고 있었다. 그 사나이는, (그 자매를) 틈으로 엿보고 말았다. 뜻밖에 (이런 쓸쓸한) 마을(옛 서울)에는 전혀 어울리지 않는 (아름다움)이었기 때문에, (사나이의) 마음은 완전히 동요되고 말았다. 사나이(는 자기)는 입고 있던 사냥옷의 자락을 잘라내어 (거기에 다음과 같은) 노래를 적어서 보낸다. 그 사나이는, 「しのぶずり」란 무늬의 사냥옷을 입고 있었다고 한다.

「春日野」의 어린 紫草로 물들인 이 사냥옷의 「しのぶずり」의 흐트러진 무늬처럼, (당신들을 대하고 나서는) 나의 마음은 (그리움으로 해서) 한없이 흐트러지고 있군요.

라고 단번에 적어서 보냈다고 한다. 일이 되어가는 형편이 (그 경우의 분위기에 알맞은) 雅趣가 있다고나 생각했던 것일까? (이 노래는)

陸奥지방의 (信夫郡과 인연이 있는) 「しのぶずり」의 흐트러진 무늬처럼, (남몰래 그리워하기 때문에) 내 마음은 흐트러지고 있습니다만, 도대체 누구의 탓으로 흐트러지기 시작한 것일까요? 내탓은 아닌데요. (모두 당신탓입니다.)

라는 노래의 취지(에 입각해서 읊은 것)이다. 옛 사람들은, 이와 같이 과격한 풍류적인 행동을 했던 것이다.

芥(あくた)川(がは)（第六段）

이전부터 마음을 두고(애정을 가지고) 있던 여인을 겨우(간신히) 훔쳐낸 사나이는, 황폐한 곳간에 여인을 가두고, 뇌우를 피하면서 문앞에서 감시를 한다. 그런데 여인은 우렛소리가 울리는 사이에 귀신에게 먹혀 흔적도 없어, 사나이는 한탄하고 슬퍼하며 여인을 생각하는 노래를 읊는다.

昔、男ありけり。[1]女のえ得まじかりけるを、[2]年を経て[3]よばひわたりけるを、[4]かろうじて盗み出でて、[5]いと暗きにきけり。[6]芥川といふ河を[7]率(み)て行きければ、草の上に[8]置きたりける露を、「[9]かれは何ぞ」と[10]なむ男に問ひける。[11]行く先おほく、[12]夜もふけにければ、[13]鬼ある所とも知らで、[14]神さへいと[15]いみじう鳴り、雨も[16]いたう降りければ、[17]あばらなる蔵に、[18]女をば奥に押し入れて、男、[19]弓胡籙(やなぐひ)を負ひて、戸口にをり、[20]はや[21]夜も明けなむと[22]思ひつつゐたりけるに、[23]鬼はや一口に食ひてけり。「[24]あなや」と言ひけれど、[25]神鳴る騒ぎに[26]え聞かざりけり。[27]やうやう夜も明けゆくに、見れば[28]率(ゐ)て来し女もなし。[29]足ずりして[30]泣けどもかひなし。

[31]白玉か何ぞと[32]人の問ひしとき露と答へて[33]消えなましものを

語句의 解釋 및 文法

1) **女のえ得まじかりけるを** 여자로서, 사나이가 자기 아내로서 손에 넣을 수 있지도 않을 듯한, 그 여인을. 「の」는 동격의 격조사인데, 「デ」라고 새겨도 좋다. 「え」는 아래에 부정의 말을 수반해서 불가능의 뜻을 나타내는 부사. 여기서는 「え……まじかり」로서, 「……デキソウニモナイ」란 뜻. 「まじかり」는 부정추량의 조동사 「まじ」의 연용형. 「を」는 격조사.

2) **年を経て** 오랜 세월에 걸쳐. 「経て」는 하2단의 동사 「経(ふ)」의 연용형.

3) よばひわたりけるを 구혼을 계속해 왔으나. 「よばふ」는 「呼ぶ」의 미연형. 「呼ば」에 반복・계속의 조동사 「ふ」가 붙어 이루어진 동사. 「わたる」는 「長い間……する、ずっと……しつづける」란 뜻의 보조동사. 「よばひわたる」를 한 말의 복합동사로서 취급해도 좋다. 「を」는 역접의 접속조사.

4) からうじて 「からくして」에서 변이한 부사. 간신히, 겨우.

5) いと暗きに 매우 어두운 밤에. 「に」는 때를 나타내는 격조사이며, 「暗き時に」라고 「時」를 보완해서 생각해도 좋다.

6) 芥川 摂津国(지금의 大阪府) 三島郡의 강 이름이라고도 하고, 궁중의 쓰레기를 흘러 보내는 강이라고도 일컬어지고 있다.

7) 率て行きければ 데리고 갔었더니. 「率」는 상1단의 동사의 연용형. 「けれ」는 과거의 조동사의 已然形. 「ば」는 순접의 확정조건을 나타내는 접속조사로서 「……シタトコロガ」란 뜻.

8) 置きたりける 놓아 두었다. 「たり」는 존속의 조동사 「たり」의 연용형.

9) かれは何ぞ 저것은 무엇입니까? 풀잎에 내리는 이슬도 본 일이 없을 만큼, 深窓에서 자란 고귀한 여성인 것이다. 「かれ」는 遠称의 대명사로서 「あれ」란 뜻. 「ぞ」는 強意의 계조사의 문말용법. 의문어와 합쳐서, 강하게 반문하는 뜻을 나타냄.

10) なむ 強意의 계조사. 맺음은 「問ひける」의 「ける」인데, 과거의 조동사의 연체형.

11) 行く先おほく 가야할 길은 멀고. 「おほく」는 「多く」로서, 道程이 먼 것을 말한다.

12) 夜もふけにければ 밤도 깊어 버렸기 때문에. 「に」는 완료의 조동사 「ぬ」의 연용형. 「ば」는 已然形에 붙으며, 순접의 확정조건을 나타내는 접속조사. 여기서는 원인・이유를 나타내고, 「……ノデ」라고 새겨도 좋음.

13) 鬼ある所とも知らで 귀신이 살고 있는 곳인 줄도 모르고. 「で」는 「ず+て」가 준 말인데, 부정의 뜻을 포함한 접속조사. 「……ナイデ」라고 새긴다. 이 구는 아래의 「押し入れて」에 걸린다.

14) 神さへ 천둥까지도. 「神」는 「鳴る神」란 것이며, 천둥(우뢰)이란 뜻. 「さへ」는 「添へ」가 변한 것이며, 이미 존재하는 사실에, 그 위에 다른 사실을 첨가하는 뜻을 나타내는 부조사이며, 「ソノ上……マデモ」의 뜻.

15) いみじう 매우. 심히. 형용사 「いみじ」의 연용형 「いみじく」의 「ウ」음편.

16) **いたう** 대단히. 형용사「いたし」의 연용형「いたく」의「ウ」음편, 부사로 취급한다.

17) **あばらなる蔵** 문단속도 하지 않은, 빈틈 투성이의 곳간.「あばらなる」는 형용동사의 연체형으로서「빈틈이 많다. 드러내 놓고 있다」란 뜻.

18) **女をば** 「ば」는 強意의 계조사「は」의 탁음표기. 격조사「を」에 이어질 때는「ば」라고 탁음이 된다. 접속조사와 혼동하지 않도록 주의. 여자를.

19) **胡籙** 화살을 넣어 등에 지는 도구.

20) **はや** 빨리. 속히.

21) **夜も明けなむ** 밤이 밝아지면 좋겠다.「明け」는 하2단의 동사의 미연형.「なむ」는 미연형에 접속하며, 남에게 대해 주문하고 바라는 뜻을 나타내는 종조사.「……シテホシイ」라고 새기면 좋다.

22) **思ひつつ** 생각하고 생각해서는.「つつ」는 동작・작용의 반복・계속을 나타내는 접속조사.

23) **鬼はや一口に食ひてけり** 귀신이 벌써 한 입에 잡아먹고 말았단다.「はや」는 부사.「て」는 완료의 조동사의 연용형.

24) **あなや** 「아이구머니!」라고 외치는 소리. 강한 감동의 외침.

25) **神鳴る騒ぎに** 천둥이 울리는 소리 때문에.

26) **え聞かざりけり** 사나이는, 여인의 목소리를 들을 수 없었다.「え」는 부정의 말을 수반해서 불가능의 뜻을 나타내는 부사. 여기는「え……ざり」의 호응이며,「ざり」는 부정의 조동사의 연용형.

27) **やうやう** 차츰. 점점.

28) **率て来し女もなし** 데리고 온 여인도 없다.「来」는「カ」변의 미연형이며,「し」는 과거의 조동사「き」의 연체형. 이 경우, 연용형이라고 생각해서「来」라고 읽어도 좋다.

29) **足ずりして** 발을 동동 구르며.

30) **泣けどもかひなし** 울었지만 어쩔 수도 없다.「ども」는 已然形에 접속해서, 역접의 확정조건을 나타내는 접속조사.

31) **白玉か何ぞ** 저 빛나는 것은 백옥이겠습니까, 아니면 무엇인가 다른 것이겠습니까?「白玉」는 진주.「か」는 의문의 계조사.「ぞ」는 強意의 계조사의 문말용법.

32) **人の問ひしとき** 그 사람(여인)이 물었을 때.「の」는 주격의 격조사.「し」는 과거의 조동사「き」의 연체형.

33) **消えなましものを** 사라져 버렸으면 좋았을 것을. 사라져(죽어) 버리지도 않고 이런 슬픈 경우를 당해 유감스럽다는 마음. 「な」는 強意의 조동사 「ぬ」의 미연형. 「まし」는 反実仮想의 조동사의 연체형. 「ものを」는 역접의 접속조사이나, 여기는 영탄의 종조사적 용법.

現代語訳 昔、ある男がいたそうである。(高貴な)女で、とても結婚できそうもなかったその女をいく年もの間求婚し続けてきたが、やっとのことで(その女を)盗み出して、たいそう暗い夜、連れて逃げた。芥川という川(のほとり)を(女を)連れていったところが、(その女が)草葉の上におりていた露を(見て)、「あれは何ですか」と男にたずねた。行く先(の道のり)はまだまだ遠く、夜もふけてしまったので、鬼のいる所とも知らないで、(その上)雷までもたいそう激しく鳴り、雨もひどく降ってきたので、戸じまりもしないすき間だらけの(荒れはてた)蔵に、女を奥に押し入れて、男は弓とやなぐいとを背負って戸口で見張っていた。(男は)はやく夜も明けてほしいと思い思いしていたところが、鬼ははやくも(女を)一口で食ってしまった。(女は)「あれーっ」と悲鳴をあげたけれど、雷の鳴る音のために(男は女の声を)聞きつけることができなかった。しだいに夜も明けて行くので、(男が蔵の中を)見たところが連れてきた女もない。(男は)地だんだ踏んで泣き悲しんだけれどもどうしようもない。(そこで男は次の歌をよんだ。)

(あの光るものは)白玉でしょうか、それとも何かほかのものでしょうかと、あの人がたずねたとき、(あれは)露ですと答えて(その露のように自分もはかなく)消えてしまえばよかったのに。

韓 譯 옛날, 어떤 사나이가 있었다고 한다. (고귀한) 여인으로

서, 도저히 결혼할 수 없을 만한 그 여인을 몇 년이고 긴 세월을 구혼해 왔는데, 겨우겨우 (그 여인을) 훔쳐내어, 매우 어두운 밤, 데리고 달아났다. 芥川라는 강(기슭)에 (여인을) 데리고 간즉, (그 여인이) 풀잎 위에 내린 이슬을 (보고), 「저것은 무엇입니까」하고 사나이에게 물었다. 갈 곳(의 道程)은 아직도 멀고, 밤도 깊어 버렸기 때문에, 귀신이 있는 줄도 모르고, (그 위에) 천둥까지도 매우 심하게 울리며, 비도 세차게 내렸으므로, 문단속도 안 된 빈틈투성이의 (황폐한) 곳간에, 여인을 안으로 밀어 넣고, 사나이는 활과 화살을 넣는 도구를 등에 지고 문앞에서 지키고 있었다. (사나이는) 빨리 날이 밝아지면 좋겠는데 하고 생각하고 있었는데, 귀신이 벌써 (여인을) 한 입에 삼키고 말았다. (여인은) 「아이구머니!」하고 비명을 질렀지만, 천둥이 울리는 소리 때문에 (사나이는 여인의 소리를) 들을 수가 없었다. 차츰 날이 밝아 오기에, (사나이가 곳간 속을) 보았더니 데리고 온 여인도 없다. (사나이는) 발을 동동 구르며 슬피 울부짖었지만 어찌할 도리가 없었다. (그래서 사나이는 다음 노래를 읊었다.)

> (저기 빛나는 것은) 백옥이겠습니까. 아니면 무엇인가 다른 것입니까 하고, 그 사람이 물었을 때, (저것은) 이슬입니다라고 대답하고 (그 이슬처럼 자신도 덧없이) 사라져 버렸으면 좋았을 것을.

「東下り」(第九段)

자신을 아무런 쓸모없는 사람이라고 마음먹고, 서울을 버리고 東国으로 여행을 떠난 사나이는, 三河国(지금의 愛知県의 동부), 八橋, 駿河国(지금의 静岡県의 중부) 宇津山, 富士山의 기슭 등으로, 노래를 읊으면서 여행을 계속하여, 武蔵国(지금의 東京都와 埼玉県 일대)의 국경에 있는 隅田川에서는 旅愁를 달랠 길이 없어, 서울의 연인에 대한 모정을 노래로 읊는다.

昔、男ありけり。その男、身を[1]えうなきものに[2]思ひなして、[3]京にはあらじ、[4]東(あづま)の方に[5]住むべき国[6]求めにとて行きけり。[7]もとより友とする人[8]ひとりふたりして行きけり。[9]道知れる人もなくて、[10]惑(まど)ひ行きけり。[11]三河(みかわ)の国八橋(やつはし)といふ所に至りぬ。そこを八橋といひけるは、[12]水行く川の[13]蜘蛛手(くもで)なれば、橋を八つ[14]渡せるによりてなむ八橋といひける。その[15]沢のほとりの木の陰に[16]おりゐて、[17]乾飯(かれいひ)食ひけり。その沢に[18]かきつばたいと[19]おもしろく咲きたり。それを見て、ある人の[20]いはく、「かきつばたといふ五文字(いつもじ)を[21]句の上にすゑて、[22]旅の心をよめ」と言ひければ、よめる。

[23]唐衣(からごろも)きつつ[24]なれにしつましあれば[25]はるばるきぬる[26]旅をしぞ思ふ

[27]とよめりければ、みな人、乾飯の上に涙落として[28]ほとびにけり。

語句의 解釋 및 文法

1) えうなき　「要なき(필요없는)」로서, 형용사의 연체형. 쓸모없는. 무익한. 하찮은.

2) 思ひなして　마음먹고. 그렇다고 작정해 버리고. 「……なす」는, 「스스로 의식으로 일부러 ……한다」란 의미를 나타내는 보조동사.

3) 京にはあらじ　서울서는 살지 않겠다. 「じ」는 부정의지의 조동사의 종지형.

4) 東　東国. 지금의 중부지방 以東.

5) 住むべき国　살 수 있을 만한 나라(곳). 安住의 땅을 말함. 「べき」는 가능의 조동사의 연체형.

6) 求めに　「求めに行かむ」(구하러 가겠다)란 뜻.

7) もとより　이전부터. 미리부터. 「もと」는 名詞이며, 「より」는 격조사. 이것을 한 말의 부사로서 「もちろん」(물론)이라고 새기지 않도록 주의할 것.

8) ひとりふたりして　한 사람 두 사람씩 동행하여. 「して」는 「……デモッテ、……トトモニ」란 뜻의 격조사.

9) 道知れる人　길을 알고 있는 사람. 「知れ」는 4단의 동사의 巳然形. 「る」는 존속의 조동사 「り」의 연체형.

10) **惑ひ行きけり** 길을 잃고 방황하면서 갔다. 더듬더듬하면서 간 旅路의 외로움을 나타낸 것.

11) **三河の国八橋** 지금의 愛知県 碧海(へきかい)郡 知立(ちりゅう)町의 동쪽에 해당함.

12) **水行く川** 물이 흘러가는 강.

13) **蜘蛛手** 거미의 손발처럼 팔방으로 갈라져 있는 상태.

14) **渡せるによりてなむ** (다리를) 놓아 둔 것으로 해서. 「る」는 존속의 조동사 「り」의 연체형. 「なむ」는 強意의 계조사. 그 맺음은 아래의 「ける」이며, 과거의 조동사의 연체형.

15) **沢** 습지. 강변의 저습지.

16) **おりゐて** 말에서 내려 앉아서. 「ゐ」는 상1단의 동사 「ゐる」의 연용형이며, 「すわる」란 뜻.

17) **乾飯** 말린 밥을 말하며, 상대에는 여행할 때 휴대한 식량.

18) **かきつばた** 제비붓꽃. 초여름에 흰색 또는 자색의 꽃을 피운다.

19) **おもしろく** 아취가 깊게. 좋은 풍정으로.

20) **いはく** 말하기를. 「く」는 활용형의 미연형에 붙어, 명사화하는 접미어.

21) **句の上** 和歌의 각 구의 머리. 이와 같이 각 구의 처음에 題名을 읊어 넣은 노래를 「折句(おりく)」라고 한다.

22) **旅の心** 여정. 여행한 느낌.

23) **唐衣きつつ** 「なれ」를 이끌어 내는 序詞. 「唐衣」는 「着る」에 걸리는 枕詞. 「唐衣」는 唐風의 의복을 말하는 것으로 해서, 아름다운 훌륭한 옷을 가리키며, 의복의 미칭이 된다.

24) **なれにしつましあれば** (당의를 입는 것에 익숙해지듯이) 친숙해진 아내를 (서울에) 남겨 두고 왔기 때문에, 「なれにし」의 「に」는 완료의 조동사 「ぬ」의 연용형. 「し」는 과거의 조동사 「き」의 연체형. 「つまし」의 「し」는 強意의 부조사.

25) **はるばる** 道程이 멀다는 뜻의 「遥々」와 옷에 인연이 있는 「張る張る」와를 걸어서 말한 掛詞.

26) **旅をしぞ思ふ** 여행을 절실히 외롭게 생각하는 것이군요. 「し」는 強意의 부조사. 「ぞ」는 強意의 계조사. 「思ふ」가 그 맺음이며, 4단 동사의 연체형.

27) **よめりければ** 노래를 읊었기에. 「り」는 완료의 조동사 「り」의 연용형 「ば」는 순접의 확정조건을 나타내는 접속조사.

28) **ほとびにけり** 물기를 품어 젖어서 불어 버렸다. 「ほとぶ」는 물에 젖어 붇는다는 뜻. 과장된 표현이며, 거기에 소박한 유머가 느껴지기도 한다. 「に」는 완료의 조동사의 연용형.

現代語訳

昔、ある男がいたそうである。その男は、自分の身をつまらない存在だと思い込んで、京には住むまい、東国の方に住むことができそうな国をさがしに(行こう)というわけで出かけて行った。以前から仲の良い友人一人二人と連れだって行った。道を知っている人もなくて、迷いながら行った。(やっと)三河の国の八橋という所に着いた。そこを八橋といったわけは、川の流れがくもの足のように八方に分かれているので、橋を八つかけ渡していることから八橋となづけたのである。そこにある沢のそばの木陰に(馬から)おりて腰をおろし、ほしいいを食べた。その沢にかきつばたがたいそう美しく咲いていた。それを見て、(一行の中の)ある人が言うのには、「かきつばたという五文字をそれぞれの句の頭において、旅の心持をよんでみなさい」と言ったので、よんだ(歌)。

唐衣を着なれるように(長年むつまじく)なれ親んできた妻を都に残してきたので、はるばる遠くまでやって来てしまった旅をしみじみと思うことであるよ。

とよんだので、同行の人はみな(感動して)、ほしいいの上に涙を落として、(そのためにほしいいが)ふやけてしまった。

韓 譯

옛날, 어떤 사나이가 있었다고 한다. 그 사나이는, 자신을 쓸모 없는 존재라고 믿어버리고, 서울서는 살지 않겠다, 東国 쪽에 살

수 있을 만한 나라(곳)를 찾으러(가려)고 떠나갔다. 이전부터 사이 좋은 친구 한 두 사람과 동행해서 갔다. 길을 알고 있는 사람도 없어, 방황하면서 갔다. (겨우) 三河国의 八橋란 곳에 도착했다. 그 곳을 八橋라고 한 이유는, 강의 흐름이 거미의 발처럼 팔방으로 나뉘어져 있기 때문에, 다리를 여덟 개 걸어 놓은 것으로 해서 八橋라고 이름지은 것이다. 그곳에 있는 습지 옆의 나무 그늘에 (말에서) 내려 자리에 앉아, 말린 밥을 먹었다. 그 습지에는 제비붓꽃이 아름답게 피어 있었다. 그것을 보고, (일행 중의) 어떤 사람이 말하기를, 「제비붓꽃이란 다섯 문자를 각각의 구의 첫머리에 두고, 여행의 심경을 읊어 보시오」라고 했기에, 읊었던 노래.

> 唐衣를 입어서 익숙해졌듯이 (오랜 세월 동안 화목하게) 친숙해진 아내를 서울에 남겨 두고 왔기 때문에, 멀리멀리 와 버린 여행을 통절히 느끼는 것이로다.

라고 읊었기 때문에, 동행하던 사람은 모두 (감동해서) 말린 밥 위에 눈물을 흘려, (그 때문에 말린 밥이) 불어 버렸다.

[1]行き行きて、[2]駿河(するが)の国に至りぬ。[3]宇津の山に至りて、[4]わが入らむとする道は、[5]いと暗う細きに、つた、かへでは茂り、もの心細く、[6]すずろなるめを見ることと思ふに、[7]修行者(すぎやうじや)[8]会ひたり。「[9]かかる道は、[10]いかでかいまする」と言ふを見れば、[11]見し人なりけり。[12]京に、[13]その人の御もとにとて、文書きて[14]つく。

> [15]駿河なる宇津の山べの[16]うつつにも[17]夢にも人に会はぬなりけり。

富士の山を見れば、五月(さつき)の[18]つごもりに、雪[19]いと白う降れり。

時[20]知らぬ山は富士の嶺[ね][21]いつとてか[22]鹿[か]のこまだらに雪の降るらむ

その山は、[23]ここにたとへば、[24]比叡[ひえ]の山を[25]はたちばかり重ねあげたらむほどして、[26]なりは[27]塩尻[しほじり]の[28]やうになむありける。

語句의 解釋 및 文法

1) **行き行きて** 더욱 여행을 계속해서. 긴 여로를 가리킴.

2) **駿河の国** 지금의 静岡県의 일부.

3) **宇津の山** 지금의 静岡市와 志太郡과의 사이에 있는 宇津谷(うつのや)고개.

4) **わが入らむとする道** 지금부터 밟아 헤쳐 나가려고 하는 길.「む」는 의지의 조동사의 종지형.

5) **いと暗う細きに** 많은 수목이 우거져 어둡고, 길이 좁은 위에.

6) **すずろなるめ** 의외로 괴로운 변(変).

7) **修行者** 仏道修行을 위해 여러 지방을 두루 돌아다니는 승려.

8) **会ひたり** 주어는「修行者」이며, 수행자가 일행을 만났다는 뜻.

9) **かかる道は** 이와 같은 쓸쓸한 길에.「かかる」는「かくある」의 준말.「道は」는「道には」의 뜻.

10) **いかでかいまする** 어째서 오시는 것입니까?「いまする」는「サ」変의 동사의 연체형이며,「居る」의 존경어.「か」는 의문의 계조사이며,「か……いまする」로서 걸림맺음.

11) **見し人** 서울에서 낯이 익은 사람.「し」는 직접경험의 과거의 조동사「き」의 연체형.

12) **京に** 다음에 있는「その人の御もとに」와 함께「とて」에 걸린다. 우선「京に」라고 대충 막연히 말하고, 다음에 되풀이해서 구체적으로 설명한 것이다.

13) **その人** 일부러 이름을 말하지 않고 특정한 인물을 가리키는 어법. 서울에 남겨 두고 온 애인을 가리킴.「御もと」라고 하는 것을 봐서 신분이 높은 여성이라고 생각된다.

14) **つく** 전언을 부탁하다.「ことづける」.

15) **駿河なる宇津の山べの** 지명을 나타냄과 동시에「うつつ」를 이끌어 내는 序詞.「なる」는 단정의 조동사「なり」의 연체형으로서「ニアル」란 뜻.

16) **うつつ** 현실이란 뜻의「現(うつつ)」를,「宇津の山」의「うつ」에 音을 겹친 기법이다.

17) **夢にも人に会はぬなりけり** 꿈속에서조차 당신을 뵐 수가 없습니다. 상대가 자기를 생각하고 있을 때는, 그 모습이 꿈에 나타난다고 믿어지고 있었다. 따라서, 여기는, 그 사람이 벌써 자기를 잊어버리고 만 것이 아닐까 하고 한탄하고 있는 것이다.

18) **つごもり** 「月隠(つきこも)り」의 준말. 음력으로는 보름이 지나면 달이 이지러지기 시작하여, 그믐에는 완전히 숨어 버리는 것으로 해서, 월말을 가리킨다. 이에 대해「ついたち」는「月立(つきた)ち」를 어원으로 한다.

19) **いと白う** 「白う」는 형용사의 연용형「ウ」음편.「とても白く」.

20) **時知らぬ** 계절을 모르는. 계절을 분별 못하는.「ず」는 부정의 조동사「ず」의 연체형.

21) **いつとてか** (지금이) 어느 때라고 알고.「か」는 의문의 계조사. 그 맺음은「らむ」는 現在推量의 조동사의 연체형.

22) **鹿のこまだら** 어린 사슴의 털로서, 다갈색에 흰 반점이 있는 것. 눈이 얼룩지게 내려 쌓인 모습의 비유.

23) **ここ** 京都를 가리킴. 작자 및 당시의 독자가 우선 京都人이었던 것을 알 수 있다.

24) **比叡の山** 京都府와 滋賀県과의 사이에 있는 산.

25) **はたち** 스물(20).

26) **なり** 모습. 모양. 형태.

27) **塩尻** 염전에 있어서 모래를 円錐形의 무더기와 같이 쌓아 올린 것인데, 여기에 바닷물을 끼얹어 햇빛에 말려, 염분을 고착시킨 것이다.

28) **やうになむありける** ……와 같았다.「に」는 단정의 조동사「なり」의 연용형.「なむ……ける」로서 걸림맺음.

現代語訳 さらに旅を続けて、駿河の国に着いた。宇津の山にさしかかって、自分たちが踏み分けて行こうとする道は、(樹木が茂って)とても暗くて狭い上に、つたやかえでが茂っていて、なんとなく心細くて、思いがけないつらい目にあうことよと思っていると、修行僧が来合わせた。「このような(寂しい)山道に、どうしておいでになるのですか」と言うのを見ると、顔見知りの人であった。(そこで)都へ、愛する人のもとに(届けてもらいたい)といって、手紙を書いてことづける。

(わたしはいま)駿河の国にある宇津の山を越えて行くところですが、(その名のような)うつつ(現実)にもまた夢にさえも(恋しく思う)人に会わないことですよ。

富士の山を見ると、陰暦五月の末だというのに、雪がとても白く降り積もっている。

時節をわきまえない山は富士の山である。(今を)いったいいつだと思って鹿の子まだらに雪が降っているのであろうか。

その山は、都の山にたとえると、比叡山を二十ほども積み上げたほどの高さであって、山の姿は塩尻のようであった。

韓 譯 더욱 여행을 계속해서, 駿河国에 도착했다. 宇津山에 당도하여, 자기네들이 밟고 헤쳐 가려고 하는 길은, (수목이 울창하여) 아주 어둡고 좁은 위에, 담쟁이넝쿨이랑 단풍나무가 무성해 있어서, 어쩐지 마음이 불안해서, 뜻하지 않는 괴로운 변을 당하겠구나 하고 생각하고 있으니까, 수행승과 우연히 만났다.「이와 같은 (쓸쓸한) 산길을, 어찌하여 가시려는 것입니까?」라고 말하는 것을 보니, 얼굴이 익은 사람이었다. (그래서) 서울에, 사랑하는 사람 곁에 (전해 주셨으면) 라고 하여, 편지를 써서 전달해 줄 것을 부탁했다.

(나는 지금) 駿河国에 있는 宇津山을 넘어가는 참입니다만, (그 이름과 같

은) 「うつつ」(현실)에도 또한 꿈에서조차도 (그리워하는) 사람을 못 만난 것입니다 그려.

富士山을 보니까, 음력 5월 그믐이라고 하는데, 눈이 매우 하얗게 내려서 쌓여 있다.

시절(절후)을 분간 못 하는 산은 富士山이다. (지금을) 도대체 어느 때라고 생각해서, 어린 사슴의 털과 같이 얼룩덜룩 눈이 내려 있는 것일까?

그 산은, 서울에 있는 산으로 치면, 比叡山을 스물쯤 쌓아 올린 정도의 높이로서, 산의 모양은 소금을 만들기 위해 쌓아 올린 원추형의 모래무더기와 같았다.

[1]なほ行き行きて、[2]武蔵(むさし)の国と[3]下総(しもつふさ)の国との中に、いと大きなる川あり、それを[4]すみだ川といふ。その川のほとりに[5]群れゐて[6]思ひやれば、限りなく遠くも[7]来にけるかなと[8]わびあへるに、渡しもり、「はや舟に乗れ、[9]日も暮れぬ」と言ふに、乗りて渡らむとするに、みな人[10]ものわびしくて、京に[11]思ふ人[12]なきにしもあらず、[13]さるをりしも、[14]白き鳥の嘴(はし)と脚(あし)と赤き、鴫(しぎ)の大きさなる、水の上に遊びつつ[15]魚(いを)を食ふ。京には見えぬ鳥なれば、みな人見知らず。渡しもりに問ひければ、「[16]これなむ都鳥」と言ふを聞きて、

[17]名にし負はば[18]いざ[19]こと問はむ都鳥(みやこどり)わが思ふ人は[20]ありやなしやと

とよめりければ、[21]舟こぞりて泣きにけり。

語句의 解釋 및 文法

1) なほ　계속해서. 더욱.

2) 武蔵の国　지금의 東京都・埼玉(さいたま)県・神奈川県의 일부에 걸쳐 있던 나라.

3) 下総の国　지금의 茨城(いばらき)・千葉(ちば) 両県에 걸치는 나라.

4) すみだ川　지금은 すみだ川가 東京都内를 흐르고 있지만, 옛날에는 武蔵・下総 양국의 국경으로 되어 있었다.

5) 群れゐて　모여 앉아.

6) 思ひやれば　저 멀리 고향인 京都의 일들을 생각하니까.「ば」는 순접의 확정조건을 나타냄.

7) 来にけるかな　온 것이구나. 왔구나.「に」는 완료의 조동사「ぬ」의 연용형.「かな」는 영탄의 종조사.

8) わびあへるに　서로가 탄식하고 있으려니까.「わぶ」는 가슴속에 있는 우수를 통절히 말하는 뜻.「あへ」는 서로 ……한다란 뜻의 보조동사.

9) 日も暮れぬ　날이 저물어 버린다.「ぬ」는 완료의 조동사의 종지형이지만 強意의 용법.

10) ものわびしくて　어쩐지 쓸쓸하여.

11) 思ふ人　사랑하는 사람. 그리워하는 사람.

12) なきにしもあらず　없지 않은 것은 아니다.「に」는 단정의 조동사「なり」의 연용형.「し」는 強意의 부조사.「も」는 強意의 계조사.

13) さるをりしも　바로 그 때.「さる」는「然ある」의 준말로서, ①그러하다. 그와 같다. ②그렇게 해야할. 그것에 알맞는. 여기는 ①.「しも」는 위에 나왔음.

14) 白き鳥の嘴と脚と赤き、鴫の大きさなる　흰 새로서, 부리와 다리가 붉고, 도요새 만한 크기의 새가.「の」는 동격의 격조사로서,「……デ」란 뜻.「赤き」「なる」는 각각 연체형이며, 아래에 체언「鳥」를 보완해서 해석하면 좋다.

15) 魚　「うお」의 고어. 읽는 법에 주의.

16) これなむ都鳥　이것이 저 유명한 都鳥란다.「なむ」의 맺음은 생략. 아래에「という」등을 보완하면 좋다. 여기는 체언으로 중지하고 있어 강조하는 말투이다.「都鳥」는 검은머리물떼새.

17) 名にし負はば　都鳥라고 하는, 그 이름과 같다고 하면.「し」는 強意의 부조사.「ば」는 순접의 가정조건을 나타내는 접속조사.「名に負ふ」는 ①그 이름이 붙여지다. ②이름 그대로다. 그 이름에 알맞은 내용을 가지고 있다. ③정평이 있다. 여기는 ②의 뜻.

18) いざ	자아! 감동사(감탄사).
19) こと問はむ	물어 보자. 「こと」는 「言」이며, 말을 해서 물어 본다는 뜻. 「む」는 의지의 조동사의 종지형.
20) ありやなしやと	무사히 지내는지, 아닌지 하고. 「や」는 의문의 係助詞의 문말용법. 문말인 경우는 종지형에 접속하지만, 이것에 대해 「か」는 연체형에 접속해서 「あるかなきか」와 같이 쓰여진다. 「あり」는 「세상에 있는, 살아 있는, 건재하다.」란 뜻.
21) 舟こぞりて	배 안에 있던 사람들이 모조리.

現代語訳 さらに(東)へ旅を続けて行くと、武蔵の国と下総の国との境に、とても大きな川がある。それをすみだ川という。その川の岸べに(一行のものが)むらがって腰をおろし(はるか都に)思いをはせると、途方もなく遠く来てしまったものだなあと(言って)、たがいに嘆いていると、渡し守が、「早く舟に乗ってくれ、日も暮れてしまう」と言ので、舟に乗って渡ろうとするにつけて、だれもみななんとなく悲しくて、都に愛する人がないわけでもない。ちょうどその時、白い鳥で口ばしと足とが赤くて、しぎぐらいの大きさの鳥が、水の上に泳ぎながら魚をとって食べている。都では見かけぬ鳥なので、だれも見知らない。渡し守にたずねると、「これが都鳥だよ」と言うのを聞いて、

ほんとうに(都鳥という)その名のとおりであるならば、さあ尋ねてみよう。都鳥よ。わたしが恋しく思う人は無事に暮らしているかどうかと。

とよんだので、舟に乗っている人々はみな(感にうたれて)泣いてしまった。

韓 譯 더욱더 (동쪽으로) 여행을 계속해 가니까, 武蔵国과 下

総国과의 경계에 매우 큰 강이 있다. 그것을「すみだ川」라고 한다. 그 江의 기슭에 (일행이) 모여 앉아 (저 먼 서울에) 생각을 미쳐 보니, 어처구니없게도 멀리 와 버렸구나 하고 (말하며) 서로 탄식하고 있으려니까, 배지기(뱃사공)가,「어서 배에 타 주세요, 날이 저물어 버립니다」라고 말하기 때문에, 배에 타고 (강을) 건너려고 하는데, 누구나 다 어쩐지 쓸쓸하여, 서울에 사랑하는 사람이 없는 것도 아니다. 바로 그때, 흰 새로서 부리와 다리가 붉으며, 도요새 만한 크기의 새가, 물위를 헤엄치면서 물고기를 잡아먹고 있다. 서울서는 볼 수 없는 새이기에, 아무도 알아보지 못한다. 사공에게 물어 보니,「이것이 都鳥(검은머리물떼새인데,『みやこどり』란『みやこ』에 사는 새, 즉 서울 새란 뜻)란다」라고 하는 말을 듣고,

> 정말로(서울에서 사는 새라고 하는) 그 이름 그대로라면, 자아 물어 보자꾸나. 都鳥여. 내가 사랑하는 사람(그리워하는 사람)은 아무런 탈 없이 지내고 있던가 어떤가라고.

이와 같이 읊었기 때문에, 배에 타고 있던 사람들은 누구나 다 (감동해서) 울고 말았다.

筒井筒(つついづつ)（第二十三段）

> 남녀의 순애를 말한 단이다. 大和国에 사는 소꿉 친구인 소년 소녀가 성인이 된 뒤 결혼한다. 그 뒤, 남자는 河内国 高安郡에 따로 애인을 만들어 다니고 있었으나, 아내의 변치 않는 애정을 알아차리고, 예전과 같은 부부 사이로 돌아가는 것이다.

昔、田舎[1](ゐなか)わたらひしける人の子[2]ども、井[3]のもとにいでて遊びけるを、大人[4]おとなになりにければ、男も女も恥[5]ぢかはしてありけれど、男はこ[6]の女をこそ得めと思ふ。女[7]はこの男をと思[8]ひつつ、親[9]のあはすれども、聞[10]かでなむありける。さ[11]て、この隣の男のもとよりか[12]くなむ。

筒[13]井筒井[14]筒にかけしまろがたけ過[15]ぎにけらしな妹[16]見ざるまに

女、返[17]し、

く[18]らべこし振[19]り分け髪も肩[20]すぎぬ君[21]ならずしてた[22]れかあぐべき

など言[23]ひ言ひて、つひに本意[24]ほいのごとくあひにけり。

語句의 解釋 및 文法

1) **田舍わたらひ** 지방을 돌아 다니는 행상. 「わたらひ」는, 「渡る」에 반복・계속의 조동사 「ふ」가 붙은 동사 「わたらふ」의 연용형이 명사화한 것. 「생활을 위한 일. 生業」이란 뜻.

2) **子ども** 아이들. 「ども」는 복수를 나타내는 접미어이며, 현재의 「어린이」와는 다르다.

3) **井のもと** 우물가.

4) **大人になりにければ** 온전한 (한 사람 몫을 하는) 남녀가 되었기에. 위의 「に」는 격조사. 아래의 「に」는 완료의 조동사 「ぬ」의 연용형. 「ば」는 已然形에 접속하여, 순접의 확정조건을 나타내는 접속조사.

5) **恥ぢかはしてありけれど** 서로 부끄러워하고 있었으나. 나이 찬 청년남녀의 심리를 말한 것. 「ど」는 역접의 확정조건을 나타내는 접속조사.

6) **この女をこそ得め** 이 여인을 꼭 아내로 만들자. 「こそ」는 強意의 계조사. 「め」가 그 맺음이며, 의지의 조동사 「む」의 已然形.

7) **女はこの男をと** 「女はこの男をこそ得めと」이며, 여인은 그 남자를 남편으로 하고 싶다라는 뜻.

8) **思ひつつ** 줄곧 생각하면서. 「つつ」는 동작・작용의 반복・계속을 나타내는 접속조사.

9) **親のあはすれども** 부모들이 다른 사람과 결혼시키려고 했으나. 부모는 여인의 부모이다. 「の」는 주격을 나타내는 격조사. 「ども」는 역접의 확정조건을 나타내는 접속조사.

10) **聞かでなむありける** (여인은, 부모가 하는 말을) 들어주지 않고 있었다. 「で」는 부정의 뜻을 포함하는 접속조사. 「なむ……ける」로서 걸림맺음.

11) **さて** 그리하여. 그로부터 뒤. 「然(さ)ありて」가 준 것으로서, 위에 말한 일들로부터 시간을 얼마 두지 않고 다음 일이 나타날 때 쓰는 접속사.

12) **かくなむ** 「かくなむいひおこせける」 등의 略. 다음과 같은 말을 해 보냈다. 「なむ」는 強意의 계조사로서 맺음이 생략된 꼴.

13) **筒井筒** 「筒井の井筒」란 뜻인지? 「筒井」는 원형으로 파내린 우물. 「井筒」는 지상의 우물의 부분을 나무나 돌로 만든 두름.

14) **井筒にかけしまろがたけ** 「井筒」의 높이와 겨루던 나의 키. 「し」는 과거의 조동사 「き」의 연체형. 「まろ」는 나(私). 자칭의 대명사. 「が」는 연체수식격의 격조사.

15) **過ぎにけらしな** (우물 위의 두름의 높이를) 훨씬 지나서, 높이 자라고 만 듯합니다. 「に」는 완료의 조동사 「ぬ」의 연용형. 「けらし」는 「ける(조동사・과거・연체)らし(조동사・추량・종지)」가 준 것. 「な」는 영탄의 조동사.

16) **妹** 남자가 여자를 친하게 부르는 말.

17) **返し** 「かへしうた」의 아래를 생략한 것. 본래는, 상대로부터 읊어서 보내진 노래에 대한 대답의 노래. ①返歌 ②대답 여기는 ①의 뜻.

18) **くらべこし** 서로 견주어 보면서 왔다. 「こ」는 「カ」변의 동사 「来」의 미연형. 「し」는 과거의 조동사 「き」의 연체형.

19) **振り分け髮** 소년 소녀의 머리. 머리 위에서 좌우로 갈라, 어깨 근처에서 잘라서 간추린 것. 현대형으론 단발머리.

20) **肩すぎぬ** 어깨를 지나, 길게 자랐다.

21) **君ならずして** 당신을 위해서가 아니고. 당신 이외에는. 「なら」는 단정의 조동사 「なり」의 미연형. 「ず」는 부정의 조동사의 연용형. 「して」는 순접의 접속조사.

22) **たれかあぐべき** 누구를 위해 머리를 올리겠습니까? 머리를 올려야 할 사람은 아무도 없습니다. 「か」는 反語의 계조사. 「べき」가 그 맺음이며, 의지의 조동사 「べし」의 연체형. 「髮上げ」(머리를 올리는 것)는 여자의 성인의 의식으로서, 12, 13세경에 행한다. 여기는 여자가 남자의 구애에 대해, 「저도 성인이 되었습니다만, 당신의 손으로 머리를 올려 땋아 주십시오」라고 승낙의 뜻을 나타낸 것이다.

23) **言ひ言ひて**　노래를 서로 부르기를 계속해서.

24) **本意のごとくあひにけり**　전부터의 희망대로 결혼했다.「本意」는 본래의 희망.「ほい」라는 읽기에 주의.「ごとく」는 比況의 조동사「ごとし」의 연용형.「あひ」는 4단의 동사「あふ」의 연용형이며, 부부가 된다는 뜻.「に」는 완료의 조동사「ぬ」의 연용형.

現代語訳　昔、地方回りの行商をしていた人の子どもたちが、井戸の周囲に出て遊んでいたが、(やがて、ふたりは)おとなになったので、男も女も互いに恥ずかしがっていたが、男はこの女をぜひ妻にしようと思う。(同様に)女はこの男を(夫にしたい)と思い思いして、(女は)親が他の男と結婚させようとしたけれども、(その親のことばを)聞き入れないでいた。そうしているうちに、この隣に住む男の所から次のように(歌をよんで寄こした)。

あの井筒(の高さ)と比べあったわたしの背たけも、もう井筒の高さを越えるように高く伸びてしまったようですよ。あなたにお会いしないでいるうちに。

女は(それに)返歌を贈り。

(あなたと互いに)比べあってきたわたしの振り分け髪ももう肩を越すほどに伸びてしまいました。あなたのためでなくて、だれのために髪上げをしましょうか。(あなた以外には考えられません。)

などと歌をよみかわし続けて、とうとうかねての望みどおり(ふたりは)夫婦になった。

韓 譯　옛날, 지방을 돌아다니는 행상을 하고 있던 사람의 아

이들이 우물가에 나와서 놀고 있었는데, (드디어, 둘이는) 어른이 되었기에, 남녀간에 서로 부끄러워 하고 있었는데, 남자는 이 여인을 꼭 아내로 삼으려고 생각한다. (그와 같이) 여인은 이 남자를 (남편으로 삼겠다)고 마음 깊이 생각하여, (여인은) 부모가 다른 남자와 결혼을 시키려고 했지만, (그 부모의 말을) 들어주지 않고 있었다. 그렇게 하고 있는 중에, 이 이웃에 사는 사나이 쪽에서 다음과 같이 (노래를 읊어 보냈다).

> 저 우물가의 테두리와 서로 겨누던 나의 키도, 이젠 그 테두리의 높이를 넘을 만큼 높이 자란 듯합니다. 당신을 만나지 못하고 있는 동안에.

여인은 (그에 대해) 反歌를 보내,

> (당신과 서로) 비기어 왔던 저의 단발머리도 이젠 어깨를 지날 만큼 자랐습니다. 당신을 위해서가 아니고, 누구를 위해 머리를 올려 땋겠습니까? (당신 이외엔 생각할 수 없습니다.)

라고들 서로 노래를 주고받기를 계속해서, 드디어 전부터의 희망대로 (둘이는) 부부가 되었다.

さて、[1]年ごろ[2]経(ふ)るほどに、女、親なく、[3]たよりなくなるままに、[4]もろともにいふかひなくてあらむやはとて、[5]河内(かふち)の国高安(たかやす)の郡(こほり)に、[6]行きかよふ所いできにけり。[7]さりけれど、この[8]もとの女、[9]悪(あ)しと思へるけしきもなくて、いだしやりければ、男、[10]こと心ありて[11]かかるにやあらむと思ひ疑ひて、[12]前裁(せんざい)の中に隠れゐて、河内へ[13]いぬる顔にて見れば、この女、[14]いとよう[15]化粧(けさう)じて、[16]うちながめて、

> [17]風吹けば沖つ白波[18]たつた山[19]夜半(よは)にや君がひとり越ゆらむ

とよみけるを聞きて、限りなくかなし[20]と思ひて、河内へも行かず[21]なりにけり。

語句의 解釋 및 文法

1) **年ごろ** 오랜 세월. 수 년.

2) **経る** 세월이 흐르다. 하2단의 동사「経」의 연체형.

3) **たよりなくなるままに** 생계의 지탱이 어려워짐에 따라. 생활이 어려워졌기 때문에.「たより」는 ①의지할 곳. 연줄・연고. ②기회. 계제. 여기는 ①의 뜻.

4) **もろともにいふかひなくてあらむやは** 여자와 둘이 함께 있어서, 가난한 살림을 하고 있겠는가? 이렇게 있을 수는 없다고, 사나이는 생각해서.「もろともに」는 남자인 자기까지 여자와 함께 되어, 라고 하는 남자의 마음이다.「いふかひなくて」는 칠칠치 못하게 가난한 채 살고 있어.「む」는 추량의 조동사의 종지형.「やは」는 반어의 뜻을 나타냄.

5) **河内の国高安の郡** 지금의 大阪府(おおさか) 八尾市(やつお)의 일부.

6) **行きかよふ所いでにけり** 사나이가 출입하는 여자가 생기고 말았다.「行きかよふ所」는 다니고 있는 곳인데, 새로운 애인이 생긴 것을 넌지시 비추어 표현한 것.「いでき」는 복합의「カ」변의 동사의 연용형.

7) **さりけれど** 그렇기는 했었지만. 남자가 다른 여자의 곁에 다니게 되었지만이란 뜻.「然(さ)りありけれど」의 준말.

8) **もとの女** 전부터의 아내. 大和의 여자이다.

9) **悪しと思へるけしきもなくて** (남자가 여자의 집에 다니고 있는 것을) 질투하고 있는 빛도 없이.「る」는 존재의 조동사「り」의 연체형.「けしき」는 ①상태. 모양. ②이상한 느낌. ③情緒. 여기는 ②.

10) **こと心** 「異心」으로서, 두(딴) 마음. 요염한 마음. 여기는, 다른 남자에게 마음을 두는 것을 말함.

11) **かかるにやあらむ** (질투도 하지 않고) 이와 같이 (태연하게) 있는 것일까?「かかる」는「かくある」의 준 말이며, 연체사. 자기가 이렇게 외출하는 것을, 여자가 아무 말도 없이 모르는 척하고 있는 것을 말함.「に」는 단정의 조동사「なり」의 연용형.「や」는 의문의 계조사.「む」는 그 맺음으로서, 推量의 조동사의 연체형.

12) **前裁** 뜰앞의 나무를 많이 심은 곳. 「せんざい」라는 읽기에 주의

13) **いぬる顔にて** 가는 척 하고. 「いぬる」는 「ナ」변의 동사 「往ぬ」의 연체형. 「に」는 단정의 조동사의 연용형. 「て」는 접속조사.

14) **いとよう** 매우 아름답게. 「よう」는 형용사의 연용형 「よく」의 「ウ」음편.

15) **化粧じて** 화장하여. 「化粧じ」는 「サ」변의 동사의 연용형. 「ケショウ」의 요음을 피해 「ケソウ」라고 읽었다.

16) **うちながめて** 생각에 잠겨 우두커니 바라보고. 「うち」는 접두어이며, 어조를 정비하든지, 강하게 하든지 한다.

17) **風吹けば沖つ白波** 아래의 「たつた山」(奈良県 生駒郡에 있는 산)을 이끌어 내는 序詞. 「沖つ白浪」의 「つ」는 격조사 「の」와 같으며 연체수식어를 만드는 격조사이지만, 「沖の白波」를 一語의 명사로서 취급한다. 「天つ風」 「国つ神」 등도 같은 예이다.

18) **たつた山** 「たつ」는, 「白波がたつ」와 「たつた山」와 걸어서 말한 掛詞.

19) **夜半にや君がひとり越ゆらむ** 밤중에 당신이 혼자서 넘어가는 것이리까? 「に」는 때를 나타내는 격조사. 「や」는 의문의 계조사. 「らむ」는 그 맺음이며, 현재 추량의 조동사의 연체형.

20) **かなし** 몹시 귀엽다. 사랑스럽다. 강하게 마음이 끌리다. 홍취가 있다.

21) **行かずなりにけり** 가지 않게 되었다. 「ず」는 부정의 조동사의 연용형. 「なり」는 4단의 동사 「成る」의 연용형. 「に」는 완료의 조동사 「ぬ」의 연용형.

現代語訳 そうして、何年かたつ間に、女は親がなくなって、生計のたよりがなくなったので、(男は)女といっしょにいてふがいない暮らしをしていられようか(こうしてはいられない)と思って、河内の国高安の郡に(行商に出かけたところ、そこに新しく)通って行く女ができてしまった。けれども、この前からの女は、(男の振舞いを)不快だと嫉妬しているようすもなくて、(男を快く)出してやったので、男は(女が)他の男と言いかわしているのでこのよう(に快く自分を他の女のもとに通わせているの)であろうかと、疑わしく思って、庭前の植え込みの中に隠れていて、河内の国へ行くふりをして(女の様子を)見ていると、この女は、たいそう美しく化粧して、(夫の出ていった方角を)物思いにふけりながらぼんやりとながめて、

風が吹くと沖に白波が立つ、その「立つ」に縁のある(あの寂しい)竜田山(たつたやま)を、この夜中にあなたひとりで越えて行くことであろうか。

とよんだのを聞いて、(男は女を)この上もなくいとしいと思い、河内(の女のもと)へも通わなくなったしまった。

韓譯 그리하여, 몇 년인가 지나는 사이에, 여자 쪽의 부모가 돌아가셔서, 생계를 의지할 곳이 없어졌기에, (사나이는) 여인과 함께 있어 가난(초라)한 생활을 하고 있겠는가 (이렇게 있을 수는 없다) 라고 생각해서, 河内国의 高安郡으로 (행상을 나갔던 바, 거기에 새로이) 드나드는 여자가 생기고 말았다. 그렇지만, 전부터 살아 온 여인은 (남자의 거동을) 불쾌하다고 질투하고 있는 티도 없고, (남자를 기분 좋게) 나가게 했던 탓으로 남자는 (여자가) 다른 남자와 결혼을 약속하고 있어서 이와 같이 (흔쾌히 자기를 다른 여자 곁으로 다니게 하는) 것이리라고, 의심스럽게 생각하여, 뜰 앞의 나무를 심은 곳에 숨어 있어, 河内国에 간 척 하고, (여자의 동정을) 살피고 있으니까, 그 여인은 매우 아름답게 화장을 하고, (남편이 나간 방향을) 생각에 잠기면서 우두커니 바라보고,

바람이 불면 난바다에는 흰 파도가 인다. 그 「立つ」(인다)에 인연이 있는 (저 쓸쓸한) 竜田山을, 이 밤중에 당신은 혼자서 넘어가고 있는 것이겠지.

라고 읊는 것을 듣고, (사나이는 여자를) 더없이 사랑스럽다고 생각해서, 河内国(의 여자 곁)에도 다니지 않게 되어 버렸다.

「渚(なぎさ)の院」（第八十二段）

水無瀬의 離宮의 주변에서 매 사냥이나 꽃놀이의 향연을 개최하여 노래 만들기에 심취하면서 불우의 처지를 스스로 위로하고 있는 惟喬親王과 業平 등 主従의 환희의 모습과, 빈틈이 없는 主従의 心交의 아름다움을 묘사한 物語이다.

昔、[1]惟喬(これたか)の親王(みこ)と申す親王[2]おはしましけり。[3]山崎(やまざき)のあなた、[4]水無瀬(みなせ)といふ所に、[5]宮ありけり。年ごとの桜の花盛りには、その宮へなむおはしましける。そのとき、[6]右の馬(うま)の頭なりける人を、常に[7]率(ゐ)ておはしましけり。[8]時世経て久しくなりにければ、その人の名忘れにけり。[9]狩りは[10]ねんごろにもせで、[11]酒をのみ飲みつつ、[12]やまと歌に[13]かかれりけり。[14]いま狩りする[15]交野(かたの)の[16]渚の家、その院の桜ことに[17]おもしろし。その木のもとに[18]おりゐて、枝を折りて[19]かざしにさして、[20]上中下(かみなかしも)みな歌よみけり。馬の頭なりける人のよめる、

世の中に[21]たえて桜の[22]なかりせば春の心は[23]のどけからまし

となむよみたりける。[24]また人の歌

[25]散ればこそいとど桜は[26]めでたけれ[27]うき世に[28]なにか久しかるべき

とて、[29]その木のもとは立ちて帰るに、日暮れになりぬ。

語句의 解釋 및 文法

1) **惟喬の親王** 文徳天皇의 제1황자. 藤原氏의 태생이 아니어서, 제1황자이며 명성과 인망이 있으면서도 황위에 오르지 못했다. 생모는 紀有常의 여동생이고, 有常의 딸이 業平의 아내였던 관계도 있고, 또 業平도 불우했던 탓으로, 같은 처지에 있던 親王에 마음을 붙여, 친히 모시고 있었다.

2) おはしましけり 「いらっしゃった」.「おはします」는「あり・をり・行く・来」의 존경어. 같은 뜻의「おはす」보다도 경의가 깊다.

3) 山崎 지금의 京都市 乙訓(おとくに)郡 大山崎町. 淀川(よどがわ)의 선착장으로서 요지였다.

4) 水無瀬 뒷날, 여기에 上皇의 離宮이 설치되어 이름난 곳이다.

5) 宮 親王의 별장. 본래는「御家(みや)」의 뜻.

6) 右の馬の頭 右馬寮의 장관. 여기는 在原業平를 가리킴.「馬寮」는 官馬의, 사육・조교 등을 맡아보는 관청.

7) 率ておはしましけり 데리고 오셨다.

8) 時世経て久しくなりにければ、その人の名忘れにけり 세월이 흘러 오래 됐기 때문에, 그 사람의 이름은 잊어 버렸다.

9) 狩り 매 사냥. 봄철은 野鳥를 잡는 계절이며, 당시는 꽃놀이를 겸해서 야산에서 하루나 이틀 묵으면서 행해졌다.

10) ねんごろにもせで 열심히 하지도 않고.「で」는 부정의 뜻을 포함한 접속조사.

11) 酒をのみ飲みつつ 술만 계속해 마시고는.「のみ」는 한정의 부조사.「つつ」는 동작・작용의 반복・계속을 나타내는 접속조사.

12) やまと歌 和歌. 한시를「からうた」라고 하는데 대해 말함.

13) かかれりけり 열중하고 있었다.「かかる」는 어떤 일에 힘을 기울인다는 뜻.「り」는 존속의 조동사「り」의 연용형.

14) いま 지금부터. 이상은 글의 시작이며, 지금부터 본론에 들어간다고 하는 정도의 기분.

15) 交野 大阪府 牧方(ひらかた)市의 지명. 매 사냥・꽃놀이의 명소. 황실의 소유지로서 일반 사람들은 출입이 금지되었던 곳이다.

16) 渚の家 「渚の院」이라고도 불리며, 文徳天皇의 離宮이었으나, 뒤에 惟喬親王의 별장이 되었다.

17) おもしろし 아취가 있다. 풍정이 있다.

18) おりゐて 말에서 내려 편히 앉아.「ゐ」는 상1단의 동사「ゐる」의 연용형.

19) かざし 머리나 관에 꽂고.「かみざし」(머리꽂이)가 변한 것. 후세의「かんざし」(비녀, 관의 부속품)는 여기서부터 나온 것.

20) 上中下 신분의 고하를 막론하고. 신분의 격차 없이.

21) **たえて** 「絶えて」로서, 전혀. 절대로란 뜻의 부사. 아래의 부정어 「なかり」와 호응하고 있다.

22) **なかりせば** 없었더라면. 「せ」는 과거의 조동사 「き」의 미연형. 따라서 「ば」는 순접의 가정조건을 나타내는 접속조사.

23) **のどけからまし** 유유자적하리라. 「のどけから」는 형용사의 미연형. 「まし」는 反実仮想의 조동사의 종지형. 「せば……まし」의 호응의 형이며, 사실에 어긋나는 것을 가상하는 뜻을 나타냄.

24) **また人の歌** 다른 한 사람의 노래.

25) **散ればこそ** 떨어지기 때문에. 「散れ」는 4단의 已然形. 따라서 「ば」는 순접의 확정조건을 나타내는 접속조사. 「こそ」는 強意의 계조사. 그 맺음이 「めでたけれ」이며, 형용사의 已然形.

26) **めでたけれ** 좋은 일이다.

27) **うき世** 괴로운 일이 많은 무상한 세상.

28) **なにか久しかるべき** 무슨 일이 도대체 오래 계속될 것인가? 常住不変한 일이란 아무것도 없다는 것. 「か」는 반어의 계조사. 「べき」는 그 맺음이며, 推量의 조동사의 연체형.

29) **その木のもとは** 그 벚나무의 밑으로부터는. 「は」는 다른 것과 구별하여 지시하는 계조사이며, 그 나무 밑에서는 떠났지만, 또 다른 곳에는 들른다고 하는 정도의 기분을 나타냄.

現代語訳 昔、惟喬の親王と申し上げる親王がいらっしゃったそうである。山崎のむこうで、水無瀬という所に、御別荘があった。(親王)は毎年の桜の花盛りには、その御別荘へおいでになられた。そのときには、右の馬の頭であった人を、いつもお供に連れておいでになった。時代がたって、久しくなってしまったので、その人の名は忘れてしまった。鷹狩りの方は熱心にもしないで、酒ばかりを飲みながら、和歌に熱中していた。これから鷹狩りをする交野の渚の院の、その院の桜が格別に風情がある。(そこで)その(桜の)木のもとに(馬から)おりて腰をおろして、(桜)の技を折って髪にかざして、上中下の身分のへだてなく皆が和歌をよんだ。右の馬の頭であった人がよんだ(歌)、

世の中に桜というものが全くなかったならば、(咲くのを待ち、散るのを惜しんで心を動かすというようなこともなく)春の人の心はどんなにかのんびりすることであろう。

とよんだ。もうひとりの人の歌は、

(惜しまれて)散るからこそ桜の花はいっそう結構なのだ。このつらい世の中に久しく続くものとして何があるだろうか。(何一つ移り変わらないものはない。)

とよんで、その桜の木のもとからは立ち去って(他に寄り道するつもりで)帰ってくると、日暮れになった。

韓 譯 옛날, 惟喬親王이라고 하는 皇子가 계셨다고 한다. 山崎란 곳의 저쪽으로서, 水無瀨란 곳에, 별장이 있었다. (皇子)는 매년 벚꽃이 한창일 때는, 그 별장에 거동하셨다. 그때에는, 右馬寮의 장관이었던 사람을 언제나 수행시키고 오셨다. 시대가 지나, 오래 되었기 때문에, 그 사람의 이름은 잊어 버리고 말았다. 매 사냥에 열중하는 것도 아니고, 술만 계속 마시면서, 和歌에 열중하고 있었다. 지금부터 매 사냥을 하는 交野란 땅의 「渚の院」의, 그 院의 벚꽃이 각별히 풍정이 있다. (그래서) 그 (벚꽃의) 나무 아래에 (말에서) 내려 편히 앉아, (벚꽃의) 가지를 꺾어 머리에 꽂고, 신분의 고하를 가리지 않고 모두 和歌를 읊었다. 右馬寮의 장관이던 사람이 읊은 노래,

이 세상에 벚꽃이라는 것이 전혀 없었더라면, (피는 것을 기다리고, 지는 것이 안타까워 마음이 동요하는 일도 없이) 봄날의 사람들의 마음은 얼마나 한가하고 유유할 것이겠는가?

라고 읊었다. 또 다른 사람의 노래는,

(애석하게 여겨지면서) 떨어지기 때문에 벚꽃은 한층 훌륭한 것이다. 이 괴로운 세상에 오래 계속되는 것으로서 무엇이 있겠는가? (무엇 하나도 변하지 않는 것은 없다.)

라고 읊고, 그 벚나무 밑을 떠나 (다른 곳에 들르려는 생각으로) 돌아오니, 해질 녘이 되었다.

[1]御供なる人、酒を[2]持たせて、野よりいで来たり。この酒を[3]飲みてむとて、[4]よき所求め行くに、[5]天の川といふ所に至りぬ。親王に馬の頭[6]大御酒(おほみき)まゐる。親王の[7]のたまひける、「交野を狩りて、天(あま)の川(かわ)のほとりに至るを[8]題にて、歌よみて、[9]杯はさせ」と[10]のたまうければ、[11]かの馬の頭よみて[12]奉りける。

[13]狩り暮らし[14]たなばたつめに[15]宿借らむ天の川原(かわら)にわれは来にけり

親王、歌を[16]かへすがへす[17]誦(ず)したまうて、[18]返し[19]えしたまはず、[20]紀(き)の有常(ありつね)、御供に[21]つかうまつれり。[22]それが返し、

ひととせにひとたび[23]来ます[24]君待てば[25]宿貸す人もあらじ[26]とぞ思ふ。

語句의 解釋 및 文法

1) **御供なる人** 수행하는 사람.「なる」는 단정의 조동사「なり」의 연체형.

2) **持たせて** 하인에게 들려서.「せ」는 使役의 조동사「す」의 연용형.

3) **飲みてむ** 마셔 버리자.「て」는 強意의 조동사「つ」의 未然形.「む」는 意志의 조동사의 종지형.

4) **よき所** 酒宴을 베풀기에 적합한 경치가 좋은 곳.

5) **天の川** 大阪府 牧方(ひらかた)市 皇室所有地의 別名.「天の川」(은하수)라는 이름의 강이 옆에 있다.

6) **大御酒まゐる** 술을 따라 바치다.「大」는 美称.「御」는 敬意를 나타내는 접두어.「まゐる」는「さしあげる」란 뜻의 겸양어. 馬の頭의「まゐる」라는 동작을 낮추는 것으로 해서, 그 동작이 미치는 상대인 皇子에 대한 作者의 경의를 나타낸 것.

7) **のたまひける** 말씀하신 것에는.「のたまふ」는「言ふ」의 존경어.

8) **題にて** 노래의 제목으로 해서.

9) **杯はさせ** 나에게 술잔을 올리시오. 다른 사람에게 술잔을 권할 때는, 먼저 노래를 읊어 인사한 뒤에 권하는 것이 예의였다. 그것을 황자가 농담처럼 해서 충고하고, 馬寮의 장관에게 노래를 읊도록 요청한 것이다.

10) **のたまうければ**「のたまひければ」의「ウ」음편.

11) **かの** 예(例)의.

12) **奉りける** 바쳤다.「奉る」는 겸양의 동사.

13) **狩り暮らし** 하루 종일 사냥하면서 지내는 생활.

14) **たなばたつめ**「棚機つ女」로서, 직녀,「織(お)り姫(ひめ)」(織女星).「天の川原」의 縁語.

15) **宿借らむ** 오늘밤의 숙소를 빌리자.「む」는 의지의 조동사의 종지형.

16) **かへすがへす** 되풀이해서. 황자가 馬寮의 장관의 노래를 되풀이 읊은 것은, 그 노래에 감탄한 것과 아울러, 反歌가 잘 떠오르지 않아 苦吟하고 있는 것이다.

17) **誦したまうて** 입 속에서 읊으시고.「たまう」는 존경의 보조동사의 연용형「たまひ」의「ウ」음편.

18) **返し** 反歌. 대답하는 노래.

19) **えしたまはず** 하실 수가 없다.「え……ず」의 호응으로서 불가능을 나타냄.「し」는「サ」변의 동사의 연용형.「たまは」는 4단의 미연형이며, 존경의 보조동사.

20) **紀の有常** 紀名虎의 아들. 惟喬親王의 생모인 静子의 형이며, 그 딸이 業平의 아내이다.

21) **つかうまつれり** 시중을 들고 있었다. 「つかうまつれ」는 4단의 已然形이며, 겸양의 동사. 「り」는 존속의 조동사의 종지형.

22) **それが返し** 그 有常의 反歌. 「が」는 연체수식격을 나타내는 격조사.

23) **来ます** 오시다. 「来」는 「カ」변의 동사의 연용형. 「ます」는 존경의 보조동사.

24) **君待てば** 당신을 기다리고 있기 때문에. 「君」는 牽牛星을 말함. 「待て」는 4단의 已然形. 따라서 「ば」는 순접의 확정조건을 나타냄.

25) **宿貸す人もあらじ** 牽牛星 이외엔 숙소를 빌려 줄 사람은 달리 아무도 없겠지. 「じ」는 확정의지의 조동사의 종지형. 한편 이것을 (당신 같은 사람에게 숙소를 빌려 줄 사람은 없겠지」라고 풀이할 수도 있다.

26) **とぞ思ふ** 「ぞ……思ふ」는 걸림맺음.

現代語訳 (親王の)お供である人が、(下僕に)酒を持たせて、狩り場の野から出てきた。この酒を飲んでしまおうといって、(酒宴をするのに)都合のよい(景色のよい)場所を求めて行くと、天の川という所に着いた。親王に右の馬の頭が御酒をさしあげる。親王がおっしゃったのには、「交野を狩りして、天の川のほとりに到着するということを題にして、和歌をよんで、(それから)杯をさせ」とおっしゃったので、例の馬の頭がよんでさしあげた(歌)、

一日中狩りして(暮らして、夜になったので今夜は)織女星に宿を借りよう。(折よくちょうど)天の川の川原にわたしたちは来てしまったのだから。

親王は、この歌を繰り返し口ずさみなされて、(返しうたをなさろうとしたが)、返し歌をようおよみになれない。紀の有常が、親王のお供につかえていた。かれ(有常)の(親王に代わってよんだ)返し歌は、

一年に一度だけ訪ねていらっしゃる牽牛星を待っているので、(牽牛星の他には)宿を貸す方もあるまいと思います。(牽牛星のほかにどのような方にも宿はお貸ししません。)

韓譯 (親王의) 수행자의 한 사람이, (下人에게) 술을 들리고, 사냥터인 들에서 나왔다. 이것을 마셔 버리자고 해서, (술자리를 벌리기에) 적합한 (경치 좋은) 장소를 찾아가니까, 「天の川」(은하수)라는 곳에 이르렀다. 親王에게 右馬寮의 장관이 술을 권해 올렸다. 親王이 말씀하시기를 「交野에서 사냥을 하고, 『天の川』의 강변에 도착했다고 하는 제목으로, 和歌를 읊고, (그리고서) 잔을 권해라」라고 하셨기 때문에, 앞서 말한 馬寮의 장관이 지어 올린 (노래),

하루 종일 사냥을 하며 (보내, 밤이 되었으니 오늘 밤은) 織女星에 숙소를 빌립시다. (때마침) 「天の川」(은하수)의 강변에 우리들은 왔으니까.

親王은, 이 노래를 되풀이 되풀이 입 속에서 읊조리고 (反歌를 보내려고 했지만) 反歌가 쉽게 나오지를 않는다. 마침, 「紀の有常」가, 親王의 곁에 수행하고 있었다. 그(有常)의 (親王을 대신해서 읊조린) 노래는,

1年에 한 번만 찾아 오시는 牽牛星을 기다리고 있는 탓으로 (牽牛星 외엔) 숙소를 빌려 주는 사람도 없을 것이라고 생각합니다. (牽牛星 외엔 어느 누구에게도 숙소를 빌려 주지 않을 것입니다.)

帰りて、宮[1]に入[2]らせたまひぬ。夜ふくるまで酒飲み物語して、ある[3]じの親王、酔(ゑ)ひて入[4]りたまひなむとす。十一日の月も隠[5]れなむとすれば、かの馬の頭のよめる、

あかなくに[6]まだきも[7]月[8]の隠るるか山[9]の端逃げて入[10]れずもあらなむ

親王にかはりたてまつりて、紀の有常、

おしなべて峰も平[11]らになりななむ山[12]の端なくば月[13]も入らじを

語句의 解釋 및 文法

1) **宮** 水無瀨의 別荘.

2) **入らせたまひぬ** 드셨다. 「せ」는 존경의 조동사 「す」의 연용형. 「たまひ」는 존경의 보조동사의 연용형. 「せたまひ」는 최고의 경어. 「ぬ」는 完了의 조동사의 종지형.

3) **あるじ** 집주인. 주연의 주최자이다.

4) **入りたまひなむとす** 잠자리에 들어가시려고 하다. 「な」는 強意의 조동사 「ぬ」의 미연형. 「む」는 의지의 조동사의 종지형. 「入りたまはむ」를 강조한 표현이다.

5) **隠れなむとすれば** (산의 가장자리에) 숨어 버리려고 하기에. 「なむ」는 앞서 나온 「入りたまひなむ」와 같은 용법이다. 「隠れむ」를 강하게 한 말투. 「すれ」는 「サ」변의 동사의 已然形. 「ば」는 순접의 확정조건을 나타내는 접속조사.

6) **あかなくに** 아직 무엇인가 부족한데, 좀더 달을 보면서 있고 싶은데. 「飽かなくに」이며, 「な」는 부정의 조동사 「ず」의 미연형의 古形. 「く」는 활용어의 미연형에 붙어 명사화하는 접미어. 「に」는 역접의 뜻을 나타내는 접속조사.

7) **まだきも** 빠르게도. 아직 그 시각이 되지도 않았는데. 「まだき」는 「未(いま)だしき」의 준말이며 형용사의 연체형. 「も」는 영탄의 종조사.

8) **月の隠るるか** 달이 숨어 버리는가. 「달」은, 술자리의 흥이 아직 덜 깼는데, 침소로 들어가려고 하는 親王을 비유해서 한 말.

9) **山の端** 산이 하늘과 맞닿은 곳. 「寝所」를 비유해서 한 말.

10) **入れずもあらなむ** 들여보내지 말아 주면 좋겠다. 「なむ」는 미연형에 붙어 있는 탓으로, 다른 것에 대해 주문하고 바라는 뜻을 나타내는 종조사이다. 침소로 들어가려는 親王을 만류하는 뜻을 비겨 말하고 있다.

11) **平らになりななむ** 평평하게 되어 버렸으면 좋겠다.「な」는 완료의 조동사「ぬ」의 미연형. 따라서 그것에 따르는「なむ」는 他에 대해 주문하고 바라는 뜻의 종조사이다.

12) **山の端なくば** 「山の端」는 침소를 비유하고 있다.「なく」는 형용사의 미연형.「ば」는 順接의 가정조건을 나타내는 접속조사.

13) **月も入らじを** 달도 들어가지 않을 테니까.「달」은 親王을 비유한 것.「じ」는 부정추량의 조동사의 연체형.「を」는 영탄의 간투조사.

現代語訳 (水無瀬に)帰って、(親王は)御別荘におはいりになった。夜がふけるまで酒を飲み物語をして、家の主人の親王は、酔って(寝所に)おはいりになってしまおうとする。(おりから)十一日の月も(山の端に)隠れてしまおうとするので、例の馬の頭がよんだ(歌)、

まだいつまでも眺めていたいのに、早くも月は隠れるのか。山の端が逃げて月を入れないでおいてほしいものだ。

親王にお代わり申しあげて、紀の有常(がよんだ歌)。

どの峰も一様に平らになってしまってほしいものだ。山の端というものがなかったら月もはいらないであろうから。

韓 譯 (水無瀨에) 돌아와, (親王은) 別莊에 드셨다. 밤이 깊어질 때까지 술을 마시며 이야기를 하고, 집 주인인 親王은, 취해서 (침실에) 드시려고 하신다. (때마침) 열 하루 달도 (산의 가장자리에) 숨어 버리려고 하기에, 예의 馬寮의 장관이 읊은 (노래),

아직 언제까지라도 바라보고 싶은데, 벌써 달은 숨어 버리는 것인가.

산의 가장자리가 달아나서 달을 넣어 주지 말아 주었으면 좋겠다.

親王을 대신해 드려서, 「紀の有常」(가 읊은 노래),

어느 봉우리도 한결같이 평평하게 되어 버렸으면 좋겠다. 산의 가장자리가 없다면 달도 들어가지 않을 것이니까.

「小野(をの)の雪」(第八十三段)

> 馬寮의 장관이 헌신적으로 모시고 있던 惟喬親王이 갑자기 출가해 버리신다. 그래서, 馬寮의 장관은 正月에 눈길을 무릅쓰고 小野에 있는 庵室에 親王을 찾아, 옛날과는 판이하게 달라진 親王의 외로운 境涯에 눈물을 흘리고 서울로 돌아온다.

昔、水無瀬に[1]かよひたまひし惟喬(これたか)の親王(みこ)、[2]例の、[3]狩りしにおはします供に、馬の頭(かみ)なる[4]翁(おきな)[5]つかうまつれり。[6]日ごろ経て、[7]宮に帰りたまうけり。[8]御送りして、[9]とく往(い)なむと思ふに、[10]大御酒(おほみき)たまひ、[11]禄たまはむとて、[12]つかはさざりけり。この馬の頭、[13]心もとながりて、

[14]枕(まくら)とて草ひき結ぶことも[15]せじ[16]秋の夜とだにたのまれなくに

[17]とよみける。時は[18]三月(やよひ)のつごもりなりけり。親王、[19]大殿籠(おほとのごも)ら[20]であかしたまうてけり。

[21]かくしつつ[22]まうでつかうまつりけるを、[23]思ひのほかに、[24]御髪(みぐし)おろしたまうてけり。[25]正月(むつき)に[26]をがみたてまつらむとて、[27]小野に[28]まうでたるに、

比叡[29]の山のふもとなれば、雪いと高し。しひて[30]御室[31]にまうでてをがみたてまつるに、つれづれ[32]ともの[33]悲しくておはしましければ、やや[34]久しくさぶらひて[35]、いにしへ[36]のことなど思ひいできこえ[37]けり。さても[38]さぶらひてしがなと思へど[39]、公事[40]どもありければ、えさぶらはで[41]、夕暮れに帰るとて、

忘れては[42]夢かとぞ思ふ思ひきや[43]雪ふみわけて君を見むとは

とてなむ泣く泣く来[44]にける。

語句의 解釋 및 文法

1) **かよひたまひし** 놀러 다니셨다. 「たまひ」는 존경의 보조동사의 연용형이며, 작자의 親王에 대한 경의를 나타내고 있다. 「し」는 과거의 조동사 「き」의 연체형.

2) **例の** 언제나와 같이. 副詞句的으로 새기는 일이 많다.

3) **狩りしにおはします** 매 사냥하러 오시는. 「し」는 「サ」변의 동사의 연용형. 「に」는 격조사. 「おはします」는 「あり・おり・行く・来」의 존경어.

4) **翁** 노인. 지금과 달라서 40세쯤부터 翁이라고 했다. 親王이 출가하신 때, 業平는 48세였다.

5) **つかうまつれり** 시중을 들어 드렸다. 「つかうまつる」는 「仕ふ」의 겸양어이며, 동작주인 馬寮의 장관을 낮추는 것으로써, 그 동작이 미치는 대상인 親王에 대한 작자의 경의를 나타낸 것.

6) **日ごろ経て** 며칠인가 지나서. 水無瀬에서 며칠을 보내고.

7) **宮に帰りたまうけり** 京都의 본댁으로 돌아오셨다. 「たまう」는 존경의 보조동사의 연용형 「たまひ」의 「ウ」음편.

8) **御送りして** 親王을 京都의 궁으로 보내 드리고.

9) **とく往なむ** 빨리 내 집으로 돌아가자. 「とく」는 형용사의 연용형. 「往む」는 「ナ」변의 동사의 미연형. 「む」는 의지의 조동사의 종지형.

10) **大御酒たまひ** 술을 내려 주셔서. 「たまふ」는 「与え・授く」란 존경의 동사.

11) **禄たまはむ** 親皇으로부터 물건을 내려 주시려고. 「禄」는 상으로 주는 상품. 「む」는 의지의 조동사.

12) **つかはさざりけり** 집으로 돌아가는 것을 허락해 주시지 않았다. 「つかはす」는 「行かす、与える」란 뜻의 존경의 동사.

13) **心もとながり** (휴가가 내려지는 일이) 너무나 기다려져. 지루해서. 형용사 「心もとなし」의 어간에 접미어 「がる」 가 붙어 생긴 4단의 동사 「心もとながる」의 연용형.

14) **枕とて草ひき結ぶ** 베개로써 풀을 서로 끌어다 묶어. 풀을 묶어 베개로 해서 객지 잠을 자는 것을 말하는데, 여기는 親王의 거처에서 묵는 일을 말한다.

15) **せじ** 하지 않으리라. 「せ」는 「サ」변의 동사의 미연형. 「じ」는 부정의지의 조동사의 종지형.

16) **秋の夜とだにたのまれなくに** (지금은 3月, 봄의 계절로서, 밤이 짧으니까) 가을의 긴 밤처럼, 그것을 믿고 마음껏 잠을 잘 수도 없기에. 「だに」는 「セメテ……ダケデモ」라고 최소한의 희망을 타나내는 부조사. 「れ」는 가능의 조동사 「る」의 미연형. 「な」는 부정의 조동사 「ず」의 접미어로서, 활용어의 미연형에 붙는다. 「に」는 역접의 접속조사.

17) **よみける** 「ける」라고 연체형으로 맺음을 지은 것은 余情표현.

18) **三月のつごもり** 3월의 하순. 「やよい」라는 읽기에 주의.

19) **大殿籠らで** 주무시지 않으시고. 「大殿籠る」는 「寝る」의 존경어. 「で」는 부정의 뜻을 포함하는 접속조사이며, 「……ナイデ」라고 새긴다.

20) **あかしたまうてけり** 밤을 꼬박 새우다. 「たまう」는 존경의 보조동사의 연용형 「たまひ」의 「ウ」음편.

21) **かくしつつ** 이와 같은 일을 가끔 되풀이해서는. 「かく」는 부사이며, 전반부의 춘삼월의 遊宴의 모습을 가리킨다. 「つつ」는 동작·작용의 반복·계속을 나타내는 접속조사.

22) **まうでつかうまつりけるを** 御殿에 올라 시중을 들고 있었으나. 「まうづ」는 찾아뵌다는 뜻의 겸양어. 「つかうまつる」는 모시다. 시중들다란 뜻의 겸양어. 함께 馬寮의 장관의 동작을 낮추는 것으로 해서, 그 동작이 미치는 대상인 親王에 대한 작자의 경의를 표하고 있다. 「を」는 역접의 접속조사.

23) **思ひのほかに** 의외에도.

24) **御髪おろしたまうてけり** 출가하시고 말았다. 사실로서는 872년 7월의 일이다. 나이는 29세. 異母弟인 惟仁親王(뒤의 清和天皇)이 황태자가 되어, 실의로 인해 출가했다고 한다.

25) **正月** 「むつき」라는 읽기에 주의.

26) **をがみたてまつらむとて** 뵈려고 생각해서. 「たてまつら」는 겸양의 보조동사의 미연형. 작자의 親王에 대한 경의를 나타낸 것.

27) **小野** 지금의 京都市 左京区 八瀬(やせ).

28) **まうでたるに** 뵀던 바. 「まうで」는 겸양의 동사 「まうづ」의 연용형.

29) **比叡の山のふもとなれば** 比叡山에서 내리부는 한풍이 불기 때문에. 이 산기슭은, 겨울에는 매우 춥고, 적설이 많다.

30) **しひて** 무리하게. 눈을 무릅쓰고 라는 기분.

31) **御室** (親王이 계시는) 암실. 「室(むろ)」는 僧房의 뜻.

32) **つれづれと** 할 일이 없어 따분함. 무료함.

33) **もの悲しくて** 어쩐지 슬퍼서. 「もの」는 특별히 지정하지 않고 막연하게 무엇인가를 가리켜 말할 때 쓰이는 접두어.

34) **やや** 제법. 부사.

35) **さぶらひて** 곁에서 모시고 있어. 「さぶらふ」는 귀인의 곁에서 모신다는 뜻의 겸양의 동사. 작자의 친왕에 대한 경의를 나타냄.

36) **いにしへのことなど** 옛날 일들. 水無瀬나 交野에서 지낸 즐거운 날의 회상 등을 말한다. 「など」는 예시의 부조사.

37) **きこえけり** 말씀드렸다. 「きこゆ」는 「言ふ」의 겸양어.

38) **さても** 그대로. 「さて」는 「然ありて」의 略. 「も」는 強意의 계조사이지만, 「さても」를 一語의 부사로 취급한다.

39) **さぶらひてしがな** 곁에서 모셨으면 좋겠다. 「てしがな」는 강한 희망을 나타내는 종조사.

40) **公事** 宮中의 공적인 행사. 정월에는 특히 많다.

41) **えさぶらはで** (언제까지나) 곁에서 모시고 있을 수가 없어서. 「え」는 아래에 부정어를 수반해서 불가능의 뜻을 나타내는 부사. 「で」는 「ず+て」의 줄임이며, 부정의 뜻을 포함한 접속조사.

42) **忘れては夢かとぞ思ふ** 親王의 출가가 현실이라는 것을 잊고, 이것은 꿈인가 하고 생각하는 일. 親王의 출가가 너무나 급작스런 일이어서, 슬퍼서 도저히 사실이라고는 믿을 수 없다는 기분을 나타낸다. 「か」는 의문의 계조사의 문말용법. 「ぞ」는 強意의 계조사. 그 맺음은 「思ふ」이며, 4단의 동사의 연체형.

43) **思ひきや** 생각한 일인가, 아니 생각조차 못한 일이다.

44) **来にける** 서울로 돌아왔다.「に」는 완료의 조동사「ぬ」의 연용형.「ける」는 과거의 조동사의 연체형이며,「なむ」의 맺음.

現代語訳 昔、水無瀬(の御別荘)に遊びにかよっておられた惟喬親王は、いつものように、鷹狩りにいらっしゃるお供として、馬の頭である老人がお従い申しあげた。(水無瀬で)何日か暮らして、(親王は京の)御殿にお帰りになられた。(馬の頭は親王を)お送りして、早く(わが家へ)帰ろうと思っていると、(親王は馬の頭に)御酒を下さり、御下賜の品を下されようといって、帰宅をお許しにならなかった。(それで)この馬の頭は(お暇の出るのが)待ち遠しく(早く帰りたく)思って、

> (今夜は)枕として草を引き結んで旅寝をするようなことはいたしますまい。秋の夜長ならともかく、(今は春の短夜で)それをたのみにゆっくり眠ることもできないのですから。

とよんだ。時は三月の末であった。親王は、おやすみにならないで、(酒宴に)夜をお明かしになったのである。

このようなことをたびたび繰り返しては(親王の御殿に)参上してお仕えしていたが、思いもかけず、(親王は)ご出家されてしまった。正月にお目にかかろうと思って、小野に参上したところ、(そこは)比叡山(ひえいざん)のふもとなので、雪かたいそう深く積もっている。(馬の頭は)難儀なのをおかして御庵室に参上してお目にかかると、(親王は)手持ちぶさたでたいそうもの悲しい様子でおいでになったので、かなり長い間おそばにお仕えして、昔のことなどを思い出してお話し申しあげた。(馬の頭は)そのまま(ずっと)おそばに仕え申しあげたいものだと思うけれども、宮中

の行事がいろいろとあったので、(いつまでも)おそばにいることもできず、夕暮れに帰るというとき、

(この悲しいご出家が事実だということを)忘れて、(これは) 夢ではないかと思う。(深く積もった)雪を踏み分けて、(こんな寂しい山里で)親王様にお目にかかろうとは、思いもよらなかったことです。

とよんで、泣きながら(京に)帰ってきたそうです。

韓 譯 옛날 水無瀨(의 別莊)에 놀러 다니시던 惟喬親王은 여느 때와 마찬가지로, 매 사냥을 오시는 수행자로서, 馬寮의 장관인 노인을 데리고 오셨다. (水無瀨에서) 며칠인가 지나서, (親王은 서울의) 저택으로 돌아가셨다. (馬寮의 장관은 親王을) 모셔다 드리고, 빨리 (자기 집으로) 돌아가려고 생각하고 있는데, (親王은 馬寮의 장관에게) 술을 주시고, 하사품을 내리시겠다고 하시면서, 귀가를 허락하지 않으셨다. (그래서) 이 馬寮의 장관은, (허락이 내릴 것을) 기다리지 못해 (빨리 돌아가려고) 생각해서,

(오늘 밤은) 베개로써 풀을 끌어당겨 묶어 객지잠을 자는 일은 하지 않겠다. 가을의 기나긴 밤이라면 몰라도 (지금은 봄철의 짧은 밤이라) 그것에 의지해서 마음껏 잘 수도 없으니까.

라고 읊었다. 때는 3월 말이었다. 親王은 주무시지 않고, (酒宴으로) 밤을 지새우셨다.

이와 같은 일을 자주 되풀이해서는 (親王의 宮殿에) 뵈러 올라가서 시중을 들고 있었으나, 뜻밖에도, (親王은) 출가해 버리시고 말았다. 정월에 뵈려고 생각해서, 小野에 들렀더니, (거기는) 比叡山의 기슭이어서, 눈이 매우 깊게 쌓여 있다. (馬寮의 장관은) 힘든 것을 무릅쓰고 암실을 찾아 뵈었더니 (親王

은) 아무런 할 일이 없어 매우 슬픈 모습을 하고 계시기에, 제법 긴 시간을 곁에서 모시고, 옛날 일을 회상하여 이야기해 드렸다. (馬寮의 장관은) 그대로 (계속해서) 곁에서 모셨으면 좋겠다고 생각하지만 궁중의 행사가 여러 가지로 있었기에 (언제까지나) 곁에 있을 수도 없어 해질녘에 돌아가려고 할 때,

> (이 슬픈 出家가 사실이라는 것을) 잊어 버리고, (이것은) 꿈인가 하고 생각한다. (깊게 쌓인) 눈을 헤치면서, (이렇게 쓸쓸한 山村에서) 親王님을 뵐 줄이야. 꿈에도 생각하지 못했던 일입니다.

라고 읊고, 울면서 (서울로) 돌아왔다고 하더라.

古今和歌集

일본 최초의 勅撰和歌集이다. 전20권이며, 약 1100수이다. 905(延喜 5)년, 醍醐천황의 칙명을 받아, 紀貫之・紀友則・凡河内躬恒・壬生忠岑의 4인이 撰進했다. 권두에는 仮名序(紀貫之), 권말에 真名序(紀淑望)가 있고, 「春・夏・秋・冬・賀・離別・羇旅・物名・恋・哀傷・雑・雑体・大歌所御歌」의 분류에 의해, 『万葉集』 이후, 延喜年間까지의 노래가 수록되어 있다.

歌風의 변천상으로는, 「よみ人知らずの時代」(노래를 읊은 사람을 모르는 시대), 六歌仙時代, 撰者時代의 3기로 구분되지만, 이른바 古今調의 가풍이 확립된 것은 제3기이다.

중고시대의 처음에는 漢詩文이 성해서 和歌는 부진했었으나, 시대가 차츰 내려옴에 따라 일본풍의 문화가 정착하여, 『古今集』의 성립은 그 하나의 정점을 가리키는 것이라고 하겠다. 『万葉集』에 대표되는 상대의 노래가 자연발생적이며 소박・장중함에 대해, 이 가집의 가풍은 이지적이고, 섬세・우미하며, 표현기교상으로는, 縁語・掛詞의 多用, 3구단락, 7・5조의 리듬 등이 현저한 특징으로 지적된다.

「よみ人知らずの時代」(第一期)

이 시대는 漢詩文의 전성기이며, 和歌는 공적 문학으로서는 돌아보아지지 않았지만, 양적으로는 가장 많아, 전체의 약 4할을 차지하고 있다. 가풍은 万葉調를 짙게 간직하고 있어, 섬세하기는 해도 소박한 감정에 바탕을 둔 것이다.

[1]題知らず　　　　[2]よみ人知らず

1. [3]春日野(かすがの)は今日は[4]な焼きそ[5]若草のつま[6]もこもれりわれもこもれり

(巻1・春上・17)

題知らず　　　　よみ人知らず

2. 春日野の[7]とぶ火の野守(のもり)いでて見よ[8]今いくかありて[9]若菜(わかな)つみてむ

(巻1・春上・18)

題知らず　　　　よみ人知らず

3. [10]五月(さつき)待つ[11]花たちばなの[12]香をかげば[13]昔の人の[14]袖の香ぞする

(巻3・夏・139)

題知らず　　　　よみ人知らず

4. [15]きのふこそ早苗(さなえ)取りしかいつのまに稲葉そよぎて[16]秋風の吹く

(巻4・秋上・172)

題知らず　　　　よみ人知らず

5. 北へ行く[17]雁(かり)ぞ鳴くなる連れて来し[18]数は足らでぞ[19]帰るべらなる

(巻9・羈旅・412)

題知らず　　　　よみ人知らず

6. [20]ほととぎす鳴くや五月のあやめぐさ[21]あやめも知らぬ[22]恋もするかな

(巻11・恋1・469)

題知らず　　　　よみ人知らず

7. [23]紫のひともとゆゑに[24]武蔵野の草はみながら[25]あはれとぞ見る

(巻17・雑上・867)

語句의 解釋 및 文法

1) **題知らず** 노래가 불려진 사정이 분명하기 않은 것을 말함.

2) **よみ人知らず** 작자가 분명하지 않은 것.

3) **春日野は** 「は」는 他와 구별하는 계조사이며, 다른 들은 어쨌든 간에, 이 春日野만은, 라고 하는 느낌을 나타냄. 「春日野」는 지금의 奈良市의 동쪽, 春日山의 기슭 일대의 대지.

4) な焼きそ　태우지 말아 다오. 「な……そ」의 호응으로서, 금지의 뜻을 나타냄. 이른 봄에 들을 태우는 것은 새로운 좋은 풀을 싹트게 하기 위한 것이다.

5) 若草の　「つま」의 枕詞이지만, 새로 돋은 풀과 같이 향기로운, 이란 느낌을 안겨 주고 있다.

6) こもれり　틀어박혀 있다. 들에 있다.

7) とぶ火の野守　「飛火野」의 파수꾼. 「とぶ火」는 春日野에 「とび火(봉화)」대를 설치하여, 그곳을 「飛火野」라고 부른 데서 온 말.

8) 今いくかありて　이제 며칠이 지나면.

9) 若菜つみてむ　「반드시 봄 나물을 캐겠지」란 뜻에서, 가능의 뜻을 포함해서 「봄 나물을 캘 수가 있을 것이다」라고 하는 기분을 나타낸다. 「て」는 強意의 조동사 「つ」의 미연형. 「む」는 추량의 조동사의 연체형. 위의 「いくか(いく日)」라는 의문어를 받고 있으니까 연체형.

10) 五月待つ　5월을 기다려 피는.

11) 花たちばな　꽃이 피어 있는 홍귤나무. 귤나무를 칭찬해서 한 말.

12) 香をかげば　향기를 맡으니. 「かげ」는 4단의 동사의 已然形. 「ば」는 순접의 우연조건을 나타내는 접속조사.

13) 昔の人　옛날 친했던 사람. 아마도 연애관계에 있던 사람이리라.

14) 袖の香ぞする　소매에 베어 들게 한 향 냄새가 나는구나. 「ぞ」는 強意의 계조사. 「する」가 맺음이며, 「サ」변의 동사의 연체형.

15) きのふこそ早苗取りしか　겨우 어제 볏모를 옮긴 터인데. 「こそ」는 強意의 계조사. 「しか」가 그 맺음이며, 과거의 조동사 「き」의 已然形. 「こそ……已然形」의 꼴이며, 역접의 관계로서 아래에 붙는 용법이다.

16) 秋風の吹く　가을 바람이 부는구나. 주격의 격조사 「の」를 받은 술부이기에 「吹く」는 4단의 동사의 연체형.

17) 雁ぞ鳴くなる　기러기가 울고 있는 듯하다. 「ぞ……なる」로서 걸림맺음. 「鳴く」는 4단의 종지형. 따라서 「なる」는 伝聞推定의 조동사.

18) 数は足らでぞ　수가 모자라서. 「で」는 부정의 뜻을 품은 접속조사. 「ぞ」는 強意의 계조사이며 맺음은 아래의 「べらなる」.

19) **帰るべらなる** 돌아가는 모양이다.「べらなる」는 복합의 조동사「べらなり」의 연체형이며, 그 당시만 쓰였던 말. 추정된 상태를 나타내고「……スル様子ダ」란 뜻.

20) **ほととぎす鳴くや五月のあやめぐさ** 두견이 우는 5월경에 향기를 뿜는 붓꽃은 아니지만. 다음의「あやめ」를 끌어내기 위한 序詞.

21) **あやめも知らぬ** 사유도 모르고 정신이 없는.「あやめ」는「文目(あやめ)」이며, 事物의 사리, 조리.

22) **恋もするかな** 「かな」는 영탄의 조동사.

23) **紫のひともとゆゑに** 紫草가 한 그루 있기 때문에.「紫」는 紫草를 가리키는데, 사랑하는 한 사람을 비유해서 한 말.

24) **武蔵野の草はみながら** 武蔵野의 풀은 모두. 사랑하는 사람과 인연이 있는 모든 사람을 비유한 것.「みながら」는 부사이며,「みなながら」가 준 말. 전부, 죄다란 뜻.

25) **あはれとぞ見る** 절실하게 그립다고 생각하는구나.「ぞ」는 強意의 계조사.「見る」는 그 맺음이며, 상1단의 동사의 연체형.

現代語訳

1. 春日野は今日だけは野焼きをしないでおくれ。(冬枯れの草の中には)いとしい妻もこもっている、(そして)わたしも(いっしょにこの野で遊ぼうと)こもっている(のだから)。

2. 春日野の飛火野(とぶひの)の番人よ、野に出て見なさい。あともう幾日たったら若葉をつむことができるだろうか。

3. 五月のころを待って咲く花橘のかおりをかぐと、昔、親しかった人の袖(にたきしめていた香)のかおりがすることだよ。

4. ほんのきのう。さ苗をとって(田植えをし)たばかり(のように感じられるの)だが(気がついてみると)いつのまにか稲葉が伸びて風にそよぎ、秋風のふいていることよ。

5. (ふるさとの)北をさして飛んでいく雁が鳴いているようだ。(こちらへくるときに)連れだっていっしょにやって来た仲間の数が足りないで帰って行くもののようだ。(夫を失って、ひとり都へ帰るこのわたしのように)。

6. ほととぎすが鳴く五月のころにかおるあやめではないが、分別もつかないような無我無中の恋をすることだなあ。

7. 一本の紫草をなつかしく思うために、武蔵野にはえている草は残らずみな、いとしくなつかしく感じられることだ。

韓 譯

1. 「春日野」에서는 오늘만은 들에 불을 지르지 말아다오. (겨울에 말라 죽은 풀 속에는) 사랑하는 아내도 그 안에 틀어박혀 있고, (그리고) 나도 또한 (함께 이 들에서 놀려고) 틀어박혀 있으니까.

2. 「春日野」의 烽火臺를 지키는 파수꾼이여, 들에 나와 보구려. 지금부터 며칠이 지나면 봄나물을 캘 수가 있을 것인지.

3. 5月의 계절을 기다려서 피는 홍귤꽃의 냄새를 맡으니, 옛날, 친하던 사람의 소매(에 배게 한 향)의 냄새가 나는구나.

4. 겨우 어제, 볏모를 옮겨 (모내기를) 한 듯한 느낌이 드는데, (정신을 차리고 보니) 어느 사이엔가 볏잎이 자라 바람에 나부끼고, 가을 바람이 불고 있구나.

5. (고향인) 북쪽을 향해 날아가고 있는 기러기가 울고 있는 듯하다. (이곳으로 올 때) 떼지어 함께 왔던 친구의 숫자가 모자란 채 돌아가고 있는 듯하다. (남편을 여의고, 혼자 서울로 돌아가는 이내몸과 같이.)

6. 두견이 우는 5月경에 피는 붓꽃은 아니지만, 分別도 못하는 듯 제 정신을 잃은 사랑을 하고 있구나.

7. 한 그루의 紫草를 그립게 여기는 탓으로, 武藏野에 돋아나 있는 풀은 모조리 남김없이, 귀엽고 그립게 느껴지는구나.

六歌仙時代 (第二期)

> 貫之의 仮名序에 「近き世にその名聞こゆる人」(근세에 그 이름이 알려진 사람)라고 해서 열거된 6인의 가인, 僧正遍昭(そうじやうへんぜう)・在原業平(ありはらのなりひら)・文屋康秀(ふんやのやすひで)・喜撰法師(きせんほうし)・小野小町(おののこまち)・大伴黒主(おおとものくろぬし)를 중심으로 하는 시기이며, 솔직한 詠風 속에도 이지적인 기교가 눈에 뜨이기 시작한다.

題知らず　[1]小野小町

1. [2]花の色は[3]うつりにけりな[4]いたづらに[5]わが身世にふる[6]ながめせしまに

(巻2・春下・113)

はちすの露を見て[7]詠める　[8]僧正遍昭

2. [9]はちす葉の濁りにしまぬ心も[10]てなにかは露を玉とあざむく

(巻3・夏・165)

[11]是貞親王(これさだのみこ)の家の[12]歌合(うたあはせ)の歌　[13]文屋康秀

3. [14]吹くからに秋の草木の[15]しほるれば[16]むべ[17]山風を嵐(あらし)といふらむ

(巻5・秋下・249)

[18]堀河の大臣(おほいまうちぎみ)の[19]四十(よそぢ)の賀、[20]九条の家にてしける時詠める　[21]在原業平

4. さくら花[22]散り交ひくもれ[23]老いらくの来むと[24]いふなる道[25]まがふがに

(巻2・賀・349)

題知らず　　[26]在原行平(ゆきひら)

5. 立ち別れ[27]いなばの山の峰に生ふる[28]まつとし聞かば[29]今帰り来む

(巻8・離別・365)

[30]唐土(もろこし)にて月をみてよみける　　[31]安倍仲麻呂(あべのなかまろ)

6. [32]天(あま)の原[33]ふりさけ見れば[34]春日なる[35]三笠(みかさ)の山に[36]いでし月かも

(巻9・羇旅・406)

隠岐(おき)の国に流されける時に、船に乗りて出で発(た)つとて、京(みやこ)なる人のもとに遣(つか)はしける　　[37]小野篁(おののたかむら)

7. [38]わたの原[39]八十島(やそしま)[40]かけて漕ぎいでぬと[41]人には告げよ[42]海人(あま)の釣舟

(巻9・羇旅・407)

語句의 解釋 및 文法

1) **小野小町** 平安中期의 女流歌人. 生没年은 未詳. 궁중에 出仕한 采女(うねめ)인 듯하다. 인생의 悲哀나 사랑의 心情을 흔히 읊었다. 六歌仙의 한 사람. 歌集에『小町集』가 있다.

2) **花の色** 벚꽃의 색깔. 자신의 容色의 뜻을 내포하고 있다.

3) **うつりにけりな** 색깔이 낡아 버렸구나. 자신의 容色도 쇠퇴해 버렸다는 뜻을 함께 포함하고 있다.「に」는 완료의 조동사「ぬ」의 연용형.「けり」는 영탄의 조동사의 종지형.「な」는 영탄의 종조사.

4) **いたづらに** 덧없이. 賞美받지 못하고 핀 보람도 없이란 뜻. 倒置法이며,「うつりにけりな」에 걸리지만, 기분상으로는 아래의「ながめせしまに」에도 미치고 있다.

5) **わが身世にふる**「ふる」는「世に経る」와「降る長雨」의 掛詞.「わたしがこの世に暮らす」라는 뜻에「長雨が降りつづく」라는 뜻이 더해져 있다.

6) **ながめ**「眺め」(생각에 잠겨 멍청하니 보고 있는 것)과「長雨」(봄철의 장마)와의 掛語.「ながめせしまに」라는 제5구와 제2구의 倒置法으로 걸려 있다.

7) 詠める　읊은 노래. 아래에 「歌」(노래)가 생략된 꼴. 「る」는 완료의 조동사 「り」의 연체형.

8) 憎正遍昭　平安初期의 가인. 849년에 출가. 軽妙하고 지적인 노래로써 알려지고 있다. 六歌仙의 한 사람. 가집에는 『遍昭集』가 있다.

9) はちす葉の　「の」는 주격을 가리키는 격조사. 이 술어는 「あざむく」이다. 蓮의 잎은.

10) なにかは　어째서. 「か」는 의문의 계조사이며, 그 맺음은 「あざむく」이다.

11) 是貞親王　光孝天皇의 황자.

12) 歌合　가인을 좌우로 나누어, 정해진 歌題에 의해 읊은 노래의 우열을 가리는 모임.

13) 文屋康秀　平安中期의 가인. 六歌仙의 한 사람.

14) 吹くからに　불면 곧 바로. 불자마자. 「からに」는 두 가지 일이 서로 전후해서 연이어 일어나는 뜻을 나타내는 접속조사.

15) しほるれば　시들어 약해지기 때문에. 「ば」는 순접의 확정조건을 나타내는 접속조사.

16) むべ　과연. 「うべ」와 동의의 부사.

17) 山風を嵐といふらむ　산바람을 억센 바람이라고 말하고 있는 듯하다. 「嵐(あらし)」에 「荒(あ)らし」(억센)라는 뜻을 걸고, 그 위에 「山風」를 한 자로 해서 「嵐」라고 멋을 부린 것. 「いふ」는 4단의 동사의 종지형. 「らむ」는 현재의 이유를 推量하는 조동사의 종지형.

18) 堀川の大臣　太政大臣藤原基經. 「堀川(ほりかわ)」는 그의 저택이 있던 곳.

19) 四十の賀　初老의 축하. 당시는 40세를 初老의 나이라고 해서 축하연을 열었다.

20) 九条の家　九条에 있었던 基経의 별장.

21) 在原業平　平安初期의 가인. 『伊勢物語』의 주인공이라고 말해진다. 풍부한 정열을 가득 담은 노래가 많다. 六歌仙의 한 사람. 가집에 『業平集』가 있다.

22) 散り交ひくもれ　「散り乱れてくもれ」. 꽃잎이 산란하여, 마치 눈보라처럼 온 누리를 흐리게 만들어라.

23) 老いらく　늙음. 「老ゆらく」가 변한 것이라고 한다. 「らく」는 동사를 명사화하는 접미어.

24) いふなる　말한다고들 하는. 「なる」는 伝聞의 조동사 「なり」의 연체형. 따라서 「いふ」는 4단의 동사의 종지형이다.

25) **まがふがに** 모르게 되도록. 「まがふ」는 잘 못 보는 것. 「がに」는 「……スルヨウニ。……スルマデニ」란 뜻을 나타내는 접미어. 「まがふがに」로서 한 말의 부사가 된다. 이 구는 도치되어 있어, 「散り交ひくもれ」에 걸린다.

26) **在原行平** 平安初期의 가인. 業平의 형. 높은 벼슬에 올랐다.

27) **いなば** 「往なば」와 行平의 任地인 「因幡」(지금의 鳥取県)와의 掛詞. 「往な」는 「ナ」변의 동사의 미연형. 「ば」는 순접의 가정조건을 나타냄.

28) **まつとし聞かば** 「まつ」는 「松」와 「待つ」와의 掛詞. 「し」는 強意의 부조사. 「ば」는 순접의 가정조건을 나타내는 접속조사.

29) **今帰り来む** 빨리 돌아오자. 「今」는 곧 바로란 뜻의 부사. 「む」는 의지의 조동사.

30) **唐土** 중국의 땅. 「もろこし」란 읽기에 주의. 「唐」와 같다.

31) **安倍仲麻呂** 奈良時代 사람. 716년에 遣唐使가 되어, 다음 해에 入唐했다. 唐朝에 있어서는, 시인인 王維나 李白과 친구가 되어 文名을 떨치고, 玄宗皇帝에게 출사했다. 귀국하지 못하고, 長安에서 죽었다.

32) **天の原** 大空. 「原」는 넓은 평면을 말하는 말.

33) **ふりさけ見れば** 멀리 바라보니. 이 아래에 「今しも月が上ってくるが、あの月は」(바야흐로 달이 떠오르는데, 저 달은)란 뜻이 생략되어 있다. 「ふりさく」는 먼 곳을 쳐다보는, 멀리 올려본다는 뜻.

34) **春日なる** 奈良의 春日에 있는. 「なる」는 단정의 조동사의 연체형으로서, 「……ニアル」란 뜻.

35) **三笠の山** 지금의 御蓋山이며, 春日山의 한 봉우리.

36) **いでし月かも** 솟은 달이구나. 멀리 이국에 있어서, 지난날 奈良에서 보던 달을 그리워하는 마음이다. 「し」는 과거의 조동사 「き」의 연체형. 「かも」는 영탄의 종조사.

37) **小野篁** 平安初期의 사람. 漢詩에 뛰어난 당대 제일의 한학자였다. 834년에 견당부사에 임명되었으나, 대사인 藤原常嗣의 횡포를 분격하여 다투어, 드디어 隠岐섬에 유배됐다. 이 노래는 그때 지은 것이다.

38) **わたの原** 크고 넓은 바다.

39) **八十島** 수많은 섬. 瀬戸内海(일본의 中国지방과 四国지방 사이에 있는 内海. 多島海이다.)를 지나가기 때문에 많은 섬이 눈앞을 지나가는 것이다.

40) **かけて** 지향해서.

41) **人には告げよ** 서울에 있는 친구에게만은 알려 다오.「は」는 他와 구별해서 특히 강하게 지시하는 뜻의 계조사.

42) **海人の釣舟** 어부의 고깃배. 고깃배에 타고 있는 어부여.

現代語訳

題がわからない

1. 花の色は、(わたしの容色がそうであるように)賞美するひまもなく、もうすっかり色あせてしまったことだなあ。長雨が降り続いている間に、そして、わたし自身がこの世にくらしていく上でもの思いに沈んでいる間に。

はちすの露を見て詠んだ歌

2. 蓮の葉は、 泥水の濁りの中に生えていながら、それに染まらない清い心を持っていて、なんだって、葉に置く露を玉として人をあざむくのか。

是貞親王の家での「歌合」のときの歌

3. 風が吹きおろすと同時に、秋の草木がしおれるので、なるほど(それで)山から吹きおろす風を、(文字どおり)嵐というのであろう。

藤原基経の四十歳を祝賀するおり、九条の別邸においてそれが行われた時詠んだ歌

4. 桜の花よ。散り乱れて、あたり一面花ふぶきでくもらせてくれ。老いというものがやってくるという道がわからなくなってしまうように。(そうしたら、老いがこないであろうから……。)

題がわからない

5. (あなた方と)別れて任国の因幡の国へ行くが、その因幡の山の峰に生えている松の、その語のように、(わたしを)待っていると聞いたならば、

すぐ帰ってこよう。

唐において月をみて詠んだ歌

6. 大空をはるかに眺めやると(月が美しく澄んで見える。ああ、あの月は)、(かって故国にいたころ)春日の地にある三笠山に出たあの月なのだなあ。

隠岐の国に流配される時に、船に乗って出発する際、都にいる人につかわした歌

7. 広い海のかなたの多くの島々のあるあたりを目ざして漕ぎ出して行ったと、(都にいる恋しい、あの)人に伝えておくれ。漁師の釣舟よ。

韓 譯 題目을 모름

1. 꽃의 색깔은, (나의 容色이 그러하듯이) 賞美할 겨를도 없이, 벌써 죄다 퇴색해 버리고 말았구나. 봄 장마가 계속되고 있는 동안에, 그리고 나 자신이 이 세상을 살아가는 데 있어서, 생각에 잠겨 있는 동안에.

연잎의 이슬을 보고 읊은 노래

2. 연잎은, 흙탕물 속에 돋아 있으면서도 그것에 물들지 않는 맑은 마음을 지니고 있으면서, 어찌하여 잎에 고인 이슬을 구슬로 보이게 해서 사람을 속이는가.

是貞親王 집에서 개최됐던「歌合」때 지은 노래

3. 바람이 내리부는 것과 때를 같이 하여, 가을의 草木이 시들어 버리는 탓으로, 과연 (그래서) 산에서 내리부는 바람을, (글자 그대로) 嵐(폭풍, 광풍)이라고 하는가 보다.

藤原基経의 初老(40살)를 축하할 때, 그의 九条別邸에서 불려진 노래

4. 벚꽃이여! 흩날려서, 주위를 온통 꽃보라로써 흐려지게 만들어라.「늙음」이

라는 것이 찾아온다고 하는 길을 못 알아보게 할 만큼. (그러면, 「늙음」이 오지 않을 테니까…….)

題目을 모름

5. (당신네들과) 헤어져서 任地인 因幡国에 가지만, 그 因幡의 산봉우리에 돋아 있는 松(「マツ」는 기다린다고 하는 말과 같은 뜻이다)란, 그 말과 같이, (나를) 기다리고 있다고 들으면, 곧 돌아오리다.

唐나라에서 달을 쳐다보고 읊은 노래

6. 높고 넓은 하늘을 멀리 바라다 보니 (달이 아름답고 밝게 쳐다보인다. 아, 저 달은), (지난날 故國에 있을 때) 春日 땅에 있는 三笠山에 솟았던 그 달이구나.

隱岐 섬에 유배될 때, 배를 타고 출발한다고 할 무렵, 서울에 있는 사람에게 보낸 노래

7. 넓은 바다의 저쪽, 많은 섬들이 있는 근방을 향해 배 저어 갔다고, (서울에 있는 그리운 그) 사람에게 전해 다오. 어부가 탄 고깃배여. (고깃배에 탄 어부여.)

題知らず 小野小町

8. 思[1]ひつつ寝[2]ね)ればや人の見えつらむ夢[3]と知りせば覚[4]めざらましを

(巻12・恋2・552)

小野小町

9. う[5]たた寝に恋[6]しき人を見てしより夢[7]てふものは頼[8]みそめてき

(巻12・恋2・553)

人[9]を忍びにあひ知りて、逢[10]ひがたくありければ、その家のあたりをま[11]かりありきけるをりに、雁(かり)の鳴くを聞きて、よみて遣[12]はしける 大[13]伴黒主

10. 思ひいでて恋しきときは初[14]雁の鳴きて渡ると人[15]知るらめや

(巻14・恋4・735)

返し[16] 在原業平

11. 世の中にさ[17]らぬ別れのな[19]くもがな千[19]代もとなげく人の子のため

(巻17・雑上・901)

五節(ごせち)[20]の舞姫(まひひめ)を見て詠める 良岑宗貞(よしみねのむねさだ)[21]

12. 天(あま)[22]つ風雲[23]の通(かよ)ひ路吹きとぢよを[24]とめの姿し[25]ばしとどめむ

(巻17・雑上・872)

題知らず 喜撰(きせん)[26]法師

13. わが庵(いほ)は都[27]のたつみし[28]かぞ住む世[29]をうぢ山と人[30]はいふなり

(巻28・雑下・983)

語句의 解釋 및 文法

1) **思ひつつ** 그리운 사람의 일을 계속 생각하면서. 「つつ」는 동작・작용의 반복・계속을 나타내는 접속조사.

2) **寝ればや人の見えつらむ** 잠을 잤기에 꿈에 나타난 것일까. 「寝れ」는 하2단의 동사 「寝」의 已然形. 「ば」는 순접의 확정조건을 나타내는 접속조사. 「や」는 의문의 계조사. 「らむ」는 그 맺음이며, 현재추량의 조동사의 연체형. 「つ」는 強意의 조동사의 종지형.

3) **夢と知りせば** 만일 이것이 꿈이라고 알고 있었더라면. 「せ」는 과거의 조동사 「き」의 미연형. 「ば」는 순접의 가정조건을 나타내는 접속조사. 「せば……まし」는 反実仮想의 용법.

4) **覚めざらましを** 깨어나지 말고 있을 것을. 「ざら」는 부정의 조동사의 미연형. 「まし」는 反実仮想의 조동사의 연체형. 「を」는 영탄의 間投助詞.

5) **うたた寝に** 「うたた寝の夢で」(얕은 잠의 꿈속에서).

6) **恋しき人を見てしより** 그리운 사람의 모습을 꿈에서 본 때부터. 「て」는 완료의 조동사 「つ」의 연용형. 「し」는 과거의 조동사의 연체형.

7) **夢てふものは** 꿈이란 것은 믿을 수 없는 것이라고 말해지지만 그 꿈을.「てふ」는「と(格助詞)いふ(動・4・連体)」가 준 것이며, 한 낱말의 격조사로 취급한다.

8) **頼みそめてき** 의지하기 (믿음을 걸기) 시작했노라.「て」는 완료의 조동사「つ」의 연용형.「き」는 과거의 조동사의 종지형.

9) **人を忍びにあひ知りて** 어떤 여성과 남 몰래 관계를 맺어.

10) **逢ひがたく** 만나기가 힘들어.

11) **まかりありきけるをり** 돌아다니고 있을 때.「まかり」는「行く」「来」의 겸양어「まかる」의 연용형.

12) **遣はしける** 보낸 노래. 아래에 「歌(노래)」가 생략되어 있다.

13) **大伴黒主** 近江国(지금의 滋賀県 大友郷의 사람) 園城寺의 주지, 六歌仙의 한 사람.

14) **初雁の鳴きて渡る** 가을에 최초로 날아오는 기러기가 울면서 하늘을 날아가듯이, 나도 울면서 당신 집 앞을 지나고 있다. 슬픈 듯한 울음을 남기고 하늘을 날아가는 첫 기러기에, 자기의 슬픔을 기탁한 표현이다. 자기도, 만나기 힘드는 애인의 집 주위를 울면서 헤매고 있다는 것이다.

15) **人知るらめや** 당신은 알고 계시는지요. 아니, 반드시 모르시리라.「人」는 상대의 여성을 말함.「らめ」는 현재추량의 조동사의 已然形.「や」는 反語의 계조사의 문말용법.

16) **返し** 「返し歌」이며,「反歌」이다. 業平의 어머니가 보내 온 노래에 대한 反歌이다.

17) **さらぬ別れ** 피할 수 없는 이별. 즉, 사별을 뜻함.「さら」는「避ける」란 뜻의 4단의 동사「避る」의 미연형.

18) **なくもがな** 없으면 좋겠다.「もがな」는 자기의 희망을 나타내는 종조사.

19) **千代もと** 어버이의 수명이 천년까지 가라고.

20) **五節の舞姫** 음력 11월에 행해지는 豊明節会에서 춤을 추는 소녀.

21) **良岑宗貞** 僧正遍昭의 속명.

22) **天つ風** 하늘에 부는 바람이여. 호소하는 구.「つ」는 上代의 격조사이며,「の」의 뜻.「天つ風」를 한 단어의 명사로서 취급한다.

23) **雲の通ひ路**	구름이 끊어진 곳의 통로. 무희들을 선녀로 보고, 그 귀로를 「雲の通ひ路」라고 한 것이다.
24) **をとめ**	무희들을 말함.
25) **しばしとどめむ**	조금만 더 (잠시만 더) 여기에 머물게 붙잡아 두자. 「む」는 의지의 조동사의 종지형.
26) **喜撰法師**	平安初期의 가인. 六歌仙의 한 사람. 『古今集』에 있는 것은 이 한 수뿐이다.
27) **都のたつみ**	서울의 남동에 있는. 「たつみ」는 「辰巳」이며, 12支에 의한 방위의 표시법의 하나. 「辰」과 「巳」의 중간, 즉 南東에 해당한다.
28) **しかぞ住む**	이와 같이 마음 편히 살고 있다. 「しか」는 부사로서 「그와 같이」란 뜻. 「ぞ」는 強意의 계조사. 「すむ」가 그 맺음이며, 4단의 동사의 연체형.
29) **世をうぢ山と**	세상을 괴롭게 생각하는 宇治山라고. 「うぢ山」의 「う」는 掛詞이며, 「憂(う)し」(괴롭다)의 어간 「憂」와 지명의 「宇治山」의 「宇」와 걸어서 말함.
30) **人はいふなり**	세상 사람들은 말하고 있는 듯하다. 「いふ」는 4단의 동사의 종지형. 「なり」는 伝聞推定의 조동사의 종지형.

現代語訳

題をわからない

8. (あの人のことを)恋しく思い思いして寝たので、(あの人が)夢に見えたのであろうか。もしそれが夢だと知っていたなら、覚めないで(あの人の夢を見続けて)いようものを。

9. ほんの仮寝(の夢)に恋しい人を見たときから、(頼みにならないといわれる)夢というものを、頼みにしはじめたことである。

ある女性とこっそり関係したがなかなかあえないので、その家のあたりを歩いているときに、雁の鳴く声を聞いて、詠んで送った歌

10. (あなたのことを)思ひ出して恋しくてならないときは、初雁が鳴いて空

を渡るように、わたしも泣きながら(あなたの家のそばを)歩き回っていると、あなたはご存知でしょうか。(おそらくはご存知ないでしょうね。)

返しの歌

11. この世の中にどうしても避けることのできない死別というものがなくてほしいものだ。(親の命は)千年も(生きながらえてほしい)とせつに嘆き願っている子のために。

豊明節会で舞う少女を見て詠んだ歌

12. 空吹く風よ、雲の中の(舞姫たちの)通路を、雲を吹き寄せて閉ざしておくれ。(この、天の)舞姫の姿を、もうしばらくの間、ここにひきとどめておこう(と思うから)。

題がわからない

13. わたしの草庵は都の南東の方角にあり、このように(心静かにゆったりと)暮らしている。(それなのに)世の中をつらく思ってわび住まいする宇治山と、世間の人は言っているようである。

韓 譯

제목을 모름

8. (그 사람을) 무척이나 그리워하면서 잠든 때문에, (그 사람이) 꿈에 나타난 것일까? 만일 그것이 꿈인 줄 알았더라면 깨지 않고 (그 사람의 꿈을 계속 꾸고) 있을 것을.

9. 잠깐 동안의 얕은 잠(의 꿈)에서 그리운 사람을 만난 때부터, (믿을 것이 못된다고 하는) 꿈이란 것을, 믿기 시작한 것입니다.

어떤 여성과 남몰래 관계했지만, 만나기가 힘들기 때문에, 그 집 부근을 돌아다니고 있을 때, 기러기의 울음소리를 듣고, 불러서 보낸 노래

10. (당신의 일을) 회상하여 못 견디게 그리울 때는, 처음 날아온 기러기가 울면서 하늘을 날아가듯이, 나도 울면서 (당신의 집 근처를) 돌아다니고 있는 것을 당신은 알고 계시는지요? (아마도 모를 것입니다.)

反歌

11. 이 세상에서 아무리 해도 피할 수 없는 死別이란 것은 없었으면 좋겠다. (어버이의 목숨은) 천년이고 (오래 살아 주시면 좋겠다)라고 간절하게 탄원하고 있는 자식들을 위해.

豊明節会에서 춤을 추는 少女를 보고 부른 노래

12. 하늘을 부는 바람이여! 구름이 끊어진 곳의 (무희들의) 통로를, 구름을 불러모아 막아 다오. (이들 하늘의) 무희들의 모습을, 잠시 동안이나마, 여기에 붙잡아 두자(고 생각하고 있으니까).

제목을 모름

13. 내가 거처하는 草庵은 京都의 南東間의 방향에 있어, 이렇게 (마음 편히 느긋하게) 살고 있다. (그런데도) 세상을 괴롭다고 생각해서 쓸쓸히 살아간다는 宇治山라고, 세상 사람들은 말하고 있는 듯하다.

撰者時代 (第三期)

古今風이 확립된 시대이다. 公私의 「歌合(うたあわせ)」가 성대히 개최되고, 가풍도 사교적인 성격에 적응하여 이지적・기교적으로 되고, 섬세・우미한 것이 선호되게 되었다. 撰者 외에, 藤原敏行・伊勢 등 많은 가인들이 배출되었다.

[1]春立ちける日[2]詠める　[3]紀貫之(きのつらゆき)

1. [4]袖ひぢて[5]むすびし水の[6]こほれるを春立つけふの[7]風やとくらむ

(巻1・春上・2)

[8]帰る雁(かり)を詠める　[9]伊勢(いせ)

2. 春霞(がすみ)たつを見すてて行く雁は花なき里に[10]住みやならへる

(巻1・春上・31)

春の夜、梅(むめ)の花を詠める　[11]凡河内躬恒(おほしかうちのみつね)

3. 春の夜の闇(やみ)は[12]あやなし梅の花[13]色こそ見えね[14]香やは隠るる

(巻1・春上・41)

[15]長谷(はつせ)に詣(まう)づるごとに宿りける人の家に、久しく[16]宿らで[17]ほどへて後に到(いた)れりければ、かの家のあるじ、「[18]かくさだかになむ宿りはある」と[19]言ひ出して[20]侍(はべ)りければ、そこに立てりける梅の花を折りて詠める　紀貫之

4. [21]人はいさ心も知らず[22]ふるさとは[23]花ぞ昔の香に匂(にほ)ひける

(巻1・春上・42)

桜の花の散るを詠める　[24]紀友則(とものり)

5. [25]久方の光のどけき春の日に[26]しづ心(ごころ)なく[27]花の散るらむ

春の歌とて詠める　[28]素性法師(そせい)

6. [29]思ふどち春の山辺にうち群れて[30]そこともいはぬ[31]旅寝してしが

(巻2・春下・126)

[32]月のおもしろかりける夜、暁がたに詠める　[33]清原深養父(きよはらのふかやぶ)

7. 夏の夜はまだ[34]宵(よひ)ながら[35]明けぬるを雲のいづこに[36]月宿(やど)るらむ

(巻3・夏・166)

語句의 解釋 및 文法

1) **春立ちける日** 立春이 된 날. 음력으로는 신년과 立春이 일치되는 것이 원칙이다.

2) **詠める** 읊은 노래. 아래에 「歌(노래)」가 생략되어 있다.

3) **紀貫之** 平安前期의 가인. 945년(?)에 죽음. 『古今集』의 撰者의 한 사람. 또 그 「仮名序」의 집필자. 후세에 歌聖이라고 추앙받았다. 『土佐日記』의 작자. 가집에 『貫之集』가 있다.

4) **袖ひぢて** 소매가 젖어서. 「ひぢ」는 상2단의 자동사 「ひづ」의 연용형이며, 「소매가 젖어 있는 상태에서」란 뜻. 「袖をぬらして(소매를 젖게 하여)」라고 새기기 쉬우나, 그 경우는 「袖ひでて」가 되어야 하며, 「ひづ」는 하2단의 타동사이다.

5) **むすびし水の** 손으로 움켜 떠올린 물이. 여름철의 산 속의 우물 등에서의 회상이다. 「し」는 과거의 조동사 「き」의 연체형. 「の」는 주격의 격조사. 「むすぶ」는 「袖」의 縁語.

6) **こほれるを** 겨울이 되어 언 물을. 「こほれ」는 4단의 동사의 已然形. 「る」는 존속의 조동사 「り」의 연체형. 「を」는 격조사.

7) **風やとくらむ** 바람이 녹이고 있는 것일까? 「や」는 의문의 계조사. 「らむ」가 그 맺음이며, 現在推量의 조동사의 연체형. 「とく」는 「袖」의 縁語.

8) **帰る雁** 봄이 되어 기러기가 북쪽으로 돌아가는 것. 또, 그 기러기. 단순히 「기러기」라고 말하면, 가을에 북쪽에서 남쪽으로 내려온 기러기를 가리킨다.

9) **伊勢** 平安前期의 가인. 藤原繼蔭(つぎかげ)의 딸. 小野小町와 더불어 『古今集』의 여류를 대표하는 가인. 가집에는 『伊勢集』가 있다.

10) **住みやならへる** 오래 살아 정이 든 탓으로 꽃이 좋다는 것을 모르는 것일까? 「や」는 의문의 계조사. 「る」가 그 맺음이며, 존속의 조동사 「り」의 연체형.

11) **凡河内躬恒** 平安前期의 가인. 『古今集』의 撰者의 한 사람. 貫之와 어깨를 나란히 하였음. 가집에 『躬恒集』가 있다.

12) **あやなし** 이치를 모른다. 사리가 통하지 않는다.

13) **色こそ見えね** 꽃색깔은 안 보인다, 그러나. 「こそ」는 強意의 계조사. 「ね」는 그 맺음이며, 부정의 조동사의 已然形. 「こそ……已然形」은 걸림맺음이며, 역접의 뜻으로 아래에 이어지는 용법.

14) **香やは隠るる** 향기는 감출 수 있을 것인가? 감출 수는 없다.「や」(「やは」)는 반어의 계조사.「隠るる」가 그 맺음이며, 하2단의 연체형.

15) **長谷** 奈良県 桜井市에 있는 절이며,「長谷寺」를 말함.

16) **宿らで** 유숙하지 않고.

17) **ほどへて** 몇 해인가 지나서.

18) **かくさだかになむ宿りはある** 言外에「그런데 당신은 전혀 와 주시지 않았다」란 뜻을 품고 있다.「なむ……ある」는 걸림맺음. 이렇게 宿舎는 여전히 옛날대로 있습니다.

19) **言ひ出して** 집안에서 밖에 있는 사람에게 말을 하는 것을「言ひ出す」라고 한다. 여기는 심부름꾼에게 말을 시킨 것이다.

20) **侍りければ** 「ありければ」의 존중어.

21) **人はいさ心も知らず** 사람은 글세 어떨까? 마음 속은 모르는 것이다.「人は」는「花ぞ」에 대비시킨 표현.「いさ」는 부사이며, 아래에 부정의 말을 수반하여,「さあどうだか……ない」란 뜻을 나타냄.「ず」는 부정의 조동사의 종지형.

22) **ふるさと** 여기는 옛날에 정이 든 땅.

23) **花ぞ** 「ぞ」는 강의의 계조사이며, 맺음은「ける」.

24) **紀友則** 平安初期의 가인. 貫之의 従兄弟.『古今集』의 撰者의 한 사람. 가집에는『友則集』가 있다.

25) **久方の** 「光・日」에 걸리는 枕詞.

26) **しづ心なく** 침착한 마음도 없이. 총망하게.

27) **花の散るらむ** 어째서 벚꽃이 떨어지는 것일까?「の」는 주격의 격조사.「らむ」는 현재의 原因推量의 조동사의 연체형.

28) **素性法師** 平安前期의 가인. 遍昭의 아들. 가집에『素性集』가 있다.

29) **思ふどち** 친한 사람들끼리.「どち」는 명사이며, 서로가 동료・동류라는 것을 가리키는 말.

30) **そこともいはぬ** 특별히 어디에 묵는다고 정해 놓지 않음.「ぬ」는 부정의 조동사의 연체형.

31) **旅寝してしが** 객지잠을 자고 싶구나.「てしが」는 강한 원망을 나타내는 종조사.

32) **月のおもしろかりける夜** 달이 아취도 깊게 빛나고 있는 밤. 「おもしろかり」는 형용사의 연용형.

33) **清原深養父** 平安前期의 가인. 『後撰集』의 撰者. 清少納言의 조부.

34) **宵ながら** 땅거미가 질 저녁 때라고 생각하고 있는 동안에. 「ながら」는 「……ノママノ状態デ」란 뜻을 나타내는 접미어. 「宵ながら」로서 한 낱말의 부사로 취급한다.

35) **明けぬるを** 밝아 버렸지만. 「ぬる」는 완료의 조동사의 연체형. 「を」는 역접의 접속조사.

36) **月宿るらむ** 달이 숨어 있는 것일까? 「らむ」는 現在推量의 조동사이며, 위의 「いづこ」(어디에)라는 의문어를 받고 있으니까 연체형이다.

現代語訳

立春の日に詠んだ歌

1. (夏のころ)袖もぬれて手にすくって飲んだ水が(冬になって)凍ってしまっていたのを、立春の今日の風がとかしていることであろうか。

(北国に)帰っていく雁を詠んだ歌

2. 春がすみが(野山に)立ちこめるこのよい季節を見捨てて(北の国に)帰って行く雁は、花の咲かない里に住みなれていて、(花の美しさを知らない)のだろうか。

春の夜、梅の花を詠んだ歌

3. 春の夜の闇はわけがわからないものだ。(まっ暗にして梅の花を隠したつもりかもしれないが)、梅の花の色は(なるほど)見えはしないが、その香りは隠れることがあろうか。(どんなにしたって、隠れはしないよ。)

4. ［詞序］長谷寺に詣(もう)でるたびごとに、いつも泊まっていた人の家に、長い間泊まらないで、幾年もたった後に(その家へ)行ったところが、その家の主人が、「このように宿はちゃんと昔のとおりにありますよ」と(自分は迎えもせず、使の者に)言わせてよこしましたので、そこに立っていた梅の花を折って(その枝に添えて)詠んだ歌。

［和歌］人は、さあどうだろうか、心もわからない。(しかし)昔なじみのこの里では、梅の花は昔どおりのよい香ににおって(わたしを快く迎えて)くれることであるよ。

梅の花の散るのをよんだ歌

5. 日の光ののどかな春の日に、どうしてこのように落ち着いた心もなく梅の花が散っているのであろうか。

春の歌としてよんだ歌

6. 親しく思う者どうしが、春の山べに連れ立って遊びに行って、別にどこといって定まっていない旅寝をしたいものだ。

月が趣深く輝いていた夜、暁方によんだ歌

7. 夏の夜は(短くて)まだ宵の口と思っているまに明けてしまったが(月はまだとても西の山の端までは行けまい)、いったい雲のどのあたりに月は宿っているのであろうか。

韓 譯 立春이 되던 날 부른 노래

1. (여름철에) 소매가 젖은 상태에서 손으로 움켜 떠서 마셨던 물이 (겨울이 되어) 얼어 붙어 버린 것을, 立春인 오늘 부는 바람이 녹이고 있는 것일까?

(北國으로) 돌아가는 기러기를 읊은 노래

2. 봄 안개가 (산과 들에) 자욱이 낀 이 좋은 계절을 내버려 두고 (北國으로) 돌

아가는 기러기는, 꽃이 피지 않는 고장에서 오래 살아 정이 들어, (꽃의 아름다움을 모르)는 것일까?

봄날 밤에, 梅花를 읊은 노래

3. 봄날 밤의 어둠은 영문을 알 수 없는 것이다. (캄캄 어둡게 하여 梅花를 감췄다고 생각하고 있을지는 모르나,) 梅花의 색깔은 (과연) 보이지 않지만, 그 香氣는 감출 수가 있겠는가? (어떻게 해도 감출 수는 없다.)

4. [詞書-머리말] 長谷寺에 참예할 때마다, 언제나 묵고 있던 사람의 집에, 오랫 동안 투숙하지 않고, 몇 년인가 지난 뒤에 (그 집에) 갔더니만, 그 집 주인이, 「이와 같이 宿所는 변함없이 옛 그대로 있습니다」라고 (자기는 出迎도 하지 않고, 심부름꾼에게) 전갈해 왔기에, 그 옆에 있던 梅花를 꺾어 (그 가지에 곁들여서) 읊은 노래.

[和歌] 사람은, 글세, 어떠할지, 그 마음을 알 수 없다. (그러나) 예부터 정이 들어 있는 이 마을에서는, 梅花는 옛과 다름없이 좋은 香氣를 뿜으면서 (나를 반가이 맞이해) 주는 것이군요.

벚꽃이 떨어짐을 읊은 노래

5. 햇빛이 화창한 봄날에, 어찌하여 이와 같이 침착한 마음도 갖지 않고 벚꽃은 떨어지고 있는 것일까?

봄노래로서 부른 노래

6. 서로 친한 사람들끼리, 봄의 산과 들에 함께 놀러 나가, 특별히 어디라고 장소를 정해 놓지 않은 객지잠을 자고 싶은 心情이다.

달이 雅趣있게 빛나고 있던 밤. 새벽녘에 부른 노래

7. 여름밤은 (짧아서) 아직 땅거미가 지는 저녁때라고 생각하고 있는 동안에

밝아져 버렸지만 (달은 아직 도저히 西쪽 산길슭까지는 못 갔겠지), 도대체 구름 어디쯤에 달은 머물고 있는 것일까?

秋立つ日詠める　　[1]藤原敏行(ふじはらのとしゆき)

8.　秋[2]来(き)ぬと目には[3]さやかに[4]見えねども風の音にぞ[5]おどろかれぬる

(巻4・秋上・169)

池の畔(ほとり)にて紅葉(もみぢ)の散るを詠める　　凡河内躬恒

9.　風吹けば落つるもみぢは[6]水清み[7]散らぬ影さへ底に[8]見えつつ

(巻5・秋下・304)

冬の歌とて詠める　　[9]源　宗于(みなもとのむねゆき)

10.　山里は[10]冬ぞさびしさまさりける[11]人目も草も[12]かれぬと思へば

(巻6・冬・315)

[13]寛平(くわんぴやう)の御時(おほんとき)[14]后(きさい)の宮の歌合(うたあわせ)の歌　　[15]壬生忠岑(みぶのただみね)

11.　[16]み吉野の山の白雪(しらゆき)踏み分けて[17]入りにし人の[18]おとづれもせぬ

(巻6・冬・327)

[19]大和(やまと)の国に[20]まかれりける時に、雪の降りけるを見て詠める　　坂上是則(さかのうへのこれのり)

12.　[21]朝ぼらけ[22]有明けの月と見るまでに吉野の里に[23]降れる白雪

(巻6・冬・332)

[24]志賀の山越えにて、[25]石井のもとにてもの言ひける人の別れけるをりに詠める

紀貫之

13.　[26]むすぶ手のしづくに濁る山の井の[27]あかでも人に[28]別れぬるかな

(巻8・離別・404)

[29]きちかうの花　　紀貫之

14.　[30]秋ちかう野はなりにけり[31]白露のおける草葉も[32]色かはりゆく

語句의 解釋 및 文法

1) **藤原敏行** 平安前期의 가인. 書道에서도 유명하다. 가집에 『敏行朝臣集』가 있다.

2) **秋来ぬと** 가을이 찾아왔다고. 「来」는 「カ」변의 연용형. 「ぬ」는 완료의 조동사의 종지형.

3) **さやかに** 확실하게. 형용동사의 연용형.

4) **見えねども** 보이지 않지만. 「ね」는 부정의 조동사 「ず」의 已然形. 「ども」는 역접의 확정조건을 나타내는 접속조사.

5) **おどろかれぬる** 자연히 알아차린 것이다. 문득 알아차린 것이다. 「れ」는 자발의 조동사의 연용형. 「ぬる」는 완료의 조동사의 연체형이며, 위의 「ぞ」의 맺음.

6) **水清み** 물이 깨끗하기에. 「み」는 형용사에 붙어, 원인·이유를 나타내는 접미어.

7) **散らぬ影さへ** (떨어져서 물위에 떠 있는 잎뿐만이 아니고) 떨어지지 않고 가지에 남아 있는 잎의 그림자까지도. 「さへ」는 첨가의 부조사이며, 떨어진 잎에 곁들여 「ソノ上……マデモ」라고 한 것.

8) **見えつつ** 계속 보여지면서. 「つつ」는 동작·작용의 반복·계속을 나타내는 접속조사.

9) **源宗于** 平安前期의 가인. 939년에 죽음. 是忠親王의 아들. 가집에 『宗于集』가 있다.

10) **冬ぞさびしさまさりける** 겨울에는 특히 쓸쓸함이 점점 심해지는 것이다. 「ぞ……ける」로서 걸림맺음.

11) **人目** 다른 사람의 이목. 여기는 찾아오는 사람.

12) **かれぬ** 「かれ」는 掛語이며, 남의 눈이 「離(か)れ」(멀어지다)와, 풀이 「枯れ」(시들다)와를 걸고 있다. 「離(か)る」는 멀어진다는 뜻. 「枯れ」는 풀(草)의 縁語.

13) **寛平** 宇多天皇시대의 연호.

14) **后の宮** 황후의 温子.

15) **壬生忠岑** 平安前期의 가인. 『古今集』의 撰者의 한 사람. 歌論書에 『和歌十体』, 가집에 『忠岑集』가 있다.

16) **み吉野の山** 「み」는 미칭의 접두어. 吉野山.

17) **入りにし人の** 들어간 사람이. 「に」는 완료의 조동사의 연용형. 「し」는 과거의 조동사의 연체형. 「の」는 주격을 가리키는 격조사.

18) **おとづれもせぬ** 소식조차 전하지 않는다. 「も」는 같은 취지의 일 가운데 하나를 들어 말하는 계조사이며, 「돌아오지 않을 뿐만 아니라, 소식조차도」란 뜻. 「ぬ」는 부정의 조동사의 연체형.

19) **大和の国** 보통은 지금의 奈良県을 말하는데, 여기는 그 중에서도 吉野지방을 가리키고 있다.

20) **まかれりける時** 갔을 때. 「り」는 완료의 조동사의 연용형.

21) **朝ぼらけ** 밤이 차차 밝아 오는 무렵을 말함. 「朝開(あさびら)き」가 어원이라고 한다.

22) **有明の月と見るまでに** 아침에 떠 있는 달빛이라고 여겨질 만큼. 「有明けの月」는, 날이 밝은 뒤에도 하늘에 남아 있는 달이며, 음력 열 엿새 이후의 달을 말함. 「まで」는 정도를 나타내는 부조사.

23) **降れる白雪** 내려 쌓인 白雪이여. 「る」는 존속의 조동사의 연체형. 「白雪」라고 체언종지로 한 것은, 영탄의 표현이다.

24) **志賀の山越え** 京都에서 近江国 大津(おおつ)로 나가는 고갯길. 平安時代는 志賀寺로 가는 참예자가 많이 다녔다.

25) **石井** 솟아나는 맑은 물을 돌로 둘러싸서 고이게 한 곳.

26) **むすぶ手のしづくに濁る山の井の** 「飽(あ)かでも」를 이끌어 내는 序詞. 바닥이 얕아, 쉬 흙탕물이 되어 버리기에, 싫증이 나도록 마실 수 없다는 점을 걸어서 말한 것인데, 実景을 묘사한 序.

27) **あかでも** 마음에 차지 않은 채로. 「あく」<飽く>는 충분히 만족한다는 뜻. 「で」는 부정의 뜻을 품은 접속조사.

28) **別れぬるかな** 헤어져 버리는 것이구나. 「ぬる」는 완료의 조동사의 연체형. 「かな」는 영탄의 종조사.

29) **きちかうの花** 도라지꽃.

30) **秋ちかう野はなりにけり** 「あきちかうのはなりにけり」라고 「きちかうの花」가 불리어 넣어져 있다. 가을이 오는 것이 가까워져, 도라지꽃도 피게 될 계절이 되었다는 느낌이다. 「近う」는 형용사의 연용형의 「ウ」음편. 「に」는 완료의 조동사 「ぬ」의 연용형. 「けり」는 영탄의 조동사의 종지형. 「けり」는 和歌에 쓰여질 때는, 과거보다도 영탄 쪽에 많이 쓰인다.

31) **白露のおける草葉** 白露(흰 이슬)가 내려 있는 풀잎. 「の」는 주격의 격조사. 「おけ」는 4단의 동사의 已然形. 「る」는 존속의 조동사의 연체형.

32) **色かはりゆく** 색깔이 변해 간다. 풀이 말라 버리는 것을 말함.

現代語訳

立秋の日に詠んだ歌

8. 秋がやってきたと目にははっきり見えないけれども、(吹いてくる)風の

(さわやかな)音によって(秋の訪れに)はっと気がつくことである。

池のほとりでもみじの散るのを詠んだ歌

9. 風が吹くと落ちるもみじの葉は(水面に浮いて見えるばかりか)、水がきれいなので、散らないで枝に残っている葉の影までも水に映って底に見え見えして(池の水は二重に美しく見えることであるよ)。

冬の歌としてよんだ歌

10. 山里は冬はことにさびしさがまさることだなあ。人目も遠のき、草も枯れてしまうと思うので。

寛平年間后の宮の歌合の歌

11. (世をのがれて)み吉野(よしの)の山の白雪を踏み分けて(山の奥深く)はいってしまった人が、(帰ってこないばかりか)便りさえよこさないことだよ。

大和の国へまいった時に、雪が降るのを見てよんだ歌

12. 夜もしらじらと明けるころ、(ふと気がつくと)有明けの月が出ているのかと思うほどに、白々と吉野の山里に降った白雪であるよ。

志賀の山越えで、石井のほとりでものを言いかわした人と別れるときによんだ歌

13. すくって飲もうとする手の間からこぼれるしずくのために濁ってしまう山の清水ではないが、飽き足りないままに(十分に語りつくすこともできず、名残り惜しくも)、あなたと別れてしまうことであるよ。

ききょうの花

14. 野の景色をみると、秋の季節に近くなったことだ。(そのしるしには、)白露の置いてある草葉も、(枯れて)色が変わっていくことだ。

韓 譯 立秋 날에 부른 노래

8. 가을이 찾아왔다는 것을 눈으로는 뚜렷하게 확인할 길이 없지만, (불어 오는) 바람의 (상쾌한) 소리에 의해, (가을이 찾아온 것을) 문득 알아차리는 것이다.

연못가에서 단풍잎이 떨어지는 것을 보고 부른 노래

9. 바람이 불면 떨어지는 단풍잎은 (水面에 떠 보일 뿐만이 아니고), 물이 깨끗하기 때문에, 떨어지지 않고 가지에 남아 있는 잎의 그림자까지도 물에 비쳐 바닥에 보여서 (연못의 물은 이중으로 아름답게 보이는 것이랍니다).

겨울 노래로서 부른 노래

10. 산촌 마을은 겨울은 유난히 쓸쓸함이 더해지는 것이겠지. 찾아오는 사람도 뜸해지고, 초목도 고갈해 버리리라고 생각하기 때문에.

寛平年間, 황후의「歌合」때의 노래

11. (세상을 피해서) 吉野山(よしのやま)의 흰 눈을 헤치고 (산속 깊숙이) 들어가 버린 사람이, (돌아오지 않을 뿐만이 아니고) 소식조차 전해 주지 않는구려.

大和国에 갔을 때, 눈이 내리는 것을 보고 부른 노래

12. 밤이 희물그레하게 밝아올 무렵, (문득 정신이 드니) 아침 달이 떠 있는 듯이 여겨질 만큼, 희물그러히 吉野의 산촌에 내린 백설이군요.

志賀(しが)의 산을 넘어가는 곳, 돌로 막아 둔 샘 가에서 이야기를 나누던 사람과 헤어질 때 부른 노래

13. 움켜 떠서 마시려고 하는 손가락 사이로부터 흘러 떨어지는 물방울 때문에 흐려져 버리는 산속의 맑은 물은 아니지만, (흐려져서 마음껏 마시지 못한 것을 아쉬워하듯이) 만족하지 못한 채 (마음껏 대화를 나누지 못하고, 아쉬워하면서), 당신과 헤어져 버리게 되었군요.

도라지꽃

14. 들의 경치를 보니까, 가을이 가까워진 듯하다. (그 표적으로서,) 흰 이슬이 내려 있는 풀잎도, (말라서) 색깔이 변해가는 것입니다.

土佐(とさ)日記

日記文學이며, 935년경에 紀貫之(きのつらゆき)에 의해 성립을 보았다. 전1권으로 되어 있으며, 이것은 土佐守(とさのかみ)(지금의 四国(しこく) 高知(こうち)県의 領首職)였던 紀貫之가, 그 임무를 마치고 934년 12월 21일에 출발하여, 다음 해의 2월 26일에 歸京할 때까지의 55일간의 배에 의한 여행의 기록인데, 여성으로 假託하여 仮名(かな)文의 日記體로 기술한 것이다.

仮名日記로서는 최초기의 것으로서, 57수의 和歌를 섞고, 機知와 해학을 짜넣어, 仮名文의 문맥에 한문체의 간결함을 살리고, 문학의 새로운 장르를 개척한 것인데, 훗날의 일기・기행・수필문학의 先驅를 이루는 것으로서, 일본문학사상의 의의는 매우 크다.

日記의 내용은, 여로에서의 진기한 견문이나 항해의 어려움, 또는 해적에 대한 공포, 죽은 여식에의 추모, 서울을 그리는 심정이나 귀경의 감개 등, 극히 다채로우나, 그 중심을 차지하고 있는 것은, 土佐 在任中에 잃은 여식에 대한 애석의 심정이라고 하겠다.

「馬のはなむけ」

> 작자 자신을 여자로 가탁하여, 남성의 한문의 일기에 배워 和文의 일기를 써보겠다고 서두에 밝히고, 이어 某年 12월 21일, 前 國司의 일행이 관사를 떠나는 전후의 모습을 쓰고 있다.

[1]男もすなる日記(にき)といふものを、[2]女もしてみむとて[3]するなり。[4]それの年の[5]十二月(しはす)の二十日(はつか)あまり一日(ひとひ)の日の[6]戌(いぬ)の時に、[7]門出す。[8]そのよし、[9]いささかにものに書きつく。

[10]ある人、[11]県(あがた)の[12]四年五年(よとせいつとせ)[13]はてて、[14]例の事どもみなしをへて、[15]解由(げゆ)など

とりて、[16]住む館(たち)よりいでて、[17]船に乗るべき所へ[18]わたる。[19]かれこれ、[20]知る知らぬ、送りす。[21]年ごろよく[22]くらべつる[23]人々なむ。別れがたく思ひて、日しきりに[24]とかくしつつ、[25]ののしるうちに夜ふけぬ。

二十二日(はつかあまりふつか)に、[26]和泉(いづみ)の国までと、[27]平らかに[28]願立つ。藤原の言実(ときざね)、[29]船路なれど、馬のはなむけす。[30]上(かみ)・中(なか)・下(しも)、[31]酔(ゑ)ひあきて、[32]いとあやしく、[33]潮(しほ)海(うみ)のほとりにて、[34]あざれ合へり。

語句의 解釋 및 文法

1) **男もすなる** 남성도 쓴다고 듣고 있는. 작자 紀貫之의 신변에서 시중을 들던 여성이 쓴다는 체재를 취하고 있다. 「す」는 「サ」변의 동사의 종지형. 따라서 「なる」는 伝聞의 조동사 「なり」의 연체형으로서, 「……トイウコトダ」「……ダソウダ」란 뜻이다.

2) **女もしてみむ** 여성인 나도 써 보자. 「し」는 「サ」변의 동사의 연용형. 「み」는 상1단의 동사의 미연형이며, 「試みる」란 뜻이다. 「む」는 의지의 조동사의 종지형. 작자가 여성을 가장해서 말하고 있다.

3) **するなり** 쓰는 것이다. 「する」는 「サ」변의 동사의 연체형. 따라서 「なり」는 단정의 조동사의 종지형이며, 「……デアル」란 뜻. 앞에서 말한 「すなる」와의 구별에 유의할 것.

4) **それの年** 某年. 어느 해. 「それ」는 대명사. 여기는 934년. 일부러 애매하게 말했다.

5) **十二月** 師走(しわす). 음력의 달을, 고문에서는 異名으로 이렇게 호칭했다.

6) **戌の時** 지금의 오후 8시경.

7) **門出** 당시는 吉日을 택해 우선 근처에 옮기고, 거기서부터 本旅行을 떠난다는 습관이 있었다. 貫之는 国司의 관사를 나와 일단 大津로 옮기고 거기서 송별의 연회를 열기도 하면서, 닷새 뒤에 배로 떠났다.

8) **そのよし** 그 동안의 사정. 출발할 때의 경위. 「そ」는 대명사. 「の」는 연체수식격의 격조사. 「よし」는 「由」이며, 유래, 사정, 경위 등의 뜻.

9) **いささかに** 다소, 조금. 형용동사의 연용형.

10) **ある人** 貫之 자신을 가리킴. 「それの年」와 같이 일부러 애매하게 표현한 말씨. 「ある」는 연체사.

11) **県** 국사의 任国.

12) **四年五年** 국사의 임기는 보통 4년이지만, 新 国司의 着任이 늦어서 연기되는 일이 있다. 貫之는 거의 5년간 재임했다.

13) **はてて** 「果てて」이며, 마치고 (종료해서).

14) **例の事ども** 정해진 여러 가지 사무 인계. 「ども」는 복수를 나타내는 접미어.

15) **解由** 解由状. 国司 등이 사무를 인계할 때, 완전하게 인계한 것을 증명해서 신임자가 전임자에게 넘긴 문서.

16) **住む館** 살고 있는 관사. 국사의 관사이며, 지금의 高知県 南国市에 있다.

17) **船に乗るべき所** 승선하기로 되어 있는 곳. 12월 27일의 기사에 의하면, 大津(지금의 高知市의 서부)에서 国府의 서남 약 40Km의 지점을 가리킴. 「べき」는 당연의 조동사.

18) **わたる** 가다. 옮기다. 향하여 가다.

19) **かれこれ** 저 사람이나 이 사람. 「かれ」「これ」는 대명사.

20) **知る知らぬ** 알고 있는 사람도 모르는 사람도.

21) **年ごろ** 수년 이래. 부사로써 취급한다.

22) **くらべつる** 친히 사귀어 왔던. 「くらぶ」는 「比ふ・較ふ・競ふ」이며 ①우열・차이를 비교한다. ②경쟁하다. ③서로 믿고, 친히 사귀다. 여기는 ③의 뜻.

23) **人々なむ** 「なむ」는 強意의 계조사. 이 맺음은 「思ふ」 또는 「ののしる」라고 연체형을 취해야 하는데, 전자는 접속조사 「て」에, 후자는 체언에 이어져 있어, 어느 쪽이나 종지형이 아니다. 맺음의 소멸이다.

24) **とかくしつつ** 이것 저것 하고서는. 「とかく」는 부사. 「し」는 「サ」변의 동사의 연용형. 「つつ」는 동작・작용의 반복・계속을 나타내는 접속조사이며, 「……シイシイ」「……シテハ」라고 새긴다.

25) **ののしる** 큰 소리로 떠들썩하게 말하다.

26) **和泉の国までと** 和泉国(지금의 大阪府의 일부)까지는 무사하도록.

27) **平らかに** 조용한 마음으로. 형용동사의 연용형. 「平安 無事하게」란 뜻으로서, 「和泉の国まで平らかに」라고 풀이하는 설도 있다.

28) **願立つ** 神仏에 기원하다.

29) **船路なれど 馬のはなむけす** 배를 타고 하는 여행이기에 말(馬)은 필요 없으나, 육로와 마찬가지로 말을 행선지로 향하게 해서. 船路와 말이라고 하는 모순을 지적해서 익살로 한 말. 「馬のはなむけ」는 「馬の鼻向け」이며, 옛날, 길을 떠나는 사람을 전송할 때, 그 사람의 말을 行先地 쪽으로 향하게 해서 안전을 기원한 데서 나온 말인데, 「はなむけ」는 서로 헤어질 때 보내는 선물을 말하게 되었다.

30) **上・中・下** 신분의 上・中・下. 신분의 고하를 막론하고 모두.

31) **酔ひあきて** 거나하게 취해서. 「あく」는 「飽(あ)く」이며, 만족한 것.

32) **いとあやしく** 매우 보기 민망하게.

33) **潮海** 바다. 호수를 「淡海(あわうみ). みず海」라고 한 데 대한 말.

34) **あざれ合へり** 「あざる」는 「ふざける(희롱거리다)」라는 뜻으로서, (魚肉 등이) 썩는다는 뜻과 걸고 있다. 「ふざけあっている(서로 희롱하고 있다)」란 뜻이지만, 동시에 「소금은 魚肉을 썩지 않게 하는데, 짠 바다에서 서로 희롱(썩음)하는 것은 매우 보기에 민망하게 생각된다」라고 한 익살.

現代語訳 男の人も書くとか聞いている日記というものを、女(であるわたし)もやってみようと思って書くのである。ある年の十二月二十一日の午後八時ごろ門出をする。そのもようを、少しばかり紙に書き記す(ことにする)。

ある人が、国司としての四年五年(の任期)が終わって、きまりのいろいろな事務引継ぎをすっかり済ませて、解由状などなどを受けとって、住んでいた官舎を出て、船に乗ることになっている所へ移る。あの人やこの人、知っている人や知らない人が見送りをする。数年来親しく交際してきた人々は、別れづらく思って、一日じゅう、あれやこれやと気を配って、騒ぎたてているうちに夜がふけてしまった。

二十二日に、和泉の国まで(無事に行き着けるように)と、心静かに(神仏に)願をかける。藤原の言実が、船路の旅であるが、(陸路同様の)馬のはなむけをして送ってくれる。身分の上中下を問わず、すべての人がすっかり酔って、(はなはだ不思議なことに)ひどく珍妙なかっこうで潮海のほとりでふざけ合っている。

韓 譯 남자가 쓴다고 듣고 있는 日記라는 것을, 여자(인 나)도 해볼가고 생각해서 쓰는 것이다. 어느 해의 12월 21일 오후 8시경에 집을 나섰다. 그 모양을, 조금 지면에 기술(하기로)한다.

어떤 사람이, 「國司」(옛날 조정에서 여러 지방에 파견한 지방관)로서의 4년 내지는 5년(의 임기)이 끝나고, 정해진 여러 가지 사무인계를 모두 마치고, 解由狀 등을 받고 나서, 살고 있던 관사를 나와, 배를 타기로 되어 있는 곳으로 옮겼다. 저 사람 이 사람, 아는 사람 모르는 사람들이 전송을 한다. 수년 사이 친하게 교제해 오던 사람들은 이별이 안타까워, 종일토록, 이것 저것 신경을 써서, 떠들썩하고 있는 중에 밤이 깊었다.

22일에 和泉国까지(무사히 도착하도록)라고, 조용한 마음으로 (神佛에) 기원한다. 藤原言実가, 해로의 여행이지만, (육로의 여행인 때와 마찬가지로) 말을 행선지 쪽으로 향하게 해서 전송해 준다. 신분의 고하를 막론하고, 모든 사람들이 완전히 취해서, (심히 이상하게도) 몹시 진기한 모습을 하고 바닷가에서 서로 희롱하고 있다.

「悲しみ」

12월 27일, 서울을 향해 大津에서 배를 내는 대목이다. 기쁨으로 마음이 들뜰 것인데도 불구하고, 죽은 딸의 생각을 하면 마음이 가라앉기만 한다고, 잃어버린 딸에 대한 정을 말하고, 새로이 부임한 國司의 형제들이 이별을 안타까워 하는 모습을 서술하고 있다.

二十七日、[1]大津より[2]浦戸をさしてこぎいづ。[3]かくあるうちに、京にて[4]生まれたりし[5]女児(をんなご)、[6]国にて[7]にはかにうせにしかば、このごろの[8]いで立ちいそぎを見れど、何ごとも言はず。京へ帰るに、女児の亡(な)きのみぞ悲しび恋ふる。[9]ある人々も[10]えたへず。[11]この間に、[12]ある人の書きて[13]いだせる歌。

[14]都へと思ふを[15]ものの悲しきは[16]帰らぬ人のあらばなりけり

また、ある時には、

[17]あるものと忘れつつ[18]なほ亡き人を[19]いづらと問ふぞ悲しかりける

と言ひける間に、[20]鹿児崎(かこのさき)といふ所に、[21]守(かみ)の兄弟(はらから)また[22]こと人、[23]これかれ[24]酒なにと持て追ひ来て、磯(いそ)に[25]降りゐて、別れがたきことを言ふ。

語句의 解釋 및 文法

1) **大津** 앞에서 「배를 타야하는 곳」이라고 한 곳.

2) **浦戸** 지금의 高知市 浦戸. 大津로부터 남남서쪽 해상 12km의 지점.

3) **かくあるうちに** 이럭 저럭하는 사이에. 国司 교체에 관한 여러 가지 일, 출발 준비 등을 하고 있는 사이에. 이와 같은 일은, 집을 떠나기에 앞서 꽤 오래 전부터 행해졌다고 생각된다.

4) **生まれたりし** 서울에서 이미 태어났던 것이며, 任地에서 태어난 것은 아니다.

5) **女児** 貫之의 딸을 가리킴.

6) **国** 여기서는 任国. 任地의 뜻.

7) **にはかにうせにしかば** 갑자기 잃어 버렸기 때문에. 「にはかに」는 형용동사의 연용형. 「に」는 완료의 조동사 「ぬ」의 연용형. 「しか」는 과거의 조동사 「き」의 已然形. 「ば」는 순접의 확정조건을 나타내는 접속조사.

8) **いで立ちいそぎ** 출발의 준비.

9) **ある人々** 함께 있는 사람들. 「ある」는 「存る」이며, 「ラ」변의 동사의 연용형.

10) えたへず	참을 수가 없다.「え」는 아래에 부정어를 수반해서 불가능을 나타내는 부사.
11) この間に	「さて。そこで。ところで」(그래서)란 뜻의 접속사로서 쓰여지고 있다.
12) ある人	貫之를 말함.「ある」는 연체사.
13) いだせる歌	가리키는 노래.「る」는 완료의 조동사「り」의 연체형.
14) 都へと思ふを	드디어 그리운 서울에 돌아가는 것이라고 생각하는데도.「を」는 역접의 접속조사.
15) ものの悲しきは	여러 가지 점에서 슬픈 것.「もの」는 막연하게 말한 것으로서,「여러 가지 점에서」「어쩐지」라는 뜻이다.
16) 帰らぬ人	같이 서울로 돌아가지 않는 사람. 죽은 딸을 말함.
17) あるものと忘れつつ	아직 살아 있는 것으로 생각해서, 죽었다는 것을 잊어 버리고서는.
18) なほ	역시. 지금도 역시. 부사로서 아래의「問ふ」를 수식한다.
19) いづら	어디. 어디에 있는가라는 뜻.
20) 鹿児崎	大津의 남서 약 1.5 km. 지금은 鹿児山라고 불리고 있다.
21) 守の兄弟	새로 온 国司의 형제이지만, 이름은 모른다.
22) こと人	다른 사람.「こと」는「異」.
23) これかれ	이 사람, 저 사람.
24) 酒なにと持て	술 등을 들고.「なにと」는「など」의 원형이며 부조사.
25) 降りゐて	해변에 내려 앉아.「ゐる」는 앉다라는 뜻.

現代語訳 (十二月)二十七日、大津から浦戸をめざして船をこぎ出す。そうこうしているうちに、京で生まれていた女の子が、土佐の国で急になくなってしまったので、(ある人は)このごろの出立準備を見ても、一言も口をきかない。都へ帰るのに、ただもう女の子の亡くなったことばかりを悲しみ恋しがっている。居あわせる人々も(気の毒で)たまらない。そこで、ある人が書いて見せた歌は、

いよいよ都へ帰るのだと思う(とうれしいはずな)のに、何となく悲し

い思いのするのは、いっしょに帰れないいとしいあの子がいるからなのだなあ。

また、ある時には、

まだ生きているものと思って(死んだことをつい)忘れ忘れしては、今でもやはり亡き人をどこへ(行ったのかしら)などとたずねるのが、まことに悲しいことだなあ。

とよんでいた間に、鹿児の崎というところに(着いたが、そこには)国司の兄弟や、また他の人たちなど、この人あの人が酒やその他の物を持って追って来て、(船から)磯におりてすわり、別れのつらいことを言う。

韓 譯 (12월) 27일, 大津로부터 浦戶를 향해서 배를 저어 나섰다. 그렇게 하고 있는 중에, 서울에서 태어났던 여식이 土佐国에서 갑자기 죽어 버렸기에, (貫之는) 요즘의 출발준비를 봐도, 한 마디도 입을 떼지 않는다. 서울에 돌아가는 데도, 오직 한 가지 잃은 딸의 일만을 슬퍼하고 그리워하고 있다. 주위에 함께 있는 사람들도 (딱해서) 견딜 수가 없다. 그래서, 함께 있던 사람이 적어 보인 노래는,

드디어 서울로 돌아간다고 생각(하면 기쁠 터인데) 하는데, 어딘지 모르게 슬픔에 잠겨 있는 것은, 함께 돌아가지 못하는 귀여운 그 아이가 있기 때문이로구나.

또 어느 때는,

아직도 살아 있는 것이라고 생각해서 (죽었다는 것을 무의식중에) 잊어버리고서는, 지금도 역시 죽은 사람을 어디에 (갔을까) 하고 묻는 것이, 참

으로 슬픈 일이구나.

라고 부르고 있는 사이에, 鹿児崎라는 곳에 (도착했는데 거기에는) 國司의 형제들이나, 또 다른 사람들이, (이 사람 저 사람) 술이나 그 외 다른 물건을 가지고 뒤쫓아와, (배에서) 바닷가에 내려 앉아, 이별의 애석함을 말한다.

黒　鳥

> 1月 21日, 다행하게도 快晴한 날씨를 만나 배를 저어 떠난다. 그때의 명랑한 모습에서 시작하여, 아이들이 부르는 뱃노래에서 느끼는 旅愁, 뱃사공이 한 말에서 느끼는 詩情, 익숙하지 못한 海上의 不安, 海賊에 대한 공포 등에 대해 기술하고 있다.

二十一日、[1]卯(う)の時ばかりに船いだす。みな人々の船いづ。[2]これを見れば、[3]春の海に秋の木の葉しも散れるやうにぞありける。[4]おぼろけの願(がん)によりて[5]にやあらむ、風も吹かず、[6]よき日いできて、こぎゆく。

[7]この間に、[8]使はれむとてつきて来る童(わらは)あり、それがうたふ船歌、

[9]なほこそ[10]国の方は見やらるれわが[11]父母ありとし思へば[12]かへらや

とうたふぞ[13]あはれなる。[14]かくうたふを聞きつつこぎ来るに、[15]黒鳥(くろどり)といふ鳥、岩の上に集まりをり。その岩のもとに、波白くうち寄す。かじとりの言ふやう、「黒鳥のもとに白き波を寄す」とぞ言ふ。このことば[16]何とにはなけれども、[17]もの言ふやうにぞ聞こえたる。[18]人のほどにあはねば、[19]とがむるなり。かく言ひつつ行くに、[20]船君なる人、波を見て、「国よりはじめて、[21]海賊報いせむといふなることを思ふ上に、海のまた恐ろしければ、頭(かしら)もみ

な白け[22]ぬ。七十八十[23]は海にあるものなりけり。

わが髪の雪と磯べの白波といづれまさ[24]れり沖つ[25]島守

かぢとり言へ」。

語句의 解釋 및 文法

1) **卯の時ばかり** 지금의 오전 6시경. 「ばかり」는 정도를 나타내는 부조사.

2) **これ** 많은 배들이 노 저어 가는 모양.

3) **春の海に秋の木の葉しも散れるやうにぞありける** 지금은 봄인데, 이 봄 바다에, 가을의 나뭇잎이 산란해 있는 듯한 모양이었다. 「秋の木の葉」는 일행의 船団을 비유한 것. 봄과 가을이란 계절의 다름을 나타내는 말로 서로 합친 재미를 노린 익살. 그 느낌을, 強意의 동사 「し」「も」에 의해 강조하고 있다. 「ぞ……ける」로서 걸림맺음.

4) **おぼろけの願** 「おぼろけ」는 「おぼろけならず」란 뜻으로 쓰여져 있다. 「おぼろけならぬ願」과 같은 뜻이며, 이만저만이 아닌 기원.

5) **にやあらむ** 「に」는 단정의 조동사 「なり」의 연용형. 「や」는 의문의 계조사. 「む」는 그 맺음이며, 推量의 조동사의 연체형. 「……(의해서) ……그러한 것일까?」

6) **よき日いできて** 좋은(멋진) 날씨가 되어.

7) **この間に** 저어 가는 동안에. 이 구는 「うたふ船歌」에 걸린다. 단, 이것을 「ところで、さて」란 뜻의 접속사로 풀이하는 説도 있다.

8) **使はれむとて** 일을 시켜달라고 해서. 「れ」는 수동의 조동사의 미연형. 「む」는 의지의 조동사의 종지형.

9) **なほこそ** 역시. 고향 일을 생각하지 않으려고 하지만 역시. 「こそ」는 強意의 계조사. 맺음은 아래의 「るれ」이며 자발의 조동사의 已然形.

10) **国の方は見やらるれ** 고향 쪽이 자연히 바라다 보여진다.

11) **ありとし思へば** 있다고 생각하기에. 「し」는 強意의 부조사.

12) **かへらや** 메기는 소리(はやしことば). 「帰らむや」(帰ろうよ)란 뜻을 포함함. 「や」는 영탄의 間投助詞.

13) あはれなる　통절하게 가슴에 다가 오다. 형용동사의 연체형이며, 위의「ぞ」의 맺음.

14) かく　이와 같이. 부사.

15) 黒鳥　지금의 검은 오리.

16) 何とにはなけれども　달리 어떻다라는 뜻은 아니지만.「に」는 단정의 조동사「なり」의 연용형.「なけれ」는 형용사의 巳然形.

17) もの言ふやうにぞ　풍류로운 노래의 글귀를 말하고 있는 듯이. 검은 새와 흰 파도와를 대조적으로 포착한 뱃사공의 말에, 멋있는 문학적 표현 같은 것을 느꼈다는 것이다.「ぞ」는 強意의 계조사. 그 맺음은 아래의「たる」이며 완료의 조동사「たり」의 연체형.

18) 人のほどにあはねば　뱃사공의 신분에 맞지 않기에.「ね」는 부정의 조동사「ず」의 巳然形.「ば」는 확정조건의 접속조사.

19) とがむるなり　주의하는 것이다. 듣고 따지다란 뜻. (비난한다는 뜻은 아니다.)

20) 船君なる人　선객 중의 주인인 사람. 貫之 자신을 가리킴.「なる」는 단정의 조동사의 연체형.

21) 海賊報いせむといふなることを　해적이 보복할 것이라는 소문이 있는 것을. 재임중에 해적을 취채했었는데, 그에 대한 보복을 걱정한 것이다.「む」는 推量의 조동사의 종지형.「いふ」는 4단의 동사의 종지형.「なる」는 伝聞의 조동사의 연체형.

22) 白けぬ　백발이 되어 버렸다.「白け」는 하2단의 동사의 연용형.「ぬ」는 완료의 조동사의 종지형.

23) 七十八十は海にあるものなりけり　70살이라든가 80살이라든가 하는 노쇠한 모습은, 바다에 (그 원인이) 있는 것이었구나. 배를 타고 하는 여행은 사람을 늙게 만든다고 하는 것을「노령은 바다에 있다」라고 멋을 부려 말한 것이다.

24) いづれまされり　어느 쪽이 보다 나은가?「いづれ」는 의문의 대명사.「まされ」는 4단의 동사의 巳然形. 여기서는「り」를 종지형으로 맺고 있으나, 뒤에서는「いづれ」라는 의문어를 받아서 맺기 때문에,「まされる」라고 연체형을 취하게 되었다.

25) 沖つ島守　난바다의 섬지기.「つ」는 上古 때 쓰여진 연체수식의 격조사이며, 훗날의「の」와 같다. 여기는 전체를 한 낱말의 명사로 취급해도 좋다.

現代語訳 (一月)二十一日午前六時ごろ船を出す。一行の人々の船もみな出帆する。このありさまを見ると、(おだやかな)春の海に(まるで)秋の木の葉が散っているようであった。なみひととおりでない祈願によってであろうか、風も吹かず、すばらしい天気になって、船をこいでゆく。

こうして船を進めていくうちに、使ってもらおうと思って、(一行に)ついてくる子どもがあるが、その子どもがうたう船歌は、

やっぱりふるさとのほうが見かえられるよ。わたしの父母がいると思うと。帰ろうよ。

とうたうのがしみじみと胸にしみることだ。このように歌っているのを聞き聞きしてこいでくると、黒鳥という鳥が、岩の上に集まっている。その岩の下に、波が白くうち寄せる。船頭が言うには、「黒鳥のところに、白い波を寄せる」と言う。このことばは何というわけではないけれども、詩歌の一節でも口ずさむように(おもしろく)聞こえた。(それは船頭という)身分に似合わない(ことばな)ので、気にかけるのである。こんなことを言い言いして進んで行くと、船の主人である人が、波をながめて、「(土佐の)国を出た当初から、海賊が報復をするだろうといううわさがあるのを心配するうえに、海がまた恐ろしくて、髪の毛もみな白くなってしまった。七十歳八十歳という老齢は、海の上の苦労に(その原因が)あるものだったなあ。

わたしの髪の雪のような白髪と、海辺に打ち寄せる白波と、どちらが白いか。沖の島守よ。

船頭よ。(この歌を島守に)伝えなさい」。

韓 譯 (1월) 21일 오전 6시경에 배를 냈다. 일행의 배도 모두 돛을 올렸다. 이 광경을 보니, (잔잔한) 봄 바다에 (마치) 가을의 나뭇잎이 산란해 있는 듯하다. 이만저만 아니게 공들여 기원한 탓인지, 바람도 불지 않고, 멋진 날씨가 되어 배를 노 저어 간다.

이렇게 해서 배를 전진시켜 가는 중에, 심부름을 시켜달라고 해서, (일행을) 따라오는 아이(童子)가 있는데, 그 아이가 부르는 뱃노래는,

역시 고향 쪽이 뒤돌아 보여지는구나. 나의 父母가 있다고 생각하니. 돌아가자꾸나!

라고 부르는 것이 절실하게 가슴에 스미는 것이다. 이와 같이 노래하는 것을 계속 들으면서 (배를) 저어 오니, 黒鳥라고 하는 새가, 바위 위에 모여 있다. 그 바위 아래에 파도가 희게 밀려 온다. 뱃사공이 말하기를, 「黒鳥(검은새)가 있는 곳에 흰 파도가 밀려 오네」라고 한다. 이 말은 따로이 어떤 뜻을 가진 것은 아니지만, 시가의 한 구절이라도 읊는 듯이 (재미있게) 들렸다. 그 (그것은 뱃사공이라는) 신분에 안 어울리는 (말인) 것이기에, 마음에 간직하는 것이다. 이런 것(말)을 계속하면서 나아가서, 船客 중에서 주인인 사람이 파도를 바라보고, 「(土佐) 国을 나설 당초부터, 해적이 보복을 할 것이라는 소문이 있는 것을 걱정한 일에 더하여, 바다가 또한 겁이 나서, 머리카락이 모두 백발이 되어 버렸다. 70살 80살이 되는 늙은 몸(노령)은 바다 위에서의 고생에 (그 원인이) 있었던 것이로구나.

나의 머리카락의 눈과 같은 흰빛과, 해변에 밀려 오는 흰 파도와는, 어느 쪽이 더 흰가? 난바다의 섬지기여!

뱃사공아! (이 노래를 섬지기에게) 전해 다오」.

「忘(わす)れ貝(がひ)」

2월 4일, 船長(뱃사공)의 오판으로 인해, 항구에 정박한 채 맑은 날인 하루를 헛되이 보낸 것을 말하고, 해변의 조개나 돌을 발견하는 때마다 土佐에서 잃은 딸이 그리워져, 어찌할 바를 모를 슬픔의 情을 두 首의 노래를 빌어 나타낸 것을 기술하고 있다.

[1]四日(よか)、かぢとり、「今日、風雲(かぜくも)の[2]けしきはなはだ[3]あし」と言ひて、船いださずなりぬ。しかれども、[4]ひねもすに波風立たず。このかぢとりは、[5]日もえはからぬ[6]かたゐなりけり。

[7]この泊りの浜には、[8]くさぐさの[9]うるはしき貝・石など[10]多かり。[11]かかれば、ただ[12]昔の人をのみ恋ひつつ、[13]船なる人の[14]よめる、

寄する波[15]うちも寄せなむ[16]わが恋ふる人[17]忘れ貝おりて拾はむ

[18]と言へれば、[19]ある人の[20]堪へずして、[21]船の心やりによめる、

忘れ貝[22]拾ひしもせじ[23]白珠(しらたま)を[24]恋ふるをだにも[25]かたみと思はむ

[26]となむ言へる。女子(をんなご)のためには、[27]親幼くなりぬべし。[28]「珠ならもありけむを」と[29]人言はむや。[30]されども、[31]「死じ子顔よかりき」と[32]言ふやうもあり。

語句의 解釋 및 文法

1) **四日**　2月 4日「和泉(いずみ)の灘(なだ)」에 유숙함.

2) **けしき**　모양. 상태.

3) あし　나쁘다. 거친 상태에 있다는 뜻. 「あし」는 「わろし」보다도 「悪い(나쁜)」 정도가 심함.

4) ひねもすに　아침부터 저녁까지. 종일. 「ひねもし」와 같은 부사. 「夜もすがら」가 반의어.

5) 日もえはからぬ　날씨도 알아 볼 수 없는. 「え……ぬ」로서 불가능을 나타냄. 「え」는 부사. 「ぬ」는 부정의 조동사 「ず」의 연체형.

6) かたゐなりけり　바보 같은 사람이구나. 「かたゐ」는 바보. 실없는 사람. 「なり」는 단정의 조동사의 연용형. 「けり」는 영탄의 조동사의 종지형.

7) この泊まり　이 항구. 「箱(はこ)の浦(うら)」를 말함.

8) くさぐさの　여러 가지의.

9) うるはしき　아름다운. 본래는 단정하여 가까이 가기 힘든 아름다움을 말함.

10) 多かり　형용사의 종지형. 보통 「多し」만을 종지형으로 들고 있으나, 古文에서는 가끔 나타나는 꼴이다.

11) かかれば　그러니까. 「かくあれば」의 줄임. 해변에는 여자 아이가 기뻐할 듯한 훌륭한 조개나 돌이 많기에, 라는 기분이다.

12) 昔の人をのみ恋ひつつ　土佐에서 잃은 딸의 일만을 그립게 생각해서. 딸이 그립고 그리워서 어찌할 바를 몰라. 「のみ」는 한정이 아니라 強意의 부조사. 「つつ」는 동작・작용의 반복・계속을 나타내는 접속조사.

13) 船なる人　배에 타고 있는 사람. 貫之의 아내를 가리킴. 「なる」는 단정의 조동사 「なり」의 연체형이며, 여기는 존재를 나타내는 용법. 「……ニアル」란 뜻.

14) よめる　아래에 「노래(歌)」가 생략된 꼴. 「る」는 완료의 조동사 「り」의 연체형.

15) うちも寄せなむ　밀어닥쳐 다오. 「うち」는 접두어. 「も」는 強意의 계조사. 「うち寄せ」는 하2단의 동사의 미연형이며, 「なむ」는 남에 대해 주문하고 바라는 뜻을 나타내는 종조사.

16) わが恋ふる人　내가 연모하는 사람. 죽은 딸을 가리킴. 「わ」는 대명사. 「が」는 격조사.

17) 忘れ貝　대합의 일종. 이 조개를 주우면, 마음의 괴로움을 잊을 수 있다고 믿어지고 있었다. 「忘れ貝」의 「忘れ」는 위의 「人」에 걸고 있다.

18) 言へれば　말했기에. 「れ」는 완료의 조동사 「り」의 已然形. 「ば」는 순접의 확정 조건을 나타내는 접속조사.

19) ある人　貫之를 가리킴.

20) **堪へずして** 슬픔을 참을 수 없어. 「ず」는 부정의 조동사의 연용형. 「して」는 접속조사.

21) **船の心やり** 지루한 해로의 여행의 기분 전환.

22) **拾ひしもせじ** 결코 줍지 않겠다. 「し」는 強意의 부조사. 「も」는 強意의 계조사. 「せ」는 「サ」변의 동사의 미연형. 「じ」는 부정의지의 조동사의 종지형.

23) **白珠** 진주. 사랑하는 딸을 비유해서 한 말인데, 「忘れ貝」의 縁語.

24) **恋ふるをだにも** 적어도 그립게 생각하는 마음만이라도. 「だに」는 한정의 부조사이며, 최소한도의 희망을 나타내는 「セメテ……ダケデモ」란 뜻.

25) **かたみと思はむ** 그 아이의 남긴 물건으로 생각한다. 「かたみ」는 회상하는 실마리가 되는 것. 회상의 씨앗. 「む」는 의지의 조동사의 종지형.

26) **なむ言へる** 「なむ」는 強意의 계조사. 「る」가 그 맺음이며, 완료의 조동사 「り」의 연체형.

27) **親幼くなりぬべし** 어버이는 (무분별해) 어린아이처럼 되어 버리는 것이겠지. 「なり」는 4단의 동사의 연용형. 「ぬ」는 強意의 조동사의 종지형. 「べし」는 推量의 조동사의 종지형.

28) **珠ならずもありけむを** 구슬이라고 할 만큼 아름답고 훌륭한 아이도 아니었는데. 「なら」는 단정의 조동사 「なり」의 미연형. 「ず」는 부정의 조동사의 연용형. 「けむ」는 過去推量의 조동사의 연체형. 「を」는 역접의 확정조건을 나타내는 접속조사이며, 영탄의 기분도 포함되어 있다.

29) **人言はむや** 사람들은 말할 것인가? 사람들이 비판할 지도 모르겠다. 「む」는 推量의 조동사의 종지형. 「や」는 의문의 계조사의 문말용법이지만, 여기는 사람에게 묻는다는 뜻이 아니고, 「……かもしれない」라고 단정을 주저하는 말투이다.

30) **されども** 그러나. 「さあれども」의 줄임이며, 한 마디의 말의 접속사로서 취급한다.

31) **死じ子顔よかりき** 죽은 아이는 얼굴의 생김새가 좋았다. 인정의 常事를 나타내는 당시의 속담이다. 죽은 아이를 애도하는 나머지, 그 얼굴의 생김새를 위시해서 모든 것을 미화해서 회상한다는 것이라고 하는 뜻이다. 「死じ」는 「死に (동사・「ナ」변・연용형)し(조동사・연체형)」가 撥音으로 「死んじ」가 되고, 발음의 생략으로 「死じ」로 변화한 것이다.

32) **言ふやうもあり** 그와 같이 말하는 말(속담)도 있다. 「やう」는 형식명사이며, 「こと」란 뜻이다. 여기서는 구체적으로 말(ことば), 속담(ことわざ)이란 뜻.

現代語訳 (二月)四日、船頭が、「今日は風や雲のようすがたいへんに悪い」と言って、ついに船を出さないでしまった。しかしながら、一日じゅう波も風も立たない。この船頭は、天候も見さだめられないばか者であったのだ。

この港の浜辺には、いろいろの美しい貝や石などが多い。だからただ亡くなった女の子のことばかりを恋しがって、船にいる人がよんだ(歌は)、

> (浜辺に)うち寄せ てくる波よ、(どうかあの)忘れ貝をうち寄せておくれ。(そうしたら) わたしが恋しく思っている人を忘れるよすがとして、その忘れ貝を(船から)おりて拾おう。

と言ったので、ある人が悲しさにたえきれなくなって、船路のうさばらしによんだ(歌は)、

> 忘れ貝なんか決して拾いはすまい。せめて白い玉のようなあの子を恋しく思う気持だけでも、あの子の形見と思うことにしよう。

とよんだのであった。(死んだ)女の子のためには、親は子どものように(無分別)になってしまうのであろう。「玉というほど(美しい子ども)でもなかったろうに」と人は言うであろうか。しかし、「死んだ子は器量がよかった」ということわざもある。

韓 譯 (2월) 4일, 선장(뱃사공)이, 「오늘은 바람이나 구름의 모양(상태)이 매우 나쁘다」라고 말하여, 결국은 배를 내지 않고 말았다. 그러했지만, 종일토록 파도도 바람도 일지 않았다. 이 선장은, 날씨도 알아보지 못

하는 우매한 자였던 것이다.

이 항구의 해변에는, 여러 가지의 아름다운 조개나 돌 등이 많다. 그래서 오직 잃어 버린 딸의 일만을 그리면서, 배에 있는 사람(貫之의 아내)이 부른 노래는,

(해변에) 밀려오는 파도여! (부디 저) 「忘れ貝」를 밀어부쳐 다오. (그러면) 내가 그리워하는 사람을 잊어 버리는 실마리로써, 그 「忘れ貝」를 (배에서) 내려가서 줍겠다.

라고 말했기 때문에, 어떤 사람(貫之)이 슬픔을 이기지 못해, 뱃길의 기분전환으로 부른 (노래는),

「忘れ貝」 따위는 절대로 줍지 않겠다. 적어도 흰 眞珠와 같은 저 딸아이를 그립게 생각하는 마음만이라도, 그 아이의 남긴 물건이라고 생각하기로 하자.

라고 부른 것이다. (죽은) 딸아이를 위해서는, 부모는 어린아이처럼 (무분별하게) 되어 버리는 것일까? 「구슬이라고 할 만큼 (아름다운 아이)도 아니었을 것인데」라고 사람들은 말할 것인지? 그러나, 「죽은 자식은 재능과 덕망이 뛰어났었다」라고 하는 속담도 있다.

「月の桂川(かつらがわ)」

달빛 아래 桂川을 건너는 기쁨을 서술한 대목이다. 옛과 변함없는 桂川를 보는 반가움과, 드디어 서울에 돌아왔다고 하는 기쁨에 겨워, 저절로 노래를 많이 부르게 된 것이다.

夜[1]になして京に入[2]らむと思へば、急[3]ぎしもせぬほどに、月[4]いでぬ。桂[5]川、月の明かきにぞ渡る。人々のいはく、「この川、飛[6]鳥(あすか)川にあらねば、淵[7]瀬(ふちせ)さらに変はらざりけり」と言ひて、ある人のよめる歌、

ひ[8]さかたの月におひたる桂川そ[9]こなる影も変はらざりけり

また、ある人の言へる、

天[10]雲のは[11]るかなりつる桂川袖[12]をひでても渡[13]りぬるかな

また、ある人よめり。

桂川わが心にも通[14]はねど同[15]じ深さに流[16]るべらなり

京のうれしきあまりに、歌もあ[17]まりぞ多かる。

語句의 解釋 및 文法

1) **夜になして** 밤이 되는 것을 기다려. 「なす」는 일부러 그렇게 한다라는 뜻. 당시는 여행을 떠날 때나 돌아올 때는, 밤을 택하는 습관이 있었다. 호기심이 많은 구경꾼들의 눈을 꺼리기도 하고, 여행에 지친 모습을 부끄럽게 여긴 탓이리라.

2) **入らむと思へば** 들어가려고 생각해서. 「む」는 의지의 조동사의 종지형. 「ば」는 순접의 확정조건을 나타내는 접속조사.

3) **急ぎしもせぬほどに** 별로 서둘지도 않으며 가는 중에. 「し」는 強意의 부조사. 「も」는 強意의 계조사. 「せ」는 「サ」변의 동사의 미연형. 「ぬ」는 부정의 조동사 「ず」의 연체형.

4) **月いでぬ** 달이 돋았다.

5) **桂川** 지금의 京都 부근을 흐르는 강.

6) **飛鳥川** 奈良県 高市郡에 있는 강. 급류여서 강가 일대의 땅이 변하기 쉬운 것으로 해서, 세상 인심이 변하기 쉬움에 비유하는 데 쓰인다.『古今集』에 「世の中は何か常なる飛鳥川きのふの淵ぞけふは瀬になる」<世ノ中ノコトハ何ガ変ワラナイモノガアロウカ。チョウドアノ飛鳥川ガ昨日淵デアッタトコロガ今日ハ瀬ニナッテイルヨウニ。>라는 노래가 있다.

7) **淵瀬さらに変はらざりけり** 깊은 곳이나 얕은 곳이 조금도 옛날과 변함이 없구나.「さらに」는 아래에 부정의 말을 수반할 때는,「조금도, 전혀」등의 뜻이다.

8) **ひさかたの月におひたる** 다음에 오는 桂川를 끌어내는 序詞.「ひさかたの」는「月」에 걸리는 枕詞.「おひたる」는「生ひたる」와「(그 이름이) 負ひたる(붙여진)」와의 掛詞이다. 달에는 계수나무(桂)가 돋아있는데, 그 桂字와 桂川의 桂字가 같다는 것이다.

9) **そこなる影** 그 물의 흐름과 강바닥에 비치는 달빛.「そこ」는 河底의「底(そこ)」와「其処(そこ)」의 뜻과의 掛詞.「なる」는 단정의 조동사「なり」의 연체형이며,「……ニアル」란 뜻.

10) **天雲の** 하늘의 구름처럼.

11) **はるかなりつる** 아주 멀리 있는 것처럼 생각했던.「つる」는 완료의 조동사「つ」의 연체형.

12) **袖をひでても** 소매를 적셔도. 기쁨에 마음이 설레는 모양을 나타내고 있다.

13) **渡りぬるかな** 드디어 건너고 말았구나.「ぬる」는 완료의 조동사「ぬ」의 연체형.「かな」는 영탄의 종조사.

14) **通はねど** 서로 통해 있지는 않으나.「ね」는 부정의 조동사「ず」의 已然形.

15) **同じ深さに** 나의 깊은 기쁨과 같은 정도의 깊이로.

16) **流るべらなり** 흐르고 있는 듯하다.「べらなり」는 推量의 뜻을 나타내는 복합의 조동사. 당시는 歌語로 많이 쓰였다.

17) **あまりぞ多かる**「あまり」는 부사이며, '매우'란 뜻.「ぞ……多かる」는 걸림맺음.

現代語訳 夜になるのを待って京に入ろうと思うので、別にいそぎもしないで行くうちに、月が出た。桂川を、こうこうたる月明りの下で渡る。人々が言うのには、「この川は、飛鳥川ではないから、淵や瀬が(昔のままで)ちっとも変わっていないことだ」と言って、ある人がよんだ歌は、

月の中に生えているという桂と同じ名を持った桂川は、その水の流れはもとより、水底に映っている月の光も(昔のままで)少しも変わっていないことだ。

また、ある人がよんだ歌は、

(土佐の国にいた時は)大空の雲のようにはるかに遠く思われていた桂川を、今やその流れに袖をぬらして(とうとう)渡ってしまったことだなあ。

また、ある人が(次のような歌を)よんだ。

桂川は、別にわたしの心と通じ合っているというわけではないが、わたしの帰京の喜びの深さと同じほどに深く水をたたえて流れているようだ。

京に帰り着いたうれしさのあまりに、歌もたいそう多くよんだことだ。

韓 譯 밤이 되는 것을 기다려 서울에 들어가려고 생각하기에, 별로 서둘지도 않고 가는 동안에 달이 돋았다. 桂川를 휘황하게 빛나는 달빛 아래에서 건넌다. 사람들이 말하기로는, 「이 강은, 飛鳥川가 아니기 때문에, 깊은 소나 얕은 강이 (옛 그대로여서) 조금도 변하지 않았구나」라고 해서, 어떤 사람(貫之)이 부른 노래는,

달 속에 돋아 있다고 하는 계수나무와 같은 이름을 가진 桂川는, 그 강의 수면은 말할 것도 없고, 물 속에 비친 달빛도 (옛 그대로여서) 조금도 변치 않았구려.

또 어떤 사람이 부른 노래는,

(土佐国에 있을 때는) 하늘의 구름처럼 저 멀리 있는 것으로 느껴지던 桂川를, 지금은 그 흐름에 소매를 적시면서 (드디어) 건너고 말았구나.

또 어떤 사람이 (다음과 같은 노래를) 불렀다.

桂川는, 별로 내 마음과 서로 통해 있는 것도 아닌데, 나의 歸京의 기쁨과 같은 정도로 깊게 물을 가득 채우고 흐르고 있는 듯하다.

서울에 귀착한 기쁨이 큰 나머지, 노래도 매우 많이 부른 것이다.

帰 京

밤이 깊어서 入京. 귀경의 기쁨도 그러하려니와, 내 집의 황폐함을 보고 사람의 마음이란 못 믿을 것이라고 느꼈으며, 더욱이 亡兒를 추모하는 정에 마음 아파한다. 황폐해 버린 집 뜰, 16일 밤의 달, 내내 서 있는 老歌人과 그의 아내……, 『土佐日記』의 극적인 끝남이다.

[1]夜ふけて来れば、[2]所々も見えず。京に入り立ちてうれし。家に至りて、門(かど)に入るに、[3]月あかければ、いとよくありさま見ゆ。[4]聞きしよりもまして、[5]言ふかひなくてぞ[6]こぼれ破れたる。[7]家に預けたりつる人の心も、荒れたるなりけり。[8]中垣こそあれ、一つ家のやうなれば、[9]望みて預かれるなり。[10]さるは、[11]たよりごとに物も絶えず[12]得させたり。こよ

ひ、「かかること」[13]と声高[14]にものも言はせず。いとはつらく[15]見ゆれど、心[16]ざしはせむとす。

語句의 解釋 및 文法

1) **夜ふけて来れば** 밤이 깊고 나서 (자기가 서울에 들어) 오기 때문에. 「来れば」의 주어는, 「夜」가 아니고 「자기(와 그 일행)」 이다. 「来れ」는 「カ」변의 동사의 已然形. 「ば」는 순접의 확정조건을 나타내는 접속조사.

2) **所々も見えず** 옛날이 그리운 이곳 저곳이 보이지 않는다.

3) **月あかければ** 달이 밝기 때문에. 「ば」는 순접의 확정조건을 나타내는 접속조사. 그 날은 2월 16일로서, 十六夜(いざよい)의 달이 빛나고 있는 것이다.

4) **聞きしよりも** 미리 소문으로 듣고 있던 것보다도. 「し」는 과거의 조동사 「き」의 연체형.

5) **言ふかひなくてぞ** 어떻게 말해야 좋을지 모를 만큼 심하게. 이야기가 되지 않을 만큼. 「言ふかひなく」는 복합의 형용사의 연용형. 「ぞ」는 強意의 계조사. 맺음은 아래의 「たる」이며 존재의 조동사 「たり」의 연체형.

6) **こぼれ破れたる** 상해서 깨어져 있는.

7) **家に預けたりつる人の心** 고래로 여러 설이 있어 난해하다고 말해지고 있다. 대표적인 것으로는 ① 「に」는 「を」와 같다고 보고, 단순히 「家をあずけておいた人の心」란 뜻. ②보통 같으면 「家を預け……」라고 할 것이다. 욕심이 강하고 무책임한 이웃 사람에 대한 불만으로 해서, 일부러 주객을 바꾸어, 사람에게 집을 맡긴 것이 아니고, 집을 맡겨 둔 사람의 마음도, 라고 빈정댐과 해학을 섞어서 표현했다. ③ 「に」를 병렬의 격조사로 해서, 「家」와 그 집을 맡겨 둔 「사람의 마음」이란 뜻. 여기는 ②의 설을 취하기로 한다.

8) **中垣こそあれ** 집과 집 사이에 울타리가 있기는 하지만, 「こそ……」는 걸림맺음이지만, 역접의 뜻으로 아래에 이어지는 표현이다.

9) **望みて預かれるなり** 저쪽에서 원해서 맡은 것이다. 「預かれ」는 4단의 동사의 已然形. 「る」는 완료의 조동사 「り」의 연체형. 「なり」는 단정의 조동사의 종지형.

10) **さるは** 그러한데도. 여기는 역접의 뜻이다. 저쪽에서 원해서 맡았던 것이니까 사례 같은 것도 필요없겠지만, 그러함에도 불구하고란 뜻이다.

11) **たよりごとに** 서울에 가는 편이 있을 때마다.

12) **得させたり** 보내고 있었다. 주고 있었다. 「得」는 하2단의 동사의 미연형. 「させ」는 사역의 조동사 「さす」의 연용형.

13) **かかること** 이와 같이 심한 일이 있겠는가? 이꼴은 무엇인가? 「かかる」는 연체형이며, 「かくある」의 준 말.

14) **声高にものも言はせず** (수행자들에게) 큰소리를 삼가게 함. 입경의 첫날이기도 하기 때문에, 비난하는 듯한 말씨는 쓰지 않도록 조심시킨 것이다. 「声高に」는 형용동사의 연용형. 「せ」는 사역의 조동사 「す」의 미연형.

15) **いとはつらく見ゆれど** (이웃 사람이 하는 짓은) 정말로 너무하다고는 생각되지만. 「つらし」는 박정하다. 처사가 참혹하다란 뜻.

16) **心ざしはせむとす** 사례는 하려고 한다. 「心ざし」는 감사한 마음을 나타내기 위해 보내는 금품, 사례. 「せ」는 「サ」변의 동사 「す」의 미연형. 「む」는 의지의 조동사의 종지형.

現代語訳 夜がふけてからやって来たので、(なつかしい都の)そこここのながめも見えない。(しかし今や)都の地に足を踏み入れてうれしい。わが家に着いて、門内にはいると、月が明るいので実にはっきりと(あたりの)様子が見える。かねてうわさに聞いていた以上に、何ともいいようもないほどひどくいたんでこわれている。この家にあずけておいた人の心も、(この家と同じように)すさんでいるのだったなあ。(隣家との間には)隔ての垣根こそあるものの、まるで一つの屋敷のようなので、先方から希望してあずかったのである。それにもかかわらず、(土佐からも)機会あるごとに贈り物も絶えずあげていたのである。(しかし)今夜は、「こんなひどいことってあるか」などと(従者たちにも)大声で言ったりすることをひかえさせる。まったくひどいことだとは思われるが、(一応)お礼はしようと思う。

韓譯 밤이 깊고 나서 들어왔기 때문에, (그리운 서울의) 여기저기의 전망은 안 보인다. 그러나 바야흐로 서울 땅에 발을 들여 놓아 기쁘다. 나의 집에 당도하여, 대문 안에 들어서니, 달이 밝아서, (주위의) 모습이 참으로 뚜렷이 보인다. 일찍부터 소문으로 듣고 있던 이상으로, 무어라 형용할 수 없을 만큼 대단히 손상되고 파괴되어 있다. 이 집에 맡겨 둔 사람의 마음도, (이 집과 마찬가지로) 황폐해 있었구나. (이웃 집과의 사이에는) 경계의 울타리가 있기는 하지만, 마치 한 지붕 밑과 같았기 때문에, 저쪽으로부터 희망해서 맡았던 것이다. 그럼에도 불구하고, (土佐에서도) 기회가 있을 때마다 선물을 끊이지 않고 보냈던 것이다. (그러나) 오늘 밤은, 「이렇게 잔혹한 일이 있을 수 있나」하고 (수행자들에게도) 큰소리로 비난하는 일을 삼가게 한다. 실로 지독하다고는 생각되지만, (어떻든) 사례는 하려고 한다.

[1]さて、[2]池めいて[3]くぼまり、水つける所あり。ほとりに松もありき。五年六年(いつとせむとせ)のうちに[4]千年(ちとせ)や過ぎにけむ、[5]かたへはなくなりにけり。[6]今生(お)ひたるぞまじれる。[7]おほかたの、[8]みな荒れにたれば、「[9]あはれ」とぞ、[10]人々言ふ。[11]思ひいでぬことなく、[12]思ひ恋しきがうちに、[13]この家にて[14]生まれし女子の、もろともに[15]帰らねば、[16]いかがは悲しき。[17]船人(ふたびと)もみな[18]子たかりて[19]ののしる。[20]かかるうちに、[21]なほ[22]悲しきに堪へずして、[23]ひそかに[24]心知れる人と[25]言へりける歌、

[26]生まれしも[27]帰らぬものをわが宿に[28]小松のあるを[29]見るが悲しさ

[30]とぞ言へる。[31]なほ飽かずやあらむ、また[32]かくなむ。

[33]見し人の[34]松の千年に見ましかば[35]遠く悲しき別れせましや

忘れがたく、[36]くちをしきこと[37]多かれど、[38]え尽くさず。[39]とまれかうまれ、[40]とく破りてむ。

語句의 解釋 및 文法

1) さて　그런데. 접속사이며, 여기는 화제를 바꾸어 말을 시작하는 용법.

2) 池めいて　연못처럼 되어. 「めく」는 「……ラシク見エル。……ラシクアル」란 뜻을 곁들여 동사를 만드는 접미어. 내 집 뜰의 황폐한 모습을 비꼬는 말투로 서술한 것.

3) くぼまり、水つける所　움푹 패여서, 물이 고여 있는 곳. 「水つけ」는 4단의 동사의 已然形. 「る」는 존속의 조동사 「り」의 연체형.

4) 千年や過ぎにけむ　천 년이나 지나 버린 것일까? 소나무는 천 년이나 수명을 간직한다는데, 그 소나무가 죽었다는 것은, 자기가 土佐에 있던 5, 6년이, 여기서는 천년에도 상당하는 것일까라고, 자기 집의 황폐해졌음을 한탄하는 마음을 삽입한 표현이다. 「や」는 의문의 계조사. 「けむ」가 그 맺음이며, 과거추량의 조동사의 연체형. 「に」는 완료의 조동사 「ぬ」의 연용형.

5) かたへ　일부분. 반(半).

6) 今生ひたるぞ　새로 막 돋아난 작은 솔(松)이. 「たる」는 완료의 조동사 「たり」의 연체형. 「ぞ」는 強意의 계조사. 그 맺음은 「まじれる」의 「る」이며, 존속의 조동사 「り」의 연체형.

7) おほかたの　부근 전체가. 거의 전부가.

8) みな荒れにたれば　완전히 황폐해 버렸기 때문에. 「に」는 완료의 조동사 「ぬ」의 연용형. 「たれ」는 존속의 조동사 「たり」의 已然形. 「ば」는 순접의 확정조건을 나타내는 접속조사.

9) あはれ　강하게 마음에 느꼈을 때 발하는 감동사.

10) 人々言ふ　「言ふ」는 4단의 동사의 연체형이며, 위의 「ぞ」의 맺음.

11) 思ひいでぬことなく　회상하지 않는 것이 없어. 「ぬ」는 부정의 조동사 「ず」의 연체형.

12) 思ひ恋しきがうちに　무엇이나 다 그립게 생각되는 가운데. 「が」는 연체수식격의 격조사.

13) この家にて　「にて」는 장소를 표시하는 격조사.

14) 生まれし女子　서울의 이 집에서 태어나서 土佐의 任国에서 죽은 貫之의 딸을 말함. 「し」는 과거의 조동사 「き」의 연체형.

15) **帰らねば** 돌아오지 않기에. 「ね」는 부정의 조동사 「ず」의 已然形. 「ば」는 순접의 확정조건을 나타내는 접속조사.

16) **いかがは悲しき** 얼마나 슬픈 일인가? 이 슬픔은 이루 말할 수 없을 정도다. 「いかが」는 「いかにか」가 변한 의문의 부사이며, 그것을 받고 있기 때문에, 「悲しき」라고 연체형(형용사)으로서 맺고 있다.

17) **船人** 같은 배로 함께 귀경한 수행자들.

18) **子たかりて** 아이들이 주위에 모여서.

19) **ののしる** ①큰 소리로 떠들어대다. 시끄럽게 떠들다. ②평판이 높다. 여기는 ①의 뜻.

20) **かかるうちに** 그렇게 하고 있는 동안에. 그런 중에. 「かかる」는 연체사이며, 「かくある」가 준 것.

21) **なほ** ① 역시. ② 아직. ③ 더욱. 여기서는 ①의 뜻.

22) **悲しきに堪へずして** 슬픈 마음을 감당할 수 없어서. 「ず」는 부정의 조동사의 연체형. 「して」는 접속조사.

23) **ひそかに** 형용동사 「ひそかなり」의 연용형. 「言へりける」를 수식한다.

24) **心知れる人** 속마음이 알려지고 있는 사람. 여기는 貫之의 아내를 가리켜 말함. 「る」는 존속의 조동사 「り」의 연체형.

25) **言へりける歌** 부른 노래. 「り」는 완료의 조동사 「り」의 연용형.

26) **生まれしも** 이 집에서 태어난 저 아이도. 「し」는 과거의 조동사 「き」의 연체형.

27) **帰らぬものを** 돌아오지 않는데. 「ぬ」는 부정의 조동사 「ず」의 연체형. 「ものを」는 영탄의 뜻을 품은 역접의 접속조사.

28) **小松** 「小」에 「子」를 걸어서, 죽은 딸을 암시하고 있다.

29) **見るが悲しさ** 보는 것이 참으로 슬픈 일이다. 「が」는 주격의 격조사. 「悲しさ」는 명사이며, 体言中止에 의한 영탄표현이다.

30) **とぞ言へる** ……라고 불렀다. 「ぞ……る」로서 걸림맺음. 「る」는 완료의 조동사 「り」의 연체형.

31) **なほ飽かずやあらむ** 아직 마음에 차지 않는 것일까? 아직 할 말을 덜했다고 생각하는 것일까? 「なほ」는 아직이란 뜻. 「ず」는 부정의 조동사의 연용형. 「や」는 의문의 계조사. 「む」가 그 맺음이며, 推量의 조동사의 연체형.

32) **かくなむ** 이와 같이 불렀다. 「なむ」는 強意의 계조사이며, 아래에 「よめる」 등이 생략되어 있는 꼴.

33) **見し人の** 죽은 아이가. 지난 날 이 집에서 본 그 아이가. 「し」는 과거의 조동사 「き」의 연체형. 「の」는 주격의 격조사.

34) **松の千年に見ましかば** 천 년이나 경과한다고 하는 소나무처럼 (언제까지나 건강하게 있어) 항상 신변에서 볼 수 있다면. 「ましかば」는 아래의 「まし」와 호응해서, 사실에 反하는 것을 仮想하는 뜻을 나타낸다. 「ましか」는 反実仮想이나 조동사 「まし」이 미연형. 「ば」는 순접의 가정조건을 나타내는 접속조사.

35) **遠く悲しき別れせましや** 먼 土佐国에서, 그와 같은 영원한 슬픈 이별을 할 수가 있었을까? 그런 일은 없었을 것이었는데. 「せ」는 「サ」변의 미연형. 「まし」는 反実仮想의 조동사의 종지형. 「や」는 反語의 조사의 문말용법.

36) **くちをしきこと** 본의는 아니지만 어쩔 수 없는 일. 유감스런 일. 한심한 일.

37) **多かれど** 많지만. 「多かれ」는 형용사의 已然形. 「ど」는 역접의 확정조건을 나타내는 접속조사.

38) **え尽くさず** 도저히 모든 것을 다 쓸 수는 없다. 「え」는 부정의 말과 호응해서 불가능의 뜻을 나타내는 부사.

39) **とまれかうまれ** 어쨌든. 하여간. 「ともあれかくもあれ」가 준 말이며, 한 마디의 말의 부사로서 취급한다.

40) **とく破りてむ** 빨리 찢어 버리자. 빨리 깨뜨려 버리자. 「とく」는 형용사 「疾(と)し」(빠르다)의 연용형. 「て」는 強意의 조동사 「つ」의 미연형. 「む」는 의지의 조동사의 종지형. 첫머리의 「男もすなる……云々」과 호응해서, 과연 여성다운 필치로, 서정과 수줍음(부끄러움)을 품은 훌륭한 맺음이라 하겠다.

現代語訳 さて、(庭には)池のようにくぼんで水がたまっているところがある。そのあたりに松もあった。五、六年の(不在の)うちに(ここでは)千年もたったのであろうか。(長寿のはずの松なのに)一部分はなくなってしまっていた。(そして)新しく生えたばかりの小松がまじっている。全体がすっかり荒れてしまっているので、「ああ、実にひどい」と人々が言う。思い出さぬこととてなく、何もかも恋しいその中で、この家で生まれた女の子が、いっしょに帰らないので、どんなに悲しいことか。同船して帰ってきた人たちも、みんなまわりに子どもが寄り集まってわいわい騒いでいる。こうした中で、やはり悲しい思いに堪えられないで、ひそかに気心の知れている人とよんだ歌、

(この家で)生まれた子どもさえも(土佐から)帰って来ないのに、わが家(の庭)に(以前はなかった)小松があらたに生えているのを見るのが、なんとも悲しいことだ。

とよんだ。それでもまだ言い足りなく思うのであろうか、またこのようによんだことだ。

死んだあの子が、千年も経るという松のように(いつまでも生きながらえていて)、見ることができるのであったなら、遠い土佐の国で、永遠の悲しい別れをすることがあったであろうか。(そんなことはなくてすんだであろうに。)

(亡き子を)忘れきれず、心残りなことが多いのだが、とてもすべてを述べつくすことはできない。とにかく、(こんなものは)はやく破ってしまおう。

韓 譯

그런데 (뜰에는) 연못처럼 움이 패어져 물이 고여 있는 곳이 있다. 그 부근에도 소나무가 있었다. 5, 6년(不在한) 사이에 (여기서는) 천년이나 지났던 것일까? (장수한다는 소나무인 데도) 일부는 없어지고 말았다. 전체가 온통 황폐해 버렸기 때문에, 「아아, 정말 너무하다」라고 사람들은 말한다. 회상하지 않는 것이라곤 없이, 모든 것이 다 그리운 가운데서, 이 집에서 태어난 딸아이가, 함께 돌아오지 않기에, 얼마나 슬픈 일인가! 同船하여 돌아온 사람들도, 모두들 둘레에 (그들의) 아이들이 다가 모여서 울성웅성 떠들고 있다. 이러한 가운데서, 역시 슬픈 생각을 참지 못해, 남 몰래 속마음이 알려져 있는 사람(아내)과 부른 노래.

> (이 집에서) 태어난 딸조차도 돌아오지 않았는데, 우리집(의 뜰)에 (이전에는 없던) 작은 소나무가 새로 돋아나 있는 것을 보는 것이, 정말로 슬픈 일이다.

라고 불렀다. 그래도 아직 할 말을 다 못했다고 생각한 탓일까, 또 이와 같이 불렀던 것이다.

> 죽은 그 아이가, 천 년이나 산다는 저 소나무처럼 (언제까지나 살아 있어서), 볼 수 있었더라면, 먼 土佐国에서, 영원한 슬픈 이별을 하는 일이 있었겠는가? (그러한 일은 없어도 됐을 것인데.)

(죽은 자식을) 잊을 수가 없어, 여한이 되는 일이 많지만, 도저히 모든 것을 죄다 기술할 수는 없다. 어쨌든, (이런 것은) 빨리 찢어 버리자.

枕草子(まくらのそうし)

수필집이며, 작자는 清少納言(せいしょうなごん)이고, 平安時代 중기에 성립했다. 수필문학의 원조로서 후세에 매우 큰 영향을 주고 있다. 길고 짧은 문장 약 300단에 이르는 내용은, 필자가 中宮인 定子(ていし)에게 출사했던 993년경부터 약 10년에 걸친 궁정생활의 견문이나 수상・체험을 자유로이 기술한 것인데, 그 형태나 내용으로 봐서, 類集・일기적 회상・수상의 셋으로 크게 나눌 수 있다. 類集의 段은,「すさまじきもの」「木の花は」처럼 표제를 내걸고, 그것에 속하는 사항을 열거한 것이며, 달리「ものはづくし」라고도 말해진다.

日記적 회상의 段은,「中納言参りたまひて」「五月ばかり, 月もなう」처럼, 궁정에 출사해서 얻은 체험이나 견문을 실록풍으로 기술한 것이다. 그리고 수상의 단은,「春はあけぼの」「野分のまたの日」처럼, 자연 또는 인간사에 대한 감상을 기술한 것이다.

清少納言은 가인 清原 元輔(きよはらのもとすけ)의 딸인데, 和漢學에 능통하고, 예리한 관찰안・미적 직관력의 주인공이며, 즉흥적 기지가 풍부하여 중궁인 定子의 총애를 받아 文才를 발휘할 수 있었다.

「春はあけぼの」(第一段)

> 춘・하・추・동 네 계절마다의 계절감을 가장 잘 표현하고 있는 자연현상이나 궁정생활의 정경을「春はあけぼの・夏は夜・秋は夕暮れ・冬はつとめて」라는 시각에 초점을 맞추어, 필자 스스로의 개성적인 감각에 의해 포착한 문장이다.

[1]春はあけぼの。やうやう[2]白くなりゆく。[3]山ぎは少し[4]あかりて、[5]紫だちたる雲の細く[6]たなびきたる。

夏は夜。月のころはさ[7]らなり、や[8]みもなほ、ほたるの多く飛びちがひたる。また、ただ一つ二つなど、ほのかにうち光りて行くもを[9]かし。雨など降るもをかし。

秋は夕暮れ。夕日のさして山[10]の端いと近うなりたるに、からすの寝どころへ行くとも、三[11]つ四つ、二つ三つなど飛[12]び急ぐさへあ[13]はれなり。まいて雁などのつ[14]らねたるが、いと小さく見ゆるはいとをかし。日[15]入りはてて、風[16]の音虫の音など、はたい[17]ふべきにあらず。

冬はつ[18]とめて。雪の降りたるはいふべきにもあらず、霜(しも)のいと白きも、またさ[19]らでもいと寒きに、火など急ぎおこして、炭[20]もてわたるもいとつ[21]きづきし。昼になりて、ぬるくゆ[22]るびもていけば、[23]火桶(ひおけ)の火も白き炭がちになりてわ[24]ろし。

語句의 解釋 및 文法

1) **春はあけぼの** 봄철이라면 새벽(여명)이 가장 홍취가 깊다. 이 아래에 「いとをかし」와 같은 술어에 해당하는 부분이 생략되어 있다. 「夏は夜」「秋は夕暮れ」「冬はつとめて」도 같은 용법이다. 「あけぼの」는 하늘이 어렴풋하게 밝아올 무렵이며, 「あさぼらけ」「あかつき」 등은 그것보다 앞의 시각이다.

2) **白く** 일설에 「著(しろ)く」(はっきりと)라는 풀이도 있다.

3) **山ぎは** 산의 능선 가까이의 하늘. 하늘을 주로 해서 한 말이며, 뒤에 나오는 「山の端」는, 산을 주로 해서, 하늘에 접하는 부분을 말한다.

4) **あかりて** 「明りて」이며, 밝아져서란 뜻.

5) **紫だちたる** 자색이 서린. 「紫」는 고대의 「紫(むらさき)」로서, 조금 불그스레하다. 「だつ」는 「めく」와 같으며, 「……ノヨウニナル」란 뜻을 나타내는 접미동사. 「たる」는 존속의 조동사의 연체형.

6) **たなびきたる** 이것도 아래에 「いとをかし」가 생략되어 있다. 「たる」는 존속의 조동사의 연체형. 연체중지로서 서정을 담은 표현이다. 뒤에 나오는 「飛びちがひたる」도 같은 용법이다. 「たなびく」는 (구름이나 안개 따위가) 가로 길다랗게 끼여 있는 모양을 말한다.

7) さらなり　말할 것도 없고. 물론이며.「言ふもさらなり」란 뜻이다.
8) やみもなほ　어두운 밤이라도 역시.
9) をかし　아취가 있다. 홍취가 있다. 재미있다.
10) 山の端いと近うなりたるに 석양이 산의 능선에 매우 가까이 왔을 때.
11) 三つ四つ、二つ三つ 까마귀가 삼삼 오오 날아가는 모습. 까마귀가 뿔뿔이 날아가는 實景을 잘 나타낸 표현이다.
12) 飛び急ぐさへ　바쁘게 날아가는 것조차(까지).「さへ」는 첨가의 부조사이며,「……マデモ」란 뜻. 당시 일반적으로는 詩趣를 느끼고 있지 않던 까마귀를 들었기 때문에「さえ(까지, 조차)」라고 하고, 다음에「まいて」라고 계속한 것이다.
13) あはれなり　마음속에 깊이 느껴지는 정취가 있다.
14) つらねたるが　열을 지우고 있는 것이.「が」는 주격을 가리키는 격조사.
15) 日入りはてて　해가 완전히 넘어가 버리고.
16) 風の音、虫の音「おと」는 바람(風)·종(鐘) 등과 같은 커다란 음향.「ね」는 악기·사람의 울음 소리·새소리 등에 쓰인다.
17) いふべきにあらず 말할 나위도 없다.「べき」는 당연의 조동사의 연체형.「に」는 단정의 조동사「なり」의 연용형. 한편,「べき」를 가능의 조동사로 생각해서,「무어라고 형용할 수 없을 만큼 홍취가 있는 것이다」라고 풀이할 수도 있다.
18) つとめて　①이른 아침. ②다음 날 아침. 여기는 ①의 뜻.
19) さらでも　그렇지 않아도.「然(さ)あらでも」의 준 말이며,「さ」의 지시내용은 눈이나 서리가 내리는 일, 달리 서리만이라고 하는 說도 있다.「さら」는「ラ」변의 복합동사의 미연형.「で」는 부정의 뜻을 품은 접속조사이며,「ず+て」가 준 것.
20) 炭もてわたる　「もて」는「持ちて(가지고, 들고)」의 促音便「持って」의「っ」가 표기되지 않은 꼴.「わたる」는 이동하는 상태를 말하는 것인데, 여기는 복도를 지나는 모양.
21) つきづきし　알맞다. 어울린다. 여기는 겨울의 정경으로서 알맞다고 하는 것이다.
22) ゆるびもていけば (寒気가) 차츰 풀려 가면.「もて」는 동작의 진행을 나타내는 접두어.「もていく」로서「차츰……하다」란 뜻.

23) **火桶**　둥근 화로. 오동나무 등을 도려내서 만든다.

24) **わろし**　좋지 않다. 불쾌하다. 「悪(あ)し」보다도 비난이 엄하지 않다. 여기는 겨울의 정경으로서는 잘 어울리지 않는다는 뜻.

現代語訳　春は明け方(の趣がすばらしい)。だんだんしらんでゆく、(東の)山に接するあたりの空がすこし明るくなって、紫がかった雲が細くたなびいている(のはすばらしい)。

夏は夜(が趣がある)。月のある時分(のおもしろいこと)はいうまでもなく闇夜のときもやはり、ほたるがたくさん飛び交っている(さまはおもしろい)。また、たった一匹二匹など、ほんのりと光って飛んでいくのもおもしろい。雨などの降るのも趣がある。

秋は夕暮れ(がよい)。夕日がさして、山の端にたいそう近くなって(沈みかかろうとして)いるときに、からすがねぐらへ帰ろうとして、三羽四羽、二羽三羽などと(群れをなして)急いで飛んでゆくのまでしみじみとした趣がある。まして雁などの列をなして飛んでいるのが、たいそう小さく見えるのは実に趣が深い。日がすっかり沈んでしまって、(夜の静けさの中に聞こえる)風の音とか、虫の音など、これはまたいうまでもなくすばらしい。

冬は早朝(がよい)。雪の降り積もった朝はいうまでもなく(すばらしく)、霜がたいそう白くおりているときも、またそうでなくてもひどく寒い朝に、火などを急いでおこして、炭をもって(廊下などを)運んで行くのも、(冬の朝に)たいそう似つかわしい。(しかし)昼ごろになって、だんだん(寒気が)ゆるんでゆくと、火鉢の火も白い灰がちになって(冬らしくなくて)よくないものだ。

韓 譯　봄은 여명(의 정취가 멋이 있다). 차츰 동이 터 가는, (동

쪽의) 산에 접하는 부근의 하늘이 조금 밝아져서, 자색으로 물든 구름이 가늘고 길게 가로 끼여 있는 (그것은 멋지다).

여름은 밤(이 홍취가 있다). 달이 있을 때(의 재미있는 일은) 두 말할 나위도 없으며, 어두운 밤일 때도 역시, 반디가 수없이 어지러이 날고 있는 (모양도 재미있다). 또, 겨우 한두 마리가, 어렴풋이 빛을 내며 날아가는 것도 재미있다. 비가 내리는 정경도 아취가 있다.

가을은 해질녘(이 멋있다). 석양이 빛나며 산의 능선에 매우 가까워져서 (금방 지려고 하고) 있을 때에, 까마귀가 잠자리에 돌아가려고 해서, 서너 마리, 두세 마리 등으로, (떼를 지어) 바삐 날아가는 것까지 마음에 깊이 느껴지는 정취가 있다. 하물며 기러기들이 열을 지어 날고 있는 것이, 매우 조그마하게 보이는 것은 실로 아취가 깊다. 해가 완전히 넘어가서, (밤의 정적 속에서 들리는) 바람 소리나, 벌레의 소리 등, 이것도 또한 더 말할 나위도 없이 멋지다.

겨울은 이른 아침(이 좋다). 눈이 내려 쌓인 아침은 말할 것도 없으며 (멋지고), 서리가 새하얗게 내려 있을 때도, 그리고 그렇지 않더라도 대단히 추운 아침에, 불을 급히 피워서, 숯을 가지고 (복도를) 나르는 것도, (겨울 아침에) 매우 어울린다. (그러나) 낮이 되어, (寒氣가) 점점 가셔지면, 화로의 숯불도 흰 재가 되기 쉬워, (겨울답지 않아) 좋지 않은 것이다.

「すさまじきもの」(第二十五段)

類集의 段의 대표적인 것이며, 「すさまじきもの」의 예로서, 최초에 짧은 글을 열거하고, 이하에 상당히 복잡한 인간관계에 관한 심리묘사를 연이어 간다. 그 압권은 「除目に司得ぬ人の家」이다.

[1]すさまじきもの。[2]昼ほゆる犬。春の[3]網代(あじろ)。三、四月の[4]紅梅(こうばい)の衣(きぬ)。牛

死にたる[5]牛飼ひ。児亡(ちごな)くなりたる[6]産屋(うぶや)。火おこさぬ[7]炭櫃(すびつ)・[8]地火炉(ぢくわろ)。[9]博士(はかせ)のうちつづき女子(をんなご)生ませたる。[10]方違(かたたが)へに行きたるに、[11]あるじせぬ所。まいて[12]節分(せちぶん)などはいとすさまじ。

[13]人の国より[14]おこせたる文(ふみ)の物なき。[15]京のをも[16]さこそ思ふらめ、されど、それは[17]ゆかしきことどもをも書き集め、[18]世にあることなどをも聞けばいとよし。人のもとに[19]わざと[20]清げに書きてやりつる文の[21]返りごと、[22]今は持て来ぬらむかし、[23]あやしうおそきと待つほどに、[24]ありつる文、[25]立文(たてぶみ)をも[26]結びたるをも、いときたなげに[27]とりなしふくだめて、[28]上に引きたりつる墨など消えて、「[29]おはしまさざりけり」、もしは、「[30]御物忌(ものい)みとて取り入れず」と言ひて持て帰りたる、いと[31]わびしくすさまじ。

また、必ず[32]来(く)べき人のもとに車をやりて待つに、来る音すれば、[33]さななりと人々いでて見るに、[34]車宿(やど)りに[35]さらに引き入れて、[36]轅(ながえ)[37]ほうとうち降ろすを、「[38]いかにぞ」と問へば、「今日はほかへおはしますとて[39]渡りたまはず」などうち言ひて、[40]牛の限り引きいでて[41]往ぬる。

語句의 解釋 및 文法

1) **すさまじ** 흥이 깨진다. 재미없다.

2) **昼ほゆる犬** 개는 밤에 짖어서 집을 지키는 것인데, 낮에 짖는 것은 얼이 빠졌다고 하는 느낌.

3) **網代** 늦은 가을에서 겨울에 걸쳐, 빙어를 잡기 위해 강에 장치하는 대나무나 나무로 만든 그물 같은 것. 봄철의 나무 그물은 계절에 안 맞는다.

4) **紅梅の衣** 겹쳐 입는 옷의 색깔 이름. 겉은 紅色이며, 안(뒤)은 자색이다. 11월에서 2월경 사이에 입음.

5) **牛飼ひ** 소치는 아이. 牛車用의 소를 모는 사람.

6) **産屋** 해산을 하면 부정해진다고 해서, 따로이 임부와 유아를 위해 만든 독립된 가옥.

7) **炭櫃** 거처하는 방에 두는 모가 난 화로.

8) **地火炉** 방바닥을 사각으로 파낸 뒤 재를 넣고 그 재 속에 불을 묻어 두는 곳. 요리용이라고 한다.

9) **博士** 大学寮에 속하는 官名. 세습이며, 여자는 될 수 없었다.

10) **方違へ** 陰陽道에서 외출할 때, 그 방향에 방해하는 신이 있을 때, 다른 방향으로 가서 묶고, 거기서부터 다시 목적지로 향하는 습관.

11) **あるじせぬ** 대접을 하지 않는다. 「あるじ」는 「あるじまうけ」인데, 饗応을 말함.

12) **節分** 기후가 바뀔 때. 입춘・입하・입추・입동의 전날을 말함. 이 날은 「方違へ」를 하는 것이 관례니까, 사람이 찾아오는 것은, 처음부터 알고 있는 것이다.

13) **人の国** 지방. 京都(서울) 이외의 지방을 말함.

14) **おこせたる文の物なき** 보내진 편지에서, 선물이 곁들여 있지 않는 편지. 「の」는 「文=物なき」이며, 동격의 격조사. 「物」는 선물.

15) **京の** 서울로부터의 편지. 「の」는 체언에 상당하는 구실을 하는 용법이며, 準体格의 격조사.

16) **さこそ思ふらめ** 그와 같이 생각하겠지만. 「さ」는 「すさまじ」를 가리킴. 「こそ……らめ」로서 걸림맺음. 「らめ」는 現在推量의 조동사의 巳然形. 역접의 의미로서 아래에 이어지고 있다.

17) **ゆかしきこと** 알고 싶은 일. 「ゆかし」는 그쪽으로 마음이 끌린다는 뜻이며, 보고 싶다, 알고 싶다, 듣고 싶다, 등으로 새기는 형용사.

18) **世にあること** 京都에서의 사건.

19) **わざと** 특히.

20) **清げに** 현재의 「美しい。きれいだ」에 가까운 느낌을 나타내는 형용동사 「清げなり」의 연용형.

21) **返りごと** 대답. 회답.

22) **今は持て来ぬらむかし** 이젠 꼭 가지고 왔을 것이리라. 「ぬ」는 強意의 조동사의 종지형. 「らむ」는 現在推量의 조동사의 종지형. 「かし」는 다짐을 해서 말하는 종조사.

23) **あやしうおそき** 이상하게 늦는군요. 連体中止에 의한 영탄표현.

24) ありつる文　앞서 보낸 편지. 「ありつる」는 당시의 관용구로서, 「이전의, 앞서의, 예의」 등의 뜻. 연체사로서 취급.

25) 立文　正式의 편지. 편지를 길죽하게 접고, 양끝을 접어 넣은 것.

26) 結びたる　「結び文」를 말하며, 略式의 편지. 가늘고 길게 접어서 묶어 맨 꼴의 편지.

27) とりなしふくだめて　(편지를) 다루어서 부풀게 하여. 「ふくだむ」는 「ふわふわ(부푼 모양)」하게 한다는 뜻.

28) 上に引きたりつる墨　편지를 봉하는 곳에 먹을 그어 봉한 표시로 한 것.

29) おはしまさざりけり　계시지 않았습니다. 「おはします」는 「あり・居り・行く・来」 등의 존경어. 「ざり」는 부정의 조동사 「ず」의 연용형.

30) 物忌み　더러운 것에 닿든지 꿈길이 나쁠 때는, 심신을 정화하고, 집에 들어 앉는 습관.

31) わびしく　한심하고, 비정하여. 딱 질색이어서.

32) 来べき人　「べき」는 당연의 조동사의 연체형.

33) さななり　그러한 듯하다. 「さなるなり」가 「さなんなり」로 撥音化해서, 그 「ん」이 표기되지 않는 꼴. 「な」는 단정의 조동사의 연체형의 변전. 「なり」는 추정의 조동사의 종지형. 여기는 牛車의 소리로서, 마중을 간 손님이 오신 것 같다고 추정한 것.

34) 車宿り　牛車를 넣어 두는 곳. 지금의 車庫.

35) さらに引き入れて　그냥 그대로 끌어넣어. 「さらに」를 「改めて」라고 풀이하는 설도 있다.

36) 轅　牛車(수레)의 채.

37) ほうと　「ぽんと(탁・척)」. 擬声音.

38) いかにぞ　어찌된 일인가? 「ぞ」는 強意의 계조사의 문말용법.

39) 渡りたまはず　이쪽에는 오시지 않습니다. 「たまは」는 존경의 보조동사이며, 4단활용의 미연형.

40) 牛の限り　소만. 소에 한해.

41) 往ぬる　「ナ」변의 동사 「往ぬ」의 연체형이며, 아래에 「いとすさまじ」란 술어가 생략된 꼴이다.

現代語訳 興ざめするもの。昼間吠える犬。春の網代。三、四月ごろの紅梅の着物。牛が死んでしまった牛飼い。赤ん坊の死んでしまった産室。火をおこさぬ炭櫃や地火炉。大学の博士が(学問をつぐべき男の子がなくて)次々と女の子ばかり生ませた場合。方違えに行った時、もてなしをしないところ。まして節分(の方違え)などは(あらかじめわかっているはずだから、もてなしをしないのは)実に興ざめである。

地方からよこした手紙で贈り物のない場合(は興ざめである)。京から(地方へ)の手紙の場合も(贈り物のないのを)興ざめに思うであろうが、しかし、それは知りたいと思っていることをいろいろ書き集めてあり、世間のできごとなどをも聞くことになるのだからたいへんすばらしいのである。人のところに特別にきれいに書いてやった手紙の返事を、もうきっと持ち帰って来ている時分だろうよ、不思議におそいことだと思って待つうちに、さきほど持たせた手紙を、(正式の)立文にしろ(略式の)結び文にしろ、ひどく汚く扱って紙をぶくぶくにふくらめて、(封じ目として)上に引いてあった墨なども消えて、(使いの者が)「(先方は)いらっしゃいませんでした」とか、あるいは、「御物忌みだといって受け取りません」と言って持ち帰ったのは、ほんとうに情なく興ざめである。

また、必ず来るはずの人のところに(迎えの)牛車をやって待っていたところ、(車の帰って) 来る音がするので、おいでになったようだと人々が出て見ると、(牛飼いは車を)車宿りにそのままずっと引き入れて、轅をぽんとおろすので、「どうしたのか」と聞くと、「今日はよそへお出かけになるとのことで、(こちらへは)おいでになりません」などと言って、牛だけ引き出して行ってしまうの(は、期待はずれで興ざめである)。

韓 譯 흥이 깨어지는 일. 한낮에 짖는 개. 봄철에 빙어를 잡

으려고 설치한 나무 그물. 3, 4월경의 겹옷. 소가 죽어 버린 소치기. 어린아이가 죽고 만 産室. 불을 피우지 않는 화로나「いろり」. 대학의 박사가 (학문을 계승할 남자 아이가 없어) 계속해서 여자 아이만 낳았을 경우. 출입하는 방위를 가려서 갔을 때, 대접하지 않는 곳. 하물며 입춘 전날에 (방위를 가릴 때) 등은 (미리 알고 있을 터인데 대접을 하지 않는 것은) 실로 흥이 깨지는 일이다.

지방으로부터 보내 온 편지에 선물을 곁들이지 않았을 경우(는 흥이 깨진다). 서울에서 (지방으로) 보내는 편지의 경우도 (선물이 없는 것을) 흥이 깨어진다고 생각하겠지만, 그러나 그것은 알고 싶어 하는 일을 여러 가지 모아서 써 보냈기에, 세상에서 일어난 일들을 듣게 되는 것이라서 대단히 좋은 일이다. 다른 사람에게 특별히 잘 써 보낸 편지의 대답을, 이젠 반드시 가지고 돌아와 있을 때이겠지, 이상하게도 늦는구나 하면서 기다리고 있는 중에, 앞서 들려서 보낸 편지를, (정식의) 길게 접은 편지든 (약식의) 묶어 맨 편지든, 매우 더럽게 취급해서 종이가 부풀게 되어, (봉한 곳의 표시로서) 위에 그어 놓은 먹줄이 지워져, (심부름꾼이)「(그쪽-편지를 받을 사람은) 계시지 않았습니다」라든지, 또는「부정을 탈까봐 받지 않으십니다」하면서 가지고 돌아오는 것은, 정말로 정이 떨어지고 흥이 깨지는 일이다.

또 반드시 오게 되어 있는 사람에게 (마중을 위한) 牛車를 보내고 기다리고 있을 때, (차가 돌아오는) 소리가 나기에, 오셨는가보다 하고 사람들이 나가보니, (소를 모는 사람이 牛車를) 차고에 그대로 쑥 끌어드리고, 수레 채를 툭하고 내리기에,「어찌된 일인가?」라고 물은 즉,「오늘은 다른 곳으로 행차하시게 되어, (이쪽으로는) 안 오십니다」라고 하며, 소만 끌어내어 가 버리는 것(은, 기대에 어긋나는 것으로서 재미가 없는 일이다).

また、[1]家の内なる男君(をとこぎみ)の来ずなりぬる、いとすさまじ。[2]さるべき人の[3]宮仕へするがりやりて、[4]恥づかしと思ひゐたるもいと[5]あいなし。ちごの乳母の、[6]ただあかるさまにとていでぬるほど、[7]とかく慰めて、「とく来」と言ひやりたるに、「今宵は[8]えまゐるまじ」とて返しおこせたるは、すさまじきのみならず、いと憎く[9]わりなし。女迎ふる男、[10]まいていかならむ。[11]待つ人ある所に、夜少しふけて、忍びやかに門たたけば、[12]胸少しつぶれて、人いだして問はするに、[13]あらぬ[14]由なき者の名のりして来たるも、かへすがへすもすさまじと[15]言ふはおろかなり。

[16]験者の[17]物の怪[18]調ずとて、いみじうし[19]たり顔に[20]独鈷や数珠など[21]持たせ、[22]せみの声しぼりいだして誦みゐたれど、いささか[23]さりげもなく、[24]護法もつかねば[25]集まりゐ念じたるに、男も女もあやしと思ふに、[26]時のかはるまで[27]誦み困じて「[28]さらにつかず。[29]立ちね」とて、数珠取り返して、「あな、いと[30]験なしや」とうち言ひて、額よりかみざまに[31]さくり上げ、[32]あくびおのれうちして[33]寄り臥しぬる。いみじうねぶたしと思ふに、[34]いとしも覚えぬ人の、押し起こして[35]せめてもの言ふこそいみじうすさまじけれ。

語句의 解釋 및 文法

1) **家の内なる男君** 집에 맞아들인 사위. 당시의 결혼은 招婿婚. 즉 여자가 친정에 있고, 남자가 처가에 다니는 것이 보통이었다.

2) **さるべき人の** 그에 적당한 신분의 사람으로서. 상당한 지위가 있는 사람으로서. 「さるべき」는 「さあるべき」가 준 것으로서, 「しかるべき。適当な。相当な」란 뜻의 연체형. 「の」는 동격의 격조사이며 「……デ」라고 새긴다.

3) **宮仕へするがりやりて** 궁중에 출사하고 있는 여성에게 (자기 남편을) 빼앗겨서. 「がり」는 「…ノモトニ」란 뜻을 곁들이는 접미어. 「やりて」는 이쪽을 주체로 해서 「(자기 남편을 궁중에 출사하고 있는 여자에게) 준다」고 말한 것으로서, 사실은 「うばわれる。とられる」의 뜻이다.

4) **恥づかし** ①면목이 없다. 거북하다. 창피하다. ②상대가 뛰어나 있어, 이쪽이 창피할 정도란 뜻으로 해서, (상대가) 훌륭하다. 여기는 ①의 뜻.

5) **あいなし** 재미가 없다. 시시하다.

6) ただあからさまに 잠시 잠깐. 「あからさま」는 잠시, 조금이란 뜻.

7) とかく慰めて 이래저래 어린아이를 달래서.

8) えまゐるまじ 도저히 못 돌아 갈 듯합니다. 「え」는 아래에 부정의 말을 수반하여, 불가능의 뜻을 나타내는 부사. 「まじ」는 부정추량의 조동사 「まじ」의 종지형.

9) わりなし 「理なし」로서, 도리에 어긋난다가 본 뜻.

10) まいていかならむ 더구나 어떠한 마음이겠는가? 유모를 맞이하는 것도 이러한데, 사랑하는 사람을 맞이하러 사람이 가서 「못 오신다」라고 해 왔을 때는 하물며, 라는 것이다. 「いかなら」는 형용동사의 미연형. 「む」는 의문어를 받고 있는 탓으로, 推量의 조동사 「む」의 연체형이다.

11) 待つ人ある所 남편이나 애인이 올 날인데, 그것을 기다리고 있는 여자의 집.

12) 胸少しつぶれて 가슴이 조금 두근거려. 기쁨에 가슴이 두근거리는 것이다.

13) あらぬ 딴. 다른. 전혀 관계가 없는. 관용어이며 한 낱말의 연체어로 취급한다.

14) 由なき者 시시한 사람. 가치가 없는 사람.

15) 言ふはおろかなり ……라고 말하는 것도 어리석게 보인다. ……라고 말해서는 불충분하다.

16) 験者 수험자. 수업해서 비법을 몸에 지녀, 기도에 의해 병을 낫게 하든지 악령을 물리치든지 하는 사람.

17) 物の怪 사람에게 앙화를 입히고, 병의 원인이 되는 죽은 귀신・산 귀신 따위.

18) 調ず 부처님 힘에 의해 악마를 멸망시킴. 調伏하다.

19) したり顔に 득의에 찬 얼굴로. 그럴싸한 모습으로. 형용동사의 「したり顔なり」의 연용형.

20) 独鈷 수험자가 갖는 도구로서, 기도에 쓰인다. 구리 또는 쇠로 만든 칼 모양의 긴 장대.

21) 持たせ 「よりまし」라는 童女에게 들려서. 「よりまし」는 보통의 여성이며, 수험자가 귀신, 또는 護法童子를 옮아 앉게 해서, 귀신의 정체를 알아서 이것을 調伏하기 위한 매체가 되는 사람을 말한다.

22) せみの声 매미가 우는 듯한 괴로운 소리. 「せみ」는 「責(せ)む(追む)」라고 하는 설도 있다.

23) さりげもなく 귀신이 물러설 듯한 기척도 없고. 「さり」는 「去り」지만, 「然(さ)り」라고 해서, 調伏될 듯하지도 않고라고 풀이하는 설도 있다.

24) **護法** 護法童子를 말하며, 수험자가 부리는 아기 모습을 한 귀신. 이 귀신이「よりまし」에게 옮아 앉으면 잡귀가 물러선다고 한다.

25) **集まりゐ念じたるに** 주어는「집안에 있는 사람 전부」.「ゐ」는 앉다,「念ず」는 기도하다란 뜻.「に」는 접속조사.

26) **時のかはるまで** 시간이 흘러갈 때까지.

27) **誦み困じて** 읽다가 지쳐서.「困ず」는「困る」,「疲れる」,「悩む」 등의 뜻.

28) **さらにつかず** 좀처럼 붙지 않는다. 주어는 護法童子이다.

29) **立ちね** 「ね」는 완료의 조동사「ぬ」의 명령형이며,「立て」를 강하게 말한 것. 수험자가,「よりまし」에게 한 말.

30) **験** 효험. 보람.

31) **さくり上げ** 손으로 머리칼을 쓸어 올려.

32) **あくびおのれうちして** 하품을 스스로 예사로 하면서. 이제 포기해 버린 수험자의 태도를 나타낸 것.

33) **寄り臥しぬる** 무엇인가에 기대서 잠들고 마는.「ぬる」는 완료의 조동사의 연체형이며, 아래에「いとすさまじ」가 생략된 꼴이다.

34) **いとしも覚えぬ人** 그다지 친하다고도 생각되지 않는 사람.「いと」는 아래에 부정의 말을 수반해서「たいして、あまり…しない」란 뜻.「し」는 強意의 부조사.「も」는 強意의 계조사.

35) **せめてもの言ふこそ** 무리하게 (굳이) 말을 걸어 오는 것은.「せめて」는「しいて」,「無理に」란 뜻의 부사.「こそ」는 強意의 계조사이며, 맺음은「すさまじけれ」(형용사의 已然形).

現代語訳 また、家の内に迎えた婿君が来なくなってしまったのはまことにおもしろくない。相当な身分の女性で宮仕えしている人のところに(むこを)とられて、(家の者が、世間体が悪く)はずかしいと思って(そのままにして)いるのもまことにおもしろくない。赤ん坊の乳母が、ほんのちょっとと言って出て行った(留守の)あいだ、(赤ん坊を)あれこれとあやして、(乳母に)「早く帰っておいで」と言ってやったところ、「今夜はとても帰れそうにありません」と言って返事をよこしたのは、興ざめがするだけでなく、ほんとうに憎らしくどうもやりきれない。(愛する)女を迎えにやった男が、(そんな目にあったら)ましてどんな気がするだろう。(また、男のくるのを)待つ人がある(女の)家で、夜がすこしふけて、そっと門をたたく音がするので、胸が少しどきどきして、家の者を出して(だれかと)尋ねさせたところ、全然関係のないつまらない者が名のって来たのも、どう考えても期待はずれで興ざめだなどというところではない。

験者がもののけを調伏するといって、ひどく得意顔に独鈷や数珠などを(よりましに)持たせ、せみの鳴くような声をしぼり出して(お経を)よんでいるが、いっこうに(もののけが)退散しそうな気配もなく、(よりましに)護法童子もつかないので、(家中)集まりすわって祈念していたが、(居あわせた)男も女も変だと思っていると、(よりましから)数珠を取り返して、「ああ、なかなか験がないなあ」とつぶやいて、額から上の方に(髪の毛を)なで上げ、あくびを自分から(遠慮もなげに)して何かに寄りかかって眠ってしまったの(は全く興ざめである)。

韓 譯 또, 집안에 맞아들인 사위가 안 오게 된 것은 매우 재미없는 일이다. 상당한 신분의 여성으로서 궁중에 출사하고 있는 사람에게 (남편을) 빼앗겨서, (집안 사람들이, 세상에 대한 면목이 없어서) 부끄럽다고 생각해서 (그냥 그대로) 있는 것도 매우 재미없다. 어린 아이의 유모가, 잠시잠깐 하고 나간 (부재하는) 동안, (어린 아이를) 이리저리 달래면서, (유모에게) 「빨리 돌아와」라고 전갈했더니만, 「오늘 밤은 도저히 돌아갈 듯하지 않습니다」라고 회답을 해 온 것은, 흥이 깨질뿐더러, 정말로 미워서 아무리 해도 견딜 재간

이 없다. (사랑하는) 여자를 데리러 보낸 남자가, (그러한 경우를 당한다면) 더구나 어떠한 심경이겠는가? (또, 남자가 오는 것을) 기다리는 사람이 있는 (여자) 집에서, 밤이 좀 깊어 가만히 문을 두드리는 소리가 나기에, 가슴이 조금 두근거려, 집안 사람을 내보내 (누구냐고) 물으니까, 전연 관계가 없는 시시한 사람이 이름을 말해 오는 것도, 어느 모로 생각해도 기대에 어긋난 일이어서, 흥이 깨졌다라는 정도가 아니다.

수험자가 잡귀를 기도로써 퇴치한다고 하여, 매우 득의 만만한 얼굴로, 기도용 쇠 장대나 염주 등을 (귀신을 머물게 하는 계집아이에게) 들려, 매미가 우는 듯한 목소리를 짜내서 (불경을) 외고 있으나, 조금도 (잡귀가) 퇴산할 듯한 기척이 없고, (귀신을 머물게 하는 계집아이에게) 護法童子도 붙지 않는 탓으로, (전 가족이) 모여 앉아 기념하고 있었으나, (모여 있던) 남녀가 다 이상하다고 생각하고 있은 즉, (계집아이로부터) 염주를 되찾아, 「아아, 좀처럼 효험이 나타나지 않구나」하고 중얼거리면서, 이마 위로 (머리카락을) 쓸어 올려, 하품을 스스로 (거리낌도 없이) 하면서 무엇인가에 기대어 잠이 들어 버린 것(은 정말로 흥이 깨어지는 일이다). 매우 자고 싶다고 생각하고 있을 때에, 그다지 (친하다)고 생각되지 않는 사람이, (매우 친숙한 듯이 자기를) 흔들어 깨워 억지로 이야기를 걸어 오는 것은, 정말로 흥이 깨지는 일이다.

[1]除目(ちもく)に[2]司(つかさ)得ぬ人の家。[3]今年はかならずと聞きて、[4]はやうありし者どもの[5]ほかほかなりつる、[6]田舎(ゐなか)だちたる所に住むものどもなど、みな集まり来て、出で入る[7]車の轅(ながえ)もひまなく見え、[8]物まうでする供に、われもわれもと[9]参り仕うまつり、もの食ひ、酒飲み、[10]ののしり合へるに、[11]果つる暁まで[12]門(かど)たたく音もせず、[13]あやしうなど耳立てて聞けば、[14]前駆(さき)追ふ声々などして、[15]上達部(かんだちめ)などみないでたまひぬ。もの聞きに、宵(よひ)より寒がり[16]わななき

をりける男、[17]下衆(げす)いと[18]ものうげに歩み来るを、[19]見る者どもは、[20]え問ひにだに問はず。ほかより来たる者などぞ、「殿は[21]何にかならせたまひたる」など問ふに、[22]いらへには、「[23]何の前司(ぜんじ)にこそは」などぞかならずいらふる。まことに頼みける者は、いと嘆かしと思へり。[24]つとめてになりて、ひまなくをりつる者ども、一人二人[25]すべり出でて往ぬ。[26]古き者どもの、[27]さもえ行き離るまじきは、[28]来年の国々、手を折りてうち数へなどして、[29]ゆるぎありきたるも、[30]いとほしうすさまじげなり。

語句의 解釋 및 文法

1) **除目** 官吏(공무원)의 인사이동의 행사. 여기는 봄철의 除目이며, 「県召(あがためし)」라고 하여, 지방관의 任免을 행한다.

2) **司** 관직. 본래는 관청・관리의 뜻.

3) **今年はかならず** 아래에 「司得たまふべし」 등이 생략되어 있다.

4) **はやうありし者どもの** 이전에 그 집에 고용살이를 하고 있던 사람들로서. 「の」는 동격의 격조사.

5) **ほかほかなりつる** 뿔뿔이 흩어져 있던 사람. 다른 데 가 버렸던 사람.

6) **田舎だちたる** 시골 티가 나는.

7) **車の轅もひまなく見え** 牛車(ぎっしゃ)의 채도 가득히 빈틈없이 늘어서 보여. 방문객이 많은 광경을 말함.

8) **物まうでする供に** 주인이 임관을 기원하기 위해 寺社에 참배하는 그 수행으로.

9) **参り仕うまつり** 「参る」는 「行く」의 겸양어. 「仕うまつる」는 「仕う(섬기다)」의 겸양어이지만, 보조동사라고도 볼 수 있다.

10) **ののしり合へるに** 떠들썩하게 큰 소리를 내어 시끄러운 가운데. 「る」는 존속의 조동사 「り」의 연체형. 「に」는 접속조사.

11) **果つる暁** 除目의 의식・選考가 끝나는 새벽녘.

12) **門たたく音** 임관의 기쁜 소식을 가져 온 사자가 문을 두드리는 소리를 가리킴.

13) **あやしう** 이상하다. 형용사의 연용형 「あやしく」의 「ウ」음편.

14) **前駆追ふ** 귀인이 통행할 때, 앞서 가는 자가 벽제를 하는 일. 三品 이상인 사람이 벽제를 할 수 있었다.

15) **上達部** 大臣・大納言・中納言・参議 및 삼품 이상의 사람. 公卿이라고도 함.「公」은 摂政・関白・大臣을 말하며,「卿」은 大納言・中納言・参議를 말함.

16) **わななきおりける** 벌벌 떨고 있었다. 除目이 행해지는 것은 정월 20일 경으로서 춥다.

17) **下衆男** 신분이 낮은 남자. 남자하인.「下衆」는 하층계급 일반을 칭하며,「上衆」(귀인)의 대칭.

18) **ものうげに** 피곤하여 만사가 귀찮은 듯이. 형용동사의 연용형.

19) **見る者ども** 主人의 측근에서 시중드는 사람들을 가리킴.

20) **え問ひにだに問はず** 물을 수조차 없다. 하물며, 기뻐한다는 것은 도저히 있을 수 없다는 느낌이다.「だに」는 가벼운 것을 들어서 言外에 무거운 것을 유추시키는 부조사.「え……ず」로서 불가능의 뜻을 가리킴.

21) **何にかならせたまひたる** 무슨 관직에 임명되었습니까?「か」는 의문의 계조사.「たる」는 맺음이며, 완료의 조동사의 연체형.「せたまふ」는 최고의 敬語이지만, 여기는 회화 속에 쓰여져, 단순히 강한 경의를 나타내는 용법.

22) **いらへ** 대답.

23) **何の前司にこそは** 某国의 前国司가 되셨습니다.「こそ」는 強意의 계조사이며, 아래에「なりたまひぬれ」등이 생략되어 있다.

24) **つとめて** 아침 일찍. 새벽녘보다는 늦다.

25) **すべり出でて往ぬ** 모르게 떠나 버리고 만다.

26) **古きものどもの** 오래 전부터 시중들고 있던 사람들로서.「の」는 동격의 격조사.

27) **さもえ行き離るまじきは** 그와 같이 내버리고 가는 것이 안될 듯한 사람은.「さ」는 전문의「すべり出でて往ぬ」를 받고 있다.「え……まじき」는 불가능의 推量을 나타냄.「まじき」는 否定推量의 조동사「まじ」의 연체형.

28) **来年の国々** 내년에 国司의 임기가 끝나서 공석이 될 예정인 각국. 국사의 임기는 4년.

29) **ゆるぎありきたるも** 몸을 흔들면서 기운을 내어 걷고 있는 것도.「ゆるぎ」는「揺るぎ」로서, 몸을 흔들면서 뽐내고 있는 모양.

30) **いとほしう** 보기에 딱해서.「厭(とと)ふ」에서 파생한 말이며, 안타깝기 그지없다고 하는 느낌을 나타냄. 보고 있을 수 없다. 불쌍하다. 가엾다.

現代語訳 除目に際して任官のできなかった人の家(は興ざめのするものだ)。今年は必ず(任官なさるでしょう)などと(うわさを)聞いて、以前この家に仕えていた者たちで今はちりぢりになっている者や、田舎めいた所に住む者たちなどが、みな集まって来て、出入りする牛車のながえも(ぎっしりと)すきまもなく見え、(任官祈願のために寺社に)参詣する(主人の)お供に、われもわれもと従ってお仕え申し上げ、物を食ったり酒を飲んだりして、わあわあ大騒ぎをしているのに、除目がすんでしまった夜明けがたまで、(任官を知らせる使の)門をたたく音もせず、どうも変だなどと耳をすましていると、先払いの声などがして、(除目に参列していた)公卿がたなどがみな(宮中から)退出なさってしまう。様子を聞きに、前夜から(出かけて)寒がりふるえている下男が、とても憂うつそうに歩いてくるのを、見る者たちは、とても(どうだったと)聞くことさえもできない。よそから集まって来た者などが、「殿さまはどこの国司におなりになりましたか」などと問うと、その返事には、「どこそこの前の国司ですよ」などと必ず答えるものだ。(主人の任官を)しんそこあてにしていた者は、ひどく嘆かわしいと思っている。早朝になって、(今まで)ぎっしりすきまもなくつめかけていた人々も、ひとりふたりとこっそり退出してしまう。長年仕えている者たちで、そんなふうに離れて行けそうもない者は、来年(国司の交替があるはず)の国々を、指折り数えなどして、身をゆすってから元気を出して歩き回っているのも、気の毒でいかにも興ざめのする様子であることだ。

韓 譯 「除目」이 있을 즈음에 임관되지 않았던 집(은 흥이 깨지는 법이다). 올해는 반드시 (임관되시겠지요) 하는 (소문을) 듣고, 이전에 이 집에서 시중을 들고 있던 사람들로서 지금은 뿔뿔이 흩어져 있는 사람이나,

시골 같은 곳에 사는 사람들이, 모두 모여 와서 드나드는 牛車의 채도 (꽉 들어차) 빈틈없이 보이고, (임관을 기원하려고 寺社에) 참배하는 (주인을) 수행하려고, 너도 나도 달려와서 시중을 들며, 음식을 먹든지 술을 마시든지 하며 와글와글 큰소리로 떠들썩하고 있는데, 除目이 끝나 버린 새벽녘까지 (任官을 알리는 사자의) 문을 두드리는 소리도 안 나고, 어쩐지 이상하다면서 귀를 기울이고 있으니까, 벽제 소리가 들리며, (除目에 參列했던) 대감들이 모두 (궁중으로부터) 퇴출해 버리셨다. 형편을 알아보려고, 어젯밤부터 (나서서) 추위에 벌벌 떨고 있던 남자하인이, 매우 우울한 표정으로 걸어오는 것을 보는 사람들은, 도저히 (어떻게 됐나) 하고 물을 수조차 없다. 이웃에서 모여온 사람들이, 「대감님은 어느 지방관이 되셨습니까?」하고 물으면, 그 대답으로서는, 「어디 어디의 전번 지방관입니다」라고 반드시 대답하는 것이다. (주인의 임관을) 마음 속으로부터 기대하고 있던 자는 매우 한스럽게 생각하고 있다. 이른 아침이 되어, (지금까지) 빽빽하게 빈틈없이 모였던 사람들도 한 사람 두 사람 슬며시 나가 버린다. 오랫 동안 이 집에서 시중을 들던 사람들로서, 그렇게 떠나 버릴 수 없을 만한 사람은, 내년에 (지방관이 교체될 것이 분명한) 지방들을, 손꼽아 헤면서, 몸을 흔들면서 기운을 내서 돌아다니고 있는 것도 가엾고 어쩐지 흥이 깨지는 그러한 모습이기도 하다.

「木の花は」(第三十七段)

봄에서부터 여름에 걸쳐 피는 「木の花」에 대한 필자의 감상을 기술한 것인데, 전반부에서는, 梅花・벚꽃(櫻)・藤・귤(橘)의 차례로, 주로 감각적으로 그 색채나 형상의 미를 포착하였으며, 후반부에서는 배꽃(梨)・오동 (桐)・「おうち」(멀구슬나무, 백단향)를 지적 흥미의 대상으로써 포착하고 있다.

[1]木の花は濃きもうすきも[2]紅梅。桜は[3]花びら大きに、[4]葉の色濃きが、枝細くて[5]咲きたる。藤の花は、[6]しなひ長く、色濃く咲きたる、いと[7]めでたし。

四月(うづき)の[8]つごもり、五月(さつき)の[9]ついたちのころほひ、[10]橘(たちばな)の葉の濃く青きに、花のいと白う咲きたるが、雨うち降りたる[11]つとめてなどは、[12]世になう[13]心あるさまにをかし。花の中より[14]黄金(こがね)の玉かと見えて、[15]いみじうあざやかに見えたるなど、朝露に[16]ぬれたる[17]朝ぼらけの桜に劣らず。[18]ほととぎすのよすがとさへ[19]思へばにや、[20]なほさらに[21]言ふべうもあらず。

語句의 解釋 및 文法

1) **木の花** 봄과 여름에 피는 (나무의) 꽃. 「草の花は」(제67단)가 주로 가을의 화초에 대해 말하고 있는 데 대하고 있다.

2) **紅梅** 아래에 「いとめでたし(대단히 아름답다)」가 생략된 체언멈춤의 꼴. 「春はあけぼの」와 같다.

3) **花びら大きに** 꽃잎이 커서.

4) **葉の色濃きが** 잎의 색깔이 짙은 것이. 「の」「が」는 모두 주격의 격조사.

5) **咲きたる** 아래에 「いとめでたし」가 생략된 체언멈춤의 표현.

6) **しなひ** 늘어진 꽃송이. 「撓(しな)ふ」의 연용형이 명사화한 것.

7) **めでたし** 賞美할 만하다. 멋지다. 훌륭하다.

8) **つごもり** 월말. 하순경.

9) **ついたち** 월초. 초순경.

10) **橘** 「柑子みかん」(홍귤나무의 총칭). 잎은 작고 꽃은 백색. 과실은 껍질이 엷고, 酸味가 있다.

11) **つとめて** ①이른 아침. ②다음날 아침. 여기는 ①의 뜻.

12) **世になう** 이 위에 더없이. 「世」는 명사. 「に」는 연용형 「なく」의 「ウ」음편.

13) **心あるさまに** 정취가 있는 듯하여. 「心ある」는 도리를 알고 있는, 정취를 아는, 정취가 있는, 등의 뜻이다.

14) **黄金の玉かと見えて** 홍귤의 열매가, 마치 황금의 구슬처럼 보여서. 「か」는 의문의 계조사의 문말용법.

15) **いみじう** 매우. 형용사 「いみじ」의 연용형 「いみじく」의 「ウ」음편.

16) **ぬれたる** 젖어 있다. 「たる」는 존속의 조동사의 연체형. 「벚꽃(桜)」에 걸린다.

17) **朝ぼらけ** 아침에 희끄무레하게 날이 밝아지는 무렵.

18) **ほととぎすのよすがとさへ** 그 위에, 두견새와 인연이 깊은 것에까지. 「よすが」는 「ゆかり」, 「たより」, 「より所」. 고래로 두견새가 즐겨 홍귤나무에 앉는 것을 부른 노래가 많다. 「さへ」는 첨가의 부조사이며, 홍귤나무의 아름다움에 더하여, 그 위에 또, 라는 기분으로 말한 것.

19) **思へばにや** 생각하는 탓일까? 「思へ」는 已然形이다. 「ば」는 순접의 확정조건을 나타내는 접속조사. 「に」는 단정의 조동사 「なり」의 연용형. 「や」는 의문의 계조사이며, 맺음이 생략된 꼴. 아래에 「あらむ」 등을 보완하면 좋다.

20) **なほさらに** 새삼스레.

21) **言ふべうもあらず** 당연한 일이지만, 이러니저러니 할 나위가 없을 만큼 재미있다. 「めでたし。をかし」 등의 뜻이 생략된 표현이다. 「べう」는 당연의 조동사 「べし」의 연용형 「べく」의 「ウ」음편.

現代語訳 木の花(の中で)は(色の)濃いのも薄いのも紅梅(がよい)。桜は花びらが大きくて、葉の色の濃いのが、枝が細くて咲いている(のが、たいへん美しい)。藤の花は、しだれた花房が長くて、濃い色に咲いているのが、実にみごとである。

四月の末や、五月の初めごろ、橘の葉(の色)が濃く青々としているところに、花がたいそう白く咲いているのが、雨が降っている早朝などは、この上もなく趣のあるようすでおもしろい。花の中から(実が)黄金の玉かと(思われるように)見えて、たいそう鮮やかにきわ立って見えている(ようす)などは、朝露にぬれている明け方の桜(のふぜい)に劣らない。ほととぎすにゆかりの深い木と思うからだろうか、ことさらに改めて言いようもない(ほどすばらしい)。

韓 譯 나무에 피는 꽃(중에서)은 (색깔이) 짙은 것도 연한 것도 홍매화(가 좋다). 벚꽃은 꽃잎이 크고, 잎사귀의 색깔이 짙은 것이, 가지가 가늘게 피어 있는 (것이 매우 아름답다). 藤꽃은, 축 늘어진 꽃송이가 길고, 색깔이 짙게 피어 있는 것이, 실로 멋이 있다.

4월말이나 5월초경, 홍귤나무의 잎(색깔)이 짙고 청청한 데에, 꽃이 대단히 희게 피어 있는 것이, 비가 내리는 이른 아침에는, 더없이 정취가 있는 모습이라서 재미가 있다. 꽃 사이로부터 (열매가) 황금의 구슬인양 (생각되듯이) 보여, 매우 선명하게 두드러지게 보여지는 (모양) 등은, 아침 이슬에 젖어 있는 새벽녘의 벚꽃(의 風情)에 뒤지지 않는다. 두견새와 인연이 깊은 나무라고 생각하고 있는 탓일까, 새삼스럽게 고쳐 말할 나위도 없을 (만큼 훌륭하다).

梨の花、[1]よに[2]すさまじきものにして、[3]近うもてなさず、[4]はかなき文つけなどだにせず。[5]受敬(あいぎやう)おくれたる人の顔などを見ては、たとひに言ふも、[6]げに、葉の色よりはじめて、[7]あいなく見ゆるを、[8]もろこしには[9]限りなきものにて、[10]文にも作る、[11]なほ[12]さりとも[13]やうあらむと、[14]せめて見れば、花びらのはしに[15]をかしき匂ひこそ[16]心もとなう[17]つきためれ。[18]楊貴妃(やうきひ)の、帝の御使ひにあひて泣きける顔に似せて、[19]「梨花(りくわ)一枝、春、雨を帯びたり」など言ひたるは、[20]おぼろげならじと思ふに、[21]なほいみじうめでたきことは、[22]たぐひあらじとおぼえたり。

桐の木の花、紫に咲きたるは[23]なほをかしきに、葉の[24]広ごりざまぞ、[25]うたてこちたけれど、[26]こと木どもと[27]ひとしう言うべきにもあらず。もろこしに[28]ことごとしき名つきたる鳥の、[29]えりて[30]これにのみゐるらむ、[31]いみじう心ことなり。まいて[32]琴につくりて、さまざまなる音のいでくるなどは、をかしなど世[33]の常に言ふべくやはある。いみじう[34]こそめでたけれ。

木のさまにくげ[35]なれど、あふち[36]の花いとをかし。かれがれに[37]、さま[38]ことに咲きて、必ず五月(さつき)五日(いつか)にあふもをかし。

語句의 解釋 및 文法

1) よに	실로. 매우. 대단히. 부사. 아래에 반드시 형용사・형용동사를 받는다.
2) すさまじきものにして	「に」는 단정의 조동사 「なり」의 연용형. 「して」는 접속조사.
3) 近う	신변에. 자기 몸에 가까운 곳에.
4) はかなき文つけなどだにせず	대수롭지 않는 편지를 묶어 다는 일들조차도 안 하는. 「など」는 예시의 부조사. 「だに」는 정도의 가벼운 것을 예로 들어서, 言外에 정도의 무거운 것은 유추시키는 부조사. 「……サエモ」라고 새긴다.
5) 愛敬おくれたる	매력이 없는. 귀여운 맛이 없는.
6) げに	실로. 완전히. 과연. 앞의 말 또는 이미 평판이 나 있는 것들을 재확인하고, 그것을 긍정할 때에 쓰는 부사.
7) あいなく見ゆるを	싱겁게(따분하게) 보이지만, 「を」는 역접의 접속조사.
8) もろこし	「唐土」로서, 중국.
9) 限りなきものにて	이 이상 더한 것이 없는 것으로서. 「に」는 단정의 조동사 「なり」의 연용형.
10) 文	①편지. ②학문. ③한시문. ④서책. 여기는 ③의 뜻.
11) なほ	역시. 아래의 「やうあらむ」를 수식.
12) さりとも	그렇다고 해도. 「然(さ)ありとも」의 약어. 「さ」는 앞에서 말한 배꽃에 대한 일본에서의 악평을 가리킴.
13) やうあらむと	(중국에서 귀중하게 여길만한) 이유가 있는 것이리라고. 「やう」는 이유, 의미. 「む」는 推量의 조동사의 종지형.
14) せめて	무리하게. 억지로. 구태여. 몹시. 부사.
15) をかしき匂ひ	아름다운 색조. 「匂ひ」는 어슴푸레하게 나타나는 윤기.
16) 心もとなう	있을까 말까 하게. 아주 조금. 형용사의 연용형 「待ち遠しい」란 뜻이 있으니 유의할 것.

17) **つきためれ** 붙어 있는 듯하다.「たるめれ」가「たんめれ」로 발음이 되고,「ん」의 표기가 생략된 것.「めれ」는 推量의 조동사「めり」의 已然形이며, 위의「こそ」의 맺음.

18) **楊貴妃** 당나라의 玄宗皇帝가 지극히 총애하던 妃. 무척 사랑했던 것으로 해서 安禄山의 乱(755)을 초래하여, 756년 陣中에서 죽음을 당했다.

19) **梨花一枝, 春, 雨を帯びたり**『長恨歌』의「玉容寂莫涙闌干, 梨花一枝帯春雨」의 일절에 입각한 것. 玄宗皇帝는 楊貴妃가 죽은 뒤, 道士에 명해서 그 혼의 소재를 찾게 하는데, 이 일절은 蓬莱에서, 道士가 貴妃를 만났을 때의 그 아름다움을 형용한 부분이다.

20) **おぼろげならじと思ふに** 이만저만한 미색이 아니라고 생각함에 있어서도.「おぼろげなら」는 형용동사의 미연형이며, 보통 어지간함이란 뜻이다.「じ」는 부정추량의 조동사의 종지형.「に」는 접속조사.

21) **なほいみじうめでたきことは** 역시 대단히 훌륭한 것은.「なほ」는 부사.

22) **たぐひあらじ** 비교할 것도 없겠다

23) **なほをかしきに** 역시 아름다우나.「に」는 역접의 접속조사.

24) **広ごりざまぞ** 잎이 펼쳐진 모양은.「ぞ」는 強意의 계조사. 그 맺음은「こちたき」라고 연체형을 취해야 할 것이나, 여기는 역접의 접속조사「で」에 붙어서「こちたけれど」라고 아래 문장에 이어 지는 것으로서, 맺음은 소실되어 있다.

25) **うたてこちたけれど** 몹시 야단스럽기는 하지만.「こちたけれ」는 형용사의 已然形.

26) **こと木** 「異木」으로서, 다른 (종류의) 나무.

27) **ひとしう言ふべきにもあらず** 同列에 두고 논할 일이 아니다.「べき」는 당연의 조동사의 연체형.「に」는 단정의 조동사의 연용형.

28) **ことごとしき名つきたる鳥** 과장스런 (어마어마한) 이름이 붙어 있는 새. 봉황새를 가리키고 있다.「ことごとし」는「事々し」이며, 현상이나 사물이 겹쳐서 과연 어마어마하다라는 느낌을 나타내는 형용사.

29) **えりて** 골라서. 선정해서. 즐겨서.

30) **これにのみゐるらむ** 이 오동나무에만 앉는다고 하는,「のみ」는 한정의 부조사.「らむ」는 현재의 伝聞의 뜻의 조동사의 연체형이며,「……トカイウ」란 뜻.「ゐる」는,「とまる」의 뜻.

31) **心ことなり** 각별한 느낌이 든다.「こと」에는「異」와「殊」와의 두 경우가 있으나, 여기는 후자이다.

32) **琴** 현악기의 총칭. 오동은 琴材로 쓰인다.

33) **世の常に言ふべくやはある** 세상 사람들과 같은 식으로 칭찬하고 그만 두겠는가?「べく」는 가능의 조동사의 연용형.「や(やは)」는 반어의 계조사.「ある」가 맺음이며,「ラ」변의 동사의 연체형.

34) **いみじうこそめでたけれ** 더없이 훌륭한 것이다.「こそ…あでたけれ」로서 걸림맺음.

35) **にくげなれど** 밉살스럽기는 하지만. 맵시가 없어 보기에 흉한 모습이지만.

36) **あふち** 초여름에 연한 자색의 작은 꽃을 피움.

37) **かれがれに** 말라 버린 듯한 느낌으로.「枯れ枯れ」에「離れ離れ」를 걸어서,「枯れ枯れに咲く(つまり離れ離れな)のに、5月5日にまにあふ(逢ふ)とは」라고 멋을 부린 말투.

38) **さまことに** 보통과 다른 모양으로.「ことに」는「異に」이며 형용동사의 연용형.

現代語訳 梨の花は、まったく興ざめのするものであるとして、(人はだれでも)身近に愛玩することもなく、(その枝に)ちよっとした手紙を結びつけたりなどさえしない。愛らしさのない人の顔などを見ては、(この梨の花を)そのたとえにしていうのも、なるほど(そのとおり)、まずその葉の色をはじめとして、あじけなく見えるが、中国ではこの上なくよいものとして、漢詩文にも作ったりするのは、(我が国では評判が悪くとも)やはりそれだけのわけがあるのだろうと(思って)、しいて気をつけて見ると、花びらの端に美しい色つやが、あるかなきかについているようだ。(白楽天の「長恨歌」の中に)楊貴妃が、玄宗皇帝の御使者に会って泣いた顔にたとえて、「梨の花が一枝、春、雨にぬれそぼっている(ような風情だ)」などと言っているのは、(この花に寄せる気持も)なみひととおりのことではあるまいと思うにつけて、やはり(この花の)たいそうすばらしいことは、(ほかに)類があるまいと思われた。

桐の木の花は、紫色に咲いているのはやはり趣深く思われるが、その葉の広がり方は、いやに大げさで感心しないけれど、ほかの木などと同列において論ずべきものではない。中国で(鳳凰などと)大げさな名がついている鳥が、好んでこの木ばかりにとまるとかいうことは、まことに格別な感じがするものである。まして琴に作って、いろいろな音色が出てくるなどは、趣があるなどと世間なみに評してよいものであろうか。(いや、それではすまされない。) まことにすばらしいものである。

木のようすはぶかっこうであるが、おうちの花はたいそう趣がある。枯れたような感じで、風変わりに咲いて、(毎年)必ず五月五日の節句に咲き合うのも趣がある。

韓 譯 배꽃은, 완전히 흥이 깨어지는 것이라고 해서, (사람은 누구나) 자기 몸 가까이에 두고 愛玩하는 일도 없으며, (그 가지에) 대수롭지 않는 편지를 묶어 달든지 하는 일들조차 하지 않는다. 사랑스러움이 없는 사람의 얼굴들을 보고는, (이 배꽃을) 그것에 비유해서 말하는 것도, 과연 (그대로이며), 우선 그 잎사귀의 색깔을 비롯하여, 싱겁게 보이지만, 중국에서는 이 위에 더없이 좋은 것으로서, 漢詩文에도 그것을 넣어서 짓기도 하는 것은, (우리 나라에서는 평판이 나빠도) 역시 그럴만한 이유가 있을 것이리라고 (생각해서), 굳이 눈여겨 보니까, 꽃잎의 언저리에 아름다운 윤기가, 있을까 말까할 정도로 흐르고 있는 듯하다. (白樂天의『長恨歌』속에서) 양귀비가, 玄宗皇帝의 사자를 만나서 울었는 얼굴에 비유해서,「배꽃 한 가지가 봄철에 비에 촉촉이 젖어 있는 (듯한 風情이다)」라고들 말하고 있는 것은, (이 꽃에 붙이는 마음도) 어지간한 것이 아닐 것이다라고 곰곰이 생각하니, 역시 (이 꽃의) 매우 훌륭함은, (따로이) 類가 없으리라고 생각되었다.

오동나무꽃은, 자색으로 피어 있는 것은 역시 정취가 깊게 느껴지는데, 그 잎이 퍼져 가는 모습은, 몹시 야단스러워서 마음에 안 들지만, 다른 나무들과 同列에 놓고 논할 것은 못된다. 중국에서 (봉황이라고) 어마어마한 이름이 붙어 있는 새가, 즐겨 이 나무에만 앉는다든가 하는 것은, 실로 각별한 느낌이 드는 것이다. 하물며, 악기(琴)를 만들어, 여러 가지 음색이 나온다는 것은, 흥취가 있는 것이다라고 세상 사람과 같은 식으로 평을 해서 좋을 것인가? (아니, 그래서는 안되겠다.) 실로 훌륭한 것이다.

나무의 모양은 매우 볼품이 없지만, 백단향꽃은 매우 정취가 있다. 말라 버린 듯한 느낌으로, 다른 나무의 꽃보다는 달리 피어, (매년) 반드시 5월 5일의 행사(節句—端午)에 맞게 모두가 가지런히 피는 것도 情趣가 있다.

「虫は」(第四十三段)

> 벌레에 대한 품평을 하는 段이다. 우선 청귀뚜라미(방울벌레) 이하 정평이 있는 것을 열거하고, 이어서, 도롱이벌레・방아벌레에 비유해서 말하는 흥취, 파리의 밉살스러움, 여름철 벌레의 가련함, 개미의 재미스러움 등, 흥이 향하는 대로 감상을 말하고 있다.

虫は、[1]鈴虫。[2]ひぐらし。蝶(てふ)。[3]松虫。[4]きりぎりす。[5]はたおり。[6]われから。[7]ひをむし。蛍。

みの虫、いとあはれなり。[8]鬼の生みたりければ、[9]親に似てこれも[10]恐ろしき心あらむとて、[11]親の[12]あやしききぬひき着せて、「[13]いま秋風吹かむをりぞ[14]来むとする。[15]待てよ」と言ひおきて、[16]逃げて往(い)にけるも知らず、風の音を[17]聞き知りて、[18]八月(はづき)ばかりになれば、「[19]ちちよ、ちちよ」と[20]はかなげに鳴く、[21]いみじうあはれなり。

[22]ぬかづき虫、またあはれなり。[23]さるここちに[24]道心おこして[25]つきありくらむよ。思ひかけず、暗き所などに、[26]ほとめきありきたるこそをかしけれ。

蝿(はへ)こそにくきもののうちに入れつべく、[27] 愛敬(あいぎやう)なきものはあれ。[28] 人々[29]しう、かたきなどに[30]すべきものの[31]大きさにはあらねど、秋など、たたよろづの[32]物にゐ、顔などに、ぬれ足してゐるなどよ。[33][34] 人の名につきた[35]る、いとうとまし。[36]

夏虫、[37] いとをかしうらうたげなり。[38] 火近う取り寄せて物語など見るに、[39] 草[40]子の上などに飛びありく、いとをかし。蟻(あり)は、いとにくけれど、かろびい[41]みじうて、水の上などを、ただ歩みに歩みありくこそをかしけれ。[42]

語句의 解釋 및 文法

1) **鈴虫** 지금의 방울벌레. 고어로서는 청귀뚜라미.

2) **ひぐらし** 쓰르라미.

3) **松虫** 방울벌레

4) **きりぎりす** 지금의 귀뚜라미. 여치.

5) **はたおり** 지금의 여치. 「はたおり」는 그 우는 소리가 베를 짜는 소리에 흡사하기에 붙인 이름. 즉 「베짱이」라고도 한다.

6) **われから** 해초 사이에 서식하는 작은 벌레.

7) **ひをむし** 아침에 태어나서 저녁에 죽는다고 하는 벌레. 하루살이의 종류라고 생각됨.

8) **鬼の生みたりければ** 귀신이 낳았기 때문에, 「귀신(鬼)」에는, 女親說과 男親說이 있으나, 여기서는 남친설에 따르기로 한다. 「たり」는 완료의 조동사의 연용형. 「けれ」는 과거의 조동사의 已然形. 「ば」는 순접의 확정조건을 나타내는 접속조사.

9) **親に似て** 그 어버이, 즉 남친을 닮아.

10) **恐しき心あらむとて** 무서운 마음을 가지고 있을 것이라고 생각해서. 「む」는 推量의 조동사의 종지형.

11) **親の** 다른 한쪽의 어버이. 즉 여친이. 「の」는 주격의 격조사.

12) **あやしききぬひき着せて** 허술한 옷을 입혀서.

13) **いま秋風吹かむをりぞ** 곧바로 가을 바람이 불겠지만 그 무렵에는. 「いま」는 지금 곧, 곧바로란 뜻의 부사. 「む」는 推量의 조동사의 연체형. 「ぞ」는 強意의 계조사. 그 맺음은 「する」로서 「サ」변의 동사의 연체형.

14) **来むとする** 올 작정이니까. 「来む」의 強意的 표현. 「来」는 「カ」변의 동사의 미연형. 「むとする」의 「む」는 의지의 조동사의 종지형. 「と」는 격조사, 「する」는 「サ」변의 동사의 미연형. 平安末期에는, 이 「むとす」가 줄어서 「むず」라는 조동사가 생겼다.

15) **待てよ** 「待て」는 4단의 동사의 명령형. 「よ」는 명령형에 붙어서, 그 뜻을 세게 하는 간투조사.

16) **逃げて往にけるも知らず** (그 女親이) 도망친 것도 (「みの虫」는) 모르고. 「往に」는 「ナ」변의 동사의 연용형. 「ず」는 부정의 조동사의 연용형.

17) **聞き知りて** 들어서 구별하다.

18) **八月** 「葉月」라는 글자를 쓰기도 한다.

19) **ちちよ、ちちよ** 「みの虫(도롱이벌레)」가 「チチチチ」라고 우는 소리, 「父よ父よ」, 또는 「乳よ乳よ」, 「母よ母よ」란 뜻을 품고 있다고 하나, 「귀신」이 여친이라면 전자, 남친이라고 한다면 후자라고 생각된다. 여기는 후자로 해서, 도롱이벌레가 어머니를 그리면서 우는 소리를 나타낸 것으로 해석한다.

20) **はかなげに** 불안한 듯이. 허무한 듯이. 형용동사의 연용형.

21) **いみじうあはれなり** 매우 절실하게 마음이 움직여진다.

22) **ぬかづき虫** 「米つき虫」. 방아벌레.

23) **さるここちに** 저렇게 작은 벌레의 마음에. 「さる」는 연체형이며, 덧없는 벌레인 것을 가리킴.

24) **道心** 불도를 수업하려고 하는 마음. 신앙심.

25) **つきありくらむよ** 어찌하여 이마를 찧으면서 돌아다니고 있는 것일까? 「らむ」는 원인추량의 용법이며, 「つきありく」의 원인이나 이유를, 「道心을 일으켰기 때문일까?」라고 추량하는 것이다. 「よ」는 영탄의 간투조사.

26) **ほとめきありきたるこそ** 바삭바삭 소리를 내서 걸어 다니고 있는 것은. 「たる」는 존속의 조동사의 연체형. 「こそ」는 強意의 계조사. 그 맺음은 「をかしけれ」이며 형용사의 사연형.

27) **入れつべく** 당연히 넣어야 할 것으로서. 「つ」는 強意의 조동사의 종지형. 「べく」는 당연의 조동사의 연용형.

28) **愛敬なきものはあれ** 실로 귀염성이 없는 것이다. 「ものはあれ」는 「ものにはあれ」라고 「に(단정의 조동사의 연용형)」를 보완해서 생각하면 좋다. 「あれ」는 「ラ」변의 동사의 已然形이며, 위의 「こそ」의 맺음.

29) **人々しう** 사람과 같은 (동등한). 한 사람 몫으로. 형용사의 연용형 「人々しく」의 「ウ」음편.

30) **かたき** 상대(相対).

31) **すべきものの大きさにはあらねど** 「す」는 「サ」변의 동사의 종지형. 「べき」는 가능의 조동사의 연체형. 「に」는 단정의 조동사의 연용형. 「ね」는 부정의 조동사의 已然形. 「ど」는 역접의 확정조건을 가리키는 접속조사.

32) **よろづの物にゐ** 어디에나 앉아 있어. 「ゐ」는 상1단의 동사 「ゐる」의 연용형. 원래 「坐る」란 뜻이지만, 새나 벌레의 경우는, 머물다 (앉다)의 뜻.

33) **ぬれ足して** 젖은 듯한 발로. 「して」는 수단・방법을 나타내는 격조사. 「ぬれ足」는 실제로 젖어 있는 것이 아니고, 파리의 차가운 느낌인 다리(足)의 감촉을 말한 것이다.

34) **ゐるなどよ** 머물기도 (앉기도) 하는 구나. 「など」는 예시의 부조사. 「よ」는 영탄의 간투조사.

35) **人の名につきたる** 사람 이름에 파리라는 글자(蠅)가 붙어 있는 것도. 『古事記』에 「縄(ほえ)伊呂泥(いろね)」 등의 이름이 있다.

36) **うとまし** 싫다. 꺼림직하다. 「疎まし」로서, 자기 몸으로부터 멀리 하고 싶은 마음이 드는 것을 말함.

37) **夏虫** 여름에 등불을 그려서 모이는 벌레. 모기 등.

38) **いとをかしうらうたげなり** 매우 재미있고 귀엽다. 「らうたげなり」는 귀엽다, 가련하다란 뜻임.

39) **火近う取り寄せて** 등불을 가까이에 끌어 당겨. 「近う」는 형용사의 연용형의 「ウ」음편.

40) **草子** 「草紙・冊子・双紙」 등으로도 쓴다. 종이를 접어서 맨(철한) 것. 철한 책. 여기는 서책쯤으로 생각하면 된다. 본문에서는, 여름철 벌레도 책에 흥미를 가지고 있는 것일까? 라고 흥겨워하고 있다.

41) **かろびいみじうて** 몸이 가볍기란 이만저만이 아니어서, 「かろび」는 동사 「軽(かろ)ぶ」의 연용형으로부터 변한 명사.

42) **歩みに歩みありく** 성큼성큼 걸어서 돌아다닌다.「歩む」는「歩く」란 뜻이며,「ありく」는「あちこちに移動する」란 뜻이다. 개미가 물 위를 쓱쓱 걷는다고는 생각되지 않기에, 소금쟁이라고 보는 설과, 당시는 개미를「あめんぼう」(소금쟁이)라고 했다는 두 설이 있다.

現代語訳 虫(でおもしろいの)は、鈴虫。ひぐらし。ちょう。松虫。きりぎりす。はたおり。われから。ひお虫。ほたる(である)。

みの虫は、たいそうしみじみと心が動かされる。(この虫は)鬼が生んだので、その親に似てこのみの虫もおそろしい気性があるだろうと思って、(もう一方の)親がそまつな着物を着せて、「もうすぐ秋風が吹くだろうがそのころには帰ってくるつもりだからね。(それまで)待っておいで」と言いおいて、(じつは)逃げていったのも知らないで、(みの虫は)秋風の吹く音を聞き知って、八月ごろになると、「ちちよ、ちちよ」とたよりなさそうに鳴く、(それは)たいそうあわれで、しみじみと身にしみて感じさせられる。

ぬかづき虫、(これも)またしみじみと身にしみて趣深い。あんな少さな虫の心にも信仰心をおこして、どうして額をつきまわっているのだろうよ。思いがけなくも、暗い所などで、ほとほと音を立てて歩きまわっているのはまことにおもしろい。

はえこそはにくらしいものであるよ。人並みに(取り扱って)、相手などにすることができるほどの大きさのものではないが、秋などに、ただもう何にでもとまって、人の顔などに、ぬれたような足でとまりなどする(時の気味の悪い)ことよ。人の名まえに(はえという字の)ついているのは、ほんとうにいやらしい。

夏(灯火に慕い寄る)虫は、とてもおもしろくかわいらしい。ともし火をそばに引き寄せて物語などを読んでいると、書物の上などを飛びまわるのは、ほんとうにおもしろい。ありは、とてもにくらしいが、身の軽いことがたいへんなもので、水の上などを、さっさと動きまわるようすはまことにおもしろい。

韓 譯 벌레(로서 재미있는 것)는, 청귀뚜라미 (지금의 방울벌레). 쓰르라미. 나비. 방울벌레. 여치 (지금의 귀뚜라미). 베짱이 (지금의 여치). 해초틈에 사는 벌레 (「われから」). 하루살이. 개똥벌레(이다).

도롱이벌레는, 매우 가슴 깊이 느껴져 마음이 동요된다. (이 벌레는) 귀신이 낳은 것이기에, 그 어버이를 닮아 이 벌레도 무서운 기질일 것이리라고 생각해서, (다른 한쪽) 어버이가 허술한 옷을 입혀, 「이제 멀지 않아 가을 바람이 불겠지만, 그 무렵에는 돌아올 예정이다. 그러니까 (그때까지) 기다리고 있어라」하고 일러 두고, (실은) 도망쳐 버린 것도 모르고, (도롱이벌레는) 가을 바람이 부는 것을 듣고 알아차려, 8월경이 되면, 「ちちよ、ちちよ(젓 줘, 젓 줘)」하고 맥없이 운다. (그것은) 매우 불쌍하며, 가슴 깊이 느껴져 마음에 스미는 듯이 감득된다.

방아벌레, (이것도) 또한 절실히 가슴에 스미는 듯하여, 정취가 깊다. 저렇게 조그마한 벌레의 마음인 데도 신앙심을 일으켜, 머리를 조아리고 다니는 것일까? 뜻밖에도, 어두운 곳에서, 바삭바삭 소리를 내면서 돌아다니는 것은 매우 재미있다.

파리야말로 얄미운 것의 부류에 당연히 넣어야 할 것으로서, 정말로 귀염성이 없는 것이다. 다른 벌레와 동등하게 (취급해서), 상대할 수 있는 정도의 크기는 아니지만, 가을철 같은데, 그저 아무 곳에나 앉고, 사람의 얼굴 같은데, 젖은 듯한 발로 앉기도 하는 (때의 기분 나쁜) 일이란. 사람의 이름에 (파리자가) 붙어 있는 것은, 정말로 징그럽다.

여름 (등불을 그려서 다가오는) 벌레는, 매우 재미있고 귀엽다. 등불을 가까이 끌어당겨 이야기책 같은 것을 읽고 있으면, 책 위를 날아다니는 것은, 매우 흥미롭다. 개미는 매우 밉지만, 몸이 가벼운 것이 대단해서, 물 위 같은 곳을, 쓱쓱 움직이며 돌아다니는 모양은 매우 재미있다.

「中納言(ちゅうなごん)参りたまひて」(第百二段)

中納言隆家가, 훌륭한 부채의 살을 손에 넣었다고 자랑하여, 「아직 보지 못한 살의 모습이다」라고 말했기에, 필자가 사이를 두지 않고, 「그렇다면 해파리의 뼈겠지요」라고, 익살로 응답하여, 中納言을 매우 감동시켰다는 이야기이다.

[1]中納言[2]参りたまひて、御扇[3]奉らせたまふに、「隆家(たかいへ)こそ[4]いみじき骨は得てはべれ。それを[5]張らせて参らせむとするに、[6]おぼろけの紙は[7]え張るまじければ、[8]求めはべるなり」と申したまふ。「[9]いかやうにかある」と[10]問ひきこえさせたまへば、「[11]すべていみじうはべり。[12]さらにまだ見ぬ骨のさまな[13]りとなむ人々申す。まことに[14]かばかりのは[15]見えざりつ」と、[16]言(こと)高くのたまへば、「[17]さては、[18]扇のにはあらで、[19]くらげのなり」と[20]聞こゆれば、「これ[21]隆家が言にしてむ」とて、笑ひたまふ。

[22]かやうなことこそは、[23]かたはらいたきことのうちに[24]入れつべけれど、「[25]一つな落としそ」と言へば、[26]いかがはせむ。

語句의 解釋 및 文法

1) **中納言** 藤原隆家. 関白 道隆의 子. 중궁인 定子의 남동생.

2) **参りたまひて** 찾아뵙고서. 「参り」는 겸양의 동사. 中納言의 동작을 낮추어서, 그 동작의 대상인 중궁에 대한 필자의 경의를 나타냄. 「たまひ」는 존경의 보조동사이며, 「参る」라는 동작의 주체, 즉, 中納言에 대한 필자의 경의를 나타냄.

3) **奉らせたまふに** 献上하실 때에. 「奉らせ」는, 「奉る」라는 겸양어에 사역의 조동사 「す」가 붙은 것에서 생긴 말인데, 한층 더 강한 겸양의 뜻을 나타내고, 그 동작의 대상인 중궁에 대한 필자의 경의를 나타낸다. 「たまふ」는 존경의 보조동사의 연체형. 「奉らす」라는 동작의 주체, 즉, 中納言에 대한 필자의 경의를 나타냄. 「に」는 격조사.

4) **いみじき骨は得てはべれ** 훌륭한 살(骨格)을 입수했습니다. 「はべれ」는 공손의 보조동사이며, 「ラ」변의 巳然形. 위의 「こそ」의 맺음이다. 말하는 쪽인 隆家의 듣는 편인 중궁에 대한 경의를 나타내고 있다.

5) **張らせて参らせむ** 발라서 바치겠습니다. 「せ」는 사역의 조동사의 연용형. 「参らせ」는 드리다, 바치다란 뜻의 겸양의 동사 「参らす」의 미연형. 「参る」보다 겸양의 도가 강하다. 「む」는 의지의 조동사의 종지형.

6) **おぼろけの** 보통의. 어지간한. 형용동사 「おぼろけなり」의 어간이며, 아래에 부정의 말을 수반하는 일이 많다.

7) **え張るまじければ** 바를 수가 없을 듯해서. 「え」는 부정의 말을 수반해서 불가능의 뜻을 나타내는 부사. 「まじけれ」는 부정추량의 조동사 「まじ」의 巳然形. 「ば」는 순접의 확정조건을 나타내는 접속조사.

8) **求めはべるなり** (좋은 종이를) 찾고 있는 중입니다. 「はべる」는 존중의 보조동사. 4)와 같은 용법. 「なり」는 단정의 조동사의 종지형.

9) **いかやうにかある** 어떠한 살(骨格)인가? 「いかやうに」는 형용동사의 연용형. 「か…ある」로서 걸림맺음.

10) **問ひきこえさせたまへば** 여쭈어 보니까. 「きこえ」는 겸양의 보조동사이며, 「問ふ」라는 동작이 미치는 대상인 隆家에 대한 필자의 경의를 나타낸다. 「させたまへ」는 최고의 경어이며, 「問ふ」라는 동작의 주체인 중궁에 대한, 필자의 경의를 나타내고 있다.

11) **すべていみじうはべり** 무엇이든지 다 훌륭한 것이 올시다. 「はべり」는 4)와 같은 용법.

12) **さらにまだ見ぬ** 전혀 지금까지 본 일도 없는. 「さらに」는 부사이며, 아래에 부정의 말을 수반하면, 결코, 전혀란 뜻이 된다. 여기는 여러 사람들의 말이며, 隆家가 인용한 것.

13) **となむ人々申す** 「なむ……申す」로서 걸림맺음.

14) かばかりのは　이와 같이 훌륭한 (부채)살은. 「の」는 準体助詞의 용법이며, 「の骨」란 뜻을 나타낸다

15) 見えざりつ　보지 못했습니다. 「ざり」는 부정의 조동사의 연용형. 「つ」는 완료의 조동사의 종지형.

16) 言高くのたまへば 언성을 높혀서 말씀하시기에. 中納言의 득의에 찬 모습을 말한 것. 「のたまへ」는 「言ふ」의 존경어이며, 4단의 已然形. 필자의 中納言에 대한 경의를 나타냄. 「声高く申したまへば」라고 되어 있지 않으니까, 「まことに…」 이하의 말은, 중궁에게 한 말이 아니고, 清少納言 등 궁녀에 대해 말한 것으로 풀이된다. 「ば」는 순접의 확정조건을 나타내는 접속조사.

17) さては　그러면. 접속사.

18) 扇のにはあらで 부채의 살이 아니고. 「の」는 準体助詞의 용법. 「に」는 단정의 조동사의 연용형. 「で」는 부정의 뜻을 품은 접속조사.

19) くらげのななり 「の」는 準体助詞의 용법. 「ななり」는 「なるなり」의 撥音便 「なんなり」의 「ん」의 표기를 略한 것. 위의 「な」는 단정의 조동사의 종지형. 「なり」는 伝聞의 조동사의 종지형. 여기는 「まだ見ぬ骨」란 말을 포착해서, 빈정댐을 섞은 익살로 말한 것이다.

20) 聞こゆれば　말씀드리니까. 「聞こゆれ」는 하2단의 已然形이며, 겸양의 동사. 필자의 中納言에 대한 경의를 나타냄.

21) 隆家が言にしてむ 너무나 멋진 재담이기에, 隆家가 자기가 한 재담으로 인정받고자 하는 뜻이다. 「て」는 強意의 조동사 「つ」의 미연형. 「む」는 의지의 조동사의 종지형.

22) かやうのことこそは 이상 말한 바와 같은 이야기는, 「こそ」의 맺음은 「入れつべけれ」라고 已然形을 취함이 옳으나, 아래에 역접의 접속조사 「つ」를 수반하고 있어서, 맺음은 소실됨.

23) かたはらいたき 듣기에 거북하다. 쓰디쓰다.

24) 入れつべけれど 당연히 넣어야 할 것이나. 「つ」는 強意의 조동사의 종지형. 「べけれ」는 당연의 조동사의 已然形.

25) 一つな落としそ 한 가지라도 빼지 말고 써라. 「な……そ」는 사이에 동사의 연용형(「カ」변·「サ」변은 미연형)을 끼우고, 금지의 뜻을 나타낸다.

26) いかがはせむ　어떻게 하겠는가? 어떻게 할 도리가 없다. 「いかがは」는 反語의 부사. 「む」는 그것에 호응해서 연체형을 취한다.

現代語訳 中納言(藤原隆家卿)が(中宮様のもとに)参上なさって、御扇を献上なさるときに、「(わたくし)隆家はすばらしい(扇の)骨を手に入れております。それに紙を張らせてさしあげようと思うのですが、普通のありふれた紙は張るわけにはいきませんので、(その紙を)さがしているのです」と申し上げなさる。(中宮様が)「どのようなものですか」とおたずね申し上げなさると、「何もかもすばらしいものでございます。今までに全然見たこともない骨のようすだと、人々も申しております。ほんとうにこれほどの(すばらしい)骨は見たことがありません」と声高におっしゃるので、(わたしが)「それでは、扇の骨ではなくて、くらげの骨のようですね」と申しあげると、(中納言は)「このことばは隆家の言ったことばにしよう」とおっしゃって、お笑いになる。

このような(自慢めいた)ことは、聞き苦しいことの中に入れるのが当然だけれども、「一つも書きもらさないように」と(人々が)言うので、どうしようもない。

韓 譯 中納言(옛날 벼슬의 하나. 太政官-지금의 내각의 차관)인 藤原隆家(中宮定子의 남동생)가 (중궁을) 찾아 뵙고, 부채를 獻上하실 때, 「(저) 隆家는 훌륭한 (부채의) 살을 입수했습니다. 거기에 종이를 발라서 드리려고 생각합니다만, 일상 흔히 보는 그러한 종이를 바를 수는 없기 때문에, (그 종이를) 찾고 있는 것입니다」라고 말씀드린다. (중궁께서) 「어떠한 것입니까?」라고 말씀드리니까, 「모든 것이 훌륭한 것입니다. 지금까지에는 전연 보지도 못한 살인 듯합니다라고 사람들도 말하고 있습니다. 정말 이와 같은 (훌륭한) 살은 본 일이 없습니다.」라고 소리를 높여 말씀하시기에, (제가) 「그러면, 부채의 살이 아니고, 해파리의 뼈와 같군요」라고 말씀드리니까, (中納言은) 「그 말은 隆家가 했는 말로 하자」라고 말씀하시며, 웃으신다.

이와 같은 (자랑하는 투의) 일은, 듣기 거북한 일이란 항에 넣는 것이 마땅하지만, 「한 가지도 빼지 말고 쓰도록」라고 (모두들) 말하기에, 어떻게 할 수가 없다.

「五月(さつき)ばかり、月もなう」(第百三十七段)

> 5월의 어두운 밤, 버서석하고 내밀린 솜대(淡竹)를 보고, 순간적으로 중국의 고사에 입각해서 「この君(대나무의 異名)」라고 하여, 殿上에 있던 사람들을 놀라게 했다는 이야기이며, 그 박식과 재기를 엿볼 수 있다. 명랑하고 화려한 궁정생활을 회상한 단이다.

[1]五月(さつき)ばかり、月もなういと暗きに、「[2]女房やさぶらひたまふ」と、[3]声々して言へば、「いでて見よ。[4]例ならず言ふは[5]たれぞとよ」と[6]仰せらるれば、「こは、たそ。いと[7]おどろおどろしう、[8]きはやかなるは」と言ふ。[9]ものは言はで、御簾をもたげて[10]そよろと差し入るる、[11]呉竹(くれたけ)なりけり。「[12]おい、[13]この君にこそと[14]言ひわたるを聞きて、「[15]いざいざ、[16]これまづ[17]殿上(てんじやう)に行きて語らむ」とて、[18]式部卿(しきぶのきやう)の宮の源(げん)中将、[19]六位どもなど、[20]ありけるは往ぬ。

[21]頭の弁は[22]とまりたまへり。「[23]あやしくても[24]往ぬる者どもかな。[25]御前(ごぜん)の竹を折りて、歌よまむとてしつるを、[26]同じくは[27]職(しき)にまいりて、女房など[28]呼びいできこえてと、持て来つるに、呉竹の名を[29]いととく言はれて、[30]往ぬるこそいとほしけれ。[31]たが教へを聞きて、人の[32]なべて知るべうもあらぬことをば言ふぞ」などのたまへば、「竹の名とも[33]知らぬものを。[34]なめしとやおぼしつらむ」と言へば、「[35]まことに、そは知らじを」などのたまふ。

語句의 解釋 및 文法

1) **五月ばかり、月もなう** 달 뜨는 것이 늦은 것은 20일이 지나서이다. 그믐적은 어두운 밤이니까, 음력으로 5월 그믐의 일이라고 생각된다.

2) **女房やさぶらひたまふ** 女房(궁중의 궁녀, 귀족의 待女)들은 (中宮一王后와 동격인 후궁마마 곁에) 가까이 대령하고 있습니까? 또는 문안드리고 있습니까?「や」는 疑문의 계조사.「たまふ」가 맺음이며, 4단의 연체형.「さぶらふ」는 겸양의 동사이며, 남자들의 女房에 대한 경의를 나타냄.

3) **声々して言へば** 입을 모아 말하기에,「して」는 격조사.「ば」는 순접의 확정조건을 나타내는 접속조사.

4) **例ならず** 여느 때와는 달리, 보통과는 달리 큰 소리로 말하는 탓으로「例ならず」라고 한 것이다.

5) **たれぞとよ** 누구일까?「とよ」는 영탄을 나타내는 連語.「と」는 격조사.「よ」는 간투조사.

6) **仰せらるれば** 「仰せ」는「言ふ」의 존경어로서, 하2단의 동사의 미연형.「らるれ」는 존경의 조동사「らる」의 已然形.「ば」는 순접의 확정조건을 나타내는 접속조사.

7) **おどろおどろしう** 과장되게. 야단스럽게.

8) **きはやかなるは** 엉뚱한, 당치도 않는 소리군요.「きはやかなる」는 형용동사의 연체형으로서,「きわだっている(뛰어나다. 두드러지다)」란 뜻.「は」는 계조사이지만, 종조사적으로 쓰여서 영탄을 나타낸 것.

9) **ものは言はで** 「で」는「ず+て」가 준 것으로서, 부정의 뜻을 나타내는 접속조사.

10) **そよろと** 버서석하고. 물건에 닿아서 나는 소리를 형용한 의성어.

11) **呉竹** 솜대(淡竹). 대나무의 일종이며, 잎이 가늘고, 마디가 많다.

12) **おい** 감동사. 어머나, 정말.

13) **この君にこそ** 「この君」는 대나무의 異名. 중국의 王徽之의 고사에 의함.「に」는 단정의 조동사「なり」의 연용형.「こそ」는 強意의 계조사이며, 맺음은 생략되어 있다. 아래에「なべれ」등을 보완하면 좋다.

14) **言ひわたる** 사람들에게 들리도록 큰 소리로 말한다든가, 그렇게 말하면서, 안으로 들어갔다는 뜻이라고도 하나,「わたる」의 표현에 의문이 있다. 여기는 그저「言う」란 뜻으로 해 둔다.

15) **いざいざ** 자, 자. 감동사. 남에게 권유한다든지, 스스로 무엇인가를 하려고 생각했을 때 나오는 말.

16) **これ** 清少納言이 한 말을 가리킴.

17) **殿上** 궁중의 正殿. 清涼殿에 있는 「殿上人(びと)」(堂上官)가 유하는 방.

18) **式部卿の宮の源中将** 源頼定. 式部卿(지금의 総務処長官)為平親王의 아들이며, 左近衛中将.

19) **六位** 6位(品)의 蔵人(くらびと)의 뜻.

20) **ありけるは** 함께 와 있던 사람들은.

21) **頭の弁** 蔵人(처음에는 기밀문서·소송 등을 다루다가 뒤에는 궁중의 허드렛일을 처리했음)의 장관이며, 太政官(지금의 장관)의 弁官(代弁人)을 겸한 역. 여기는 藤原行成을 가리킨다. 당시의 대표적인 지식인이며, 유명한 서가.

22) **とまりたまへり** 남으셨다. 「り」는 완료의 조동사 「り」의 종지형.

23) **あやしくても** 이상한 일로서.

24) **往ぬる者どもかな** 모두가 다 가버렸구나. 「往ぬる」는 「ナ」변의 동사의 연체형. 「かな」는 영탄의 조동사.

25) **御前** 清涼殿의 뜰. 「呉竹」는, 清涼殿의 동쪽 마당. 仁寿殿에 가까운 곳에 심겨져 있었다.

26) **同じくは** 같은 값이라면, 어차피 노래를 부르려면.

27) **職** 「中宮職」(황후에 전속한 관청)의 약칭.

28) **呼びいできこえて** 나오시도록 말씀드려, 「きこえ」는 겸양의 보조동사이며, 하2단의 연용형. 「頭の弁」의, 女房에 대한 경의를 나타냄. 아래에 「歌よみはべらむ」 등이 생략되어 있다.

29) **いととく言はれて** 그야말로 재빠르게 말을 듣게 되 버려. 「る」는 수동의 조동사 「る」의 연용형.

30) **往ぬるこそいとほしけれ** 가버린 것은 가엾은 일이다. 「こそ……いとほしけれ」로서 걸림맺음이다.

31) **たが教へ** 누구의 가르침. 「が」는 연체수식격을 가리키는 격조사.

32) **なべて知るべうもあらぬこと** 보통의 일반 여성은 당연히 알 수도 없는 일. 대나무를 「この君」라고 부른다는 한문학적 지식을 가리켜서 한 말인데, 당시는 일반적으로 여성에게는 한학적 소양은 필요없었다. 「べう」는 당연의 조동사의 연용형 「べく」의 「ウ」음편.

33) **知らぬものを** 모르고 있었습니다만.「ものを」는 역접의 접속조사이며, 영탄의 뜻을 품고 있음.

34) **なめしとやおぼしつらむ** 실례라고 생각하셨겠지요.「なめし」는 실례다, 예의에 벗어난다, 라는 뜻의 형용사.「や」는 의문의 계조사이며, 여기는 가볍게 물어보는 기분이다.「おぼし」는「思ふ」의 존경어「おぼす」의 연용형.「つ」는 強意의 조동사의 종지형.「らむ」는 현재추량의 조동사의 연체형이며,「や」의 맺음.「おぼし」의 주어는, 말하는 상대인 行成, 따라서 이것은 清少納言의 行成에 대한 경의를 나타낸다.

35) **まことに、そは知らじを** 정말로, 그것은 모르겠지요.「じ」는 부정추량의 조동사의 종지형.「を」는 영탄의 간투조사. 앞의「知らぬものを」라고 하는 清少納言의 말은, 알고 있으면서도, 일부러 얼빠진 양 말한 것으로서, 行成도 그것을 알고 있어서, 일부러 진정으로 받아들인 듯한 말투로,「とぼけちゃいけませんよ」라고 놀림 반으로 맞선 것.

現代語訳 陰暦五月の時分に、月もなくたいそう暗い夜に、「女房がたは伺候していらっしゃいますか」と、おおぜいの声で言うので、(中宮様が)「出てごらん。いつになく(大声で)言うのはだれでしょうか」とおっしゃるので、(わたしが)「これは、どなたかしら。たいそうぎょうぎょうしく、とっぴょうしもない(お声です)こと」と言う。(すると)なんにも言わないで、みすをもちあげて、かさかさとさし入れた(ものがある、見ると)呉竹であった。「あやまあ、この君でしたか」と(わたしが)言ったのを聞いて、(外にいた人たちは)「さあさあ、このことはまず殿上の間に行って(みんなに)話そう」と言って、式部卿の宮の源中将や六位(の蔵人)たちなど、そこに来ていた人たちは立ち去って行った。

頭の弁(藤原行成様)だけはそのままお残りになった。「おかしなことにみんな行ってしまったよ。(清涼殿の)お庭の竹を折って、歌をよもうとしたところが、同じことなら中宮職に参上して、女房などをお呼び出して(いっしょに歌をよもう)と(思って)、持って来たのに、(あなたに)呉竹の異名をまことにすばやく言われてしまって、(逃げて)行ったのは気の毒ですよ。(それにしても)だれの教えを聞いて、(女の)人がふつう知るはずもないようなことを言うのですか」などとおっしゃるので、「竹の異名とは少しも存じませんでしたのに。失礼な(女だ)とお思いになったことでしょうね」と言うと、(頭の弁)は「ほんとうに、それは知らないのでしょう」などとおっしゃる。

韓 譯 음력 5월의 어느 날, 달도 없이 매우 어두운 밤에, 「女房(女官)들은 伺候하고 계십니까?」라고, 여러 사람이 입을 모아 말하기에, (중궁마마께서) 「누가 나가 봐요. 여느 때와는 달리 (큰 소리로) 말하는 것은 누구입니까?」라고 말씀하시기에, (제가) 「이것은, 누구신가요? 매우 허세가 어마어마하게, 당치 않는 (큰 소리)군요」라고 말한다. (그러니까) 아무런 말도 없이, (비단 따위로 선을 두른 고운) 발을 들어 올리고, 버석버석하고 밀어 넣은 (것이 있다. 보니까) 솜대(淡竹)였다. 「어머나, 정말, 『この君』였습니까?」라고 (제가) 한 말을 듣고, (밖에 있던 사람들은) 「자, 자. 이 일은 우선 堂上官들이 유하고 있는 방에 가서 (모두에게) 말하자」고 말하고, 式部卿宮의 源中将이나 6품인 사람들, 거기에 와 있던 사람들은 물러가고 말았다.

「頭の弁」직 (藤原行成 씨) 만은 그대로 남으셨다. 「이상한 일이구나, 모두가 버렸으니. (清涼殿의) 뜰의 대나무를 꺾어, 노래를 부르려고 했는데, 같은 값이면 중궁직에 參上해서, 女官들을 불러내서 (함께 노래를 부르겠다)고 (생각해서), 가지고 왔는데, (당신으로부터) 吳竹의 異名을 잽싸게 지적당해서, (도망쳐) 가 버린 것은 가엾군요. (그건 그렇다고 치고) 누구의 가르침을 듣고, (여성인) 사람으로서는 보통 알 수 없는 것을 말하는 것입니까?」라고 말씀하시기에, 「대나무의 異名인 줄은 조금도 알지 못했는 데요. 무례한 (여자라고) 생각

하셨겠지요?」라고 말하니까, (「頭の弁」은) 「정말로, 그것은 모르시겠지요」라고 말씀하신다.

[1]まめごとなども[2]言ひ合はせてゐたまへるに、[3]種(う)ゑこの君と称す」と[4]誦(ず)して、また集まり来たれば、「殿上にて[5]言ひ期しつる本意(ほい)もなくては、[6]など帰りたまひぬるぞと、[7]あやしうこそありつれ」とのたまへば、「[8]さることには、[9]何のいらへをかせむ。[10]なかなかならむ。殿上にて[11]言ひののしりつるは。[12]上(うへ)も[13]聞こしめして、[14]興ぜさせおはしましつ」と語る。頭の弁もろともに、[15]同じことをかへすがへす誦したまひて、[16]いとをかしければ、人々みな[17]とりどりに、[18]ものなど言ひ明かして、[19]帰るとても、なほ同じことを[20]もろ声に誦して、[21]左衛門(さえもん)の陣入るまで聞こゆ。

[22]つとめて、いととく、[23]少納言の命婦(みやうぶ)といふが、[24]御文まゐらせたるに、[25]このことを[26]啓したりければ、[27]下(しも)なるを召して、「[28]さることやありし」と[29]問はせたまへば、「[30]知らず。[31]何とも知らではべりしを、行成(ゆきなり)の[32]朝臣(あそん)の[33]取りなしたるにやはべらむ」と申せば、「[34]取りなすとも」とて、[35]うちゑませたまへり。

[36]たがことをも、[37]殿上人ほめけりなど[38]聞こしめすを、[39]さ言はるる人をも、[40]喜ばせたまふもをかし。

語句의 解釋 및 文法

1) **まめごと** 성실하고 정직한 일. 실용적인 것. 세상살이에 맞는 것. 대립어는 「あだごと」이며, 비실용적인 것. 시시한 (쓸모없는) 것. 浮薄한 것.

2) **言ひ合わせて** 서로 이야기하여.

3) **種ゑてこの君と称す** 『和漢朗詠集』의 「竹(대나무)」에 있는 구로서, 「晋나라의 王子猷(王徽之)는 대나무를 심어서 『この君(이 분, 이 친구)』라고 했으며, 당나라의 白楽天은 대나무를 사랑해서 나의 친구라고 했다」라는 것에 의함.

4) **誦して** 음송해서. 낭송해서. 주어는 堂上官들이다.

5) **言ひ期しつる本意もなくては** 약속한 일도 다하지 못하고. 女官들을 불러내어 呉竹을 제목으로 노래를 부르려고 찾아 온 것을 가리킴. 「本意」는, 본래의 목적, 의지.

6) **など** 어째서. 왜. 부사.

7) **あやしうこそありつれ** 의심스럽게 생각했습니다. 「こそ……つれ」로서 걸림맺음.

8) **さることには** 저와 같은 말에는. 「さる」는 「然ある」의 略으로서, 연체사. 대나무를 보고, 잽싸게 「この君」라고 말한 名文句에 대해서는, 이란 뜻. 「こと」는 「言」로서 말임.

9) **何のいらへをかせむ** 어떤 대답을 할까, 아무런 대답도 못한다. 「か」는 반문의 계조사. 「む」가 그 맺음이며, 의미의 조동사의 연체형.

10) **なかなかならむ** (서툰 대답은) 도리어 하지 않는 것이 좋겠지요. 어중간한 말은 안 하는 쪽이 낫다.

11) **言ひののしりつるは** 야단법석이였습니다. 大評判이었습니다. 「は」는 계조사이지만, 여기는 종조사적으로 영탄의 뜻으로 쓰이고 있다.

12) **上** 천황. 여기서는, 一条天皇.

13) **聞こしめして** 들으시고. 「聞こしめす」는, ① 「聞く」의 존경어. ② 「飲む」 「食ふ」 「治む」 등의 존경어. 여기는 ①의 뜻.

14) **興ぜさせおはしましつ** 흥겨워하시고 계셨습니다. 「させおはしまし」는 최고의 경어. 「させ」는 존경의 조동사 「さす」의 연용형. 「おはしまし」는 존경의 보조동사이며, 4단의 연용형. 「つ」는 완료의 조동사.

15) **同じことを** 같은 어구를. 「種ゑてこの君と称す」란 구를 가리킴. 「同じ」는 형용사의 연체형. 본래 같으면 「同じき」이지만, 平安時代에는 「同じ」 쪽이 많이 쓰였다.

16) **いとをかしければ** 홍이 한결 더 했으므로.

17) **とりどりに** 제각기, 각각으로.

18) **ものなどいひ明かして** 말들을 나누면서 밤을 지새어. 이야기로 밤을 새워.

19) **帰るとても** (堂上官들이) 돌아갈 때도.

20) **もろ声に** 소리를 맞추어. 입을 모아.

21) **左衛門の陣** 建春門 안에 있는 무관들의 대기소.

22) **つとめて** 다음날 이른 아침.

23) **小納言の命婦** 「……といふ(……라고 하는)」라고 있으니까 동료가 아니고, 천황 측근의 女官이라고 생각된다.

24) **御文まゐらせたるに** 天皇의 편지를 중궁에게 전해드릴 때에. 「まゐらす」는, 「さしあげる」란 뜻의 겸양어. 그 동작이 미치는 대상인 중궁에 대한 경의를 나타냄. 「に」는 격조사.

25) **このこと** 어젯밤의 일을 가리킴.

26) **啓したりければ** 中宮에게 말씀드렸기 때문에. 「啓す」는, 皇后・皇太子・上皇 등에 말씀드릴 때에 쓰이는 「サ」변의 동사. 천황에 대해서는 「奏す」라고 한다.

27) **下なるを召して** 제가 私室(局(つぼね))에 내려가 있던 것을 부르셔서.

28) **さることやありし** 그런 일이 있었던가? 「さる」는 연체사. 「や」는 의문의 계조사. 「し」는 그 맺음이며 과거의 조동사 「き」의 연체형.

29) **問はせたまへば** 하문하시기에. 「させたまへ」는 최고의 경어. 「せ」는 존경의 조동사 「す」의 연용형. 「たまへ」는 존경의 보조동사이며, 4단의 已然形. 「ば」는 확정조건의 접속조사.

30) **知らず** 글쎄요. 아니어요. 「あらず」와 같으며 관용적인 말씨. 「知らない」라고 새긴다면 경어의 면에서, 중궁에게 실례가 된다. 감동사적인 成語이다.

31) **何とも知らではべりしを** 아무것도 눈치채지 못하고 있었는데. 「で」는 부정의 뜻을 품은 접속조사. 「はべり」는 정중의 보조동사이며, 「ラ」변의 연용형. 清少納言의 중궁에 대한 경의를 나타냄. 「し」는 과거의 조동사 「き」의 연체형. 「を」는 역접의 접속조사.

32) **朝臣** 5위 이상의 귀족의 이름 밑에 붙이는 경칭. 3위 이상에는 성 밑에 붙여서 이름을 적지 않고, 4위에는 성명의 아래에 붙이며, 5위에는 성과 이름 사이에 이것을 적었다. 橘朝臣・藤原行成朝臣・笠朝臣金村 등과 같이 말한다. 이 무렵 行成는 종4위. 「あそん・あそみ・あそ・あっそ」 등으로 부른다.

33) **取りなしたるにやはべらむ** 잘 꾸렸겠지요. 「取りなす」는, 좋도록 수습하는 것. 「に」는 단정의 조동사의 연용형. 「や」는 의문의 계조사. 「む」가 그 맺음이며, 推量의 조동사의 연체형.

34) **取りなすとも** 수습한다고 해도. 전혀 근거 없는 이야기는 아니겠지라는 뜻을 言外에 품고 있다. 「とも」는 역접의 확정조건을 나타내는 접속조사.

35) **うちゑませたまへり** 방긋이 미소를 머금고 계셨다.「せたまへ」는 최고의 경어.「り」는 완료의 조동사의 종지형.

36) **たがことをも** 누구의 일이라도.

37) **殿上人** 清涼殿에 있는 正殿에 오르는 것을 허락받은 사람. 4, 5위의 사람과, 6위의 蔵人들.

38) **聞こしめすを** 들으시는 것을. 이 문절은「喜ばせたまふ」에 걸린다.

39) **さ言はるる人をも** 그런 말을 듣는 사람의 일도.「さ」는 부사이며, 그와 같이 칭찬을 듣는 당사자란 뜻이 된다.「るる」는 수동의 조동사의 연체형. 이 문절은,「聞こしめすを」와 같이「喜ばせたまふ」를 수식한다.

40) **喜ばせたまふもをかし** 기뻐하시는 일도, 매우 훌륭하다. 중궁의 部下를 생각해 주는 상냥한 마음을 칭찬한 것이다.「せたまふ」는 최고의 경어.

現代語訳 (ついでに、ほかの)まじめなことなんかも話し合ってそこにおすわりになっていらっしゃると、(殿上人たちが)「種えてこの君と称す」と吟誦して、また集まって来たので、(頭の弁が)「殿上の間で約束しあった本来の目的も果たさないで、どうして帰ってしまわれたかと、不審に思いましたよ」とおっしゃると、(殿上人たちは)「あんな名文句には、どんな答えができましょうか。なまじしないほうがいいでしょう。殿上の間では大騒ぎしましたよ。帝もお聞きあそばれて、おもしろがっておられました」と話す。頭の弁もいっしょに、同じ文句を繰り返し吟誦なさって、たいそうおもしろいので、女房たちもみなそれぞれに、話などをして夜を明かして、(殿上人たちが)帰るにあたっても、やはり同じ詩句を一つ声に吟誦して、(それが)左衛門にはいるまで聞こえてくる。

翌朝、たいそう早く、少納言の命婦という女房が(帝からの)お手紙を(中宮様へ)さしあげた時に、このことを申し上げたので、(中宮様は)私室に下がっていた(わたし)をお呼びになって、「そんなことがあったのですか」とお尋ねなさるので、「いいえ。(わたしは)何も気づかないでおりましたのに、行成様が(うまく)とりなしたのでございましょうか」と申し上げると、「とりなしたにしてもね」とおっしゃって、ほほえんでいらっしゃった。

(中宮様は)だれのことでも、殿上さまがほめたなどとお聞きあそばすのを、そう言われる人のことをも、お喜びあそばすが、それもすばらしいことである。

韓 譯

(그렇게 하는 김에, 다른) 성실하고 실용적인 이야기들도 서로 나누면서 거기에 앉아 계시니까, (堂上官들이) 「種えてこの君と稱す」라고 吟誦하면서, 또 모여 왔기에, (「頭の弁」이) 「堂上官이 유하는 방에서 서로 약속한 본래의 목적은 다하지 않고, 어째서 돌아가셨는지 의아하게 생각했습니다」라고 말씀하시니, (堂上官들은) 「저런 名文句에는, 어떤 대답이 나오겠습니까? 섣불리 안 하는 것이 좋겠지요. 저희들이 유하는 방에서도 야단이었습니다. 천황도 들으시고, 재미있어 하시고 계셨습니다」라고 말한다. 「頭の弁」도 함께, 같은 문구를 되풀이해서 음송하셔서, 매우 흥겨웠기 때문에, 女官들도 모두 각기, 이야기들을 하면서 밤을 세웠으며, (堂上官들)이 돌아갈 때도, 역시 같은 시구를 입을 모아 음송해서, (그것이) 建春門에 있는 관인들의 대기소에까지 들려 온다.

다음날 아침, 매우 일찍이, 少納言의 命婦라는 女官이 (天皇으로부터의) 편지를 (중궁마마께) 드렸을 때에, 이 일을 말씀드렸기 때문에, (중궁마마께서는) 私室에 물러가 있던 저를 부르셔서, 「그런 일이 있었던가요?」하고 하문하시기에, 「아닙니다. (저는) 아무것도 알아차리지 못하고 있었는데, 行成 씨가 (적당히) 수습하신 것이겠지요」라고 말씀드리니까, 「수습을 했기로서니」라고 말씀하시며, 방긋이 웃으시고 계셨다.

(中宮마마께서는) 누구의 일이라도, 堂上官이 칭찬했다는 것을 들으시는 것을, 그런 말을 듣는 사람의 일까지도 기뻐하시는데, 그것도 훌륭한 일이다.

「うつくしきもの」(第百五十一段)

유아나 어린아이를 위시해서 조그마한 식물이나 동물 등, 모양이 작은 것이나 가련하며 섬세한 느낌이 드는 것을 열거하고 있으나, 그 기준이 되는 미의식은 「이것이나 저것이나, 조그마한 것은 다 귀엽다」에 있다.

[1]うつくしきもの、[2]瓜(うり)にかきたる[3]ちごの顔。[4]雀(すずめ)の子の、[5]ねず鳴きするにをどり来る。二つ三つばかりなるちごの、急ぎてはひ来る道に、いと小さき塵(ちり)のありけるを[6]目ざとに見つけて、いと[7]をかしげなるおよびにとらへて、おとななどに見せたる、いとうつくし。かしらは[8]あまそぎなるちごの、目に[9]髪のおほへるを[10]かきはやらで、[11]うちかたぶきて物など見たるも、うつくし。

[12]大きにはあらぬ[13]殿上童(てんじやうわらは)の、[14]さうぞきたてられて[15]ありくも、うつくし。をかしげなるちごの、[16]あからさまにいだきて[17]遊ばし[18]うつくしむほどに、[19]かいつきて寝たる、いと[20]らうたし。

[21]ひひなの調度。[22]はちすの浮き葉のいと小さきを、池より取り上げたる。[23]葵(あふひ)のいと小さき。なにもなにも、小さきものはみなうつくし。

[24]いみじう白く肥えたるちごの二つばかりなるが、[25]二藍(ふたあゐ)の[26]薄物など、[27]衣長(きぬなが)にて、[28]たすき結ひたるが、はひいでたるも、また、[29]短きが袖がちなる着てありくも、みなうつくし。八つ、九つ、十ばかりなどのをのこ児(ご)の、[30]声は幼げにて[31]文読みたる、いとうつくし。

鶏のひなの、[32]足高(あしだか)に、[33]白うをかしげに、[34]衣短(きぬみじか)なるさまして、ひよひよと[35]かしがましう鳴きて、人の[36]しりさきに立ちてありくも、をかし。

また、親の、ともに連れて立ちて去るも、みなうつくし。[37]かりの子。[38]瑠璃(るり)の壺(つぼ)。

語句의 解釋 및 文法

1) **うつくしきもの** 귀엽다. 사랑스럽다. 작고 예쁘장스럽다.「うつくし」는 사랑스럽고, 가련하고, 우미한 것에 대한 애착의 심정을 나타내는 형용사.

2) **瓜** 참외.

3) **ちご** 유아. 2세에서 5, 6세쯤.

4) **雀の子の** 참새의 새끼가. 아래의「の」는 주격을 가리키는 격조사. 술부는「をどり来る」이다.

5) **ねず鳴きするに** 사람이 쮸쮸하고 쥐의 소리를 흉내내어 부르니.「に」는 접속조사.

6) **目ざとに** 「目ざとく(눈이 빠르게. 재빠르게)」. 형용동사의 연용형.

7) **をかしげなるおよび** 사랑스런 느낌을 주는 손가락.「および」는 손가락의 고어.「をかしげなる」는 형용동사의 연체형이며, 정말로 사랑스럽고, 정취있는 밝고 우미한 모양을 말함.

8) **あまそぎ** 어깨쯤에서 끊어서 간추린 머리 모양. 당시의 尼僧은 내린 머리를 어깨쯤에서 끊어서 간추렸었다. 지금의 조금 긴 단발.

9) **髪のおほへるを** 머리가 내려와 있는 것을.「の」는 주격을 가리키는 격조사.「る」는 존속의 조동사의 연체형.「を」는 동작의 대상을 가리키는 격조사.

10) **かきはやらで** 쓸어 올리지도 않고.「かきやる」의 사이에, 강의의 계조사「は」를 넣은 것.「で」는 부정의 의미를 품은 접속조사.

11) **うちかたぶきて** 조금 고개를 갸웃해서.

12) **大きにはあらぬ** 그다지 크지 않는.「大きに」는 형용동사의 연용형.

13) **殿上童** 섭정이나 関白 등의 자제로서, 성인식 전에 견습을 위해 궁전에 와 있는 것을 허락받은 出仕者.

14) **さうぞきたてられて** 훌륭한 의상으로 꾸밈을 받아서.「さうぞきたて」는「装束きたつ」의 연용형이며, 명사인「装束(そうぞく)」(옷차림)가 동사화해서「装束く」가 되어, 복합동사가 된 것.「られ」는 수동의 조동사「らる」의 연용형.

15) **ありく** 이곳 저곳을 왕래한다.「ありく」는 이곳 저곳에 이동한다, 돌아다닌다의 뜻이며, 지금의「歩く」는「あゆむ」라고 한다.

16) あからさまに　잠시 잠깐. 임시로. 형용동사의 연용형.

17) 遊ばし　놀게 한다. 한 낱말의 타동사이며, 4단의 동사 「遊ばす」의 연용형.

18) うつくしむ　귀여워하다. 「うつくしぶ・いつくしむ・いつくしぶ」와 같다.

19) かいつきて　달려들어 안겨서. 달라붙어서. 「かい」는 접두어이며, 「かき」의 음편형.

20) うらたし　귀엽다. 사랑스럽다. 「うつくし」와 거의 같은 뜻이지만, 조금 주관적인 감정이 강하다.

21) ひひなの調度　인형놀이의 도구류. 「ひひな」는 「雛」로서 「ヒイナ」라고 발음한다. 종이로 만든 인형이며, 일상 어린 여자 아이가 장난감으로 했던 것.

22) はちすの浮き葉　수면에 떠 있는 연(蓮)잎.

23) 葵　아욱과에 속하는 당아욱・접시꽃・동규 등의 총칭.

24) しみじう白う肥えたるちごの二つばかりなるが　대단히 살결이 희고 살이 찐 유아로서, 두 살쯤 되는 것이. 「ちごの」의 「の」는 동격의 격조사. 「が」는 주격의 격조사이며, 이상의 주어문절을 받는 술부는, 「はひいでたる」와 「着てありく」이다.

25) 二藍　염색의 이름. 홍화와 쪽으로써 물들인 색이며, 청과 홍의 중간색.

26) 薄物　엷게 짠 비단 직물.

27) 衣長にて　옷의 기장이 길어서. 「衣長に」는 형용동사의 연용형.

28) たすき結ひたるが　소매를 끈으로 등 뒤에서 묶어 올린 유아가. 「が」는 주격의 격조사이며, 술부는 「はひいでたる」이다. 기어 다니는 유아의 소매가 방해되지 않도록 한 것.

29) 短きが袖がちなる　옷자락이 짧은 옷으로서, 소매만이 크게 눈에 뜨이는 것을. 「が」는 동격의 격조사. 「袖がちなる」는 한 낱말의 형용동사의 연체형으로서 취급한다.

30) 声は幼げにて　목소리는 천진 난만하여. 새된 목소리로 책을 읽는 것이다. 「幼げに」는 형용동사의 연용형.

31) 文　①편지. ②서책. ③학문. ④시문. 여기는 ②로서, 漢書籍을 말함.

32) 足高に　다리가 긴 채. 다리 위쪽까지 털이 나 있지 않아서 길게 보였는 것이겠지. 한 낱말이며 형용동사의 연용형으로서 취급한다.

33) 白うをかしげに　희고, 사랑스런 모습으로.

34) 衣短なるさまして　옷 기장이 짧다는 시늉을 하고. 「衣短なる」는 형용동사의 연체형. 「し」는 「サ」변의 동사의 연용형.

35) **かしがましう** 분주하게. 시끄럽게.
36) **しりさき** 전후. 앞뒤.
37) **かりの子** 집오리나 거위의 알.
38) **瑠璃の壺** 瑠璃(청색의 보석)로 만든 항아리. 사람이 죽은 뒤 화장을 하여, 그 뼈를 담아 두기도 한다.

現代語訳 かわいらしいもの。瓜にかいた幼児の顔。すずめの子が、(人が)チュッチュッとねずみの鳴き声をまねて呼ぶと、おどるようにして寄って来るの。二つか三つぐらいの幼児が、急いではってくる途中で、たいそう小さなごみがあったのを目ざとく見つけて、とてもかわいらしい指でつまんで、おとななどに見せているようすは、まことにかわいらしい。頭(の髪)はおかっぱにそいでいる幼児が、目に髪の毛がおおいかぶさっているのを払いのけようともしないで、ちょっと首をかしげて何かを見ているのも、かわいらしい。

(そうからだの)大きくはない殿上童が、りっぱな衣装で飾りたてられて歩いているのも、かわいらしい。かわいいようすをした幼児が、ちょっと抱いて遊ばせあやしているうちに、抱きついて寝てしまった姿は、たいそうかわいらしい。

人形あそびの道具。蓮の浮き葉のとても小さいのを、池からとりあげたの。葵(の葉)のたいそう小さいのも(かわいらしい)。どれもこれも、小さいものはみなかわいらしい。

非常に色が白くてふとっている幼児で、二歳ぐらいなのが、二藍のうすものなど、着物のたけが長くて袖をひもでくくりあげている子が、はい出て来るのも、また、たけの短い着物で袖ばかり目立つのを着て動きまわるのも、みなかわいらしい。八歳、九歳、十歳ぐらいなどの男の子が、子どもっぽい声で書物を読んでいるさまも、まことにかわいいらしい。

鶏のひなが、足が長く、(羽の色が)白くかわいらしげに、ちょうど着物が短いといったかっこうで、ぴよぴよとやかましく鳴いて、人のあと先に立ってうろうろするのも、おもしろい。また、親鳥が、いっしょに連れだって走っているのも、みなかわいらしい。あひるの卵。瑠璃の壺(も、みなかわいらしい)。

韓 譯 귀여운 (사랑스런) 것. 참외에 그린 유아의 얼굴. 참새 새끼가, (사람이) 쮸쮸하고 쥐의 울음소리를 흉내내어 부르면, 춤을 추는 듯이 다가오는 것. 두 살인가 세 살쯤 되는 어린 아이가, 급히 기어 오는 도중에, 매우 조그마한 먼지가 있는 것을 재빠르게 발견해서, 대단히 귀여운 손가락으로 집어서, 어른들에게 보이고 있는 모양은, 참으로 귀엽다. 머리(두발)를 단발로 자른 어린 아이가, 머리카락이 눈을 덮고 있는 것을 쓸어 올리려고 하지도 않고, 조금 고개를 갸웃해서 무엇인가를 보고 있는 것도 귀엽다. (그다지 몸집이) 크지 않은 殿上童 (宮中에서 심부름하든지, 일을 배우고 있는 나이 어린 貴公子들)이, 훌륭한 의상으로 차려 입고 걸어가는 것도, 귀엽다. 사랑스런 모습을 한 어린 아이가, 잠깐 안고 놀며 어르고 있는 사이에, 달라붙어서 잠이 든 모습은, 대단히 귀엽다. 인형 놀이의 도구, 연잎의 매우 작은 것을, 못에서 건져 올린 것. 아욱잎의 매우 작은 것(은 귀엽다). 어느 것이든간에, 작은 것은 귀엽다.

피부가 매우 희고 살이 찐 어린 아이로서, 두 살쯤 되는 것이, 紅花와 쪽으로써 물을 들인 엷은 옷과 같이 옷의 기장이 길어서, 소매를 끈으로 묶어 올리고 있는 아기가, 기어 나오고 있는 것, 또 기장이 짧은 옷으로서 소매만이 두드러지게 눈에 띄는 것을 입고 돌아다니는 것도, 모두 귀엽다. 8세에서 10세쯤 되는 사내아이가, 어린 아이다운 목소리로 책을 읽고 있는 모양도,

매우 귀엽다.

병아리가, 다리가 길고, (털의 색깔이) 희고 귀엽게, 마치 기장이 짧은 옷을 입은 듯한 모습으로 삐악삐악하고 시끄럽게 울며, 사람의 앞뒤를 졸졸 따라다니는 것도, 재미있다. 또, 어미 닭이, 같이 데리고 달리고 있는 모습도, 모두 귀엽다. 집오리의 알. 청보석으로 만든 항아리(도, 모두 귀엽다).

「野分(のわき)のまたの日」（第二百段）

> 태풍 (또는 가을에 부는 세찬 바람)이 분 다음 날 아침의 뜰의 광경과, 그것을 바라보는 여성들의 모습의 흥미진진함을 서술하고 있다. 사나운 태풍의 또 다른 면으로서, 그것이 가져다 주는 우아한 풍정을 그린 것인데, 가을의 계절미를 주제로 한 隨想의 段이다.

[1]野分の[2]またの日こそ、[3]いみじうあはれにをかしけれ。[4]立蔀(たてじとみ)、[5]透垣(すいがい)などの乱れたるに、[6]前栽(せんざい)ども[7]いと心苦しげなり。大きなる木どもも倒れ、枝など吹き折られたるが、[8]萩、[9]女郎花(をみなへし)などの上(うへ)に[10]よころばひ臥せる、いと[11]思はずなり。[12]格子(かうし)の壺などに、木の葉を[13]ことさらにしたらむやうに、こまごまと[14]吹き入れたるこそ、荒かりつる風のしわざとは[15]覚えね。

いと[16]濃(こ)き衣(きぬ)の[17]うはぐもりたるに、[18]黄朽葉(きくちば)の織物、[19]薄物などの[20]小 袿(こうちぎ)着て、[21]まことしう[22]清げなる人の、夜は風のさわぎに寝られざりければ、[23]久しう寝起きたるままに、[24]母屋(もや)よりすこし[25]ゐざり出でたる、髪は風に[26]吹きまよはされて、すこし[27]うちふくだみたるが、[28]肩にかかれるほど、まことに[29]めでたし。

[30]ものあはれなるけしきに、[31]見出だして、「[32]むべ山風を」など言ひたるも[33]心あらむと見ゆるに、[34]十七、八ばかりやあらむ、小さうはあらねど、[35]わ

ざと大人とは見えぬが、[36]生絹(すずし)の単衣(ひとへ)のいみじう[37]ほころび絶え、[38]はなもかへりぬれなどしたる薄色の[39]宿直(とのゐ)を着て、髪、[40]色に、[41]こまごまとうるはしう、[42]末も[43]尾花のやうにて、[44]丈ばかりなりければ、衣(きぬ)の裾にかくれて、[45]袴(はかま)のそばそばより見ゆるに、童(わらはべ)、若(わか)き人々の、[46]根ごめに吹き折られたる、ここかしこに取り集め、起こし立てなどするを、うらやましげに[47]おしはりて、[48]簾(す)に添ひたる[49]うしろでもをかし。

語句의 解釋 및 文法

1) **野分** 가을에 부는 세찬 바람. 태풍. 들판의 초목을 가르면서 분다는 뜻.

2) **またの日** 다음 날. 翌日.

3) **いみじうあはれにをかしけれ** 실로 마음에 깊이 느껴지는 아취가 있고, 더구나 흥취가 깊은 것이다. 「あはれに」와 「をかしけれ」는 대등한 관계의 술어이다.

4) **立蔀** 판자로 된 벽 따위로서, 가는 나무를 가로와 세로로 짜서 격자로 하여, 뒷면에 판자를 붙인 것.

5) **透垣** 대나무나 판자 등으로 틈이 나게 해서 만든 울타리.

6) **前栽** 뜰에 심은 초목.

7) **いと心苦しげなり** (보기에) 실로 무참하고 애처롭다.

8) **萩** 싸리.

9) **女郎花** 마타리.

10) **よころばひ臥せる** 몸을 가로로 드러누워 있다. 「る」는 존속의 조동사 「り」의 연체형.

11) **思はずなり** 의외의 일이다. 너무나 심하고, 뜻하지도 않았던 광경이다. 한 낱말의 형용동사로서 취급한다.

12) **格子の壺** 문살의 틈 하나 하나. 「壺」는, 위아래 4방의 가는 나무를 짜 맞춘 격자의 네모진 빈 칸 하나하나를 말한다.

13) **ことさらにしたらむやうに** 일부러 (바람이, 격자의 빈 칸에 나뭇잎을 세밀하게) 끼웠는 듯이. 「たら」는 완료의 조동사의 미연형. 「む」는 완곡의 조동사의 연체형. 「に」는 긍정의 조동사 「なり」의 연용형.

14) **吹き入れたるこそ** 불어넣어 있는 것은. 「こそ」는 強意의 계조사. 맺음은 「覚えね」의 「ね」이며, 부정의 조동사 「ず」의 已然形.

15) **覚えね** 생각되지 않는다.

16) **濃き衣** 자색 또는 홍색 등 짙은 색깔의 의복.

17) **うはぐもりたる** 표면의 광택이 묽어(엷어)져서, 흰빛을 띠고 있는.

18) **黄朽葉の織物** 세로가 홍색, 가로가 황색으로 짜여진 직물인데, 가을에 입는다.

19) **薄物** 엷게 짠 직물.

20) **小袿** 귀족 여자의 평복. 소매가 넓고, 기장이 길며, 색깔은 일정하지 않다.

21) **まことしう** 성실하고 정직한 듯하며. 아래의「清げなる」와 대등한 자격의 문절이며,「まことしき人」란 뜻.

22) **清げなる** 아름다운 느낌의.

23) **久しう寝起きたるままに** 아침에 늦게까지 자고 일어난 그대로의 모습으로.

24) **母屋** 寝殿으로 만든 중앙의 방.

25) **ゐざり出でたる** 방의 가장자리 가까이에 무릎으로 기어 나와 있는.「たる」는 존속의 조동사의 연체형.

26) **吹きまよはされて** 바람에 날려 흐트러져.「れ」는 수동의 조동사「る」의 연용형.

27) **うちふくだみたるが** 조금 부풀어서 보풀이 인 것이.「が」는 주격을 가리키는 격조사.

28) **肩にかかれるほど** 어깨에 걸려 있는 모양.「る」는 존속의 조동사「り」의 연체형.

29) **めでたし** 여기는 훌륭하다는 뜻.

30) **ものあはれなるけしきに** 진실로 감개가 깊은 모양으로서.「けしき」는 모양. 상태.「に」는 단정의 조동사「なり」의 연용형. 그 여성의 상태를 말한 것. 단, 이것을 격조사로서,「마음속 깊이 느껴지는 정취를 자아내는 경치에 (마음이 끌려서)」라고 풀이하는 설도 있다.

31) **見出だして** (집 안에서부터) 밖을 내다보고.

32) **むべ山風を** 「吹くからに秋の草木のしほるればむべ山風を嵐といふらむ」(古今集・巻5・文屋康秀)의 한 수를 인용해서, 가을의 황량한 느낌을 말하고 있다.

33) **心あらむ** 정취를 아는 마음이 있는 것인지.「む」는 추량의 조동사의 연체형.

34) **十七、八ばかりやあらむ** 「ばかり」는 정도를 나타내는 부조사.「や……む」로서 걸림맺음.「や」는 의문의 계조사.

35) **わざと** 특히. 각별히, 새삼스러이.

36) **生絹** 누비지 않은 생사로 짠 옷감. 딱딱해서 부드럽지 못해 주로 여름철의 옷감으로 쓰인다.

37) **ほころび絶え** (입고 있는 동안에) 옷매무새가 흩어져서. 「ほころび」는 의복의 착용법의 한 종류로서, 매무새가 흩어지는 듯한, 대수롭지 않게 입은 모양을 말함.

38) **はなもかへり** 엷은 남색도 퇴색하여. 「はなだ色」는 엷은 남색. 「かへり」는 퇴색함을 뜻함.

39) **宿直物** 숙직할 때에 사용하는 의복·夜具를 말하는데, 여기서는 잠옷.

40) **色に** 아름답고 선명해서. 형용동사의 연용형.

41) **こまごまと** 자세하고 질서있게 정리가 되어 있는 모양.

42) **末** 머리 끝.

43) **尾花** 참억새를 말함.

44) **丈ばかり** 몸의 길이 만큼. 머리가 길수록 아름다운 것이다.

45) **袴のそばそばより見ゆるに** 머리가 하의 자락 사이로 보이는데. 따로이 「見ゆる」의 주어를 하의로 하고, 「下衣가 물건의 사이로부터 보인다」고 풀이하는 설도 있다.

46) **根ごめに** 뿌리가 붙은 채로. 뿌리째.

47) **おしはりて** (발을) 밀어 내서.

48) **簾に添ひたる** 발에 기대어 보고 있는.

49) **うしろで** 뒷모습.

現代語訳 野分の(吹いた)翌日は、実にしみじみとした趣があって(しかも)興味深いものだ。立蔀や透垣などが乱れ倒れているので、庭の植えこみなどもたいそういたいたしいようすである。大きな木々も倒れ、枝などの吹き折られているのが、萩や女郎花など(の草花)の上に横たわって伏せているのは、まったく思いがけないことである。格子の一こまごとに、木の葉をわざとしたように、こまごまと吹きこんでいるのは、(あの)荒々しかった風のしわざとは思われないことだ。

たいそう濃い(紫色の)着物のつやがなくなっているの(を着てその上)に、黄朽葉色の織物や薄い小袿を着て、実直らしく美しい感じの(女の)人が、昨夜は風のさわぎのために寝られなかったので、おそくまで朝寝して起き出した(その)まま(の姿)で、母屋から少し(端近くに)いざり出てきたが、髪は風に吹き乱されて、少しふくらんでけばだっているのが、肩にかかっているようすは、まことにすばらしい。

(この人が)いかにも感慨深げなようすで、外をながめて、「むべ山風を」など(古歌を)口ずさんでいるのも情趣を解する人と思われるのに、(そこに)十七、八歳ぐらいであろうか。小さくはないけれど、ことさらおとなと見えない(女性)が、生絹の単衣のたいそう着くずれていて、はなだ色もあせて濡れなどしている薄紅色の夜着を着て、髪はつややかで、一分の乱れもなくきちんとととのっていて、髪の毛の先もすすきのようにふさふさとして、長さがちょうど身のたけほどなので、着物の裾に隠れて、わずかに袴の端々から見えるのだが、(その人が)童女や若い女房たちが、根こそぎ吹き折られている(植え込みの草木など)を、あちらこちらにとり集めたり、もと通りに起こし立てたりなどするようすを、うらやましそうに(すだれを外の方に)おしやって、そのすだれに寄り添って見ているうしろ姿も趣がある。

韓 譯 태풍이 분 다음 날은, 실로 가슴 깊이 느껴지는 정취가 있고 (더욱이) 흥미가 깊은 것이다. 판자 담이나, 나무 울타리 등이 흩어져 넘어져 있기 때문에, 정원의 초목들도 매우 애처로운 모습이다. 큰 나무들도 쓰러지고, 가지 등이 바람에 꺾여 있는 것이, 싸리나 마타리 등(의 풀과 꽃) 위에 쓰러져서 뉘어져 있는 것은, 전혀 의외의 일이다. 격자로 된 창살 틈 하나하나에 일부러 그랬는 것처럼, 남김없이 나뭇잎이 쌓여 있는 것은, (저) 거칠었던 바람이 한 짓이라고는 생각되지 않는 일이다.

매우 짙은 (자색의) 윤기가 없어진 옷(을 입고 그 위)에, 홍색과 황색으로 얽어 짠 옷감이나 엷은 (여자용의) 평복을 입고, 實直스럽고 아름다운 느낌의 (女)人이, 어젯밤은 바람이 소란스러워 잠을 이루지 못한 탓으로, 늦게까지 아침잠을 자고 일어난 (그)대로(의 모습으로), 寢殿의 중앙에 있는 방으로부터 (가장자리 가까이에) 무릎걸음으로 조금 나왔는데, 머리는 바람에 날려서 흐트러지고, 다소 부풀고 보풀이 인 것이, 어깨에 걸려 있는 모습은, 매우 멋이 있다.

(이 사람이) 매우 감개가 깊은 듯한 표정으로, 밖을 바라보며, 「むべ山風を」라고 (古歌를) 읊조리고 있는 것도 정취를 이해하는 사람이라고 생각되는데, (거기에) 17, 8세쯤 됐을까, 어리지는 않지만, 그렇다고 해서 어른이라고는 보이지 않는 (여성이) 생명주의 홑옷을 아주 아무렇게나 입고, 엷은 쪽빛도 퇴색하여 얼룩이 진 연분홍색의 잠옷을 입고, 머리는 윤기가 있으며, 조금도 흐트러지지 않게 다듬어져 있고, 머리카락 끝도 갈대처럼 (탐스럽게) 덥수룩하고, 그 길이가 꼭 키와 비슷하여, 옷자락에 가려, 겨우 하의의 언저리에서 보이는데, (그 사람이) 童女나 女官들이, 바람 때문에 뿌리째 뽑혀진 (정원의 초목 등)을, 이곳 저곳에 모은다든지, 본래대로 일으켜 세운다든지 하는 모습을, 부러운 듯이 (발을 밖으로) 밀어 내고, 그 발에 기대 서서 보고 있는 뒷모습도 정취가 있다.

「大藏卿ばかり」(第二百七十五段)

> 大藏卿藤原正光의 이상하리 만큼 밝은 귀에 대해 이야기한, 궁정생활의 회상담이다. 천진 난만하고 소갈머리가 없는 이야기지만, 이런 화제가 취급된다고 하는 데에 궁정생활의 여유있는 행복의 한 때를 엿볼 수 있게 하는 것이다.

[1]大蔵卿ばかり[2]耳とき人はなし。まことに、蚊(か)のまつげの落つるをも[3]聞きつけたまひつべうこそありしか。

[4]職(しき)の御曹司(みぞうし)の[5]西面(にしおもて)に住みしころ、[6]大殿の新中将[7]宿直(とのゐ)にて、[8]物などいひしに、そばにある人の、「この中将に、[9]扇の絵のこといへ」と[10]ささめけば、「[11]いま、[12]かの君の[13]立ちたまひなむにを」と、いとみそかに[14]いひ[15]入るるを、[16]その人だに[17]え聞きつけで、「[18]なにとか、なにとか」と耳をかたぶけ来るに、[19]遠くゐて、「にくし。[20]さのたまはば、今日は[21]立たじ」とのたまひしこそ、[22]いかで聞きつけたまふらむと[23]あさましかりしか。

語句의 解釋 및 文法

1) **大蔵卿** 藤原正光. 関白兼通(かねみつ)의 6남. 大蔵卿은 大蔵省(우리 나라로 말하면 재무부)의 장관. 大蔵省은 조세 등을 취급하는 관청.

2) **耳とき人** 귀가 빠른 사람. 귀가 예민한 사람.

3) **聞きつけたまひつべうこそありしか** 반드시 알아들으실 수 있을 정도셨단다. 「つ」는 強意의 조동사의 종지형. 「べう」는 가능의 조동사의 연용형 「べく」의 「ウ」음편. 「こそ」는 強意의 계조사. 「しか」는 그 맺음이며, 과거의 조동사 「き」의 已然形.

4) **職の御曹司** 中宮職内의 방(거처). 중궁직은 중궁에 관한 일을 관장하는 관청.

5) **西面** 서쪽의 「廂の間(ひさしのま)」(행랑방).

6) **大殿の新中将** 源成信. 「大殿」는 대신을 말하며, 여기는 藤原道長. 成信는 道長의 양자였었기에, 이와 같이 말한다.

7) **宿直** 궁중이나 관청에서 직무를 위해 숙박해서 근무하는 일. 「トノイ」라는 읽기에 주의.

8) **物などいひしに** 주어는 清少納言이다. 이야기들을 하고 있을 때.

9) **扇の絵のこと** 이 대목은 구체적인 것을 알 수 없다.

10) **ささめけば** 속삭였기 때문에. 「ば」는 순접의 확정조건을 나타내는 접속조사.

11) **いま** 이제 곧, 머지 않아. 부사.

12) **かの君** 大蔵卿을 가리킴.

13) **立ちたまひなむにを** 떠나실 것이니까, 그때 봅시다. 「たまひ」는 존경의 보조동사이며, 필자의 大藏卿에 대한 경의를 나타냄. 「な」는 強意의 조동사 「ぬ」의 미연형. 「む」는 推量의 조동사의 연체형. 「に」는 때를 나타내는 격조사. 「を」는 영탄의 간투조사.

14) **みそかに** 남몰래. 「ひそかに」와 같음.

15) **いひ入るる** 실외에서 실내의 사람에게 말하는 뜻이니까, 옆에 있던 女房은 휘장(옛날에 방안의 간막이로 쓰던 것) 안에, 清少納言은 휘장을 나온 바로 밖에 있었다고 생각한다.

16) **その人だに** 옆에 있던 궁녀조차. 「だに」는 가벼운 것을 들어, 言外에 무거운 것을 유추시키는 부조사이며, 言外에 하물며 멀리 있는 大藏卿에는 들릴 리가 없는데란 뜻을 내포하고 있다.

17) **え聞きつけで** 알아들을 수가 없기에. 「え」는 부정의 말을 수반해서 불가능의 뜻을 나타내는 부사. 「で」는 부정의 뜻을 품은 접속조사.

18) **なにとか** 무엇이라고요? 「か」는 의문의 계조사이며, 아래에 「말하다(言ふ), 말한(言ひたる)」 등을 보완하면 좋다.

19) **遠くゐて** 먼 곳에 앉아 있으면서. 주어는 大藏卿.

20) **さのたまはば** 그와 같이 말씀하신다면. 「さ」는 「いま、かの君の立ちたまひなむにを」라고 말한 필자의 말을 가리킨다. 「のたまは」는 「言ふ」의 존경어 「のたまふ」의 미연형이며, 大藏卿의 清少納言에 대한 경의를 나타낸다. 「ば」는 순접의 가정조건을 나타내는 접속조사.

21) **立たじ** 「じ」는 부정의지의 조동사의 종지형.

22) **いかで聞きつけたまふらむ** 도대체 어떻게 알아들으시는지. 「たまふ」는 존경의 보조동사이며, 필자의 大藏卿에 대한 경의를 나타냄. 「らむ」는 의문의 부사 「いかで」를 받고 있기에, 현재추량의 조동사의 연체형.

23) **あさましかりしか** 정말 놀라고 기가 막혀 버렸다. 「しか」는 과거의 조동사 「き」의 已然形이며, 위의 「こそ」의 맺음.

現代語訳 大藏卿ほど耳の鋭い人はいない。ほんとうに、蚊のまつげの落ちる(小さな)音をも聞きつけなさることができるほどであったよ。

(わたしが)中宮職の西側のひさしの間に住んでいたころ、大殿の新中将が宿直であったので、話などをしていたときに、(わたしの)そばにいた女房が、「あの中将に扇の絵のことを言ってくださいな」とささやいたので、(わたしが)「もうすぐ、あの(大蔵卿の)君がお立ちになるでしょうからその時にね」と、ほんとにこっそりと耳打ちしたのを、当の女房でさえ聞きとることができないで、「なんですって、なんですって」と耳を寄せて(そばに)近寄って来るのに、(大蔵卿は)遠くにすわっていて、「けしからん。そんなふうに言われるなら、きょうは立ち去りますまい」とおっしゃったのには、いったいどうやって聞きつけなさるのであろうかと、驚きあきれてしまったことだ。

韓 譯 大蔵卿만큼 귀가 예민한 사람은 없다. 정말, 모기의 눈썹이 떨어지는 (작은-낮은) 소리라도 알아들을 수가 있을 만큼이었단다.

(내가) 中宮職의 서쪽에 있는 행랑방에 거처하고 있을 무렵, 大殿의 新中将이 숙직이었기에, 그와 이야기를 하고 있을 때, (나의) 옆에 있던 궁녀가 「저 中将에게 부채의 그림에 대해 말해 주세요」라고 속삭였기에, (내가) 「이제 곧, 저 (大蔵卿) 어른이 일어서실 테니까 그때 하자꾸나」라고, 정말로 몰래 귓속말을 했는데, 당사자인 궁녀조차 알아들을 수 없어서, 「뭐라구요, 뭐라구요」라고 귀를 갖다대고 (옆으로) 다가오는데, (大蔵卿은) 먼 곳에 앉아 있으면서, 「무엄한 것들, 그렇게 말한다면, 오늘은 떠나가지 않겠다」라고 말씀하시는 데는, 놀라고 어이가 없어져 버린다.

「雪のいと高う降りたるを」(第二百九十九段)

눈이 내려서 쌓인 아침. 중궁이「香爐峰의 눈(雪)은 어떠할까?」라고 물으시기에, 白樂天의 시구를 상기해서, 발(簾)을 말아 올리고 멋지게(훌륭하게) 응답을 해서, 중궁을 비롯하여 많은 사람들의 感贊을 받았다는 이야기이다.

雪のいと[1)]高う降りたるを、[2)]例ならず[3)]御(み)格子まゐりて、[4)]炭櫃(すびつ)に火おこして、物語などして集り[5)]さぶらふに、「少納言よ、[6)]香炉峰の雪[7)]いかならむ」と[8)]仰せらるれば、[9)]御格子上げさせて、御簾を高く[10)]上げたれば、[11)]笑はせたまふ。

人々も、「[12)]さることは知り、[13)]歌などにさへうたへど、[14)]思ひこそよらざりつれ。[15)]なほ、[16)]この宮の人には、[17)]さべきなめり」と言ふ。

語句의 解釋 및 文法

1) **高う降りたるを** 높게 내려 쌓여 있는데.「を」는 逆接의 接続助詞.

2) **例ならず** 여느 때와는 달리. 여느 때는 格子문을 올리고 눈을 보는데, 오늘은 일상과는 달리.

3) **御格子まゐりて** 격자문을 내려 놓으시고.「まゐる」는 격자를 올리는 데도 내리는 데도 쓰이지만, 뒤의「御格子上げさせて」로 보아, 여기는「おろして」란 뜻이라는 것을 알 수 있다.

4) **炭櫃** 네모로 된 화로. 둥근 모양의 화로는「火桶」라고 한다.

5) **さぶらふに** 가까이 모시고 있을 때.「さぶらふ」는 귀인의 측근에서 시중을 든다는 뜻의 겸양어. 주어는 清少納言을 위시한 궁녀들. 필자의 중궁에 대한 경의를 나타내고 있다.「に」는 時를 가리키는 격조사.

6) **香炉峰の雪** 「香炉峰下新(あらた)ニ山居ヲト(ぼく)ス」(香炉峰 기슭에 새로이 庵(암자)를 엮어서 거처한다)라는 제목인 白居易(字는 楽天)의 시의 일절에 따른 표현.「遺愛寺ノ鍾ハ枕ヲ欹(そばだ)テテ聴キ、香炉峰ノ雪ハ簾ヲ撥(かか)ゲテ看(み)ル」(遺愛寺의 鍾소리는 잠자던 사람이 귀를 기울여서 듣고, 香炉峰의 눈은 발을 밀어 올리고 본다)라는 시구를 빌어, 중궁은 발을 감아 올리고 눈을 볼 것을 재촉하고 있는 것이다.

7) **いかならむ** 어떤 상태(형편)일까? 「いかなら」는 형용동사의 미연형. 「む」는 의문어를 받고 있기에, 추량의 조동사의 연체형.

8) **仰せらるれば** 말씀하시기에. 「仰せ」는 하2단의 동사의 미연형이며, 「言ふ」의 존경어. 「らるれ」는 존경의 조동사 「らる」의 已然形. 「ば」는 순접의 확정조건을 나타내는 접속조사. 주어는, 중궁이다.

9) **御格子上げさせて** 다른 사람으로 하여금 발을 올리게 해서. 「させ」는 사역의 조동사 「さす」의 연용형. 따라서 주어는 清少納言이다.

10) **上げたれば** 올렸는 고로. 「たれ」는 완료의 조동사의 已然形. 「ば」는 순접의 확정조건을 나타내는 접속조사.

11) **笑はせたまふ** 中宮은 웃으신다. 「せたまふ」는 최고의 경어이며, 「せ」는 존경의 조동사 「す」의 연용형. 「たまふ」는 존경의 보조동사.

12) **さること** 그와 같은 일. 여기서는 『白氏文集』의 시구를 가리킴. 「さる」는 연체사.

13) **歌などにさへうたへど** 노래로서까지 불리는데. 「さる」는 첨가의 부조사이며, 「知つているばかりでなく、歌にまでもよむ」(알고 있을 뿐만 아니라, 노래로서까지도 불린다)라고 하는 기분이다. 「ど」는 역접의 접속조사.

14) **思ひこそよらざりつれ** 생각하지도 못한 일이다. 「思ひよる」라는 복합동사의 사이에, 強意의 첨가사 「こそ」가 끼어든 모양. 「こそ……つれ」로서 걸림맺음.

15) **なほ** ①역시. ②한층 더란 뜻의 부사. 여기는 ①.

16) **この宮の人には** (才学이 뛰어난) 이 중궁마마의 시중을 드는 사람으로서는. 「に」는 「トシテ」(으로서)란 뜻의 격조사.

17) **さべきなめり** 적합한 사람인 듯하다. 「さるべき(人)なるめり」란 뜻. 「さべき」는 당연히 그렇게 될 터인. 적당한이란 뜻의 연체사. 「なめり」는 「なる(助動・断定・連体形)めり(助動・推量・終止形)」의 撥音便 「なんめり」의 발음 「ん」의 표기가 탈락한 것이다.

現代語訳 雪がたいそう高く降り積もっているのに、いつになく御格子をおろし申しあげて、角火鉢に火をおこして、よもやま話などして、(女房たちが)集まっておそばに控えている時に、「少納言よ、香炉峰の雪はどんなであろうか」と(中宮様が)仰せになられるので、御格子を(他の女房に)上げさせて、(わたしが)御簾を高く巻き上げたので、(中宮様は)にっこりとお笑いになる。

他の女房たちも、「そのようなことは(わたしも)知っているし、歌なとにまでもよむけれども、全然思いもつきませんでした。やはり(あなたは)この中宮様にお仕えする女房としては、ふさわしい人のようですね」と言う。

韓 譯 매우 많은 눈이 내려 쌓이고 있는데, 여느 때와는 달리 격자문을 내려 놓으시고 화로에 불을 피워, 세상 이야기들을 하면서, (궁녀들이) 모여서 가까이에 대기하고 있을 때에, 「少納言, 香爐峰의 눈은 어떠하겠는가?」라고 (중궁마마께서) 말씀하시기에, 격자문을 (다른 궁녀들로 하여금) 올리게 하여, (내가) 발(簾)을 높이 말아 올렸기 때문에, (중궁께서는) 방긋 웃으신다.

다른 궁녀들도, 「그런 일은 (저희들도) 알고 있으며, 노래에까지도 불리고 있지만, 전연 생각하지도 못한 일입니다. 역시 (당신이) 이 중궁마마를 모시는 궁녀로서 가장 적합한 사람인 듯합니다」라고 말한다.

源氏物語

이것은 「物語」로서, 전부가 54첩으로 되어 있다. 작자는 紫式部가 확정적이다. 성립은 1001(長保 3)년으로부터 약 10년쯤이라고 보여진다. 결혼한 지 3년 만에 남편인 藤原宣孝와 사별한 것이 창작의 동기이며, 그 뒤 上東門院(一条天皇의 中宮인 彰子)에 출사하여, 시중을 드는 한편 계속 써 내려가, 현존하는 桐壺 이하 夢浮橋까지의 54첩이 되었다고 생각된다.

구성은, 보통 전후 2편으로 나누는데, 전편은 光源氏를 중심인물로 하는 제41첩(幻)까지, 후편은 「薫の君」를 중심인물로 하는 宇治十帖를 포함한 13첩으로 되어 있다. 그리고 光源氏의 세계가 붕괴하는 41첩(幻)까지를 제2부, 源氏의 사후를 그리는 42첩(匂宮)에서 54첩(夢浮橋)까지를 제3부로 보는 방법도 유력하다.

주제는, 그들로서는 절정기인 平安貴族을 중심으로 하여 전개하는 영화생활 속에서, 화려한 외견에 비해, 내면으로는 한없는 고뇌에 들볶이는 귀족들의 숙명관과 淨土思想을 추구하고 있다.

「北山の行者」(若紫)

> 18세 되던 봄에 光源氏는 열병을 앓았다. 治病의 기도를 위해, 北山으로 세상에서 평판이 높은 聖僧을 찾는다. 신분을 가장하여 찾아간 光源氏를 暗窟 속에 은거하는 聖僧은 단번에 알아보고, 부처님의 힘을 빌어 병을 고치게 하려고 기도의 의식을 올려 드린다.

[1]わらは病みに[2]わづらひたまひて、[3]よろづに、[4]まじなひ・[5]加持など[6]参らせたまへど、[7]験なくて、[8]あまたたび[9]おこりたまへば、ある人、[10]「北山

になむ、[11]なにがし寺といふ所に、[12]かしこき[13]行人(おこなひびと)はべる。去年(こぞ)の夏も[14]世におこりて、[15]人々[16]まじなひわづらひしを、やがて[17]とどむるたぐひ、あまたはべりき。[18]ししこらかしつるときは、[19]うたてはべるを、[20]とくこそ試みさせたまはめ」など[21]聞こゆれば、召しに遣(つか)はしたるに、「[22]老いかがまりて、[23]室(むろ)の外(と)にも[24]まかでず」と申したれば、「[25]いかがはせむ。いと[26]忍びてものせむ」とのたまひて、御供にむつまじき[27]四人(よたり)五人(いつたり)ばかりして、まだ[28]暁におはす。[29]やや深う入る所なりけり。三月(やよひ)の[30]つごもりなれば、京の花盛りはみな過ぎにけり。[31]山の桜まだ盛りにて、[32]入りもておはするままに、霞(かすみ)の[33]たたずまひもをかしう見ゆれば、[34]かかるありきも[35]ならひたまはず、[36]所狭き御身にて、めづらしう[37]おぼされけり。

語句의 解釋 및 文法

1) **わらは病み** 지금의 「おこり(말라리아)」. 학질.

2) **わづらひたまひて** 괴로워 하셔서. 「たまひ」는 존경의 보조동사. 주어는 源氏.

3) **よろづに** 여러 가지로. 「参らせたまへど」에 걸림.

4) **まじなひ** 병을 고친다든지, 재앙을 피하기 위해 神仏에게 기도를 드리는 것.

5) **加持** 真言宗에서 행하는 기도의 의식. 부처님의 힘을 빌어, 병이나 재앙을 제거하려고 하는 일.

6) **参らせたまへど** (源氏가 聖僧에게) 시키시지만, 「参ら」는 겸양어로서, 「してさしあげる」(해 드리다)란 뜻. 「せ」는 使役의 조동사 「す」의 연용형. 스님의 동작을 낮추어, 그 동작의 대상이 되는 源氏에 대한 경의를 간접적으로 나타냄. 「たまへ」는 존경의 보조동사이며, 源氏에 대한 경의를 직접으로 나타낸 것.

7) **験** 효험. 효과.

8) **あまたたび** 몇 번이고.

9) **おこりたまへば** 병이 도지셨기에.

10) **北山になむ** 「北山」는 京都의 북쪽의 산의 총칭. 「なむ」는 強意의 계조사이며, 그 맺음은 「はべる」(「ラ」변의 동사의 연체형).

11) なにがし寺　某寺. 「なにがし」는 이름을 모를 때나, 알고 있어도 특별히 쓸 필요가 없을 경우에 말함. 여기서는 鞍馬(くらま)寺가 아닌가라고 생각된다.

12) かしこき　훌륭한. 위대한.

13) 行人　行者. 仏道・修験道 등을 수행하고 있는 사람.

14) 世におこりて　세상(世間)에 유행해서.

15) 人々　세간의 行者・祈祷師를 가리킴.

16) まじなひわづらひしを　기도를 드려도 효험이 나타나지 않아 난처해 하던 것을. 「わづらふ」는 여기서는 「困る」라는 뜻.

17) とどむるたぐひ　(병세의 진행을) 정지시킨 예(例). 병을 고친 예.

18) ししこらかしつるときは　덧나게 했을 때는.

19) うたてはべるを　귀찮은 일이오니까. 난처한 일이 되오니까.

20) とくこそ試みさせたまはめ　바로 시험해 보십시오. 빨리 시험해 보시는 것이 좋으시겠습니다. 「こそ……め」는 걸림맺음이지만, 「め」는 推量의 조동사 「む」의 已然形이며, 회화문에 「こそ……め」의 꼴로 나타날 때는, 듣는 이에 대한 권유의 뜻을 나타냄. 「させ」는 경의의 조동사 「さす」의 연용형.

21) 聞こゆれば　말씀드리기에. 「聞こゆ」는, 「言ふ」의 겸양어.

22) 老いかがまりて　나이를 먹어서 허리가 굽어.

23) 室　스님의 주거. 庵室. 원래는, 산 중턱을 파서 만든 바위굴 집.

24) まかでず　나오지 않습니다. 「まかで」는 하2단의 동사의 「まかづ」의 미연형. 「出て行く」란 뜻.

25) いかがはせむ　어떻게 하면 좋을까? 어떻게 할 도리가 없다. 할 수 없다. 「いかにかはせむ」의 준 것. 「いかが」는 반어의 부사이니까, 의지의 조동사 「む」는 그것을 받아서 연체형으로 맺는다.

26) 忍びてものせむ　남몰래 찾아가자. 「ものす」는 「サ」변 동사의 미연형. 널리 일을 행하는 것이지만, 여기서는 行者가 있는 곳에 찾아가는 것.

27) 四人五人ばかりして　4~5명을 데리고. 「ばかり」는 정도(ホド・クライ)가 아니고, 한정(ダケ)의 뜻의 부조사. 「して」는 「連レテ」란 뜻이며 격조사.

28) 暁におはす　날이 밝기 전에 출발하신다. 「おはす」는 「サ」변 동사 「行く」의 존경어.

29) やや深う入る所なりけり　(그 行者의 암실은) 조금 깊은 산 속으로 들어간 곳에 있는 것이었다. 「やや」는 부사. 「ちょっと」, 「いくらか」.

30) **つごもり** 月末. 하순. 「月隠(つきごも)り」의 준말. 반드시 그 달의 그믐날을 말하는 것이 아니고, 월말의 며칠간을 말한다.

31) **山の桜はまだ盛りにて** 「里はみな散り果てにしをあしひきの山の桜はまだ盛りなり」(凡河内躬恒) <村里デハ桜ノ花ハスッカリ散ッテシマッタノニ、山中ノ桜ハマダマダマッ盛リデアルコトヨ。> 에 입각해 있다. 「盛りに」는 형용동사의 연용형.

32) **入りもておはするままに** 산 속으로 들어감에 따라서. 「もて」는 복합동사의 사이에 끼어서, 그 동작이 「どんどん」 또는 「だんだん」 행해지는 뜻을 나타낸다.

33) **たたずまひ** 모양. 상태.

34) **かかるありき** 이와 같은 산길 걷기.

35) **ならひたまはず** 익숙해 있지 않다. 「ならふ」는 「慣れる」란 뜻.

36) **所狭き御身にて** 자유롭지 못한 身分인 탓으로. 源氏는 신분이 높아서, 마음대로 쏘다니지도 못하는 것이다.

37) **おぼされけり** 생각하셨다. 「おぼす」는 「思ふ」의 존경어. 「れ」는 존경의 조동사 「る」의 연용형.

現代語訳

(源氏は)おこりにお悩みになって、いろいろとまじないや加持などおさせになるけれどもききめがなくて、いく度もいく度も発作がお起りになったので、ある人が、「北山にある、なんとか寺という所に、えらい行者がおります。去年の夏も(おこりが)世間にはやって、(この行者が)すぐさま直した例がたくさんございました。直しそこなってこじらしたときは、やっかいでございますから、さっそくおためしなさいませ」などと申し上げるので、(源氏はその行者を)呼びに(使いを)やったところ、(行者は)「年をとって腰が曲がり、庵室の外にもでません」と言っているので、「しかたがない。こちらからこっそり出かけよう」とおっしゃって、お供として親しい者たち四、五人だけを連れて、まだ夜の明けないころお出かけになる。(寺は)少し山深くはいる所にあるのだった。(陰暦)三月末なので、都の花はどこも盛りが過ぎてしまっていた。(しかし)山の桜はまだ盛りで、だんだん山深くお入りになるにつれて、霞のたなびいている様子も趣深く見えるので、(源氏は)このような山歩きもお慣れにならず、(まだかってに出歩きのできぬ)窮屈なご身分なので、(そんな景色を)めずらしくお思いになるのであった。

韓 譯 (源氏는) 학질로 괴로워 하셔서, 여러 가지로 주술을 부리기도 하고, 부처님의 힘을 빌어 병을 고치려고 시켜 보셨지만, 효험이 없어서, 몇 차례 발작을 일으키셨기에, 어떤 이가, 「北山에 있는 어느 절간에, 높은 수행자가 있습니다. 작년 여름에도 (학질이) 세간에 유행해서, 다른 수행자가 아무리 주술을 부려도 효험이 없어서 난처해 하고 있었던 것을 (이 수행자가) 단번에 고친 예가 많이 있었습니다. 만일 고치지 못하여 다시 도지기라도 하면, 귀찮은 일이기 때문에, 빨리 시험을 해 보십시오」라고 말씀드리기에, (源氏는 그 수행자를) 부르러 (심부름꾼을) 보냈더니, (수행자는) 「나이를 먹어 허리가 굽어서, 암자 밖에도 못 나갑니다」라고 말하기 때문에, 「할 수 없지. 이쪽에서 남몰래 가보리다」 라고 말씀하시고, 수행자로서 친한 사람만을 4, 5명 데리고, 아직 날이 밝지 않을 무렵 떠나신다. (절은) 조금 산속 깊이 들어가는 곳에 있었다. (음력으로) 3월말이기에, 서울의 꽃은 어디나 다 한창을 지나가 버리고 말았다. (그러나) 산의 벚꽃은 아직 만발하여 있고 산 속으로 점점 들어감에 따라, 안개가 자욱하게 끼어 있는 정경도 정취가 깊은 모양이기에 (源氏는) 이와 같은 산에서의 산책에 익숙하지 못하고, (또 자기 마음대로 나가서 돌아다닐 수도 없는) 거북한 신분이기에 (그러한 경치가) 색다르게 여겨지는 것이었다.

寺のさまも、いと[1]あはれなり。峰高く、[2]深き岩の中にぞ、[3]聖(ひじり)入りゐたりける。上りたまひて、[4]たれとも知らせたまはず、いといたう[5]やつれたまへれど、[6]しるき御さまならば、「[7]あな、かしこや。[8]一日(ひとひ)[9]召しはべりしにやおはしますらむ。今は、この世のことを[10]思ひたまへねば、[11]験方(げんがた)の行ひも[12]捨て忘れてはべるを、[13]いかでかうおはしましつらむ」と驚き騒ぎて、うち笑(ゑ)みつつ[14]見奉る。いと尊き[15]大徳(だいとこ)なりけり。[16]さるべきもの作りて、[17]すかせ奉り、[18]加持など参るほど、日高くさし上がりぬ。

語句의 解釋 및 文法

1) **あはれなり** 인물이나 자연에 접하여, 대상과 결합했을 때, 절실하게 몸에 깊이 느끼는 감정을 말한다. 여기서는 절실한 존엄의 느낌을 말한다.

2) **深き岩の中にぞ** 동굴 속이 아니고,「岩石으로 둘러싸인 속(에 있는 암실)에」라고도 생각된다.

3) **聖** 덕이 높은 스님.

4) **たれとも知らせたまはず** 자신을 누구라고 알리지 않으시고.「せ」는 사역의 조동사「す」의 연용형.

5) **やつれたまへれど** 허술한 옷을 입고 계시지만.「やつる」는, ①조금 쇠약해지다. ②초라해지다. ③허술한 모습이 되다. 여기는 ③의 뜻.

6) **しるき御さま** 첫눈에 그렇다고 확신할 수 있는 (고귀한) 풍채.「しるき」는 형용사의 연체형이며,「著(いちじる)し」와 같은 뜻. 두드러지게 명백한 것.

7) **あな、かしこや** 아아, 과분하다. 그저 황공합니다.「あな」는 감동사.「かしこ」는 형용사「かしこし」의 어간이며,「もったいない」「恐れおおい」란 뜻.「や」는 영탄의 간투조사.

8) **一日** 앞날. 前日.「一日」의 뜻이 아니다.

9) **召しはべりにしやおはしますらむ** (저를) 부르셨던 분이신지요?「はべり」는「ラ」변의 연용형이며, 존중의 보조동사.「し」는 과거의 조동사「き」의 연체형이며, 아래에「方」등의 체언이 생략되어 있다.「に」는 단정의 조동사「なり」의 연용형.「や」는 의문의 계조사.「らむ」는 그 맺음이며, 현재 추량의 조동사의 연체형.

10) **思ひたまへねば** 생각하고 있지 않으므로. 「たまへ」는 부정의 조동사 「ね」가 이어지는 탓으로 미연형. 따라서 하2단활용이므로, 여기는 겸양의 보조동사. 「聖(高僧)」가, 자기의 「思ふ」라는 동작을 낮추어서, 源氏에 대한 경의를 나타내고 있다.

11) **験方の行ひ** 현세적인 효험을 구하는 神仏에 대한 기도와 같은 수법.

12) **捨て忘れてはべるを** 버리고 잊고 있는데. 「を」는 역접의 접속조사.

13) **いかでかうおはしましつらむ** 어찌하여 일부러 이와 같이 거동하셨습니까? 「いかで」는, 여기는 약한 반어법이며, 의문의 뜻에 가깝다. 言外에 「오셨다고 해도 효험이 있을지 도무지 자신이 없습니다」라는 기분을 감추고 있다. 「らむ」는 「いかで」를 받는 것으로서, 현재추량의 조동사의 연체형. 「かう」는 「かく」의 음편.

14) **見奉る** (모습을) 우러러 뵌다. 「奉る」는 겸양의 보조동사이며, 작자의 源氏에 대한 경의를 간접적으로 나타내고 있다.

15) **大徳** 高僧. 「だいとこ」라고 읽는다. 당시, 한자를 일본어로서 쓸 경우, 모음을 덧붙여 발음하는 것이 많다. Tok가 Toko로 된 것이다. 消息를 「せうそこ」라고 하고, 博・因・信을 각각 「はか」「いな」「しな」라고 읽는 것도 같은 류이다.

16) **さるべきもの** 「然(しか)るべきもの (그것에 적합한 일)」. 여기는 부적을 말한다. 부적(符籍)이란, 神仏의 보호를 받아 여러 가지 위험과 재난으로부터 피하게 만드는 처방의 쪽지 또는 牌札. 부처의 이름이나 像 등을 그린 종이 쪽지이다. 「さるべき」는 한 단어의 연체사.

17) **すかせ奉り** 마시게 해 드려서. 「すく」는 「食う・飲む」란 뜻. 「せ」는 사역의 조동사의 연용형. 「奉る」는 겸양의 보조동사이며, 작자의 源氏에 대한 경의를 간접적으로 나타냄.

18) **加持など参るほど** 神仏에게 治病을 기도 드리고 있는 중에. 「参る」는 겸양의 동사지만, 衣・食・住・탈 것 등에 쓰이면 경어가 되는 것으로 해서, 여기도 부적 등을 마시는 행위를 수반하기 때문에 존경어로 하고, 「源氏가 기도를 받고 있는 중에」라고 하는 해석도 있다.

現代語訳

(さて、たどり着いた)寺のようすも、たいそうしみじみと感じられて、尊くありがたい。高い峰の、奥深い岩穴の中に、聖僧は住んでいたのであった。(源氏はそこまで)お上りになって、(ご自身を)だれともお知らせにならず、たいそうひどく粗末なお召物であったけれど、それとはっきりわかる(高貴な)ご風来なので、(僧は)「ああ、もったいない。先日(わたしを)お召しくだされたお方でいらっしゃいましょうか。(わたしは)もはや現世のことは思っておりませんので、修験方面の行法など捨て忘れておりますのに、どうして、こうわざわざお越しあそばしたやら」と驚き騒ぎながらも、にこにこして(お姿を)拝する。実に尊い感じのする高僧なのであった。あらたかな護符などを作ってお飲ませ申しあげて、加持祈祷などしてさしあげるうちに、(いつしか)日が高くさし上げった。

韓譯 (그런데, 당도한) 절간의 분위기도, 매우 그럴 듯하게 느껴져서, 거룩하고 반갑다. 높은 봉우리의, 깊숙한 바위 굴속에, 聖僧은 살고 있는 것이었다. (源氏는 거기까지) 올라가셔서, (자기 자신을) 누구라고도 알리지 않으시고, 매우 험하고 허술한 옷차림을 하셨는데도, 첫눈에 그렇다고 확실히 알 수 있는 (고귀한) 風采이셨기에, (高僧은) 「아아! 황공하여라. 前日 (저를) 부르셨던 분이신가요? (저는) 이미 현세(이승)의 일은 생각하지 않고 있기 때문에, 修驗에 관한 行法(방법) 같은 것은 버려서 잊고 말았는데, 어찌하여 이와 같이 일부러 행차하셨습니까」라고 놀라는 한편 수선을 떨면서도, 웃는 얼굴로 (모습을) 우러러 뵙는다. 참으로 존귀한 느낌이 드는 高僧이었던 것이다. (神佛의 영험이) 뚜렷한 부적 같은 것을 만들어 마시게 해 드리고, 기도를 올려 드리는 중에 (어느덧) 해가 높이 올라 있었다.

「北山からの眺望」(若紫)

기도가 끝난 뒤, 높은 곳으로부터 내려와 보니, 僧坊 사이에 말쑥한 집이 보이는데, 源氏도 잘 아는 某僧都의 住居라고 한다. 거기에 여성의 모습이 보이는 것에 從者(데리고 다니는 사람)들은 호기심을 가진다. 源氏는 계속하여 뒷산에 올라가서 아름다운 풍경을 바라본다.

少し[1]立ちいでつつ見渡したまへば、[2]高き所にて、ここかしこ、[3]僧坊どもあらはに見おろさる。[4]ただこのつづら折りの下(しも)に、同じ小柴なれど、[5]うるはしうしわたして、[6]清げなる屋(や)、[7]廊(らう)など続けて、[8]木立いとよしあるは、[9]「何人(なにびと)の住むにか」と問ひたまへば、御供なる人、[10]「これなむ、[11]なにがし僧都(そうづ)の、この二年(ふたとせ)こもりはべる方にはべりける」[12]「心恥づかしき人[13]住むなるところにこそあなれ。[14]あやしうも、[15]あまりやつしけるかな。[16]聞きもこそすれ」などのたまふ。清げなる童(わらは)など、あまた出て来て、[17]閼伽(あか)奉り、花折りなどするも、あらはに見ゆ。「かしこに、[18]女こそありけれ」「僧都は、[19]よも、[20]さやうには、すゑたまはじを」[21]「いかなる人ならむ」と、くちぐちにいふ。下(お)りてのぞくもあり。[22]「をかしげなる女子(おんなご)ども、若き人、[23]童(わらは)べなむ見ゆる」といふ。

語句의 解釋 및 文法

1) **立ちいでつつ**　밖에 나가서.「つつ」는 동작・작용의 반복・계속의 접속조사이지만, 여기는「シテ、ソシテ」정도의 뜻.

2) **高き所にて**　여기는 높은 곳이기에. 挿入句.「に」는 단정의 조동사「なり」의 연용형. 이「にて」는「……デアルノデ」라고 순접으로 새긴다.

3) **僧坊**　스님이 사는 건물. 단순히「坊」이라고도 한다.

4) **ただこのつづら折りの下に**　눈앞의 꾸불꾸불한 언덕길 바로 아래에.「ただ(副詞) こ(대명사)の(격조사)」는, 바로 거기의, 란 기분이다.「つづら折り」<葛折り>는 몇 겹으로 꾸부러진 언덕길. 半腸.「九十九(つくも)折り」.

5) **うるはしうしわたして** 단정하게 꾸며져 있어서. 「うるはし」(麗し・美し)는 단정하며, 잘 짜여져 있어, 감히 다가서기 거북한 아름다움을 말한다.

6) **清げなる** 산뜻한. 보기에 아름다운 느낌이 드는. 형용동사의 연체형.

7) **廊** 낭하. 복도. 집과 집을 연결하는 가늘고 긴 건물. 도전.

8) **よしある** 정취가 있는. 유서가 있는. 사유가 있는.

9) **何人の住むにか** 어떤 사람이 살고 있는가? 「に」는 단정의 조동사 「なり」의 연용형. 「か」는 의문의 계조사이며, 맺음이 생략되어 있는 꼴. 아래에 「ある」「あらむ」 등을 보완하면 좋다.

10) **これなむ** 이 집이야말로. 「なむ」는 強意의 계조사. 맺음은 「はべりける」의 「ける」.

11) **なにがし僧都** 아무개라는 僧都. 「僧都」는 僧官의 이름이며, 僧正에 다음 가는 官.

12) **心恥づかしき人** 서먹서먹(거북)한 사람. 이쪽이 (함께 있기가) 거북한 훌륭한 사람. 「心恥づかし」는 (높은 사람에 대해) 거북하다. 부담스럽다. 조심이 된다.

13) **住むなるところにこそあなれ** 살고 계시는 곳이구나. 「なる」도 「なれ」도 伝聞推定의 조동사. 따라서 「住む」는 종지형. 「あなれ」는 「あるなれ」의 撥音便 「あんなれ」의 撥音표기가 탈락한 것. 「こそ……なれ」로서 걸림맺음.

14) **あやしうも** 이상할 정도로. 보기에 흉할 정도로. 교양이 있는 훌륭한 사람의 안목을 표준으로 해서 「이상한 (보잘 것 없는)」이라고 말한 것이다.

15) **あまりやつしけるかな** 너무나 허술한 옷차림으로 가장한 것이로구나. 「やつす」는 타동사이며, 앞서 나온 「やつる」는 자동사이다.

16) **聞きもこそすれ** 내가 왔다고 듣게 되면 거북한데. 「こそすれ」는 걸림맺음. 「もこそ……已然形」의 꼴은, 장래에 대한 불안·근심 또는 困惑의 기분을 나타냄. 「……カモシレナイ, ソウナッテハコマル」란 뜻.

17) **閼伽奉り** 부처님께 물을 떠놓고. 「閼伽」는 梵語이며, 부처님에게 바치는 물(水). 「奉り」는 「さしあげる」란 뜻의 겸양어.

18) **女こそありけれ** 여인이 살고 있구나! 「こそ……けれ」로서 걸림맺음. 「けれ」는 영탄의 조동사의 已然形이며, 지금 처음으로 그 사실을 알아차려서 감동하는 뜻.

19) **よも** 「よもや」. 설마. 아래에 부정의 말을 수반하는 부사.

20) **さやうには、すゑたまはじを** 저렇게 여인을 숨겨 두지는 않으실 텐데. 「さやうに」는 형용동사의 연용형. 「じ」는 부정추량의 조동사의 연체형. 「を」는 영탄의 뜻을 품은 역접의 접속조사.

21) **いかなる人ならむ** 어떤 사람일까?「いかなる」는 형용동사의 연체형.「む」는「いかなる」라는 의문어를 받고 있기 때문에 연체형.
22) **をかしげなる** 보는 느낌이 아름다운.
23) **童べ** 심부름하는 소녀.「べ」는 복수를 나타내는 접미어.

現代語訳 (庵室から)少し立ち出てその辺をご覧になると、(ここは)高い所なので、あちこちに、いくつもの僧坊がはっきり見下ろされる。ちょうど、このつづら折りの(坂の)下に、(他のと)同じ小柴垣だが、見事につくりめぐらしてあって、こぎれいな家屋や廊などを建て続けて、(庭の)植木もたいそう趣があるのは、「どういう人が住んでいるのか」と(源氏が)お問いになると、お供の者は、「これがあの、何々僧都が、ここ二年籠っていらっしゃる所でございます」(とお答えする。すると源氏は)「気づまりな人が住んでいる所なのだなあ。(それにしても)われながら粗末すぎる身なりで来たものだわい。(僧都が)わたしが来たと聞き知ったら困るな」などとおっしゃる。こぎれいな子どもの召使などが大勢出て来て、仏にお水を供えたり、花を折ったりなどするのも、すっかり見える。(お供の者たちは)「あそこに女がいるぞ」「あの僧都がまさか、あんな女を囲ったりはなさるまいが」「どういう人なんだろう」と口々に言い会う。(中には下まで)降りていってのぞいてくる者もいる。(そして帰ってくると)「美しい娘たちや、若い侍女、召使の少女が見えます」と言う。

韓 譯 (암실로부터) 조금 걸어 나와서 그 근방을 둘러 보시니, (여기는) 높은 곳이기 때문에, 여기저기에, 많은 僧坊이 뚜렷이 내려다 보인다. 바로, 이 눈앞의 꾸불꾸불한 (언덕길) 아래에, (다른 곳과) 같은 섶울타리이지만, 매우 훌륭하게 만들어서 두르고, 깔끔한 가옥이나 복도 등을 이어서

짓고, (마당의) 植樹도 매우 정취가 있는 것은, 「어떤 사람이 살고 있는가」라고 (源氏가) 물으시니까, 수행자가, 「이것이 바로, 某僧都가, 지난 2년간 들어앉아 계시는 곳입니다」(고 대답한다. 그러니까 源氏는) (대하기가) 거북한 사람이 살고 있는 곳이구나. (그건 그렇고) 내가 한 일이지만 너무 허술한 차림으로 왔는가 보다. (僧都가) 내가 왔다고 듣고 아신다면 난처한데」라고들 말씀하신다. 깔끔하게 차린 심부름하는 아이들이 많이 나와서, 부처님께 물을 바치기도 하고, 꽃을 꺾기도 하는 광경이 죄다 보인다. (수행자들은) 「저기 女人이 있다!」「저 僧都가 설마, 저런 女人을 몰래 숨겨 두지는 않을 텐데」「어떤 사람일까」 라고 각기 주고 받는다. (그 중에는 아래까지) 내려가서 (울타리 사이로) 들여다 보고 오는 자도 있다. (그리고 돌아와서) 「아름다운 아가씨들이랑, (그리고) 젊은 시녀, 심부름하는 소녀가 있습니다」라고 말한다.

君は、[1]おこなひしたまひつつ、[2]日たくるままに、「[3]いかならむ」とおぼしたるを、「[4]とかう、[5]紛らはさせたまひて、[6]おぼし入れぬなむ、よくはべる」と聞こゆれば、[7]しりへの山にたち出でて、京のかたを見たまふ。「はるかに[8]かすみわたりて、四方の木ずゑ、[9]そこはかとなう、[10]けぶりわたれるほど、絵にいとよくも似たるかな。かかる所に住む人、心に思ひのこすことは、[11]あらじかし」とのたまへば、「[12]これは、いと浅くはべり。[13]人の国などにはべる、海山のありさまなどを、[14]御覧ぜさせてはべらば、[15]いかに御絵、いみじうまさらせたまはむ。富士の山、[16]なにがしの岳」など、語りきこゆるもあり。また、西の国の、おもしろき浦々、[17]磯の上を、いひ続くるもありて、[18]よろづに、紛らはしきこゆ。

語句의 解釋 및 文法

1) **おこなひ** 부처님 앞에서의 勤行. 「お勤め」. 중이 부처님 앞에서 염불을 외우든지, 독경을 하든지 하는 일.

2) **日たくるままに** 해가 높아짐에 따라. 「たく」는 「さかりになる」(한창이 된다)란 뜻. 따라서 한낮이란 뜻이다.

3) **いかならむ** 어떨 것인가? 여기서는, 학질의 발작이 시작했는지 어떤지 하는 일. 「いかなら」는 형용동사의 미연형.

4) **とかう** 여러 가지로. 이럭저럭. 「とかく」의 음편.

5) **紛らはさせたまひて** 기분(마음)을 (딴 데로 옮겨서) 달래시고. 「紛らはさ」는 4단의 동사의 미연형. 「せ」는 존경의 조동사의 연용형. 「せたまひ」로서 최고 경어.

6) **おぼし入れぬなむ、よくはべる** 신경을 쓰지 않으시는 것이 좋겠습니다. 「おぼし入れ」는 「思ひ入れ」의 존경어이며, 하2단의 동사의 미연형. 「ぬ」는 부정의 조동사 「ず」의 연체형. 「なむ……はべる」로서 걸림맺음.

7) **しりへ** 後方.

8) **かすみわたりて** 죽 안개가 끼어서. 「……わたる<渡る>」는 전면에 그렇게 된다는 뜻의 보조동사.

9) **そこはかとなう** 어디라고 할 것 없이. 장소를 어디라고 한정하지 않고, 막연히 넓고 그 부근 일대에. 「そこはかとなく」의 음편.

10) **けぶりわたれるほど** 전면이 뿌옇게 안개에 뒤덮혀 있는 상태.

11) **あらじかし** 없겠지. 있을 리가 없다. 「じ」는 부정추량의 조동사의 종지형. 「かし」는 다짐하여 말하는 종조사.

12) **これは、いと浅くはべり** 이러한 경치는, 지극히 평범한 것이옵니다. 「浅し」는 풍정의 정도가 얕다・낮다란 것이다. 「はべり」는 정중의 보조동사.

13) **人の国** 지방. 京都 외의 나라를 말한다.

14) **御覧ぜさせてはべらば** 보여 드리게 된다면. 「御覧ぜ」는 「サ」변의 동사의 미연형. 「させ」는 사역의 조동사의 연용형.

15) **いかに御絵、いみじうまさらせたまはむ** (도련님의) 그림이 얼마나 멋지고 훌륭한 것이 되겠습니까?.「絵にいとよくも似たるかな」를 받고 있다. 훌륭한 경치를 보고 그림을 그리기 때문이다. 「せたまは」는 최고경어. 「む」는 위의 「いかに」라고 하는 의문어를 받기 때문에 연체형.

16) **なにがしの岳** 뭐라고 하는 산. 「なにがし」는 누구든지 알고 있는 것을 일부러 어물거리듯이 하는 표현. 당시 사람들은 「浅間山(あさま)」를 상상했겠는데, 「浅間」로부터 「あさまし」의 連想을 피하기 위해, 일부러 어물거려 본 것이다.

17) **磯の上を、いひ続くるもありて** 해변의 이야기를 연이어서 말씀드리는 사람도 있어.「上」는「身上」등의「上」이며,「…에 관한 일」이란 뜻.「いひ続くる」는 연이어서 말한다라는 뜻.

18) **よろづに、紛らはしきこゆ** 이것저것 수단을 써서, (源氏 마음을) 달래 드려.「きこゆ」는 겸양의 보조동사.

現代語訳 源氏の君は(庵室に戻り)読経などの勤行をなさっていたが、日が高くなるにつれて、「熱は出ないかしら」と気づかっていらっしゃるのを、(お供の者が)「なにかとお気持をお紛らわしになって、お気になさらない方がようございます」と申し上げるので、(庵室の)後の山にお登りになって、京都の方角をご覧になる。「遠くの方までずっと霞がかって、四方の木々の枝の末が、はっきりと見えぬほど、一面にぼうっとしているようすは、絵にほんとうにそっくりだね。こんな所に住む人は(自然にたんのうして)心に何の不足もあるまい」とおっしゃると、「こんな景色は、ごく平凡なものでございます。地方などにございます、海や山の景色などをお目にかけましたならば(もっとすばらしい景色が多くて)どんなに(君の)御絵がすばらしく立派になりますことでしょう。(たとえば)富士の山は……、何々が岳は……」などとお話し申しあげる者もいる。あるいは、西の国の趣あるあちこちの浦や磯のことを、次々とお話しする者もあって、なにかと源氏のお気を紛らわし申しあげる。

韓 譯 源氏 도련님은 (암실로 되돌아와서) 독경 등의 勤行을 하고 계시다가, 해가 높이 떠오름에 따라,「身熱은 나지나 않을까」라고 신경을 쓰고 계시는 것을, (수행하는 사람들이)「이래저래 마음을 달래셔서, 너무 신경을 쓰지 않으시는 것이 좋습니다」라고 말씀드리기에, (암실) 뒤에 있는

산에 오르셔서, 京都 쪽을 바라보신다. 「먼 곳에 이르기까지 쭉 안개가 끼어, 西方의 나뭇가지가, 뚜렷이 보이지 않을 정도로, 전면이 뿌옇게 되어 있는 것은, 정말 그림과 같구나. 이런 곳에 사는 사람은 (자연에 만족하여) 마음에 아무런 모자람이 없겠구나」라고 말씀하시니, 「이런 풍경은, 극히 평범한 것입니다. 지방에 있는, 바다나 산의 풍경을 보여 드린다면, (도련님의) 그림이 멋있고 훌륭한 것이 되겠지요. (예컨대) 富士山이라든지……, 某嶽……」 등등 말씀드리는 사람도 있다. 또는, 서쪽 지방의 정취가 있는 여러 곳의 浦口나 해변의 이야기를 계속 이야기 드리는 사람도 있어, 이래저래 源氏의 마음을 달래 드린다.

「小柴垣のすき見」(若紫)

절에서 하룻밤을 묵게 된 源氏는 심심한 나머지, 앞서 말한 섶울타리(小柴垣)가 있는 집을 들여다보고, 거기에 아름다운 尼僧과 아주 닮은 소녀를 발견한다. 그 얼굴의 생김새가, 源氏가 사모하는 藤壺宮와 흡사한 탓으로, 源氏의 마음은 깊이 그 소녀에게로 끌린다.

日もいと長きに、[1]つれづれなれば、[2]夕暮れのいたうかすみたるにまぎれて、[3]かの小柴垣のもとに立ちいでたまふ。人々は帰したまひて、[4]惟光(これみつ)朝臣とのぞきたまへば、[5]ただこの西面(にしおもて)にしも、[6]持仏すゑ奉りて[7]行ふ尼なりけり。簾(すだれ)少し上げて、[8]花奉るめり。[9]中の柱に[10]寄りゐて、[11]脇息(けふそく)の上に経を置きて、いと[12]なやましげに読みゐたる尼君、[13]ただ人と見えず」。[14]四十余り(よそぢ)ばかりにて、いと白う、[15]あてにやせたれど、[16]つらつき[17]ふくらかに、[18]まみのほど、[19]髪のうつくしげにそがれたる末も、[20]なかなか、長きよりも[21]こよなう[22]いまめかしきものかなと、[23]あはれに見たまふ。

語句의 解釋 및 文法

1) **つれづれなれば** 할 일도 없어 심심하기에. 「つれづれなり」는, 할 일이 없어 따분하고 무료한 상태. 「ば」는 순접의 확정조건을 나타냄.

2) **夕暮れのいたうかすみたるに** 저녁 때가 되어 주위에 온통 안개가 끼여 있는데, 「の」는 동격의 격조사이며, 「いたうかすみたる夕暮れ」란 뜻.

3) **かの小柴垣** 앞에서 나온 섶울타리. 앞의, 源氏가 산 위에서 여기저기를 바라보다가 언덕 아래에 있는 섶울타리를 친 집을 눈여겨 보는 장면을 받고 있다. 「小柴垣」는 「柴(しば)」(산야에 자생하는 雜木)로 만든 울타리의 작은 것.

4) **惟光** 源氏의 유모의 아들. 源氏와는 젖을 나누어 먹은 형제로서 각별히 친했다.

5) **ただこの西面にしも** 바로 눈앞의 서향인 방에. 「ただ」는 부사이며, 바로 눈 앞에라는 뜻. 「し」는 強意의 부조사.

6) **持仏すゑ奉りて** 「持仏」는, 항상 자기의 거실에 안치해 놓는, 또는 몸에 지니고 신앙하는 부처. 「奉り」는 겸양의 보조동사이며, 「부처」에 대한 작자의 경의를 간접적으로 나타낸다.

7) **行ふ** 불전의 勤行을 하다.

8) **花奉るめり** 꽃을 바치고 있는 듯하다. 「奉り」는, 「さしあげる」란 뜻의 겸양의 동사. 「めり」는 推量의 조동사이며, 단정을 하지 않고 부드럽게 표현한 것. 이하 「めり」가 가끔 나오는데, 그것은 源氏가 조금 떨어진 울타리 밖으로부터 보고 있는 탓이다.

9) **中の柱** 벽에 붙어 있지 않은 방안의 기둥.

10) **寄りゐて** 기대 앉아. 「ゐる」는 「すわる」란 뜻.

11) **脇息** 자리 곁에 두고, 팔꿈치를 걸치든지 하여 몸을 편히 하는 기구.

12) **なやましげに** 괴로운 듯이. 귀찮은 듯이. 병을 앓고 있어서 기운이 없는 것이다. 형용동사의 연용형.

13) **ただ人** 보통 신분인 사람. 평범한 인간.

14) **四十余りばかりにて** 40세를 조금 지난 듯한 나이로서. 「ばかり」는 정도를 나타내는 부조사. 「に」는 단정의 조동사의 연용형.

15) **あてに** 품위가 있고. 형용동사의 연용형.

16) **つらつき** 얼굴 모습. 「つら」는 얼굴을 말함.

17) **ふくらかに** 탐스럽게 부풀어 있어. 볼이 통통하게 부풀어 있는 것은, 당시의 美人의 필수 조건이었다. 형용동사의 연용형.

18) **まみのほど** 눈 언저리 근처.「まみ」는, ①눈매. ②눈 언저리. 여기는 ②.
19) **髪のうつくしげにそがれたる末も** 머리를 단정하게 끊어서 간추리고 있는 끝 부분도. 당시의 尼僧은「尼(あま)そぎ」라고 해서, 머리를 어깨나 목 근처에서 끊어서 간추리고 있었다.
20) **なかなか** 도리어. 어설픈. 엉거주춤한. 아래의「いまめかしき」에 걸림.
21) **こよなう** 훨씬. 더없이. 形容詞의 連用形「こよなく」의「ウ」音便.
22) **いまめかしき** 새롭게 느껴진다. 当世風이며 무던한 느낌. 形容詞의 連体形.
23) **あはれに見たまふ** 감탄해서, 매혹된 듯이 보고 계신다.

現代語訳 (春のこととて)日もたいそう長いし、することもなく退屈なので、夕方の深く霞がたちこめているのに紛れて、さっきの小柴垣の所におでかけになる。他の供人たちはお帰しになって、惟光の朝臣だけをお供にして(その家を)おのぞきになると、(見えたのは)すぐ目の前の西向きの間に、持仏をお据え申してお勤めをしている尼であった。御簾を少しまき上げて、花をお供えしているらしい。中柱に寄りかかって、脇息の上に経文を置いて、ひどく大儀そうに読経していた尼君は、どうも並の人ではなさそうである。四十すぎぐらいの年配で、たいそう色白く上品で、やせてはいるが、顔立ちはふっくらとしていて、目もとのあたり(も美しく)髪がきれいに切りそろえられているその端も、なかなか長いのよりもこの方がずっと、親しみが感じられていいものだと、(源氏は)ひきつけられて見ていられる。

韓 譯 (봄철의 일이라서) 해도 매우 길고, 할 일도 없어서 지루하기에, 저녁때가 되어 깊은 안개가 끼어 있는 틈을 타서, 아까 말한 섶울타리가 있는 곳으로 나아가셨다. 다른 수행자들은 돌려 보내시고, 惟光朝臣만을 수행시켜 (그 집을) 들여다보시니, (보이는 것은) 바로 눈앞의 서향인 방

에, (신변을 지켜 주는) 부처님을 모셔 놓고 勤行을 하고 있는 尼僧이었다. 발(비단 따위로 선을 두른 고운 발, 궁전이나 神社 등에서 씀)을 조금 말아올리고, (불단에) 꽃을 올리고 있는 듯하다. 방 한가운데에 있는 기둥에 기대어,「脇息」위에 불경을 올려 놓고, 매우 괴로운 듯이 독경을 하고 있던 尼僧은, 아무래도 보통 사람은 아닌 듯하다. 40세를 좀 넘은 듯한 연배로서, 매우 살갗이 희고 품위가 있으며, 여위기는 했어도, 얼굴 모습은 부드럽게 부풀어 있어, 눈 언저리(도 아름답고), 머리를 단정하게 끊어서 간추리고 있는 끝 부분도, 어설프게 길게 느린 것보다는 이쪽이 훨씬, 신선함이 느껴져서 호감이 간다고, (源氏는) 매혹되어 보고 계신다.

[1]清げなる[2]大人(おとな)二人(ふたり)ばかり、[3]さては[4]童べぞいで入り遊ぶ。中に、[5]十(とう)ばかりにやあらむと見えて、[6]白き衣(きぬ)、[7]山吹(やまぶき)などの[8]なれたる着て、走りたる女子(おんなご)、あまた見えつる子どもに[9]似るべうもあらず、いみじく[10]生(お)ひ先見えて、[11]うつくしげなるかたちなり。髪は扇(あふぎ)を広げたるやうにゆらゆらとして、顔はいと[12]赤くすりなして立てり。「何ごとぞや。童べと[13]腹だちたまへるか」とて、尼君の見上げたるに、少し[14]覚えたるところあれば、[15]子なめりと見たまふ。「雀(すずめ)の子を[16]犬君(いぬき)が逃がしつる。[17]伏籠(ふせご)のうちに[18]こめたりつるものを」とて、[19]いと口惜しと思へり。[20]このゐたる大人、「[21]例の心なしの、かかるわざをして、[22]さいなまるるこそいと[23]心づきなけれ。[24]いづ方へかまかりぬる。いと[25]をかしう、[26]やうやうなりつるものを。[27]からすなどもこそ見つくれ」とて立ちて行く。髪[28]ゆるるかにいと長く、[29]めやすき人なめり。[30]少納言(せうなごん)の乳母とぞ人いふめるは、この子の[31]後見(うしろみ)なるべし。

語句의 解釋 및 文法

1) **清げなる** 좀 산뜻한 모양. 아름다운 느낌의.

2) **大人** 제 구실을 할 수 있는 女房(궁중의 관녀 · 귀족의 시녀).

3) **さては** 그리고. 그 외에는. 접속사.

4) **童べぞいで入り遊ぶ** 소녀들이 들락날락 하면서 놀고 있다. 「童べ」는 「童(わらべ)」의 복수이며, 심부름하는 소녀들. 「ぞ……遊ぶ」로서 걸림맺음.

5) **十ばかりにやあらむと見えて** 열 살쯤 되는 듯이 보여. 「に」는 단정의 조동사 「なり」의 연용형. 「や」는 의문의 계조사. 「む」가 그 맺음이며, 추량의 조동사의 연체형.

6) **白き衣** 흰 홑옷의 속옷.

7) **山吹** 가지가 늘어지는, 키가 낮은 나무. 봄에 선명한 황색의 꽃을 피운다. 그 꽃의 색깔과 같은 색. 겉은 약간 갈색진 것이나 안은 황색인 의복을 가리킴.

8) **なれたる** 오래 입어서 풀기가 없어져, 부드러워지고 연약해진 모양.

9) **似るべうもあらず** 비할 나위도 없을 만큼 아름답다. 「べう」는 당연의 조동사 「べし」의 연용형 「べく」의 「ウ」음편.

10) **生ひ先見えて** 어른이 된 뒤의 아름다움이 짐작이 갈 정도로. 「生ひ先」는, 성장하는 장래란 뜻. 「老ひ先」가 아니다.

11) **うつくしげなる** 귀여운 느낌이 드는. 형용동사의 연체형.

12) **赤くすりなして** 발갛게 될 만큼 문질러서. 울어서 얼굴이 발갛게 되어 있는 것이다. 「なす」는 손을 써서 그렇게 만든다는 뜻의 보조동사.

13) **腹だちたまへるか** 싸움(다투기)이라도 하신 것입니까? 「腹だつ」는 화를 내다. 싸움을 하다. 「る」는 완료의 조동사의 연체형. 「か」는 의문의 계조사.

14) **覚えたるところ** 서로 닮은 곳. 「おぼゆ」는, ①자연히 느껴진다. ②회상한다. 되새겨진다. ③닮아 있다. 여기는 ③의 뜻.

15) **子なめり** 아이(딸)인 것 같다. 源氏는 딸이라고 여겼는데, 실제로는 尼僧의 손녀이다. 「なめり」는 「なる(단정・연체) めり(추량・종지)」의 撥音便 「なんめり」의 「ん」의 표기가 탈락한 것.

16) **犬君が逃がしつる** 「犬君」가 날라 보내고 말았다. 「犬君」는 심부름하는 童女의 이름. 소녀(훗날의 「紫の上」)의 놀이 상대. 「逃がしつる」와 같이 주격의 조동사 「が」를 받는 술어는 연체형으로 맺어서, 감동표현이 된다.

17) **伏籠** 대나무로 엮은 둥우리 (바구니). 엎어서 안에 화로를 놓고, 향을 피워서 의복에 스며들게 하든지, 또는 단순히 의복을 말리는 데 쓰였다.

18) **こめたりつるものを** 넣어 두었는데. 「ものを」는, 본래는 영탄의 뜻을 포함하는 역접의 접속조사이지만, 문말에 있기 때문에 종조사라고 생각된다. 체념할 수 없는 어린 소녀의 원한이 스며 있다.

19) **いと口惜しと思へり** 매우 애석해 하고 있는 (모습이다). 「り」는 존속의 조동사의 종지형.

20) **このゐたる大人** 거기에 앉아 있는 女房. 「この」는 「大人」에 걸린다. 少納言의 유모라고 불리는 여성이다.

21) **例の心なしの** 저 멍청한 사람이. 「心なし」는 멍청한 사람, 사려가 깊지 못한 사람, 분별이 없는 사람. 「わざをして」의 주어. 犬君를 가리킴.

22) **さいなまるる** 꾸중을 듣다. 질책을 당하다. 「るる」는 수동의 조동사 「る」의 연체형.

23) **心づきなけれ** 곤란한 일이다. 마음에 안 든다. 위의 「こそ」의 맺음이며, 형용사의 已然形.

24) **いづ方へかまかりぬる** (참새는) 어디로 가 버린 것일까요? 「か……ぬる」로서 걸림맺음.

25) **をかしう** 귀엽게. 아래의 「なりつる」에 걸린다.

26) **やうやう** ①점점. 차츰차츰. ②겨우. 고문에서는 거의가 ①의 경우이다.

27) **からすなどもこそ見つくれ** 까마귀 등이 찾아내든지 하면 큰일입니다. 「もこそ……已然形」은 「ソンナコトガアッタラタイヘンダ。ソンナコトガアッタラコマル」란 뜻을 나타낸다.

28) **ゆるるかに** 마음이 느긋한 모양. 장애를 받지 않고 뻗어 있는 모양. 형용동사의 연용형.

29) **めやすき人なめり** 보기에 흉하지 않는 (좋은 느낌의) 여자인 듯하다. 「なめり」는 「なるめり」의 撥音便 「なんめり」의 「ん」의 표기가 탈락된 것.

30) **少納言の乳母とぞ人いふめるは** 少納言의 유모라고 모두가 말하고 있는 듯하나. 「少納言의 乳母」는 女房의 부르는 이름(호칭). 당시의 女房는, 남편이나 부형의 관직에 따라 부르는 이름이 정해져 있었다. 「ぞ」는 強意의 係助詞이지만, 「める」는 그 맺음은 아니다. 「める」라고 연체형으로 되어 있는 것은, 아래에 「人」 등의 체언이 생략된 용법.

31) **後見** 돌보아 주는 사람. 당시 유모는 커다란 권한을 가지고 養子女(맡아서 키우는 아이)를 보살펴 주었다.

現代語訳 こざっぱりした中年の女房が二人ほど(おり)、それから少女たちが出たりはいったりして遊んでいる。その中に、十ぐらいであろうかと見えて、白い下着に山吹重ねなんかの着ならしたのを着て、走って来た女の子、(これが)そのへんにたくさん見えていた子供たちとは比べものにならないほどで、もういまから成人後の美しさが思いやられるほど、かわいらしいきりょうである。髪は扇を広げたように末広がりで豊かにふさふさしており、顔は、(泣いて)こすったとみえて、ひどく赤くして立っている。「どうしたのです。子どもたちとけんかでもなさったのですか」と言いながら、尼君が見あげた顔立ちに、少し似たところがあるので、(あの尼の)子らしいとお思いになる。「雀の子を犬君が逃がしてまったの。伏籠の中にちゃんと入れておいてあったのに」と言って、とても残念がっている(ようすである)。そこにすわっていた女房が、「またあのうっかり者が、こんなことをしでかして、叱られるとはほんとうに困ったことだこと。(雀の子は)どちらへまいりましたか。たいそうかわいらしく、だんだん大きくなっておりましたのに。烏などが見つけたりしたら大変です」と言って、立って行く。髪はゆったりとして大変長く、感じのいい人のようである。「少納言の乳母」とみなが言うようだが、この子の世話役なのであろう。

韓 譯 좀 산뜻한 몸차림인 중년의 女房가 두 사람쯤 있고, 그리고 소녀들이 들락날락하면서 놀고 있다. 그 가운데에, 열 살쯤 돼 보이는 흰 속옷에 황색 안이 든 겹옷 등 평상시의 옷을 입고, 달려 온 소녀, (그 아이는) 그 부근에 여럿 보이던 아이들과는 비할 수도 없을 정도로서, 벌써 지금부터 성인이 된 뒤의 미모가 짐작이 될 만큼, 귀여운 얼굴 모양이다. 머리는 부채를 펼친 것처럼 점차로 끝 쪽이 퍼져 있어 풍부하게 늘어져 있고,

얼굴은, (울어서) 비빈 탓인지, 매우 발갛게 되어 서 있다.「어떻게 된 일입니까? 아이들과 싸우기라도 한 것입니까?」고 말하며, 尼僧이 쳐다 본 얼굴 생김새에, 조금 닮은 곳이 있기 때문에, (저 尼僧의) 딸이 아닌가라고 생각하신다.「참새 새끼를『犬君』가 날려 보내고 말았어요. 바구니 속에 잘 넣어 두었는데」라고 말하며, 매우 애석해 하고 있는 (모습이었다). 거기에 앉아 있던 女房가,「또 저 멍청이 같은 사람이, 이런 일을 저질러서, 야단을 맞는다는 것은 정말로 어쩔 수 없는 일이다. (참새 새끼는) 어디로 갔을까? 매우 귀엽고, 점점 커 가고 있었는데. 까마귀에게 들키면 큰일인데」라고 말하면서 서서 나간다. 머리는 느슨하게 빗어 매우 길고, 호감이 가는 사람인 듯하다.「少納言의 유모」라고 모두들 부르고 있는 듯하나, 이 아이의 일을 돌봐 주는 역할을 맡고 있는 것이리라.

尼君、「[1]いで、[2]あな幼や。[3]いふかひなう[4]ものしたまふかな。[5]おのが、かくけふあすに覚ゆる命をば、[6]何ともおぼしたらで、雀[7]慕ひたまふ[8]ほどよ。[9]罪うることぞと、[10]常に聞こゆるを、[11]心うく」とて、[12]「こちや」と言へば、[13]ついゐたり。つらつきいと[14]らうたげにて、[15]眉のわたりうちけぶり、[16]いはけなく[17]かいやりたる額つき、[18]髪ざし、いみじううつくし。[19]ねび行かむさま[20]ゆかしき人かなと、目止まりたまふ。[21]さるは、[22]「限りなう心を尽くし聞こゆる人に、いとよう[23]似奉れるが、[24]まもらるるなりけり」と思ふにも、涙ぞ落つる。尼君、髪をかき撫でつつ、[25]「けづることをうるさがりたまへど、[26]をかしの御髪や。いと[27]はかなうものしたまふこそ、あはれに[28]うしろめたけれ。かばかりになれば、いと[29]かからぬ人もあるものを。[30]故姫君は、十二にて[31]殿に[32]後れたまひしほど、[33]いみじうものは思ひ知りたまへりしぞかし。ただいまおのれ[34]見捨て奉らば、いかで[35]世におはせむとすらむ」とていみじく泣くを見たまふも、[36]すずろに悲し。幼心地にも、[37]さすがにうちまもりて、伏目になりて[38]うつぶしたるに、こぼれかかりたる髪、[39]つやつやとめでたう見ゆ。

語句의 解釋 및 文法

1) **いで** 아아. 아니, 정말. 감동사.

2) **あな幼や** 어쩌면 이렇게 어린애 같이 귀여울까? 「あな」는 감동사. 「幼」는 형용사의 어간. 감동문인 경우에 한해서, 형용사는 어간만으로서 술어가 될 수 있다.

3) **いふかひなう** 말할 정도의 보람도 없이. 문제도 되지 않고. 여기는 「기대할 수 없다. 할 도리가 없다」란 뜻.

4) **ものしたまふかな** ……하시군요. 「ものす」는 「あり」의 대신에 쓰여지고 있으나, 표현을 부드럽게 한 품위 있는 말씨. 「かな」는 영탄의 종조사.

5) **おのが、かくけふあすに覚ゆる命をば** 내가, 이와 같이, 오늘 내일하는 목숨인데. 「おの」와 「おれ」는 같음. 「が」는 연체격의 격조사. 「命」에 걸린다. 「ば」는 格助詞 「を」에 붙어 있으니까, 強意의 계조사 「は」는 탁음 표기.

6) **何ともおぼしたらで** 아무렇게도 생각하지 않으시고. 「で」는 부정의 뜻을 품은 접속조사.

7) **慕ひたまふ** 뒤를 따르시다. 탐내고 계시다.

8) **ほどよ** 그런 정도의 마음가짐인 듯하다, 란 뜻. 「ほど」는 정도・연령. 「よ」는 영탄의 간투조사.

9) **罪うることぞ** (생물을 잡는 것은) 부처님의 벌을 받을 것이다. 살생금지의 불교사상에 바탕을 두고 있다.

10) **常に聞こゆるを** 항상 말씀드리고 있는데. 「聞こゆる」는 「言ふ」의 겸양어. 尼僧의, 소녀에 대한 경의를 나타냄.

11) **心うく** 난처한 일. 한심한 일. 연용형으로서 종지시킨 것은, 여정을 남기기 위한 것이다.

12) **こちや** 이리 오세요. 이쪽으로 와요. 「こち」는 대명사. 「や」는 영탄의 간투조사.

13) **ついゐたり** 무릎 꿇고 앉아 있다. 「突き居たり」의 「イ」음편. 「たり」는 존속의 조동사의 종지형.

14) **らうたげにて** 사랑스럽게. 귀엽게. 귀엽고 사랑스런 모양을 말함.

15) **眉のわたりうちけぶり** 눈썹 언저리가 희미하게 흐려 보이는 느낌으로 (아름답고). 그 당시는 눈썹은 적령기에 이르면 뽑고, 먹으로 눈썹을 그리는 것이 보통이었는데, 여기는 아직 어린 아이인 탓으로 날 때부터의 눈썹 그대로의 느낌을 「うちけぶり」라고 한 것으로서, 童女의 얼굴 모습이 아름답고 귀여운 느낌을 형용한 것.

16) **いはけなく** 어려서. 천진 난만해서. 순진하고 귀엽다.

17) **かいやりたる** 머리를 뒤로 빗어 올리고 있다. 「かいやる」는 「かきやる」의 「イ」음편.

18) **髮ざし** 머리털이 나 있는 모양. 머리의 맵시. 「面ざし」「目ざし」 등과 같은 類이다. 각각, 「얼굴 모양・얼굴 생김새」「눈매」란 뜻.

19) **ねび行かむさま** 지금부터 성장해 가는 장래의 모습. 「ねぶ」는 생장하다. 나이를 먹다. 「む」는 완곡의 조동사의 연체형.

20) **ゆかしき人かな** 바라보고 싶은 사람이구나. 계속 지켜 보고 싶은 사람이구나. 「ゆかし」<行かし・往かし>는, 마음이 대상을 향해서, 강하게 끌리는 느낌을 나타냄. ①마음이 끌리다. 보고 싶다. 듣고 싶다. 알고 싶다. 가고 싶다. ②어쩐지 그립다. 여기는 ①이며, 너무나도 사랑스럽고 아름다워서, 성장한 뒷일이 보고 싶다. 알고 싶다고 생각하는 것이다.

21) **さるは** 그것은. ……라고 하는 것도 実은. 「然あるは」가 준 말.

22) **限りなう心を尽くし聞こゆる人** 한없이 정성을 다해서 그립게 여기고 있는 분. 藤壺궁녀를 가리킨다. 「心を尽くす」는 온 정신을 쏟다. 「聞こゆる」는 겸양의 보조동사이며, 藤壺宮女에 대한 경의를 나타냄.

23) **似奉れるが** 몹시 닮아 계시는 것이. 「奉れ」는 겸양의 보조동사이며, 작자가 「紫の上」를 낮추고 藤壺宮女에 대한 경의를 간접적으로 나타낸 것. 「る」는 존속의 조동사 「り」의 연체형.

24) **まもらるるなりけり** 자연히 눈길이 끌리는 것이었다. 「まもる」는 눈을 떼지 않고 보다. 「るる」는 자발의 조동사 「る」의 연체형. 「けり」는 영탄의 조동사의 종지형 「なりけり」로서 「気がついてみると……であった」라는 기분을 나타냄.

25) **けづる** (머리를) 빗질하다. 머리를 빗다.

26) **をかしの御髪や** 아름다운 머리시군요. 「형용사의 종지형+の」(「ク」활용인 경우는 「형용사의 어간+の」)는, 형용사의 연체형을 강하게 한 꼴. 감동문에 쓰인다. 「や」는 영탄의 간투조사.

27) **はかなうものしたまふこそ** 제정신이 없이 계시는 것이. 「はかなう」는 「はかなく」의 「ウ」음편. 「ものし」는 「サ」변의 代動詞이며, 「うしろめたけれ」가 그 맺음이다.

28) **うしろめたけれ** 마음에 걸린다. 「こそ」의 맺음이며, 형용사의 巳然形.

29) **かからぬ人** 「かくあらぬ人」. 이렇게 어린 아이답지 않는 사람.

30) **故姫君** 돌아가신 공주(귀인의 딸). 이 比丘尼의 딸로서 소녀의 모친. 藤壺의 형.

31) **殿** 이 比丘尼의 남편. 故按察使大納言.

32) **後れたまひしほど** (남편이) 앞서 돌아가셨을 때.

33) **いみじうものは思ひ知りたまへりしぞかし** 듣고 판단하는 것이 대단히 훌륭하셨던 것입니다. 「もの」는 널리 사물의 도리를 가리킴. 「たまへ」는 4단의 동사의 巳然形(명령형이라고도)이며, 존경의 보조동사. 「り」는 존속의 조동사의 연용형. 「し」는 과거의 조동사의 연체형. 「ぞ」는 強意의 계조사. 「かし」는 다짐을 해서 말하는 종조사.

34) **見捨て奉らば** (당신을) 뒤에 남겨 두고 죽어 버린다면. 「奉ら」는 겸양의 보조동사이며 4단의 미연형. 比丘尼의 소녀에 대한 경의를 나타냄. 「ば」는 순접의 가정조건의 접속조사.

35) **世におはせむとすらむ** 이 세상을 살아가려고 하시는 것이겠지요. 「おはせ」는 「おはす」의 미연형. 「む」는 의지의 조동사. 「す」는 「サ」변의 동사의 종지형. 「らむ」는 현재추량의 조동사이며, 위의 의문의 부사 「いかで」를 받고 있으니까 연체형이다.

36) **すずろに** 「そぞろに」와 같다. 별다른 이유도 없이. 형용동사의 연용형이다.

37) **さすがに** 역시. 과연. 뭐니뭐니 하지만.

38) **うつぶしたるに** 엎드리고 있는 얼굴에. 「たる」는 존속의 조동사 「たり」의 연체형.

39) **つやつやとめでたう見ゆ** 윤기가 있어서 아름답게 보인다. 「つやつやと」라는 것은, 빛나고 있어 아름다운 모양. 「めでたう」는, 아름답게란 뜻.

現代語訳 尼君は、「なんて、まあ、子供っぽいこと。頼りなくていらっしゃるのね。わたしが、こう、きょうかあすかと思われる命なのに、何ともお思いにならなくて、雀をおっかけていらっしゃるとは。「『(生き物を浦えるのは)仏罰があたることだ』と、いつもお話し申しておりますのに。困ったこと」と言って、「こちらへ」というと、(少女は尼君のそばへ来て)そこにひざまずいている。顔つきはたいそう愛らしく、眉のあたりはぼうっとけむった感じで、(たれ下がる髪を)あどけなくかき上げている額ぎわや髪の様子は、とてもかわいらしい。これから成長していくようすを見ていたい人だなあ、と(源氏の)目はその子にひきつけられておいでになる。それも実は、「限りなく心を尽してお慕い申し上げている方に、(この人が)たいへんよく似申しあげているのが、自然とこう見守られるわけなのであった」と思うにつけても、もう涙がこぼれるのである。尼君は(女の子の)髪をなでながら、「櫛を入れるのもめんどうくさがりなさるけれど、ほんとうに美しい御髪だこと。(それにしても)まるでたわいなくおいでになるのが、ほんとうに気がかりです。これくらいのお年になれば、こんなに子供っぽくない人もありますのに。(あなたのお母様の)故姫君は、十二歳で父君に先立たれなさいましたが、そのころはもうずいぶん聞きわけよくていらっしゃったのですよ。もし今わたしがあなたを残して死んでしまったら、どんなにして世の中を暮らしておゆきになるつもりでしょう」と言って、ひどく泣くのを御覧になると、(源氏にとっては見ず知らずの人だが)わけもなく悲しい。子供ごころにもさすがに(悲しく、尼君を)じっと見つめ、伏し目になってうつむいたが、その顔にはらはらとこぼれかかる髪が、つややかで、実に美しく見える。

韓 譯 尼僧은「왜 이렇게 철이 안 들고 어린 아이 같은지

모르겠어요. 정말 믿음직하지 못하군요. 내가, 이렇게, 오늘 죽을지 내일 어떨지 모르는 목숨인데도, 아무렇게도 생각하지 않으시고, 참새를 쫓고만 계시다니. 「『(산 짐승을 잡는 것은) 부처님의 벌을 받을 일이다』라고, 언제나 말씀드리고 있는 데도. 딱한 일이다」고 하며, 「이리로」라고 하니. (소녀는 尼僧의 곁으로 와서) 거기에 꿇어 앉아 있다. 얼굴 생김새는 매우 사랑스럽고, 눈썹 언저리는 마치 희미하게 안개가 낀 듯한 느낌으로서, (앞으로 늘어진 머리를) 귀엽게 쓸어 올린 이마 언저리나 머리의 모양은, 매우 귀엽다. 지금부터 자라나는 모습을 지켜 보고 싶은 사람이구나, 하고 (源氏의) 시선은 그 아이에게 끌려 계신다. 그것은 실은, 「한없이 마음을 다해서 그립게 여기는 분에, (이 사람은) 정말로 흡사하신 것이, 자연히 이렇게 지켜 보아지는 까닭인 것이었다」고 생각하는 데 따라, 자기도 모르게 눈물이 쏟아지는 것이다. 尼僧은 (소녀의) 머리를 쓰다듬으면서, 「빗질하는 것도 귀찮아하시지만, 정말로 아름다운 머릿결이로군요. (그렇지만) 마치 어린 아이 같은 행동을 하시는 것이, 진정 마음에 걸립니다. 이만한 나이가 되면, 이렇게 어린 아이 같지 않는 사람도 있는 것을. (그대의 어머니인) 돌아가신 아가씨는, 12세 때 아버님을 여의셨지만, 그때는 벌써 사리의 판단이 훌륭하셨답니다. 만일 지금 내가 그대를 남겨 두고 죽는다면, 어떻게 해서 이 세상을 살아가실 작정입니까」하며, 몹시 우는 것을 바라보시니, (源氏에게는 듣지도 알지도 못하는 사람이지만) 이유도 없이 슬프다. 어린 마음인 데도 역시 (슬퍼서, 尼僧을) 바라보고, 눈을 내리깔고 머리를 숙였으나, 그 얼굴에 스르르 내리 덮이는 머리칼이, 윤기가 있으며, 매우 아름답게 보인다.

[1]生ひ立たむありかも知らぬ若草をおくらす露ぞ消えむそらなき

[2]またゐたる大人、げにとうち泣きて、

[3]はつ草の生ひ行く末も知らぬまにいかでか露の消えむとすらむ

と聞こゆるほどに、僧都、あなたより来て、「[4]こなたはあらはにやはべらむ。[5]けふしも端におはしましけるかな。この上(かみ)のひじりの坊に、源氏の中将、わらは病みまじなひに[6]ものしたまひけるを、[7]ただいまなむ聞きつけはべる。[8]いみじう忍びたまひければ、[9]知りはべらで、ここにはべりながら、[10]御とぶらひにもまうでざりけるに」とのたまへば、「[11]あないみじや。いとあやしきさまを、[12]人や見つらむ」とて、[13]簾降ろしつ。「[14]この世にののしりたまふ光源氏、かかるついでに[15]見奉りたまはむや。世を捨てたる法師の心地にも、いみじう世の憂へ忘れ、齢(よはひ)延ぶる人の御有様(ありさま)なり。[16]いで。[17]御消息(せうそこ)聞こえむ」とて、[18]立つ音すれば、帰りたまひぬ。

[19]あはれなる人を見つるかな、[20]かかれば、[21]このすき者どもは、[22]かかるありきをのみして、よく、[23]さるまじき人をも見つくるなりけり。[24]たまさかに立ち出づるだに、かく、思ひのほかなることを見るよと、をかしうおぼす。[25]さても、いと美しかりつるちごかな。何人ならむ。[26]かの人の御かはりに、[27]明け暮れのなぐさめにも見ばやと思ふ心、[28]深うつきぬ。

語句의 解釋 및 文法

1) **生ひ立たむありかも知らぬ若草をおくらす露ぞ消えむそらなき** 지금부터 앞으로, 어떻게 자라갈 것인지, 그 예측조차 할 수 없는 어린 풀과 같은 아가씨를 뒤에 남겨 두고 사라지려고 하는 이슬과 같은 나는 미련이 남아 죽으려야 죽지 못하는 마음입니다. 소녀를 「어린 풀」에, 자신을 「이슬」에 비유해서, 어린 아이를 남겨 두고 죽어가는 몸의 불안한 마음을 노래한 것이다. 「露」와 「若草」는 縁語. 소녀를 「어린 풀」에, 자신을 「이슬」에 비유해서, 어린 아이를 남겨 두고 죽어가는 몸의 불안한 마음을 노래한 것이다. 「露」와 「若草」는 縁語. 「ありか」는 행선지의 안착할 곳. 「おくらす」는, 뒤에 남겨 두고, 앞서 죽는다는 것. 「そら」는 방향, 장소의 뜻. 「ぞ……なき」로서 걸림 맺음.

2) **またゐたる大人** 또 한 사람 거기에 앉아 있던 女房. 「また」는 부사.

3) **はつ草の生ひ行く末も知らぬまにいかでか露の消えむとすらむ** 갓 돋은 풀과 같은 아가씨의 장래를 확인하기 전에, 풀에 있어서 대단히 소중한 이슬이라고 할 수 있는 당신이 어째서 죽으려고 하십니까? (그와 같이 마음이 약한 말씀은 하지 마세요) 앞의 노래에 대한 反歌니까, 앞의 노래에 따라, 「若草」라고 되어 있던 것을 「初草」로 바꾸어서 姫君(아가씨)에 비유하고, 「露」는 그대로 尼僧에 비유하고 있다. 「草」와 「生ひ」, 「露」와 「消え」는 같이 縁語이다. 앞의 노래에서는 「露」를 덧없는 것에 비유해서 써서 마음의 한탄을 호소하고 있으나, 이 노래에서는, 「草(姫君)」를 성장시키는 데 소중한 것이라고 해서, 尼僧의 약한 마음을 격려하고 있다. 그렇게 마음이 약한 말씀은 하시지 말고, 아가씨의 장래를 지켜 보아 주십사 하고 말하는 것이다. 「か……らむ」로서 걸림맺음.

4) **こなたはあらはにやはべらむ** 여기서는 밖으로부터 죄다 보이지 않는지요. 「あらはに」는 형용동사의 연용형이며, 가리거나 덮지 않고 그대로 드러낸 것이란 뜻. 「や……む」로서 걸림맺음.

5) **けふしも** 오늘에 한해서. 오늘 따라. 「し」는 強意의 부조사. 「も」는 強意의 계조사.

6) **ものしたまひけるを** 오신 것을. 「ものす」는 「来」의 대동사.

7) **ただいまなむ聞きつけはべる** 바로 지금, 들어서 알았습니다. 「なむ……はべる」로서 걸림맺음.

8) **いみじう忍びたまひければ** (源氏 도련님은) 매우 미복 잠행을 하시기에. 「忍ぶ」는 남의 눈을 피한다는 뜻.

9) **知りはべらで** 알지 못하고. 「で」는 「ず＋て」가 준 것으로서, 부정의 뜻을 포함하는 접속조사.

10) **御とぶらひ** 방문하는 것. 여기는, 문안드리는 것쯤의 뜻.

11) **あないみじや** 어머나! 큰일이다. 「あな」는 감동사. 「いみじ」는, 좋든 나쁘든 간에 정도가 심한 것을 뜻하는데, 여기서는, 매우 난처한 일이다라는 뜻. 「や」는 영탄의 간투조사.

12) **人や見つらむ** 누군가(수행자 등이)가 보았을 것인지도 모르겠다.

13) **簾降ろしつ** 발을 내려 버렸다. 「つ」는 완료의 조동사이며, 「ぬ」에 비해서, 동작이 급격, 또 作為的으로 완료하는 뜻을 나타냄.

14) **この世にののしりたまふ光源氏** 지금 세상에서 평판이 높은 光源氏. 「ののしる」는, ①높은 소리로 말을 하며 떠든다. ②평판이 난. 소문이 자자한. 여기는 ②의 뜻.

15) **見奉りたまはむや** (얼굴을) 뵙지 않으시렵니까? 「奉り」는 겸양의 보조동사이며 尼僧의 동작(見る)을 낮춤으로 인해, 그 동작이 미치는 대상인 光源氏에 대한 僧都의 경의를 간접적으로 나타내고 있다. 「たまは」는 존경의 보조동사이며, 僧都의 尼僧에 대한 경의를 나타내고 있다. 이와 같이 「겸양어+존경어」의 꼴은, 두 방면에 대한 경의를 동시에 나타내는 것이니 주의할 것. 「む」는 권유의 조동사의 종지형. 「や」는 의문의 계조사의문말용법.

16) **いで** 자. 어떤 것을 작정해서 실행에 옮기려고 할 때 하는 말.

17) **御消息聞こえむ** 인사를 여쭈러 갑시다. 문안드리러 갑시다. 「消息」는, ①편지. ②인사. 말하는 것. 여기는 ②의 뜻.

18) **立つ音すれば、帰りたまひぬ** (僧都가 자리를) 일어서는 소리가 나기에, (源氏는 먼저 돌아가 있으려고) 돌아가셨다.

19) **あはれなる人** 마음에 스미는 듯한 사람. 실로 귀여운 사람.

20) **かかれば** 이런 모양이었기에. 이런 뜻밖의 일이 있기 때문에, 란 뜻.

21) **このすき者どもは** 저 바람둥이들. 惟光 등을 가리킴.

22) **かかるありきをのみして** 이렇게 남의 눈을 피해 돌아다니기만 해서. 「かかる」는 연체사. 「のみ」는 한정의 부조사. 「し」는 「サ」변의 동사의 연용형.

23) **さるまじき人** 좀처럼 찾을 수 없을 만한 사람. 뜻밖의 미인. 「さあるまじき」의 준 것으로서, 「さ」는 아래의 「見つくる」를 가리킴. 즉, 「좀처럼 찾아보기 힘든 사람」이다. 「さあるまじき」는 連語이며, 품사는 결정짓기 힘들지만 여기서는 형용사로서 취급한다. 또 「さる」를 복합의 「ラ」변의 동사 「さあり」의 연체형, 「まじき」를 부정추량의 조동사의 연체형으로 해도 좋다.

24) **たまさかに立ち出づるだに** (자기처럼) 드물게 (우연히) 나타났는데도. 「だに」는 가벼운 것을 예로 들어, 言外에 무거운 것을 유추시키는 부조사. 「……サエモ」라고 새긴다.

25) **さても** 그렇기는 하지만.

26) **かの人の御かはりに** 저분의 대신에. 「かの人」는 藤壺女御를 가리킴. 「女御」는 중궁(황후와 같은 자격의 妃) 다음 가는 妃.

27) **明け暮れのなぐさめにも見ばや** 「明け暮れ(매일)」의 마음의 위안을 위해서도 보고 싶다. 「ばや」는 활용어의 미연형에 붙어, 자기의 희망을 나타내는 종조사.

28) **深うつきぬ** 깊이 뿌리를 내기로 말았다.

現代語訳

(尼君が)

おい立ってゆく将来の落ち着き場所もわからないこの若草の子をあとに残してゆく、露の命のわたしは、死ぬに死ねない気持です。

(とよむと)そばにすわっていたもう一人の女房は、「もっともなこと」と(一緒に)泣いて、

初草のお子が成長してゆく将来もわからぬうちに、どうして露が消えるように、死のうなどとおっしゃるのですか。(そんなお気の弱いことではいけません。)

と申しあげているうちに、僧都があちらからやってきて、「こちらは外から見えるではございませんか。今日にかぎって端にいらっしゃったことですね。この上の聖のところに、源氏の中将が、わらわやみをまじなうためにおいでになったことを、たったいま聞きつけました。ひどくお忍びでいらっしゃったため、存じませんで、ここにおりながら、御機嫌うかがいにもまいりませんでしたよ」とおっしゃると、「まあ、たいへん。ひどく見苦しい様子を、だれか見てしまったかしら」と言って、簾をおろしてしまった。「いま世間でおうわさの高い光源氏をこうした機会にお拝みになりませんか。(わたしのように)この世を捨てた法師の心にさえ、

全く世の憂を忘れ、寿命が延びるような気がする御ありさまです。どれ、御挨拶申しあげよう」と言って、立つ音がするので、(源氏は)お帰りになった。

(源氏は心の中で)かわいい人を見たことだ。こんな思いがけないことがあるから、あの色好みの者どもは、こういう忍びあるきばかりして、よく、めったに見つけられそうもない人を見つけるのだ。たまさかに出てきてさえ、こんな意外な目にあうのだものと、おもしろくお思いになる。(そして)それにしてもなんとかわいい子供だったことか。どういう人だろう。あの人の御身代わりに、明け暮れ心の慰めとして(そばに置いて)見たいものだと思う心が深くついてしまった。

韓 譯 (尼僧이,)

생장해 가는 장래의 정착할 자리도 알지 못하는 이 어린 풀과 같은 아이를 뒤에 남겨 두고 가는, 이슬의 운명과 같은 나는, 죽으려야 죽지 못할 마음입니다.

(라고 읊으니,) 옆에 앉아 있던 또 다른 한 사람의 女房는, 「지당한 말씀입니다」라고 (함께) 울고,

갓 돋아난 풀과 같은 아이가 성장해 가는 장래도 알기 전에, 어찌하여 이슬이 사라지듯이, 죽겠다고 말씀하시는 것입니까? (그런 마음 약한 일이란 있어서는 안 됩니다.)

라고 말씀드리고 있는데, 僧都가 저쪽으로부터 다가와서, 「이쪽은 밖으로부터 다 보이지 않습니까? 오늘따라 가장자리에 계시는군요. 위의 聖僧이 계시는 곳에, 『源氏の中将』가, 학질을 고치기 위해 기도를 드리려고 오셨다는

것을, 방금 듣고 알았습니다. 지극히 비밀리에 오셨기 때문에, 알 수 없어, 여기에 있으면서도, 문안드리러 가지도 못했습니다.」라고 말씀하시니까, 「어머나, 큰일났네. 매우 보기에 흉한 꼴을, 누군가가 보지나 않았을까」라고 말하고, 발(簾)을 내리고 말았다. 「요즘 세상에서 평판이 높은 光源氏를, 이런 기회에 뵙지 않으시렵니까? (저처럼) 이 세상을 버린 법사의 마음에 조차, 전혀 세상의 근심 걱정을 잊고, 수명이 길어지는 듯한 느낌이 드는 모습입니다. 자, 인사를 여쭙시다」라고 하며, 자리에서 일어서는 소리가 나기에, (源氏는) 돌아가셨다.

(源氏는 마음 속으로) 귀여운 사람을 보았구나. 이렇게 뜻밖의 일이 있으니까, 저 바람둥이들은, 이러한 미복 잠행만 해서, 정말 좀처럼 발견할 수 없을 만한 사람을 찾아내는 것이다. 가끔가다 외출한 터인 데도, 이런 뜻밖의 경우를 겪는 것이니 하고, 재미있게 생각하신다. (그리고) 그건 그렇더라도 정말 귀여운 아이였구나. 어떠한 사람일까? 그분(藤壺-源氏의 계모) 대신에 매일 마음을 위로하기 위해 (옆에 두고) 보고 싶은 것이라고 생각하는 마음이 깊이 새겨지고 말았다.

更級日記

일기이며, 한 권으로 되어 있다. 작자는 「管原孝標の女」이다. 管原道真의 자손이며, 대대로 학문에 의해 출사했었는데, 부친인 孝標는 지방관으로 그쳤다. 그러나 어머니의 언니에 『蜻蛉日記』의 작자인 右大将道綱의 어머니가 있으며, 문학에 인연이 깊은 분위기 가운데서 작자는 자랐다.

내용은, 작자의 13세부터 52세까지의 생활이나 심경이 회고적으로 관조되어 있다. 上総介(上総国의 次官)가 된 부친을 따라 내려갔던 上総로부터 귀경해서 로맨틱한 物語의 세계를 동경하여, 『源氏物語』의 주인공과 자신을 비교하는 청춘시대, 부친의 引退, 어머니의 출가 등, 엄한 현실 가운데서 맞은 늦은 결혼생활, 남편의 영진과 자식들의 성장을 기원하는 가정생활 속에서, 차츰 신앙생활로 눈 떠 가는 과정, 그리고 남편을 여읜 만년의 고독을 달래기 위해, 오직 부처님의 신앙에 매달려 極樂往生을 원하는 평온한 경지, 그것들이, 꾸밈없는 문장으로, 더구나 생생하게 그려지고 있다. 자신의 정신의 역사를 더듬어 밝힌 독특한 작품이다.

제명은, 권말에 있는 노랫말 「姨捨」의 「更級」의 지명과의 인연에 의한다.

門 出

작자는 上総에 있을 때부터, 어머니들의 이야기를 듣고 物語의 세계를 동경하게 되어, 상경하게 되면 그 物語를 마음껏 읽게 되도록 藥師佛에 기도를 올리고 있었다. 그러던 중에 부친의 임기가 끝나, 상경하기 위해 「門出」(집을 나섬. 여행길을 떠남)를 하게 된다.

[1]あづま路の道の果てよりも、[2]なほ奥つかたに[3]生ひいでたる人、いか

ばかりかは[4]あやしかりけむを、いかに思ひはじめけることにか、世の中に[5]物語といふもののあんなるを、[6]いかで見ばやと思ひつつ、[7]つれづれなる昼間(ひるま)、[8]宵居(よひゐ)などに、姉、まま母などやうの人々の、その物語、かの物語、光源氏のあるやうなど、ところどころ語るを聞くに、[9]いとどゆかしさまされど、わが思ふままに、[10]そらに[11]いかでかおぼえ語らむ。

語句의 解釋 및 文法

1) **あづま路の道の果て** 「あづま路」는 東海道(京都에서 東京로 통하는 국도)를 말함. 그 끝은 「常陸(ひたち)の国」(지금의 茨木県(いばらき))를 가리킴.

2) **なほ奥つかた** 훨씬 오지인 지방. 직선적으로는 東海道의 「道の奥」(みちのく, 동북지방)을 가리키지만, 여기서는, 작자의 부친의 任国인 「上総(かずさ)の国」를 가리킴. 「上総の国」는 지금의 千葉県의 중앙부이다.

3) **生ひいでたる人** 생장한 사람. 작자 자신을 말함. 「生ひいづ」는 생장한다는 뜻.

4) **あやしかりけむを** 얼마나 시골뜨기였는지 모를 것인데. 「あやし」는 귀인이나 도회인으로부터 봐서 이상하게 보인다는 것으로 해서, 「시골뜨기와 같다. 초라하다」란 뜻을 나타냄. 「けむ」는 과거추량의 조동사의 연체형. 「を」는 역접의 접속조사.

5) **物語といふもののあんなるを** 物語라는 것이 있다고 하는데. 「あんなる」는 「あるなる」의 撥音便. 「なる」는 伝聞推定의 조동사의 연체형. 「を」는 목적을 가리키는 격조사.

6) **いかで見ばや** 어떻게 하더라도 보고 싶은 것이다. 「いかで」는 「어떻게 해서라도, 무슨 수를 써서라도」란 뜻. 「ばや」는 자기의 희망을 나타내는 종조사.

7) **つれづれなる昼間** 별로 할 일도 없어, 따분한 낮 사이. 「つれづれなり」는 아무런 할 일이 없기 때문에, 심심하고, 적막한 상태.

8) **宵居** 「宵」는 저녁 때보다 좀 뒤, 밤이 깊어지기 전. 여기서는, 저녁을 마친 뒤의 즐거운 회합이라는 정도.

9) **いとどゆかしさまされど** 한층 더 읽고 싶은 마음이 더해지지만. 「ゆかし」는, 대상에 호기심을 일으키게 한다는 뜻이며, 「보고 싶다. 알고 싶다. 듣고 싶다. 읽고 싶다」 등으로 새긴다. 여기서는, 읽고 싶다는 뜻.

10) **そらに** 외고 있어서.

11) **いかでかおぼえ語らむ** 어찌하여 암기하고 있어서 말해 주겠는가? 외어 있지 않기에 결코 이야기해 주지는 않는다. 「か」는 반어의 계조사. 「か……む」로서 걸림맺음.

現代語訳 都から東国へ行く道の果て(である常陸(ひたち))よりも、もっと奥の方(の上総(かずさ)の国)に成長した人(わたし)は、(そのころの人目には)どんなにか、あま、田舎びていたであろうのに、どうして(そんな事を)思いはじめたことなのか、この世の中には物語というものがあるということだが、(それを)どうかして読んでみたいと思いながら、なにすることもなく手持ちぶさたな昼間や、夕食後のだんらんの折などに、姉やまま母などといった人々がその物語や、あの物語、光源氏の物語の内容などを、ところどころ話しているのを聞いていると、いっそう読んでみたい気持がつのってくるけれども、(しかし姉やまま母だとて)わたしの思うようには、どうしてそらで覚えていて話してくれようか。(話してくれはしない。)

韓 譯 京都에서 東国으로 가는 길의 막바지(인 常陸)보다도, 훨씬 오지(인 上総)에서 성장한 사람(나)은, (그 당시 사람의 안목으로서는) 얼마나, 그러니까, 시골뜨기였을 것이었는데도, 어찌하여 (그러한 일을) 생각하기 시작한 것일까. 이 세상에는 物語(이야기)라는 것이 있다고 하는데, (그것을) 어떻게 해서라도 읽어 보고 싶다고 생각하면서, 아무런 할 일이 없어 따분한 낮 사이나, 저녁을 마친 뒤의 가족끼리의 단란한 한때 같을 때에 언니나 계모 같은 분들이, 그런 物語, 저런 物語, 光源氏의 物語의 내용 등을, 군데군데 이야기하고 있는 것을 듣고 있으니, 더욱더 읽고 싶은 마음이 더해지지만, (그러나 언니나 계모라고 해서) 내가 생각하는 대로는, 어찌하여 암기하고 있

어서 이야기해 주겠는가? (이야기해 주지는 않는다.)

[1]いみじく心もとなきままに、[2]等身に[3]薬師仏(やくしぼとけ)を造りて、手洗ひなどして、[4]人まに[5]みそかに入りつつ、京にとく上げたまひて、[6]物語の多く候ふなる、あるかぎり見せたまへと、[7]身をすてて[8]額(ぬか)をつき、祈り申すほどに、十三になる年、上(のぼ)らむとて、[9]九月(ながつき)三日[10]門出(かどで)して、[11]いまたちといふ所に移る。

[12]年ごろ[13]遊びなれつるところを、[14]あらはにこぼち散らして、たち騒ぎて、[15]日の入りぎはの、いとすごくきりわたりたるに、車に乗るとて、[16]うち見やりたれば、人まにはまゐりつつ、額をつきし[17]薬師仏の立ちたまへるを、[18]見すてたてまつる悲しくて、人知れず[19]うち泣かれぬ。

語句의 解釋 및 文法

1) **いみじく心もとなきままに** 매우 초조하기 때문에. 「心もとなし」는, 오래 기다려 견딜 수가 없다는 상태를 나타내는 형용사. 「ままに」는 「につれて(……에 따라)」란 뜻이지만, 여기는, 원인・이유로 취급해서 「ので, から」라고 새기면 좋겠다.

2) **等身に** 자신의 키와 같게. 一説에, 높이 5尺(150㎝쯤)을 말한다.

3) **薬師仏** 薬師如来의 像. 薬師如来는, 인간의 병을 고치고, 현세의 이익을 주며, 여러 가지 소원을 이루어 준다고 한다. 작자는, 빨리 서울로 올라가서 物語(책)를 보고 싶다는 소원이 있다.

4) **人ま** 사람이 없는 사이.

5) **みそかに入りつつ** 남몰래 매일 (방에) 들어가서는.

6) **物語の多く候ふなる** 物語가 많이 있다고 듣고 있습니다. (그것을.) 「候ふなる」 아래에 「を」를 보완하면 「見せたまへ」와의 연결이 뚜렷해진다. 「候ふ」는 「あり」의 겸손어로서, 4단동사의 종지형. 「の」는 주격의 격조사. 「なる」는 伝聞의 조동사의 연체형. 「……トイウ。……トカ聞イテイル」란 뜻. 단정의 조동사와 혼동하지 않도록.

7) **身をすてて** 내 몸을 내던지고. 한마음으로. 仏語의「捨身」에서 나온 말. 몸을 내던지고 뒤돌아 보지 않는 정도의 외곬인 소원을 말한다.

8) **額をつき** 이마를 마루에 닿게 하고.

9) **九月三日** 1020년 9월 3일.

10) **門出** 여행을 하는 경우, 옛날에는 吉日을 택해서, 형식적으로 집을 나가 부근의 다른 집에서 유하고, 그리고 새로이, 실제로 사정이 좋은 날에 출발하는 습관이 있었다. 여기서도, 9월 3일의 吉日에 형식적으로「いまたち」까지「門出」하고 본격적인 출발은 15일이었다.

11) **いまたち** 지명. 지금의 어디인지는 불명.

12) **年ごろ** 数年 이래.「日ごろ(いく日も)」「月ごろ(いく月も)」등과 같은 용법.「ごろ」는 몇 개라도 겹치는 것을 나타내는 접미어.

13) **遊びなれつるところ** 자주 놀던 집.「つる」는 완료의 조동사의 연체형.

14) **あらはにこぼち散らして** 집 안이 속이 텅 비어 속속들이 들여다 보일 정도로 (미닫이 등을) 철거해서. 문·미닫이·발 등을 모조리 치워 버리는 것이다.「あらはに」는 형용동사의 연용형.「こぼつ」는 여기서는 치워 버리는 것이며, 파괴하는 것은 아니다.「散らす」는 위의 말의 의미를 세게 하는 접미어적 표현.

15) **日の入りぎはの、いとすごくきりわたりたるに** 해가 떨어질 때로서, 매우 심하게 전면에 안개가 꽉 끼여 있을 때에.「入りぎはの」의「の」는 동격을 나타내고,「日の入りぎわで、霧わたりたるとき」란 뜻.

16) **うち見やりたれば** 꼼짝 않고 (가만히) 뒤돌아보고 있으니까.「うち見る」는 ①가만히 (꼼짝 않고) 보다, ②힐끗 보다, 등의 뜻이 있지만, 여기는 ①의 쪽이 좋다.

17) **薬師仏の立ちたまへるを** 薬師仏이 서계시는 것을.「の」는 주격을 나타내는 격조사.「たまへ」는 존경의 보조동사의 巳然形(명령형이라고도).「る」는 존속의 조동사의 연체형.

18) **見すてたてまつる悲しくて** 이대로 내버려 두고 돌봐 드리지 않는 것이 슬퍼서.「見すてたてまつる(ことが)悲しくて」란 뜻.「たてまつる」는 薬師仏에 경의를 표하기 위한 겸양어.「……申し上げる」라고 새긴다.

19) **うち泣かれぬ** 저절로 울고 말았다.「れ」는 자발의 조동사「る」의 연용형.「ぬ」는 완료의 조동사의 종지형.

現代語訳

(そのことが)ひどくじれったいので、(わたしは)自分の背たけに等しく薬師仏を造って、手を洗い(清め)などして、毎日人のいない間にこっそり(仏を安置した部屋に)はいっては、「京に早く上らせてくださって、(そこには)物語がたくさんあると聞いております。それをありったけ全部見せてください」と、わが身をなげうって、額を床につけてお祈り申しているうちに、十三歳になった年、京に上ろうということになって、九月三日に門出して、「いまたち」という所に移った。

数年このかた遊びなれた家を、(人々が)家の中ががらんと見通せるほどに(建具などを)取りはらって、大騒ぎをして、(出発の準備をしたのち)、(夕方)日も入りかかるころの、たいそうひどく一面に霧が立ちこめているときに、車に乗るというので、(住みなれた家も、これでお別れだと思い)じっとふり返って眺めていると、いつも人のいないときにお参りしては額を床につけて拝んでいた薬師仏が立っていらっしゃるの(が目に入った。この仏さま)を、このままお見捨て申しあげるのが悲しくて、人知れず、自然と泣けてしまった。

韓 譯

(그 일이) 매우 초조하게 느껴졌기에, (나는) 자신의 키와 같은 크기의 藥師佛을 만들어 손을 씻고 (깨끗이 하기도) 해서, 매일 사람들이 없는 사이에 몰래 (부처님을 안치해 놓은 방에) 들어가서는, 「빨리 서울(京都)로 올라가게 해주셔서, (거기에는) 物語(이야기 책)가 많이 있다고 듣고 있습니다만, 그것을 있는 대로 죄다 보여 주십시오」 라고, 내 몸을 내던지고, 이마를 마루에 비비면서 기도를 드리고 있는 중에, 13세가 되던 해에, 서울로 올라가게 되어, 9월 3일에 「門出」해서, 「いまたち」라는 곳으로 옮겼다.

수년 이래 살아서 정이 든 집을, (사람들이) 집안이 텅 비어 속속들이 들여다 보일 정도로 (가구들을) 철거해서, 떠들썩하며, (출발 준비를 한 뒤), (저녁때)

해가 넘어 가려는 무렵의, 매우 심하게 전면에 안개가 꽉 끼여 있는 때에, 수레를 탄다고 하기에, (살아서 정이 든 집도, 이것으로 이별이라고 생각하여) 가만히 뒤돌아보고 있으니, 언제나 사람들이 없을 때에 참배하고서는 이마를 마루에 닿게 해서 빌던 藥師佛이 서 계시는 것이 눈에 들었다. 이 부처님을, 이대로 내버리고 마는 것이 슬퍼서, 남 몰래, 저절로 울고 말았다.

「をばのたまもの」

상경한 후 『源氏物語』의 일부를 읽고, 物語에 대한 동경을 자극 받은 작자는, 아주머니로부터 『源氏物語』를 비롯하여 갖가지의 物語를 기증받아, 하늘에도 올라갈 듯한 기분이 되어, 밤낮으로 그것을 탐독해서, 物語의 세계에 생각을 묻는다.

[1]かくのみ[2]思ひくんじたるを、[3]心も慰(なぐさ)めむと、[4]心ぐるしがりて、母、物語などもとめて見せたまふに、[5]げにおのづから慰みゆく。[6]紫(むらさき)のゆかりを見て、つづきの[7]見まほしくおぼゆれど、[8]人語らひなどもえせず、たれもいまだ都なれぬほどにて、え見つけず。いみじく[9]心もとなく、ゆかしく覚ゆるままに、「この源氏の物語、[10]一(いち)の巻(まき)よりしてみな見せたまへ」と心のうちに祈る。[11]親の[12]太秦(うづまさ)にこもりたまへるにも、[13]ことごとなく、[14]このことを申して、[15]出でむままにこの物語[16]見はてむと思へど、見得ず。

語句의 解釋 및 文法

1) かく　　이와 같이. 여기서는 생략했지만, 이 段 앞에 있는 슬픈 사건, 병으로 유모가 죽었다든지, 작자가 習字의 본보기를 받은, 大納言 藤原行成의 따님이 죽은 것을 작자가 슬퍼하고 있었던 것을 받고 있다.

2) **思ひくんじたるを** 울적해 하고만 있기 때문에. 「思ひくんず」는 「思ひ屈す」의 音便. 옛날, 「くっす」라는 促音表記가 一定하지 않았을 무렵, 撥音表記 「ん」으로써 代用하던 것을, 뒤에 表記대로 発音하게 된 것이라고 짐작된다.

3) **心も慰めむと** 어머니가 작자의 마음을 위로해 주려고 하는 것을 말함. 여기의 어머니는 친어머니.

4) **心ぐるしがりて** 걱정해서. 신경을 써서. 가엾이 여겨. 「心苦し」는 그것을 보는 사람의 마음이 괴롭게 느낀다는 뜻. 「がる」는 接尾語이며, 「ソノヨウニ思ウ。ソノヨウニフルマウ」란 뜻.

5) **げにおのづから慰みゆく** 진정으로 자연히 마음이 풀어져 간다. 주어는 작자. 「げに」는 母親의 기대대로, 라는 기분으로 쓰여지고 있다.

6) **紫のゆかり** 『源氏物語』의 「若紫(わかむらさき)」의 巻. 「紫の上」는 源氏의 의중의 인물인 「藤壺の宮」의 질녀에 해당하기 때문에, 이 「紫の上」의 일을 말한 「若紫」의 巻을, 「紫のゆかり」라고 부르는 것이리라.

7) **見まほしく** 보고 싶다고. 「まほしく」는 願望의 助動詞의 連用形.

8) **人語らひなどもえせず** 손수 남에게 말해서 부탁할 수도 없다. 「語らひ」는 「語り合うこと。相談や依頼すること」란 뜻. 「え……ず」는 「できない」라고 하는 不可能의 뜻을 나타냄.

9) **心もとなく、ゆかしく覚ゆるままに** (마음이) 조급해서, 읽고 싶다고 자꾸만 생각이 드는데. 「心もとなし」는 ①불안하다. 마음에 걸린다. ②지루하게 기다려진다. 조급하다, 등의 뜻이다. 여기는 ②의 뜻. 「ゆかし」는 마음이 강하게 끌리는 것이며, 여기는 「읽고 싶다」란 뜻. 「ままに」는 「……ので」라고 새긴다.

10) **一の巻よりして** 첫째 권부터 시작해서. 최초의 「桐壺(きりつぼ)」의 권부터 시작해서. 「して」는 「サ」변동사의 연용형 「し」+접속사 「て」.

11) **親** 모친이라고 생각된다. 부친이라는 설도 있음.

12) **太秦** 지금의 京都市 右京区 太秦에 있는 広隆寺를 말함. 弥勒菩薩像으로서 유명하다.

13) **ことごとなく** 다른 것은 아니고. 「ことごと」는 「異事」이며, 다른 일.

14) **このことを申して** 이 (物語의) 일을 기도드려서.「このこと」는「この源氏の物語、……見せたまへ」라고 하는 기도를 말한다.「申す」의 대상은 부처이지만, 参籠(신사나 절에 일정한 기간을 정해 놓고 머물며 기도함)하는 것은 어른들뿐이었을 것이라고 보고, 어버이에게 기도해 주도록 부탁했다고 풀이하는 설도 있다.

15) **出でむままに** 参籠이 끝나서 물러나거든 곧 바로. 경어를 쓰지 않고 있으니까 주어는 작자.「ままに」는, 형식명사「まま」에 격조사「に」가 붙은 것으로서, 접속조사와 같은 구실을 한다. 전항 9)의「覚ゆるままに」는, 원인·이유를 나타내고「……ので」라고 새겼지만, 여기는,「……するやいなや」란 뜻.

16) **見はてむ** 다 읽으리라.「む」는 의지의 조동사이며, 작자의 의지를 나타냄.

現代語訳 こんなふうに(わたしが)ふさぎこんでばかりいるので、気でもまぎらせようと、気をつかって、母が物語などをさがして来て見せてくださると、ほんとうに(母の思惑どおりに)自然と気が晴れていく。『源代物語』若紫の巻を読んで、その続きが見たいと思われるけれども、(それを)人に頼むこともできない。また(家の者は)だれも都の生活に慣れていないことなので(それを)見つけることもできない。ひどくじれったく、(早く)読みたいと思われてならないので、「この『源氏物語』を、一の巻からはじめて全部お見せてください」と心の中で(仏様に)お祈りをした。太秦(の広隆寺)に参籠されたときにも、(わたしもともにおこもりをして)ほかのことは願わず、ただこの(物語の)ことをお祈り申し上げて、参籠が終わって、退出したらすぐに、この物語を全部終わりまで読もうと思うけれどぼ、見るこができない。

韓 譯 이런 모양으로 (내가) 울적해 하고만 있는 탓으로, 마음을 위로해 주려고 신경을 써서, 어머니가 物語 등을 구해서 보여 주시면,

정말로 (어머니의 생각대로) 자연히 마음이 풀려 간다. 『源氏物語』의 「若紫の巻(まき)」를 읽고, 그 연속이 보고 싶다고 생각이 들었지만, (그것을) 남에게 부탁할 수도 없다. 또 (집안 사람들은) 모두가 京都(서울)의 생활에 익숙해 있지 않을 무렵이었기에 (그것을) 발견할 (찾아낼) 수도 없다. 매우 조급하고, (빨리) 읽고 싶다는 생각이 들어서 견딜 수가 없어, 「이 『源氏物語』를, 첫 권(巻)부터 시작해서 전부 보여 주십시오」하고 마음 속에서 (부처님께) 기도드렸다. 어버이들이 太秦(의 広隆寺)에 參籠하셨을 때, (나도 함께 거기서 묵으면서) 다른 일은 부탁드리지 않고, 오직 이 (物語의) 일만을 기도드려서, 參籠이 끝나서, 물러나가게 되면 곧 바로, 이 物語를 전부 끝까지 읽으리라고 생각하지만, 그렇게 할 수가 없다.

いと口をしく思[1]ひ嘆かるるに、を[2]ばなる人のゐなかより上りたる所にわ[3]たいたれば、「いとう[4]つくしう、おひなりにけり」など、あ[5]はれがり、めづらしがりて、帰るに、「何をか奉らむ。ま[6]めまめしきものは、ま[7]さなかりなむ。ゆ[8]かしくしたまふなるものを奉らむ」とて、源氏の五十余巻、ひ[9]つに入[10]りながら、ざ[11]い中将・とほぎみ・せり河・しらら・あさうづなどいふ物語ども、一[12]袋取り入れて、得て帰るここちのう[13]れしさぞいみじきや。は[14]しるはしる、わづかに見つつ、心[15]も得ず、心[16]もとなく思ふ源氏を、一つ巻よりして、人[17]もまじらず、き[18]ちやうの内にう[19]ちふして、ひき出でつつ見るここち、き[20]さきの位も何にかはせむ。昼は日ぐらし、夜は目のさめたるかぎり、火を近くともして、これを見るよりほかのことなければ、お[21]のづからなどは、空に覚えうかぶを、い[22]みじきことに思ふに、夢[23]に、い[24]と清げなる僧の、黄なる地(ぢ)の袈裟(けさ)着たるが来て、「[25]法華経(ほけきやう)五の巻をとく習へ」と言ふと見れど、人[26]にも語らず、習はむとも思ひかけず、物語のことをのみ心[27]にしめて、わ[28]れはこのごろわろきぞかし、[29]盛りにならば、容貌(かたち)もかぎりなくよく、[30]髪もいみじく長くなりなむ。[31]光(ひかる)の源氏の夕顔(ゆふがほ)、宇治(うぢ)の大将の浮舟(うきふね)の女君の[32]やうにこそあらめと思ひける心、[33]まづいとはかなくあさまし。

語句의 解釋 및 文法

1) **思ひ嘆かるるに** 한탄(슬퍼)하지 않을 수 없었을 때에. 「るる」는 자발의 조동사 「る」의 연체형. 「に」는, 「……トキニ。……コロニ。……オリニ」란 뜻을 나타내는 격조사.

2) **をばなる人の** 「おば」(백모・숙모・고모・이모의 총칭)가 되는 사람이. 이름은 알 수 없음. 「なる」는 단정의 조동사의 연체형. 「の」는 주격을 나타내는 격조사.

3) **わたいたれば** (내가) 찾아갔더니만. 「わたりたれば」의 「イ」음편. 「わたしたれば」의 「イ」음편이라고 한다면, 어버이가 나를 보냈기 때문에란 뜻이 된다.

4) **うつくしう、おひなりにけり** 귀엽게, 성장했군요. 「うつくし」는 「かわいい」란 뜻. 「おいなる」는 「生ひ成る」이며, 영탄의 조동사.

5) **あはれがり** 반가워하며, 마음 깊이 애정을 느껴서 감개 깊이 생각하는 것. 오랫만에 작자를 만난 기쁨을 나타내고 있다.

6) **まめまめしきもの** 오직 실용적인 것. 「まめまめし」는, ①忠実하다. 진실하다. ②実用的이다, 등의 의미가 있지만, 여기는 ②의 뜻.

7) **まさなかりなむ** 반드시 시시하겠지요. 「まさなし」는, 「つまらない。よくない」란 뜻. 「なむ」의 「な」는 強意의 조동사 「ぬ」의 미연형. 「む」는 추량의 조동사의 종지형이며, 「キット……ダロウ」란 뜻.

8) **ゆかしくしたまふなるものを** 갖고 싶어하신다고 듣고 있는 것을. 「ゆかし」는 이 경우, 「読みたい」, 「ほしい」, 「手に入れたい」란 뜻. 「なる」는 伝聞의 조동사 「なり」의 연체형으로서, 작자가 物語를 읽고 싶어 하고 있는 것을 일찍 사람을 통해 듣고 있었던 것을 가리키고 있다.

9) **ひつ** 궤. 뚜껑이 있는 대형의 통.

10) **入れながら** 든 채로. 「ながら」는, 「……ママデ」란 뜻의 접속조사. 단, 체언 또는 체언에 準하는 말에 붙는 「ながら」는 접미어로 하는 설도 있다.

11) **ざい中将・とほぎみ・せり河・しらら・あさうづなどいふ物語ども** 지금은 흩어져 없어져 전해지지 않으나, 당시 읽혀지던 物語類. 단,『ざい中将』는『伊勢物語』라고 본다.

12) **一袋取り入れて** 하나의 자루에 넣어서.

13) **うれしさぞいみじきや** 기쁜 마음은 대단한 것이었다.「いみじ」는, 기쁜 정도가 이만저만이 아닌 것을 가리키고 있다.「や」는 영탄의 간투조사.

14) **はしるはしる** 띄엄띄엄. 따로이,「가슴을 두근거리면서」라고 새겨서, 기쁜 나머지 흥분하는 마음을 나타낸다고 하는 설이나,「아주 바쁘게 보는 모양」이라는 설,「달리고 있는 수레 속에서」라는 설 등, 여러 설이 있다.

15) **心も得ず** 이야기의 줄거리도 잘 모르고. 내용도 잘 모르고.「心」는, 여기서는 物語의 내용·취향·줄거리 등을 말함.「得ず」는 그것들이 잘 이해되지 않다란 뜻이다.

16) **心もとなく思ふ** 뜻대로 되지 않아 초조하게 생각하고 있다. 더욱 알고 싶다고 생각하는데, 그것이 손에 들어오지 않는 초조함을 말함.

17) **人もまじらず** 오직 혼자서. 다른 사람을 넣지 않고.

18) **きちやう(几帳)** 대에 두 개의 기둥을 세우고, 그 위에 가로로 대를 지르고 휘장을 친 것. 옛날 방의 칸막이로 썼다.

19) **うちふして** 몸을 뉘고. 여기는, 편한 자세로, 엎드려 읽는 것을 말한다.

20) **きさきの位も何にかはせむ** 황후의 지위라도 문제가 되지 않는다.「かは」는 反語의 계조사로서,「む」는 그 맺음이며, 의지의 조동사의 연체형. 무엇하겠는가? → 문제가 되지 않는다, 라는 뜻이다. 物語를 읽는 재미가, 황후의 지위 이상의 최고의 것이라는 뜻을 강조하는 표현이다.

21) **おのずからなどは、空に覚えうかぶを** 자연히 (物語의 문장을) 암기해 버려 머리에 떠오르는 것을. 바르게는「おのずから空に覚えうかびなどするを」란 뜻이리라.「など」는 완곡한 표현.「空に」는「そらんじていて(외우고 있어)」란 뜻.「覚えうかぶ」는, 머리 속에 들었는 문장이, 회상되어서 떠오르는 것.

22) **いみじきこと** 훌륭한 (멋이 있는) 것. 작자의 기쁨의 표현이다.

23) **夢に** (어느날) 꿈속에. 뒤의「と見れど」에 걸린다.「いと清げなる僧の……と言ふ」까지가, 작자가 꾼 꿈의 내용.

24) **いと清げなる僧の、黄なる地の袈裟着たるが** 매우 고운 (깨끗한) 느낌의 僧侶로서, 황색의 천으로 만든 袈裟를 입은 사람. 「清げなり」는, 현대어의 「きれい」에 해당된다. 「の」는 동격을 가리키고, 「いと清げなる僧(で)、黄なる地の袈裟着たる(僧)が」로 되는 것이다.

25) **法華経五の巻** 「妙法蓮華経」 8권중 제5권. 女人往生을 설유한 것인데, 특히 중요시되고 있다.

26) **人にも語らず、習はむとも思ひかけず** 아무에게도 말하지 않으며, 배우려고도 생각하지 않고. 꿈 이야기를 누구에게도 이야기 않고, 또 꿈속에 나타난 중(僧)의 설유에도 따르려고 하지 않았던 것이다.

27) **心にしめて** 마음속에 깊이 생각해서. 「しむ」는 「染む」로서, 마음에 깊이 스며들게 한다는 뜻. 「心にひめて」는 아니다.

28) **われはこのごろわろきぞかし** 나는 지금은 (아직) 아름답지 않다. 「このごろ」는 현재. 「わろし」는 「悪し」만큼 단정적으로 말하는 것이 아니고, 여기는 용모·인물이 「さほどよくない」란 뜻. 「ぞ」는 強意의 계조사. 문말이기에 걸림맺음은 이루지 않는다. 「かし」는 다짐을 주는 종조사.

29) **盛りにならば** 한창인 나이가 되면. 「盛り」는 여자로서의 성장을 이룩한 연령. 「娘ざかり(처녀로서 한창 아리따운 나이)」.

30) **髪もいみじく長くなりなむ** 반드시 머리도 훌륭하게 길어지겠지요. 당시, 머리가 길다는 것은 미인으로서의 첫째 조건이었다. 「なむ」의 「な」는 완료의 조동사 「ぬ」의 미연형이며, 여기는 強意. 「む」는 추량의 조동사의 종지형. 「キット……ダロウ」라고 새긴다.

31) **光源氏の夕顔、宇治の大将の浮舟** 光源氏에게 사랑을 받던 夕顔라는 여성, 「宇治の大将」인 薫에게 사랑을 받던 浮舟라는 여성. 전자는 源氏에게 사랑을 받지만, 덧없이 죽어가는 불행한 여성. 후자는, 薫大将과 그의 친구 匂宮의 두 사람에게 사랑을 받고, 괴로운 나머지 宇治川에 투신했지만, 뜻을 이루지 못하고, 드디어 출가하는 비극적인 여성.

32) **やうにこそあらめ** 반드시 되겠지. 「こそ……め」는 걸림맺음. 직역은 「きっと……のようであるだろう」.

33) **まづいとはかなくあさまし** 정말 분별 없고 어리석은 일이었다. 「まづ」는 「先に」가 아니고, 「뭐라고 할까, 뭐라고도 할 수 없는」이란 뜻. 「はかなし」는, 분별 없다. 「あさまし」는, 일이 뜻밖인 것에 놀라고 어이없는 느낌을 가리키는 말인데, 여기서는 작자의, 자신의 소녀시절에 대한 반성이다.

現代語訳 たいそう残念で、嘆かずにいられなかったときに、おばにあたる人が、いなかから上京してきている所へ、(わたしが)訪ねていったところ、「とてもかわいらしく、成長しましたね。」などと言って、なつかしがり、珍しがって、(わたしが)帰るときに、「何を（おみやげに)差しあげましょうか。実用一点ばりのものでは、きっとつまらないでしょう。(あなたが)ほしがっていなさると聞いているものを差しあげましょう」と言って、『源氏物語』五十巻余りを、櫃にはいったまま(全部)と、『ざい中将』『とほぎみ』『せり河』『いらら』『あさうづ』などという物語類を、一つの袋に入れて(くださり、それを)もらって帰る気持のうれしさはたいへんなものであった。(いままで)とびとびに少しのぞいて見て、話の筋もよくわからず、もどかしく思っている『源氏物語』を一の巻からはじめて、ただ一人他人のいないところで、几帳のうちに身を横たえて、引き出しては見る気持は、(女性最高の地位である)皇后の位でも問題にはならない(と思われるほどすばらしく思えた)。

昼は日が暮れるまで(一日中)、夜は目のさめている間じゅう、火を身近にともして、この物語を読む以外に何もしないで、自然と(物語の文章を)暗記してしまって頭に浮かぶのを、すばらしいことと思っていたところ、夢の中に、とてもきれいな感じのお坊さんで、黄色の地の袈裟を着た人が現れて、「『法華経』の(最もとうとい)五の巻を早く習いなさい」と告げたのを見たけれど、(そんなことは)だれにも言わないし、習おうとも思わず、物語のことだけを心に思いこんで、「わたしは今は(まだ)美しくはない、(しかし)盛りの年ごろになったならば、きっと顔かたちもこの上なくよく、髪もすばらしく長くなるだろう。(そしてあの『源氏物語』の中の)光源氏に愛された夕顔や、宇治の大将の愛人浮舟のようにきっとなるだろう」と思っていた(わたしの)心は、(今になって思えば)はなはだたわいもなく愚かなことであった。

韓譯 매우 미련이 많고, 한탄하지 않고는 못 배기고 있을 때, 아주머니가 되는 사람이 시골로부터 上京해서 와 있는 곳으로 (내가) 방문했더니만, 「매우 귀엽고, 또 많이 자랐군요」들 말하면서, 반가와 하기도 하고, 신기하게도 여기면서, (내가) 돌아올 때, 「무엇을 (선물로) 드릴까요. 실용적인 것만으로는 반드시 마음에 안 들겠지요. (당신이) 원하고 있으시다고 듣고 있는 것을 드리겠습니다」라고 말해, 『源氏物語』 50여 권을, 궤에 넣어진 채로 (전부)와, 『ざい中将』 『とほぎみ』 『せり河』 『しらら』 『あさうづ』 등이라는 物語류를, 하나의 자루에 넣어서 (주셔서, 그것을) 얻어 가지고 돌아오는 마음의 기쁨은 여간한 것이 아니었다. (지금까지) 띄엄띄엄 조금씩 들여다 보아, 이야기의 줄거리도 몰라서, 답답하게 생각하고 있던 『源氏物語』의 첫째 권부터 시작해서, 오직 혼자 다른 사람이 없는 곳에서, 几帳의 안쪽에 몸을 뉘어, 꺼내서 보는 기분은, (여성 최고의 지위인) 황후의 지위라도 문제가 안 된다고 생각될 만큼 신나게 느껴졌다. 낮에는 해가 질 때까지 (종일), 밤에는 눈을 뜨고 있는 사이, 등불을 가까이에 켜 놓고, 그 物語를 읽는 이외는 아무 것도 하지 않기 때문에, 자연히 (物語의 문장을) 암기해 버려 머리에 떠오르는 것을, 멋있는 것이라고 생각하고 있는데, 꿈속에, 매우 깨끗한 느낌의 스님으로서, 노란색 천의 가사를 입은 분이 나타나, 「『法華經』의 (가장 거룩한) 다섯 번 째의 권(巻)을 빨리 배우시오」라고 말하는 것을 들었지만, (그런 사실은) 누구에게도 말하지 않으며, 배우려고도 생각하지 않고, 物語의 일만을 마음 깊이 생각하여, 「나는 지금은 (아직) 아름답지 않다. (그러나) 한창의 나이가 된다면, 꼭 얼굴도 더없이 예뻐지고, 머리도 훌륭하게 길어지겠지. (그리하여 저 『源氏物語』 속의) 光源氏로부터 사랑받던 「夕顔」나, 「宇治大将」의 애인 「浮舟」처럼 반드시 그렇게 되겠지」라고 생각하고 있던 (내) 마음은, (지금에 와서 생각하니) 매우 분별 없고 어리석은 일이었다.

今昔物語集

이 物語集은 설화집이며, 전31권이다.「今昔」란 이름은 각 설화가「今は昔」라고 쓰여 시작되는 것에 기인한다. 성립은 적어도 1106~1108(嘉承年間)년 이후, 院政期까지라고 보여지며, 편자는 宇治大納言隆国(1004~1077)를 原編者라고 하는 설이 있으나, 어느 것이나 다 확증은 없다. 내용은, 天竺(인도)・震旦(중국)・本朝(일본)의 3부로 나뉘어져 있고, 1040의 설화를 수록한 一大集成이다. 本朝의 部는, 그 위에, 佛法・世俗・宿報・靈魂 등으로 나누어져 있다. 31권중, 20권까지를 불교설화가 차지하여, 전체적으로 교훈적・불교적 색채가 짙지만, 本朝의 세속의 部 등에는 清新한 필치로, 귀족에만 한하지 않고 모든 계층의 인간을 생생하게 그려, 독특한 문학작품이 되어 있어, 근대문학에서도, 芥川龍之介나 谷崎潤一郎 등이 이 설화집에서 많은 소재를 취하고 있다.

문장은, 漢語・佛語를 섞어, 漢文直譯的 표현도, 俗語 표현도 취해서, 소박하고 힘찬 문체를 이루고 있다.

「検非違使忠明、清水にして敵に会ひ命を存せる語」

후일의 検非違使인 忠明란 자가, 젊었을 당시, 清水寺에 참례했을 때, 당시의 京都의 거리 안에서 불량배와 같은 맹위를 떨치고 있던 젊은 것들의 무리에게 포위 당해,「아차」하는 순간에, 清水寺의 깊은 계곡에 뛰어내렸으나, 観音의 加護로 인해 기적적으로 살아났다.

[1)]今は昔、忠明(ただあきら)といふ[2)]検非違使(けびいし)ありけり。若き男にてありけるとき、[3)]清水の[4)]橋殿にして[5)]京童(わらは)べと争ひをしけり。京童べ刀を抜きて忠明を[6)]立てこめて[7)]殺さむとしければ、忠明も刀を抜きて御堂の[8)]方ざまに逃ぐるに、御堂の東の[9)]つまに、京童べあまた立ちて向かひければ、[10)]そのかたへに[11)]え逃げずして、[12)]蔀(しとみ)のもとのありけるを取りて、脇にはさみて、前の谷に[13)]をどり落つるに、蔀のもと[14)]風にしぶかれて、谷底に鳥の[15)]ゐるやうに[16)]やうやく[17)]落ち入りにければ、そこより逃げて去りにけり。京童べは谷見おろして[18)]あさましがりてなむ[19)]立ち並みて見ける。忠明、[20)]京童べの刀を抜きて立ち向かひけるとき、御堂の方に向かひて、「[21)]観音助けたまへ」と申しければ、[22)]ひとへにこれ[23)]そのゆゑなりとなむ思ひける。

忠明が語りけるを聞き継ぎてかく[24)]語り伝へたるとや。

語句의 解釋 및 文法

1) **今は昔** 지금이 되고 보니 벌써 먼 옛날 일이지만. 이 말은『今昔物語集』의 모든 설화의 첫머리에 놓여져, 文末의「……と(なむ)語り伝へたるとや」와 상응하고 있다.

2) **検非違使** 비법이나 위법을 검찰하는 역할자의 뜻. 지금의 경찰・검찰・재판 등의 업무를 담당했다.「けんびいし」또는「けびいし」.

3) **清水** 清水寺. 京都市 東山区에 있다. 本尊은 千手観音. 法相宗의 사찰.

4) **橋殿にして** 橋殿에서.「橋殿」는, 계곡 위 같은 데 다리처럼 나무를 걸어 놓아, 그 위에 만든 건물.「にして」는 장소를 가리키는 격조사. 격조사「に」에「して」가 붙은 것. 題名의「清水にして」의「にして」도 같음.

5) **京童べ** 京都 시중의 젊은 사람들.「童べ」는 성인식 전의 어린이들. 변해서 사려가 깊지 못한 무리란 뜻에 쓴다. 호기심이 강하고, 입 걸게 남의 험담을 좋아하는 것의 대표로서「京童べ」는 흔히 쓰인다.

6) **立てこめて** 둘러싸서.

7) **殺さむとしければ** 죽이려고 하기에.「む」는 의지의 조동사의 종지형.「けれ」는 과거의 조동사의 已然形.「ば」는 순접의 확정조건을 나타내는 접속조사.

8) **方ざまに逃ぐるに** 방향으로 도망쳐 가니. 「方ざま」는, 방향, 「に」는 접속조사.
9) **つま** 처마 끝.
10) **そのかたへ** 그쪽 방향. 「京童べ」가 있는 방향. 「かたへ」는 「かたわら」, 「そば」.
11) **え逃げずして** 도망칠 수가 없어서. 불가능을 나타내는 말투. 「え……否定語」의 꼴을 취한다. 「え」는 부사이며, 부정어(여기서는, 「ず」)와 호응해서, 불가능의 뜻이 되어 「……できない」라고 새긴다. 「ず」는 부정의 조동사의 연용형. 「して」는 접속조사.
12) **蔀のもと** 蔀의 아래 부분. 「蔀」는, 가는 나무를 종횡으로 짠 格子의 뒤쪽에 판자를 붙인 문으로서, 상하 두 장으로 나누어진다. 日光을 차폐하든지, 비바람을 막든지 한 것.
13) **をどり落つるに** 뛰어내리니. 「に」는 접속조사.
14) **風にしぶかれて** 바람에 불리고, 떠받침을 받아. 「れ」는 수동의 조동사 「る」의 연용형.
15) **ゐる** 멈추다. 앉다.
16) **やうやく** 겨우, 간신히. 고문에서는 「しだいに」「だんだん」이란 뜻으로 쓰이는 경우가 많으니까 주의할 일이다.
17) **落ち入りにければ** 떨어져서 멈췄기 때문에. 「けれ」는 과거의 조동사의 已然形. 「ば」는 순접의 확정조건을 나타내는 접속조사.
18) **あさましがりてなむ** 어이가 없어서. 「あさましがる」는, 깜짝 놀라다. 어이가 없다란 뜻. 형용사 「あさまし」의 동사화한 것인데, 일이 의외인 것에 놀라서 어이없어 한다는 뜻.
19) **立ち並みて** 늘어서서. 줄지어 서서.
20) **京童べの** 京都의 거리의 젊은이들이. 「の」는 격조사이며 주격을 나타냄.
21) **助けたまへ** 살려 주십시오. 「たまへ」는 존경의 보조동사의 명령형. 忠明의 觀音에 대한 경의를 나타내고 있다.
22) **ひとへに** 일편 단심으로. 열심히. 아래의 「思ひける」에 걸린다.
23) **そのゆゑなり** 觀音菩薩에게 기도한 덕분이다. 「なり」는 단정의 조동사.
24) **語り伝へたるとや** 이야기해서 전하고 있다든가 하는 것이다. 첫머리의 「今は昔」와 호응해서 맺은 것인데, 설화 전승의 하나의 형이다. 「かくなむ語り伝えたる」의 「なむ」가 그 맺음이며, 존속의 조동사의 연체형. 「と」는 인용의 격조사. 「や」는 의문의 계조사. 아래에 「言ふ」「言ふなる」 등이 생략된 꼴이다.

現代語訳 今となってはもう遠い昔のことであるが、忠明という名の検非違使の役人がおったそうだ。(この男が)若い青年であったとき、清水寺(へ参詣の途中、そ)の橋殿のところで、京の町の若者たちとけんか争いになった。町の若者たちは刀を抜きつれて忠明をとり囲み、(切り)殺そうとしたので、忠明も刀を抜き(相手になり)ながら御堂の方角に逃けて行くと、御堂の東の軒端にも、町の若者たちがたくさん立っていて向かってくるので、そっちの方へも逃げることができなくなり、(やむなく、そこに)蔀の下半分があったのを取って、脇(の下)にはさんで、前の谷めがけて飛び込むと、蔀の下半分が風にあおられ、ささえられて、谷底に鳥がとまるように(ふわりと)かろうじておちとまったので、(忠明は)そこから逃げ去ってしまった。町の若者たちは谷を見おろしながら、あきれかえって立ち並んで、(その落ちる様子を)見ていたことだった。(実は)忠明は、町の若者たちが刀を抜きつれて立ち向かってきたとき、御堂の方に向かって「観音菩薩様、助けて下さい」と念じたので、ひとえに、この(命の助かった)ことは、その(神に加護を念じた)ためだと思ったことだった。

忠明という男が語ったことを聞き継いで、このように語り伝えているとかいうことである。

韓 譯 지금으로 봐서는 벌써 먼 옛 일이 되었지만, 忠明라는 이름의 檢非違使役을 맡은 관리가 있었단다. (그 사나이가) 젊은 청년이었을 때, 清水寺(에 참례하는 도중, 그)의 橋殿 부근에서, 京都의 거리의 젊은 패거리와 시비가 붙었다. 거리의 젊은 패거리는 한꺼번에 칼을 빼들고 忠明를 둘러싸고서, (쳐) 죽이려고 하기 때문에, 忠明도 칼을 빼 (相對를 하)면서, 本堂 쪽으로 도망치니까, 本堂의 동쪽 처마 밑에도, 거리의 젊은 패거리가

여럿이서 대항해 오기에, 그쪽으로도 도망칠 수 없게 되어, (하는 수가 없어, 거기에) 뒷면을 종이로 바른 문이 한 짝 있던 것을 집어서, 겨드랑이 (아래)에 끼우고, 눈앞의 계곡을 향해 뛰어내리니, 문이 바람에 밀리고, 떠받들려서, 계곡 바닥에 새가 내려앉듯이 (가볍게) 겨우 떨어져 멈췄기에, (忠明는) 거기에서 도망쳐 버렸다. 거리의 젊은 패거리들은 계곡을 내려다 보면서, 어안이 벙벙해서 줄지어 서서, (그 떨어지는 모양을) 보고 있을 따름이었다. (실은) 忠明는, 거리의 패거리들이 일제히 칼을 빼들고 맞서 올 때, 本堂 쪽을 향해, 「觀音菩薩님, 살려 주십시오」하고 염원했기에, 이 (목숨을 건진) 일은, 오로지, 그 (神佛에 加護를 부탁드린) 때문이라고 생각했던 것이다.

忠明라는 사나이가 이야기한 것이 이 사람에서 저 사람으로 전해져, 이와 같은 이야기로서 오늘에까지 전해지고 있다던가 하는 것이리라.

「信濃守藤原陳忠(のぶただ)、御坂(みさか)に落ち入りたる語(こと)」

信濃國司인 藤原陳忠란 사나이가, 임기를 마치고 京都로 돌아오는 길에, 「御坂峠(とうげ)」에서 실수를 하여 계곡 바닥으로 떨어지지만, 불가사의하게도 목숨이 살아서 구조되었다. 그런데 골짜기 아래서 버섯이 群生해 있는 것을 발견하여, 바구니를 내리게 해서 그것을 따왔다고 하는, 국사의 욕심 많은 이야기이다.

今は昔、[1]信濃(しなの)の守(かみ)藤原陳忠(のふただ)といふ人ありけり。[2]任国に下りて国を治めて、[3]任果てにければ[4]上りけるに、[5]御坂(みさか)を越ゆる間に、多くの馬どもに[6]荷を掛け、人の乗りたる馬、数知らず続きて行きけるほどに、多くの人の乗りたる中に、[7]守の乗りたりける馬しも、[8]掛(か)け橋の端の木(き)後(しり)足[9]をもて踏み折りて、守さかさまに[10]馬に乗りながら落ち入りぬ。[11]底いくらばかりとも知らぬ深さなれば、守[12]生きてあるべくもなし。[13]二十尋の桧・杉の木の、下より生ひいでたる木ずゑ、はるかなる底に、[14]見やらるれば、[15]下の遠さは[16]おのづから知られぬ。そこに守かく落ち入りぬれば、身[17]いささかも[18]全くてあるべきものともおぼえず。されば多くの[19]郎等(らうどう)どもは、みな馬よりおりて、掛け橋に[20]ゐ並みて底を見おろせども、[21]すべき方なければ、「[22]さらにかひなし。[23]おるべき所の[24]あらばこそは、おりて守の御ありさまをも見たてまつらめ。いま一日など行きてこそは、浅き方よりめぐりても尋ねめ。ただ今は底へおるべきやうも[25]あへてなければ、[26]いかがせむとする」など、口々に[27]いりめくほどに、はるかの底に[28]呼ばふ声、[29]ほのかに聞こゆ。

語句의 解釋 및 文法

1) **信濃の守** 信濃(しなの)国의 国司. 信濃의 지방장관. 信濃는 지금의 長野(ながの)県.

2) **任国** 국사로서 부임한 나라(지방). 여기서는 信濃国.

3) **任果てにければ** 국사로서의 임기(4년)가 끝났기에. 「に」는 완료의 조동사 「ぬ」의 연용형. 「けれ」는 과거의 조동사 「けり」의 已然形. 「ば」는 已然形에 접속하고 있기 때문에 순접의 확정조건을 나타내며, 「……ノデ。……カラ」란 뜻.

4) **上りけるに** 京都에 돌아올 때에. 「ける」는 과거의 조동사의 연체형. 「に」는 시간(때)을 가리키는 격조사.

5) **御坂** 長野県과 岐阜(ぎふ)県과의 경계. 매우 험난한 고개이다.

6) **荷を掛け** 짐을 싣고. 짐을 지게 해서.

7) **守の乗りたりける馬しも** 信濃国司가 탄 바로 그 말이. 「し」는 強意의 부조사. 「も」는 強意의 계조사. 「しも」로서, 「바로 그」정도의 뜻이 된다. 「折しも」를 「ちょうどその時も時」라고 새기는 것도 같은 것이다.

8) **掛け橋** 「梯」(かけはし)로서, 산길에서 벼랑 같은 곳에 판자를 걸쳐서, 길로 삼은 다리.

9) **もて** 격조사와 같은 역할을 함. 「……ニヨッテ」.

10) **馬に乗りながら** 말을 탄 채로. 「ながら」는 여기서 「……シタママデ」란 뜻의 접속조사.

11) **底いくらばかりとも知らぬ深さなれば** 계곡의 깊이는 어느 만큼이라고 알 수 없는 깊이기에. 「ばかり」는, 정도를 가리키는 부조사.

12) **生きてあるべくもなし** 살아있을 리가 없다. 「べく」는 당연의 조동사의 연용형.

13) **二十尋**(ひろ) 약 36m. 一尋(한 발)는 약 1. 8m.

14) **見やらるれば** 보이기 때문에. 「見やる」는, 멀리 시선을 돌리는 것. 「るれ」는 가능의 조동사의 已然形.

15) **下の遠さ** 골짜기 깊이.

16) **おのづから知られぬ** 자연히 알아 버린다. 「れ」는 자발의 조동사의 연용형.

17) **いささかも** 조금도. 조금마치도. 아래에 부정의 말을 수반하여, 이것과 호응하는 서술의 부사. 「いささかも……ず」는 「조금도 ……하지 않다」란 뜻.

18) **全くてあるべきもの** 무사히 있어야 할 것. 무사해야 할 것. 「べき」는 당연의 조동사의 연체형. 가능이라고도 취급할 수 있다.

19) **郎等** 귀족이나 무사에 시중드는 하급 武士(侍(さむらい)).

20) **ゐ並みて** 웅크리고 나란히 앉아. 「ゐ」는 「坐る」란 뜻의 동사 「ゐる」의 연용형.

21) **すべき方なければ** 어떻게 할 방도가 없기에. 「べき」는 가능의 조동사의 연체형. 「方」는, 방법・수단.

22) **さらにかひなし** 전혀 어찌 할 방법이 없다. 「さらに」는 전혀, 아무리 해도란 뜻이며, 아래에 부정의 말을 수반하는 부사. 「かひなし」는 이득이 없다, 쓸모가 없다. 헛된 일이다란 뜻.

23) **おるべき所** 내려갈 수 있는 곳. 「べき」는 가능의 조동사의 연체형.

24) **あらばこそは、おりて守の御ありさまをも見たてまつらめ** 있다고만 한다면, 내려가서 守의 사정(모양)을 알아 볼 수 있을 터인데. 「あらば」는 (동사의 已然形＋ば)로서, 가정조건을 나타냄. 만일 (그러한 방법이) 있다면 하는 뜻. 「こそ」「は」는 함께 強意의 계조사. 「あらばこそは」로서 「ありさえすれば」라고 새긴다. 「たてまつらめ」의 「め」는, 推量의 조동사의 已然形이며, 「こそ」는 그 맺음이다. 다음의 「いま一日など行きてこそは浅き方よりめぐりても尋ねめ」도 같다. 「もう一日でも進んでいったら、谷の浅い方からまわって、さがせもだせるのだろうが」란 뜻.

25) **あへてなければ** 전혀 없기 때문에. 「あへて」는 조금도, 전혀란 뜻. 아래에 부정의 말을 수반한다.

26) **いかがせむとする** 어떻게 하면 좋을까?「む」는 의지의 조동사의 연체형.「と」는 인용의 격조사.「せ」「する」는 함께「サ」변동사의 미연형과 연체형.「むとす」는 뒤에 줄어서「むず」란 조동사가 된다.

27) **いりめく** 이리저리 허둥대다.

28) **呼ばふ声** 부르고 있는 소리.「呼ば」는 4단동사의 미연형이며, 그것에 접속하는「ふ」는, 시간적인 계속을 나타내는 조동사이다. 몇 번이고 되풀이 해서 부르고 있는 소리, 계속 부르고 있는 소리란 뜻.「ふ」는 奈良시대 이전의 낡은 조동사이며, 지금은「恥じらふ」「語らふ」「休らふ」와 같이, 복합어의 성분으로 남아 있다.

29) **ほのかに** 희미하게.

現代語訳

今となっては昔話であるが、信濃の守に藤原陳忠という人があったそうな。任国に下って国を治めて、四年の任期を終えたので京都へ帰ってくるのに、国境の御坂峠を越えた時、多くの馬に荷物を乗せ、人が乗った馬も数知らず多く続いて通っているうちに、多くの人が乗っているなかで、信濃の守が乗ったちょうどその馬が、掛け橋の端の木を後足で踏み折り、信濃の守はまっさかさまに乗ったまま落ちてしまった。谷の底はどれほどともわからぬ深さなので、信濃の守は生きているはずもない(と思われた)。四十メートルもありそうな桧や杉が、下から生えているその木末が、はるかな谷底に見えるので、(まっ逆さまに)落ち込んだのだから、五体が満足に無事であろうなどとは全く考えられない。だから多くの家来たちは、みな馬から降りて、掛橋のそばにしゃがみこみ、谷底を見下ろしたけれども、どうするすべもないので「全くどうしようもない。下りることのできるところがありさえすれば、下りていって守の御様子もうかがうことができるのだが。もう一日でも進んで行ったら、谷の浅い方からまわってさがせもだせるのだろうが。(だけれども)今は谷底へ下りることのできる方法も全くないので、どうしたらよかろうか」など、口々に上を下へと騒き立てるうちに、はるかな谷底から、呼んでいる声が、かすかに聞こえる。

韓 譯 지금으로서는 옛날 이야기지만, 信濃國司에 藤原陳忠라는 사람이 있었단다. 任國에 내려가서 나라(지방)를 다스리고, 4년의 임기를 마쳤기 때문에 京都로 돌아오는데, 국경의 御坂고개를 넘었을 때, 많은 말에 짐을 싣고, 사람이 탄 말도 수없이 많이 줄을 지어 통과하고 있는 가운데, 많은 사람이 타고 있는 중에서, 信濃國司가 탄 바로 그 말이, 나무를 걸쳐서 만든 다리의 가장자리의 나무를 뒷발로 밟아 부러뜨려, 信濃國司는 완전히 거꾸로 말에 탄 채 떨어지고 말았다. 계곡 바닥은 얼마 만큼이라고도 모르는 깊이였기 때문에, 信濃國司는 살아있을 도리가 없다(고 생각되었다). 40m쯤 될 듯한 노송나무나 삼목(杉木)이 아래로부터 자라나 있는 그 끝가지가 저 먼 계곡 바닥에 보이기에, 계곡이 깊은 것은 자연히 알아 버린다. 거기에 信濃國司는 본 바와 같이 (거꾸로) 빠져 들어갔으니, 五體가 만족하게 무사하리라고는 전혀 생각되지 않는다. 그러기 때문에, 많은 부하들은, 모두가 말에서 내려, 淺橋 부근에 쭈그리고 앉아, 계곡 바닥을 내려다보았지만, 어떻게 할 도리가 없기에, 「전혀 어떻게 할 도리도 없다. 내려갈 수 있는 장소가 있기만 한다면, 내려가서 國司의 사정도 살펴 볼 수 있는데, 하루만 더 앞으로 나아가 있었더라면, 계곡의 얕은 곳으로 돌아서 찾아낼 수도 있으련만. (그렇지만) 지금은 계곡 바닥으로 내려갈 수 있는 방법도 전혀 없기 때문에, 어떻게 하면 좋을까?」 등, 서로 허둥지둥하며 소란을 피우고 있는 중에, 저 먼 계곡 바닥으로부터, 부르는 소리가 희미하게 들린다.

「守の殿は[1]おはしましけり」など言ひて、[2]待ち呼ばひするに、守の呼ばひてもの言ふ声、はるかに遠く聞こゆれば、「[3]その、ものはのたまふなるは。[4]あなかま。何事をのたまふぞ、聞け聞け」と言へば、「[5]旅籠(はたご)に縄を長くつけておろせと[6]のたまふな」と。されば「守は生きて[7]物にとどまりておはするなりけり」と知りて、旅籠に多くの[8]さし縄どもを取り集めて結ひて、結ひ継ぎて、[9]くれくれとおろしつ。[10]縄のしりもなくおろしたるほどに、[11]縄とどまりて引かねば、[12]今はおりつきにたるなめりと[13]思ひてあるに、[14]底に、「[15]今は引き上げよ」と言ふ声聞こゆれば、「[16]そは、引けとありなるは」と言ひて、繰り上ぐるに、いみじく軽くて上がれば、「[17]この旅籠こそ軽かりける。守の殿の[18]乗りたまへらば、重くこそあるべけれ」と言へば、またある者は、「[19]木の枝などを取りすがりたまひたれば、[20]軽きにこそあるめれ」など言ひて、集まりて引くほどに、旅籠を引き上げたるを見れば、[21]平茸(ひらたけ)のかぎり一旅籠入れたり。されば[22]心も得で、[23]互ひに顔どもをまぼりて、「[24]こはいかに」と言ふほどに、また聞けば、底に声ありて、「さて、またおろせ」と[25]呼ばふなり。

語句의 解釋 및 文法

1) **おはしましけり** 살아 계신다!「おはす」는「살아 있다」「존명한다」란 존경어.「けり」는 영탄의 조동사의 종지형.

2) **待ち呼ばひするに** 그것에 대답해서 큰 소리로 부르니.「待ち呼ばひ」는「待ち叫(さけ)び」와 같으며, 멀리서 부르는 것을, 이쪽에서 오기를 기다려서 소리치는 것. 또는 상대의 응답을 기다려 부르는 것.「に」는 접속조사.

3) **その、ものはのたまふなるは** 国司 영감이, 무엇인가 말씀하고 계신다!「その」의「そ」는 国司를 가리킴.「なる」는 추정의 조동사「なり」의 연체형.「は」는, 계조사가 종조사처럼 문말에 쓰여져서, 영탄의 뜻을 담은 표현.

4) **あなかま** 아아, 시끄럽다. 쉿, 조용히.「かま」는「かまびすし」와 같은 뜻의「かまし」의 어간.

5) **旅籠** 여행 때, 필요한 물건들이나, 식량 등을 넣어서 휴대하는 바구니.

6) **のたまふな** 말씀하고 계신다! 「な」는 감동의 조동사.

7) **物にとどまりて** 무엇인가의 위에 떨어져 멈추고, 무엇인가를 붙잡고 라는 해석도 있다.

8) **さし縄** 말의 입에 걸어서 끄는 새끼줄. 고삐.

9) **くれくれとおろしつ** 이제나 닿을까, 이제나 닿을까라고 걱정하면서. 「それそれ」라고 해서, 「それおろせ、それおろせ」라고 풀이하는 설도 있다.

10) **縄のしり** 새끼 끝. 새끼의 제일 마지막 부분.

11) **縄とどまりて引かねば** 새끼가 멈춰서 움직이지 않게 되었기에. 바구니의 무게로, 자연히 내려 가고 있던 새끼가, 바닥에 닿았기 때문에, 내려 가는 것이 멈췄던 것이다.

12) **今はおりつきにたるなめり** 이제는 바구니가 계곡 바닥에 닿은 것이겠지. 「に」는 완료의 조동사 「ぬ」의 연용형. 「たる」는 완료의 조동사의 연체형. 「なめり」는 「なるめり」가 「なんめり」로 되고, 그 撥音기호 「ん」이 빠진 것. 「なる」는 단정의 조동사의 연체형. 「めり」는 推量의 조동사의 종지형.

13) **思ひてあるに** 생각하고 있으니. 「は」는 접속조사.

14) **底** 계곡의 바닥.

15) **今は** 자, 빨리.

16) **そは、引けとありなるは** 자, 끌어당겨라고 하신 듯하다! 「なる」는 추정의 조동사. 「は」는 앞서 나온 3)의 용법과 같다.

17) **この旅籠こそ軽かりける** 이 바구니는 정말 가볍구나. 「こそ……ける」는, 본래 「こそ……けれ」가 되어야 하는데, 「軽いなあ、おかしいぞ」라고 하는 감개를 포함한 표현이기 때문에, 걸림맺음의 照応이 무너졌다고 생각된다.

18) **乗りたまへらば** 타고 계신다면. 「たまへ」는 4단으로 활용하는 존경의 보조동사의 已然形이기 때문에, 「ら」는 존속의 조동사 「り」의 미연형. 「ば」는 순접의 가정조건을 나타내는 접속조사.

19) **木の枝などを取りすがりたまひたれば** 나뭇가지 같은 것에 매달려 (올라) 오실 수 있으니까. 「木の枝などを」는 「木の枝などに」로 되었어야 할 곳이다.

20) **軽きにこそあるめれ** 가벼운 것이겠지. 「に」는 단정의 조동사의 연용형. 「めれ」는 추량의 조동사의 已然形이며 「こそ」의 맺음.

21) **平茸のかぎり一旅籠入れたり** 「平茸」만 바구니 가득히 들어 있다. 「平茸」는 松栮科의 버섯. 闊葉樹의 썩은 나무 기둥에 겹쳐서 자생한다. 「かぎり」는 「ダケ・バカリ」로서, 한정을 나타내는 부조사. 「たり」는 존속의 조동사.

22) **心も得で** 이유(사유)를 몰라서. 「で」는 「ずて」로서 부정의 뜻을 가진 접속조사.

23) **互ひに顔どもをまぼりて** 서로 얼굴을 마주 보며. 「まぼる」는, (무엇인가를 찾아내려고 하는 듯이) 가만히 지켜 본다는 뜻.

24) **こはいかに** 이것은 어찌된 일일까?

25) **呼ばふなり** 소리치고 있는 것이었다. 「なり」는 단정의 조동사.

現代語訳

(それを聞いて)「守殿は生きていらっしゃったぞ」など言いあって、(こちらからも)それに応えて大声で呼ぶと、守が声を張りあげて何か言っている声がはるか遠く聞こえてくるので、「守殿が、なにかおっしゃっていられるぞ。静かにしろ。何をおっしゃっておられるのか、(みな)聞け、聞け」と言って(耳を澄ますと)、「籠に縄を長くつけて降ろせとおっしゃっておられるぞ」と(言うのが聞こえてきた)。そこで、「守は生きて何かの上に落ちとどまっておいでになるのだ」とわかったものだから、籠に多くの者どもの手綱を取り集めて結んで、つぎつぎに結びつないで、いま着くかと案じながら、降ろしていった。縄じりもなくなるほど降ろしたとき、縄がとまって動かなくなったので、もう(籠が谷底に)届いたのであろうと思っていると、谷底で、「さあ、引き上げよ」と言う(守の)声が聞こえるので、「それ、引けとおっしゃったぞ」と言って、たぐりあげると、いやに軽々と上がってくるので、「この籠はいやに軽いな、守殿がお乗りになっているのなら、もっと重いのがあたりまえだが」と(ある者が)言うと、またほかの者は「木の枝などに取りすがって(上って)こられるので、軽いのだろう」などと言って、みな集まって引いているうちに、籠が上ってきたのをみると、平茸ばかり籠一ぱい入っている。だれも訳がわからず、お互いに顔を見あわせて、「これはいったいどうしたことだ」と言っているところへ、また、谷底から呼ぶ声が聞こえ、「さあ、前のようにもう一度おろせ」とさけんでいるのであった。

韓 譯

(그것을 듣고) 「國司 영감은 살아 계신다!」라고 서로 말하며, (이쪽으로부터도) 그것에 대답해서 큰 소리로 부르니, 國司가 목청을 돋구어 무엇인가 말하고 있는 소리가 저 멀리서 들려 오기에, 「國司 영감께서, 무엇인가 말씀하고 계신다! 조용히 해라, 무엇을 말씀하고 계시는지, (모두들) 들어라, 들어」라고 하면서 (귀를 기울이니), 「바구니에 줄을 길게 달아서 내려라, 라고 말씀하고 계신다!」라고 (하는 말이 들려 온다). 그래서, 「國司는 살아서 무엇인가의 위에 떨어지다 멈추어 계시는 것이다」라고 알았기 때문에, 바구니에 여러 사람의 고삐를 풀어 모아 매어, 차례차례로 이어서, 이제나 닿을까 이제나 닿을까라고 마음을 쓰며, 내려 보냈다. 줄의 나머지가 없어질 정도로 내렸을 때, 줄이 멈추어 움직이지 않게 되었기에, 이젠 (바구니가 계곡 바닥에) 닿았으리라고 생각하고 있으니까, 계곡 밑에서, 「자, 끌어 올려라」고 하는 (國司의) 목소리가 들렸기 때문에, 「봐라, 당기라고 말씀하신다!」라고 말하며, 손으로 끌어 올리니, 매우 가볍게 올라오는지라, 「이 바구니는 의외로 가볍구나. 國司 영감이 타고 계신다면, 훨씬 무거울 것이 당연한데」라고 (어떤 者가) 말하니, 또 다른 者는, 「나뭇가지 같은 것에 매달려 (올라) 오시기 때문에, 가볍겠지」라고들 하며, 모두 모여서 당기고 있는 중에, 바구니가 올라온 것을 보니, 버섯만 바구니에 가득 들어 있다. 그래서, 아무도 그 사유를 몰라, 서로 얼굴을 둘러보며, 「이것은 도대체 어찌된 일일까?」라고 하고 있는데, 또 계곡 아래로부터 부르는 소리가 들려 왔는데, 「자, 먼저처럼 또 한 번 내려라」라고 외치고 있는 것이었다.

これを聞きて、「さ[1]は、またおろせ」と言ひて、旅籠をおろしつ。また、「引け」と言ふ声あれば、声に従ひて引くに、このたびはいみじく重し。あまたの人か[2]かりて繰り上ぐ。繰り上げたるを見れば、守、旅籠に乗りて繰[3]り上げられたり。守、片手には縄をと[4]らへたまへり。いま片手には平茸を三ふさばかり持ちて上りたまへり。引き上げつれば、掛[5]け橋の上にすゑて、郎等ども喜び合ひて、「そ[6]もそも、こはなぞの平茸にか候(さぶら)ふ」と問へば、守の答ふるやう、「落ち入りつるときに、馬はとく底に落ち入りつるに、われはおくれてふ[7]めき落ちゆきつるほどに、木の枝のしげくさし合ひたる上に、不[8]意におちかかりつれば、その木の枝をとらへておりつるに、下[9]に大きなる木の枝の障(さ)へつれば、それをふまへて大きなる股[10]木の枝に取りつきて、それをい[11]だかへてとどまりたりつるに、その木に平茸の多く生[12]ひたりつれば、見捨てがたくて、まづ手[13]の及びつるかぎり取りて、旅籠に入れて上せつるなり。い[14]まだ残りやありつらむ。言[15]はむかたなく多かりつるものかな。いみじき損[16]を取りつるここちこそすれ」と言へば、郎等ども、「あ[17]らはに御損に候ふ」など言ひて、そ[18]のときにぞ、集まりてさ[19]と笑ひにける。

語句의 解釋 및 文法

1) **さは** 그러면.

2) **かかりて繰り上ぐ** 줄에 매달려 (붙들고 늘어져), 끌어당기다. 「かかる」는 「懸かる」로서, 붙들고 늘어지다, 매달리다란 뜻.

3) **繰り上げられたり** 끌어올려 졌다. 「られ」는 수동의 조동사의 연용형. 「たり」는 완료의 조동사의 종지형.

4) **とらへたまへり** 잡아 쥐고 계셨다. 「り」는 완료의 종지형의 조동사.

5) **掛け橋の上にすゑて** 栈道 위에 (바구니를) 놓고. 「すゑ」는 타동사 「据う」의 연용형이며 「ワ」행 하2단활용. 놓다, 마련해 두다, 앉게 해 등의 뜻.

6) **そもそも、こはなぞの平茸にか候ふ** 도대체 이 버섯은 어떤 연유의 것입니까?「そもそも」는,「そも」를 두 번 겹친 꼴로서, 事物을 설명하기 시작할 때나 글의 시작에 쓰인다. 대체.「こは」는, 이 것은.「なぞ」는「何ぞ」로서「ぞ」는 強意의 계조사. ①왜. 무슨 연유로. 어째서. ②무엇인가. ③…인가 뭔가. 여기는 ①의 뜻.「に」는 단정의 조동사의 연용형.「か」는 의문의 계조사.「候(さぶら)ふ」는 후일의「候(さぶらふ)」와 같으며,「あり」의 정중어.「か候ふ」는 걸림맺음.

7) **ふめき落ちゆきつるほどに** 크게 회전하면서 떨어져 가는 동안에. 크게 구르면서 떨어져 간, 그 동안에.「ふめき」는「振んめき」의「ん」을 표기하지 않은 것이라고 본다.「ふためき(ばたばたする)」라고 하는 책도 있다.「つる」는 완료의 조동사의 연체형.

8) **不意に落ちかかりつれば** 우연하게도 떨어지다가 걸린 탓으로.「不意に」는, 뜻밖에도란 뜻.

9) **下に大きなる木の枝の障へつれば** 아래에 커다란 나뭇가지가 있어서 지탱해 주었기 때문에.「障へ」는 타동사로서 하2단활용. 멈추게 하다, 방해하다란 뜻.

10) **股木** 두 쪽으로 갈라져 있는 나무.

11) **いだかへてとどまりたりつるに** 끌어 안고 발에 힘을 주어 멈추었던 바.「いだかへ」는「抱く」의 미연형에 반복・계속을 나타내는 옛 조동사의「ふ」가 붙은 꼴로서,「抱きつづける」란 뜻.「に」는 일반접속의 접속조사.

12) **生ひたりつれば** 돋아 있었기 때문에.「たり」는 존속의 조동사.「つれ」는 완료의 조동사.「ば」는 순접의 확정조건을 나타내는 접속조사.

13) **手の及びつるかぎり** 손이 닿는 한.「及ぶ」는, 도달하다란 뜻.

14) **いまだ残りやありつらむ** 아직도 따지 않고 남겨둔 것이 반드시 있을 것이다.「いまだ」는, 아래에 부정의 표현을 수반해서,「まだ、いまだに」의 뜻을 나타내는 경우와, 부정의 표현을 수반하지 않고,「なおも、まだ」란 뜻을 나타내는 경우가 있다. 여기는 후자.「や」는 가벼운 의문을 나타내는 계조사.「つ」는 強意의 조동사의 종지형.「らむ」는 현재추량의 조동사의 연체형.「つらむ」로서,「キット……ハズデアル」란 뜻이 된다.

15) **言はむ方なく** 말로서 표현할 수 없을 정도. 형용할 수 없이.「む」는 완곡의 조동사의 연체형.

16) **損を取りつるここちこそすれ** 손해를 본 것 같은 느낌이다!「こそすれ」는 걸림맺음이며, 강조표현.

17) **あらはに** 전혀. 과연. 명료히. 형용동사「あらはなり」의 부사적 용법. 덮개가 없어서, 노골적으로 나타나 있는 상태를 말한다.
18) **そのときにぞ、集まりて** 그 때 모두가 함께 모여서.「ぞ」의 맺음은 아래의「ける」.
19) **さと笑ひにける** 일시에 많이, 한꺼번에 웃고 말았다.

現代語訳 これを聞いて、(郎等たちは)、「では、もう一度降ろせ」と言って、籠を降ろした。するとまた、「引け」という声がしたので、声に応じて引くと、今度はひどく重い。(そこで)大勢の人が(縄に)取りついて、たぐり上げる。たぐり上げたのを見ると、守が、籠に乗ってたぐり上げられてきた。守は片手には縄をつかんでいらっしゃった。もう片手には、平茸を三ふさほど持って上がっていらっしゃった。引き上げおわったので、桟道の上に(籠を)置き、郎等どもは喜び合って、「いったい、この平茸はどういう訳のものですか」と尋ねると、守が答えるには、「谷に落ちたとき、馬は先に落ちていったが、わしは後から、大きく回転しながら落ちていくうちに、木の枝がびっしり茂り入り組んだ上に、偶然にも落ちかかったので、その木の枝をつかんでぶら下ったところ、下に大きな木の枝があってささえてくれたので、それに足を踏んばり、大きな股になった木の枝にとりつき、それを抱きかかえてふみとどまったところ、その木に平茸がびっしりと生えているのが目についたので、そのまま見捨てがたい気がして、まず手の届く限り取り、籠に入れて引き上げさせたのだ。まだ取り残しがきっとあるだろう。いいようもなくたくさんあったなあ。たいへんな損をしたような気がするぞ」と言うので、郎等ども(はこれを聞き)、「なるほど大変なご損をなされましたことで」と言って、とたんに一同、どっと笑った。

韓 譯 이것을 듣고, (從者들은) 「그럼, 또 한 번 내려라」라고 하며, 바구니를 내렸다. 그러자 또, 「당겨라」하는 말소리가 났기에, 말소리에 호응해서 당기니까, 이번에는 대단히 무겁다. (그래서) 많은 사람이 (줄에) 달라붙어, 잡아 당겨 올린다. 끌어당겨 올린 것을 보니, 國司가, 바구니에 타고 끌어올려져 왔다. 國司는 한 손으로는 줄을 잡고 계신다. 또 다른 한 손에는, 버섯을 세 송이 정도 가지고 올라 오셨다. 다 끌어올렸기 때문에, 棧道 위에 (바구니를) 놓고, 종자들은 서로 기뻐하며, 「도대체 이 버섯은 어떻게 된 영문입니까?」라고 물으니까, 國司가 대답하기를, 「계곡에 떨어졌을 때, 말은 먼저 떨어졌으나, 나는 그 뒤를, 크게 회전하면서 떨어져 가는 도중에, 나뭇가지가 꽉 무성하게 들어찬 위에, 우연히도 떨어지다 걸렸기 때문에, 그 나무의 가지를 잡고 매달렸던 바, 아래에 커다란 나뭇가지가 있어 지탱해 주었기에, 그것에 발에 힘을 주어 버티고, 커다란 두 쪽으로 갈라진 나무의 가지를 붙들고 늘어져, 그것을 끌어안고 버티어 멈췄더니만, 그 나무에 버섯이 빈틈 없이 돋아 있는 것이 눈에 띄었기에, 그냥 그대로 내버려 둘 수가 없는 느낌이 들어, 우선 손이 닿는 한 따서, 바구니에 넣어서 끌어올리게 한 것이다. 아직 따다 남은 것이 반드시 있을 것이다. 형용할 수 없을 만큼 많이 있던데, 매우 커다란 손해를 본 느낌이 드는구나!」 라고 하기에, 종자들(은 이것을 듣고), 「과연 (말씀하신 대로) 대단한 손해를 보셨습니다」라고 말하며, 그와 동시에 일동이, 한꺼번에 웃었다.

守、「[1]僻言(ひがごと)な言ひそ、なんぢらよ。[2]宝の山に入りて、手をむなしくして帰りたらむここちぞする。[3]『受領は倒るる所に土をつかめ』とこそ言へ」と言へば、[4]長(おとな)だちたる[5]御目代、心のうちには「いみじくにくし」と思へども、「[6]げに、しか候ふことなり。[7]たよりに候はむ物をば、[8]いかで取らせたまはざらむ。[9]たれに候ふとも、[10]取らで候ふべきにあらず。[11]もとより御心賢くおはします人は、かかる[12]死ぬべききはみにも、御心を騒がさずして、よろづのことをみな[13]ただなるときのごとく、[14]用ゐつかはせたまふことに候へば、[15]騒がず、かく取らせたまひたるなり。されば国の政を[16]もいこへ、[17]物をもよく納めさせたまひて、御思ひのごとくにて[18]上らせたまへば、国の人は父母のやうに恋ひ惜しみたてまつるなり。されば、[19]末にも[20]万歳千秋(ばんぜいせんしう)おはしますべきなり」など言ひてぞ、忍びて[21]おのれらがどち笑ひける。

これを思ふに、[22]さばかりのことにあひて、肝・心を惑はさずしてまず平茸を取りて上りけむ心こそ、いと[23]むくつけけれ。まして[24]便宜あらむ物など取りけむことこそ、思ひやらるれ。

これを聞きけむ人いかににくみ笑ひけむとなむ、語り伝へたるとや。

語句의 解釋 및 文法

1) **僻言な言ひそ** 바보 같은 소리를 하지 말라.「僻言」는, 바보 같은 일, 예상 착오의 일이란 뜻.「な言いそ」는「言うな」.「な……そ」의「な」는 진술의 부사이며,「そ」는 금지의 뜻을 나타내는 종조사.「な」와의 사이에 동사의 연용형(「カ」변・「サ」변은 미연형)을 끼운다.

2) **宝の山に入りて、手をむなしくして帰りたらむここちぞする** 모처럼 (애써) 보배가 있는 산에 갔으면서 빈 손으로 돌아온 듯한 느낌이 드는구나!「宝の山に入りながら手をむなしくして帰る」는 (자비가) 베풀어진 상태에 있으면서, 충분히 그것을 이용 못하는 것의 비유.「帰りたらむ」의「たら」는 완료의 조동사의 미연형.「む」는 완곡의 조동사의 종지형.「ぞする」는 걸림맺음.

3) **受領は倒るるところに土をつかめ** 「倒るるところに土をつかめ」는「넘어져도 빈 손으로는 일어나지 않는다」 정도의 뜻이며, 당시의 受領階級=国司의 強欲하고 非道하던 모습을 가리키고 있다.

4) **長だちたる** 남의 위에 서다. 주요한 자리에 있다.

5) **御目代** 国司 아래서 정무를 집행하는 代官으로서, 대개는 국사의 일족이 임명되었다.

6) **げに、しか候ふことなり** 정말로 그와 같은 것입니다. 「げに」는 부사이며, 그 일이, 눈앞의 사실에 잘 어울리는 느낌을 말한다. ①현실로는. 진정으로. ②정말로. 완전히. 여기는 ②의 뜻. 「いか」도 부사이며, 그와 같이란 뜻. 「候ふ」는 「あり」의 정중어.

7) **たよりに候はむ物** 손에 넣는 데에 알맞은 것. 「たまは」는 여기서는 기회, 좋은 기회란 뜻. 「に」는 단정의 조동사의 연용형. 「む」는 완곡의 조동사의 연체형.

8) **いかでか取らせたまはざらむ** 어찌하여 따지 않으실 수가 있겠습니까? (따시는 것이 당연합니다.) 「いかでか」는 「いかにてか」의 略이며, ①어찌하여(의문). ②어찌하여……겠습니까?(반어). ③어떻게 해서라도(염원), 의 뜻을 나타냄. 여기는 ②의 뜻. 「せ」는 존경의 조동사의 연용형. 「たまは」는 존경의 보조동사. 「せたまふ」는 최고경어. 「む」는 추량(당연)의 조동사의 연체형. 계조사 「か」의 맺음.

9) **たれに候ふとも** 누구라고 하더라도. 「に」는 단정의 조동사의 연용형. 「候ふ」는 존중의 보조동사. 「とも」는 역접의 가정조건을 나타내는 접속조사.

10) **取らで候ふべきにあらず** 따지 않으시고 있을 리가 없습니다. 「で」는 부정의 뜻을 가지는 접속조사이며, 「ずて」가 준 말. 「候ふ」는 존중의 보조동사. 「べき」는 당연의 조동사의 연체형. 「に」는 단정의 조동사의 연용형.

11) **もとより御心賢くおはします人** 원래 마음이 현명하신(당신과 같으신) 분. 国司를 가리킴.

12) **死ぬべききはみにも** 죽어 버릴 듯한 최후의 순간에도. 「べき」는 당연의 조동사의 연체형.

13) **ただなるときのごとく** 平素 때와 마찬가지로 (다름없이). 「ただ」는 평소, 보통 때란 뜻.

14) **用ゐつかはせたまふことに候へば** 배려해서 처리하실 일이옵기에. 「用ゐる」는 타동사이며 「ワ」行上1段活用. 그것을 써서 도움이 되게 한다란 뜻. 뒤에는, 「ハ」행 상2단 「もちふ」、「ヤ」행 상2단 「もちゆ」로도 쓰였다.

15) **騒がず** 당황하지 않고.

16) **いこへ** 안정시켜. 타동사이며, 「ハ」행 하2단활용. 쉬게 하다, 쉬다란 뜻.

17) **物をもよく納めさせたまひて** 租税도 충분히 징수하셔서. 「納め」는 타동사이며 하2단활용. 거두어 들이다. 받아들이다. 受領하다의 뜻.

18) **上らせたまへば** 京都에 돌아오시기에. 「上る」는 지방으로부터 중앙인 京都로 간다는 뜻.
19) **末にも** 장래. 전도.
20) **万歳千秋おはしますべきなり** 천년이고 만년이고 무사하게 번영하실 것이 틀림이 없습니다. 「おはします」는 「有り・居り」의 존경어. 「べき」는 당연의 조동사의 연체형.
21) **おのれがどち** 자기네들의 동료. 「どち」는 동료, 한패란 뜻.
22) **さばかりのこと** 그 정도의 일. 계곡에서 떨어진 일을 말함.
23) **むくつけけれ** 어이없는 일이다. 「むくつけけれ」는, 형용사의 已然形이며, 위의 「こそ」의 맺음. 기가 막힐 정도란 뜻.
24) **便宜あらむ物** ……하는 데 편리한 것. (명목이 설 듯한 것.)

現代語訳 守が「ばかなことを言うな、おまえたちよ。(せっかく)宝の山に入りながら、手ぶらで帰って来たような気持がするぞ。『受領はころんでもただでは起きぬ』と言うではないか」と言うと、重だった目代(の一人)が、心のなかでは、「なんと強欲な人だ」と思うけれども、「ほんとうに、その通りでございます。(手に入れますのに)好都合なものを、どうしておとりにならないことがありましょうか。(お取りになるのが当然です。)だれでしょうとも、取らないでいられるはずがありません。元来お心賢くていらっしゃる(あなたのような)お人は、このような死んでしまいそうな最後の瞬間にも、(すこしも)お心を乱さずすべてのことをみな平常のときのように心を配り処理なさることでございますから、(こんども)あわてずに、このように(平茸を)お取りになったのです。だから任国の政治も平安に保ち、(しかも)租税もじゅうぶんにおとりてになって、お思ひ通りに京へお帰りになることになったので、任国の人々は父母(と別れること)のように別離を恋い惜しみ申しあげるのです。ですから、行く末千年も万年もつつがなくお栄えになるはずです」などと(おだてごと)

を言っておいて、ひそかに自分たちの仲間では、(守の強欲を)あざ笑っていたことだった。

これをよくよく考えてみると、これほどの大事に遭遇して、(しかも)肝魂も乱さずに何よりもまず、平茸を取って上ってきたというその気持こそ、まことにあきれたことである。まして取るのに名目の立ちそうなものなど取ったときなどはどうだっただろうか。さぞかしと思いやられることである。

この話を聞いた人々は、いかほどこの守を軽蔑し、あざ笑ったことであろうかと、語り伝えていることである。

韓 譯 國司가, 「바보 같은 소리 하지 말게, 이 사람들아. (모처럼) 보배가 있는 산에 들어갔으면서, 빈 손으로 돌아온 듯한 느낌이 든다! 『受領은 넘어져도 빈 손으로는 일어나지 않는다』라고 하지 않는가」라고 말하니까, 중심되는 代官 (중에서 한 사람)이, 마음 속으로는, 「정말 욕심이 많은 사람이구나」라고 여겼지만, 「정말로, 말씀하신 대로입니다. (손에 넣기에) 사정이 알맞은 것을, 어찌 손에 넣지 않는 일이 있겠습니까? (손에 넣으시는 것이 당연합니다.) 누구라 하더라도, 손에 넣지 않고 있을 까닭이 없습니다. 본래 마음이 현명하신 (당신과 같은) 분은, 이와 같은 죽어 버릴 것만 같은 최후의 순간에도 (조금도) 마음을 흩트리지 않으시고, 모든 일을 전부 平常時와 같이 배려하여 처리하시는 것이니까, (이번에도) 당황하지 않고, 이와 같이 (버섯을) 따신 것입니다. 그러기에 任國의 정치도 평안을 유지하고, (게다가) 租稅도 충분히 거두어 들여서, 소원대로 京都로 돌아가시게 되었기 때문에, 任國 사람들은 부모(와 헤어지는 일)처럼 이별을 애석해 하고 있습니다. 그러니까, 앞으로 천년이고, 만년이고 아무런 탈 없이 번영하실 것이 틀림 없습니다」라고들 (치켜세우는 말을) 해 놓고, 몰래 자기네들 동료끼리는, (國司의 욕심 많은 것을)

비웃고 있었던 것이다.

이것을 곰곰이 생각해 보니까, 이러한 중대한 일에 조우해서, (더구나) 정신을 잃지 않고 무엇보다도 먼저, 버섯을 따 가지고 올라왔다고 하는 그 마음이야말로, 정말 어처구니가 없는 일이다. 하물며 받아들이는 데에 명분이 설 만한 것을 받아들일 때는 어떠했겠는가. 추측하건대 어지간했으리라고 생각된다.

이 이야기를 들은 사람들은, 얼마만큼 이 국사를 경멸하고, 조소했을 것일까라고 이야기되어 전해진다고 한다.

大鏡

歷史物語이며, 平安時代에 쓰여진 「鏡物(今鏡・水鏡・增鏡와 大鏡)」라고 불리는 歷史物語의 대표작품이다.

형식은 紫野의 雲林院에서 우연히 만난 190세의 大宅世継, 180세의 夏山繁樹라는 두 노인이, 繁樹의 아내와 젊은 무사와 함께 옛이야기를 전개한다고 하는 희곡적 구성을 취하고, 文德天皇의 850(嘉祥 3)년에서 後一条天皇의 1025(万寿 2)년까지의 역사를, 중국의 『史記』를 본 딴 紀傳體(연월의 차례를 좇는 編年體와는 달리, 인물을 중심으로 그리는 방법)로 기술하고 있다. 동년대를 취급한 編年體의 『栄花物語』와 같이, 藤原道長를 정점으로 하는 藤原氏一門의 영화를 이야기하고 있으나, 『栄花物語』가 道長의 예찬에 始終하고 있는 데 대해, 『大鏡』는 藤原氏 一門의 영화에 대한 비판을 담아, 인간본위의 묘사를 통해 인물비판을 명료하게 나타내어, 현상의 뒤에 감추어진 역사의 진실을 밝히려고 하고 있다.

성립년대는 万寿 2년 이후라고만 알고 있으며, 작자도 미상이지만, 궁정의 사정에 정통한 源氏 姓을 가진 귀족이라고 생각된다. 문장은 우아하며 기품이 있고, 남성적이다.

「花山院の出家」

藤原兼家・道兼 부자는, 兼家의 딸 詮子가 낳은 황태자의 즉위를 앞당기기 위해, 사랑하는 女御(후궁인 궁녀)의 죽음을 슬퍼하고 있는 花山天皇을 기만하여, 花山寺에 유인해 내어 출가시키고 만다.

次の帝[1]、花山天皇と申しき。[2]冷泉院第一の皇子なり。御母、[3]贈皇后宮懐子(くわいし)と申す。太政大臣(だいじやう)伊尹[4](これまさ)のおとどの第一の御女(むすめ)なり。この帝、安和(あんな)元年戊辰(つちのえたつ)十月二十六日丙子(ひのえね)、母方の御祖父(おほぢ)の一条の家にて生まれさせたまふとあるは、[5]世尊寺(せそんじ)のことにや。その日は、冷泉院の御時の[6]大嘗会(だいじやうゑ)の御禊(ごけい)あり。同じ二年八月十三日、[7]春宮(とうぐう)に立ちたまふ、御年二歳。天元五年二月十九日、御元服、御年十五。永観二年八月二十八日、位につかせたまふ、御年十七。寛和二年丙戌(ひのえいぬ)六月二十二日の夜、[8]あさましく候(さぶら)ひしことは、人にも[9]知られさせたまはで、[10]みそかに[11]花山寺(はなやまでら)におはしまして、[12]御出家入道せさせたまへりしこそ。御年十九。[13]世を保たせたまふこと二年。そののち二十二年おはしましき。

語句의 解釋 및 文法

1) **花山天皇** 968(安和 元)년-1008(寛弘 5)년. 제65대 천황.

2) **冷泉院** 제63대 천황. 이 천황의 治世부터 藤原氏가 섭정관백을 독점하여, 이른바 藤原시대가 시작된다.

3) **贈皇后宮懐子** 冷泉天皇妃.「贈」은 사후에 보내지는 관위에 붙이는 접두어.

4) **伊尹** 太政大臣(우리 나라로 말하면, 領議政에 해당) 藤原伊尹.

5) **世尊寺** 京都의 一条大路의 북쪽. 東大宮大路에 있었다. 원래 太政大臣 伊尹의 저택이었다고 한다.

6) **大嘗会の御禊** 「大嘗会」는 천황이 즉위한 후 처음으로 新穀을 신들에게 바치는 의식. 그 의식에 앞서, 10월 하순, 천황이 賀茂川(京都市内를 흐르는 江)에서「みそぎ(죄 등으로 몸이 더러울 때, 또는 중요한 의식을 앞두고 냇물에 몸을 깨끗이 씻고 마음을 바르고 맑게 하는 행사)」를 행하는 것을「御禊」라고 한다.

7) **春宮** 皇太子. 東宮이라고도 쓴다.

8) **あさましく候ひしことは** 놀랄 만큼 의외였던 것은.「あさまし」는, 너무나 의외임에 놀라 어이없는 것.「候ひ」는 보조동사이며,「あり」의 존중어.「あさましくありし」를 정중하게 표현하고 있다.

9) **知られさせたまはで** 누구에게도 탐지당하시는 일이 없이. 「れ」는 수동의 조동사의 미연형. 「させ」는 존중의 조동사의 연용형. 「たまは」는 존경의 보조동사의 미연형. 「させたまは」로서 최고경어. 「で」는 「ずて」가 준 것이며, 부정의 뜻을 품은 접속조사.

10) **みそかに** 몰래. 은밀하게.

11) **花山寺** 지금의 京都市에 있었던 절.

12) **御出家入道せさせたまへりしこそ** 출가 입도하신 것입니다. 「たまへりし」의 「し」는 과거의 조동사 「き」의 연체형이며, 아래에 체언 「こと」가 생략되어 있다. 「こそ」는 強意의 계조사이며, 아래에 「あれ」가 생략되어 있다. 「御出家入道せさせたまへりしことにこそあれ」이며, 「あさましく候ひしことは」의 술어이다.

13) **世を保たせたまふこと** 세상을 다스리는 일. 천자의 지위를 保持하시는, 이란 뜻.

現代語訳 次の天皇は、花山天皇と申しあげました。冷泉院の第一皇子です。御母は、贈皇后宮懐子と申します。太政大臣藤原伊尹公のご長女です。この(花山)天皇は、安和元年(陰暦)十月二十六日に、母方の御祖父(伊尹公)の一条のお邸でお生まれになったとされているが、(そのお邸というのは、今の)世尊寺のことでしょうか。その(ご誕生の当)日は、(ちょうど御父君)冷泉天皇のご即位についての大嘗会の御禊のあった日です。同じく(安和)二年八月十三日、皇太子におたちになりました。御年二歳(でした)、永観二年八月二十八日、ご即位になられました。(そのとき) 御年十五歳、寛和二年六月二十二日の夜、騒くべきほど意外でございましたことは、(帝が)だれにも知られなさることがなく、こっそり花山寺においでになって、御出家入道なされたことです。その御年十九歳。世をお治めになること、(わずか)二年。御出家なされてのち、二十二年間、ご在世あそばされました。

韓 譯 다음 천황은, 花山天皇이라고 말씀드렸습니다. 冷泉院의 첫째 황자입니다. 母后는 贈皇后宮懷子라고 하옵니다. 太政大臣인 藤原伊尹公의 장녀입니다. 이 (花山)천황은, 安和 元年(음력) 10월 26일에, 外家의 조부(伊尹公)의 一条에 있는 저택에서 탄생하셨다고 되어 있으나, (그 저택이라는 것은, 지금의) 世尊寺를 가리키는 것일까요? 그 (탄생하시던) 날은, (마침 父君이신) 冷泉天皇이 即位에 이어「大嘗会」를 위해 沐浴齋戒하신 날입니다. 같은 (安和) 2년 8월 13일, 황태자로 책봉되셨습니다. 연세가 두 살(이었습니다.) 天元 5년 2월 19일, 성인식. 그 때의 연세가 15세(였습니다). 永観 2년 8월 28일, 즉위하셨습니다. (그 때) 연세가 17세. 寛和 2年 6月 22日 밤, 놀랄 만큼 뜻밖의 일은, (天皇이) 아무도 알아차리지 못하게 하시고, 몰래 花山寺에 납시어서, 출가 입도하신 일입니다. 연세가 19세. 세상을 다스리시기 (겨우) 2년. 출가하신 뒤, 22년간, 세상을 살아 계셨습니다.

[1]あはれなることは、[2]おりおはしましける夜は、[3]藤壺(ふぢつぼ)の上の御局(みつぼね)[4]の小戸よりいでさせたまひけるに、[5]有明の月のいみじう明かりければ、「[6]顕証(けさう)にこそありけれ。いかがすべからむ」とおほせられけるを、「さりとて止まらせたまふべきやうはべらず、[7]神璽(しんじ)・宝剣[8]渡りたまひぬるには」と、[9]粟田(くりた)殿(どの)の[10]騒がし申したまひけるは、まだ帝(みかど)いでさせおはしまさざりける先に、手づから取りて、[11]東宮の御かたに渡したてまつりたまひてければ、帰り入らせたまはむことは[12]あるまじくおぼして、[13]しか申させたまひけるとぞ。[14]さやけき影を、まばゆくおぼしめしつるほどに、月の顔にむら雲のかかりて少し暗がりゆきければ、「わが出家(すけ)は[15]成就(じやうじゆ)するなりけり」と仰せられて、歩みいでさせたまふほどに、[16]弘徽殿(こきでん)の女御(にようご)の御文の、日ごろ[17]破り残して、[18]御目もえ放たず[19]御覧じけるをおぼしめしいでて、「しばし」とて、取りに入らせたまひけるほどぞかし、粟田殿の、「[20]いかにかく

おぼしめしならせおはしましぬるぞ。ただいま過ぎなば、おのづからさはりもい[21]でまうできなむ」と、そ[22]ら泣きしたまひけるは。

語句의 解釋 및 文法

1) **あはれなること** 진실로 마음 아프게 회상되는 것은. 花山天皇이 출가하신 데 대한 작자의 감개를 나타낸 말. 전단의「あさましく候ひしことは」와 같다.「あはれなる」는 형용사이며, 인간의 운명이나 자연・세태에 주관적으로 몰입하여, 마음속 깊이 느낀 감동을 나타냄.

2) **おりおはしましける夜は** 퇴위하시던 날 밤은.「おり」는「降り」로서 皇位에서 내린다는 뜻.

3) **藤壺の上の御局** 清涼殿의 북쪽 끝.「萩の戸」서쪽에 있는 방. 藤壺는 후궁의 하나, 飛香舎를 가리키지만, 여기는 후궁・女御들이 숙박하는 방.

4) **小戸** 천황의 침실과 藤壺後宮과의 사이에 있는 (양쪽으로 열리는) 문.

5) **有明の月のいみじう明かりげれば** 새벽달이 매우 밝게 비추고 있었기 때문에.「有明の月」는, 날이 밝아도 아직 하늘에 걸려 있는 달인데, 음력 20일 전후의 달을 말한다. 여기는 22일 밤의 달.

6) **顕証にこそありけれ** 너무 밝아서 마음에 걸리는 일이다.「顕証なり」는,「あらわである、きわだっている、はっきりしている」란 뜻.「こそ……けれ」로서 걸림맺음.「けれ」는 영탄의 조동사이며,「……コトダナア」라고 새긴다.

7) **神璽・宝剣** 曲玉(まがたま)(구부러진 구슬)와 보검. 이들은 八咫鏡(やたのかがみ)(거울)와 더불어 황위 계승의 표적이 되는 이른바 三種의 神器이다.

8) **渡りたまひぬるには** 옮겨 놓으시고 만 이상 (이젠 어떻게 할 도리가 없다는 것).「渡る」는, 가다, 옮기다.「たまひ」는 粟田殿의 神器에 대한 경의를 나타냄. 이 부분은「止まらせたまふべきやうはべらず」라고 도치법이 되어 있다.

9) **粟田殿** 藤原道尊. 兼家이 3남으로서, 粟田에 山荘이 있었기 때문에 粟田殿이라고 한다. 兼家의 명을 받아, 花山天皇을 퇴위 출가시키고, 外戚関係에 있는 一条天皇을 즉위시켰다.

10) **騒がし申したまひける** (천황에게) 재촉하다란 뜻.

11) **東宮** 황태자. 春宮이라고도 쓴다. 황태자의 궁전이 황궁의 동쪽에 있던 탓으로 황태자를 가리킨다. 또 동방은, 사계 중에서 봄(春)에 해당하기 때문에, 이렇게 말한다. 여기서는 懐仁親王. 뒤의 一条天皇.

12) **あるまじくおぼして** 있어서는 안 된다고 생각하시고. 「まじく」는 부정의 당연을 나타내는 조동사의 연용형이며, 부사법.

13) **しか申させたまひけるとぞ** 그와 같이 말씀드렸다는 것입니다. 「しか」는 부사이며, 그와 같이란 뜻. 粟田殿의 말을 가리킨다. 「とぞ」 아래에 「言ふ・聞く」 등의 맺음(연체형)이 생략되어 있다.

14) **さやけき影** 밝은 달빛. 「影」는 월광을 말함.

15) **成就するなりけり** 성취하겠구나. 「けり」는 영탄의 조동사.

16) **弘徽殿の女御の御文の** 弘徽殿의 女御의 편지로서. 「の」는 동격의 격조사이며, 「デ」라고 새긴다. 「弘徽殿」는 清涼殿(천황의 居宮) 북쪽에 있는 후궁의 하나. 「女御」는 천황을 침실에서 모시는 妃로서, 중궁의 아래, 更衣의 위인 地位. 주로 大臣의 딸이 되었다. 여기는 藤原為氏의 딸 忯子(きし)로서, 花山천황의 총애가 두터웠으나, 지난해, 懐妊中 病没하셨다.

17) **破り残して** 찢어서 버리시지 않으시고.

18) **御目もえ放たず** 눈을 떼시지 않을 만큼. 「え」는 아래에 부정의 말(여기서는 「ず」)을 수반해서 불가능의 뜻을 나타내는 부사.

19) **取りに入らせたまひけるほどぞかし** 가지러 되돌아 가셨을 때의 일입니다요. 「せたまひ」는 이중경어로서, 황제에 대한 최고의 경어. 「ぞ」는 強意의 계조사의 문말용법. 「かし」는 다짐을 하는 종조사. 여기는, 문말의 「そら泣きしたまひけるは」라고 도치법이 되어 있다.

20) **いかにかくおぼしめしならせおはしましぬるぞ** 어째서 이와 같은 (미련스런) 생각을 하시게 되셨습니까? 「いかに」는 의문의 부사이며, 어째서. 「かく」는 천황이 女御의 편지를 되찾으려고 했던 행동을 가리킴. 「おぼしめしなる」는 「思ひなる」의 존경어이며, 그와 같은 생각을 하시게 된다는 뜻. 「せおはしまし」는 최고의 경어. 「ぬる」는 완료의 조동사의 연체형. 「ぞ」는 강의의 계조사의 문말용법.

21) **いでまうできなむ** 반드시 나올 것에 틀림없다. 「出でまうで来」는 「出で来」의 겸양어. 粟田殿의 천황에 대한 경의를 나타내고 있다. 「な」는 強意의 조동사 「ぬ」의 미연형. 「む」는 推量의 조동사의 종지형. 「なむ」로서 「……ニチガイナイ。キット……ニチガイナイ」란 뜻이 된다.

22) **そら泣きしたまひけるは** (粟田殿가) 우는 척하신 것은.「そら」는 거짓, 헛, 기만. 앞의「取りに入らせたまひけるほどぞかし」에 걸려 있다.『大鏡』에 많이 나타나는 도치법.「ほどぞかし」로서 문장은 종지되고,「そら泣きしたまひけるは」의「は」는 영탄이라고 하는 생각도 있으나, 대화・문답의 형식으로 기술되어 있는『大鏡』는, 표현도 스스로 보통 말투의 가락을 띠게 되는 것이므로 도치법이라고 보는 것이 옳겠다.

現代語訳 しみじみと心痛む思いのいたすことは(御出家なされたときの様子です)、ご退位あそばされた夜は、藤壺の上の御局の小戸を通ってお出ましあそばしたところ、有明の月がたいそう明るく照っておりましたので、(帝が)「あまり明るくて気がひけることだ。どうしたらよかろう」とおっしゃいましたのを、「だからと申して、おやめなさることはできません。神璽も宝剣も(東宮の方へ)おうつりになってしまわれましたからには」と、粟田殿(道兼公)が、せきたて申しあげなさったわけは、まだ帝がお出ましあそばされなかったその前に(粟田殿が)みづから(神器を)とって、東宮のお方へお渡し申しあげられてしまったので、(帝が宮中へ)お帰りなさることはあってはならないとお思いになって、そのように申しあげなさったということです。(帝は)明るい月の光を、気がひけるようにお思いになっておられるうちに、月のおもてにむら雲がかかって、(あたりが)少し暗くなってきたので、「わたしの出家の願いは成就するのであるなあ」とおっしゃって、歩き出されるときに、(なくなられた愛妃)弘徽殿の女御のお手紙で、平素破りすてもなさらず、お目も離されないほどにご覧になっていたのをお思い出しになって、「しばらく待て」とおっしゃって、(それを)取りにお引き返しあそばしましたときのことですよ、粟田殿が、「どうしてこのような未練なお考えにおなりあそばしたのです。今(この機会)をやりすごしたら、自然とさしさわりもきっと出てくるにちがいありません」と言って、そら泣きをなさったのは。

韓譯 참으로 가슴 아프게 생각하는 일은 (출가하실 때의 광경입니다), 퇴위하시던 밤은, 藤壺宮의 작은 문을 통해서 나가시려고 했던 바, 새벽달이 매우 밝게 비추고 있었기 때문에, (천황이) 「너무 밝아서 기가 죽는 것만 같다. 어떻게 하면 좋을까」라고 말씀하시는 것을, 「그렇다고 해서, 중지하실 수는 없습니다. 曲玉도 보검도 (동궁으로) 옮겨 놓고 만 이상에는」하면서, 粟田殿(藤原道兼)가, 재촉한 이유는, 아직 天皇이 나오시기 전에 (粟田殿가) 손수 (神器를) 가지고, 東宮에게 건네 버리고 말았기 때문에, (천황이 궁중에) 돌아가시는 일이 있어서는 안 된다고 생각하셔서, 그와 같이 말씀드렸다는 것입니다. (천황은) 밝은 달빛에 기가 죽은 듯이 하고 계시는 중에, 달 표면에 떼구름이 걸려, (주위가) 다소 어두워졌기 때문에, 「나의 출가의 소원이 성취되는가보다」라고 말씀하시면서 걸음을 옮기실 때, (돌아가신 愛妃) 弘徽殿宮의 편지로서, 평소에 찢어서 버리지도 않으시고, (거기서) 눈을 떼시지 않으실 정도로 보고 계시던 것을 생각하시고, 「잠깐만 기다려라」고 말씀하시고, (그것을,) 가지러 돌아가셨을 때의 일입니다요, 粟田殿가, 「어째서 그와 같은 未練스런 생각을 하시는 것입니까? 지금 (이 기회를) 놓쳐 버리시면, 자연히 장애도 반드시 생기는 것에 틀림이 없습니다」라고 하며, 거짓 울음을 울었던 일은.

さて[1]土御門(つちみかど)より東(ひんがし)ざまに[2]率(ゐ)ていだしまゐらせたまふに、[3]晴明(せいめい)が家の[4]前をわたらせたまへば、みづからの声にて、手を[5]おびたたしく[6]はたはたと打つなる。「帝おりさせたまふと見ゆる[7]天変ありつるが、すでに[8]なりにけりと見ゆるかな。[9]参りて奏せむ。車に[10]装束(さうぞく)せよ」といふ声を聞かせたまひけむ、[11]さりともあはれにおぼしめしけむかし。「[12]かつがつ[13]式神(しきじん)

一人、内裏(だいり)へ参れ」と申しければ、目に見えぬ者の、戸を押しあけて、御後(うし)ろを見まゐらせけむ、「ただいまこれ[14]より過ぎさせおはしますめり」といら[15]へけるとかや。その家、土御門[16]町口(まちぐち)なれば、御道[17]なりけり。

語句의 解釋 및 文法

1) **土御門** 一条大路에서 남쪽으로 세 번째의 동서로 통하는 길.

2) **率ていだしまゐらせたまふに** 꾀어 내었습니다. (모시고 나오기는 했습니다만.) 「率」는, 데리고 온다는 뜻. 「まゐらせ」는 겸양의 보조동사. 「率ていだし」라고 하는 道兼의 행동을 낮추는 것으로 해서, 화자(작자)의 花山천황에 대한 경의를 나타냄. 「たまふ」는 존경의 보조동사이며, 道兼에 대한 화자의 경의를 나타낸다. 「に」는 접속조사.

3) **晴明が家** 安倍(あべ)晴明의 집. 晴明는 天文博士로서 음양의 대가. 그 집은 土御門의 북쪽, 西洞院의 동쪽에 있었다. 「が」는 연체수식격의 격조사로서, 「の」란 뜻.

4) **わたらせたまへば** 지나가시니까. 「わたる」는 지나다. 이동하다.

5) **おびたたしく** 매우 많이. 심하게.

6) **はたはたと打つなる** 짝짝하고 (손뼉을) 치는 소리가 나는 듯합니다. 「はたはた」는 손뼉을 치는 소리. 「ぱちぱち」. 「なる」는 추정의 조동사의 연체형. 위에 계조사가 없기에, 여기는 여정을 나타내는 연체종지. 연체종지는 회화나 和歌에 보통 쓰이며, 밑글에는 거의 쓰이지 않는다. 여기는, 이야기해 주는 사람의 말 속이다.

7) **天変ありつるが** 天変이 있은 것이. 「天変」은, 風・雷・日蝕・月蝕 등을 가리키며, 그 변동에 의해 점을 친다. 天変에 의해 이미 晴明는 退位를 알고 있으며, 더욱이 그 일이 끝나고 말았다고 안 것이다. 「が」는 주격을 나타내는 격조사.

8) **なりにけり** (일이) 끝나고 말았다. 「なる」는, 일들이 마무리되다. 성취되다. 「に」는 완료의 조동사 「ぬ」의 연용형. 「けり」는 영탄의 조동사이며, 문득 깨닫다란 뜻.

9) **参りて奏せむ** 궐내에 들어가서 (천황에게) 말씀드리자. 「奏す」는 「天皇に申しあげる」란 의미의 절대경어이며, 다른 데는 쓰지 않는다. 「む」는 의지의 조동사. 晴明는 天文博士이며, 천변이 있을 때 아뢸 의무가 있었다.

10) **装束** 여기는 수레의 준비. 소(牛)를 매든지, 아름답게 꾸미든지 한다.
11) **さりとも** 그렇기는 해도. 천황의 출가가 스스로 각오하신 일임을 받아서, 각오하신 출가라고는 해도, 라는 뜻이 아래에 이어진다.
12) **かつがつ** 우선. 곧. 「且つ」를 두 번 겹친 말로서, 부사.
13) **式神** 陰陽道의 명령에 따라, 変幻自在, 불가사의한 재주를 부린다는 신. 보통 사람에게는 보이지 않는 것이라고 한다.
14) **これより過ぎさせおはしますめり** 여기를 통과해 가시는 듯합니다. 「これ」는 晴明의 집이 있는 장소. 「より」는 경유를 가리키는 격조사. 「させおはします」는 최고의 경어이며, 주어는 황제. 「めり」는 완곡의 조동사.
15) **いらへけるとかや** 대답했다던가 하는 것입니다. 「いらふ」는 대답하다. 「とかや」 아래에 「言ふ・聞く」 등이 생략되어 있다.
16) **土御門町口** 土御門거리의 입구 부근.
17) **御道なりけり** (거동하시는) 통로였던 것입니다. 「なりけり」는 「ナルホド……ダッタノダナア」라고 영탄하는 의미.

現代語訳 さて、(粟田殿は)土御門通りを通って東の方へ(帝を)お連れ出し申しあげなさいましたが、安倍晴明の家の前をお通りになると、晴明自身の声がして、手をはげしくぱちぱちと打つ音がするようです。「帝がご退位あそばすと思われる天変があったのだが、もはやすでに(ご退位のことは)すんでしまったと見えるぞ。参内して奏上しよう。車に仕度せよ」という声をお聞きになったときは、たとえ覚悟の出家とはいえしみじみと御心を打たれたことでしょう。「とりあえず、式神一人、内裏へ参れ」と(晴明が)申しましたところ、(人間の)目には見えないものが、戸を押しあげて、(帝の)御後ろ姿を見申しあげたのであろうか、「(帝は)ただ今ここをお通りすぎあそばされるようです」と答えたとかいうことです。晴明の家は、土御門町口でありますから、(なるほど花山寺への)御道筋であったのです。

韓 譯 그런데, (粟田殿는) 土御門거리를 지나 동쪽으로 (천황을) 모시고 가셨습니다만, 安倍晴明의 집앞을 지나시니까, 晴明 자신의 소리가 나며, 손뼉을 세차게 치는 소리가 나는 듯합니다. 「천황이 퇴위하신다고 보여지는 천변이 있었더랬는데, 이미 벌써 (퇴임하시는 일은) 끝난 듯이 보이는구나. 궐내에 들어가서 아뢰야겠다. 수레의 차비를 하렸다」라는 소리를 들으셨을 때는, 비록 각오한 출가라고는 해도 마음에 깊이 생각하고 느끼는 바가 계셨으리라고 하겠습니다. 「우선, 式神 한 사람, 御前에 들어가도록」라고 (清明이) 말씀하시니까, (사람의) 눈에는 보이지 않는 자가, 문을 밀어 올리고, (天皇의) 뒷모습을 본 것일까요. 「(천황은) 지금 바로 여기를 지나가고 계시는 듯합니다」라고 대답했다던가 하는 것입니다. 晴明의 집은, 土御門거리의 입구였으니까, (정말 花山寺로 가는) 지나시는 길목이었던 것입니다.

花山寺(はなやまでら)に[1]おはしまし着きて、[2]御髪おろさせたまひてのちにぞ、粟田殿は、「まかりいでて、大臣(おとど)にも、[3]変はらぬ姿いま一度見え、かくと[4]案内も申して、必ず参りはべらむ」と申したまひければ、「[5]われをばはかるなりけり」とてこそ泣かせたまひけれ。[6]あはれに悲しきことなりな。日ごろ、かく御弟子(みでし)にて候はむと契りて、[7]すかし申したまひけむが恐しさよ。[8]東三条(とうさんでう)殿は、[9]もしさることもやしたまふとあやふさに、[10]さるべくおとなしき人々、[11]なにがしかがしといふ[12]いみじき源氏の武者(むさ)たちをこそ、御送りにそへられたりけれ。京のほどは隠れて、堤のわたりようぞうちいで参りける。寺などにては、[13]もし押して人などやなしたてまつるとて、一尺ばかりの刀どもを[14]抜きかけてぞ守り申しけるとぞ。寛弘五年二月八日、[15]うせさせたまふ。御年四十一。

語句의 解釋 및 文法

1) **おはしまし着きて** 도착하셔서. 「おはします」는 「行く」의 존경동사.

2) **御髮おろさせたまひてのちにぞ** 삭발하신 그 뒤에. 「おろす」는 두발을 깎고 출가한다는 뜻. 「のちにぞ」는 뒤의 「と申したまひければ」에 걸려 있지만, 아래에 이어지는 꼴이기에, 걸림맺음은 성립되어 있지 않다. 맺음이 없는 꼴(「結びながれ」)이다.

3) **変わらぬ姿いま一度見え** 출가하기 전의 지금의 모습을 한 번 더 보여. 「見え」는 원래 동사 「見る」에, 수동・가능・자발 등의 조동사 「ゆ」가 접속한 것이며, 여기는 한 말로 취급해도 좋으나, 수동의 뜻이 살아 있다. 「見られ」. 단 현대어로 새길 때는, 「見せる. 示す」 등으로, 타동사적으로 새기는 것이 좋다.

4) **案内** 사정. 관찰.

5) **われをばはかるなりけり** 그렇다면, 나를 속인 것이구나. 「けり」는 「思エバ……デアッタ。気ガツイタラ…デアッタ」라고, 지금까지는 생각하지도 않았던 일을 새삼스러이 눈치챈 것을 나타냄.

6) **あはれに悲しきことなりな** 뭐라고 말할 수 없이 참으로 슬픈 일이 옵니다 그려. 이야기를 계승해 온 사람들의 감상. 「あはれに」는 마음속 깊이 느낀다는 뜻으로서, 부사법. 종지법으로 취급하는 설도 있다. 「な」는 종조사이며, 문말에 붙고, 감동을 나타냄. 「花の色は移りにけりな」 등과 같다.

7) **すかし申したまひけむが恐ろしさよ** (천황을) 속인 것의 무서움이여. 「世継」의 감상. 「すかす」는, 속이다, 부추기다. 「申し」는 겸양의 보조동사이며 道兼의 동작을 낮추는 것으로 해서, 화자의 천황에 대한 경의를 나타냄. 「たまひ」는 道兼에 대한 경의를 난타낸 보조동사. 「けむ」는 과거추량의 조동사의 연체형이며 아래에 「心・こと」 등을 보완해서 새기면 좋다.

8) **東三条殿** 藤原兼家. 太政大臣. 東三条에 저택이 있었기에 이렇게 부름.

9) **もしさることもやしたまふ** 만일에라도 (道兼公이) 삭발하시지나 않을까. 「さる」는 연체사이며, 그와 같은, 이란 뜻. 道兼가 삭발하여 출가하는 일을 가리킴.

10) **さるべきおとなしき人々** 상당히 사려 분별이 있는 사람들. 「さるべく」는 「さあるべく」의 준 말로서, 「そうあるべき」란 뜻. 보통 「적당한. 훌륭한」 등으로 새기면 좋다. 「べく」는 적당・당연을 나타내고 있다. 「おとなし」는 여기는 사려가 깊은, 老巧(오랜 경험을 쌓아 사물의 처리가 교묘함)한 이란 뜻.

11) **なにがしかがし** 뭐라고 하는 어떤 사람. 「なに」와 「か」에 접미어 「がし」가 붙은 말. 이름을 생략하고 부를 때의 용법.

12) **いみじき源氏の武者たち** 뛰어난 源氏의 무사들. 「いみじき」는 정도가 보통이 아닌 것. 「매우 평판이 난, 매우 무력이 뛰어난」 등으로, 말을 보완해서 새기면 좋다. 여기는 清和源氏의 源頼光・頼信 등을 가리키고 있는 것으로 생각된다.

13) **もし押して人などやなしたてまつる** 만일 무리하게 누군가가 (道兼公을) 출가시켜 버릴지도 모른다. 「押して」는 무리하게. 「なす」는 사람들이 道兼를 출가시키는 일. 「たてまつる」는 화자의 道兼에 대한 경의를 나타냄. 「や…たてまつる」는 걸림맺음.

14) **抜きかけてぞ守り申しけるとぞ** 손에 손에 (칼을) 뺄 준비를 하고 지켜 드렸다는 것입니다. 「ぞ…ける」는 걸림맺음. 문말의 「ぞ」 밑에는, 「言ふ」(연체형) 등의 말이 생략되어 있다.

15) **うせさせたまふ** 돌아가셨습니다. 「うす(失す)」는 죽음을 간접적으로 표현한 말. 「させたまふ」는 최고의 경어(이중경어)이며, 花山院에 대한 경의를 나타내고 있다.

現代語訳 花山寺にご到着なさって、ご削髪なされたその後に、粟田殿は、「ちょっと退出いたしまして、父の大臣(兼家)にも、出家前の今の姿をもう一度見せ、これかれと(出家する)事情をも申しましてから、必ずお側に帰って参りましょう」と申しあげなさったので、(帝は)「さては、わたしをだましたのであったな」とおっしゃって、お泣きあそばされたということです。何ともしみじみと悲しいことでありますなあ。つね日ごろ、(道兼公は、帝がご出家あそばしたら自分も出家して)帝のお弟子としてお仕え申しあげますと約束しておいて、おだまし申しあげたことの恐しいことよ。(父の)東三条兼家公は、万一にも道兼公が削髪などなさりはしないかと危うく思って、相当の思慮分別に富んだ人々、なんのだれそれというすぐれた源氏の武士たちを、(わざわざ)御送り(の護り)に添えられたのでした。京の市中は(人目につかぬよう)隠れて、賀茂川(かもがわ)の堤のあたりから(姿を)現して(栗田殿の)お供をして参りました。花山寺に着いてからなどは、万一無理にだれかれかが(道兼公を)出家させ申しあげるかもしれないと(気づかって)て、一尺ほどの刀を(武士たちが)手に手に抜きかけてお守り申したということです。(花山院は)寛弘五年二月八日、おなくなりになりました。(時に)御年四十一歳(でした)。

韓 譯 花山寺에 도착하셔서, 삭발을 하신 뒤에 粟田殿는, 잠시 퇴출해서, 부친인 大臣(兼家)에게도, 출가하기 전의 지금의 모습을 한 번 보이고, 이런 저런 (출가하는) 사정도 말씀드리고 나서, 꼭 곁으로 돌아오겠습니다」라고 말씀드렸기 때문에 (천황은) 「그렇다면, 나를 속인 것이구나」라고 말씀하시고, 우셨다고 하는 것입니다. 정말로 마음 깊이 느껴지는 슬픈 일이군요. 일상, (道兼公은, 천황이 출가하시게 되면 자신도 출가해서) 천황의 제자가 되어 정성으로 모시겠습니다라고 약속해 두고서는, 속인 것은 얼마나 무서운 일인가. (부친인) 東三条殿兼家公은, 만일에라도 道兼公이 삭발을 하시지나 않을까 하고 위태롭게 생각해서, 상당히 사려가 깊고 분별이 넘치는 사람들, 어디의 누구누구라고 하는 훌륭한 源氏의 무사들을, (일부러) 심부름하는 사람들의 호신역으로 따라 보냈던 것입니다. 京都의 시내는 (다른 사람의 눈에 뜨이지 않게) 숨어서 가고, 賀茂川의 제방 부근부터는 (모습을) 드러내서 (粟田殿의) 수행을 해 왔습니다. 花山寺에 도착한 뒤로 말할 것 같으면, 만일 무리하게 누군가가 (道兼公을) 출가시킬지도 모를 일이라고 (신경을 써서) 해서, 一尺 가까운 칼을 (무사들이) 손에 손에 뺄 준비를 해서 지켜 드렸다는 것입니다. (花山院은) 寬弘 5년 2월 8일, 승하하셨습니다. (그때에) 享年 41세 (였습니다).

「弓争ひ」

伊周(これちか)가 「南の院」에서 활(弓)의 競射를 개최하고 있는 곳에 道長(みちなが)가 나타나서 참가하여, 伊周와 활을 겨룬다. 伊周가 졌기 때문에 부친인 道隆(みちたか)가 재차 겨룰 것을 제의하여, 이에 응한 道長가 당치도 않는 방언을 하면서 활을 쏘아 또 이겨, 道隆는 失色을 한다.

[1]帥殿(そちどの)の、[2]南の院にて、人々集めて[3]弓あそばししに、[4]この殿[5]わたらせたまへれば、[6]思ひかけずあやしと、[7]中の関白殿[8]おぼし驚きて、いみじう[9]饗応(きやうおう)し申させたまひて、[10]下﨟(げ)におはしませど、[11]前に立てたてまつりて、まづ[12]射させたてまつらせたまひけるに、帥殿の矢数、いま二つ劣りたまひぬ。中の関白殿、また、[13]御前にさぶらふ人々も、「[14]いま二たび[15]延(の)べさせたまへ」と申して、延べさせたまひけるを、[16]安からずおぼしなりて、「さらば、延べさせたまへ」と仰せられて、また射させたまふとて、仰せらるるやう、「[17]道長が家より帝(みかど)・后(きさき)立ちたまふべきものならば、この矢当れ」と仰せらるるに、[18]同じものを中心(なから)には当たるものかは。

語句의 解釋 및 文法

1) **帥殿** 藤原伊周. 関白 道隆의 제2子.

2) **南の院** 道隆의 저택 남쪽에 있던 건물.

3) **弓あそばししに** 활(弓)의 競射를 하고 계시던 때에. 「し」는 과거의 조동사 「き」의 연체형.

4) **この殿** 藤原道長. 関白 兼家의 제5子. 伊周의 숙부.

5) **わたらせたまへれば** 오셨기 때문에. 「わたら」는 동사 「わたる」의 미연형. 「行く, 来る, 過ぎる」의 의미가 있고, 여기서는 이쪽으로 온다는 뜻. 「れ」는 완료의 조동사 「り」의 已然形.

6) **思ひかけずあやし** 뜻밖의 일로서 이상한 일이다. 이 때, 道長와 道隆는 서로 사이가 좋지 않았다.

7) **中の関白殿** 藤原道隆. 関白 兼家의 아들. 道長의 長兄. 중궁인 定子의 부친.

8) **おぼし驚きて** 놀라셔서. 「思ひ驚く」의 존경체. 「おぼし嘆く」 등과 같이, 「おぼし」는 특별히 새길 필요가 없다.

9) **饗応し申させたまひて** 추어 올리면서 환대하셔서. 「饗応」은, 酒食을 차려서 접대하는 것. 「申さ」는 道隆의 동작을 낮추는 것으로서 道長에 대한 작자의 경의를 나타내는 겸양어. 「せたまひ」는 道隆에 대한 최고의 경어.

10) **下﨟におはしませど** 道長公은 伊周公보다 관위가 낮은 신분이셨지만. 「下﨟」는 僧侶가 受戒하고 나서 수행을 조금 밖에 쌓지 않은 미숙한 僧侶를 말함. 변해서, 관위가 낮은 자를 말한다. 당시 伊周가 内大臣이었던 것에 대해, 道長는 権大納言이었던 듯하다.

11) **前に立てたてまつりて** (道隆는 道長를) 앞 순서에 세워 드리고. 「たてまつる」는 겸양의 보조동사. 道長에 대한 작자의 경의를 나타냄.

12) **射させたてまつらせたまひけるに** (활을) 쏘시도록 해 드렸더니만. 「させ」는 사역의 조동사. 「たてまつる」는 겸양의 보조동사로서 道長에 대한, 「せたまふ」는 최고 경어로서 道隆에 대한 작자의 경의를 표함.

13) **御前にさぶらふ人々** 「中の関白」 앞에 시중드는 사람들. 「さぶらふ」는 웃사람 측근에 「居る・控える・仕える・伺候する」란 뜻.

14) **いま二たび** 두 번 더. 2회 더.

15) **延べさせたまへ** (승부를) 연장시키십시오. 화살은 두 개를 「一手」라고 하니까. 두 개 연장할 것을 권한 것이다.

16) **安からずおぼしなりて** 화가 치밀어 오르셔서. 재미가 없게 되셔서. 「おぼしなる」는 「思ひなる」의 존경체. 그러한 마음이 된다. 그러한 생각이 든다.

17) **道長が家より帝・后立ちたまふべきものならば** 道長의 집안으로부터 천황이나 황후가 꼭 나오게 될 것이라면. 「道長が家」의 「が」는 연체격의 격조사. 「べき」는 당연의 조동사의 연체형. 「なら」는 단정의 조동사의 미연형. 「ば」는 순접의 가정조건을 나타내는 접속조사.

18) **同じものを中心には当たるものかは** (앞서와) 같게 맞는다고는 하지만, 정말 과녁의 한가운데에 맞지를 않았는가. 「ものを」는 역접의 확정조건을 나타내는 접속조사. 「ものの」라고 새기는 책도 있지만 같은 것이다. 「……デハナイカ……ナンテ」라고 뜻밖의 일에 어이가 없다는 뜻을 나타내는 종조사. 거기에 더하여 감동을 나타내는 「は」가 더해져서 강하게 된 것. 새기는 것은 같게 해도 좋다.

現代語訳 帥殿(伊周公)が、南の院で、人々を集めて弓の競射をなさいましたおり、この殿(道長公)がそこへおいでになりましたので、(これは)思いかけずおかしなことだと、中の関白殿(道隆公)はお驚きになって、(道長公を)ちやほやおとりもち申しあげなさって、(道長公は当時伊周公より)官位が低い身分でいらっしゃったけれど、(道長公を)前の順にお立て申して、先に射させ申しあげなさったところが(勝負の結果は)帥殿の当たり矢の数が、なお二本だけお負けになりました。(それで)中の関白殿も、また、御前に伺候する人々も(伊周公を負けさせまいとして)、「もう二度だけ(勝負を)延長なさいませ」と(お勧め)申して、延長なさいましたので、(道長公は)しゃくにさわってこられて、「それなら延長なさい」とおっしゃって、またお射になろうとしておっしゃることには、「この道長の家から(後々)帝や后がお立ちなさるはずのものならば、この矢当たれ」とおっしゃって(矢を放たれたところ)、同じに当たるとはいいながら、なんと的のまん中に当たったではありませんか.

韓 譯 伊周公(帥殿)이, 道隆의 집 남쪽에 있는 건물에서, 사람들을 불러 모아 활을 쏘는 경쟁을 하고 계셨을 때, 道長公이 이쪽으로 오셨기 때문에, (이것은) 뜻밖이라 이상한 일이구나 하고, 道隆公(「中の関白」)이 놀라셔서, (道長公을) 추어 올리면서 음식을 대접하면서 환대를 하시고, (道長公은 당시 伊周公보다) 관위가 낮은 신분이기는 하셨지만, (道長公을) 앞 차례에 세워 드려, 먼저 활을 쏘게 해 드렸더니만, (勝負의 결과는) 伊周公의 적중한 화살의 수가, 아직 두 개 지고 계시는 터였습니다. 그래서 道隆도 또한, 그 옆에서 모시고 있던 사람들도 (伊周公을 이기게 해 드리려고), 「두 번만 더 (승부를) 연장하십시오」라고 권해 드려, 연장하셨기 때문에, (道長公은) 슬며시 화가 치밀어 오르셔서, (그렇다면 연장하도록 하시지요)라고 하시면서, 다

시 활을 쏘려고 하시면서 말씀하시기를,「이 道長의 집안에서 (장차) 천황이나 황후가 꼭 나오게 될 것 같으면, 이 화살아 적중해라」고 하시면서, (화살을 놓으셨던 바) 앞서와 꼭 같게 맞는다고는 하지만, 어쩌면 놀랍게도 과녁에 적중한 것이 아니겠습니까.

次にぞ帥殿が射たまふに、いみじう臆(おく)したまひて、[1]御手もわななくけにや、的のあたりにだに近く寄らず、[2]無辺世界を[3]射たまへるに、関白殿色あをくなりぬ. また[4]入道殿射たまふとて、「[5]摂政・関白すべきものならば、この矢当たれ」と仰せらるるに、[6]はじめの同じやうに、的のやぶるばかり射させたまひつ. 饗応し[7]もてはやしきこえさせたまひつる興もさめて、[8]ことにがうなりぬ. 父大臣(おとど)、帥殿に、「[9]なにか射る. [10]な射そ、な射そ」と制したまひて、[11]ことさめにけり。[12]今日に見ゆべきことならねど、[13]人の御さまの言ひいでたまふことのおもむきより、[14]かたへは[15]臆せられたまふなんめり。

語句의 解釋 및 文法

1) **御手もわななくけにや** 손이 떨리기 때문이신지.「け」는「故」이며, 이유・원인을 나타내는 형식명사.「に」는 단정의 조동사「なり」의 연용형.「や」는 의문을 나타내는 계조사. 아래에「あらむ」가 생략되어 있다.

2) **無辺世界** 생각하지도 않은 방향. 불교어이며, 무한의 세계를 말함. 허공.

3) **射たまへるに** 쏘셨기 때문에.「に」는 접속조사.

4) **入道殿** 道長를 말함.

5) **摂政・関白すべきものならば** 摂政・関白이 되어야 할 사람이라면.「べき」는 당연의 조동사. 천황이 어릴 때에 보좌하는 임무를 담당하는 것이 摂政. 성인한 뒤의 보좌역이 関白. 摂政政治에서는, 자기의 딸이 낳은 황자가 제위에 오르면 최초에는 摂政으로서, 뒤에는 関白으로서 보좌역을 맡았다.

6) **はじめの同じやうに** 전과 다름없이.「の」는 격조사「と」와 같은 뜻.

7) **もてはやしきこえさせたまひつる** 접대해 드리고 계시던.「もてはやす」는「とりもつ、顔を立てる」란 뜻.「きこえ」는 겸양의 보조동사「きこゆ」의 연용형.「させ」는 존경의 조동사「さす」의 연용형.

8) **ことにがうなりぬ** 마음이 거북하게 돼 버렸다.

9) **なにか射る** 왜 쏘고 있는가. (이젠 쏠 필요가 없다.)「か」는 반어의 계조사.「か射る」는 걸림맺음.

10) **な射そ** 쏘지 말라.「な……そ」는 금지를 나타냄.「な」는 부사.「そ」는 종조사. 사이에 동사의 연용형이 들어간다.

11) **ことさめにけり** 그 장면이 시시해져 버렸다.

12) **今日に見ゆべきことならねど** 오늘 바로 꼭 실현될 일은 아니지만. 道長의 대담한 방언의 내용이 이 시점에서는 아직 어떻게 될지 모른다는 것.

13) **人の御さまの言ひいでたまふことのおもむきより** 道長公이 취한 태도가, 그가 말을 꺼낸 (강한 태도인) 어조로 보아, 道長의 발언이 너무나도 제 세상인 듯이 함부로 버릇이 없는 것이었기 때문에.

14) **かたへ** 한쪽. 일부분. 어느 만큼은. 한쪽이라고 하여 伊周라고 하는 설도 있다.

15) **臆せられたまふなんめり** 마음이 위축되신 듯이 보인다.「なんめり」는「なるめり」의 음편이며, 단정의 조동사「なる」와, 推量의 조동사「めり」.

現代語訳 その次に帥殿が射られると、非常に気おくれなさって、御手も震えるためであろうか、的のそば近くにさえ行かず、とんでもない方向を射られたので、関白殿は顔色が青くなってしまいました。また入道殿(にゅうどう)(道長公)が射なさろうとして、「(わたしが将来)摂政・関白になるはずのものなら、この矢当たれ」とおっしゃって(矢を放たれたところ)、前と同じように、的がこわれるほど射当てなさいました。(それで、道隆も道長公に対して)ちやほやおあいそをし、おとりもち申していらっしゃった興もさめて、気まずくなってしまいました。父の大臣(道隆公)は、帥殿に、「どうして(また)射るのか。(もう射るにおよばない。)射るな、射るな」とおとめなさって、その場がしらけてしまいました。(道長公の言は)今日すぐに実現するはずのことではないが、道長公のとられた御態度が、その言い出しなさった、(強引な)調子からして、(伊周公の方は)いくらかは気おくれなさったと見えます。

韓 譯 그 다음에 帥殿(伊周公)가 쏘시니, 매우 놀라 움츠리셔서, 손이 떨리시는 탓인지, 과녁의 근방에조차 가지 않고 얼토당토 않은 곳을 쏘셨기 때문에, 關白께서는 안색이 창백해져 버렸습니다. 또 道長公(入道殿)이 쏘려고 하시면서, 「(내가 장래) 攝政·關白이 꼭 될 사람이라면, 이 화살이여 명중해라」라고 하시면서 (화살을 놓으셨던 바), 앞서와 마찬가지로, 과녁이 깨어지리 만큼 쏘아 맞추셨습니다. (그래서, 道隆公도 道長公에 대해) 추어 올리면서 음식을 차려, 대접하고 계시던 흥도 식고, 마음이 거북하고 불쾌해져 버렸습니다. 부친인 大臣(道隆公)은, 伊周公에게, 「어째서 (아직) 쏘는가. (이젠 더 쏠 필요는 없다) 쏘지 말라. 쏘지 말라.」고 만류하셔서, 그 장면은 시시해져 버렸습니다. (道長公의 말은) 오늘 바로 꼭 실현될 일은 아니지만, 道長公이 취하신 태도가, 그 말을 꺼내신 (강인한) 말투로 봐서, (伊周公 쪽은) 얼마간 마음이 위축되셨던 듯이 보입니다.

中世의 文學

槪觀

時代區分 源頼朝가 鎌倉(かまくら)幕府를 개설한 1192(建久 3)년부터, 「関(せき)が原(はら)」의 전투가 행해진 1600(慶長 5)년경까지의 약 400년간을 중세라고 부른다. 武家정권을 중심으로 하는 封建制社會의 거의 전기에 해당한다. 이 시대는 所在에 의해, 鎌倉時代와 室町(むろまち)시대와의 2기로 나눌 수 있다.

前期의 文學 전기(鎌倉時代)는 1333(元弘 3)년에 鎌倉幕府가 멸망할 때까지의 140년간이다. 関東에 처음으로 幕府가 개설되어, 정치의 실권은 무가의 손으로 옮겨졌으나, 한편, 京都의 조정이나 귀족은 아직 정치적・경제적인 힘을 남겨, 전과 다름 없이 궁정정치를 행하고 있었다. 특히 문화면에서의 주된 담당자는 여전히 귀족・승려였으며, 平安시대 이래의 귀족문화를 계속 지키려고 하고 있었다. 초기의 2, 30년간은 복고적 풍조가 특히 현저하였으며, 和歌가 왕성했기 때문에, 新古今時代라고도 불리고 있다. 그러나 「承久の乱」(1221)에서, 後鳥羽院이 隠岐(いき)섬에 유배된 뒤로는, 귀족은 무기력해져서 오로지 衰運의 일로를 더듬고, 귀족문화도 또한 현저하게 침체되어 갔다. 이에 대해, 신흥 武家계급의 소박하고 힘찬 기풍이나 정신이 문학의 세계에도 여러 가지의 영향을 끼치게 되고, 드디어 귀족뿐만이 아니고 武家나 그 외의 것을 묘사하는 新文學도 출현하게 되었다. 『保元物語(ほうげんものがたり)』 『平治(へいじ)物語』, 『平家(へいけ)物語』 등의 軍記物語가 그것이다.

또, 이 시대는, 浄土宗・日蓮宗・禅宗 등의 신불교가 뒤를 이어 성립하여, 佛教史上, 발랄한 一時期를 꾸몄다. 시대의 과격한 變轉에 따라, 불교사상이나 無常感이 사람들의 생활이나 사상 속에 깊이 뿌리를 내리고, 문화상에도 불교적 색채가 짙게 나타나 있다. 따라서, 뛰어난 불교문학이 만들어졌을 뿐만이 아니고, 佛門에 들어간 사람들의 草庵生活로부터, 특색이 있는 수필이나 설화문학이 태어났다. 수필에서는 『方丈記』와 『徒然草』, 설화집에서는, 『宇治拾遺物語』 『十訓抄』 『發心集』 『沙石集』 등이 그것이다.

이와 같이 新舊 여러 가지 것이 交錯하고, 귀족・무가・승려들의 각각의 문화・문예의 혼돈된 양상들이 보이는 것이, 이 시기의 문학이다.

後期의 文學

후기는 南北朝・室町時代・安土桃山時代를 합쳐서 약 270년간이다. 南北朝는 吉野에 의거한 王朝政權(南朝)과 무사가 옹립한 조정(北朝)이 70여년에 걸쳐 항쟁을 계속한 시대이지만, 그 사이에 귀족의 세력은 완전히 실추되고, 대신하여 地下(서민)의 連歌師나 能役者 등이, 지배계급의 보호・원조를 받으면서 문화면의 표층에 떠오른다. 室町時代에 들어가도, 자주 일어나는 內亂이 하극상의 풍조를 가져 오고, 문화면에 있어서도 상층무가가 귀족과 나란히 서서, 아니면 이것에 대신해서 문화귀족으로서의 지위를 차지하게 된다. 地下의 사람들의 진출도 현저하여, 連歌・御伽草子・能・狂言 등, 이 시기의 대표적인 문학은, 창조면에서도 享受面에서도, 이들 상층무가・귀족과 地下의 隱者나 예능인과의 협력, 제휴를 무시하고서는 생각할 수 없는 시대가 되었다. 또 그러한 사람들에 의해 지금까지 각광을 받지 않았던 민간의 문학・예능이 부상해 왔다고 할 수 있겠다. 能가 무가의 보호・장려를 받아 観阿弥・世阿弥의 손에 大成하여, 二条良基와 地下連歌師와의 협력에 의해 連歌가 왕성해진 일들은, 그 현저한 예이다. 전국시대에 들어가면

이러한 경향이 점점 현저해져서, 京・堺・奈良 등의 上層町人(町衆)도, 「茶の湯」・「立華」 등의 예술분야에 진출해 온다. 그리고, 이 시기의 끝에는, 유럽으로부터 耶蘇會의 선교사가 일본으로 와서 포교를 행함과 동시에, 서구의 문화・예술을 소개하고, 혹은 일본문학의 口譯(로마문자로)을 시도하고 있는 것도 주목된다.

中世文學의 特色 중세는 전란이 끊이지 않던 불행한 시대였다. 사람들은 불안에 떨고, 無常을 통감하게 되었다. 京都도 몇 번인가 戰火를 입었으며, 고래의 문화재도 몽땅 타 버린 것이 적지 않았다. 그러나 그러한 전란 가운데서, 실력이 있는 신흥계급이 대두해서, 그들에게 알맞은 신문학(예를 들면 狂言이나 御伽草子)을 낳은 것이다. 중세란, 新과 舊가, 혹은 도회적인 것과 지방적인 것이 서로 뒤섞여서, 혼돈된 양상을 나타내고 있는 곳에 특색이 있는 것이다. 시대가 빠를수록 귀족적・왕조적 색채가 짙고, 남북조 말기를 경계로 하여, 근세적・서민적 경향이 강해진다. 그리고 소박하고 유치하면서도, 신흥계급은 스스로의 힘으로 문화나 문학을 탄생시키고 있다. 그런 뜻에서, 중세는 찬연히 문화의 꽃이 핀, 중고와 근세와를 잇는 교량 역할을 한 것이라고 볼 수도 있으나, 그러나 이 시기에 최고의 경지에 도달하여 완결된 문화・문예가 있는 것을 명기해야 할 것이다.

新古今和歌集(しんこきんわかしゅう)

勅撰和歌集이며, 전20권이다.『古今和歌集』에서부터 헤아려서 여덟 번째의 勅撰和歌集이며, 後鳥羽院의 명에 의해, 源通具・藤原有家・藤原定家・藤原家隆・藤原雅経・寂蓮 등 6인이 撰進했다. 勅撰의 院宣이 내려진 것은 1201(建仁 元)년이며, 완성을 축하하는 竟宴이 행해진 것은 1205(元久 2)년이지만, 그 뒤에도 수년에 걸쳐 後鳥羽院 親裁 아래서 切繼(修正・改訂)가 이루어졌다. 따라서 傳本에 따라 歌數도 각기 다르지만, 대략 1900수 전후를 수록하고 있다.

收錄數가 많은 가인은, 貫之・和泉式部・人麻呂・西行・慈円・良経・俊成・式子内親王・定家・家隆・寂蓮・後鳥羽院 등이며, 성립은 鎌倉時代이지만, 실질적으로는 平安貴族文化의 所産이다.

修辭的으로는 교묘하게 序詞・縁語・掛詞를 사용하여,「本歌取り」(和歌・連歌 등에서, 의식적으로 先人의 작품 따위를 본따서 짓는 일)・初句段落・三句段落・體言中止를 많이 써서, 餘情 요염의 상징미에 정수를 집중시키고, 万葉・古今과 더불어, 新古今風으로서, 三大歌風의 하나로 꼽히고 있다.

春 (巻一・巻二)

봄(春)의 노래는 권1・권2에 174수가 실려 있다. 봄의 요염한 아름다움을 노래한 뛰어난 노래가 많다.『古今集』에서 배워, 권1에는 입춘에서 벚꽃이 한창인 때까지의 노래, 권2에서는 그 이후, 늦은 봄까지의 노래를 싣고 있다.

春のはじめの歌 [1]後鳥羽(ごとば)上皇

1. ほ[2]のぼのと春こそ空にき[3]にけらし天[4](あま)の香具山(かぐやま)霞(かすみ)たなびく

(巻1・春上・2)

[5]百首歌(ひやくしゆのうた)たてまつりし時、春の歌　[6]式子(しきし)内親王

2. [7]山深み春とも知らぬ[8]松の戸に[9]たえだえかかる雪の[10]玉水

(巻1・春上・3)

題「[11]水郷の春望」　[12]藤原秀能(ひでたふ)

3. [13]夕月夜(ゆふづくよ)[14]潮満ちくらし[15]難波江(なにはえ)の葦(あし)の[16]若葉に越ゆる白波

(巻1・春上・26)

題「水郷の春望」　後鳥羽上皇

4. [17]見渡せば[18]山もとかすむ水無瀬(みなせ)川[19]夕べは秋と[20]なに思ひけむ

(巻1・春上・36)

[21]守覚法親王(しゆかくほふしんわう)、五十首歌よませはべりけるに　[22]藤原定家(さだいえ)

5. [23]春の夜の夢の浮橋(うきはし)とだえして[24]峰にわかるる横雲の空

(巻1・春上・38)

[25]千五百番歌合(うたあはせ)に　[26]俊成卿女(としなりきやうのむすめ)

6. [27]風かよふ[28]寝ざめの袖の[29]花の香に[30]かをる枕(まくら)の[31]春の夜の夢

五十首歌たてまつりし中に、[32]湖上の花を　[33]宮内卿(くないきやう)

7. [34]花さそふ[35]比良(ひら)の山風吹きにけり[36]漕(こ)ぎ行く舟の跡(あと)見ゆるまで

(巻2・春下・128)

[37]最勝四天王院(さいしようしてんわうゐん)の[38]障子(さうじ)に、吉野山かきたる所　後鳥羽上皇

8. [39]み吉野の高嶺(たかね)の桜散りにけり[40]嵐も白き春のあけぼの

(巻2・春下・133)

五十首歌たてまつりし時　[41]寂蓮(じやくれん)法師

9. [42]暮れてゆく[43]春の湊(みなと)は知らねども[44]霞におつる宇治の柴舟(しばふね)

(巻2・春下・169)

語句의 解釋 및 文法

1) **後鳥羽上皇** 제28대 천황. 高倉天皇의 제4子「承久の乱」에서 패해, 幕府의 손에 의해 隠岐에 유배되었다. 가인으로서 뛰어나며, 和歌所를 일으키고,『新古今集』의 편집과 精選에 생애의 태반을 기울였다. 34首 入集.

2) **ほのぼのと** 어렴풋이. 몽롱하게.「きにけらし」에 걸린다.『万葉集』권10「久方の天の香具山この夕べかすみたなびく春立つらしも」<ヒサカタノ(枕詞)天ノ香具山ニ、今日ノ夕方、カスミガタナビク。春ガ立ツ(立春)ラシイ。>를 本歌로 하고 있다.

3) **きにけらし** 온 듯하다.「来にけるらし」가 준 것.「こそ……らし」로서 걸림맺음.「らし」는 근거를 들어서 推量하는 (여기서는「霞たなびく」) 조동사. 어형변화가 없다.

4) **天の香具山** 大和에 있는 三山의 하나. 奈良県 橿原(かしわら)市에 있음.「天の」는, 하늘 또는 궁중에 관한 사물에 붙이는 미칭의 연체사.「空(하늘)」에 서로 대응하고 있다.

5) **百首歌たてまつりし時** 1200(正治 2)년 後鳥羽院이 주최한 百首歌. 百首歌는, 作歌修練이나 追善祈祷 등을 위해, 제목을 정하고 시기를 한정해서 불러, 1組로 한 백수의 노래.「五十首歌」도 마찬가지.「たてまつりし」는 後鳥羽院에게 바친, 이란 뜻.

6) **式子内親王** 後白河天皇의 황녀.「賀茂の斎院」이었으나 源平(げんぺい) 両氏의 争乱으로 비운을 당해, 뒤에 出家하여 쓸쓸한 생애를 마쳤다. 노래는 청초하며 고아하고 기교에 뛰어나며, 애절한 정서를 나타낸다. 49수 入集.

7) **山深み** 산이 깊기 때문에.「み」는 형용사의 어간에 붙어서 원인・이유를 나타내는 접미어.「風を痛み」<風ガ激シイノデ>,「瀬を早み」<瀬ガ早イノデ>와 같이, 위에 간투조사인「を」를 수반해서「……を……み」의 모습으로 쓰일 때가 많으나,「山深み」처럼「を」없이도 쓰인다. 또, 형용사의「シク」활용의 경우는「野をなつかしみ」<野ガナツカシイノデ>와 같이 종지형에 붙으며, 형용사 이외에도「秋萩を散り過ぎぬべみ」<秋萩ガ散ッテシマイソウナノデ>처럼, 형용사형활용의 조동사「べし」등의 어간에 붙는 일도 있다. 모두「……ガ……ノデ」라고 새긴다.

8) **松の戸** 소나무 가지를 모아서 만든 조잡한 문. 소나무 그늘 아래에 있는 문의 문짝이라고 하는 설도 있다.

9) **たえだえ** 띄엄띄엄 이어지는 모양.「絶え絶え」.

10) **玉水** 녹은 눈(雪)의 물방울의 아름다움을,「玉(구슬)」이라고 표현한 것.

11) **水郷の春望** 물가에 있는 마을의 봄의 전망(경치).

12) **藤原秀能** 正五品上. 出羽国의 国司. 17수를 入集.

13) **夕月夜** 초저녁 달이 떠 있는 저녁때.「夜」를 접미어적인 것으로 보고, 단순히 초저녁 달을 가리키는 경우도 있다.

14) **潮満ちくらし** 조수가 차 오는가 보다. 저녁때가 가까워져서 조수가 차 오는 것이다.

15) **難波江** 大阪市 부근의 바다.「難波」란 大阪地方의 古称. 갈대의 명소.

16) **若葉に** 「若葉を」로 된 책도 있다.

17) **見渡せば** (이 水無瀬離宮에서) 멀리 바라다 보니.「ば」는 순접의 확정조건을 나타내는 접속조사.

18) **山もとかすむ水無瀬川** 산기슭 부근이 봄 안개로 아른히 흐려지고, 水無瀬江이 조용히 흐르고 있다. 水無瀬江은 大阪府 三島(みしま)郡을 흐르는 강이며, 淀川(よどがわ)의 지류이다. 강의 남쪽에 水無瀬의 마을이 있고, 거기에 後鳥羽院의 離宮이 있었다.

19) **夕べは秋と** 저녁때의 정취는 가을이 가장 훌륭하다(멋이 있다)고.『古今集』이나『枕草子』에 있듯이 저녁때의 경치는 가을이 그만이라고 말하고 있었던, 전통적인 미의식을 가리켜 말한 것이다.

20) **なに思ひけむ** 어찌하여 생각하고 있었던 것일까? 言外에 봄의 저녁때도 이렇게 멋이 있지 않는가, 라는 뜻을 포함시키고 있다. 새로운 미를 발견한 작자의 놀람이 노래 불려지고 있는 것이다.「けむ」는 과거추량의 조동사이며, 위의 의문의 부사「なに」를 받고 있기에 연체형이다.

21) **守覚法親王** 後白河天皇의 황자. 5수를 入集.

22) **藤原定家** 俊成의 子. 京極中納言. 부친의 지도를 받았으며, 의형에 寂蓮도 있어, 문학적 환경에서 자라, 젊어서 가인으로서의 지위를 확립했다. 가풍은 서정 요염한 有心体를 확립하고, 新古今歌風의 중심이 되었다. 46수를 入集.

23) **春の夜の夢の浮橋とだえして** 춘야의 짧고 덧없는 꿈이 중도에서 깨어.「夢の浮橋」는『源氏物語』의 마지막 巻名. 꿈을「浮橋(배를 나란히 해서, 그 위에 판자를 걸쳐 다리로 만든 것)」의 덧없음에 비유한 상징적 표현으로서, 덧없는 꿈이란 뜻.「とだえして」는 중단해서. 浮橋의 縁語.「とだえ」는 명사.「し」는「サ」변동사의 연용형.

24) 峰にわかるる横雲の空 하늘에는 옆으로 비껴 있는 구름이(이별을 애석해 하는 모양으로) 산봉우리로부터 멀어져 가려 하고 있다. 그립게 사모하는 사람의 꿈을 꾸고 있었던 것일까? 꿈이 깨어 미련이 있어 섭섭하게 생각하면서, 문득 새벽 하늘을 쳐다보니, 옆으로 비낀 구름이 이별을 안타까와 하는 듯이 봉우리로부터 멀어져 가는 것이다.

25) 千五百番歌合 後鳥羽院이 주최한 1201(建仁 元)년에서 다음 해에 걸쳐 행해진 歌合.「歌合」는, 가인을 좌우 2조로 나누어, 출제에 따라 좌우 한 사람씩 노래를 불러, 그 우열을 겨루는 競技. 그 1조를 1번이라고 한다.

26) 俊成卿女 실은 손녀이며, 俊成의 딸 八条院三条(定家의 長姉)의 딸. 28수를 入集.

27) 風かよふ 바람이 불어 오고 있다. 아래에「花の香にかおる」라고 했으니, 이 바람은 꽃잎을 불어 날리며 실어 오는 것이다.「かよふ」는 불어 온다는 뜻.

28) 寝ざめの袖の 자고 있던 도중에 문득 잠을 깬 자기의 소매가.「袖の」의「の」는 주격을 나타내는 격조사.

29) 花の香に 벚꽃잎의 향기에 의해. 매화라고 풀이하는 설도 있다.

30) かをる枕の (소매가) 벚꽃의 향기를 받아 좋은 냄새를 뿜고 있으며, 그 향기를 받아 베개가 또 향기를 풍긴다는 뜻.「かをる」는「袖」의 술어인 동시에「枕」에 걸리는 수식어이다.「枕の」 다음에「上で見る」를 생략하고 있다.

31) 春の夜の夢 사모하는 사람을 본다는 요염한 꿈이다. 위의「寝ざめの」는 이 결구에 관련이 있다.

32) 湖上 호수 위. 수면. 호숫가라는 뜻도 있지만, 여기서는 수면이란 뜻으로 부르고 있다.

33) 宮内卿 後鳥羽院을 모시던 女房(궁녀). 15수 入集.

34) 花さそふ 벚꽃을 유인해서 흩날리는.『万葉集』권3・沙弥満誓의「世の中を何にたとへむ朝びらき漕ぎいにし舟の跡なきがごと」<コノ世ノ中ヲ何ニタトエヨウカ。 朝ホノボノト明ルクナッタコロ漕イデ行ク舟ノ跡ガスグ消エテシマウヨウニハカナイモノデアル。>를 본가로 하고 있다.

35) 比良の山 琵琶湖(びわこ)의 서쪽 湖岸, 比叡山 북쪽에 있는 산.

36) 漕ぎゆく舟の跡見ゆるまで 湖水 위에 꽃잎이 전면에 떠 있어, 노를 저어 가는 배가 그것을 가르며 나아가기 때문에, 배가 지난 자욱이 뚜렷이 보인다.

37) **最勝四天王院** 京都市 東山区에 있었던, 後鳥羽院의 勅願寺.

38) **障子** 지금의 「ふすま(미닫이)」.

39) **み吉野の高嶺の桜散りにけり** 「み吉野」의 높은 봉우리의 벚꽃도 지고 말았구나. 「み吉野」의 「み」는 미칭의 접두어. 「み吉野」로서 거의 고유명사화되어 있다. 「に」는 완료의 조동사 「ぬ」의 연용형. 「けり」는 영탄의 조동사의 종지형. 三句段落이다.

40) **嵐も白き春のあけぼの** 바람이 심하게 불어서 (꽃잎을) 날리기 때문에 하얗게 보이는 봄의 새벽 경치여. 「嵐も白き」는 바람이 꽃을 흩날리기 때문에, 꽃보라로서 하얗게 보이는 것이다. 詞書에 있는 듯이 画賛의 노래이지만, 写生과 같이 인상적이다. 吉野山의 봄 새벽의 꽃보라를 멀리서 바라보는 느낌으로서, 감각적인 미를 다한, 幽玄의 정취가 깊은 작품이다.

41) **寂蓮法師** 속명은 藤原定長. 俊海의 아들. 俊成의 조카. 40수 入集.

42) **暮れゆく** 해가 지는 듯이. 계절이 끝나 간다. 『古今集』 권5·紀貫之 「年ごとにもみぢ葉流す立田川みなとや秋のとまりなるらむ」<毎年紅葉ノ葉ヲ流シテイル立田川、ソノ川下ノ海ニハイルトコロガ、紅葉トトモニ行キツク秋ノ終着点デアロウカ。>가 本歌이다.

43) **春の湊は知らねども** 봄이라는 계절이 도달하는 곳은 알 수 없지만. 종착점을 항구에 비유했다.

44) **霞におつる宇治の柴舟** 봄 안개 속으로 쑥 빠져 들어가듯이, 宇治의 柴舟(잡목을 실은 작은 배)가 떠내려 간다. (그 방향이 봄의 종착점인 곳일까.) 이 아래 2句는, 회화적인 구성이며, 이 노래를 현실과 환상 사이에 방불케 하며, 몽환적인 아름다움을 느끼게 한다.

現代語訳

春のはじめの歌

1. ほんのりと春が空にめぐって来たらしい。いま、天の香具山(かぐやま)には、あのようにかすみがたなびいている。

百首歌をさしあげた時の春の歌

2. 山が深いので、春が来たとも知らないでいるわたしの庵の松の戸に、とぎれとぎれに落ちかかる、美しい雪どけのしずくよ。やはり春になったのだな。

題「水辺の里の春の景色」

3. 夕月がほのかに出ているころ、海辺へ出てみると、いままさに潮が満ちてくるらしい。難波江の葦の若葉をきらきらと光りながら越えてくる白波よ。

題「水辺の里の春の景色」

4. 見わたすと、山のふもとがぼうっとかすんで、水無瀬川が静かに流れている。すばらしい春の夕暮れなのに、自分は今まで、夕暮れは秋に限るとどうして思っていたのだろうか。

守覚法親王が五十首歌をよませたので

5. 春の夜の、短くてはかない夢がさめて、ふと見ると、今しも横雲が峰から離れて、夜が明けようとしている。美しい曙の空だ。

千五百番歌合に

6. 風が吹き入るのでふと目ざめると、わたしの袖が、風の運んできた桜の花の香でかおっており、枕もまたその花の香でかおっている。この枕で、今まで見ていた春の夜の短くも美しい夢よ。

五十首歌をさしあげた中に、湖上の花(と題する一首を含む)を

7. 桜の花を誘って散らす比良の山風が吹いたことだ。琵琶湖の水面が花びらでおおわれ、漕いで行く舟の通ったあとがはっきりと見えるほどだ。

最勝四天王院の障子に、吉野山の絵がかかれているが、そこにある歌

8. 吉野山の高嶺の桜の花が散ったことだ。そのために、花びらをまじえ

た白い山風が吹きおろす春の明方であるよ。

五十首歌をたてまつったときの歌

9. 暮れてゆく春という季節の、行きつくところはどこか知らないが、いま、春がすみの中を落ちるように下っていく宇治の柴舟とともに、そちらへ春が去っていく感じである。

韓 譯

봄이 시작하는 때의 노래

1. 어렴풋이 봄이 하늘을 돌아오는가 보다. 지금, 香具山에는, 저와 같이 안개가 가로로 길다랗게 끼여 있다.

百首歌를 바쳤을 때의 봄 노래

2. 산이 깊은 탓으로, 봄이 왔는지도 모르고 있는 나의 草庵의 사립문에, 띄엄띄엄 떨어지는, 아름다운 눈 녹은 물방울이여. 역시 봄은 왔나 보다.

제목, 「水鄕의 봄경치」

3. 저녁 달이 희미하게 솟아 있을 때, 해변에 나가보니까, 지금 막 조수가 차오는가 보다. 難波江 갈대의 햇잎 위를 어스름 달빛에 번쩍이면서 흰 파도가 넘어오고 있구나.

제목, 「水鄕의 봄경치」

4. 멀리 바라다 보니, 산기슭 부근이 희미하게 안개로 흐려지고, 水無瀨江이 조용히 흐르고 있다. 멋있는 봄의 저녁 무렵인데, 나는 지금까지, 저녁 무렵은 가을이 그만이라고만 어째서 생각하고 있었던 것일까?

守覚法親王이 五十首歌를 부르게 해서 바쳤을 때(의 노래)

5. 봄날 밤의, 짧고도 덧없는 꿈이 깨어, 문득 쳐다보니, 지금 막 가로 길게

걸려 있던 구름이 봉우리에서 멀어지고, 날이 밝으려 하고 있다. 아름다운 해뜨기 전의 하늘이다.

千五百番歌合에서

6. 바람이 불어 들기에 문득 잠이 깨니, 나의 소매가, 바람이 날라 온 벚꽃의 향기를 머금고 향기를 뿜고 있으며, 베개도 또한 그 꽃향기로 향내를 풍기고 있다. 이 베개로, 지금까지 꾸고 있던 봄날 밤의 짧고도 아름다운 꿈이여.

五十首歌를 바쳤던 가운데에, 湖上의 꽃을

7. 벚꽃을 유인해서 흩날리는 比良山의 산바람이 불었나 보다. 琵琶湖의 水面이 온통 꽃잎으로 덮혀, 노 저어 가는 배가 지나간 자국이 뚜렷이 보일 정도로.

最勝四天王院의 미닫이에, 吉野山를 그린 곳에 (쓴 노래)

8. 吉野山의 높은 봉우리의 벚꽃이 떨어졌나보다. 그 때문에, 꽃잎을 뒤섞은 흰 산바람이 내리부는 봄의 새벽녘이구나.

五十首歌를 바쳤을 때

9. 저물어 가는 봄이라는 계절이, 가서 닿을 終着點이 어딘지는 모르지만, 지금 봄안개 속을 빠져 들어가듯이 내려가는 宇治 (京都의 남쪽 지방)의 잡목을 실은 작은 배와 함께, 그 쪽으로 봄이 사라져 가는 느낌이다.

夏(巻三)

여름의 노래는, 권3에 130수 있다. 여름의 시작, 4월 1일의 更衣(옷을 갈아 입는 일)의 노래에서, 여름의 마지막인 6월 30일의 六月祓(みなづきはらえ)의 노래까지다. 清新하며 우아한 노래가 많으며, 「ほととぎす・五月雨・橘」등의 예부터의 제재와 「夕立(ゆうだち)」등 새로운 제재도 많다.

[1]入道前関白(にふだうさきのくわんぱく)、右大臣にはべりける時、[2]百首歌よませはべりける、郭公(ほととぎす)の歌

[3]皇 太后宮大夫俊成(としなり)

1. [4]むかし思ふ草の庵(いほり)の夜の雨に[5]涙な添へそ[6]山郭公(やまほととぎす)

(巻3・夏・201)

百首歌たてまつりし時　　式子内親王

2. 窓近き[7]竹の葉[8]すさぶ風の音に[9]いとど短き[10]うたた寝の夢

(巻3・夏・256)

題知らず　　[11]西行法師

3. [12]道のべに[13]清水流るる柳陰(やなぎかげ)[14]しばしとてこそ立ちどまりつれ

(巻3・夏・262)

夏の月をよめる　　[15]源三位頼政

4. [16]庭の面(おも)はまだかわかぬに[17]夕立の空さりげなく澄(す)める月かな

(巻3・夏・267)

語句의 解釋 및 文法

1) **入道前関白** 藤原兼実. 月輪関白. 良経의 부친.

2) **百首歌** 1178(治承 2)년 右大臣家百首歌.

3) **皇太后宮大夫俊成** 藤原俊成. 定家의 父. 가인으로서 뛰어나며, 幽玄体의 가풍을 수립했다. 定家와 나란히 新古今風의 중심이 되었다. 72首 入集.

4) **むかし思ふ草の庵の夜の雨** 草庵인 쓸쓸히 사는 집에서, 적막하게 밤비오는 소리를 들으면서, 옛날 서울에서 살며 영화를 누리고 있던 일을 회상하여, 감개를 누르지 못해 눈물을 흘리고 있을 때.『白氏文集』의「蘭省ノ花ノ時錦帳ノ下、廬山雨ノ夜草庵ノ中」에 의함.「むかし」는, 지금은 속세로부터 떠나(그는 출가했음) 살고 있는 자기가, 지난날 서울에서 살며 영화를 누리고 있던 때의 일.「雨(비)」는 五月雨(さみだれ)(5月에 내리는 장마비)이며,「눈물의 비」라는 뜻이 담겨져 있다.

5) **涙な添へそ** 더 이상 눈물을 흘리게 하지 말라. 「夜の雨」에 「涙の雨」를 곁들인다(곁들이지 말라)고 표현한 것. 「な……そ」는, 부탁하는 기분으로 제지하는 뜻을 나타내며 「……シナイデオクレ」라고 새긴다. 「な」는 부사. 「そ」는 종조사. 사이에는 동사의 연용형(「カ」변·「サ」변은 미연형)이 들어간다. 「涙」는 「雨」의 縁語.

6) **山郭公** 아직 마을까지 내려오지 않은 두견새를 말한다. 5월 이후에는 마을로 내려온다고 했는데, 그 울음소리는 哀感을 일으킨다고 한다.

7) **竹の葉すさぶ** 바람이 대나무 잎을 짓궂게 놀리다. 「すさぶ」는, 여기서는 「もてあそぶ」란 뜻. 『和漢朗詠集』의 白楽天의 詩句 「風ノ竹ニ生(な)ル夜ハ窓間ニ臥シ」에 의한다고 한다.

8) **風の音に** 바람 소리에 의해 짧은 선잠으로부터 깨어나서.

9) **いとど短き** 더욱더 짧다. 가뜩이나 여름잠은 짧기에, 그 잠 속에서 본 꿈도 또한 짧으니까 이렇게 말한다.

10) **うたた寝の夢** 창가의 대나무 잎을 울리는 소리의 상쾌함과 그것으로 눈이 뜨인 선잠(얕은 잠) 속의 짧은 꿈의 清艶함이 느껴진다.

11) **西行法師** 속명 佐藤義清. 94수 入集. 죽을 때(73세)까지 전국을 방랑하였으며, 後鳥羽院으로부터 가인으로서 존경을 받았다.

12) **道のべ** 「道の辺」로서, 길가.

13) **清水** 땅 속에서 솟아나는 맑은 물.

14) **しばしとてこそ立ちどまりつれ** 잠시 잠깐 동안이라고 생각하고 멈추어 섰으나, (너무나 시원하기에) 나도 모르게 시간을 보내고 말았구나. 「こそ……つれ」로서 걸림맺음이지만, 기분으로서는 「こそ」로서 노래는 完結되지 않고, 「つれ」의 余勢의 강함이, 역접의 뜻을 수반하며 言外에 이어지고 있다. 「立ちどまったのだが」 이후가, 言外의 여정이다. 그 여정을 지탱하고 있는 것은, 上句의 청량한 광경이다.

15) **源三位頼政** 実朝와 나란히 칭송을 받은 武家歌人이며, 俊成 등에게 중용되었다.

16) **庭の面はまだかわかぬに** 마당의 흙은 아직 마르지 않고 있는데, 소나기로 지면이 젖어, 아직 검은 빛을 띠고 있는 상태를 말함. 「ぬ」는 부정의 조동사 「ず」의 연체형, 「に」는 역접의 확정조건을 나타내는 접속조사.

17) **夕立の空さりげなく澄める月** 소나기를 내린 하늘은 그와 같은 기색도 보이지 않고 맑고, 또 달도 함께 밝기만 하다. 제목의「夏の月」를 소나기 직후의 달로써 노래하고 있으나, 소나기가 뒤의 정원의 정경과, 하늘의 예리한 관찰에 도움받아, 청량한 달을 선명하게 하고 있다.

現代語訳 入道前関白 藤原兼実が、右大臣でいらっしゃる時、百首歌を私によませましたときの、ほととぎすの歌

1. 草庵の夜に雨を聞きながら、昔のことをなつかしく思い出して涙ぐんでいるのに、かなしい声で鳴いてこの上涙を催させてくれるな、山ほととぎすよ。

百首歌をさしあげたとき

2. 窓近い竹の葉を吹いてもてあそぶ風の音で、そうでなくても短いうたた寝の夢が、いよいよ短くさまされてしまったことだ。

題を知らない

3. 道のほとりに清水の流れている柳の木陰よ。自分はちょっと休もうと思って立ちどまったのだが、あまり涼しいので、思わずここで時を過ごしてしまったことだ。

夏の月をよんだ歌

4. 庭の土の上はまだ乾いていないのに、さっき夕立を降らせた空は、そのようなようすもなく澄み、また、同じように澄んでいる月であることよ。

韓 譯 藤原兼実(前 関白)가 右大臣으로 계실 때, 百首歌를 저에게 부르게 하셨을 때의, 두견새의 노래

1. 草庵에서 지내는 밤, 비소리를 들으면서 옛날 일들을 그립게 회상하여 눈

물짓고 있는데, 슬픈 목청으로 울어서 더 이상 눈물을 자아내게 하지 말라, 산에서 우는 두견새여.

百首歌를 바쳤을 때의 노래

2. 창 가까이에 있는 대나무잎을 흔들면서 희롱하고 있는 바람 소리에, 그렇지 않아도 짧은 여름철의 옅은 꿈이, 더욱 짧게 되고 말았다.

제목을 모름

3. 한길 가에 맑은 물이 흐르고 있는 버드나무 그늘이 있다. 나는 잠깐만 쉬고 가려고 생각해서 발을 멈췄는데, 너무나 시원해서, 나도 모르게 시간을 보내고 말았다.

여름의 달을 노래함

4. 뜰의 흙은 아직도 마르지 않고 얼룩져 있는데, 아까 소나기를 내린 하늘은, 그러한 티도 없이 맑고, 떠 있는 달마저 하늘처럼 청명하구나.

秋 (巻四・巻五)

가을 노래는 권4・5에 266수가 실려 있다. 권4에는 立秋에서부터 仲秋의 달(月) 노래까지를 싣고 있다. 권5에는, 단풍때부터, 가을의 마지막까지의 노래를 싣고 있다. 가을의 寂寥를 노래하고 있으나, 화려하고 기품이 있는 寂寥인 것이 특색이다.

[1]文治(ぶんぢ)六年, 女御入内屏風(にようごじゆだいのびやうぶ)に　　[2]後徳大寺左大臣

1. [3]いつも聞くふもとの里と思へども[4]昨日に変はる山おろしの風

(巻4・秋上・288)

題知らず　寂蓮法師

2. さびしさは[5]その色としもなかりけり[6]まき立つ山の秋の夕暮れ

(巻4・秋上・361)

題知らず　西行法師

3. [7]心なき身にも[8]あわれは知られけり[9]鴫(しぎ)立つ沢の秋の夕暮れ

(巻4・秋上・362)

西行法師、すすめて、[10]百首歌よませはべりけるに　[11]藤原定家

4. [12]見わたせば花も紅葉もなかりけり[13]浦の苫屋(とまや)の秋の夕暮れ

(巻4・秋上・363)

[14]摂政太政大臣家の[15]百首歌合に　[16]藤原有家

5. [17]風わたる[18]浅茅(あさじ)が末の[19]露にだに[20]宿りもはてぬ[21]よひの稲妻

(巻4・秋上・377)

[22]和歌所(わかどころ)にて、[23]をのこども歌よみはべりしに、[24]夕の鹿ということを

藤原家隆

6. [25]下紅葉(したもみぢ)[26]かつ散る山の[27]夕時雨(ゆふしぐれ)[28]濡(ぬ)れてやひとり鹿の鳴くらむ

(巻5・秋下・437)

題知らず　西行法師

7. [29]きりぎりす[30]夜寒に秋のなるままに[31]弱るか[32]声の遠ざかりゆく

(巻5・秋下・472)

[33]擣衣(たうい)の心を　[34]藤原雅経

8. み吉野の山の秋風さ夜(よ)ふけて[35]故郷寒く[36]衣打つなり

(巻5・秋下・483)

語句의 解釋 및 文法

1) **文治六年、女御入内屏風に** 1190(文治 6)년 정월, 藤原兼実의 딸 任子가 後鳥羽天皇의 女御로서, 정식으로 궁에 들어 갔을 때의, 병풍에 그린 그림에 곁들인 和歌. 제목은 秋7월의「秋風」. 山野와 人家에 가을 바람이 불고 있는 그림이 그려져 있었다.

2) **後徳大寺左大臣** 藤原実定. 奇行이 많았다고 하며, 16수를 入集.

3) **いつも聞くふもとの里** 산에서 내리부는 바람 소리를 항상 들어서 익숙해져 있는 산기슭의 마을. 『古今集』권4・藤原敏行「秋来ぬと目にはさやかに見えねども風の音にぞ驚かれぬる」<(立秋ニナッテモ)秋ガ来タト、見タ目ニハハッキリワカラナイケレド、フク風ノ音ガスッカリ秋ノ風デ、ハットソレトワカルコトダ。>를 本歌로 한다.

4) **昨日に変はる山おろしの風** 여름이던 어제와는, 전혀 다르게 들리는 산에서 내리부는 바람이구나. 그림 속에 있는 인가에 사는 사람이 된 입장에서 부르고 있다.

5) **その色としもなかりけり** 어떤 색깔이 가장 (사람의 마음을 움직인다)라고는 정해져 있지 않다. 무엇이 어떻다고 말할 것도 없이 쓸쓸하다.「まき」<真木・槙>는 常緑이며, 단풍이 든다든지 떨어지는 일은 없으며, 四時 변화가 없는 탓으로 이렇게 말했다.「色」은 사물의 기색. 해질녘의 희미한 색조라고도 한다.「し」는 強意의 부조사.「も」는 감동의 계조사.「けり」는 문득 알아차리고 말하는 영탄의 조동사.

6) **まき** 杉木・桧(노송나무) 등의 상록수. 真木・槙.「真」는 미칭의 접속어이며, 본래는 쓸모있는 나무를 말함.

7) **心なき身** 俗心을 버린 승려의 신분. 마음에 스며드는 정취 또는 어쩐지 슬프게 느껴지는 것들을 느낄 수 없는 출가한 몸. 출가한 사람은, 세상의 俗人의 번뇌를 초월하고, 희로 애락의 마음을 가지지 않기 때문에, 마음에 스며드는 어쩐지 슬픈 느낌과는 관계가 없는 것이다, 라고 하는 일반의 통념에 바탕을 두고 있다.

8) **あはれは知られけり** 깊이 마음 속에 느끼는 정취는, 저절로 느낄 수 있는 일이다.「れ」는 자발의 조동사의 연용형.「けり」는 영탄의 조동사의 종지형.

9) **鴫立つ沢** 「鴫」가 날아 오르는 늪. 고유명사는 아니다. 「鴫」는 물가에 사는 철새. 「沢」는 들에 있는 물웅덩이. 「もののあはれ」로부터 초월한 몸이라도 감동했다고 하는 上句가, 「鴫立つ沢の秋の夕暮れ」의 경치를 이상한 무게로써 다가오게 하고 있다.

10) **百首歌よませはべりけるに** 百首歌를 저에게 부르도록 하셨을 때에. 1186년의 百首歌.

11) **藤原定家** 俊成의 아들. 京極中納言.

12) **見わたせば花も紅葉もなかりけり** 멀리 넓게 바라다보니, 아름다운 봄철의 벚꽃도 가을철의 단풍도, 정취가 있는 것은 아무 것도 없는, 매우 쓸쓸한 전망이구나. 『源氏物語』의 「明石の巻」에 있는 「なかなか、春秋の花紅葉の盛りなるよりも、ただそこはかとなう茂れる陰どもなまめかしきに」에 의함. 꽃이나 단풍을 賞賛하는 것은 극치 보통의 일이며, 이 보잘 것도 없는, 쓸쓸하게 느껴지는 경치 속에, 幽玄 한적의 詩境을 전개하고 있는 데에, 이 노래의 생명이 있다. 「けり」는 영탄의 조동사. 「なかりけり」를 「実際に存在しない」란 뜻으로 하는 것과, 「必要がない」란 뜻으로 하는 両説이 있다.

13) **浦の苫屋の秋の夕暮れ** 이 해변의 초가 지붕인 작은 집이 있는 근처의 가을철의 해질녘의 어딘지 모르게 쓸쓸한 느낌이여. 体言終止인 동시에 「の」로써 연결시킨 명사구로 하고, 간략화하므로써 서정을 깊게 하고 있다. 「苫」는 사초(莎草)나 억새풀을 엮은 것.

14) **摂政太政大臣** 藤原良経. 兼実의 2남. 79수 入集.

15) **百首歌合** 1193(建久 4)년에 개최.

16) **藤原有家** 従三位大蔵卿. 후일 출가함. 19수를 入集.

17) **風わたる** 바람이 불고 지나가다.

18) **浅茅が末** 키가 낮은 억새풀의 잎 끝. 「浅茅」는 황폐한 곳에 돋는다.

19) **露にだに** (곧, 떨어지고 마는 덧없는) 이슬에조차도. 바람에 떨어지기 쉽고, 덧없는 것으서 불려지고 있다.

20) **宿りもはてぬ** 끝내 머물지 못하는. (이슬에) 끝까지 머물고 있지 않는. 비치고 번쩍일 따름인 상태. 「宿る」는 「よひ・宵」 「稲妻」의 縁語. 「も」는 強意의 계조사. 「はてぬ」는 「果てぬ」이며, 「ぬ」는 부정의 조동사 「ず」의 연체형. 「おしまいまで……しない」란 뜻.

21) **よひの稲妻** 순식간에 사라져 버리는 초저녁의 번개로구나. 「稲妻」의 「つま」는 「つま(夫)」를 효과 있게 살리고 있다. 「露・稲妻」를 함께 덧없는 것의 상징으로 삼는 仏教思想에 의한 발상이다.

22) **和歌所** 궁중에서 和歌의 撰集事業을 관장하던 官庁.

23) **をのこども** 殿上人(殿上에 올라가는 것이 허용된 사람. 4품·5품 이상인 사람과 궁중의 잡일을 보던 사람)들.

24) **夕の鹿** 저녁때 아내를 그리며 우는 수사슴.

25) **下紅葉** 아래에 있는 잎이 紅葉이 된 단풍.

26) **かつ散る** 한쪽에서부터 차례로 떨어짐. 한편에서는 찬 비가 내리 덮여 오는데, 단풍진 아래 잎이 팔랑팔랑 떨어져 간다.「かつ」는 부사이며, 두 가지 동작이 동시에 계속 이어져 이루어지는 것을 나타낸다.

27) **夕時雨** 저녁때의 찬 비.

28) **濡れてやひとり鹿の鳴くらむ** (비에) 젖어, 아내를 그리는 사슴이 단 한 마리가, 외로이 울고 있는 것일까. 가을에 사슴이 운다는 것은, 아내를 그리면서 우는 것으로 되어 있다.「や……らむ」로서 걸림맺음.「らむ」는 現在推量의 조동사의 연체형. 울음 소리를 들으면서, 우는 것은「비에 젖으면서 혼자이리라」고 추량하고 있다.

29) **きりぎりす** 귀뚜라미.

30) **夜寒に秋のなるままに** 가을 밤이 한기를 더해 가는데 따라.「夜寒」는 가을철이 되어 밤의 한기가 느껴진다는 것으로서, 晩秋의 냉냉한 느낌을 말한다.「ままに」는 형식명사의「まま」에 격조사「に」가 붙은 것.「……にしたがって、……につれて」라고 새긴다.

31) **弱るか** 몸이 쇠약해져 가는 것일까?

32) **声の遠ざかりゆく** (우는) 소리가 점점 멀리 희미해져 가는구나. 깊어가는 가을 밤의 냉기로 인해 쇠약해져 가는 귀뚜라미 소리에 귀를 기울이며 적요히 생각에 잠기고 있다.

33) **擣衣** 다듬잇돌로 옷을 두드리는 것. 옷 천의 광택을 내기 위해, 또는 천을 부드럽게 하기 위해.『古今集』冬·坂上是則「み吉野の山の白雪積るらしふるさと寒くなりまさるらし」를 本歌로 하고 있다. 옷을 다듬이질하는 것.

34) **藤原雅経** 和歌所의 寄人(よりうど)(撰者). 22首를 入集.

35) **故郷** 여기서는 古京. 吉野에는 옛날에 離宮이 있었다.

36) **衣打つなり** 옷을 다듬이질하는 방망이 소리가 들려 온다.

現代語訳

文治六年、藤原兼実の娘任子が、皇后となって正式に宮中に入るときの屏風の絵の和歌

1. 山風の音をいつも聞いている同じふもとの里だと思うのだけれども、立秋の今日は、夏であった昨日とはうって変わって聞こえる山おろしの風よ。

題を知らない

2. さびしさは特にとりたててこれがさびしいとさし示すものもないことだ。杉や桧の茂る山の夕暮れの景色は、山全体がなんとも言いようのないほどさびしい。

題を知らない

3. ものの情趣を感じる心のないこの出家の身にも、しみじみとした情趣はおのずから知られることだ。鴫のとび立つ沢の秋の夕暮れよ。

西行法師のすすめで、私が百首歌をよまされたときの歌

4. はるかに広く見渡すと、色美しい春の桜も秋の紅葉も、趣のあるものは何もないことだなあ。この海辺の苫ぶき小屋のある辺りの秋の夕暮れの、なんとものさびしいことよ。

摂政太政大臣の家における百首歌合せでつくった歌

5. 風の吹きわたる浅茅の葉末に結んですぐこぼれてしまうはかない露にさえも、それがなくなるまで宿りきりもしない、一瞬のうちに消えてしまう宵の稲妻であることよ。

和歌所において、殿上人たちが歌をよまれた時の歌。題目は、「夕の鹿」ということであった

6. 下葉の紅葉が一方からしだいに散る山の夕時雨にぬれて、鹿が、妻を

恋うてひとり鳴いているのであろうか。

題を知らない

7. こおろぎは、秋の夜寒になるにつれて、身が弱っていくのであろうか、秋が深まるにつれ、声がしだいに遠くかすかになっていくことだ。

きぬたを打つ心

8. 吉野の山の秋風が、夜ふけて吹きわたり、吉野の古京には寒々と衣を打つ音がきこえてくる。

韓 譯

1190년 1월, 藤原兼実의 딸 任子가, 황후로써 정식으로 입궁할 때 가지고 간 병풍 그림의 和歌.

1. 산바람 소리를 언제나 듣고 있는 변함없는 산기슭 마을이라고 생각하고 있는 터인데, 立秋인 오늘 내리부는 산바람은, 여름이던 어제와는 갑자기 변한 느낌을 주는구나.

제목을 모름

2. 쓸쓸함은 특별히 지적해서 이것이 쓸쓸하다고 가리킬 것은 없구나. 삼목이나 노송나무가 무성한 산의 저녁 때의 경치는, 산 전체가 무어라고 형용할 수 없을 만큼 쓸쓸하다.

제목을 모름

3. 사물의 정취를 느끼는 마음을 갖지 않는 이 출가한 사람에게도, 마음속 깊이 느껴지는 정취는 스스로 느낄 수 있는 일이구나. 물가에 사는 철새가 날아오르는 늪의 가을의 해질녘이여.

西行法師가 권해서, 내가 百首歌를 지었을 때의 노래

4. 멀리 널리 바라보니, 빛깔이 아름다운 봄철의 벚꽃도 가을철의 단풍도, 정

취가 있는 것은 아무 것도 없구나. 이 해변의 초가 지붕의 조그마한 집이 있는 부근의 가을의 해질녘의, 웬일인지 쓸쓸한 정경이여.

攝政太政大臣의 집에서의 百首歌合에서 부른 노래

5. 바람이 불고 가는 억새풀의 잎 끝에 맺혔다가는 바로 굴러 떨어지는 덧없는 이슬에서조차, 그것이 사라질 때까지 끝까지 머물지도 않는, 순식간에 사라지는 초저녁의 번개로구나.

和歌所에서, 殿上人들이 「夕の鹿」란 제목으로 노래를 부를 때 만든 노래

6. 단풍으로 물든 아래 쪽 잎사귀가 한쪽으로부터 차례로 떨어지는 산의 차가운 비에 젖어, 사슴이, 아내를 그리며 홀로 울고 있는 것일까?

제목을 모름

7. 귀뚜라미는 가을 밤의 한기가 더해지는 데 따라, 몸이 쇠약해져 가는 것일까. 가을이 깊어감에 따라, 우는 소리가 점점 멀리 희미하게 되어가는구나.

다듬이질하는 마음을 노래함

8. 吉野山의 가을 바람이, 밤이 깊어서 불어오고, 吉野의 옛궁터에는 으스스하게 옷을 다듬질하는 소리가 들려온다.

冬 (巻六)

겨울 노래는 권6에 156수가 수록되어 있다. 입동으로부터 섣달 그믐날까지의 노래를 싣고 있다. 『古今集』에서는 여름 노래보다 겨울 노래 쪽이 적지만, 『新古今集』에서는 겨울 노래 쪽이 훨씬 많다. 가을 노래가 많은 것과 더불어, 하나의 특색이다.

春日社歌合に、落葉といふことをよみてたてまつりし[1] 藤原雅経

1. 移りゆく[2]雲に嵐の声すなり[3]散るかまさきのかづらきの山[4]

(巻5・冬・561)

題知らず 式子内親王

2. 風寒み[5]木の葉晴れゆく[6]夜な夜なに[7]残るくまなき[8]庭の月影[9]

(巻5・冬・605)

題知らず 西行法師

3. 津の国の[10]難波の春は夢なれや[11]葦の枯葉に風渡るなり[12]

(巻5・冬・625)

摂政太政大臣家の歌合に、湖上の夕月[13] 藤原家隆

4. 志賀の浦や[14]遠ざかりゆく[15]波間より凍りて[16]出づる有明の月

(巻5・冬・639)

百首歌たてまつりし時 藤原定家

5. 駒とめて[17]袖うちはらふ[18]陰もなし[19]佐野のわたりの[20]雪の夕暮れ

(巻5・冬・671)

語句의 解釋 및 文法

1) **春日社歌合** 1204(元久 元)년, 奈良의 春日(かすが)神社에 奉納하기 위해, 後鳥羽天皇이 주최한 歌合.「たてまつる」는 後鳥羽院에게 바친다는 뜻.

2) **移りゆく** 넓은 하늘을 이동하고 있는.

3) **雲に嵐の声すなり** 구름 속을 몹시 거칠게 부는 바람 소리가 들린다.「す」가「サ」변동사의 종지형이니까,「なり」는 추정의 조동사.「……ガ聞コエル。声ガスルヨウダ」라고 새긴다.

4) **散るかまさきのかづらきの山** 「まさきのかづら」가 흩어져 난무하는 것일까, 葛城山에서.「かづらき」는「正木の葛(まさきのかづら)」와「葛城山(かづらきやま)」를 걸고 있다.「正木の葛」는「テイカカズラ (덩굴풀)」라는 상록수의 일종.「葛城山」는 大阪府와 奈良県과의 사이에 있는 산. 이 노래의 긴장된 声調와 장대한 구상에 後鳥羽院이 감탄했다고 한다.

5) **風寒み** 바람이 싸늘하게 불기 때문에.「み」는 형용사의 어간에 붙어서 원인·이유 등을 나타내는 접미어.「……ガ……ノダ」라고 새긴다.

6) **木の葉晴れゆく** 나뭇잎이 떨어져, 메마른 가지만 남게 되어, 그늘이 없어져 간다.「晴れゆく」는「月影」의 縁語.

7) **夜な夜なに** 밤이 더할 때마다.

8) **残るくまなき** 비추지 않는 곳이 없다.「くま(隈)」는 빛이 비추지 않는 그늘이란 뜻.

9) **月影** 달빛. 밤마다, 초겨울의 찬바람 속에서 나무 가지의 잎이 떨어지고, 차갑게 맑은 달빛이 뜰을 차지해 가는 情景의 묘사로서, 섬세한 감각, 凄艶한 맛을 낳고 있다.

10) **津の国の難波の春** 摂津 부근의 봄의 경치. 摂津는 지금의 大阪府와 兵庫県의 일부에 걸친 지방. 難波는 大阪市 부근을 말하지만, 여기는 그 해안을 가리킴. 갈대가 명물이다.『後拾遺集』春·能因「心あらむ人に見せばや津の国の難波あたりの春のけしきを」<情趣ヲ解スル人ニハ一度見セタイモノダ。摂津ノ国難波アタリノ美シイ春ノケシキヲ。>를 本歌로 한다.

11) **夢なれや** 꿈이었던가?「や」는 의문의 계조사. 문말의「已然形＋や」로서 의문을 나타냄.「や」를 영탄의 종조사로 해서,「夢だなあ」란 뜻으로 풀이하는 설도 있다.

12) **風渡るなり** 바람이 불면서 건너갈 뿐이다.「なり」는 단정의 조동사지만, 감동의 느낌이 강하다. 추정의 조동사로서,「風が吹き渡っているようだ」라고 새기는 해석도 있다.

　西行는 지금, 갈대가 다 말라 버린 겨울의 단조로운 쓸쓸한 정경을 바라보면서, 봄을 생각하는 것이다. 새잎이 싹트는, 이 화려한 명소의 봄을 연상해 보았자, 어차피 그것은, 지금은 없는 꿈이었다. 봄과 겨울의 대조에서, 현재의 겨울이 한층 쓸쓸한 것으로 여겨진다. 화려한 것이 쇠미했을 때의 쓸쓸함을 알고, 자기의 생애를 회상하여, 인생의 적요함을 마음속 깊이 느낀 것이리라. 감상성이 강한, 정조미 넘치는 작품이다.

13) **摂政太政大臣家の歌合** 藤原良経 집에서 1199(正治 元)년에 개최된 冬十首歌合.

14) **志賀の浦や** 志賀는 琵琶湖 西岸의 지명.「や」는 영탄의 간투조사.『後拾遺集』冬・快覚法師「小夜ふくるままにみぎはやこほるらむ遠ざかりゆく志賀の浦波」<夜ガフケルニツレテ、岸辺ノ辺リガ凍ッテイクノデアロウ。ソノタメ志賀ノ浦ノ波音ハ次第ニ沖へ遠ザカッテイクコトダ。>를 본가로 하고 있다.

15) **遠ざかりゆく波間より** 물가로부터 차례로 얼어서 파도 소리가 물가에서 멀리 떨어져 간다. 그러한 파도 사이로부터.

16) **凍りて出づる有明の月** 언듯한 차가운 빛을 발하면서 뜨는 새벽녘의 달이여.「有明の月」는 밤이 깊어서 돋아, 아침에도 아직 하늘에 남아 있는 달. 몸에 깊이 스며드는 몹시 추운 느낌을, 얼어서 점점 여리게 되어 가는 파도 소리에「有明の月」를 짝지어 표현한 노래이다.

17) **駒とめて** 말을 멈추고.「駒」는「馬」.『万葉集』巻3・長忌寸奥麻呂「苦しくも降りくる雨か三輪が崎佐野のわたりに家もあらなくに」<困ッタコトニ降ッテ来タ雨ダワイ。コノ三輪ガ崎ノ佐野ノアタリニハ、雨ヤドリスル家モナイノニ。>를 本歌로 한다.

18) **袖うちはらふ** 눈이 내려 쌓인 소매를 턴다.

19) **陰もなし** 그늘도 없다. 집은 말할 것도 없고, 나무 그늘과 같은 것도 없다, 라는 것이다.

20) **佐野のわたり** 和歌山(わかやま)県 新宮市内.「わたり」는, 여기서는「辺り(근처・부근)」의 뜻.

現代語訳

春日大社の歌合において、落葉という題でよんでさしあげた歌

1. 大空を移り動いていく雲の中に、吹きあれる風の音が聞こえる。あれはまさきのかづらが散って乱れとぶ音であろうか、葛城山で。

題を知らない

2. 風が寒く吹くので、木の葉が散って陰がなくなっていく夜ごとに、いまは、照らし残るすみもなく、庭一面につめたく冴えわたる月の光であることよ。

題を知らない

3. 摂津の国の難波あたりのはなやかだった春景色は夢だったのだろうか。今きてみると、ただ葦の枯葉に風がうら寂しい音をたてて吹き渡っているばかりだ。

摂政太政大臣家の歌合において、湖上の月という題でよんだ歌

4. 志賀の浦で、岸辺の近くから次第にこおっていくので、波の音が沖合へ遠ざかっていく、その波間から、寒々とこおったような光をはなって出る有明の月よ。

百首歌をさしあげた時の歌

5. 馬をとめて、雪のふりかかった袖をはらう物陰もない。佐野のあたりの雪の夕暮れよ。

韓 譯

春日大社의 歌合에서, 낙엽이란 제목의 노래를 불러 바쳤을 때의 노래

1. 넓은 하늘을 이동해 가는 구름 속에서 몹시 거칠게 부는 바람 소리가 들린다. 저것은 덩굴풀이 散亂하는 소리일까, 葛城山의 덩굴풀이.

제목을 모름

2. 바람이 차갑게 불어와, 나뭇잎이 떨어져 그늘이 사라져가는 밤마다, 조그마한 구석도 남김없이, 뜰 전체를 싸늘하게 비추고 있는 달빛이로구나.

제목을 모름

3. 摂津国의 難波지방의 화려하던 봄 경치는 한낱 꿈이었던가. 지금 와 보니, 오직 갈대의 枯葉을 바람이 쓸쓸하게 불고 지나갈 뿐이구나.

攝政太政大臣宅에서의 歌合때, 湖上의 겨울 달이란 제목으로

4. 志賀의 포구가 해변에서부터 차례로 얼어 가기 때문에, 파도 소리가 먼 바다 쪽으로 점점 멀어져 간다. 그러한 물결 사이로 차갑게 얼어붙은 듯한 빛을 발하면서 떠오르는 새벽녘의 달이구나.

百首歌를 지어서 바쳤을 때의 노래

5. 말(馬)을 멈추고, 눈이 내려 쌓인 소매 자락을 털 만한 그늘도 없구나. 佐野 근처의 눈 내리는 저녁이여.

哀傷・羈旅・恋愛・雜(ぞう)(巻八～巻十八)

「哀傷」는 권8에 100수, 「羈旅」는 권10에 94수가 실려 있다. 이에 대해, 「恋」는 권11에서 권15까지 445수란 압도적인 분량을 차지하며, 요염하게 아름다운 노래가 많다. 「雜」는 다른 분류에 들어가지 않는 것으로서, 권16에서 권18까지 417수가 실려 있다.

母[1]身(み)まかりにける秋、[2]野分(のわき)しける日、[3]もと住みはべりける所に

藤原定家

1. [4]たまゆらの露も涙も[5]とどまらず[6]なき人恋(こ)ふる宿の秋風

(巻8・哀傷・788)

[7]東(あづま)の方へ[8]まかりけるに、よみはべりける　　西行法師

2. [9]年たけてまた[10]越ゆべしと[11]思ひきや[12]命なりけり[13]小夜(さや)の中山(なかやま)

(巻10・羈旅・987)

[14]百首歌の中に、[15]忍ぶる恋を　　式子内親王

3. [16]玉の緒よ[17]絶えなば絶えね[18]ながらへば忍ぶることの[19]弱りもぞする

(巻11・恋1・1034)

水無瀬の恋の十五首歌合に、春の恋の心を[20] 俊成卿女

4. おもかげの[21]かすめる[22]月ぞ宿りける[23]春や[24]昔の袖の涙に

(巻12・恋2・1136)

和歌所の歌合に、[25]関路の秋風といふことを[26] 藤原良経

5. 人住まぬ[27]不破の[28]関屋の板廂[29]荒れに[30]しのちはただ秋の風

(巻17・雑中・1599)

語句의 解釋 및 文法

1) **母身まかりにける秋** 어머니가 돌아가신 해의 가을. 1193(建久 4)년 2월 13일에 定家의 모친은 죽었다.

2) **野分** 초가을에 부는 폭풍.

3) **もと住みはべりける所** 모친이 전에 거처하시던 곳. 京都市 五条에 있던 부친 俊成의 저택.

4) **たまゆらの** 잠시 잠깐의. 매우 짧은 시간의.「玉」는「露」「涙」의 縁語.

5) **とどまらず** 「露(이슬)」는, 가을 바람에 불려서 잠깐 동안도 머물지 않고 떨어지는 것이며,「涙(눈물)」는, 돌아가신 어머니를 사모하는 슬픔에 가을 바람의 쓸쓸함이 더하여, 끊임없이 흐르는 (떨어지는) 것이다.

6) **なき人恋ふる宿の秋風** 돌아가신 어머니를 사모하는 집에 불어오는 가을 바람(속에서).「なき人」는 죽은 어머니를 가리킴.「宿」는, 父親 俊成의 五条에 있는 저택. 이 노래는『新撰朗詠集』源為憲「故郷ニ母アリ、秋風ノ涙。旅館ニ人ナシ、慕雨ノ魂」에 의거하고 있다. 뜰에 있는 초목에 내린 이슬 방울과, 작자의 눈물 방울이 반짝반짝 빛나면서 흐트러져 떨어지는 느낌을 살린 上句와, 작가의, 죽은 모친을 그리면서 우는 소리를 생각하게 하는 가을 바람의 느낌을 살린 下句와의 交響이 典拠詩句의 느낌까지도 곁들여, 悲愁를 한없이 넓혀 주고 있다.

7) **東の方** 東国. 관동지방.

8) **まかりけるに** 내려갔을 때.「まかり」는「行く」의 겸양동사「まかる」의 연용형.「ける」는 과거의 조동사의 연체형.

9) **年たけて** 나이 들어서.「たけ」는「長け・闌け」로서, 여기서는 종지형.

10) また越ゆべし　다시 넘을 수가 있다.「べし」는 가능의 조동사의 종지형.

11) 思ひきや　생각하고 있었을까, 아니 생각하지도 않았다.「き」는 과거의 조동사의 종지형.「や」는 反語의 계조사이며, 그 문말용법.

12) 命なりけり　목숨이 있었기 때문이다.『古今集』春下・「読人知らず」의「春ごとに花の盛りはありなめどあひ見むことは命なりけり」<毎年春ガクレバ花ノ盛リハアルニチガイナイガ、ソノ花ヲ見ルコトガデキルノハ命ガアルカラコソナノダ。>란 노래와 같은 쓰임새이다.

13) 小夜の中山　「佐夜の中山」. 지금의 静岡県 掛川市 佐夜에 있는 고개. 古来로부터, 東海道의 歌枕로서 유명하다.「さよのなかやま」라고도 한다. 늙어서 다시 그리운 佐夜의 中山 고개를 넘은 감동을, 목숨을 새삼스러이 생각하는 감동으로 심화시켜, 과격하게 노래하고 있다.

14) 百首歌　언제의 것인지 분명하지 않다.

15) 忍ぶる恋　겉으로 드러내지 않고, 마음에 몰래 생각하고 있는 사랑. 이 노래의 제목.

16) 玉の緒よ　나의 목숨이여.「玉の緒」는「魂の緒」란 뜻으로서,「魂をつなぎとめる緒(끈)」로서「命(목숨)」의 枕詞였으나, 그 후「命」의 별칭으로써 쓰이게 되었다.

17) 絶えなば絶えね　끊어지려거든 끊어져 버리면 좋겠다.「絶え」는「ヤ」행 하2단동사「絶ゆ」의 연용형.「な」는 완료의 조동사「ぬ」의 未然形.「ば」는 順接의 가정조건을 나타내는 접속조사.「ね」는 완료의 조동사의 명령형.「絶え」와, 다음의「ながらへ」는「緒(끈)」의 縁語.

18) ながらへば　오래 살아 있다면.「ながらへ」는「長らふ」(「ハ」행 하2단동사)의 미연형. 따라서「ば」는 순접의 가정조건을 나타내는 접속조사.

19) 弱りもぞする　약해질지도 모른다. 사랑을 감추고 남에게 알려지지 않게 하고 있는 마음이 약해져서, 자기도 모르게 알려질지도 모른다. 그렇게 되면 곤란하다란 뜻.「も」는 強意의 계조사.「ぞ」는 強意의 계조사.「する」는「サ」변동사의 已然形이며,「ぞ」의 맺음.「もぞ」로 합쳐져, 걸림맺음이 되면, 좋지 않은 것을 예상하고, 걱정하는 뜻이 된다.「……カモシレナイ。ソウナッテハ困ル」란 뜻.「弱り」는「緒」의 縁語. 이 노래는, 恋情의 과격함을 숨기지 못할 듯하여, 필사적으로 참고 있다는 것이다. 목숨의 気息을 울리게 해서, 哀切을 다하고 있다.

20) **水無瀬の恋の十五首歌合** 1202(建仁 2)년, 水無瀬宮에서 後鳥羽院이 주최했다.

21) **おもかげの** 사랑하는 사람의 모습이.『古今集』권15・在原業平「月やあらぬ春や昔の春ならぬ我が身ひとつはもとの身にして」<月ハ昔ノ月デナイノダロウカ、春ハ昔ノ春デナイダロウカ、スベテ昔ノママダ。ダノニ、ワタシノ境遇ダケハモトノ境遇デアッテ、アノ人ノ境遇ハスッカリ変ワッテシマッタ。>를 本歌로 하고 있다.

22) **かすめる月** 사랑하는 사람의 얼굴이 달 속에 흐려져서 보인다. 봄의 흐려진 달이란 뜻.「かすめる」는「面影」와「月」의 양쪽의 상태를 걸어서 말하는 것.

23) **宿りける** 소매 위의 눈물에 달빛이 머물러 있다.「ける」는 영탄의 조동사의 연체형. 위의「ぞ」는 걸림맺음.

24) **春や昔の袖の涙に** 봄은 옛 그대로의 봄이 아닌가, 옛 그대로의 봄이려니, 하고 생각하여, 사랑하는 사람과 보낸 옛 봄을 회상해서 흘러내리는 소매 위의 눈물에.「春や昔」의「や」는 本歌를 근거로 삼기 때문에 反語의 계조사. 本歌와 같은 괴로움에 젖어 있는 소매의 눈물에, 사랑하는 사람의 모습이 어린 흐린 달이 빛나고 있다는 것이다.

25) **和歌所の歌合** 1200(建仁 元)年에 後鳥羽院이 주최.

26) **関路** 「関所(せきしょ)(関門)」가 있는 길.

27) **人住まぬ** 關門을 지키는 사람도 안 살게 되었다. 關門이 폐지되어 오래된 상태를 말함.

28) **不破の関屋** 지금의 岐阜(ぎふ)県 不破郡 関ケ原(せきがはら)에 있었던 關門. 歌枕로 되어 있다.

29) **板庇** 판자로 되어 있는 허술한 차양.

30) **荒れにしのちはただ秋の風** 완전히 황폐해져 버린 뒤인 지금에는 오직 가을 바람이 쓸쓸히 불고 있을 뿐이다.「に」는 완료의 조동사「ぬ」의 연용형.「し」는 과거의 조동사「き」의 연체형. 황폐해 버린 옛 關門의 판자로 된 차양에 가을 바람이 부는 모습은, 멸망한 것의 허무함에 더하여, 가을 바람의 외롭고 쓸쓸한 정조를 곰곰이 생각하게 한다. 또, 이것은, 인간 살이의 덧없음을, 關門의 뒷 자리의 황폐해진 모습에 의해 표현했다고도 풀이할 수 있다. 이와 같은 상징적인 詠風은, 新古今調의 커다란 특색의 하나이다.

現代語訳 母がなくなられた年の秋、野分けのした日、もと住んでいた所にてよんだ歌

1. ほんのちょっとのものである草木の露も、自分のあふれる涙も、とどまらないで、しきりにこぼれることである。亡くなった人を恋い慕う宿に吹く秋風の中で。

東国へ下った時に、よんだ歌

2. 年とってからもう一度越えるだろうと思ったであろうか、いや思いがけなかった。命があってのことだなあ、こうしてまた小夜の中山を越えるのも。

百首歌の中にある、忍ぶる恋をよんだ歌

3. わたしの命よ、絶えてしまうのなら絶えてしまってほしい。生き長らえているならば、こんなつらい思いが長びいて、心ひそかに秘めている力が弱っておもてに現れるかもしれないのだ。

水無瀬宮において催された歌合で、春の恋心をよんだ歌

4. 恋しい人の面影が涙でかすんで見える春のおぼろ月が、影をうつしていることだ。春は昔のままの春ではないのか、昔のままの春なのにと、恋人とすごした昔の春を思ってこぼれる袖の上の涙に。

和歌所で催された歌合において、関路の秋風ということをよんだ歌

5. 関守が住まなくなった不破(ふわ)の関屋の建物はすっかり荒れ、その板びさしも朽ちてしまった。いまはただ、秋の風がわびしく吹いているだけだ。

韓 譯 어머님이 돌아가신 해의 가을, 폭풍이 불었던 날, 전에 살던 五条의 저택에 가서 부른 노래

1. 잠시 잠깐 머무는 것에 불과한 초목에 맺힌 이슬도, 내가 흘리는 눈물도, 멈추지 않고, 자꾸만 흐르는구나. 돌아가신 분을 연모하는 숙소에 부는 가을 바람 속에서.

東国으로 내려갈 때, 부른 노래

2. 나이 들어서 (늙어서) 다시 한 번 넘으리라고 생각이나 했을까, 아니 생각을 하지도 않았다. 목숨이 있으니까 될 일이구나, 이렇게 또 「佐夜の中山」를 넘는 것도.

百首歌 속에서, 남몰래 사랑하는 마음을 노래함.

3. 나의 생명이여, 끊어질 테면 끊어져 버렸으면 좋겠다. 목숨이 오래 붙어 있으면, 이렇게 괴로운 생각이 계속되어, 마음속으로 몰래 간직하고 있는 힘이 약해져서 겉으로 나타날지도 모르는 것이란다.

水無瀨宮에서 개최된 十五首歌合에서, 「봄의 戀心」을 노래함

4. 그리운 사람의 모습이 눈물로 흐려져 보이는 봄의 몽롱한 달이, 그림자를 드리우고 있구나. 봄은 옛 봄이 아니런가, 옛 그대로의 봄인데 하고, 연인과 지낸 옛 봄을 그리워 흘리는 소매 위의 눈물에.

和歌所의 歌合에서, 關門이 있는 길의 秋風이란 제목의 노래

5. 關門지기가 살지 않게 된 「不破の関所」의 건물은 완전히 황폐해지고, 그 집의 판자로 된 차양도 썩어 버렸다. 지금은 오직, 가을 바람이 쓸쓸하게 불고 지나갈 따름이다.

方丈記(ほうじょうき)

方丈記는 수필문학에 속하며, 전1권으로 되어 있다. 1212(建暦 2)년 3월에 鴨長明(かものちょうめい)에 의해 쓰여졌으며, 『枕草子』『徒然草』와 더불어 三大随筆의 하나로 손꼽히고 있다. 長明는 神官의 집에 태어나, 和歌・管弦 등의 교양이 넓은 사람이었는데, 遁世하여 日野山에 들어가, 「方丈(ほうじょう)の庵(いほり)」를 엮어서 閑居했다. 그때의 생활감정을 묘사한 것이 『方丈記』이다.

「行く川の流れは絶えずして、しかももとの水にあらず……」라고 하는 유명한 冒頭로 시작하여, 필자가 소년기에 체험한 火災・地震・疫病・戦火 등의 災厄과 인심의 동요를 열거하고, 무상인 세상을 개탄하고 있다. 後반은 필자 자신의 身上으로 變轉하여, 그 家系를 말하고, 나이 60세에 가까워서 日野山에 閑居하는 유유자적한 생활을 말하고, 최후의 述懷를 첨가해서 붓을 놓고 있다. 述懷에는 자기의 내면에 어디까지나 沈潛하려고 하면서도, 아직 세속에의 집착을 단절하지 못하고 있는 필자의 자기모순이 서술되어 있어, 長明의 인간적인 면이 나타나 있는 것은 흥미롭다.

문장은 간결하고 流麗하며, 영탄적인 和漢混用文이다.

「ゆく川の流れ」

> 이 세상에 있는 인간의 주거나, 거기에 사는 사람의 변천은, 마치, 시내의 흐름과 그 수면에 뜬 물거품, 또 나팔꽃의 꽃잎과 거기에 맺히는 이슬과 같은 것으로서, 이 세상에서의 모습은 生滅의 운명이 덧없고 무상한 것이다.

[1]ゆく川の流れは絶えずして、しかも、[2]もとの水にあらず。[3]よどみに浮かぶ[4]うたかたは、[5]かつ消えかつ結びて、[6]久しくとどまりたるためし

なし。世の中にある人とすみかと、[7]またかくのごとし。

[8]たましきの都のうちに、[9]棟(むね)を並べ、[10]甍(いらか)を争へる、[11]高き、卑しき、人のすまひは、[12]世々を経て[13]尽きせぬものなれど、[14]これをまことかと尋ぬれば、昔ありし家はまれなり。[15]あるいは去年焼けて今年作れり。あるいは大家(おほいへ)滅びて小家(こいへ)となる。住む人もこれに同じ。所も変はらず、人も多かれど、[16]いにしへ見し人は、二、三十人が中に、わづかに一人二人なり。[17]朝に死に、夕べに生まるるならひ、[18]ただ水のあわにぞ似たりける。[19]知らず、生まれ死ぬる人、いづかたより来たりて、[20]いづかたへか去る。[21]また知らず、[22]仮の宿り、[23]たがためにか[24]心を悩まし、[25]何によりてか目を喜ばしむる。[26]その、[27]あるじとすみかと、[28]無常を争ふさま、[29]いはば[30]朝顔の露に異ならず、あるいは[31]露落ちて花残れり。[32]残るといへども朝日に枯れぬ。あるいは[33]花しぼみて露なほ消えず。消えずといへども[34]夕べを待つことなし。

語句의 解釋 및 文法

1) **ゆく川の流れは絶えずして** 흘러가는 시냇(강)물은 끊어지지 않는 것이지만.「ゆく川」는「川」와 같은 것이지만, 시내(강)의 유동감을 나타내기 위해「ゆく川」라고 했으리라.『論語』의 子罕編에「子川上ニ在リテ曰ク、逝(ゆ)ク者ハ斯(か)クノ如キカ、昼夜ヲ舎(お)カズ」<孔子ガ川ノホトリニ立ッテ言ワレルニハ、月日ノ過ギ去リ、人ガ死ンデイクノハ、コノ流レテイル水ノヨウナモノデアロウカ、昼モ夜モ休ムコトナク去ッテイク。>라고 있는 것에 의거함.

2) **もとの水にあらず** 본래의 물은 아니다. 끊임없이 변하고 있다.

3) **よどみ** 괸 물.「よど」와 같다. 물이 괸 곳. 물의 흐름이 괴는 일. 소(沼)처럼 되어 있는 곳.

4) **うたかた** 泡沫. 물거품. 물거품은 사라지기 쉬운 것이기에, 덧없는 것에 비유해서 쓰고 있다.

5) **かつ消えかつ結びて** 한 쪽에서는 사라지고, 한 쪽에서는 생겨.「かつ」는 부사이며, 두 가지 작용이 계속해서 이루어지는 것을 나타냄.

6) **久しくとどまりたるためしなし** (같은 물거품이) 언제까지나 같은 상태로 있는 예가 없다.

7) **またかくのごとし** 역시 이와 같은 (한때도 정지하지 않는) 것이다.「かく」는 부사로서 앞의 문장을 받고 있다.「世の中(인간 세상)」는 강(시내)과 괸 물,「人とすみか(사람과 거처)」는 물과 거품에 비유되고 있다.「ごとし」는 상황을 비교하는 조동사의 종지형.

8) **たましきの** 구슬을 깐 듯이 아름다운. 建造物이 훌륭한 것을 칭찬하는 말이며, 宮이나 都(서울) 등에 걸리는 枕詞로서도 쓰인다.

9) **棟を並べ** 「棟」을 나란히 해서 서 있고.「棟」은 지붕의 양 斜面이 접하는 가장 높은 곳. 용마루.

10) **甍を争へる** 기와 지붕의 높이를 겨루고 있다.「争へ」는 4단동사의 巳然形(명령형이라고도).「る」는 존속의 조동사「り」의 연체형.

11) **高き、卑しき、人のすまひは** 귀천 가지가지의 사람의 주거.「高き人、卑しき人」란 뜻이다.

12) **世々を経て** 몇 시대를 거쳐. 代代를 보내고.

13) **尽きせぬ** 없어지지 않는.「尽きせ」는「サ」변 동사「尽きす」의 미연형.「ぬ」는 부정의 조동사「ず」의 연체형.

14) **これをまことかと尋ぬれば** 이것을 真実(옛 그대로)인 것일까하고 알아보니.「これ」는「尽きせぬもの」를 가리킴.「すまひ」라고 하는 설도 있다.

15) **あるいは** 어떤 것은.「あるものは。ある家は。ある場合は」.

16) **いにしへ** 오래 전. 지나간 옛날.

17) **朝に死に、夕べに生まるるならひ** 한편에서는 죽는 사람이 있는가 하면, 한편에서는 태어나는 사람도 있다고 하는 이 세상의 관습. 불교에서 설유하는「生滅輪廻」의 사상을 바탕으로 하고 있다. 生과 死는 번갈아 찾아오는 것이다. 표현상에서, 死를 앞세운 곳에 필자의 무상사상이 강하게 感得된다.「朝」와「夕べ」와는 말을 대응시켰을 뿐이며, 특히 시간을 한정한 것은 아니다.

18) **ただ水のあわにぞ似たりける** 정말로 물 위에 뜬 거품의 상태(사라졌다가는 또 생기고 하는)와 흡사하다.「ぞ……ける」로서 걸림맺음.

19) **知らず** 아래의「去る」에 붙는 것으로서. 강조해서 표현하기 위한 어법이며, 도치법이다.

20) **いづかたへか去る** 어디로 사라져 가는지.「か」는 의문의 계조사.「去る」가 그 맺음이며, 4단동사의 연체형.

21) **また知らず** 이것도 도치법이며, 아래의「目を喜ばしむる」에 붙는다.

22) **仮の宿り** 人生을 임시로 맡기는 숙소. 즉 주거를 가리켜 말한다. 인간생활의 덧없음을 생각하는 사고가 그 근저에 있다.

23) **たがためにか** 도대체 누구를 살게 하기 위함일까?「た」는「誰」이며, 대명사.「が」는 연체격의 격조사.「か」는 의문의 계조사.

24) **心を悩まし** (자기가 사는 집을 훌륭하게 지으려고) 애를 쓰고.「悩まし」는 위의 係助詞「か」의 맺음에 해당하는 부분이지만, 여기는 연용형이며 아래 부분에 이어지기 때문에, 걸림맺음의 관계는 소실되어 있다.

25) **何によりてか目を喜ばしむる** 무엇 때문에 밖에서 보는 느낌을 즐겁게 하려는 것일까?「か」는 의문의 계조사.「しむる」가 그 맺음이며, 사역의 조동사「しむ」의 연체형.

26) **その** 「そ」는 대명사.「の」는 연체격의 격조사. 아래의「さま」에 걸린다.

27) **あるじとすみかと** 집 주인인 인간과 주거.

28) **無常を争ふさま** 무상한 것을 겨루기나 하듯이, 어느 쪽도 앞을 다투어 滅亡해 가는 모양을 말한다.

29) **いはば** 말하자면.

30) **朝顔の露に異ならず** 나팔꽃의 꽃과, 그 위에 맺힌 이슬과의 관계에 흡사하다. 아침 해가 비추면 곧 시들어 버리는 나팔꽃의 꽃잎을「すみか(住居)」로, 꽃잎에 맺히는 이슬을「そのすみかに身をおく主(あるじ)(인간)」로 비유하고 있다. 옛부터 인생의 무상함을「나팔꽃의 이슬」에 비유하는 일이 많다.「異なら」는 형용동사의 미연형.「ず」는 부정의 조동사의 종지형.

31) **露落ちて花残れり** 이슬은 먼저 떨어져도 꽃은 남아 있다. 살고 있는 사람이 먼저 죽고, 집이 남아 있는 것을 비유.「残れ」는 4단의 동사의 巳然形(명령형이라고도).「り」는 존속의 조동사의 종지형.

32) **残るといへども** 가령 남아있다고는 해도.「でも」는 역접의 확정조건을 나타내는 접속조사이지만, 여기는 역접의 가정조건을 나타내는 용법이며,「……シテモ」라고 새긴다.

33) **花しぼみて露なほ消えず** 꽃이 먼저 시들고 이슬이 남아 있다. 집이 먼저 없어지고, 살고 있는 사람이 살아 남아 있는 것을 비유. 「なほ」는 부사. ①역시. ②아직, 더욱. 여기는 ②의 뜻.

34) **夕べを待つことなし** 나팔꽃도 아침 이슬도 저녁때까지 유지되지 않는다는 뜻. 필자는 인생을 그와 같이 덧없는 것으로 보고 있다.

現代語訳 流れて行く川の流れは絶えないのであるが、しかし(その川をなしている水は刻々に移って)もとの水ではない。川の淀んだ所に浮かんでいるあわは、一方では消え(たかと思うと)その一方において浮かんで、(一つのあわがそのままの姿で)長い間とどまっているという例はない。この世の中に住んでいる人間と、その人の住居とは、やはりこのよう(に一時も停止しないもの)である。

玉を敷いたように美しい都の中に、棟を並べてたち、屋根の高さを競っている、身分の高い人、また低い人の住居は、(一見すると)幾代を経てもなくならないもの(のよう)であるが、これを真実(昔のまま)のことかと調べてみると、昔あったままの家はごく少ない。ある家は去年焼失して今年新しく作っている。またある家は大きな家が滅んで小さな家となっている。住んでいる人(の変わりよう)もこれと同様である。場所も変わらず、人もたくさんいるけれど、昔(わたしの)会った人は、二、三十人のうちで、わずか一人か二人である。一方では死ぬ人があるかと思へば、一方では生まれる人がある(この世の)ならわしは、まったく水に浮ぶあわの状態に似ていることである。(このように)生まれたり死んだりする人は、どこから来て、どこへ去っていくのであろうか、(わたしにはそれが)わからない。また、一時の仮住まい(である家居を営んで)は、だれのために(あれこれ)と心労し、何のために見た目を喜ばせるのであろうか。(わたしにはそれが)わからない。その家の主人と住居とが、はかなさを競ってこの世から消えるさまは、たとえていえば、朝顔(とその上)の露と同じである。ある時は露が先に落ちて花があとに残っている。(しかし)残っているとはいっても、朝日にあたって枯れてしまう。ある時は花がしぼんで露がまた消えない。(しかし)消えないといっても、夕方になるのを待つことはない。(やがて消えてしまう。)

韓 譯 흘러가는 시내(강)의 흐름은 끊이지 않는 것이지만, 그러나 (그 시내를 이루고 있는 물은 시시각각으로 변하여) 본래의 물은 아니다. 시냇물이 흐르다가 괸 곳에 떠 있는 물거품은, 한편에서는 사라졌다고 생각하면 다른 한편에서는 생겨나서, (하나의 거품이 그대로의 모습으로) 오랫 동안 머물러 있는 예가 없다. 이 세상에서 살고 있는 인간과 그들의 주거와는, 역시 이와 같이 (한시도 정지하지 않는) 것이다.

구슬을 깐 듯이 아름다운 서울에서, 추녀를 맞대고 늘어서서, 지붕의 높이를 겨루고 있는 身分이 높은 사람, 또는 낮은 사람의 주거는 (얼핏 보기엔) 몇 대를 거쳐도 없어지지 않을 것처럼 보이나, 이것이 진실(옛 그대로의 일)일까 하고 알아보니, 옛날 있던 그대로의 집은 극히 드물다. 어떤 집은 작년에 불타 없어져서 올해 새로 지었다. 또 어떤 집은 큰 집이 없어지고 작은 집으로 되어 있다. 살고 있는 사람(의 변천)도 이와 마찬가지다. 장소도 바뀌지 않고, 사는 사람도 많이 있지만, 옛날 (내가) 만난 사람은, 2, 30명 중에서, 겨우 하나 아니면 두 사람이다. 한편에서는 죽는 사람이 있는가 하면, 다른 한편에서는 태어나는 사람이 있는 (이 세상의) 습관은 바로 물에 떠 있는 거품의 상태와 흡사한 일이다. (이와 같이) 태어나고 죽어가는 사람들은, 어디에서 와서 어디로 사라져 가는 것일까? (나는 그것을) 알 수 없다. 또 한 때의 假住居(인 집을 지어)는, 누구를 위해 (이것저것) 애를 쓰며, 무엇 때문에 겉보기 좋게 꾸미는 것일까? (나에겐 그것이) 이해되지 않는다. 그 집의 주인과 주거가, 서로 덧없음을 겨루기나 하듯이 이 세상에서 사라지는 모습은, 비유해서 말하자면, 나팔꽃(과 그 위에 맺힌)의 이슬과 같은 것이다. 어떤 때는 이슬이 먼저 떨어지고 꽃이 뒤에 남아 있다. (그러나) 남아 있다고는 해도, 아침 해를 받아 말라 버린다. 어떤 때는 꽃이 시들고 이슬은 아직 사라지지 않는다. (그러나) 사라지지 않는다고 해도, 저녁때가 오는 것을 기다리는 일은 없다. (이윽고 사라져 버린다.)

「閑居の気味」

불안정한 현실세계를 피해, 마음의 평안함을 찾아서 草庵生活에 들어간 지 5年이 흘렀다. 자기 자신의 분수를 알고, 인간세상의 무상을 느끼고 있는 자신에게는, 지금의 생활은 매우 평화롭다. 이런 기분은 누구도 알 수 없는 것이다.

[1]おほかた、[2]この所に住みはじめし時は、[3]あからさまと思ひしかども、今すでに、五年を[4]経たり。[5]仮の庵も[6]や[7]やふるさととなりて、軒に[8]朽ち葉ふかく、[9]土居（つちゐ）に[10]苔（こけ）むせり。[11]おのづから、[12]ことの便りに[13]都を聞けば、この山にこもりゐてのち、[14]やむごとなき人の[15]かくれたまへるも[16]あまた聞こゆ。まして、[17]その数ならぬたぐひ、[18]尽くしてこれを知るべからず。たびたびの[19]炎上にほろびたる家、また[20]いくそばくぞ。ただ仮の庵のみ、[21]のどけくして[22]おそれなし。[23]ほどせばしといへども、夜[24]臥す床あり、昼[25]ゐる座あり。[26]一身をやどすに不足なし。

語句의 解釋 및 文法

1) おほかた　①대체. ②(아래에 부정의 말을 수반해서) 전연. 전혀. 여기는 ①의 뜻. 부사.

2) この所　日野山(京都市 伏見区에 있는 산)의 안을 가리킴.

3) あからさま　잠시 잠깐. 임시. 아주 짧은 동안. 여기는 영주할 마음이 없는 것을 말한 것. 형용동사「あからさまなり」의 어간.

4) 経たり　세월이 흘렀다.

5) 仮の庵　60세경에, 日野山에 만든 암자.

6) やや　점차로. 점점. 부사.

7) ふるさと　①원래 살고 있던 집. 오래 살고 있던 땅. ②자주 가서 친숙해진 땅. ③옛 서울. 옛날 서울이 있던 곳. ④자기가 태어난 땅. 여기는 ①이며, 익숙해진 땅.

8) 朽ち葉ふかく　썩은 落葉이 깊게 쌓여서.

9) 土居　집의 土台. 기둥 아래의 土台.

10) 苔むせり　이끼가 끼여 있다.「り」는 존속의 조동사의 종지형.

11) あのずから　①자연히. ②가끔. 문득. ③만일. 가령. (가정의 말을 수반한다). 여기는 ②의 뜻이며, 아래의「聞けば」를 수식하고 있다.

12) ことの便りに　사물의 편에.

13) 都を聞けば　서울의 형편을 들으니.「ば」는 순접의 확정조건을 나타내는 접속조사.

14) やむごとなき人の　고귀한 사람으로서.「やむごとなし」는「止む事無し」이며, ①버려둘 수 없는. 어떻게 할 수 없는. 물러 설 수 없는. ②보통이 아닌. 각별하다. ③매우 귀한. 고귀하다. 황공하다. ④소중하다. 중대한 일이다. 여기는 ③의 뜻.「の」는 동격의 격조사이며,「……デ」라고 새긴다.

15) かくれたまへる　돌아가신 분.「かくる」는「死ぬ」의 완곡한 표현이다.「る」는 완료의 조동사「り」의 연체형.

16) あまた聞こゆ　많이 귀에 들어온다. 많이 있다라는 것이다.

17) その数ならぬたぐひ　특히 셈에 넣을 정도로 대단한 것이 아닌 (특히 칠 만한 가치가 없는) 사람들. 신분이 낮은 사람들.「数々ならぬ」는「ものの数ではない」란 뜻.「たぐひ」는 여기는 사람들, 한 패.

18) 尽くしてこれを知るべからず　「これを知り尽くすべからず」란 뜻. 이것을 전부 알아차릴 수 없다.「尽くして」는 남김없이, 전부는.「これ」는 신분이 낮은 사람들의 죽은 수를 가리킴.

19) 炎上に　火災 때문에.

20) いくそばくぞ	어느 정도나 될까? (셀 수 없을 정도로 많을 것이 틀림없다)
21) のどけくして	한가하고 조용해서. 「して」는 순접의 조건이며 아래에 이어 가는 접속조사.
22) おそれなし	아무런 걱정도 필요없다.
23) ほどせばし	面積이 좁다. 여기는, 집의 넓이가 협소하다는 것.
24) 臥す床	잠자는 곳. 잠자리. 침실.
25) ゐる座	앉는 곳. 여기는 세월을 보내는 장소. 「ゐる」는 「居る」이며, 「ワ」行上1단동사. 고문에서는 「すわる。とまる」 등의 뜻이다.
26) 一身をやどす	자기의 몸 하나를 묵게 하는. 혼자만이 기거하고 있음을 말함.

現代語訳 だいたい、この所に住みはじめた時は、ほんのしばらくの間(住もう)と思ったのだが、今はもう、五年も立ってしまった。仮の庵も、だんだんになじみの土地になっていって、(庵の)軒には腐った落ち葉が深く積もり、土台には苔がはえている。たまたま、なにかのついでに都の様子を聞くと、(わたしが)この山にこもり住んでからのち、高貴な方で、おかくれになった方もたくさん(あると)聞いている。まして、ものの数でない人々については、全部これを知り尽くすことができない。たびたびの火災で焼け落ちてしまった家は、またどれほど(多い)であろうか。ただ(わたしの)仮の庵だけが、のんぴりとして心配がない。(庵のうちは)せまいといっても、夜やすむ寝床はあるし、昼間すわっている席もある。自分の身一つを入れるのに(は何の)不足もない。

韓 譯 대체로, 이곳에 살기 시작한 때는, 잠시 잠깐 동안(살려고)이란 생각이었으나, 지금은 벌써, 5년이란 세월이 흘러 버렸다. 임시의 암자도, 점점 정든 땅(곳)이 되어가, (암자의) 처마에는 썩은 落葉이 깊(두둑하)게 쌓이고, 가옥의 토대에는 이끼가 돋아나 있다. 가끔, 어떤 일 끝에 서

울의 소문을 들으니, (내가) 이 산에 숨어 살게 된 뒤, 고귀한 분으로서, 돌아가신 분도 많다고 듣고 있다. 항차, 신분이 낮은 사람들에 있어(대해)서는, 그것을 전부 알아볼 도리가 없다. 여러 차례의 화재로 인해 타 버린 집은, 또한 얼마나 (많을) 것인가? 오직 (나의) 임시의 암자만은 한가롭고 조용해서 걱정이 없다. (암자 안은) 좁다고 해도, 밤에 쉴 잠자리도 있으며, 낮에 앉아 있을 자리도 있다. 자신의 몸 하나가 거처하는 데는 (아무런) 모자람이 없다.

[1]それ、[2]三界は[3]ただ心ひとつなり。心もし[4]やすからずは、[5]象馬(ざうめ)・七珍(しつちん)も[6]よしなく・宮殿・[7]楼閣(ろうかく)も[8]望みなし。今、さびしきすまひ、一間の庵、[9]みづからこれを愛す。[10]おのづから、都に出でて、身の[11]乞匃(こつがひ)となれることを恥ずといへども、帰りてここにをる時は、[12]他の[13]俗塵(ぞくじん)に馳(は)する事を[14]あはれむ。もし、人[15]このいへる事を[16]疑はば、魚と鳥とのありさまを見よ。[17]魚は水に飽かず。[18]魚にあらざれば、その心を知らず。[19]鳥は林をねがふ。鳥にあらざれば、その心を知らず。[20]閑居の気味もまたおなじ。[21]住まずして誰かさとらむ。

語句의 解釋 및 文法

1) **それ** 도대체. 대체. 그런데. 그래서. 접속사.

2) **三界** 仏教語. 俗界・色界・無色界의 三界. 일체의 중생이 生死往来한다고 하는 헤메(방황하)는 세계. 또는 과거・현재・미래의 셋이라고도 한다.

3) **ただ心ひとつなり** 오직 하나의 마음에서 일어나(생기)는 것이다. 즉, 인간의 마음가짐 하나로서, 즐거워지기도 하고 괴로워지기도 한다는 것이다.

4) **やすからずは** 平安하지 않다면. 「ず」는 부정의 조동사의 연용형. 「は」는 강의의 계조사.

5) **象馬・七珍** 경전의 용어. 귀중한 보배를 말함. 「象馬」는 코끼리와 말. 「七珍」은, 금・은・루비・수정・부채조개・산호・마노(石英의 일종).

6) よしなく　시시하다. 가치가 없다. 쓸모가 없다.「よしなし」는 ①이유가 없다. 의미가 없다. ②관계가 없다. ③방법이 없다. ④이익이 없다. ⑤좋지 않다. 여기는 ① 또는 ⑤의 뜻이며,「쓸모가 없다」란 뜻. 본래는「由(명사)なし(형용사)」이지만, 여기는 一語의 형용사의 연용형으로서 취급한다.

7) 楼閣　높은 집. 높다란 전각.

8) 望みなし　바라는 것은 아니다. 가지고 싶지 않다.

9) みずからこれを愛す　내 스스로 (자신이) 이것을 사랑하고 있다.「これ」는「さびしいすまひ、一間の庵」즉「方丈の庵」를 가리킨다.「みづから」는 부사이며, 스스로란 뜻이다.

10) おのづから　①자연히. ②가끔. ③만일. 가령. 여기는 ②의 뜻. 부사.

11) 乞匈　거지. 걸식하는 사람. 승려는「托鉢」이라고 하여, 修業을 위해 음식물 등의 喜捨를 바라며 여러 곳을 다녔는데, 그것을 겸손해서 말한 것.

12) 他の　다른 사람들이, 세상의 일반 사람들이.「の」는 주격의 격조사.

13) 俗塵に馳する　속세간의 名利를 얻으려고 심신을 수고하는 일.「俗塵」은 괴로운 세상의 먼지. 괴로운 세상의 일을 비유해서 한 말이며, 名利를 구해 안달하고 있는 더러운 속세간이란 것.「馳する」는「走る」,「かけまわる」.

14) あはれむ　불쌍하게 여긴다.

15) このいへる事　내가 말하고 있는 것. 즉 첫머리부터「……あはれむ」까지를 가리킴.「る」는 존속의 조동사「り」의 연체형.

16) 疑はば　의심한다면.「ば」는 미연형에 접속해서, 순접의 가정조건을 나타내는 접속조사.

17) 魚は水に飽かず　물고기는 물 속에서 살고 있으면서도, 물에 싫증을 느끼는 일이 없다.

18) 魚にあらざれば、その心を知らず　물고기가 아니면, 水中에서의 물고기의 마음을 모른다.『荘子』의「子魚ニ非ザレバ安クンゾ魚ノ楽シミヲ知ランヤ」에 의함.

19) 鳥は林をねがふ　새들은 숲 속에서 살기를 희망한다.『陶淵明集』帰園田居에 있는「羇鳥ハ旧林ヲ恋ヒ、池魚ハ故淵ヲ思フ」에 의한다.

20) 閑居の気味　속세로부터 떠나, 산중에서 조용히 생활하는 기분.「気味」는 기분. 취미.

21) **住まずして誰かさとらむ** 살아 보지 않고서는 누가 이 趣味(맛)을 깨달을 수가 있으리오. (실제로 자기 스스로 살아 보지 않고서는 참다운 맛을 알 수 없다.) 「ず」는 반어의 계조사이며, 「か……む」는 걸림맺음.

現代語訳 いったい、三界(といわれる人間の世の中)は、ただ人の心ひとつ(からどうともなるもの)である。心がもし安定していなければ、象や馬や、七珍のような宝も何の役に立たず、宮殿や楼閣のような建物もほしいと思わない。今閑寂な住まいで、(それはたった)一間きりの庵であるが、自分はこれを愛している。たまたま(何かのついでに)都に出ると、わが身が乞食同然の姿となっていることを恥ずかしいことと思うが(都から)帰って、この庵にいるときは、他人が世俗の名利をあくせくしていることを哀れだと思う。もし他人が自分の言っていることを疑うならば、魚と鳥とのようすを見るがよい。魚は(水の中にいて、いつまでも)水をいやになることはない。魚でなければ、その気持はわからない。鳥は林(に住むこと)を希望する。鳥でなければその本心は理解できない。閑寂な(草庵の)生活の気分もまたこれらの場合と同じである。住んでみないで、だれが(このよさを)理解できようか。(だれもわかるわけはないのだ。)

韓 譯 그런데, 三界(라고 불리는 人間이 사는 세상에서)는, 오직 사람의 마음 하나(로써 어떻게든지 되는 것)이다. 만일 마음이 안정되어 있지 않으면, 코끼리나 말이나, 七珍과 같은 보물도 아무런 쓸모가 없어지며, 궁전이나 누각과 같은 건물도 바라고 싶지 않다. 지금, 한적한 주거에서, (그것은 겨우) 한 칸짜리의 암자지만, 자기는 이것을 사랑하고 있다. 가끔 (무슨 일이 있어) 서울에 나가 보면, 내 신세가 마치 거지와 같은 모습이 되어 있는 것을 부끄럽다고 생각하지만, (서울에서) 돌아와, 이 암자에 있을 때는, 다른 사

람들이 세속의 名利에 안달하는 것을 불쌍하다고 생각한다. 만일 다른 사람들이 내가 말하고 있은 것을 의심한다면, 물고기와 새의 모습을 보는 것이 좋겠다. 물고기는 (수중에 있으면서, 언제까지나) 물에 싫증을 느끼는 일이 없다. 물고기가 아니면, 그 기분을 알 수 없다. 새는 숲 속(에 살기를)을 희망한다. 새가 아니면 그 본심은 이해할 수가 없다. 한적한 (草庵의) 생활의 기분도 이들 경우와 같은 것이다. 살아 보지 않고서, 누가 (이것의 좋은 점을) 이해하겠는가. (살아 보지 않고서는 아무도 모르는 것이다.)

平家物語

平家物語는 軍記物語로서, 流布本은 12권이 있으나, 그 외에 潅頂巻를 더한 13巻本도 널리 행해지고 있다. 최초에 성립한 것은 3巻이었는 듯하나, 뒤에 20권의 長門本이나 48巻의 『源平盛衰記』를 파생했다.

성립에 대해서도 여러 설이 있으나, 원본은 建久(1190) 이후 承久(1221) 이전의 약 30년간에 이루어진 것으로 생각되며, 流布本 등은 仁治(1240)에서 建長(1255)까지의 10수년간에 성립했다고 보여진다. 작자도 『徒然草』에서 信濃国의 前國司인 行長가 거론되고 있으나, 많은 사람들 (盲法師)에 의해 「平曲」로 이야기되어 계승되면서 完成되어 온 것으로서, 개인인 작자의 손에서만 이루어진 것은 아니다.

내용은, 平安 말기, 「保元・平治の乱」에 의해 藤原氏를 물리치고 정치적 우위를 차지한 平家一門의 번영이, 源氏의 재흥에 의해, 「壇の浦」에서 멸망당할 때까지의 운명을, 서사적으로 묘사하고 있다. 盛者必衰의 無常觀을 低流로 하고, 신흥무사계급의 흥망을, 훌륭한 和漢混用의 문체로 이야기한 일본국 최대의 軍紀物語이다.

祇園精舎

諸行無常・盛者必衰의 도리는 인간세상을 일관하는 운명이다. 중국의 예를 봐도, 일본의 경우를 봐도, 横暴의 극에 달한 자는 모두 그러한 운명을 더듬었지만, 특히 平清盛의 모양은, 筆舌로서는 다할 수 없을 정도로 심한 것이었다.

[1]祇園精舎の鐘の声、[2]諸行無常の響きあり。[3]娑羅双樹の花の色、[4]盛者必衰の[5]ことわりをあらはす。[6]おごれる人も久しからず、ただ[7]春の夜の夢のごとし。[8]たけき者もつひには[9]滅びぬ、ひとへに風の前の塵に同じ。遠く[10]異朝を[11]とぶらへば、秦の[12]趙高、漢の[13]王莽、[14]梁の朱异、唐の[15]禄山、これは皆旧主先皇の政にも従はず、楽しみをきはめ、いさめをも思ひいれず、天下の[16]乱れむことを悟らずして、[17]民間の憂ふるところを[18]知らざりしかば、久しからずして、[19]亡じにし者どもなり。近く本朝を[20]うかがふに[21]承平の将門、[22]天慶の純友、[23]康和の義親、[24]平治の信頼、おごれる心もたけきことも、皆[25]とりどりにこそありしかども、まぢかくは、[26]六波羅の入道[27]前太政大臣 [28]平 朝臣清盛公と申しし人のありさま、[29]伝へ承るこそ[30]心もことばも及ばれね。

語句의 解釋 및 文法

1) **祇園精舎** 옛날 인도의 舎衛城에 있던 사찰 이름이며, 석가가 설법을 한 곳.「祇園」은 祇樹給孤独園이 준 것이다.「精舎」는 출가한 스님이 사는 僧坊이란 뜻. 釈迦는 여기에서 25년간 가르침을 폈다고 한다.

2) **諸行無常の響き** 祇園精舎의 無常堂의 종은, 병이 든 승려가 죽을 때,「諸行無常」이라고 울렸다고 한다.「諸行無常」은 만물은 끊임없이 변화해 간다는 뜻이다.「諸行」은, 인연에 의해 생기고, 과거・현재・미래를 흐르는 일체의 현상.「無常」은 常位의 対로서, 生滅流転해 멈추는 일이 없는 것.

3) **娑羅双樹の花の色** 釈迦가 입멸했을 때 사방에 두 그루씩 서 있던 娑羅나무(높이 30m에 이르는 常緑樹)가 백색으로 변했다고 한다.『涅槃経』에 나오는 이야기.「花の色」는「鐘の声」의 대구.「娑羅」는 梵語로서「高遠」이란 뜻. 엷은 황색의 작은 꽃을 피우고 흐뭇한 향기를 뿜는다.

4) **盛者必衰** 『涅槃経』에 있는 말.「盛ンナル者ハ必ズ衰ヘ、実ナル者ハ必ズ虚シ」.

5) **ことわり** 도리. 인생의 이법.

6) おごれる人 권세를 뽐내고 있는 사람. 「おごる」는 「驕る」이며, 교만, 「おごりたかぶる」란 뜻.

7) 春の夜の夢 덧없고 짧은 것의 비유. 아래의 「風の前の塵」와 같은 기분.

8) たけき者 세력이 왕성한 사람. 용맹한 자.

9) 滅びぬ 멸망했다. 멸망해 버렸다라고 해석하는 說과, 「久しからず」와 대응한다고 생각해서, 멸망해 버린다라고 해석하는 설이 있다. 종지형의 중지적 용법이라고 생각해서 후자를 취한다.

10) 異朝 여기서는 중국을 가리킴. 「本朝」의 対.

11) とぶらへば 찾으면. (그 前例를) 찾아 보면.

12) 趙高 始皇帝의 신하. 始皇帝가 죽은 뒤, 2세 황제를 옹립해서 횡포를 부려, 살해당했다. 秦나라는 BC 221년에 중국을 통일하고, 3세 16년만에 漢에 멸망당한 나라이다. 趙高는 始皇帝가 죽은 뒤 후계자를 세울 때, 丞相 李斯를 죽이고, 少子(末子) 胡亥를 세우고, 스스로 丞相이 되어 국정을 전담했다. 뒤에, 胡亥를 죽이고, 조카인 子嬰을 왕으로 했는데, 그 子嬰에게 살해당했다.

13) 王莽 前漢의 平帝의 신하. 平帝를 죽이고, 두 살 난 嬰을 세워서 국정을 전담하고, 드디어 嬰을 廃하고 帝位에 올라, 국호를 新으로 했다. 뒤에, 後漢의 高祖 劉秀에 패해서 죽었다.

14) 朱异 南朝(六朝) 梁의 武帝의 신하. 武帝에 아첨하여, 30년간 要職에 있었으나, 드디어 나라의 파멸을 초래하게 되어, 부끄럽고 분해서 자살했다.

15) 禄山 安禄山. 唐의 玄宗의 신하. 玄宗으로부터 특별한 대우를 받았으나, 나라의 기강이 문란해진 틈을 타서, 755년에 군사를 일으켜, 洛陽을 함락시키고 스스로 大燕皇帝라고 칭하며, 다음 해 長安을 침범하여, 玄宗과 楊貴妃를 蜀으로 추출했다. 그 도중에서 楊貴妃가 살해된 것은 『長恨歌』로서 유명하다. 757년, 内訌으로 인해 아들인 安慶緒에 살해당했다.

16) 乱れむこと 문란해지리라는 것을. 「む」는 推量의 조동사의 연체형.

17) 民間 人民이라는 뜻.

18) 知らざりしかば 알지 못했기 때문에. 「しか」는 과거의 조동사 「き」의 已然形.

19) 亡じにし 멸망하고 말았다. 「亡じ」는 「サ」변동사의 연용형. 「に」는 완료의 조동사 「ぬ」의 연용형. 「し」는 과거의 조동사 「き」의 已然形.

20) **うかがふに** 앞서 나온「とぶらへば」와 같다. 찾아보니. 들여다보니.

21) **承平の将門** 935(承平 5)년 平将門는 숙부인 常磐大掾国香을 치고, 下総国 相馬郡(茨木県의 일부)에서 군사를 일으켜 関東을 평정해서, 스스로 平親王이라고 불렀으나, 940(天慶 3)년 平貞盛・藤原秀郷에게 멸망당했다.

22) **天慶の純友** 藤原純友. 将門에 호응해서 乱을 일으켜 四国・山陽地方을 침범했으나, 941년에 小野好古 등에 의해 討伐되었다.

23) **康和の義親** 源義親. 源義家의 次男. 出雲에서 乱을 일으키나 1107(嘉承 2)年에 平正盛에 追討되어, 다음 해 살해당했다.

24) **平治の信頼** 藤原信頼. 1159(平治 元)년, 源義朝와 결탁해서 藤原信西를 타도하는 군사를 일으켰으나 平清盛 등에 패해, 六条 강변에서 살해됐다. 이른바「平治の乱」이다.

25) **とりどりにこそありしかども** 각각 보통이 아니고, 대단한 것이었으나.

26) **六波羅の入道** 平清盛는, 지금의 京都市 東山区의 六波羅密寺 부근에 저택을 지어서 살고 있었기 때문에 이런 칭호가 있다.「入道」는 삭발하여 仏門에 들어가 있지만, 在俗하고 있는 자를 말한다. 清盛는 1168(仁安 3)년에「入道」가 되었다.

27) **前太政大臣** 清盛는 1167(仁安 2)년 2월에 太政大臣이 되어, 同年 5월에 사임했다. 그래서 前太政大臣이라고 한다.

28) **平朝臣清盛公** 「朝臣」은 姓의 명칭이며, 가문(문벌)을 가리키는 것이지만, 여기는 敬称. 3위 이상은 氏의 밑에「朝臣」를 붙이고, 4위 이하는 이름 밑에 붙인다.「公」은, 太政大臣과 左右大臣을 三公이라고 하며 여기에 임명된 사람에 대한 敬称이다.

29) **伝へ承るこそ** 그 전하여 듣는 모습이야말로. 여기서는「伝へ承る」아래에「ありさま」를 생략한 기분이다.

30) **心もことばも及ばれね** 전혀 상상할 수 없으며, 표현할 말도 없다.「れ」는 가능의 조동사「る」의 미연형.「ね」는 위의「こそ」를 받으며, 부정의 조동사「ず」의 已然形.

現代語訳 祇園精舎の鍾の音は、万物は絶えず変化していくという教えを響かせている。(釈迦入滅のとき白色に変じたという)娑羅双樹の花の色は、盛んな者も必ず衰えるときがあるという理法を表している。権勢を誇っている人も(その生活は)長続きしない。(それは)全く(短い)春の夜の夢のようなのだ。勇猛な者も結局は滅んでしまう。(それは)全く(たわいもなく吹きとばされてしまう)風の前のちりと同じだ。遠く中国の例を調べてみると、秦の趙高、漢の王莽、梁の朱异、唐の禄山など、これらの者はみな、もとの主君や先代の皇帝の政治にも従わず、享楽の限りを尽くし、(周囲の)いさめのことばをも深く考えることなく、国じゅうが乱れるであろうことに気づかないで、人民の嘆きをよそにしていたので、(その権勢も)長続きしないで滅んでしまった者どもである。また近くわが国の例を調べてみると、承平の平将門、天慶の藤原純友、康和の源義親、平治の藤原信頼、これらの人々は、権勢を誇っていたことも勇猛なことも、みなそれぞれに一とおりでなく、大変なものであったが、ごく最近では、六波羅の入道前太政大臣平朝臣清盛公と申しあげた人の様子、その伝え聞く様子こそは、全く想像もできず、ことばで言い表すこともできないほどである。

韓 譯 祇園精舍의 종소리는, 만물은 끊임없이 변화해 간다는 가르침을 세상에 알리고 있다. (釋迦가 입멸할 때 백색으로 변했다고 하는) 娑羅雙樹의 꽃 색깔은, 盛한 자도 반드시 쇠약할 때가 있다고 하는 理法을 나타내고 있다. 권세를 뽐내고 있는 사람도 (그 생활은) 오래 계속되지 않는다. (그것은) 참으로 (짧은) 봄날 밤의 꿈과 같은 것이다. 용맹한 자도 결국에는 멸망하고 만다. (그것은) 실로 (분별없게도 불리어 날아가 버릴) 바람 앞의 먼지와 같다. 멀리 중국의 예를 알아보니, 秦나라의 趙高, 漢나라의 王莽, 梁나라의 朱异, 唐나라의 禄山 등, 이들은 모두, 본래의 主君이나 선대의 황제의 정치에도 따르지 않고, 향락의 극치를 다해서, (주위의) 간언의 말까지도 깊이

생각하지 않고, 나라 전체가 혼란해질 것을 깨닫지도 못하고, 백성들의 탄식을 돌보지 않고 있었기 때문에, (그 권세도) 오래 가지 못하고 멸망해 버리고만 사람들이다. 또 가까이 우리 나라의 예를 알아보니, 承平의 平将門, 天慶의 藤原純友, 康和의 源義親, 平治의 藤原信頼, 이들 사람들은, 권세를 뽐내고 있던 것도 용맹한 것도, 모두 각기 보통이 아니고, 대단한 것이었는데, 극히 최근에는 六波羅의 入道인 前太政大臣이던 平朝臣清盛公이라고 부르는 분의 모습, 그 전해 들은 모습이야말로 정말 상상할 수도 없으며, 말로서는 나타낼 수 없을 정도이다.

「宇治川(うじがわ)の先陣(せんじん)」

> 木曾義仲와의 會戦에서, 源義経 쪽은, 佐佐木高綱와 梶原景季의 장렬한 先陣 다투기를 계기로, 전군이 단숨에 때마침 물이 불은 宇治川를 헤쳐 건너간다. 『平家物語』 중에서 가장 勇壮한 장면이다.

ころは[1]正月(むつき)二十日余りのことなれば、[2]比良(ひら)のたかね、志賀の山、[3]昔ながらの雪も消え、谷々の氷うち解けて、水は[4]をりふしまさりたり。白波[5]おびたたしうみなぎり落ち、[6]瀬まくら大きに滝鳴つて、[7]さかまく水も速かりけり。夜はすでにほのぼのと明けゆけど、川霧深く立ちこめて、馬の毛も[8]鎧の毛もさだかならず。[9]ここに大将軍[10]九郎御曹司、川のはたに進みいで、水のおもてを見渡して、人々の心を見むとや思はれけむ、「いかがせむ、[11]淀(よど)・一口(いもあらひ)へや回るべき、[12]水の落ち足をや待つべき」とのたまへば、[13]畠山、そのころはいまだ生年(しやうねん)二十一になりけるが、進みいでて申しけるは、「鎌倉にてよくよくこの川の[14]御沙汰は[15]候ひしぞかし。[16]知ろしめされぬ海川の、[17]にはかにできても候はばこそ。この川は[18]近江の湖の末なれば、待つとも待つとも[19]水ひまじ。橋をばまたたれか渡いてまゐらすべき。[20]治承の合戦に、[21]足利(あしかが)の又太郎忠綱(ただつな)は、[22]鬼神で渡しけるか、重忠(しげただ)[23]瀬ぶみつかまつらむ」とて、[24]丹の党をむねとして、五百[25]余騎ひしひしと[26]くつばみを並ぶる所に、[27]平等院の[28]丑寅(うしとら)、[29]橘(たちばな)の小島が崎(さき)より武者二騎[30]引つ駆け引つ駆けいで来たり。

語句의 解釋 및 文法

1) **正月二十日余り** 1184년, 당시 京都에서는 平家를 몰아낸 木曾義仲(きそよしなか)가 제 세상인 양 날뛰고 있었다. 源頼朝(よりとも)(義朝의 3男. 뒤에 鎌倉幕府의 初代将軍이 된다)는, 後白河法王의 명을 받아, 義仲를 추토하려고 大軍을 보내 공격했다. 義経(よしつね)는 형인 範頼와 함께 대장군이 되어, 11월에 近江(지금의 滋賀(しが)県 일대)에 도착. 형 範頼는 적의 정면을 공격하는 군사를 이끌고 瀬田 쪽으로 돌고, 義経는 후면을 찌르는 군사를 거느리고 宇治로 향해 宇治川를 사이에 두고 義仲의 군사와 대치했다. 宇治・瀬田의 싸움은 정월 20일. 이 날 안으로 義経는 義仲의 군사를 무찌르고 京都에 들어가서, 後白河法王을 알현했다. 한편 패한 木曾義仲는 이 날, 近江의 粟津의 솔밭에서 패사했다.

2) **比良のたかね、志賀の山** 둘 다 滋賀県의 琵琶湖 서쪽에 있는 산.

3) **昔ながら** 「昔ながら」의 「ながら」와 지명 「長柄(ながら)(山)」와의 掛詞.

4) **をりふし** 바로 그때. 「おりから」. 부사.

5) **おびたたしう** ①수가 많음. ②정도가 심한. 굉장한. 여기는 ②의 뜻. 형용사의 연용형의 「ウ」음편. 후세에 와서 「おびただしい」라고 탁음으로 변하지만, 당시는 청음이었다.

6) **瀬まくら大きに滝鳴つて** 얕은 여울에서 물결이 높이 솟구쳐 올라, 마치 폭포처럼 울려서.

7) **さかまく水** 「逆巻く水」로서, 물결이 물의 흐름과 반대로 역류하여 솟아오르는 것.

8) **鎧の毛** 갑옷의 「札(철판의 작은 것)」를 꿰맨 가죽 또는 실을 말함. 여기서는 그것의 색깔을 말하고 있다. 붉은 색과 검은 가죽 등 여러 가지가 있다.

9) **ここに** 그런데. 접속사. 여기서는 다음 사항을 말하기 시작할 때의 용법.

10) **九郎御曹司** 源義経. 義朝의 9남이기에 九郎라고 한다. 「御曹司」는 여기서는 源氏의 嫡子를 뜻한다. 幼名은 牛若丸.

11) **淀・一口** 둘 다 宇治橋보다 하류인 지금의 京都市 伏見区 淀 부근의 지명. 강의 흐름이 느슨해지는 곳이었다.

12) **水の落ち足をや待つべき** 물이 줄기 시작하는 것을 기다리는 것이 좋을까? 「水の落ち足」는, 물이 줄기 시작할 때. 「べき」는 적당의 조동사의 연체형.

13) **畠山** 畠山重忠. 源義朝의 신하.

14) **御沙汰** ①사리의 옳고 그름을 따져서 가리는 일. ②処置하는 일. 지시. ③평판. 소문. 여기는 ③ 또는 ②의 뜻이라고 생각된다.

15) **候ひしぞかし** ……있었습니다. 과거에 그런 일이 있었다는 것을 강조함. 「候ひ」는 「あり」의 존중어. 「し」는 과거의 조동사의 연체형. 「ぞ」는 強意의 계조사. 「かし」는 다짐을 하는 뜻의 종조사.

16) **知ろしめされぬ** 모르고 계신다. 「知ろしめす」는 「知る」의 존경어.

17) **にはかにできても候はばこそ** 갑자기 나타났다고 한다면 도리가 없습니다만. 「候はばこそ」 뒤에 「しかせめ」<ソウシテモシカタナイ> 등을 보완해서 생각한다. 「未然形+ばこそ……め」의 꼴은, 강한 반어의 뜻을 나타냄.

18) **近江の湖** 琵琶湖.

19) **水ひまじ** 물이 마르는 일은 없을 것이다. 「干」는 상1단동사의 미연형. 「まじ」는 부정의 推量의 조동사의 종지형. 활용어의 종지형(「ラ」변에는 연체형)에 붙지만, 여기는 예외로 미연형에 붙어 있다.

20) **治承の合戦** 1180(治承 4)년에, 源頼政가 高倉宮以仁王을 모시고 군사를 일으켜, 平家와 싸웠던 것을 가리킨다.

21) **足利の又太郎忠綱** 足利源氏의 嫡流. 俊綱의 아들.

22) **鬼神で** 鬼神으로서. 「鬼神」은, 사람 이상의 무서운 힘을 가지는 신. 「で」는 「にて」가 변화한 말.

23) **瀬ぶみ** 江물의 얕음과 깊음을 재는 일.

24) **丹の党** 武蔵国의 豪族. 丹治党이라고도 하며, 武蔵 7党의 하나.

25) **ひしひしと**	여기서는 빈 틈이 없는 상태(모양). 또 상대에게 엄하게 다가서는 모습.
26) **くつばみ**	말(馬)의 입에 물려서 고삐를 다는 馬具. 재갈.
27) **平等院**	宇治川를 바라보는 곳에 있는 사원. 藤原頼通가, 자신의 別荘으로 세운 것을, 뒤에 가서 사원으로 했다. 天台宗 時門派. 鳳凰堂이 유명하다.
28) **丑寅**	北東쪽.
29) **橋の小島**	宇治橋의 하류에 있었던 섬이라고 보여짐. 지금은 알 수 없다.
30) **引つ駆け引つ駆け**	달리고 또 달려서. 말을 계속 달리게 해서.

現代語訳 ころは正月二十日余りのことなので、比良の高嶺や志賀の山、さては長柄山などの昔ながらの雪も消え、谷々の氷も解けて、(宇治川の)水量はちょうどそのとき増していた。白波が激しく立って水は満々と流れ下り、浅瀬で波は高く盛り上がり、滝のような轟音(ごうおん)を立て、逆巻き流れる水勢は速かった。夜はもうほのぼのと明けてゆくが、(あたりには)川霧が深く立ちこめて、馬の毛色も鎧の縅毛(おどしげ)の色も明らかでない。さて、大将軍九郎御曹司は、川べりに進み出て、水面を見渡して、人々の気持を見ようと思われたのであろうか、「どうしたものであろうか、淀・一口へ回ろうか、水の引き始める時を待とうか」とおっしゃると、畠山重忠が、そのころはまだ生年二十一になったばかりだったが、進み出て申したことには「鎌倉で何度もこの川のお話はございましたぞ。いままでご存知でない海や川が、急に出現でもしましたのならしかたがありません。この川は琵琶湖の下流ですから、いくら待っても水のひることはないでしょう。また(とり除かれた)橋をだれがかけてくれましょうか。治承の合戦のときに、足利又太郎忠綱は、鬼神として(この川を)渡したのでしょうか。(そんんことはありますまい。)重忠が瀬ぶみをしましょう」と言って、丹の党を中心として、五百余騎がひしひしとくつわを並べて、(川へ乗り入れようして)いると、平等院の北東、

橘の小島が崎から、武者二騎が、馬を駆けさせ駆けさせして出てきた。

韓 譯 때는 바야흐로 정월 20일경이었기에, 比良의 높은 봉우리나 志賀의 산, 그리고 또 長柄山 등의 옛과 다름없는 눈(雪)은 녹아 사라지고, 계곡마다의 얼음도 녹아서, (宇治川의) 수량은 때마침 불어나 있었다. 흰 물결이 세차게 일고 수량은 넘쳐 흘러 내려, 얕은 곳에서는 물결이 높이 부풀어 올라, 폭포처럼 굉음을 울리고, 치밀어 오르면서 흐르는 물줄기는 빨랐다. 밤도 어렴풋이 밝아지는데, (주위에는) 냇가에 안개가 깊게 끼여서, 말(馬)의 털의 빛깔도 갑옷을 꿰맨 가죽의 빛깔도 분간할 수 없다. 그런데 대장군인 九郎가 강 기슭으로 다가와서, 수면을 멀리 바라다보고, 사람들의 마음을 떠보려고 생각하셨는지, 「어떻게 하면 좋겠는가, 淀・一口 쪽으로 돌아갈까, (아니면) 물이 줄기 시작할 때까지 기다릴까」라고 말씀하시니, 畠山重忠가, 그 당시는 겨우 나이 21세가 막 된 때였는데, 앞으로 나와서 드린 말씀은 「鎌倉에서 몇 번이고 이 강에 대해 이야기가 있었습니다(만, 이미 알고 있던 일이 아닙니까). 이 강은 琵琶湖의 하류이기 때문에 아무리 기다려도 물이 주는 일은 없겠지요. 또 (철거해 버린) 다리를 누가 다시 놓아 주겠습니까? 治承의 會戰 때, 足利太郎忠綱는, 귀신이 되어 (이 강의 다리를) 놓았겠습니까? (그런 일은 절대로 없을 것입니다.) 重忠가 강의 깊이를 재 보겠습니다」라고 하며, 武蔵国의 무사들을 중심으로 해서, 五百餘騎가 서로 밀치면서 재갈을 나란히 해서 (강물에 말을 타고 들어가려고 하고) 있으니, 平等院의 북동쪽, 「橘の小島が崎」로부터, 무사가 2騎, 말을 계속 달리면서 나타났다.

一騎は[1]梶原源太景季、一騎は[2]佐々木四郎高綱なり。人目には何とも見えざりけれども、内々は[3]先に心をかけたりければ、梶原は佐々木に[4]一段ばかりぞ進んだる。佐々木四郎、「この川は西国一の大河ぞや。

[5]腹帯(はるび)の伸びて[6]見え候ぞ。締めたまへ」と[7]言はれて、梶原、[8]さもあるらむとや思ひけむ、左右の[9]鐙(あぶみ)を踏みすかし、手綱を馬の[10]ゆがみに捨て、腹帯を解いてぞ締めたりける。そのまに佐々木はつと馳せ抜いて、川へざつとぞ打ち入りたる。梶厚、[11]たばかられぬとや思ひけむ、やがて続いて打ち入れたり。「[12]いかに佐々木殿、[13]高名せうどて[14]不覚したまふな。[15]水の底には大綱あるらむ」と言ひければ、佐々木太刀を抜き、馬の足にかかりける大綱どもをば[16]ふつふつと打ち切り打ち切り、生食(いけずき)といふ[17]世(よ)一(いち)の馬には乗つたりけり、宇治川速しといへども、一文字にざつと渡いて[18]向かへの岸に打ち上がる。梶原が乗つたりける摺墨(するすみ)は、川中より[19]のため形に押しなされて、はるかの下より打ち上げたり。佐々木、鐙踏んばり立ち上がり、大音声(だいおんじやう)を上げて名のりけるは、「[20]宇多の天皇より九代の後胤(こういん)、佐々木三郎秀義(ひでよし)が四男、佐々木四郎高綱、宇治川の先陣ぞや。われと思はむ人々は高綱に組めや」とて、[21]をめいて駆く。

語句의 解釋 및 文法

1) **梶原源太景季** 源頼朝의 신하. 景時의 장남.

2) **佐々木四郎高綱** 源頼朝의 신하. 宇多源氏.

3) **先に心をかけたりければ** 本陣에 앞장서려고 마음먹고 있었기 때문에. 이곳은 다음의 「進んだる」 뿐만이 아니고, 佐々木가 「つと馳せぬいて、川へざつとぞ打ち入れたる」에도 걸린다. 즉 지금부터의 先陣 다툼의 내기에 선행하는 말이다. 이 先陣 다투기는 頼朝가 佐々木・梶原 두 사람에게, 「生食」「摺墨」라는 두 마리의 애마를 하사한 일에서 생긴 유명한 이야기다.

4) **一段** 약 11m. 단, 2. 7m로 보는 설도 있다.

5) **腹帯** 안장을 안정시키기 위해 말의 배에 감는 띠.

6) **見え候ぞ** 보입니다. 「さう」는 「さうらふ」의 생략이며, 중세의 구어에서 많이 쓰였다.

7) **と言はれて** 여기는 「と言い、梶原は、そう言われて」란 뜻이리라.

8) さもあるらむ 그럴지도 모르겠다. 「らむ」는 현재추량의 조동사.
9) 鐙を踏みすかし 鐙子에 올려 놓은 발에 힘을 주어 (다리를) 벌리고, 말의 배에서 좀 떼어. 「鐙」는 말에 올라타서 발을 받치는 馬具.
10) ゆがみに捨て 묶어 맨 갈기에 던져 걸치고. 「ゆがみ」는 「結び髪」.
11) たばかられぬ 속았다. 「たばかる」는 속이다, 기만하다란 뜻. 「れ」는 수동의 조동사 「る」의 연용형. 「ぬ」는 완료의 조동사의 종지형.
12) いかに 여기는 감동사. 「もしもし。なんと」 등 소리를 내어 부른다는 뜻.
13) 高名せうどて 이름을 올리려고 생각해서. 「高名せむとて」가 변한 것.
14) 不覚 실패. 생각하지도 않은 실수.
15) 水の底には大綱あるらむ 木曾 쪽에서, 강을 건너지 못하게 하기 위해서, 강 바닥에 굵은 줄을 친 것이다. 당시의 戰法이다.
16) ふつふつと 툭툭(끊어 버리는 모양을 형용한 말).
17) 世一の馬には乗つたりけり 당세에서 첫째 가는 말을 타고 있었기도 하고. 「けり」는 종지형이지만, 조건을 다는 의미를 품게 한 중지법으로서 쓰여지고 있다.
18) 向かへの岸 「向かひの岸(맞은 편 기슭)」와 같다.
19) のため形 활 모양으로 굽은 꼴. 「のため」는 「箆(の)」(화살을 꽂은 대나무)가 휘어진 것을 「ためる」(바르게 만드는) 도구. 「ななめ」라고 하는 설도 있다.
20) 宇多の天皇 제59대 천황(867-931).
21) をめいて駆く 소리를 지르면서 (적진으로) 달려들어 갔다. 「をめく」는 외치다란 뜻.

現代語訳 一騎は梶原源太景季、一騎は佐々木四郎高綱である。他の人の目には何とも変わったところは見えなかったが、(二人とも)内心では先陣を心がけていたので、梶原は佐々木より十一.二メートルばかり前に進んでいた。(すると、) 佐々木四郎は、「この川は西国一の大河ですぞ。(それなのに)腹帯が伸びて見えますよ。お締めなさい」と(言い、そう)言われて、梶原は、そうかもしれないと思ったのだろうか、左右の鐙に置いた足をふんばって開き、馬の腹から少し離して、手綱をたばねて結んだたてがみに投げかけ、腹帯を解いて締め直した。その間に佐々木はつと駆け抜けて、(馬を)川へざっと乗り入れた。梶原は、(それを見て)だまされたと思ってのであろうか、すぐに続いて乗り入れた。(そして)「なんと佐々木殿、名を上げようと思って失敗なさるな。水の底に大綱があるであろうぞ」と言ったところ、佐々木は太刀を抜き、馬の足にからんだ大綱どもをぷつぷつ打ち切り打ち切り進ませ、生食という当代第一の馬には乗っていたことであるし、宇治川の流れが(いかに)速いとはいっても(物ともせず)、真一文字にざっと渡して向こうの岸に打ち上がった。梶原が乗っていた摺墨は、川の中程から、のため形におされて、はるか川下から対岸に打ち上がった。(そこで)佐々木四郎は鐙をふんばって立ちあがり、大音声をあげて名のったことには、「宇多の天皇から九代目の子孫、佐々木三郎秀義の四男、佐々木四郎高綱、宇治川の先陣ぞ。われこそと思う人々は、この高綱に組めや」と言って、わめき叫んで、(敵陣に)駆けいった。

韓 譯 一騎는 梶原源太景季이고, 一騎는 佐々木四郎高綱이다. 다른 사람들의 눈에는 아무런 변화가 없는 듯이 보였으나, (두 사람이 다) 내심으로는 本陣의 앞장을 설 것을 마음먹고 있었기 때문에, 梶原는 佐々木보다 11. 2m쯤 앞에서 나아가고 있었다. (그러자) 佐々木四郎는, 「이 강은 西国에서 제일가는 큰 강입니다. (그런데) 배에 감은 띠가 늘어져 보입니다. 다시 매십시오」라고 (말하고, 그런) 말을 들은 梶原는, 그럴지도 모르는 일이라고 생각한 탓일까, 좌우의 鐙子에 놓은 발에 힘을 주어 (다리를) 벌리고, 말의 배에서 조금 떼어, 고삐를 말에 묶어맨 갈기에 던져 걸고, 배띠를 풀어서 다시 맸다. 그 사이에 佐々木는 갑자기 달려 앞질러 (말을) 江으로 돌연히 몰아 넣었다. 梶原는, (그것을 보고) 속았구나라고 생각했던 것일까, 곧 따라 말을 타고 물로 들어갔다. (그리고) 여보시오, 佐々木氏, 이름을 오릴려

고 생각해서 실패하지 마시오. 물 속에는 큰 밧줄이 있을 테니까요」라고 말하자, 佐々木는 큰 칼을 빼서 말 다리에 휘감긴 밧줄을 툭툭 끊으면서 (말을) 몰아, 「生食」라는 당대 첫째가는 말을 탄 탓도 있기도 하고, 宇治川의 흐름이 (제 아무리) 빠르다고 해도 (개의하지 않고), 똑바로 거뜬히 (말을) 건너게 해서 저쪽 기슭에 불쑥 올랐다. 梶原가 타고 있던 「摺墨」는 강의 중간쯤에서, 비스듬히 밀려서, 멀리 하류로부터 對岸에 올라섰다. (이렇게 해서) 佐々木四郎는 鐙子에 힘을 주고 버티어 일어서서, 큰 소리를 내서 자기 이름을 말하기를, 「(나는) 宇多天皇으로부터 九代째의 자손, 佐々木三郎秀義의 4男, 佐々木四郎高綱이다. 宇治川의 先陣에 섰다. 내노라고 하는 사람들은, 이 高綱에게 따르라」고 큰 소리로 외치면서 (敵陣으로) 달려 들어갔다.

徒然草(つれづれぐさ)

『徒然草』는 수필이며, 필자는 吉田兼好(兼好法師)이고, 1330(元徳 2)년에 성립됐다는 설이 유력하다. 兼好法師가 40세 되던 해이다.

兼好는 俗名을 卜部(うらべ)兼好라고도 하며, 吉田神社의 神官 집에서 태어났다. 後二条天皇을 모시다가, 30세쯤에 출가하여, 隱遁者의 경지에 도달했다. 歌人으로서도 四天王의 한 사람으로 손꼽히며, 有職故實・歌學・儒佛學에도 조예가 깊다.

『徒然草』는 243단(244단설도 있다)으로 되어 있으며, 내용은 序段에 있듯이, 필자가 감흥에 맡겨서 생각이 떠오르는 감상을 글로 지은 것인데, 人生處世訓・有職故實・趣味・逸話・自然觀 등 여러 가지 방면에 걸쳐 있으나, 그 어느 것에도, 사물을 그 배후까지 예리하게 속속들이 들여다 보고, 정확하게 판단하는 필자의 만만찮은 안목을 느끼게 한다. 老莊・儒佛・王朝文化에의 憧憬・尙古・情趣尊重 등 여러 가지 사상이 혼연히 융합되어, 일종의 철학적 수필이 되어 있다. 문장은 내용에 따라 아름다운 和文과 힘차고 설득력이 있는 和漢混用文을 분간하여 쓰고 있다.

「つれづれなるままに」(序段)

『徒然草』를 집필한 동기나 당시의 심경을 기술한 것이다. 이렇다 할 목적이나 특별한 주의・주장이 있는 것도 아니고, 독신생활의 심심풀이로, 그저 마음에 오가는 일들을, 형식을 갖추지도 않고 적어나간 것이라고 말하고 있다.

[1]つれづれなる[2]ままに、[3]日暮らし、硯(すずり)に向かひて、心に[4]うつりゆくよしなしごとを、そこはかとなく[5]書きつくれば、[6]あやしうこそ[7]ものぐるほしけれ。

語句의 解釋 및 文法

1) **つれづれなる** 할 일이 없어 심심하다. 형용동사의 연체형.
2) **ままに** …함에 따라서. …에 의탁해서. 「まま」는 형식명사. 「に」는 격조사.
3) **日暮らし** 종일토록. 「むかひて」「かきつくれば」를 수식하는 부사.
4) **うつりゆく** 마음의 거울에 비쳤다가는 사라져 가는. 「移りゆく」라고 하는 說도 있다.
5) **書きつくれば** 기록해 보니. 「書きつくれ」는 「書きつく」의 已然形. 「ば」는 「已然形+ば」이며, 순접의 확정조건을 나타내는 접속조사.
6) **あやしう** 묘하게, 이상하게. 형용사의 연용형의 「ウ」음편. 「あやし」에는 ① 「怪し」란 글자를 해당시켜 「묘하다. 이상하다」, ② 「賤し」란 글자를 해당시켜 「허술하다. 천하다. 신분이 낮다」란 뜻으로 보는데, 여기는 ①의 뜻.
7) **ものぐるほしけれ** 미치광이처럼 된 느낌이 든다. 형용사의 已然形이며, 「こそ」의 맺음. 이 말의 주어에 대해서는 ①작자의 마음, ②쓰여진 것, ③쓰는 태도, ④쓰는 것 자체, ⑤쓰고 있는 기분도 쓰여진 글도, 라고 보나, 여기는 ①의 뜻.

現代語訳 何もすることがなく、所在ないのにまかせて、一日中、硯に向かって(筆を取り)、心(の鏡)にうつって(は消え、消えてはうつって)ゆくとりとめのないことを、なんということもなく書きつけると、ほんとうに不思議に(いろいろの思いがわいて)、気違いじみた気持になることだ。

韓 譯 아무런 할 일이 없어, 심심하기 때문에, 종일토록, 벼루를 향해 (붓을 들고), 마음(의 거울)에 비쳤다가(는 사라지고, 사라졌다가는 비쳐) 가는 종잡을 수 없는 일들을, 이렇다할 까닭도 없이 기술하고 있으니, 정말 이상하게도 (여러 가지 생각들이 솟아올라), 미칠 것만 같은 마음이 되는구나.

「いづくにもあれ」(第十五段)

자기 집을 떠난 여행지에서의 흥취를 기술한 단이다. 여행지에서는 마음이 새로워지고, 견문하는 것이 신선한 기분을 일으켜, 가족들에게 보내는 편지들도 흥취가 있고, 생활용품이나 용모도 보기에 근사해진다. 또 寺社에 참배하는 것도 재미가 있다고 말하고 있다.

いづくにもあれ、しばし[1]旅だちたるこそ、目さむるここちすれ。

[2]そのわたり、ここかしこ見ありき、[3]ゐなかびたる所、山里などは、いと[4]目なれぬことのみぞ多かる。都へたより求めて文やる。「そのことかのこと、[5]便宜(びんぎ)に忘るな」など言ひやるこそ[6]をかしけれ。

[7]さやうの所にてこそ、よろづに[8]心づかひせらるれ。[9]持てる調度まで、[10]よきはよく、能ある人、かたちよき人も、つねよりは[11]をかしとこそ見ゆれ。

寺・社などに、しのびて[12]こもりたるもをかし。

語句의 解釋 및 文法

1) **旅だちたるこそ** 집을 떠나서 다른 데서 체재하고 있는 것은 실로. 「旅だつ」는 지금 말하는 여행을 떠나는 뜻이 아니고, 자택 이외에서 仮泊, 체재한다는 뜻. 「こそ」는 強意의 계조사. 「すれ」가 그 맺음이며, 「サ」변의 동사의 巳然形.

2) **そのわたり** 「そのあたり」. 滞在하는 곳의 근처라는 뜻.

3) **ゐなかびたる所** 시골처럼 보이는 곳. 「ゐなかび」는 동사 「ゐなかぶ」의 연용형. 「ぶ」는 명사에 붙어서, 그것을 「……ノヨウニナル」라는 뜻의 동사화하는 접미어. 「里(さと)ぶ・ひなぶ・大人ぶ」 등은 같은 類이다.

4) **目なれぬことのみぞ** 낯익지 않은 것만이. 「のみ」는 한정의 부조사. 「ぞ」는 強意의 계조사. 그 맺음은 「多かる」이며 형용사의 연체형.

5) **便宜に忘るな** 적당한 때에 잊지 말고 해 두어라. 「便宜」는 형편이 좋을 때. 좋은 기회.

6) **をかしけれ** 감흥이 깊은 것이다. 형용사의 已然形이며, 위의 「こそ」의 맺음.

7) **さやうの所** 그와 같은 곳. 滞在地를 말함.

8) **心づかひせらるれ** 자연히 주의하게 되는 것이다. 「心づかひせ」는 「サ」변의 동사의 미연형, 「らるれ」는 자발의 조동사 「らる」의 已然形이며, 위의 「こそ」의 맺음.

9) **持てる調度** 가지고 있는 몸 가까이에 놓고 쓰는 물건. 「持て」는 4단의 동사의 已然形(命令形으로도 봄). 「る」는 존속의 조동사 「り」의 연체형.

10) **よきはよく** 원래 좋은 것은 더욱 좋게 보여. 「よく」는 아래의 「見ゆれ」에 걸린다.

11) **をかしとこそ見ゆれ** 뛰어나게 훌륭하다고 생각된다. 「をかし」는 여기는 훌륭하다, 뛰어나 있다란 뜻. 「こそ……見ゆれ」로서 걸림맺음.

12) **こもりたる** 参籠하고 있다. 「こもる」는 寺社에 일정한 기간 숙박해서 기도를 올리는 것을 말함.

現代語訳 どこでもよい、しばらく家をはなれてよそに滞在しているのは、実に目がさめるような新鮮な気持がするものである。

その(滞在地の)あたりを、あちらこちらと見て歩き、(特にそこが)いなかめいた所や山里などでは、あまり見慣れない(珍しい)ことばかりが実に多い。都(のわが家)へよいついでを求めて手紙を送る。(その手紙に)「その事やあの事を、都合のよい時に忘れずにやっておけ」などと言い送るのは、まことにおもしろいのである。

そうした場所でこそ、万事につけて自然と気を配るようになるものである。持っている手回りの道具類までも、よい品はいっそうよく見え、芸能のある人や容貌のよい人も、ふだんよりは一段とひきたって立派に見えるものである。

(以上のような普通の旅ではなく)、寺院などに人目をさけてこっそりおこもりしているのも興趣あるものだ。

韓 譯 어디라도 좋다. 잠시 집을 떠나서 다른 곳에 滯在하고 있는 것은, 참으로 눈이 번쩍 뜨일 만큼 신선한 기분이 드는 것이다.

그 (滯在地) 부근을, 여기 저기 구경하면서 걸으며, (특히 거기가) 시골처럼 보이는 곳이나 山村 등에서는 별로 낯익지 않은 (진기한) 일이 실로 많다. 서울(의 내 집)에 적당한 인편을 찾아서 편지를 보낸다. 그 편지에 「그 일, 저 일들을 형편이 좋을 때에 잊지 말고 해 두어라」라고 전해 보내는 것은, 정말로 재미있는 것이다.

그러한 장소라야만 萬事에 대해 자연히 신경을 쓰게 되는 것이다. 가지고 있는 몸 가까이에 두고 쓰는 도구까지도, 좋은 것은 더욱 좋게 보이고, 예능이 있는 사람이나 용모가 좋은 사람도, 여느 때보다도 한층 더 돋보여 훌륭하게 여겨지는 것이다.

(위와 같은 보통의 여행이 아니고) 사원이나 신사 등에 남의 눈을 피해 몰래 留宿하면서 (기도를 올리는 것도) 흥취가 있는 것이다.

「九月二十日のころ」(第三十二段)

> 귀인을 모시고 달구경을 하면서 어떤 여인의 집에 들렀는데, 그 여인의 일상 생활 태도의 아취가 있는 그윽함과, 손님을 떠나 보낸 뒤의 여성의 우아한 행동에 감동되어, 이것이야말로 참다운 風雅라고 찬탄하고 있다.

[1]九月二十日のころ、[2]ある人に[3]誘はれたてまつりて、[4]明くるまで月見歩(あり)くこと[5]はべりしに、[6]おぼしいづる所ありて、[7]案内(あない)せさせて[8]入りたまひぬ。荒れたる庭の[9]露しげきに、[10]わざとならぬ匂(にほ)ひ、[11]しめやかにうちかをりて、[12]忍びたるけはひ、[13]いとものあはれなり。

[14]よきほどにて[15]出でたまひぬれど、[16]なほ[17]ことざまの[18]優におぼえて、[19]物

の隠れよりしばし見ゐたるに、妻[20]戸をいま少し押し開けて、月見る気[21]色(けしき)なり。や[22]がてか[23]けこもらましかば、く[24]ちをしからまし。あ[25]とまで見る人ありとは、い[26]かでか知らむ。か[27]やうのことは、ただ朝[28]夕の心づかひによるべし。その人、ほどなくう[29]せにけりと聞[30]きはべりし。

語句의 解釋 및 文法

1) **九月二十日** 「九月」는 「長月」로서 「菊月」라고도 한다. 음력으로는 10월부터 겨울이 되기 때문에 가을의 달구경으로서는 마지막일 것이다.

2) **ある人** 아래에 「誘はれたてまつりて」라고 「ある人」에 대해 겸양어를 사용하고 있기 때문에, 고귀한 신분인 사람이라는 것을 알 수 있다.

3) **誘はれたてまつりて** 권유를 받잡고. 「れ」는 수동의 조동사 「る」의 연용형. 「たてまつり」는 겸양의 보조동사.

4) **明くるまで** 날이 밝아올 때까지. 「まで」는 한계를 나타내는 부조사.

5) **はべりしに** 있었습니다만. 「はべり」는 존중의 동사. 「し」는 과거의 조동사 「き」의 연체형.

6) **おぼしいづる所** 생각해 내신 바. 「おぼしいづ」는 「思い出づ」의 존경어. 주어는 「어떤 사람」.

7) **案内せさせて** (어떤 사람이) 수행자에게 중개를 청하게 해서. 「案内せさせ」는 「サ」변의 동사의 미연형. 「させ」는 사역의 조동사 「さす」의 연용형.

8) **入りたまひぬ** 들어가셨다. 「たまひ」는 존경의 보조동사.

9) **露しげきに** 이슬이 가득 내려 있은 곳에. 「に」는 장소를 나타내는 격조사. 또 이것을 첨가를 나타내는 격조사로 보고, 「露が深くて趣が深いそのうえに」라고 풀이할 수도 있다.

10) **わざとならぬ匂ひ** 일부러 (손님을 위해서) 피운 것이 아니고, 평소부터 향기를 스며들게 한 향내.

11) **しめやかに** 차분하고 조용하게. 축축하게. 형용동사의 연용형.

12) **忍びたるけはひ** 세상으로부터 남의 눈을 피하는 느낌으로 살고 있는 상태. 「けはひ」는 「けしき」와는 다르고, 몸으로 느껴지는 기분적・분위기적인 상태를 말함.

13) **ものあはれなり** 왠지 모르게 마음 속 깊이 생각되는 정취가 느껴진다. 「もの」는 왠지 모르게란 뜻을 덧붙이는 접두어.

14) **よきほどにて** 마침 적당한 시간에.

15) **出でたまひぬれど** 나오셨는데. 「ど」는 역접의 접속조사.

16) **なほ** 그래도 더욱. 부사.

17) **ことざま** 일의 상태. 그 장면의 모양.

18) **優におぼえて** 우아하게 생각되어. 「おぼゆ」는 자연히 그렇게 느낀다는 뜻.

19) **物の隠れ** 물건의 그늘(뒤). 「かくれ」는 동사의 연용형으로부터 전성된 명사.

20) **妻戸** 寝殿構造로 된 가옥의 네 귀에 있는 좌우로 여는 문인데, 중앙에서 좌우로 밖으로 연다. 「妻」는 端(つま)의 뜻. 그리고, 「遣戸(せりど)」는 좌우로 엇갈리게 여는 문.

21) **気色** 상태. 모양.

22) **やがて** 곧 바로. 그대로. 부사.

23) **かけこもらましかば** 문을 잠그는 고리를 걸고 들어가 버린다면. 「かけこもる」는 「妻戸」의 잠그는 고리를 걸고 안으로 들어간다는 뜻. 「ましか」는 反実仮想의 조동사 「まし」의 미연형이며, 아래의 「まし」와 호응한다. 「ば」는 순접의 가정조건을 나타내는 접속조사.

24) **くちをしからまし** 미련이 있을 것인데, 분할 터인데. 「くちをしから」는 형용사의 미연형이며 유감스럽다, 어쩐지 불만스럽다, 마음이 움직이지 않음이란 뜻.

25) **あとまで見る人** 손님이 떠난 뒤까지 보고 있는 사람. 兼好 자신을 가리킴.

26) **いかでか知らむ** 어째서 알 수 있으리오. 알고 있을 리가 없다. 「いかで」는 반어를 유도하는 부사. 「か」는 반어의 계조사. 「む」는 그 맺음이며 추량의 조동사의 연체형.

27) **かやうのこと** 이와 같은 일. 그 집의 여성의 우아한 거동을 가리키고 있다. 「か」의 지시내용에 대해서는 「わざとならぬ匂ひ、しめやかにうちかをりて、忍びたるけはひ」인 것과, 손님이 떠난 뒤, 아직도, 「妻戸をいま少し押し開けて、月見る気色」인 것을 가리킨다는 설과, 후자만을 가리킨다고 하는 설이 있다.

28) **朝夕の心づかひ** 일상의 마음씨. 평소의 마음가짐.

29) **うせにけり** 돌아가시고 말았다. 「に」는 완료의 조동사 「ぬ」의 연용형.

30) **聞きはべりし** 들었습니다. 「はべり」는 공손의 보조동사의 연용형. 「し」는 과거의 조동사 「き」의 연체형. 위에 계조사가 없는 데도 연체형으로 중지하고 있는 것은, 영탄의 여정을 담은 말씨. 「はべりし」의 아래에 「ことよ(……하구나)」 등의 뜻을 포함한다.

現代語訳 (陰暦)九月二十日のころ、あるお方に誘われ申して、夜が明けるころまで月を見て歩きまわったことがございましたが、(途中でそのお方がふと)お思い出しになる所があって、(供の者に)取り次ぎを請わせて(ある家へ)おはいりになられた。(その家の様子を見ると)荒れている庭の、露がいっぱいおりている所に、わざわざたいたのではない香のかおりが、しっとりとかおっていて、世間から遠ざかってひっそりと静かに暮らしているようすは、まことにしみじみと情趣が深い。

ほどよい時間で、(そのお方はその家を)出ておいでになったが、それでもなお、(わたしは)その場のようすが優雅に思われて(立ち去り難く)、物かげからしばらく見ていたところが、(見送りに出たこの家の女性は)妻戸をもう少し押しあけて、月を見ている様子である。(もし、この女性が、客を送り出して)すぐに(妻戸の)掛け金をかけて奥にはいってしまったならばどんなにか残念なことであろうのに。(その女性は、客が去った)あとまで見ている(自分のような)人があるとは、どうして知っていよう。(知るはずはない。)そのような(雅趣な)ふるまいは、ただ、ふだんからの心がけによるものであろう。その(風雅な)女性は、(その後)間もなく亡くなってしまったと聞きましたよ。(まことに惜しい気持がいたします。)

韓 譯 (음력) 9월 20일경, 어떤 분으로부터 권유를 받아, 날이 샐 때까지 달구경을 하며 산책을 한 일이 있었는데, (도중에서 그 분이 갑자기) 생각나신 곳이 있어, (수행하는 사람에게) 안내를 청하게 해서 (어떤 집에) 들어가셨다. (그 집의 상태를 보니) 황폐해진 뜰의 이슬이 가득히 내려 있은 곳에, 일부러 피운 것이 아닌 듯한 향의 냄새가, 차분하고 은근하게 풍기고 있어, 세상으로부터 멀리 떠나 남 몰래 조용하게 살고 있는 모습은, 참으로 마음에 느껴지는 정취가 깊다.

적당한 시간에, (그 분은 그 집을) 나오셨으나, 그래도 아직, (나는) 그 장면의 모양이 우아하게 느껴져 (떠나기가 어려워), 물건 그늘에서 잠시 보고 있었던 바, (전송 나온 이 집의 여성은) 문(좌우로 열어 젖히는)을 조금 열고, 달을 보고 있은 모습이다. (만일, 이 여성이, 손님을 전송한 뒤에) 곧바로 (출입문을) 잠그는 고리를 걸고 안으로 들어가 버린다면 얼마나 유감스러운 일이겠는가. (그 여성은, 손님이 떠난) 뒤까지 보고 있는 (자기와 같은) 사람이 있으리라고는, 어찌 알고 있겠는가. (알 리가 없다.) 이와 같은 (우아한) 거동은, 오직, 평소부터의 마음씨에 의한 것이리라. 그 (고상한) 여성은, (그 뒤) 얼마 안 있어 돌아가셨다고 들었습니다. (매우 애석한 마음이 듭니다.)

「つれづれわぶる人は」(第七十五段)

고독한 경지를 예찬한 段이다. 세상의 俗事・諸緣은 모두 우리들의 마음을 고달프게 할 따름이며, 중요한 「誠實」의 도를 잊게 하고 만다. 모름지기 「無爲閑靜」한 경지를 즐겨야 하는 것이라고, 「摩訶止觀」을 인용하면서 설유하고 있다.

[1]つれづれわぶる人は、[2]いかなる心ならむ。[3]まぎるるかたなく、ただひとりあるのみこそよけれ。

[4]世にしたがへば、心、[5]外(ほか)の塵(ちり)に奪はれて惑ひやすく、人に交はれば、言葉[6]よその聞きに随ひて、[7]さながら[8]心にあらず。人に戯(たはぶ)れ、[9]物に争ひ、[10]一(ひと)度(たび)は恨み、一度は喜ぶ。[11]その事[12]定まれる事なし。[13]分別(ふんべつ)みだりに起こりて、[14]得失止(や)む時なし。惑ひの上に酔(ゑ)へり。酔(ゑ)ひの中に夢をなす。走りて急がはしく、[15]ほれて[16]忘れたる事、人皆かくのごとし。

いまだ[17]誠の道を知らずとも、[18]縁を離れて身を閑(しづ)かにし、[19]事にあづからずして心をやすくせむこそ、[20]暫(しばら)く楽しぶとも言ひつべけれ。「[21]生活(しやうくわつ)・[22]人事(にんじ)・[23]伎能(ぎのう)・学問等の[24]諸縁を止めよ」とこそ、[25]摩訶止観(まかしくわん)にもはべれ。

語句의 解釋 및 文法

1) **つれづれわぶる** 하는 일 없이 심심하고 쓸쓸함을 탄식하는 것. 「つれづれ」는 명사. 고독한 경지.

2) **いかなる心ならむ** 어떠한 심정이겠는가.

3) **まぎるるかたなく** 다른 일에 마음이 끌리는 일도 없이. 「まぎる(紛る)」는 마음이 다른 사물에 끌려 변한다는 뜻이다.

4) **世にしたがへば** 세속적인 습관에 따르면. 「ば」는 일반 조건을 나타내는 접속조사.

5) **外の塵** 仏教語로서, 外界에 있어서 마음을 더럽게 하는 것.

6) **よその聞き** 다른 사람의 생각. 세상 소문.

7) **さながら** 어김 없이 그대로.

8) **心にあらず** 자기 본심의 표출이 아닌 것이 된다.

9) **物に争ひ** 어떤 일을 하는 사이에 남과 논쟁을 해서. 여러 가지 일로 남과 다투어. 「人に戯れ」와 대구표현이다.

10) **一度は** 때로는. 어떤 때는.

11) **その事** 앞의 「人の戯れ、……喜ぶ」를 받고 있으나 ①「人に対する動作・状態」라고 하는 설과, ②「人に対する心の動き」라고 하는 說이 있다.

12) **定まれることなし** 끊임 없이 변화해서 안정해 있는 일이 없다. 「る」는 존속의 조동사 「り」의 연체형.

13) **分別** 利害得失에 대한 사려 판단.

14) **得失止む時なし** 理解得失을 이것저것 생각하는 마음이 끝나는 때가 없다. 끊임없이 得失에 마음을 괴롭힌다는 뜻.

15) **ほれて** 본심을 잃고. 「ほる」는 마음을 빼앗겨, 멍청해지는 것.

16) **忘れたる事** (중요한 도리를) 잊고 있은 것.

17) **誠の道** 仏教修行의 길.

18) **縁** 속세간과의 교섭.

19) **事にあづからずして** 세상의 속된 일에 관계하지 않고.

20) **暫く楽しぶとも言ひつべけれ** 잠깐 동안이라도 삶을 즐긴다고 할 수 있으리라. 잠정적이기는 하지만 즐긴다고도 (아마도) 할 수 있으리라. 「楽しぶ」는 「楽しむ」와 같다. 「つ」는 強意의 조동사의 종지형. 「べけれ」는 가능의 조동사의 已然形이며, 위의 「こそ」의 맺음이다.

21) **生活** 생활을 위해 아옹다옹하는 일.

22) **人事** 다른 사람과의 交際.

23) **伎能** 기술・예능.
24) **諸縁** 속된 세상과의 여러 가지 관계.
25) **摩訶止観** 天台宗(仏教)의 근본인 성전. 전20권이다.

現代語訳 なすこともなく所在ないさびしさを嘆く人は、どんな気持なのであろう。他のことに気がひかれることもなく、ただひとりでいるのこそ、実にいいものである。

俗世間のことに順応すると、心は外界の欲望にひかれて迷いやすく、俗人と交際すると、ことばは外聞に支配されて、そのままそっくり、(自分の)本心の表出ではなくなる。人とたわむれ遊んでいるかと思えば、ふとしたはずみで喧嘩をし、ときには恨んでみたり、ときには喜んでみたりする。(こんな具合に)その心情は安定していることがない。(利害に対する)思わくがやたらに起こって、絶えず得失に心を労する。(このようなのは)迷っている上に、さらに酔っているのである。酔っている中で、夢を見ているのである。走りまわって忙しく、本心を失って、(大切な道を)忘れていることは、万人すべてこのような状態である。

まだ、(仏教の)正しい道を知らないにしても、(世俗の)諸縁を離れて、身を静かな境地におき、(世の俗)事にたずさわらないで、心を安らかにするということは、かりそめにも生を楽しむということもできよう。「生計・交際・技能・学問等のすべての世俗的交渉をやめてしまえ」と摩訶止観にも書いてございます。

韓 譯 하는 일도 없이 심심하고 쓸쓸함을 탄식하는 사람은, 어떠한 심정인 것일까? 다른 일에 마음이 끌리는 일도 없이, 오직 혼자서 있는 것만이, 실로 좋은 일이다.

속된 세상의 일에 순응하면, 마음은 외계의 욕망에 끌려서 혼란하기 쉽고, 속인과 교제를 하면, 말은 다른 사람의 말(세상 소문)에 지배되어, 있는 그대로, (自身의) 본심을 들어낼 수가 없게 된다. 사람들과 어울려서 놀고 있는가 고 생각하면, 하찮은 일로 해서 싸움을 하고, 때로는 원망해 보기도 하고, 때로는 기뻐해 보기도 한다. (이런 상태로) 그 심정은 안정돼 있을 겨를이 없다. (이해에 대한) 생각이 함부로 일어나서, 끊임없이 得失에 마음을 괴롭힌다. (이와 같은 것은) 갈피를 잡지 못하고 있는 위에, 또한 취해 있는 것이다. 취해 있는 중에, 꿈을 꾸고 있는 것이다. 돌아다니기에 바쁘고, 본심을 잃어, (중요한 道를) 잊고 있는 것은, 만인 모두가 이와 같은 상태이다.

아직은 (불교의) 바른 도리를 모른다고 하더라도, (세속과의) 諸緣을 떠나서 몸은 閑靜한 경지에 두고, (세상의 속된) 일에 관계하지 않고, 마음을 平安하게 한다는 것은, 잠깐 동안이나마 삶을 즐긴다고 할 수 있으리라. 「生計・交際・技能・學問 등 모든 세속적 교섭을 그만두라」고 摩訶止觀에도 쓰여 있습니다.

「ある人、弓射ることを習ふに」(第九十二段)

> 弓道에 관한 例話에서, 사람의 마음에 무의식적으로 일어나는 「懈怠」한 마음을 지적하고, 道를 修得하려고 하는 자는, 순간순간을 소중히 하여, 그 도에 전념해야 할 것이라고, 道를 바라는 모든 사람들의 심정에 확대시키고 있다.

[1]ある人、弓射ることを習ふに、[2]諸矢(もろや)を[3]たばさみて的に向かふ。師の[4]いはく、「[5]初心の人、二つの矢を持つこと[6]なかれ。のちの矢を[7]頼みて、初めの矢に[8]なほざりの心あり。[9]毎度ただ[10]得失なく、この一矢に[11]定むべしと思へ」と言ふ。わづかに二つの矢、師の前にて一つを[12]おろかにせむと[13]思はむや。[14]懈怠(げたい)の心、みづから知らずと[15]いへども、師これを知る。[16]この

戒め、[17]万事にわたるべし。

[18]道を学する人、夕べには朝あらむことを思ひ、朝には夕べあらむことを思ひて、[19]かさねて[20]ねんごろに[21]修(しゅ)せむことを[22]期(ご)す。[23]いはむや[24]一刹那(いつせつな)のうちにおいて、懈怠の心あることを[25]知らむや。[26]なんぞ、ただいまの[27]一念において、ただちにすることの[28]はなはだ難き。

語句의 解釋 및 文法

1) ある人	「ある」는 「或る」이며, 불특정한 일을 나타내는 연체사.
2) 諸矢	과녁을 향할 때에 가지는 두 개가 한 組로 된 화살. 처음에 쏘는 화살을 「早矢(はや)」, 다음에 쏘는 화살을 「乙矢(おとや)」라고 한다.
3) たばさみて	손에 끼워서 들고. 「手狭み」란 뜻.
4) いはく	말하기를. 「く」는 활용어에 붙어서, 그 말을 명사화하는 접미어.
5) 初心	학문・예능 등의 길에, 갓들어 갔다는 뜻.
6) なかれ	형용사 「なし」의 명령형. 금지의 뜻을 나타낸다.
7) 頼みて	믿고서.
8) なほざりの心	소홀히 여기는 마음. 적당히 하는 마음.
9) 毎度	그때마다.
10) 得失なく	맞든지 안 맞든지를 생각하지 않고. 「得失」은, 이득과 손실에 구애받는 마음.
11) 定むべし	결정하자. 꼭 과녁을 맞히자. 「べし」는 의지의 조동사.
12) おろかにせむと	소홀히 하려고. 「おろかに」는 형용동사의 연용형. 「せ」는 「サ」변동사의 미연형. 「む」는 의지의 조동사의 종지형.
13) 思はむや	생각하겠는가, 아무도 생각하지 않는다. 「む」는 추량의 조동사의 종지형. 「や」는 반어의 계조사의 문말용법.
14) 懈怠の心	나태한 마음. 마음이 풀려서 방심하는 것을 말한다. 「懈」「怠」는 어느 쪽이나 다 「オコタル」라고 훈독한다.
15) いへども	한문의 「雖(モ)」의 훈독에서 나온 것인데, 역접의 확정조건을 나타내고, 「……デアルケレドモ」라고 새기는 것이 보통이지만, 역접의 가정조건을 나타내는 일도 있다. 여기는 가정의 용법이며, 「……トシテモ」란 뜻이다.

16) **この戒め** 「こ」는 대명사이며, 「初心の人……定むべしと思へ」를 가리킴.
17) **万事にわたるべし** 모든 일에 통하는 것이리라. 「べし」는 추량의 조동사의 종지형.
18) **道を学する人** 諸道를 修業하는 사람. 「道」는 불도뿐만이 아니라 학문・예도를 포함해서 널리 말한 것.
19) **かさねて** 반복해서. 한 번 더. 여기는 훗날에 이르러 또, 란 뜻.
20) **ねんごろに** 정중하게. 공을 들여서.
21) **修せむことを** 학습하려 하는 것을. 「む」는 의지의 조동사의 연체형.
22) **期す** 기대한다. 予期한다. 믿는다.
23) **いはむや** 항차. 아래의 「知らむや」의 「や」와 호응해서, 「知らむ」를 수식하는 부사.
24) **一剎那** 일순간. 불교에서 쓰이는 시간의 단위로서 극히 짧은 시간을 말한다. 시간으로 쳐서 한 번 손가락을 퉁기는 시간의 60분의 1이라고 한다.
25) **知らむや** 깨닫겠는가. 아무도 깨닫지 못하리라. 「む」는 추량의 조동사. 「や」는 반어의 계조사.
26) **なんぞ** 어찌하여. 어쩌면. 「なにぞ」에서 변한 의문의 부사.
27) **一念** 일순간. 불교어로서, 65찰나, 또는 90찰나의 시간을 「一念」이라고 한다.
28) **はなはだ難き** 얼마나 곤란한 일이겠는가. 「難き」는 형용사의 연체형. 위의 의문어 「なんぞ」를 받고 있기 때문에, 연체형으로 맺는다.

現代語訳 ある人が、弓を射ることを習うときに、一射の矢を手にはさんで持って的に向かった。(すると)先生が言うことには、「初歩の人は、二本の矢を持ってはいけない。あとの矢をあてにして、初めの矢をおろそかにする心が生じる。(弓を射るたびごとに)いつもただもう当たりはずれを考えないで、この一本の矢で必ず的に射当てようと思え」と言う。だった二本の矢で、(しかも)先生の前で、その一本をおろそかにしようなどと思おうか。(だれも思いはしない。しかし)油断の心は、自分では意識しないといっても(ふと起こるもので)、先生はそれを知っているのである。この(弓についての)戒めは、(単に弓の道にとどまらず)すべてのことに当てはまるであろう。

道を修業する人は、夕方には(まだ)明朝があることを思い、朝には(またその日の)夕方があることを思って、(今はやらなくても、あとで)もう一度念を入れて学習しようということをあてにする。(このように人は、とかく先をあてにして、怠けがちになるものだから)まして、(一矢をはなつ)一瞬の間において、怠りの心があることに気づく者があろうか。(だれも気づかないであろう。このように考えてくると)なんとまあ、この現在の一瞬において、(なすべきことを)すぐさま実行するということの困難きわまることであろうか。

韓 譯 어떤 사람이, 활을 쏘는 것을 배울 때에, 두 개가 한 조로 된 화살을 손에 끼워 가지고 과녁을 향했다. (그러자) 선생이 말하기를, 「초보인 사람은, 두 개의 화살을 가져서는 안 된다. 다음의 화살을 기대하여, 처음의 화살을 소홀히 하는 마음이 생긴다. (활을 쏠 때마다) 언제나 오로지 맞을지 안 맞을지를 생각하지 말고, 이 한 개의 화살로서 반드시 과녁을 적중시키겠다고 생각하라」고 한다. 단지 두 개의 화살로서 (더구나) 선생 앞에서, 그 한 개(의 화살)를 소홀히 하리라고 생각하겠는가? (아무도 그렇게 생각하지는 않는다. 그러나) 방심하는 마음은, 자기로서는 의식하지 않는다고 해도 (갑자기 일어나는 것으로서), 선생은 그것을 알고 있는 것이다. 이 (弓道에 대한) 훈계는, (비단 弓道에만 그치지 않고) 모든 일에 해당할 것이다.

道를 수업하는 사람은, 저녁에는 (아직) 내일 아침이 있다는 것을 생각하고, 아침에는 (또 그날의) 저녁이 있는 것을 생각해서, (지금 하지 않더라도, 뒤에) 다시 한 번 공을 들여서 학습하면 되겠지 하고 믿고 있다. (이와 같이 사람은, 흔히 앞을 기대하여, 태만해지기 쉬운 것이니까) 항차, (첫 번째 화살을 쏘는) 일순간에 있어서, 태만해지는 마음이 있는 것을 깨닫는 사람이 있겠는가? (아무도 깨닫지 못하리라. 이와 같이 생각해 보니까) 어쩌면, 이 현재의 순간에 있어서, (해야할 일을) 곧 바로 실행한다는 것은 얼마나 곤란한 일이겠는가.

「友とするにわろき者」(第百十七段)

친구의 친구로서의 조건・자격을 열거한 朋友論이다. 친구로 삼기에 형편이 좋지 않은 것으로서, 고귀한 사람이나 젊은 사람 등 7종류를 들고, 좋은 우인으로서, 물건을 주는 친구나 의사 등 3종류를 들고 있다.

友とするに[1]わろき者、[2]七つあり。一つには、[3]高く[4]やむごとなき人。二つには若き人。三つには、病なく身強き人。四つには、酒を好む人。五つには、[5]たけく勇める兵(つはもの)。六つには、[6]そらごとする人。七つには、欲深き人。

よき友三つあり。一つには、[7]物くるる友。二つには[8]医師(くすし)。三つには、[9]知恵ある友。

語句의 解釋 및 文法

1) **わろき者** 칭찬할 만큼 훌륭하지 못한 사람. 부적당한 사람.「わろし」는 그다지 좋지 않다는 뜻. 가장 나쁜 것은「あし(悪し)」이며, 사물의 평가는「よし・よろし・わろし・あし」의 순서였다.

2) **七つあり** 『論語』의 季氏編에「益スル者三友、損ス者三友」라고 있는 것을 배워서, 자신의 朋友論을 썼다고 한다.

3) **高く** 신분이 높아.

4) **やむごとなき人** 신분이나 관위가 높은 고귀한 사람.「やむごとなし」는「止む事なし」이며, 버려둘 수 없다란 뜻의 형용사. 이 原義로부터「なみなみでない。尊い。高貴だ」란 뜻으로 쓰이게 되었다.

5) **たけく勇める兵** 強하여 분발하고 있은 武士.「たけく」는「猛し」의 연용형이며,「勇ましく。強く」란 뜻.「兵」는 무사, 병사.

6) **そらごとする** 거짓말을 하는. 「そらごと(虛言)」는 거짓말이란 뜻.
7) **物くるる人** 물건을 주는 사람. 「くるる」는 「ラ」행 하2단활용의 동사 「くる」의 연체형.
8) **医師** 「薬師」를 가리킴. 옛날에는 약을 주는 사람이 의사였다.
9) **知恵** 생활의 지혜.

現代語訳 友とするのに不適当な者(それは)七つある。第一には身分の高く貴い人。第二には年若い人。第三には病気もせず身体のじょうぶな人。第四には酒を好きな人。第五には強く勇みたっている武士。第六にはうそを言う人。第七には欲の深い人。
友とするのによい者が三つある。第一には物をくれる友。第二には医師。第三には生活の知恵のある友。

韓 譯 친구로 삼기에 부적당한 사람, (그것에는) 7종류가 있다. 첫째로는 신분이 높고 귀한 사람. 둘째로는 나이 젊은 사람. 셋째로는 병을 앓지도 않고 신체가 건강한 사람. 넷째로는 술을 좋아하는 사람. 다섯째로는 강하며 분발하고 있는 무사. 여섯째로는 거짓말을 하는 사람. 일곱째로는 욕심이 많은 사람.

친구로 삼기 좋은 사람이 세 가지 있다. 첫째로는 물건을 주는 사람. 둘째로는 의사. 셋째로는 생활의 지혜가 있는 사람.

「花は盛りに」(第百三十七段)

사물의 절정만이 볼 가치가 있는 것이 아니고, 오히려 시작과 끝에 진정 맛봐야 할 정취가 있다는 것을, 꽃(花)・달(月)・戀愛・賀茂祭의 구경 등에 대해 말하고 있다. 전통의 세계에 호의적인 兼好의 취미관을 말한 것이다.

[1]花は盛りに、月は[2]くまなきをのみ[3]見るものかは。[4]雨に向かひて月を恋ひ、[5]垂(た)れこめて春の行くへ知らぬも、[6]なほあはれに情け深し。[7]咲きぬべきほどの梢(こずえ)、[8]散りしをれたる庭などこそ[9]見どころ多けれ。[10]歌の詞(ことば)書(がき)にも、「花見に[11]まかれりけるに、[12]早く[13]散り過ぎにければ」とも、「[14]さはることありて[15]まからで。」なども[16]書けるは、「花を見て」と[17]いへるに[18]劣れることかは。花の散り、[19]月のかたぶくを慕ふ習ひは[20]さることなれど、[21]ことに[22]かたくなる人ぞ、「この枝、かの枝散りにけり。[23]今は見どころなし」などは[24]いふめる。

よろづのことも、[25]始め終はりこそをかしけれ。[26]男女(をとこをんな)の情けも、[27]ひとへに[28]会ひ見るをばいふものかは。[29]会はでやみにしうさを思ひ、[30]あだなる契りを[31]かこち、[32]長き夜を一人(ひとり)明かし、[33]遠き雲井を思ひやり、[34]浅茅(あさじ)が宿に昔をしのぶこそ、[35]色好むとはいはめ。

[36]望月(もちづき)のくまなき千里(ちさと)のほかまでながめたるよりも、暁近くなりて[37]待ちいでたるが、いと[38]心深う、[39]青みたるやうにて、深き山の杉(すぎ)のこずゑに見えたる、[40]木(こ)の間の影、[41]うちしぐれたるむら雲隠れのほど、[42]またなくあはれなり。[43]椎柴(しひしば)・[44]白樫(しらかし)などの[45]ぬれたるやうなる葉の上に[46]きらめきたるこそ、身にしみて、[47]心あらむ友もがなと、[48]都恋しうおぼゆれ。

語句의 解釋 및 文法

1) **花は盛りに** 벚꽃은 오직 한창으로 피어 있는 것만을.「花」는 벚꽃.「盛りに」는 형용동사「ナリ」활용의 연용형의 중지법이며, 이 구의 아래의「月はくまなきを(のみ)」와 대등으로「花の盛りなるを(のみ)」가 되는 문맥.

2) **くまなきをのみ** 흐린 곳이 없이 환하게 빛나고 있는 것만을.「のみ」는 한정의 부조사.

3) **見るものかは** 보고 감상하는 것일까, 아니 그런 것이 아니다.「か」는 反語의 계조사. 계조사「は」가 붙어서,「かは」가 되면, 반어인 경우가 많다.

4) **雨に向かひて月を恋ひ** 내리는 비에 대해 (비 탓으로 보이지 않는) 달을 그립게 생각하고. 『和漢朗詠集』에 源順의 「対雨恋月」이란 題의 詩가 있다. 그것에 의거한 표현이다.

5) **垂れこめて春の行くへ知らぬも** 장막이나 발 등을 드리우고 그 속에 숨어 버려, 봄의 경치가 어떻게 변하고 있는지를 모르는 것도. 「垂れこめ」는 하2단의 동사의 연용형. 「ぬ」는 부정의 조동사의 연체형. 『古今集』 春下에 있은 藤原因香(よるか)의 노래에 의함.

6) **なほあはれに情け深し** 역시 곰곰이 느껴지며 정취가 깊다. 「なほ」는 「やはり」란 뜻의 부사. 「あはれに」는 형용동사의 연용형이며, 「情け深し」와 병립하는 관계에 있다.

7) **咲きぬべきほど** 이제 머지 않아 피어 버릴 듯한 무렵. 방금이라도 꽃이 필 듯한 때. 「ぬべき」의 꼴일 때는, 「べき」는 推量의 조동사의 연체형. 「……シテシマイソウダ」라고 새긴다.

8) **散りしをれたる庭** 벚꽃이 떨어져, 그 꽃잎이 시들어 버린, 이란 뜻. 이것은 벚꽃이 떨어지고 난 뒤의 상태를 말한 것으로서, 앞의 「咲きぬべきほどの梢」가 벚꽃이 피기 전의 상태를 말하고 있는 것에 대응하고 있다.

9) **見どころ** 봐서 재미있는 곳. 봐서 情趣가 있는 곳.

10) **歌の詞書** 和歌의 前書. 그 노래를 지은 동기나, 그 때의 상태를 기술한 것.

11) **まかれりけるに** 가서 보았던 바. 「まかれ」는 4단의 동사 「まかる」의 已然形(명령형이라고도). 「り」는 완료의 조동사 「り」의 연용형. 「ける」는 과거의 조동사 「けり」의 연체형. 「に」는 접속조사.

12) **早く** 이미. 벌써. 副詞.

13) **散り過ぎにければ** (꽃이) 떨어져 버렸기 때문에. 「に」는 완료의 조동사 「ぬ」의 연용형. 「けれ」는 과거의 조동사 「けり」의 已然形. 「ば」는 순접의 확정조건을 나타내는 접속조사. 「……ノデ」라고 원인・이유 등을 나타냄. 아래에 「よめる歌」 등이 생략되어 있다.

14) **さはること** 「障る事」로서, 지장, 장해.

15) **まからで** 가지 말고. 「で」는 부정의 뜻을 포함하는 접속조사. 「……ナイデ」. 아래에 「よめる歌」가 생략되어 있다.

16) **書けるは** 쓰여 있는 것은. 「る」는 존속의 조동사 「り」의 연체형.

17) **いへるに** 말하고 있는 데 비해. 「る」 는 존속의 조동사 「り」의 연체형.

18) **劣れることかは** 뒤지고 있은 것일까, 아니 뒤지고 있지 않다.「る」는 존속의 조동사「り」의 연체형.「か」는 반어의 계조사의 문말용법.

19) **月のかたぶくを慕ふ習ひ** 달이 서쪽으로 기우는 것을 애석해 하고 그리워하는 풍습.「の」는 주격의 격조사,「月のかたぶく」는, 위의「花の散り」와 대구를 이루고 있다.「習ひ」는「ならわし」로서, 세상의 습관.

20) **さることなれど** 당연한 일이지만. 인정으로는 당연한 일이지만.「さる」는「さある」의 준말.「なれ」는 단정의 조동사의 已然形.「ど」는 역접의 확정조건을 나타내는 접속조사.

21) **ことに** 한해서.

22) **かたくななる人ぞ** 교양이 없는 사람이. 사물의 정취를 이해하지 못하는 사람이.「かたくななる」는 형용동사의 연체형.「ぞ」는 強意의 계조사이며, 그 맺음은 다음 회화의 인용문을 뛰어넘어, 문말의「いふめる」의「める」이다.

23) **今は見どころなし** 지금은 이미 볼 가치가 없다. 지금은 아무런 볼만한 것이 없다.

24) **いふめる** 말하는 듯하다.「める」는 위의「ぞ」의 맺음이며, 추량의 조동사「めり」의 연체형.

25) **始め終はりこそをかしけれ** 시작하는 때와 끝나는 때가 특히 정취가 있다. 한창인 때보다도 한층 풍정이 있어서 좋다는 것이다.「こそをかしけれ」는 걸림맺음.

26) **男女の情け** 남녀간의 애정. 사랑을 말함.

27) **ひとへに** 오로지. 한결같이. 부사.

28) **会ひ見るをばいふものかは** 줄곧 만나서 情交가 아기자기한 것을, 사랑이라고 할 것인가? 아니 그것만을 사랑이라고는 할 수 없다.「ば」는 계조사「は」가 탁음이 된 것. 격조사「を」가 이어질 때는 「ば」라고 탁음이 된다.「か」는 반어의 계조사.

29) **会はでやみにしうさ** 만나지 않고 끝나 버린 괴로움. 부부의 관계를 맺지 않고, 그냥 그대로 되어 버린 괴로움.「で」는 부정의 뜻을 품은 접속조사.「に」는 完了의 조동사「ぬ」의 연용형.「し」는 과거의 조동사「き」의 연체형.

30) **あだなる契り** 덧없는 약속. 믿을 수 없는 약속.「契り」는 약속의 뜻이지만, 남녀간의 인연, 연애라고 봐도 좋다.

31) **かこち** 원한. 한탄. 마음 속의 불평을 호소하는 것이다.

32) **長き夜を一人明かし** 연인을 만날 수가 없어, 긴 가을밤을 홀로 외로이 지나는 것을 말함.

33) **遠き雲井を思ひやり** 먼 곳에 있는 연인을 생각하고. 「雲井」는, 구름이 산(山) 또는 지평선에 내려 낀 상태이며, 옛날에는 「높이」라고 말하기보다 「멀리」라고 하는 형용에 쓰이는 일이 많다. 먼 곳을 말함. 「思ひやる」는 「思いをはせる(생각을 하다)」이다.

34) **浅茅が宿に昔をしのぶこそ** 잡초가 돋아 무성한 황폐한 주거에서, 옛날 거기서 만났던 연인의 일을 곰곰히 회상하는 일이야말로. 「浅茅」는 잡초. 키가 작은 띠. 「こそ」의 맺음은 아래의 「め」.

35) **色好むとはいはめ** 사랑의 정취를 진실로 이해한다고 말할 수 있으리라. 「め」는 推量의 조동사 「む」의 已然形이며, 위의 「こそ」의 맺음.

36) **望月のくまなきを千里のほかまでながめたる** 달빛이 밝아서, 천리 밖의 먼 곳까지 한 눈에 보는 듯한 상태에서 바라보다. 白楽天의 「三㝵夜中新月色、二千里外故人心」에 의거하고 있다.

37) **待ちいでたるが** 고대하고 있는 중에 솟은 (지새는) 달이. 「が」는 주격을 나타내는 격조사.

38) **心深う** 정취 깊게. 형용사의 연용형의 「ウ」음편.

39) **青みたるやうにて** 푸른 기를 띠고 있은 듯이 보여. 「青み」는 4단의 동사 「青む」의 연용형. 「たる」는 존속의 조동사 「たり」의 연체형. 「に」는 단정의 조동사 「なり」의 연용형.

40) **木の間の影** 나무 사이로 보이는 月光. 「影」는 빛을 말하며, 여기는 月光이다.

41) **うちしぐれたるむら雲隠れのほど** 쏴하고 한 차례 지나가는 비를 내리게 한 그 떼구름 속에 달이 숨어 있을 때. 「むら雲隠れ」는 「むら雲に月が隠れる」란 것으로서, 하나의 단어이다.

42) **またなく** 다시는 없이, 이 이상 없이.

43) **椎柴** 땔감으로 하는 메밀잣밤나무. 「柴」는 땔감으로 하는 작은 가지.

44) **白樫** 가시나무.

45) **ぬれたるやうなる** 나무의 잎이 번지르르하게 光沢이 있는 모양을, 젖어 있는 듯하다고 말하고 있다. 「たる」는 존속의 조동사의 연체형. 「たる」는 단정의 조동사의 연체형.

46) **きらめきたるこそ** 반짝반짝 빛나고 있는 것이.「なる」의 맺음은 문말의「おぼゆれ」.
47) **心あらむ友もがな** 정취를 이해하는 친구가 있으면 좋으련만.
48) **都恋しうおぼゆれ** 서울인 京都가 그립다고, 자연히 그렇게 생각된다.「おぼゆれ」는 하2단동사「おぼゆ」의 已然形이며, 위의「こそ」의 맺음.

現代語訳 桜の花はただ真盛りに咲いているだけを、(また)月は曇りなく照り輝いているのだけを、見(て賞美す)るものであろうか。(いやそうとは限るものではない。) 降る雨を前にして月をなつかしく思い、すだれなどをおろして室内にとじこもって、春の過ぎ去って行くのを知らないのも、やはりしみじみとして情趣が深い。今にも咲きそうなころの(桜の)梢や、(桜の花が)散って、その花びらがしおれ残っている庭などは、ほんとうに見て趣のある点が多い。和歌の詞書にも「花見にまいりましたところが、すでに散ってしまっていたので(よんだ歌)」とも、「さしつかえることがあって(花見に)まいりませんで(よんだ歌)」などとも書いてあるのは、「花を見て(よんだ歌)」と書いてあるのに劣っていることであろうか。(決して劣っていない。) 花が散ったり、月が西の空に傾くのを惜しみ慕う人情の常は、もっともなことではあるけれども、格別に物の情趣のわからない教養のない人に限って、「この枝も、あの枝も、(花はみな)散ってしまった。今はもう見る値うちがない」などとは言うようである。

(花や月とかに限らず)すべてどんなことでも、始めと終わりが格別に趣の深いものである。男と女との恋も、ひたすらにちぎりを結ぶことだけをいうものであろうか。(けっしてそればかりが恋ではない。) ちぎりを結ばないで、そのままに終わってしまったつらさせつなさを思い、(また)はかないちぎりを嘆き、長い(秋の)夜をひとり寝してすごし、遠い空のかなた(の恋しい人)を思いやり、雑草の(茂った荒れはてた)家で、(そこで会う瀬を重ねた恋人との)昔をなつかしく思うなどということこそ、恋の情趣を解するということができよう。

十五夜の月が一点の曇りもなく照り渡っている光景をはるか遠方までながめていることよりも、夜明け近くなってやっと出てきた(有明の)月が、まことに趣深く、青みをおびているようすで、深山の杉の梢にかかって見えている、その木の間の月光や、(あるいは)さっとしぐれを降らせたむら雲に(月が)隠れているときの情景は、この上もなくしみじみと情趣が深い。椎や白がしなどの水に濡れているように光沢のある葉の上に(月の光が)きらきらと光っているのは、実に身にしみて、情趣を解するような友があればよいがなあと、(そういう風雅な友のいる)都のことが恋しく思われる。

韓 譯 벚꽃은 오직 한창으로 피어 있는 것만을, (또) 달은 흐림이 없이 빛나고 있는 것만을 보(고 賞美하)는 것이겠는가? (아니 그렇다고만 한정할 수 없다.) 내리는 비를 앞에 두고 달을 그립게 생각하고, 장막이나 발(簾)을 드리우고 실내에 틀어박혀서 봄이 지나가는 것을 모르는 것도, 역시 가슴을 찌르는 것으로서 정취가 깊다. 지금 막 피려고 할 때의 (벚나무) 끝가지나, (벚꽃이) 떨어져, 그 꽃잎이 흩어져 있는 뜰 같은 것은, 정말로 보아서 정취가 있는 점이 많다. 和歌의 「詞書」에도 「꽃구경을 나왔습니다만, 이미 떨어져 버렸기 때문에 (부른 노래)」라든가, 「일에 구애를 받아, (꽃구경을) 나오지 않고 (부른 노래)」라고들 쓰여 있는 것은, 「꽃을 보고 (부른 노래)」라고 쓰여 있는 것보다 못하다고 하겠는가? (결코 뒤떨어지지는 않는 것이다.) 꽃이 떨어지든지, 달이 서쪽 하늘로 기우는 것을 애석해 하고 그리워하는 인지상정은, 당연한 일이기는 하지만, 각별하게 사물의 정취를 모르는 교양이 없는

사람에 한해서, 「이 가지도, 저 가지도, (꽃은 모두) 떨어져 버렸다. 이젠 이미 볼 가치가 없다」라고들 하는 것이다.

(꽃이나 달에만 한하는 것이 아니고) 어떠한 일이라도 다, 시작(할 때)과 끝(날 때)이 각별히 정취가 깊은 것이다. 남녀간의 사랑도, 오로지 인연을 맺는 것만을 가리키는 것일까? (결코 그것만이 사랑이 아니다.) 인연을 맺지(결혼하지) 않고, 그대로 끝나 버린 괴로움과 애달픔을 생각하고, (또) 덧없는 인연을 한탄하고, 긴 (가을) 밤을 혼자서 지새면서, 먼 하늘 저쪽(의 연인)을 염려하며, 잡초(가 무성한 황폐해진)의 집에서, (거기서 밀회를 거듭하곤 했던 연인과의) 옛일을 그립게 회상한다고 하는 일이야말로, 사랑의 정취를 이해한다고 할 수 있으리라.

보름달이 한 점의 흐림도 없이 널리 빛나고 있는 광경을 저 먼 곳까지 바라보고 있는 것보다도, 날이 샐 무렵이 되어 겨우 돋아 오른 (새벽녘의) 달이, 진실로 정취가 깊고, 푸르름을 띠고 있는 듯이 보이는, 그 나무 사이로 비치는 달빛이나, 쏴하고 지나가는 비를 뿌렸던 떼구름에 (달이) 숨어 있을 때의 정경은 더할 나위 없이 마음에 스며드는 정취가 깊다. 메밀잣밤나무나 가시나무 등의 물에 젖은 듯한 광택이 있는 잎 위에 (달빛이) 반짝반짝 빛나고 있는 것은, 참으로 몸에 스며서, 정취를 이해하는 친구가 있어 줬으면 하고, (그러한 풍아한 친구가 있는) 서울이 그립게 생각된다.

すべて、月・花をば、[1]さのみ目にて見るものかは。春は家を[2]立ち去らでも、月の夜は[3]閨(ねや)の内ながらも[4]思へるこそ、いと[5]たのもしうをかしけれ。[6]よき人は、[7]ひとへに[8]好けるさまにも見えず、興ずるさまもな[9]ほざりなり。片田舎(かたゐなか)の人こそ、[10]色濃くよろづは[11]もて興ずれ。花のもとには、[12]ねぢ寄り立ち寄り、[13]あからめもせず[14]まもりて、酒飲み、[15]連歌(れんが)して、[16]はては、大きなる枝、[17]心なく折り取りぬ。[18]泉には手・足さし浸して、

[19]雪にはおり立ちて跡つけなど、よろづの物、[20]よそながら見ることなし。

[21]さやうの人の[22]祭り[23]見しさま、いと[24]珍らかなりき。「[25]見事[26]いとおそし。[27]そのほどは[28]桟敷(さじき)不用なり」とて、[29]奥なる屋にて酒飲み、物食ひ、囲碁[30]・双六(すごろく)など遊びて、桟敷には[31]人を置きたれば、「[32]渡り候(さうらふ)」と言ふ時に、おのおの[33]肝つぶるるやうに争ひ走り上りて、[34]落ちぬべきまで[35]すだれ張りいでて、押し合ひつつ、一事(ひとこと)も[36]見もらさじと[37]まぼりて「[38]とあり、かかり」と[39]物ごとに言ひて、渡り過ぎぬれば、「[40]また渡らむまで」と言ひて[41]おりぬ。ただ[42]物をのみ見むとするなるべし。[43]都の人のゆゆしげなるは、[44]ねぶりて、[45]いとも見ず。若く[46]末々なるは、[47]宮仕へに立ちゐ、人のうしろにさぶらふは、[48]さまあしくも[49]およびかからず、[50]わりなく見むとする人もなし。

語句의 解釋 및 文法

1) **さのみ目にて見るものかは** 그렇게 눈으로만 보는 것일까, 아니 그렇지 않다. 「さ」는 「そう。そのように」란 뜻의 부사. 「のみ」는 한정의 부조사. 「か」는 反語의 계조사.

2) **立ち去らでも** 나가지 아니해도. 「で」는 부정의 뜻을 품은 접속조사.

3) **閨の内ながらも** 침실에 그냥 있으면서도. 「ながら」는 「ママデ」란 뜻의 접속조사.

4) **思へるこそ** 마음 속에서 꽃이나 달을 생각하고 있는 것이. 「思へ」는 4단의 동사의 已然形이며, 「る」는 존속의 조동사 「る」의 연체형.

5) **たのもしう** 홍취가 다하는 일이 없이.

6) **よき人** 身分이 높고 교양이 있는 훌륭한 사람.

7) **ひとへに** 일념으로. 한결같은 모양. 전후 분별이 없는 모양.

8) **好けるさま** 賞美하고 있는 모양.

9) **なほざりなり** 담담하다. 소탈하다. 산뜻하다. 다음의 「色濃く」의 역이다.

10) **色濃く** 짙다. 끈질기고 차지다. 형용사의 연용형.

11) **もて興ずれ** 재미스러워한다. 대단히 칭찬하는 것이다. 「もて」는 強意의 접두어. 「興ずれ」는 「サ」변의 已然形이며, 위의 「こそ」의 맺음.

12) ねぢ寄り　몸을 비틀어 굽히는 듯이 해서, 사람을 밀어 젖히는 모양.

13) あからめもせず　뚫어지게 바라보며. 한 눈을 팔지도 않고. 「あからめ」는 명사로서, 한 눈, 곁눈질.

14) まもりて　지켜보아. 꼼짝 않고 응시하여. 「見守る」라고 쓰며, 「まぼる」라고 하는 것도 같은 뜻이다.

15) 連歌して　連歌를 지어서. 連歌는 단가의 상구와 하구를 각기 다른 사람이 唱和하는 「短連歌」로부터 시작하여, 중세에 들어오면 「長連歌」라고 해서 그 위에 句를 겹쳐, 50구, 백구로 이어가는 것이 생겨, 室町時代의 초기에 극성에 달했다. 여기는 그 長連歌를 말한다.

16) はては　마지막에는. 결국에는.

17) 心なく折り取りぬ　아무런 생각 없이, 서슴없이 꺾어 버리고 만다.

18) 泉には手・足さし浸して　샘물에는 손이나 발을 담궈 놓고, 이것은 산이나 들에서 놀 때의 정경이다.

19) 雪にはおり立ちて跡つけなど　눈에는 내려가서 발자국을 남기기도 해서. 이것은 눈을 구경할 때의 정경이다.

20) よそながら見る　떨어진 채로서 본다. 대상을 자기만의 것으로서가 아니고, 있는 그대로 떨어져서 보는 것이다. 「よそながら」는 한 단어의 부사로서 취급한다.

21) さやうの人　그와 같은 사람. 앞의 「よろづの物、よそながら見ることなき」 시골내기를 가리킨다.

22) 祭り　京都의 賀茂神社의 제례.

23) 見しさま　구경한 모양. 「し」는 근접경험의 과거의 조동사 「き」의 연체형. 필자가 실제로 눈으로 본 경험으로서 쓰여 있다.

24) 珍らかなりき　진묘한 것이었다. 여기는 輕蔑해서 한 말이다.

25) 見事　볼만한 것. 구경거리. 여기서는 「葵(あおい)祭り」의 행렬을 가리킨다.

26) いとおそし　대단히 늦다. 축제의 행렬이 다가오는 것이 시간이 걸린다는 것.

27) そのほどは　그때까지의 사이는. 행렬이 올 때까지의 사이는.

28) 桟敷　구경을 위해 설치한 자리가 높은 좌석.

29) 奥なる屋　안쪽에 있는 건물. 「なる」는 단정의 조동사의 연체형이며, 여기는 「ニアル」란 뜻.

30) 双六 두 사람이 대국해서, 판에 흑백 각각 15개의 돌을 나란히 해서 두 개의 주사위를 던져 돌을 전진시켜 빨리 적중으로 들어간 쪽을 이긴 것으로 하는 놀이.
31) 人を置きたれば 파수 보는 사람을 두고 있기 때문에.
32) 渡り候 행렬이 지나갑니다. 「候」는 존중의 뜻의 보조동사.
33) 肝つぶるるやうに 깜짝 놀랄 만큼. 놀라서 덤벙대는 모양.
34) 落ちぬべきまで 떨어져 버리게 될 때까지. 「ぬ」는 強意의 조동사의 종지형.
35) すだれ張りいでて 구경을 위해 만들어 놓은 높은 좌석의 앞면에 늘어뜨린 발을 밖으로 밀어 젖히고.
36) 見もらさじ 하나도 빠뜨리지 않고 보려고. 「じ」는 부정의지의 조동사.
37) まぼりて 「まもりて」와 같다. 숙시하고, 응시하여.
38) とあり、かかり 이렇다, 저렇다. 「かかり」는 「かくあり」가 준 꼴.
39) 物ごとに 보는 것마다. 축제 행렬의 하나하나의 사물에 대해.
40) また渡らむまで 또 다음 行列이 지나갈 때까지. 안에 들어가 있자, 란 뜻.
41) おりぬ 「桟敷」로부터 내려온다. 「ぬ」는 완료의 조동사의 종지형.
42) 物をのみ見むとするなるべし 축제의 행렬 그 자체만을 보려고 하는 것이겠지. 사물의 정취를 맛볼 줄 모르는, 저속한 태도를 가리키고 있다.
43) 都の人のゆゆしげなるは 都会의 사람으로서, 훌륭한 신분인 것처럼 보이는 분은. 「人の」의 「の」는 동격의 격조사이며, 「……デ」라고 새긴다.
44) ねぶりて 눈을 감고. 참말로 잠이 들어 버린 것은 아니다.
45) いとも見ず 그다지 보지도 않는. 「いと」는 아래에 부정의 말을 수반할 때는, 그다지, 그 정도, 그만큼이라고 새긴다.
46) 末々なるは 신분이 낮은 사람은.
47) 宮仕へに立ちゐ 주인의 심부름으로 해서 섰다가 앉았다가 해서.
48) さまあしく 보기 흉하게.
49) およびかからず 덮치는 짓을 않고.
50) わりなく 무리하게. 억지로.

現代語訳 総じて、月や花を、そんなに目でばかり見るものであろうか。(けっしてそうではない。) 春は家を出て行かなくても、(また秋の)月の夜は寝床の中にいるままでも、(花や月の情景を)想像しているのが、(かえって)興趣が尽きることなく、おもしろい。身分も高く教養のある人は、むやみに(花や月を)めでているようにも見えず、ものに興ずる態度もあっさりしている。(ところが教養のない)片田舎の人というのは、しつこく何事ももてはやすものである。(花見のとき)桜の木の幹のそばには、(人を押しわけて)からだをねじ曲げるようにして近づき、わき見もしないで、(花を)じっと見つめて、酒を飲んだり、連歌をしたりして、しまいには、大きな枝を、なんの考えもなく折り取ってしまう。(野山に遊ぶとき)泉には手や足を突っ込んで(よごし)、(雪見のときは)雪におり立って足跡をつけたりなどして、何事でも(余裕を持って)離れてながめるということができない。

そのような(片田舎の)人が賀茂祭りを見物したありさまは、まことに珍妙なものであった。「見るもの(の祭りの行列)はたいそう遅い。それまでの間は、桟敷にいてもむだ」と言って、奥の方にある建物で、酒を飲んだり物を食ったり、囲碁や双六などをして遊んでいて、桟敷には(見張りの)人を置いてあるので、(その見張りの人が)「(行列が)お通りです」と言うときに、めいめいがびっくりするように先を争って、(桟敷に)走り上り、(いまにも)落ちてしまいそうになるまで、すだれを押し出して、押し合いながら、ひとつも見落とすまいと、じっと見つめて、「ああだ、こうだ」と見るもの一つ一つについて言って、(行列が)通り過ぎてしまうと、「また(次の行列が)通るまで(奥にいよう)」と言って (桟敷を) おりてしまう。(このような連中は)ただ(祭りの行列)そのものだけを見ようとするのであろう。(ところが)都の人で、高貴な身分と思われる人は、(静かに)目をつぶっていて、あまり見もしない。身分が低い若い人たちは主人のご用を勤めて立ったりすわったりしており、(また)貴人の後に控えている人は(行列が通るからといって)行儀わるく前にのしかかったりもせず、無理に見ようとする人もない。

韓 譯 대체로, 달이나 꽃을, 그와 같이 눈으로만 보는 것일까? (결코 그렇지는 않다.) 봄은 집을 나가지 않아도, (또 가을의) 달밤은 잠자리 속에 있는 채로도, (꽃이나 달의 정경을) 상상하고 있는 것이, (오히려) 흥취가 끊어지는 일이 없이, 재미있다. 신분도 높고 교양이 있는 사람은, 함부로 (꽃이나 달을) 賞美하고 있는 것 같게도 안 보이고, 사물에 흥미를 느끼는 모습도 담담하다. (그러나 교양이 없는) 시골 사람이란, 치근치근하게 무슨 일이라도 극구 찬양하는 것이다. (꽃 구경을 할 때) 벚꽃나무 곁에는 (사람을 밀어젖히고) 몸을 비틀어 굽히는 듯이 해서 다가서서, 한눈을 팔지도 않고, (꽃을) 응시하며, 술을 마시든지, 연가를 부르든지 하다가, 마지막에는 큰 가지를, 아무런 생각도 없이 꺾어 버리고 마는 사람이 있다. (산이나 들에서 놀 때) 샘물에 손이나 발을 밀어 넣어 (더럽히고), (눈구경을 할 때는) 눈 위에 내려 서서 발자국을 내게 하기도 하는 등, 무슨 일이든 (여유를 가지고) 있는 그대로를 멀리 떨어져서 바라보는 일이 없다.

그와 같은 (시골) 사람이 「賀茂祭り」를 구경하는 모습은, 참으로 진묘한 것이었다. 「구경거리(인 행렬)는 매우 느리다. 그 동안에는 (구경을 위해 만들어 놓은) 높은 자리에 앉아 있어도 헛일이다」라고 하면서, 안쪽에 있는 건물에서, 술을 마시든지 음식을 먹든지, 바둑이나 주사위놀이 등을 하면서 놀고 있다가, 구경하는 자리에는 파수꾼을 두고 있어서, (그 파수꾼이) 「(행렬이) 지나갑니다」라고 했을 때, 서로가 놀랄 만큼 앞을 다투어 (구경하는 자리에) 달려 올라가 (당장에라도) 떨어져 버리게 될 때까지, 발(장막)을 밀어내어, 서로 밀치면서, 하나라도 안 보고 놓칠세라, 뚫어지게 바라보며, 「이러쿵, 저러쿵」하면서 하나하나에 대해 평을 하고, (행렬이) 지나가 버리면, 「또 (다음 행렬이) 지나갈

때까지 (안에 있자)」고 하며 (棧敷를) 내려가 버린다. (이와 같은 무리들은) 단지 (행렬) 그 자체만을 보려고 하는 것이리라. (그러나) 都會에 사는 사람으로서, 고귀한 신분이라고 여겨지는 사람은, (조용히) 눈을 감고 있어, 그다지 보지도 않는다. 신분이 낮은 젊은 사람들은 주인의 볼 일을 보는 탓으로 섰다가 앉았다가 하고 있으며, (또) 귀인들의 뒤에 대령하고 있는 사람은 (행렬이 지난다고 해서) 버릇이 없게 앞으로 덮친다든지 하지 않고, 무리하게 보려고 하는 사람도 없다.

「心なしと見ゆる者も」(第百四十二段)

> 무서운 東国武士가 자식을 가져 본 연후라야 모든 정취를 알 수 있는 것이라고 말했다는 이야기로부터, 어버이나 妻子를 생각하는 마음에서 도둑질도 하고 마는 人間의 마음 약함에 대해 언급하고, 為政者가 되는 사람은 仁政을 베풀어야 할 것이라고 설유하고 있다.

[1]心なしと見ゆる者も、よき一言はいふものなり。ある[2]荒夷(あらえびす)の恐ろしげなるが、[3]かたへに[4]会ひて、「御子は[5]おはすや」と問ひしに、「ひとりも[6]持ちはべらず」と答へしかば、「[7]さては、[8]もののあはれは[9]知りたまはじ。情けなき御心に[10]ぞものしたまふらむと、いと恐ろし。[11]子ゆゑにこそ、よろづのあはれは[12]思ひ知らるれ」と言ひたりし、[13]さもありぬべきことなり。[14]恩愛の道[15]ならでは、[16]かかる者の心に慈悲[17]ありなむや。[18]孝養(けうやう)の心なき者も、子持ちてこそ、親の志は思ひ知るなれ。

[19]世を捨てたる人の、よろづに[20]するすみなるが、[21]なべて[22]ほだし多かる人の、よろづに[23]へつらひ、[24]望み深きを見て、[25]むげに[26]思ひくたすは[27]僻事(ひがごと)なり。その人の心になりて思へば、まことに、[28]かなしからむ親のため、

妻子のためには、恥をも忘れ、[29]盗みもしつべきことなり。[30]されば、盗人を[31]縛(いまし)め、僻事をのみ罪せむよりは、世の人の飢ゑず、寒からぬやうに、[32]世をば行はまほしきなり。人、[33]恒(つね)の産なき時は、恒の心なし。人、[34]窮まりて盗みす。世治まらずして、[35]凍餒(とうたい)の苦しみあらば、[36]とがの者、[37]絶ゆべからず。人を苦しめ、法を犯さしめて、それを[38]罪なはむこと、[39]不便(ふびん)のわざなり。

さて、いかがして[40]人を恵むべきとならば、上(かみ)の[41]おごり費やすところをやめ、[42]民をなで、農を勧めば、下(しも)に利あらむこと疑ひあるべからず。衣食世の常なる上に僻事せむ人をぞ、まことの[43]盗人とは言ふべき。

語句의 解釋 및 文法

1) **心なし** 사물의 도리나 정취를 모르는.

2) **荒夷** 거친 東国 등의 무사.

3) **かたへ** 동료. 옆 사람.

4) **会ひて** 대해서. 향해서.

5) **おはすや** 가지고 계시는가? 있습니까? 「や」는 의문의 계조사의 문말용법.

6) **持ちはべらず** 가지고 있지 않습니다. 「はべら」는 존중의 보조동사.

7) **さては** 그러면. 접속사.

8) **もののあはれ** 사물의 情味. 인정.

9) **知りたまはじ** 알고 계시지 않으리라. 「じ」는 부정추량의 조동사.

10) **ものしたまふらむ** 계시겠습니까? 「らむ」는 현재추량의 조동사의 연체형이며, 위의 「ぞ」의 맺음.

11) **子ゆゑにこそ** 자식이라고 하는 것 때문에. 자식에 대한 애정이 바탕이 되어서라는 기분.

12) **思ひ知らるれ** 자연히 알게 되는 것이다. 「るれ」는 자발의 조동사 「る」의 巳然形이며, 「子ゆえにこそ」의 「こそ」의 맺음.

13) **さもありぬべきことなり** 진실로 지당한 일이다. 타인의 언동에 대해 동감・공감을 가리키는 관용적 표현.

14) 恩愛 「オンナイ」. 불교어로서, 부모와 자식・부부・형제와 자매 등의 육친 간의 애정을 말함. 連声音이며, 「因縁(いんねん)」・「観音(かんのん)」 등과 같은 類의 읽기다.

15) ならでは …하지 않고서는. 「なら」는 단정의 조동사의 미연형. 「で」는 「ずて」의 준말로서, 「……ナイデ」란 뜻의 접속조사.

16) かかる者 이와 같은 자.

17) ありなむや 있겠는가, 결코 없다.

18) 孝養 孝行. 「けうやう」는 불전상의 읽기로서 한자의 呉音.

19) 世を捨てたる人の 출가한 사람으로서. 「の」는 동격의 격조사.

20) するすみ 아무런 걸림도 없고 아무 것도 가지지 않은 독신자의 경우.

21) なべて 만사에 모두.

22) ほだし 자유를 속박하는 것. 여기는 부모 형제와 처자식을 말함.

23) へつらひ 남의 마음을 사서. 남의 눈치를 살펴. 상대에게 迎合해서.

24) 望み深き 욕심이 많다.

25) むげに 함부로. 형용동사의 연용형.

26) 思ひくたす 「思ひ下す」로서 경멸하다.

27) 僻事 잘못된 일. 부정.

28) かなしからむ 사랑스럽다(귀엽다)고 생각하는. 가련하다고 생각하는. 아래의 「親」뿐만이 아니고, 「妻子」에도 걸린다. 「む」는 완곡의 조동사의 연체형.

29) 盗みもしつべきことなり 도둑질도 안한다고 할 수 없는 일이다. 「も」는 첨가의 계조사. 「し」는 「サ」변 동사의 연용형. 「つ」는 強意의 조동사의 종지형. 「べき」는 추량의 조동사의 연체형.

30) されば 그러기에. 접속사.

31) 縛め 포박하여.

32) 世をば行はまほしきなり 세상을 다스려 가고자 하는 바이다. 「ば」는 계조사 「は」가, 격조사 「を」에 붙어서 탁음이 된 것. 「まほしき」는 희망의 조동사 「まほし」의 연체형.

33) 恒の産なき時は、恒の心なし 『孟子』에 「恒産無クシテ恒心有ル者ハ、唯ダ士ノミ能クスト為ス」라고 있으며, 이어서, 「民ノ若キハ則チ恒産無クンバ、因リテ恒心ナシ」라고 있는 것에 의함.

34) **窮まりて**	가난에 궁해서.
35) **凍餒**	추위에 떠는 일과, 식사에 기갈이 드는 일.
36) **とがの者**	죄를 저지르는 자.
37) **絶ゆべからず**	없어질 리가 없다. 「べから」는 당연의 조동사 「べし」의 미연형.
38) **罪なはむこと**	처벌하는 일. 범죄로 취급하는 일.
39) **不便のわざ**	가엾은 일.
40) **人を恵むべき**	백성들에게 자비를 베풀면 좋을 것인가. 「べき」는 추량의 조동사의 연체형. 위의 의문의 부사 「いかが」를 받고 있기 때문에 연체형을 취한다.
41) **おごり費やす**	사치를 하고, 낭비를 한다.
42) **民をなで**	백성을 사랑하고.
43) **盗人とは言ふべき**	도둑이라고 할 수 있는 것이다. 「べき」는 당연의 조동사의 연체형이며, 위의 「ぞ」의 맺음이다.

現代語訳　物の道理や情趣を解する心がないと思われる者でも、(時には)よいことばの一つは言ふものである。ある荒々しい田舎武士で、恐ろしそうなのが、同輩に向かって、「お子さんはおありですか」と尋ねたが、「ひとりも持っておりません」と答えたので、「それでは、ものの情味はおわかりにならないでしょう。情け知らずのお心でいらっしゃるであろうと(思いますと)まことに恐しい。(人間は)子どもによってこそ、(この世の)あらゆる情味は自然とわかるものです」と言ったのは、いかにももっともなことである。肉親間の情愛によるのではなくて、このような(荒くれた)者の心に慈悲の心があろうか。(あろうはずはない。) 親孝行の気持のない者でも、子を持ってはじめて、親の子に対する深い心がわかるものである。

世を捨て出家遁世した人で、万事に係累のない人が、一般に係累の多い人が、万事につけて他人にこびへつらったり欲が深いのを見て、むやみに軽蔑するのは誤りである。その(係累の多い)人の気持になって考えてみると、ほんとうにいとしく思うような親のため妻子のためには、恥をも忘れ、盗みをもしかねないことである。だから盗人を捕縛したり悪事ばかりを罰するようなことよりは、世の中が飢えたりこごえたりしないようにと、世の中を治めていきたいものである。人間は(孟子の言うように)一定の生業がないときは一定不変の道義心がなくなる。人は(生活に)行きづまると盗みをする。世の中が治まらないで飢えたりこごえたりする苦しみがあるならば、罪人がなくなるはずがない。人民を苦しめて法律を犯させ(るようにしむけ)て、その者を処罰するというのは、かわいそうなことである。

それでは、どのようにして人民に恵みを与えたらよいかというと、(それは)上に立つ為政者が、ぜいたくをし浪費するのをやめて、人民をかわいがり、農業を奨励するならば、下々(の人民)に利益のあることは疑いあるはずがない。衣食が世間並みに足りているのに(それでもなお)罪を犯すような人をこそ、ほんとうの盗人というべきである。

韓 譯 사물의 도리나 정취를 아는 마음이 없다고 생각되는 사람이라도, (때로는) 좋은 말을 한두 마디는 하는 것인가 보다. 어떤 난폭하고 거친 시골(関東지방) 무사로서, 무서워 보이는 者가 동료를 향해, 「자녀분이 있으십니까?」하고 물었는데, 「한 사람도 가지고 있지 않습니다」라고 대답했기 때문에, 「그렇다면 사물의 정취는 모르시겠습니다. 人情味를 모르는 마음으로 계시리라고 (생각하니) 참으로 무섭습니다. (사람은) 자식이 있어야만, (이 세상의) 모든 情味를 자연히 알 수 있는 것입니다」라고 말한 것은 지극히 지당한 일이다. 肉親間의 애정에 의하지 않고서는, 이와 같은 (거친) 사람의 마음에 자비심이 있겠는가? (있을 리가 없다.) 부모에게 효도하는 마음이 없는 자라도 자식을 가지고 나면 비로소, 어버이의 자식에 대한 깊은 애정을 이해

하는 것이다.

세상을 버리고 출가하여 遁世한 사람으로서, 세상 만사에 걸림이 없는 사람이, 일반적으로 걸림이 많은 사람이, 만사를 해결하는 데 있어 남에게 아첨하든지 눈치를 살피고 욕심이 많은 것을 보고, 함부로 경멸하는 일은 잘못이다. 그 (係累된 일이 많은) 사람의 마음이 되어 생각해 보면, 진정으로 사랑스럽게 생각하는 어버이를 위해, 妻子息을 위해서는, 부끄럼도 잊고, 도둑질도 서슴지 않는 것이다. 그러기에, 도둑질을 하는 사람을 포박한다든지 나쁜 일만을 처벌한다는 것보다는 세상 사람들이 추위에 떨고 굶주리지 않게, 세상을 다스려 가야 할 일이다. 인간은 (孟子가 말한 바와 같이) 一定한 生業이 없을 때는 一定하고 변하지 않는 도의심이 없어진다. 사람은 (생활이) 궁핍해지면 도둑질을 한다. 세상이 잘 다스려지지 않고 굶주리고 추위에 떠는 괴로움이 있다면, 罪人이 없어질 도리가 없다. 백성들을 괴롭혀서 法律을 犯하게 (만들어)해 놓고, 그 자들을 처벌한다는 것은, 가엾은 일이다.

그러면, 어떻게 해서 백성들에게 은혜를 베풀면 좋을 것인가 하면, (그것은) 위에 서는 위정자들이 사치를 하지 않고 낭비하는 짓을 그만 두며, 백성들을 사랑하고, 농업을 장려한다면, 아래(의 백성)에게 이익이 있으리라는 것은 의심할 여지가 없다. 의식이 남과 같이 충족함에도 불구하고 (그래도 또한) 죄를 범하는 사람이야말로, 정말로 도둑놈이라고 해야할 것이다.

平宣時(のりとき)朝臣 (第二百十五段)

北条時頼(ほうじょうときより)가, 平宣時와 된장을 안주로 삼아 술을 마셨다는 일화를 들어, 鎌倉시대의 요인들의 検約検素를 칭찬하고 있다. 제82段에 있는 松下禅尼(まつしたぜんに)의 미닫이의 이야기와 같은 流의 이야기이다.

[1]平宣時朝臣、老いののち、昔語りて、「[2]最明寺入道(さいみやうじのにふだう)、あるよひの間(ま)に[3]呼ばるることありしに、『[4]やがて』と申しながら、[5]直垂(ひたたれ)のなくて[6]とかくせしほどに、また使ひ来たりて、『直垂などの[7]候はぬにや。夜なれば[8]異様(ことやう)なりとも、[9]とく』と[10]ありしかば、[11]なえたる直垂、[12]うちうちのままにてまかりたりしに、銚子(てうし)に[13]土器(かはらけ)とり添へて持(も)て出(い)でて、『この酒をひとり[14]たうべむが[15]さうざうしければ、申しつるなり。[16]肴(さかな)こそなけれ。人は[17]静まりぬらむ。[18]さりぬべき物やあると、いづくまでも求めたまへ』とありしかば、[19]紙燭(しそく)[20]さして、くまぐまを求めしほどに、台所の棚(たな)に、小土器に味噌(みそ)の少し付きたるを見いでて、『これぞ求め得て候ふ』と[21]申ししかば、『[22]こと足りなむ』とて、快く[23]数献(すこん)に及びて、[24]興に入られはべりき。その世にはかくこそはべりしか」と申されき。

語句의 解釋 및 文法

1) 平宣時朝臣(あそん)	北条朝直(ともなお)의 3男. 「朝臣」는 5품 이상의 사람에게 대한 경칭.
2) 最明寺入道	北条時頼. 鎌倉시대 제5대의 집권. 時宗(ときむね)의 아버지.
3) 呼ばるる	부르시다. 「るる」는 존경의 조동사 「る」의 연체형.
4) やがて	곧. 바로. 아래의 「参らむ」가 생략되어 있다.
5) 直垂	당시의 무사들의 평복.
6) とかくせしほどに	우물쭈물하고 있는 동안에. 「とかく」란 이런저런이란 뜻의 부사. 「せ」는 「サ」변 동사의 미연형. 「し」는 과거의 조동사의 연체형. 「サ」변 동사의 미연형에 접속한다.
7) 候はぬにや	없지나 않으신지요? 아래에 「あらむ」가 생략되어 있다. 「候は」는 「あり」의 존중어. 「ぬ」는 부정의 조동사 「ず」의 연체형. 「に」는 단정의 조동사의 연용형. 「や」는 의문의 계조사.
8) 異様	이상한 모습. 우스운 모습.
9) とく	「とく参りたまへ(早くいらっしゃい)」가 준 것.
10) ありしかば	분부가 계셨기에.
11) なえたる	오래 입어서 남루해진. 옷의 풀기가 없어진 상태.

12) **うちうちのままにて** 평상시에 입은 옷 그대로.
13) **土器** 흙으로 구운 술잔이나 접시 등을 말한다.
14) **たうべむが** 마시는 것이.「たうぶ」는「食ぶ」의 緑語.「む」는 완곡의 조동사의 연체형.
15) **さうざうしければ** 미흡하기 때문에.
16) **肴こそなけれ** 술안주가 없다.「肴(さかな)」는 생선이란 뜻이 아니고, 酒菜, 술안주의 나물이다.「こそなけれ」는 걸림맺음.
17) **静まりぬらむ** 조용히 잠이 들어 버린 것이 틀림이 없다.「ぬ」는 強意의 조동사.「らむ」는 현재추량의 조동사.
18) **さりぬべき物** 술안주가 될 만한 것.「さりぬべき」는 그것에 합당하다는 뜻의 관용連語.「ぬ」는 強意의 조동사의 종지형.「べき」는 추량의 조동사의 연체형.
19) **紙燭** 소나무 막대기 끝에 기름을 바르고, 밑쪽(손잡이 쪽)을 종이로 감은 照明具.
20) **さして** 불을 붙혀.「さす」는 점화하다.
21) **申ししかば** 말씀드렸더니.「申し」는 4단의 동사의 연용형.「しか」는 과거의 조동사「き」의 已然形.「ば」는 순접의 확정조건을 나타내는 접속조사.
22) **こと足りなむ** 충분하겠다.「な」는 強意의 조동사의 미연형.「む」는 추량의 조동사.
23) **数献に及びて** 몇 잔이고 술잔을 거듭해서 마시고.
24) **興に入られはべりき** 기분이 좋게 되셨습니다.「れ」는 존경의 조동사의 연용형.

現代語訳 平宣時朝臣が、年をとってから、昔話に、「最明寺入道(時頼公)が、ある(夜)宵の内に、(使いをよこしてわたしを)お呼びになることがあったおり、『さっそく(参ります)』とお答えしながら、(着けて行けそうな)直垂がなくてぐすぐすしているうちに、再び使いがきて、『(来るのがおそいが)直垂などがおありにならぬのでしょうか。夜分だから、変てこな格好でも(かまいませんから)、早く(来てください)』と(仰せが)あったので、よれよれになっている直垂(といった)ふだん着のままで行きましたところ、(入道殿ご自身)銚子に土器を取り添えて持って出て来て、『この酒をひとり飲むというのがもの足りないので、お呼び申したのだ。(ところで)酒のさかながなんにもない。(もう)みな寝てしまっただろう。(お気の毒だが、あなた、一つ)適当なものがあるかどうか、根気よく探して下さい』と(仰せが)あったので、ろうそくをともして隅々を探した結果、台所の棚で、小さい土器に味噌が少しついているのを見つけ出して、『これをやっと見つけました』と申したところ、(入道殿は)『それで十分だろう』とおっしゃって、気持よく数献かたむけて、よいご気嫌になられました。その時代にはこんな(に質素)でありましたよ」と申された。

韓 譯 平宣時朝臣이 나이 들어, 옛이야기로, 「最明寺入道(時頼公)가 어느 날(밤) 초저녁인데, (使者를 보내서 나를) 부르신 일이 있었을 때, 『곧 (대령하겠습니다.)』라고 대답하면서, (입고 갈 만한) 평복이 없어 우물쭈물하고 있는 사이에, 재차 使者가 와서, 『(오는 것이 늦은데) 평복이 없는 것이지나 않은지? 밤이니까, 이상한 모습이라도 (상관이 없으니까), 빨리 (오게나)』라고 (분부가) 있었기에, 풀기가 없는 흐늘흐늘한 평복을 입은 채로 갔더니만, (入道公이 손수) 술잔으로 하기 위해 토기를 준비해서 가지고 나와, 『이 술을 혼자서 마시기가 섭섭해서, 오라고 한 것일세. (그런데) 술안주가 아무것도 없어. (벌써) 모두 잠들어 버렸겠지. (미안하지만, 자네가 어디) 적당한 것이 있는지 없는지, 끈기 있게 잘 찾아 보게나』라는 (분부가) 계셨기에, 촛불을 밝혀, 구석구석을 찾아본 결과, 부엌 선반에서, 조그마한 土器에 된장이 조금 붙어 있는 것을 발견하여, 『이것을 겨우 찾았습니다』라고 말씀드리니까, (入道公은) 『그것으로 충분하겠지』라고 하면서, 기분 좋게 몇 잔을 거듭 드시고, 좋은 기분이 되셨습니다. 그 시대에는 이렇게 검소했었습니다」라고 말씀하셨다.

近世의 文學

概 觀

時代區分 徳川家康(とくがわいえやす)가 江戸(えど)에 幕府(ばくふ)를 개설한 1603(慶長 8)년부터, 15代将軍(しようぐん)인 徳川慶喜(よしのぶ)가 조정에 정권을 奉還한 1867(慶応 3)년까지 약 260년간을 근세라고 부른다. 이 시대는, 封建社會時代의 후반기에 해당하며, 정치의 중심이 京都에서 江戸로 옮겨져 있었기 때문에 江戸시대라고도 하고, 정권의 담당자가 徳川将軍家에 있었던 것으로 해서 徳川시대라고도 불린다.

歷史的 背景 徳川幕府는, 織田信長(おだのぶなが)・豊臣秀吉(とよとみひでよし)에 의한 천하통일의 뒤를 계승하여, 중앙집권적인 봉건제도를 완성시켰다. 일본 전국은 300에 가까운 「藩(はん)」으로 분할되고, 大名(だいみよう)(지방의 領主)는 「参勤交替(さんきんこうたい)」(江戸幕府가 大名들을 교대로 일정한 기간씩 江戸에 머무르게 한 제도)를 명령받아, 그 엄격한 통제하에 복종했다. 신분제도도 강화되어, 士・農・工・商의 4계층으로 나누어 세습을 원칙으로 했다. 무사는 兵農分離에 의해 모두 「城下町(じようかまち)」에 모아져서, 扶持米(ふじまい)(大名가 武士에게 녹봉으로 주는 쌀)를 화폐로 바꾸어 생활하는 소비적인 계급으로 변질한다. 工・商은 합쳐서 町人(ちようにん)이라고 불렀으며, 농민은 町人 위에 놓여 있었지만, 그만큼 엄한 통제를 받아, 논밭의 永貸賣買가 금지당하고, 게다가 住居의 이동을 금지당했으며, 의식주에 이르기까지 干涉을 받았다. 三代将軍 家光(いえみつ)의 치세 때에 공포된 쇄국령은 이와 같은 幕藩체제의

안정에 奏效하여, 일본의 역사에서도 보기 드문 긴 세월의 천하태평이 계속됐다. 그러나 이 폐쇄적인 생활의 안정은, 宿驛制度의 정비, 교통의 발달, 京都・大阪・江戶 3都市의 발달과 상업활동의 확대 등으로 인해, 차츰 위협을 받기 시작한다. 화폐경제의 발전은 농촌의 자연경제를 흔들리게 하고, 농민으로부터 징수한 年貢을 경제적 기반으로 하는 무사의 생활은, 해를 거듭하는 데 따라 불안정한 것이 되어 갔다. 幕府는 享保・寬政・天保의 3회에 걸친 개혁을 단행하여, 무사와 농민의 구제・회복을 기도했으나, 화폐경제를 마음대로 지배하고 있는 町人계급의 사회적 세력의 상승을 저지할 수는 없게 되었다.

近世文學의 展開 이 근세문학은, 上方(웃녘-京都・大阪=京阪지방)를 중심으로 한 전기와 江戶를 중심으로 한 후기로 나눌 수 있지만, 이 전・후기를 다시 2분하여 4기로 나눌 수 있다.

제1기는 江戶開幕에서부터 寬文(1661~73)경까지의 계몽기이다. 뛰어난 문학작품은 적지만 전시대 이래의 和歌 외에, 새로이 俳諧・狂歌・仮名草子・浄瑠璃・歌舞伎 등이, 京・阪인 上方를 중심으로 일어났다. 그리하여, 지금까지 일부 사람들에 한해서만 이루어지고 있던 문예의 享受가, 널리 서민층에 보급되고, 제작면에서도 형식이나 기교에 새로운 시도가 이루어져, 다음의 元祿의 발전기를 준비하고 있다.

제2기는 延宝(1673~81)에서 享保(1716~36)경까지의 元祿(1688~1704)의 황금시대를 중심으로 하는 발전기이다. 蕉風의 俳諧, 西鶴의 浮世草子, 近松의 浄瑠璃, 団十郎・藤十郎 등의 名優가 활약하는 歌舞伎를 위시하여, 시가・소설・연극의 각 방면에 걸쳐, 화려한 개화의 시기가 전개한다. 작자도, 아직 무사・승려・儒學者 등이 많았지만, 近松와 같이 町人을 위해 그 생활을 묘사한 무사출신의 작자가 있는가 하면, 西鶴처럼 순수한 町人作家도

출현해 온다.

제3기는 문화의 중심이 上方로부터 江戶에 옮겨진 元文(1736~41)에서 天明(1781~89)경까지의 이른바 安永·天明期라고 불리는 발흥기이다. 上方(웃녘)에 비해 무사나 유학자 등 지식계급이 많았기 때문에 지적인 요소가 강하고, 풍자·골계·「穿ち」·「通」 등 도회적인 세련된 섬세함을 특색으로 하는 문학작품이 수없이 만들어졌으나, 元禄文學에서 보는 바와 같은 건강함을 잃고 있었다. 시가에는 국학자의 和歌를 비롯하여, 俳諧·狂歌·川柳, 소설에는 酒落本·滑稽本·黃表紙·前期読本 등이 성행했다.

제4기는 文化·文政(1804~30)을 중심으로 하여 幕末에 이르는 爛熟退廢期이다. 이 시기는 歌舞伎의 生世話物가 完成된 것이 보여 주듯이 江戶趣味가 세련되고, 이른바 江戶文化가 爛熟한 시기였으나, 江戶 말기의 불안과 封建社會가 막바지에 다다른 것이 문학에도 반영되어, 享樂的·頹廢的인 성격을 면하지 못했다. 寛政(1789~1801)의 개혁 등에 의한 風俗取締도 엄하였고, 직업화한 작가들은, 무기력하여 戱作者風인 문학태도를 취해, 독자의 눈치를 살피는 통속적인 자세에 흐르기 쉬워졌다. 狂歌·川柳도 저조해지고 酒落本·黃表紙도 쇠퇴해지며, 滑稽本·人情本·合巻 등이 행해졌다.

儒學과 國學 德川幕府는 문교정책을 중히 여기고, 사회질서를 安定强化시키는 사상체계로써 유학을 장려했다. 封建社會의 군신관계를 설유하는 朱子學이 官學으로 채용되어, 유학은 근세를 통해서 무사계급의 윤리관의 기반이 되었다. 한편 도시의 町人이나 지방의 豪農의 지지를 받은 국학이 일어나, 일본의 고전연구를 길잡이로, 유교적인 규범에 구속받지 않는 人間性에로의 반성을 촉구했다. 전자의 문학관은 勸善懲惡主義로, 후자의 문학관은 「もののあはれ」설에 각각 대표되고 있다.

日本永代蔵

6권으로 되어 있으며, 각권은 5장이고, 전부 30話가 수록되어 있다. 浮世草子 가운데서 이른바「町人物」의 선구를 이루는 작품이며, 全篇을 일관해서 흐르는 주제는「金錢」이다.

江戶時代도 元禄期경이 되면, 상공업의 발달에 따라, 町人의 경제적, 사회적 지위가 향상하여, 仮名草子에 포함된 중세 소설풍의 무상관이나 교훈성을 버리고, 현세 긍정적인 이상이나 생활감정을 당시의 세태나 인정의 묘사를 主眼으로 해서 그린, 종래의 소설에 새로운 면을 전개한 문학이 탄생했다. 이것이 井原西鶴에서 시작되는 浮世草子이다.

井原西鶴(1642~93)는, 本名이 平山藤五이며, 처음에 鶴永로 했다가 나중에 西鶴로 號를 정했다. 大阪 사람으로서, 20세경에 俳諧의 點者가 되고, 談林派의 귀재로 활약했다. 특히 矢数俳諧 2만 3천 5백구는 유명하다. 소설에서는『好色一代男』을 써서 浮世草子의 창시자가 되었다. 그 외에『好色一代女』『武道伝来記』『武家義理物語』『世間胸算用』『織留』등의 작품이 있다.

「見立てて養子が利発」(巻六)

「えびす講」(10월 20일에 상가에서 행하는 축제)의 음식에 나오는 돔은 너무 사치스럽다고 말한 小僧(나이 어린 사내 점원)의 영리한 모습을 인정해서 양자로 삼는데, 그 換錢商은 그로부터 15년이 지나지 않는 사이에, 3萬兩의 大分限者(큰 부자)가 되었다는 이야기이며, 그 외에 致富・沒落의 小話를 곁들이고 있다.

和国[1]の商ひ口[2]とて、「利徳を取らぬ[3]」と空誓文(そらぜいもん)[4]を立つれば、これに気を許し、何によらず買ひ求むる世のならはし[5]なり。神田(かんだ)[6]の明神(みようじん)の前に、俗性(ぞくしよう)[7]歴々[8]の浪人身を隠して、年も家に杖(つゑ)つくころ[9]なれば、さのみ[10]主どり(しゆう)[11]の望みもなく、小者[12]一人使うて、一代のたくはへ[13]ありて、世をなりはひ[14]に暮らし、徒居(ただゐ)[15]をほか[16]よりのとがめをうたてく[17]、瀬戸物見せかけ[18]ばかり出しおき、値段問ふものあれば、百の物を百と[19]、ありのままに[20]言ひければ、これを値切れどまけず。そもそもより[21]、すり鉢(ばち)[22]九つ・さかな鉢十三、皿(さら)四十五枚・天目(てんもく)[23]二十・徳利(とくり)七つ・油差し[24]二つ、三年(みとせ)余りに一つも売れず。これを思ふに、商ひ上手はあるべき[25]ことなり。

語句의 解釋 및 文法

1) **和国** 「唐」나라에 대해, 일본을 가리켜서 말함.

2) **商ひ口** 물건을 팔 때의 능란한 말.

3) **利徳を取らぬ** 싸게 하고 있기 때문에, 이래도 이득은 없습니다. 상인들의 틀에 박힌 문구.

4) **空誓文** 거짓 맹서의 말. 「誓文」은 본래는 신의 이름을 걸고 맹서한다고 하는 뜻을 쓴 문서.

5) **世のならはし** 세상의 풍조.

6) **神田の明神** 지금의 東京都 千代田(ちよだ)区에 있는 神社. 江戸사람들의 신앙이 두터운 곳.

7) **俗性** 가문. 姓氏의 血統.

8) **歴々** ①뚜렷이 보고 느낄 수 있는 상태. ②신분・격식이 높은. 여기는 ②의 뜻.

9) **家に杖つくころ** 50세를 말함. 「五十ニシテ家ニ杖ツキ、六十ニシテ郷ニ杖ツク」(『礼記』王制 第5)라고 하는 것에 의함.

10) **さのみ** ①그렇게 함부로. 그렇게 몰밀어. ②(아래에 부정의 말을 수반해서) 그다지. 별로. 여기는 ②의 뜻. 「さ」는 부사. 「のみ」는 한정의 부조사.

11) **主どり** 仕官. 主君(주인)을 섬기는 일.

12) **小者** 잔심부름을 시키는 남자 종.

13) **一代のたくはへ** 일생을 먹고 사는 데 족한 재산.

14) **世をなりはひに暮らし** 마음 편히 살고 있었는데. 「なりはひ」는 되어가는 대로란 뜻.
15) **徒居** 일정한 직업을 갖지 않고, 빈둥거리는 생활.
16) **ほかよりのとがめ** 세상으로부터의 문책, 타박. 慶安 元年(1648) 2月의 布告에 「市中에 있는 浪人에게는 집을 빌려 주어서는 안된다」라고 했다.
17) **うたてく** 싫어서. 귀찮아서. 번거로워서. 형용사의 연용형.
18) **見せかけばかり** 가게 앞에, 체면을 유지할 정도로. 「見せ」는 「店(みせ)」를 걸어서 한 掛詞.
19) **百の物を百** 사들일 때 百文한 것을 百文에 파는 일. 당시의 속담으로서, 지나치게 정직한 것. 고지식한 것을 말함. 「百」은 銭百文.
20) **ありのままに言ひければ** 아무런 흥정도 하지 않고, 있는 그대로 값을 말하기에.
21) **そもそもより** 처음부터. 가게를 내던 시초부터. 「三年余りに」에 이어진다. 「そもそも」는 명사.
22) **すり鉢九つ** 여기서부터는, 남의 눈을 위해서만 진열해 놓은 사기그릇이다. 자세하게 숫자를 든 것이 실감을 안겨다 준다.
23) **天目** 가루차를 마시는 공기 모양의 찻잔.
24) **油差し** 등잔이나 초롱 등에 기름을 보급하는 용기. 사기로 된 것도 있고 銅器도 있다.
25) **あるべきことなり** 필요한 일이다. 손님을 끌기 위한 말로써 몰밀어 나쁘다고 할 수는 없다는 것이다.

現代語訳 わが国の商人の売りつけるときのうまいことばとして、「もうけはありません」とうその誓いのことばをたてるので、(客は)このことばに気をゆるして、何でも買い求めるという世間の風潮である。(さて)神田の明神の前に、歴とした家柄の浪人が身分を隠して(住んでいたが)、年も五十歳ぐらいであるから、たいして仕官の望みもなく、下男を一人使って、一生暮らすだけのたくわえもあるので、気楽に暮して(いたが)、徒食の浪人を詮議する世間の目がわずらわしいので、瀬戸物を店先に申しわけていどに出しておいて、値段をきく者がいると、百文のものは百文だと、(掛値なしに)ありのままに(値段を)言うので、(客が)これを値切るのだがまけることをしない。(店を出した)最初から、すり鉢九つ、さかな鉢が十三、皿が四十五枚、天目茶碗が二十、徳利が七つに油差しが二つ(という商品が)、三年余りの間に一つも売れない。このことを考えてみると、(やはり)商売上手ということは必要なことである。

韓 譯 우리 나라의 商人이 손님에게 물건을 팔 때의 능란한 말로써 「이득은 없습니다」라고 거짓 맹서의 말을 내세우기 때문에, (손님은) 그 말에 넘어가서, 무엇이든지 사게 된다는 것이 세상의 풍조이다. (그런데) 神田에 있는 神社 앞에, 신분·격식이 높은 가문을 가진 浪人(주인이나 소속이 없는 武士)이 신분을 감추고 (살고 있었는데), 나이가 50세쯤 되었으니까, 그다지 仕官의 희망도 없어, 하인을 한 사람 부리며, 일생 먹고 살 것은 가지고 있기 때문에, 마음 편히 살고 (있었는데) 무위도식하는 浪人을 찾아내려고 하는 세상의 눈이 귀찮아서, 사기 그릇을 상점 앞에 체면을 유지할 정도로 내어 놓고, 값을 묻는 사람이 있으면, 百文인 것은 百文이라고, (에누리 없이) 있는 그대로 (값을) 말하기에, (손님이) 그것을 깎으려고 하지만 깎아 주지를 않는다. (가게를 낸) 시초부터, 음식물을 갈 때 쓰는 그릇 9개, 생선을 담는 그릇 13개, 접시가 45매, 가루차를 마시는 찻잔이 20, 술병이 7개에, 기름을 따르는 도구 2개(라고 하는 상품이) 3년 가까이 지났는데도 하나도 팔리지 않는다. 이런 일을 생각해 본다면, (역시) 장사를 잘 한다는 것은 필요한 일이다.

ここに、[1]通町中橋(とほりちやうなかばし)のほとりに[2]銭店(ぜにみせ)出して、[3]若い者あまた使へる人あり。日ごろ[4]始末第一の人なれど、一両二歩の鯛(たひ)をととのへて、えびすの[5]祝儀をわたしけるに、いづれも[6]何心もなう、夕飯(ゆうめし)を祝ひぬ。おほぜいの若い者の中に、このほど伊勢(いせ)の[7]山田(やうだ)の者とて、[8]十年切つてかかへたる十四になる小者、[9]すわりし膳(ぜん)を二、三度いただき、飯食はぬさきにそろばん置いて、「お江戸へ来たりて[10]奉公いたせばこそ、[11]かかる活計(くはつけい)にあふことよ」と、一人つぶやきてこれを喜ぶ風情。主人の目にかかりて、子細を[12]尋ねられしに、「されば今日の鯛の焼き物、一両二歩にて背切り十一なれば、一切れの価(あたひ)[13]七匁(もんめ)九分(ぶ)八厘(りん)づつにあたるなり。小判(こばん)は五十八匁五分の[14]相場(そうば)につかまつる。算用してからは、銀(かね)を噛(が)むやうなるものなり。塩鯛・干鯛もむかしは生なれば、[15]祝ふ心は同じこと。[16]今日の腹も常に変わらぬこと」と申せば、亭主[17]横手を切って、[18]「さりとは利発者、分別盛りの[19]手代ども差へ、何のわきまへもなく、[20]箸(はし)は右の手に持つものとばかり心得て、主の恩をも知らざるに、いまだ若年にしてものの道理を知ること、[21]天理にかなふべき者なり」と、親類ぢゆうを呼びよせ、[22]だんだん物語して、「この者を養子分にして、わが家を譲るべし」と、一筋に夫婦ともに思ひ入りて、伊勢の親もとへ相談の人つかはしけるとき、小者その中へ[23]まかりいで、「いまだおなじみもなきうちに、[24]お心入れのほど[25]かたじけなし。[26]しかれども、国もとへのお使ひは御無用なり。[27]首尾せぬときは、それほどの費えなり。ことに[28]御内証のこと、[29]世は張り者なれば、[30]手回しばかりにて、大分(だいぶん)の借金のあるも存ぜず。よくよく見届け申さぬうちに、養子の契約は成りがたし」と申せば、なほこの言ひぶんを感じ、[31]「そのはうが心もとなきこと、もつともなり。さりながら、一銭も[32]人の物を借らず」と、毎年の[33]勘定帳を見せければ、「有り金二千八百両」と[34]知らせ、「このほか金子(きんす)百両、女房のちのち寺参り金に、この五年前にのけておきける」と、包みながら封じ目に、年号月日書きつけおきぬ。小者これを見て、「さてもさても商ひ下手なり。包みおきたる金子は、一両も[35]多くはなるまじ。[36]利発なる小判(こばん)を[37]長櫃(ながびつ)の底に入れおき、年久して世間を見せたまはぬは、商人の気質にあらず。この心から、[38]大分限になりたまはず、頭のはげるまでこの江戸にゐながら、やうやう三千両の身代。これを大きなる顔つき[39]あそばしける。私養子になさるるからは、四、五年のうちに江戸三番ぎりの[40]両替になること、長生きして見たまへ。まず夫婦衆は、今日より毎日、[41]談義ある寺参りしたまひ、その下向に、[42]納所坊主に近寄り、散銭あるほど買ひたまへ。[43]世帯仏法、二つの得あり。供の丁稚は、[44]道の間の外聞なれば、[45]浮世山椒を請けて小袋に入れ行き、法談始まらぬさきに、諸人の眠り冷ましにこれを売るべし。さてまた、供連れぬ参り衆の笠・杖・草履を、談義果つるまで一銭づつに預れ」と、[46]言ひつかはしけるに、毎日銭まうけして、主人の供も勤めける。かくのごとく万事に気をつけ、のちには思ひのほかなる知恵を出して、[47]舟着きの自由させる[48]行水舟をこしらへ、[49]刻み昆布して目にかけて売り出し、[50]ちゃん塗りの油がはらけ・[51]しぼ紙のたばこ入れ、ほかの人のせぬことに、十五年たたぬうちに、三万両の分限になって、[52]霊巌島に[53]隠居して、二人の養ひ親に孝を尽しける。いかに繁盛の所なればとて、常の働きにて長者にはなりがたし。

語句의 解釋 및 文法

1) **通町中橋** 지금의 東京都 中央区의 地名. 京橋一丁目.
2) **銭店** 換銭商. 소규모의 銀行과 같은 역할도 한 당시의 금융기관.
3) **若い者** 手代. 처음 들어 온 견습생과 (상점・가게의) 고용원의 우두머리와의 사이에 위치하는 고용인. 어느 정도의 권한이 맞겨졌었다.
4) **始末** 검약.
5) **祝儀をわたしけるに** 축하를 형식에 맞추어 행했는데.
6) **何心もなう** 아무런 생각도 없이. 감사하다는 마음도 없이란 뜻이다.
7) **山田** 지금의 三重県 伊勢市의 지명.

8) **十年切つて** 10년의 기간을 정해서. 당시는 기간을 정해서 일을 시킬 때는 10년을 넘지 못하도록 규정했었다. 보통 견습으로 고용한 사람은 10년이 지난 후, 다시 중간 공용인(手代)으로서 10년을 근무시키는 구조로 되어 있었다.

9) **すわりし膳を二、三度いただき** 밥상 앞에 앉아서, 그 상을 두 세번 들어 받들고 나서.「し」는 과거의 조동사「き」의 연체형.

10) **奉公いたせばこそ** 봉사하기 때문에.「いたせ」는 4단의 동사의 已然形. 따라서「ば」는 순접의 확정조건을 나타내는 접속조사.「こそ」는 強意의 계조사이며, 맺음은 已然形을 취해,「あふなれ」 등으로 해야 하겠으나, 이것은 파격의 어법이다.

11) **かかる活計にあふことよ** 이와 같이 사치스런 일을 경험하는구나.「活計」는, 사치, 성찬이란 뜻.「よ」는 영탄의 間投助詞.

12) **尋ねられしに** 질문을 받았던 바.「られ」는 수동의 조동사「らる」의 연용형.「し」는 과거의 조동사「き」의 연체형.「に」는 순접의 접속조사.

13) **七匁九分八厘** 銀의 무게로서, 10분이 1匁, 10厘이 1分이다.

14) **相場につかまつる** 시세입니다.「相場」는 통화의 교환비율.

15) **祝ふ心は同じこと** 살아 있는 돔 대신에, 소금에 절인 돔이나 말린 돔으로 축하해도, 축하하기에는 다름이 없다.

16) **今日の腹も常に変はらぬこと**「えびず講」의 축하라고는 하지만, 배가 보통 때와 다를 바가 없다.

17) **横手を打つて** 감탄한 듯이 말한다.

18) **さりとは** 그렇다고 하는 것은. 젊은 사람 (어린 고용인을 말함)이 한 말을 긍정해서, 감탄하는 마음을 담고 있다.

19) **手代どもさへ**「さへ」는 정도가 가벼운 것을 예로 들어, 言外에 무거운 것을 유추시키는 부조사. 여기서는 분별을 할 수 있는「手代」들조차도 그러하거늘, 항차 나이 어린 (견습)고용인은 더할 나위 도 없는 일, 이라는 마음이다. 이 시대에는,「さへ」는 첨가를 나타내고,「だに。すら」는 첨가(ソノ上ニ……マデモ) 외에 유추(……サエモ)란 뜻으로 쓰이게 되었다.

20) **箸は右の手に持つものとばかり心得て** 먹는 일에 마음을 빼앗겨서, 돈의 고마움을 생각하지 않는. 제각이 없는 무리들뿐이라는 것을 말한다. [젓가락은 오른손에 드는 것이란 것만 알고서]란 속담.

21) **天理にかなふべき者** 하늘의 도리에 맞는다고 해야 할, 뛰어난 사람.

22) **だんだん** 일의 순서, 일의 자초지종(을).

23) **まかりいで** 나아가서. 4단의 동사「まかる」와 하2단동사「いづ」의 복합어. 여기는「出づ」의 겸양어이다.

24) **お心入れ** 마음을 써서 대접해 주는 일

25) **かたじけなし** 形容詞. <辱し・忝し> ① 높고 크며 뛰어난 것에 대해 황공해 하는 마음. 부끄럽고 두렵다. ② 분에 넘친다. 황송하다. ③ 분수에 넘치는 은혜에 대해 감사하는 마음. 고맙다. 분에 넘친다. 여기는 ③의 뜻.

26) **しかれども** 그렇기는 하지만. 역접의 접속사.

27) **首尾せぬときは** 결과가 뜻대로 되지 않을 때는.「首尾」는 일의 시작과 끝. 시종. 변해서, 사물의 경과나 결과. 전말. 여기는 후자이다.

28) **御内証** 御身代. 주인의 내막이란 뜻. 즉, 가게의 실정.

29) **世は張り者** 속담.「人の内証は張り者」라고도 한다. 사람은 겉을 꾸며서 남을 속이는 탓으로, 겉만 보고서는 신용할 수 없다는 것의 비유이다.

30) **手回しばかりにて** 앞뒤를 둘러맞추는 계산만으로서.「手回し」는 임시 융통하는 계산(장사).「ばかり」는 한정의 부조사.「に」는 단정의 조동사「なり」의 연용형.

31) **そのはうが心もとなきこと** 자네가 걱정하는 것도.「そのはう」는「其の方」.「心もとなき」는, 형용사「心もとなし」의 연체형

32) **人の物を借らず** 남의 돈은 빌리지 않았다.「借ら」는 4단의 동사의 미연형. 상1단으로 활용하는 것은, 関東・東北지방의 사투리와 닮은 변화. 구어의 표준어에서는 상1단활용.

33) **勘定帳** 해마다 연말 또는 연초에 만드는 재산목록.

34) **知らせ** 장부에 기록해 두어서.

35) **多くはなるまじ** 많아지지는 않겠지요.「まじ」는 부정추량의 조동사.

36) **利発なる小判** 도움이 되는 小判(金貨). 영리한 小判.「利発なる」는 형용동사의 연체형.

37) **長櫃** 長持. 의류나 이불 등을 넣어 두는 長方形의 커다란 나무 궤.

38) **大分限** 큰 부자. 「銀五百貫よりしてこれを分限といへり。千貫目の上を長者とはいふなり」(『日本永代蔵』 권1). 당시, 銀五百貫目는, 金8千3百30両정도. 1貫은 千匁.

39) **あそばしける** 하고 계신다. 「あそばす」는 「する」의 존경어. 「ける」라고 연체중지로 되어 있는 것은, 西鶴의 문장의 하나의 특색이다.

40) **両替になること** 換銭商이 되는 것은 필연의 일이다.

41) **談義** 절에서 행해지는 설교. 법담.

42) **納所坊主** 시주 등을 수납하는 納所를 관리하는 스님.

43) **世帯仏法** 생활에도 신앙에도. 여기는, 스님도 결국에는 생활을 위한 직업이니까, 시줏돈을 환전해 준다면, 생활과 신앙의 두 가지를 동시에 만족시켜 주는 이익이 있다는 뜻이다. 당시, 「世帯仏法腹念仏」라는 속담이 있었다. 仏法도 요컨대 생활의 수단이라는 뜻이다.

44) **道の間の外聞** 중간의 겉치장.

45) **浮世山椒** 菓子의 종류가 아닌지. 확실한 것은 모름.

46) **言ひつかはしけるに** 견습고용인에게 일러두었더니만. 따라서, 이것에 이어지는 「銭まうけして」의 주어는, 「丁稚」(견습 점원)들이다.

47) **舟着きの自由させる** 船着場에서 사공들에게 利用하게 하는. 「自由さ」는 「サ」변의 동사의 미연형이며, 편리를 제공한다는 뜻. 「せる」는 使役의 助動詞의 연체형. 벌써 구어의 어법이 보인다.

48) **行水舟** 江戸湯舟라고 한다. 배에 욕실을 만들어, 돈을 받고 입욕시키는 沐浴湯船.

49) **刻み混布** 잘게 썬은 다시마.

50) **ちやん塗りの** 「ちやん」은 青의 中国音 tsin의 변화.

51) **しぼ紙** 종이를 대나무에 감아서 조르고, 아름다운 잔주름을 넣은 것.

52) **霊巌島** 지금의 東京都 中央区의 지명.

53) **隠居して** 양친의 隠居場所를 세워서, 라는 뜻.

現代語訳 ここに、通町中橋のあたりに両替屋の店を出して、手代をたくさん使っている人がある。日ごろは倹約第一の人であるけれども、(その日は)一両二歩の鯛をとりそろえて、えびす講(こう)の祝いを作法どおり行ったが、だれもかれも何という気持もなく、夕飯を祝った。(ところが)大勢いる手代の中で、最近伊勢の山田(出身)の者で、十年の年季を定めて抱えた十四歳になる丁稚(でっち)(がいたが)、(その丁稚が)食膳についてから、自分のついた膳を二、三度おしいただき、飯を食べる前にそろばんをはじいて、「お江戸へ来てご奉公したからこそ、このようなぜいたくにあうことだなあ」と、一人つぶやいて、これを心から喜ぶようすである。(そのようすが)主人の目にとまって、そのわけを尋ねられたところ、(丁稚は)「それは、今日の鯛の焼き物は、一両二歩で、(それを)輪切りにして十一切れありますので、一切の値段は七匁九分八厘ずつになります。(それを)計算してみると、(もったいなくて、まるで)銀を噛むようなものです。塩鯛も干鯛ももとは鮮魚ですから、(それで祝っても)祝う心は同じことです。(それにわたしどもの)今日の腹も、ふだんの腹と違っているわけではありません」と申すと、主人は感じ入って、「これはまあ、利口な者よ、分別盛りの手代(てだい)どもでさえ、何の思慮もなく、箸は右手に持つものとばかり心得て(食べることしか考えず)、主人の恩を知らないのに、まだ年若くしてものの道理を知っているのは、天の道にかなうというべき者である」と、親類をみな呼び集めて、事の次第を物語って、「この者を養子分にして、わが家を譲ることにしよう」と、一途に夫婦ともに思ひこんで、伊勢の親のところへ相談の人をつかわそうとしたときに、丁稚がその中に出て参って、「まだ(江戸へ出てきたばかりで)おなじみもないうちに、(わたしに対して)お心をかけてくださるのは、ほんとうにありがたいことです。しかし、国もとへ使者をおたてになるのはご無用に願います。(もし養子縁組の)話がうまくまとまらないときは、それだけむだな費用です。(また)ことに(ご主人様の)ご身代のこと(ですが)、『世は張り物』(と諺にも言いますように)、人は見かけだおしで信用できないものですから、(ご当家も)やりくり算段だけで、たくさんの借金があるかも知れません。(それを)十分に見きわめないうちに、養子の約束をするわけにはいきません」と申すので、(主人は)なおいっそうこの言い分に感心して、「お前が心配するのも、もっともなことである。だが、(わたしは)一銭だって他人の金は借りていないよ」と、毎年の財産記録を見せると、「有り金は二千八百両」と記してあって、「このほか金子百両を、女房が将来寺詣りする費用にと、この五年前に別に取っておいた」と、包んだままである封じ目に、年月日が書きつけ(られ)ていた。丁雉はこれを見て、「なんとまあ(ご主人は)商売下手な人です。包んでおいたお金は、(そのままでは)一両だって多くはなりますまい。利口な小判を長持の底に入れておいて、長い間世間をお見せにならないのは、商人の気風ではありません。こんなお心だから、大金持におなりになれず、頭がはげる(いい年になる)までこのお江戸に住みながら、やっと三千両の財産(しかありません)。(それなのにご主人は)それを得意になっていらっしゃる。私を養子になさるからには、四、五年のうちに江戸で三番以内の両替屋になる(のは火を見るより明らかな)ことです、どうか長生きしてごらんください。(ところで)まず手初めに、ご夫婦は、今日から毎日、法談のある寺にお参りなさって、その帰りに、納所坊主(ぼうず)のところへ寄り、賽銭(さいせん)の銅貨をあるだけ全部金・銀貨と替えておいでなさい。生活にも信仰にも両方に利益があります。(また)お供の丁稚は、往復の途中の外聞だけに連れて歩くだけですから、(今までのままではむだというものです。) 浮世山椒を問屋から卸してもらって、小さな袋に入れて行き、法談が始まらない前に、人々の眠けざましにこれを売りなさい。そしてまた、供を連れない参詣者の笠や杖や草履を、法談が終わるまでの間、一銭ずつでお預かりなさい」と、供をさせたところ、(丁稚たちは)毎日銭もうけをして、主人の供も勤めたのであった。このように万事に気をくばり、後には思いもかけない知恵を出して、船着き場で船頭たちに利用させる行水舟を作り、(くず昆布を)刻み昆布にして計り売りで売り出し、(油が漏れないようにと)ちゃん塗りの油さし(を考案し)、絞り紙のたばこ入れ(を売り出す)など、ほかの人がしないことに(目をつけて)、十五年たたないうちに、三万両の大金持ちになり、霊巌島に隠居所を建てて、二人の養父母に孝行をつくしたのであっだ。(お江戸の地が)どれほど繁昌している所だからといって、世間ふうの働きでは長者になるのはむずかしい。

韓譯 여기에 通町中橋 근처에서 換錢商을 경영하며, 고용인을 많이 두고 있는 사람이 있다. 평상시에는 검약을 신조로 삼고 있는 사람이지만, (그 날은) (한 마리에) 1兩 2步하는 돔을 사서 갖추고, 「えびす講」의 축하를 격식대로 행했는데, 어느 누구도 별다른 생각도 없이, 저녁밥을 들었다. (그런데) 여럿이 있는 고용인 가운데서, 최근에 伊勢의 山田 출신인 자로서, 10년의 기간을 정해서 고용한 14세가 되는 고용인(이 있었는데), (그 고용인이) 밥상을 받고서, 자기가 받은 밥그릇을 두세 번 올려 받들고 나서, 밥을 먹기 전에 계산을 하며, (江戶에 나와서 고용살이를 하고 있기 때문에, 이와 같은 성찬을 대할 수가 있게 되었구나) 하고, 혼자서 중얼거리면서, 진심으로 기뻐하는 모양이다. (그 모습이) 주인의 눈에 띄게 되어, 그 이유를 질문 받고서, (견습고용인은) 「그것은, 오늘 나온 구운 돔은, (한 마리에) 1兩 2步로서, (그것을) 토막으로 내면 열 한 토막이 되니까, 한 토막의 값이 7돈쭝 9푼 8린이 됩니다. 小判(금화)은 (1兩에 대해 銀) 58돈쭝 5푼의 시세입니다. (그것을) 계산해

보니까, (분수에 넘쳐, 마치) 돈을 씹는 것과 같습니다. 소금에 저린 돔도 말린 돔도 원래는 생선이니까, (그것으로 축하해도) 경축하는 마음은 같은 것입니다. (게다가 우리들의) 오늘의 배(腹)도, 보통 때의 배와 다를 바가 없습니다」라고 말씀드리니까, 주인은 감탄해서, 맞다라고 손뼉을 치고, 「이 사람이야말로, 영리한 사람이구나, 분별을 가릴 줄 아는 고용인들조차, 아무런 사려도 없이, 젓가락은 오른 손에 드는 것이라고만 (당연한 것이라고) 알고 (먹는 것 외엔 생각을 않고), 주인의 은혜를 모르는데, 아직 나이 어리면서도 사물의 이치를 알고 있는 것은 天理에 들어맞는다고 할 수 있는 사람이다」라고, 친척을 모두 불러 모아서, 일의 자초지종을 이야기하고, 「이 사람을 양자로 맞아, 우리 집을 물려 주기로 하자」라고, 일념으로 부부가 함께 생각해서, 伊勢에 있는 부모에게 의논을 하기 위해 사람을 보내려고 했을 때, 고용인이 그들 앞에 나와서, 「아직은 (江戶에 갓나온 터라) 친분도 두텁지 않는데, (저에 대해서) 마음을 써 주시는 것은 참으로 고마운 일입니다. 그러나, 저의 고향에 使者를 보내시는 일은 그만 두시기 바랍니다. (만일 양자결연의) 의논이 잘 마무리되지 않을 때는 그만큼 헛된 비용이 됩니다. (또) 특히 (주인님) 자신에 대한 일(입니다만), 『세상은 겉치레』(라고 속담에서도 말하고 있듯이, 사람은 외관은 훌륭하지만 내용이 충실하지 못해서 신용할 수 없는 것)이기 때문에, (이 댁도) 임시 변통의 수단으로 많은 빚이 있을지도 모릅니다. (그것을) 속속들이 확인하지 않고서는, 養子의 약속을 할 수는 없습니다」라고 말씀드리기에, (주인은) 더욱 이 말에 감탄해서, 「자네가 걱정하는 것도, 지당한 일이다. 그러나, (나는) 일전 한 푼도 다른 사람의 돈을 빌지 않고 있다」고, 해마다의 재산목록을 보이니까, 「가진 돈은 2千 8百兩」이라고 기록되어 있으며, 「그 외에 일금 百兩을, 아내가 장차 절을 순례하는 데 쓸 돈으로서, 이미 5年전에 따로 준비해 두었다」라고, 포장한 그대로인 봉한 자리에, 年月日이 쓰여져 있다. 고용인은 그것을 보고, 「정말로 (주인님은) 장사가 서툰 분입니다. 싼 채로 둔 돈은 (그대

로 두어서는) 한 兩이라도 불어나지 않습니다. 영리한 돈을 궤 속에 넣어 두어, 긴 세월 세상 구경을 시켜 주지 않는 것은, 상인의 기풍이 아닙니다. 그런 마음씨이기 때문에, 큰 부자가 되시지 못하고, 머리가 벗어질 (점잖은 나이) 때까지 이 江戶에서 사시면서, 겨우 3천량의 재산(밖에 되지 않습니다). (그런데도 주인님은) 그것으로 의기양양해 하고 계십니다. 저를 양자로 하시는 날이면, 4, 5년 안에 江戶에서 셋째 안에 드는 換錢商이 되는 (것은 明若觀火한) 일입니다. 부디 오래 사셔서 보아 주십시오. (그런데) 우선 시작으로, 主人내외분은, 오늘부터 매일, 설법이 있는 절에 참배하셔서, 돌아오는 길에, 納所스님이 계시는 곳에 들러, 시줏돈인 동전을 있는 대로 전부 금・은화로 바꾸어 오십시오. 생활에도 신앙에도 양쪽에 이익이 있습니다. (또) 수행하는 고용인들은, 왕복하는 길의 겉치장으로 데리고 다니는 것뿐이니까, (지금까지와 같아서는 헛된 일입니다.) 浮世山椒(うきよさんしょう) (과자)를 도매상에서 나누어 받아, 작은 봉지에 넣어 가서, 說法이 시작되기 전에, 사람들의 잠을 깨게 하도록 그것을 파십시오. 그리고 또, 수행자를 데리고 오지 않은 참례자의 삿갓이나 지팡이나 짚신을, 說法이 끝날 때까지의 사이에, 1錢씩 받고 맡으십시오」하고, 수행을 시켰던 바, (고용인들은) 매일 돈도 벌고, 주인의 수행도 하는 것이었다. 이와 같이 만사에 신경을 쓰고 나중에는 생각하지도 못할 지혜를 내서, 船着場에서 사공들이 이용할 沐船을 만들고, (허드레 다시마를) 썬 다시마로 해서 저울에 달아 파는가 하면, (기름이 새지 않게) 靑이란 染料를 칠한 기름 붓는 용기를 고안하고, 잔주름이 진 종이 쌈지(를 내다 파는) 등, 남이 하지 않는 것에 (눈을 돌려), 15년이 안 되서, 3萬兩의 큰 부자가 되어, 靈巖島에 隱居處를 건립하여, 두 사람의 양부모에게 효행을 다했던 것이다. (江戶란 땅이) 아무리 繁昌해 있는 곳이라고는 해도, 세상의 보통 장사솜씨로서는 부자가 되기란 어려운 일이다.

奥の細道

이것은 俳諧紀行文이다. 작자는 松尾芭蕉이며, 그가 1689(元禄 2)년 3월 하순에 門人 曾良를 데리고 江戸를 출발하여, 日光를 거쳐 仙台・松島・平泉・尾花沢・越後・福井・敦賀를 지나 9월 3일에 大垣에 도착할 때까지, 道程 약 2, 400km, 7개월 남짓한 大旅行의 기행문이다.

芭蕉는 俳諧 하나에 전념하여 인생을 산 극기적・도덕적인 사람이었으나, 동시에 한편으로는, 낭만적・인간적인 심정도 강하게 함께 가지고 있다. 그러기에 『奥の細道』는, 자연의 풍경도 묘사하고 있지만, 그것보다도, 인간관계에 의외로 많은 지면을 할애하고 있다. 자연과 인간, 인간적인 것에 대한 관심이 저절로 자연과 결부되어 『奥の細道』 一編이 성립되어 있다.

문장은 句格에 구애받지 않고 簡約을 존중하기 때문에, 글이 긴장되어 내용의 깊이를 더하고 있다. 여행의 충실한 기록으로써가 아니고, 문학작품으로써 쓰여져 있기 때문에, 여행 중에 만들어진 수많은 俳諧中에서 자신이 있는 것만을 들고, 나머지는 버리고 있다.

「旅立ち」

『奥の細道』 巻頭의 서문에 해당하는 일절이다. 인생은 여행이라고 생각하고, 여행에 정신을 빼앗긴 半生을 회고하며, 지금 또 奥州(지금의 동북지방)에의 여행을 나서, 白河・松島의 歌枕 (노래에 읊어진 名所) 방문의 결의를 말하고 있다.

月日[1]は百代の過客にして、行き[2]かふ年もまた旅人なり。舟[3]の上に生涯を浮かべ、馬[4]の口とらへて老いを迎ふる者は、日々旅にして旅をすみかとす。[5]古人も多く旅に死せるあり。予も、いづれの年よりか、[6]片雲の風に誘はれて[7]漂泊の思ひやまず、[8]海浜にさすらへ、去年(こぞ)の秋、[9]江上(かうしやう)の破屋に[10]くもの古巣を払ひて、[11]やや年も暮れ、[12]春立てるかすみの空に、[13]白河の関越えむと、[14]そぞろ神(がみ)の[15]物につきて心を狂はせ、[16]道祖神の招きにあひて、取るもの手につかず。ももひきの破れをつづり、笠(かさ)の緒付けかへて、[17]三里に灸(きう)すうるより、[18]松島の月まづ心にかかりて、[19]住めるかたは人に譲り、[20]杉風(さんぷう)が[21]別墅(べつしよ)に移るに、

[22]草の戸も[23]住みかはる代ぞ[24]雛(ひな)の家

[25]表八句を庵(いほり)の[26]柱に掛けおく。

語句의 解釋 및 文法

1) **月日は百代の過客にして** 세월은 영원히 여행을 계속하는 나그네와 같은 것으로서. 당나라의 시인 李白의「夫レ天地ハ万物ノ逆旅ニシテ、光陰ハ百代ノ過客ナリ」(『春夜桃李園ニ宴スルノ序』)에 의함.「逆旅」는 여관,「百代」는 영원,「過客」은 나그네.

2) **行きかふ年** 낡은 해가 가고, 새로운 해가 오는 것을 말함.

3) **舟の上に生涯を浮かべ** 배 위에서 일생을 살고. 뱃사공의 생애를 말한다.「舟」와「浮かべ」는 縁語이다.

4) **馬の口とらへて** 말의 재갈을 끌고. 마부의 생애를 말함. 앞의「舟の上に生涯を浮かべ」와 대구.

5) **古人** 芭蕉가 경모한 西行・宗祇, 중국의 李白・杜甫를 가리킴.

6) **片雲の風に誘はれて** 한 조각의 뜬구름이 바람에 불려서 떠도는 듯이, 자기도 旅心이 생겨.

7) **漂泊の思ひやまず** 유랑하는 여행을 나서려는 마음이 자꾸만 일어나서.

8) **海浜にさすらへ** 해변을 떠돌아 다니고.『笈(おい)の小文(こぶみ)』의 여행에서, 1688년 봄에서 여름까지 関西지방의 해변을 여행한 일이 있다.「さすらふ」는 4단에도 하2단에도 활용하지만, 여기는 하2단활용.

9) **江上の破屋** 강 가의 오두막집. 隅田川 강변의 芭蕉庵을 말함.

10) **くもの古巣をはらひて** 비워 두었던 집에, 오랜만에 돌아온 것을 말함.

11) **やや** 차츰. 점점.

12) **春立てるかすみの空に** 봄날의 아지랑이가 자욱하게 낀 하늘을 보는데 따라. 「立てる」는 「春立てる」와 「立てるかすみ」와의 掛詞. 「そぞろ神の物につきて心を狂は」를 수식하고 있다. 그리고 이 句에 대해서는, 「白河の関越えむ」를 수식한다고 생각해서, 「春がすみの立つころに白河の関を越えようと」라는 해석도 있다. 「る」는 존속의 조동사.

13) **白河の関** 福島県 白河市에 있었다. 「松島」와 더불어 이 여행의 커다란 목적의 하나였다.

14) **そぞろ神** 사람의 마음을 誘惑해서, 진득하지 못하게 하는 신. 이 경우는 한 단어인데, 「そぞろ」를 부사라고 생각하는 설도 있어, 그런 경우는, 「なんとなく神が(とりついて)」란 뜻이 된다.

15) **物につきて** 보는 것, 듣는 것에 신이 옮아 붙어. 「物」는 일반적으로 막연히 하는 말.

16) **道祖神** 여행의 안전을 지켜 주는 신. 道路의 分岐点 등에 모셔져 있다.

17) **三里** 灸点(뜸질할 자리)의 명칭이며, 무릎의 관절 부분 아래, 바깥 쪽으로 조금 들어간 곳.

18) **松島の月** 松島의 달을 바라보는 일. 이 여행의 커다란 목적의 하나이다.

19) **住めるかた** 지금까지 살고 있던 芭蕉庵.

20) **杉風** 杉山杉風. 幕府 御用의 魚商. 蕉門 十哲의 한 사람으로서, 芭蕉가 江戸에 나온 이래의 門人이며, 언제나 경제적인 원조를 하고 있었다.

21) **別墅** 別宅. 深川에 있었던 採茶庵.

22) **草の戸も** 「草の戸」는 외로운 草庵(芭蕉庵)을 말함. 「も」는 인생을 여행이라고 하는 것과 마찬가지로 「草の戸もまた」라는 느낌을 내게 한 것.

23) **住みかはる代ぞ** 바꾸어 살아야 할 시기가 있다고 하는 깊은 감개를 담은 것인데, 인생은 나그네길이라, 항상 流転하고 있는 것이라고 하는 芭蕉의 인생관을 엿볼 수 있다.

24) **雛の家** 3월 3일의 「雛祭り(ひなまつ)」(여자 아이의 명절에 행하는 축제)에서 제단에 「きすの」를 입은 작은 人形을 장식하는 집을 말함. 「草の戸」와 대응되고 있다. 봄의 季語.

25) **表八句** 連句百韻(百句가 이어진 連句)는 懐紙(접어서 품에 지니는 종이-과자를 나눌 때나, 술잔을 씻을 때 씀)를 두 번 접은 것의 4매에 쓰는 것이 作法인데, 그 제 1紙의 표면에 8句를 쓴다. 이것을 表八句라고 한다.

26) **柱に掛けおく** 懐紙는 右端을 끈으로 철해서 기둥에 걸어 두는 것이 通例였다.

現代語訳 月日は永遠に旅をつづける旅人のようなものであって、(毎年)来ては去り、去っては来る年も、また旅人(のようなもの)である。舟の上で一生を暮らし(ている船頭や)、馬のくつわを取って老年を迎える馬子などは、毎日毎日が旅であり、(いわば)旅を(自分の)住み家にしているのである。(風雅を愛した)古人も旅中に死んだ人が多い。わたしもいつの年からであったか、一片の浮雲が風に(吹かれて空を漂ってゆくのを見ては)旅心をそそられ、漂泊の旅への思いがやまず、(先ごろも)海べをさすらい、去年の秋、隅田川のほとりのあばら屋に(久しぶりに帰って)くもの古い巣をはらって(住んでいるうちに)、やがて年も暮れ、春になって立ちこめるかすみの空を見るにつけても、(こんどは)白河の関を越え(て奥の細道の旅をし)てみたいものだと、そぞろ神が(わたしの)見る物聞く物にとりついて心を落ち着かなくさせ、道祖神に招かれているような気がして、取るものも手につかない。(そこで)ももひきの破れをつくろい、笠のひもをつけかえて、三里に灸をすえなどしているうちに、(早くも)松島の月が(どんなだろうかと)まず気にかかり、今まで住んでいた家は人に譲って、杉風の別宅に移るにあたって、

(この)わびしい草庵も(わたしのような世捨て人のすまいから、世俗の人のすまいへと)住み替わる時節となったことだ。(ちょうど今は雛祭りのころだから、わたしが住んでいた時とはちがって)雛人形が飾られる華やか

な (気分の) 家となることだろう。

(とよみ、これを発句とする)表八句を書いた懐紙を庵の柱に掛けておいた。

韓 譯 세월은 영원히 여행을 계속하는 나그네와 같은 것이며, (매년) 와서는 가고, 가고서는 다시 오는 해(年)도, 또한 나그네(와 같은 것)이다. 배 위에서 일생을 살고 (있는 뱃사공이나), 말의 자갈을 잡고 노년을 맞이하는 마부와 같은 사람들은 하루하루가 여행이며, (말하자면) 여행을 (자기의) 주거로 삼고 있는 것이다. (風雅를 사랑한) 고인도 여행중에 죽은 사람이 많다. 나는 어느 해부터였던가, 한 조각의 뜬구름이 바람에 (날려서 창공을 떠돌아 다니는 것을 보고서는) 旅心을 자아내게 되어, 漂泊의 나그네길에 대한 생각이 그치지 않아, (지난 번에도) 해변을 떠돌아다니고, 작년 가을에는 隅田川강변의 오두막집에 (오랜만에 돌아와) 거미줄을 털어 내고 (살고 있는 중에), 이윽고 해가 저물고, 새로운 봄이 와서 자욱하게 봄의 아지랑이가 낀 하늘을 보게 되니, (이번에는) 「白河の関所」를 넘어 (「奥の細道」-동북지방-를 여행해) 보았으면 좋겠다고, 사람의 마음을 유혹해서 진득하게 못 있게 하는 신이, (내가) 보는 일이나 듣는 일에 달라붙어 마음을 안정시켜 주지 않아, 道祖神으로부터 부름을 받고 있는 듯한 마음이 들어, 일들이 손에 잡히지 않는다. (그래서) 잠방이의 떨어진 곳을 손질하고, 삿갓의 끈을 바꾸어 달고서, 무릎 아래를 약쑥으로 뜨기도 하고 있는 중에, (벌써) 松島의 달이 (얼마나 좋을까 하고) 먼저 마음에 걸려, 지금까지 살고 있던 집은 다른 사람에게 넘기고, 杉風 (작자의 제자)의 別宅으로 옮기는 데 즈음하여,

(이) 쓸쓸한 草庵도 (나와 같은 세상을 버린 사람의 집에서, 속세의 사람이 사는 집으로) 사는 사람이 바뀌는 시절이 되었구나. (지금은 때마침 여자아이의 명절에 해당하기 때문에, 내가 살고 있을 때와는 달리) 작은 인형이 장식되는

화려한 (기분의) 집이 되리라.

(라고 불러 이것을 첫귀로 하는) 앞쪽 8句를 쓴 懷紙를 암자의 기둥에 걸어 두었다.

白河(しらかわ)

『奥の細道』를 여행하는 목적의 하나였던 「白河の関所」에 이르러, 여행에 투철하려는 마음이 됐다. 그 옛날 많은 風流客이 이곳에 마음을 두었던 일을 追憶하면서, 깊은 감격에 젖었다.

[1]心もとなき日数[2]重なるままに、[3]白河の関にかかりて[4]旅心定まりぬ。「[5]いかで都へ」と[6]便り求めしも[7]理(ことわり)なり。なかにもこの関は[8]三関の[9]一(いつ)にして、[10]風騒(ふうそう)の人、[11]心をとどむ。[12]秋風を耳にのこし、[13]紅葉をおもかげにして、[14]青葉のこずゑなほあはれなり。[15]卯(う)の花の[16]白妙(しろたへ)に、[17]茨(いばら)の花の咲きそひて、[18]雪にも越ゆる心地ぞする。[19]古人冠を正し、衣装を改めしことなど、清輔(きよすけ)の筆にも[20]とどめおかれしとぞ。

[21]卯の花を[22]かざしに関の晴れ着かな　　曾良(そら)

語句의 解釋 및 文法

1) **心もとなき**	불안한. 침착하지 못한. 여심이 정해지지 않은 (투철한 마음이 되지 못하는) 상태를 말함.
2) **重なるままに**	거듭되는 동안에. 「ままに」는 형용동사 「まま」에 격조사 「に」가 붙은 것.
3) **白河の関**	고대, 蝦夷(えぞ)(関東 이북에 살던 일본 선주 민족)를 막기 위해 奥州(일본의 동북지방)의 입구에 설치되었던 유명한 関門. 歌枕(うたまくら)로 유명하다.

4) 旅心定まりぬ　여행 속에 쏠릴 수 있는 심정이 되었다. 여행에 투철한 마음이 됐다.「白河の関」는 江戸를 떠날 때부터 芭蕉가 마음에 그리고 있던 곳이며, 이 관문을 지나면, 드디어「みちのく(奥州)」의 여행 길에 들어가기 때문에.

5) いかで都へ　『拾遺集』· 平兼盛의「たよりあらばいかで都へ告げやらむ今日白河の関は越えぬと」<ヨイツテガアッタナラバ、ナントカシテ都へ、キョウ白河ノ関ヲ越エタト告ゲテヤリタイモノダ。>에 의함.「いかで」는 ①어떻게라도 해서, 어떻게든(희망), ②어찌하여 ……한가(의문·반어)라는 뜻이 있는데, 여기서는 ①의 뜻.

6) 便り　인편. 기회. 인연.

7) 理なり　도리이다. 지당한 일이다.

8) 三関　奥州지방에 있는 세 곳의 관문. 白河(福島県)·勿来(福島県)·念珠(山形県)의 三関을 말함.

9) 一にして　(그 중의) 하나로서.「に」는 단정의 조동사「なり」의 연용형.「して」는 접속조사.

10) 風騒の人　시가에 종사하는 사람. 文人. 풍류를 사랑하는 사람.

11) 心をとどむ　유의한다. 주목한다. 여기는 감명을 노래로 불러서 남기고 있다는 뜻.

12) 秋風の耳に残し　能因法師의「都をばかすみとともに立ちしかど秋風ぞ吹く白河の関」<都ヲ春ガスミガ立ツト同時ニ出発シタノデアルガ、白河ノ関ニ来テミルト、モウ秋風ガ吹イテイルコトヨ。>에 의함.「耳に残し」는 귀에 들리는 듯이 느껴.

13) 紅葉をおもかげにして　源頼政가 노래에 읊은 단풍의 모습이, 역력히 보이는 듯하며. 頼政의「都にはまだ青葉にて見しかども紅葉散りしく白河の関」<都ヲ出発スルトキハマダ青葉デアッタノニ、白河ノ関ニ到ルト、早クモ紅葉ガイッパイニ散リシイテイルコトヨ。>에 의함.

14) 青葉のこずゑなほあはれなり　지금 눈앞에 보이는 푸른 잎이 달린 나뭇가지도 역시 情趣가 깊은 것이다. 白河의 関門 부근의 푸른 나뭇가지는 그것만으로도 충분히 감동적인 경치지만, 고인의 노래에 담겨진 가을바람이나 단풍의 모습을 함께 겹치니, 더욱 감명 깊게 느껴진다는 것이다.

15) 卯の花　병꽃. 음력 4월경에, 조그마한 종과 같은 모양의 흰 꽃이 15cm 정도의 송이가 되어 핀다. 음력 4월을 卯月라고 하는 것은 이 꽃에 의한다.

16) **白妙に** 새하얗게 피어 있는 위에. 「に」는 「ソノ上ニ」라고 첨가의 뜻을 나타내는 격조사.

17) **茨の花** 흰 들장미의 꽃. 초여름에 흰 다섯잎의 꽃을 피운다.

18) **雪にも越ゆる心地ぞする** 마치 눈 경치 속을 넘는 듯한 기분이 든다. 「ぞ……する」는 걸림맺음.

19_) **古人冠を正し、衣装を改めしこ**と 竹田大夫国行가 白河의 관문을 지날 때, 能因法師의 名歌에 대해 관을 다시 고쳐 쓰고, 옷을 갈아 입고, 敬意를 표한 것이, 藤原清輔의 『袋草子』에 쓰여 있다.

20) **とどめおかれしとぞ** 쓰여 있다고 하는 것이다. 「れ」는 수동의 조동사의 연용형. 「し」는 과거의 조동사의 연체형. 「ぞ」는 強意의 계조사이며, 아래에 「言ふ」 등의 맺음이 생략되어 있다.

21) **卯の花を** 봄의 季語.

22) **かざしに** 비녀로 해서. 또는 관의 부속품. 즉 관이 벗겨지지 않게 상투를 얼러 꿰는 비녀로 해서. 「かざし」는 「髪ざし」→「かんざし」의 준 말. 「に」는 「……トシテ」란 뜻의 격조사.

現代語訳 なんとなく落ちつかない(旅の)日数がたっていくうちに、白河の関にさしかかって、(やっと)旅に徹する気持になった。(昔、平兼盛がここまで来て)「なんとかして都へ知らせたい」と(歌をよんで)幸便を求めたのももっともである。(数ある関所の)中でも、この白河の関は、奥羽三関の一つであって、(昔から)風雅を愛する人々が心を寄せた(所である)。(あの能因法師の「秋風ぞ吹く白河の関」の歌を思い出すと)今でもその秋風の音が耳に聞こえるようであり、(源頼政の「紅葉散りしく白河の関」の歌を思い出すと)今でもその紅葉の美しさが眼前に浮かんでくるが、(今目の前に見る)青葉の梢もやはり情趣深いものがある。(今はちょうど)卯の花がまっ白に(咲いている上に)いばらの白い花が咲き加わって、まるで雪景色の中を越えるような感じがする。昔の人が(この白河の関を越える時に)、冠をきちんとかぶり直し、衣服を晴着に着かえたことなどか、藤原清輔(『袋草子』)の中にも書かれているということだ。

乞食行脚(こじきあんぎや)の身であるから、正すべき冠も晴れ着もない。ここに咲いてる卯の花を笠にかざして、せめて関を越えるための晴着にしよう。

韓 譯 어쩐지 마음이 안정되지 않는 (여행의) 日數가 거듭되어 가는 동안에, 「白河の関」에 이르러, (겨우) 여행에 전신경을 쏟을 심정이 되었다. (옛날, 平兼盛가 여기까지 와서) 「어떻게든 京都에 알리고 싶다」라고 (노래를 담아) 幸便을 구한 것도 지당한 일이다. (수많은 関門) 중에서도, 이 「白河の関」는, 奥羽지방에 있는 三関(さんせき)의 하나이며, (옛부터) 風雅를 사랑하는 사람들이 마음을 두던 (곳이다). (저 能因法師의 「가을바람이 부는 白河의 関門」이란 노래를 회상하니) 지금이라도 그 가을바람 소리가 귀에 들려오는 듯하며, (源頼政의 「紅葉이 떨어져 가는 白河의 関門」이란 노래를 되새기니) 지금이라도 그 紅葉의 아름다움이 눈앞에 떠오르지만, (지금 눈 앞에 보이는) 푸른 잎을 단 나뭇가지도 역시 정취가 깊은 것이다. (지금은 때마침) 병꽃이 새하얗게 (피어 있는 위에) 들장미의 흰 꽃이 더하여, 마치 눈 경치 속을 넘어가는 듯한 느낌이 든다. 옛 사람이 (이 白河의 関門을 넘을 때), 의관을 바르게 고쳐 쓰고, 의복도 나들이옷으로 갈아입었다고 하는 것이, 藤原清輔의 著書(『袋草子』) 속에도 쓰여 있다는 것이다.

거지와 같은 행색을 하고 있기 때문에, 바르게 고쳐 쓸 의관도 나들이옷도 없다. 하다 못해 여기에 피어 있는 병꽃을 삿갓에 꽂고, 関門을 지나기 위한 나들이옷으로 삼자.

平泉

藤原氏 3대의 영화와 여기서 전사한 義経 주종을 추모하고, 자연의 유구불변에 대한 인간 세상의 영고 성쇠의 덧없음을 탄식하며, 옛날을 그리는 기념물이 되어 있는 光堂에의 감개를 기술하고 있다.

[1]三代の[2]栄耀[3]一睡のうちにして、[4]大門の跡は[5]一里のこなたにあり。[6]秀衡が跡は田野になりて、[7]金鶏山のみ形を残す。まづ[8]高館に上れば、[9]北上川、[10]南部より流るる大河なり。衣川は[11]和泉が城をめぐりて、高館の下にて大河に落ち入る。[12]泰衡らが旧跡は、[13]衣が関を隔てて[14]南部口を[15]さし固め、[16]夷を防ぐと見えたり。[17]さても[18]義臣すぐつて[19]この城にこもり、[20]功名一時の草むらとなる。[21]「国破れて山河あり、城春にして草青みたり」と、[22]笠うち敷きて、[23]時の移るまで涙を落としはべりぬ。

[24]夏草やつはものどもが夢の跡

[25]卯の花に兼房見ゆる白毛かな　　曾良

語句의 解釋 및 文法

1) **三代**　藤原清衡・基衡・秀衡의 三代.

2) **栄耀**　栄華. 일어나고 빛나는 일.

3) **一睡のうちにして**　한 잠의 꿈을 꾼 사이여서. 겨우 한 잠 잘 사이의 꿈과 같이 덧없이 지나고.「一睡のうち」는 한 잠을 자는 사이, 극히 짧은 사이를 말함. 꿈의 이야기에서 나온 말이며,「黄粱一炊の夢」「盧生の夢」「邯鄲の夢」라고도 하는데,「一炊」가 옳다. 당나라의 盧生이 趙나라의 서울인 邯鄲의 茶집에서, 道士의 베개를 빌어서 잠들어 있는 중에, 입신 출세해서 영화의 생애를 보내는 꿈을 꾸다가, 깨어나 보니까, 黄粱(메조)이 지어질 때까지의 짧은 시간이었다고 하는, 인간의 영화의 덧없음을 말한다.

4) **大門** 정문. 성의 앞문.

5) **一里こなたにあり** 一里(一里는 우리 里数로 十里) 이쪽에 있는.「こなた」는 대명사.

6) **秀衡が跡** 秀衡가 造営한 館跡.

7) **金鶏山のみ** 金鶏山만이.「のみ」는 한정의 부조사.「金鶏山」은 秀衡가 富士山 모양으로 구축하고, 황금의 닭을 묻어서 平泉의 鎮護로 삼았다는 산.

8) **高館** 衣川館. 源義経가 여기에 농성하여 泰衡에게 멸망당했다.

9) **北上川** 奥州에서 가장 긴 강.

10) **南部** 지금의 盛岡市를 중심으로 하는 지방.

11) **和泉が城** 和泉三郎忠衡의 居城.

12) **泰衡らが旧跡** 泰衡는 秀衡의 차남.

13) **衣が関** 高館의 서쪽의 古関.

14) **南部口** 남부지방으로부터 平泉에로의 출입구.

15) **さし固め** 굳게 지키고.「さす」는「閉ざす」란 뜻.

16) **夷を防ぐと見えたり** 蝦夷가 침입해 오는 것을 방비하고 있었던 듯이 보인다.「夷」는「えびす」라고도 한다. 옛날 東北지방에 살고, 중앙 정권에 복종하지 않았다.

17) **さても** 그런데. 그렇다 치고. 화제를 옮길 경우에 쓰는 말이며, 가벼운 감동의 뜻을 품고 있다.

18) **義臣すぐつて** 忠義로운 部下를 골라내서.「義臣」은 忠義로운 무사.

19) **この城** 高館.

20) **功名一時の草むらとなる** (혁혁하게 분전한) 공명도 잠시의 꿈처럼 덧없이 사라지고, 그 전장에는 오직 더부룩하게 풀이 무성할 따름이다.

21) **国破れて** 중국의 杜甫가, 安禄山의 乱 때, 적에게 잡혀, 옛날 화려하던 서울이 황폐해져 버린 것을 보고 부른『春望』의 일절이다. 芭蕉는 原詩의「草木深シ」를「草青みたり」로 전환하는 것으로써, 인상적인 실감을 깊게 하고 있다.

22) **笠うち敷きて** 삿갓을 지면에 놓고, 앉아서. 삿갓을 깔고 앉는 것은 아니다.

23) **時の移るまで** 오랜 사이. 상당한 시간이 흐를 때까지.

24) **夏草や** 「夏草」가 季語로서 여름의 句이다.「つはものども」는「義臣すぐつてこの城にこもり」의「義臣」(義経의 부하)뿐만이 아니고, 藤原家에 奉仕하여 공명・영화를 꿈꾸던 사람들을 포함하고 있다. 이면에는 藤原氏 三代의 영화의 꿈의 덧없음을 비유해서 말하고 있다.

25) **卯の花に** 「卯の花(병꽃)」가 季語로서 여름의 句. 兼房는, 義経의 正妻인, 大納言時忠의 딸의 경호원이던 사람. 芭蕉의 句가 자연과 인간사의 대비 속에 지나간 일을 회고한다는 깊은 심적 감동을 표현하는 데 대해, 이것은 마치 아름다운 武者画를 보는 듯한 정취가 있다.

現代語訳 藤原三代の栄華も一睡の夢の間(にはかなく消えうせるもの)であって、(昔の)大門の跡は一里ほども手前に残っている。秀衡の邸宅は田や野原となって、(彼が築かせたたいう)金鶏山だけが昔の形をとどめている。まず(義経の住まいがあった)高館にのぼると、北上川が(眼下に見えるが、遠く)南部地方から流れてくる大河である。衣川は和泉が城を取り巻くように流れ、この高館の下で北上川に合流している。泰衡らの屋敷の旧跡は、衣が関を間において、南部地方からの入り口を警戒し、蝦夷(えぞ)(の侵入)を防いだものと見える。それにしても(義経は)忠義の臣をえりすぐってこの城に立てこもり、それらの人々の功名もただ一時の(夢と消えて、今では一面の)草むらになってしまっている。「国は破れて山河だけ昔に変わらず残り、(廃墟となった)城にも春が来ると、草は昔と変わらず青々している」と(いう杜甫の詩を思い出して)、笠を地面において(腰をおろし)、時のたつのも忘れて(懐旧の)涙を流したことでした。

(この高館には)今は夏草が一面に生い茂っているが、思えばここは、昔、義経の一党や藤原氏の一族が(功名と栄華を)夢みた跡なのだ。

一面に白く乱れ咲く卯の花をながめていると、その昔ここで白髪をふり乱して奮戦した(義経の家来) 増尾十郎兼房の悲壮な姿が目に浮かんでくる。

韓譯 藤原家 3代의 영화도 짧은 꿈을 꾸는 사이(에 덧없이 사라져 버리는 것이)여서, (옛날의) 성문 자리는 10리쯤 이쪽인 곳에 남아 있다. 秀衡의 邸宅 자리는 밭이나 들이 되어 (그가 구축시켰다고 하는) 金鷄山만이 옛 모습을 남기고 있다. 먼저 (義経(よしつね)가 살던 집이 있었던) 高館에 오르니, 北上川가 (눈 아래에 보이는데, 멀리) 남부지방으로부터 흘러오는 大河이다. 衣川는「和泉の城」를 둘러싸는 듯이 흐르고, 그 高館 아래에서 北上川에 合流하고 있다. 泰衡들의 邸宅자리는「衣の関」를 사이에 두고 남부지방으로부터의 입구를 경계하여, 蝦夷(의 侵入)를 막은 것으로 보인다. 그렇다치고 (義経는) 忠義로운 部下를 가려내서 이 성에 농성하여 (분전했던 것인데) 그러한 사람들의 功名도 오직 한때의 (꿈처럼 사라지고, 지금은 온통) 풀밭이 되고 말았다.「나라는 망해도 산천만은 옛과 다름없이 남으며, (폐허가 된) 城에도 봄이 오면 수풀은 옛과 다름없이 푸르르다」라는 (杜甫의 시를 상기해서), 삿갓을 지면에 놓고 (앉아), 시간이 흐르는 것도 잊고 (懷舊의) 눈물을 흘렸던 것입니다.

(이 高館에는) 지금은 여름의 풀이 온통 무성하게 자라 있지만, 생각하면 여기는, 옛날 義経 一黨이나 藤原 一族이 (공명과 영화를) 꿈꾸던 자리이다.

일대에 희게 흐트러져 피어 있는 병꽃을 바라보니, 그 옛날 백발을 어지럽게 휘날리면서 분전하던 (義経의 部下) 增尾十郎兼房의 비장한 모습이 눈에 떠오른다.

[1]かねて[2]耳驚かしたる[3]二堂[4]開帳す。[5]経堂は[6]三将の像を残し、光堂(ひかりどう)は[7]三代の棺(ひつぎ)を納め、[8]三尊の仏を安置す。[9]七宝散りうせて、[10]珠(たま)の扉(とぼそ)風に破れ、金(こがね)の柱霜雪に朽ちて、[11]すでに頽廃(たいはい)空虚の草むらとなるべきを、

[12]四面あらたに囲みて、甍をおほひて風雨をしのぎ、[13]しばらく[14]千歳(せんざい)のかたみとはなれり。

[15]五月雨(さみだれ)の降り残してや光堂

語句의 解釋 및 文法

1) **かねて** 진작부터. 이전부터. 부사.

2) **耳驚かしたる** 훌륭한 것이라고 소문에 듣고 있던.

3) **二堂** 中尊寺의 経堂과, 光堂(金色堂)

4) **開帳** 감실의 두 개의 문짝을 열어, 안에 안치한 불상을 대중에게 참배케 하는 것.

5) **経堂** 一切経(いっさいきょう)(일채경)을 넣어 두는 건물.

6) **三将の像** 清衡・基衡・秀衡 세 사람의 像을 가리키지만, 실제로는 안치되어 있지 않다. 芭蕉가 잘못 들은 것이다.

7) **三代の棺** 清衡 이하 三将의 遺体를 넣은 棺. 遺体는 미라가 되어 현존되고 있다.

8) **三尊の仏** 阿弥陀三尊을 말함.

9) **七宝** 불교에서 말하는 7가지의 보물. 금・은・유리・수정・扇貝・산호・마노.

10) **珠の扉** 珠玉을 박아 넣은 문짝.

11) **すでに頽廃空虚の草むらとなるべきを** 조금만 더하면 허물어져서, 아무것도 없는 풀숲이 되어 버릴 것이었는데. 「すでに」는 부사. 「べき」는 당연의 조동사의 연체형. 「を」는 역접의 확정조건을 나타내는 접속조사.

12) **四面あらたに囲みて** 納堂의 사방을 새로 둘러.

13) **しばらく** 잠시 잠깐의 일이지만. 시간의 悠久無限에 대해, 인간의 삶의 덧없음을 芭蕉의 사상으로 이렇게 말한 것이다.

14) **千歳のかたみとはなれり** 千年을 그리는 기념이 되어 있는 것이다. 「かたみ」는, 千年이나 지난 옛 모습을 남기는 것이란 뜻. 「なれ」는 4단동사의 巳然形(명령형이라고도). 「り」는 존속의 조동사의 종지형.

15) **五月雨の降り残してや光堂** 「五月雨」가 季語이며, 여름의 句이다. 曾良의 随行記에 의하면, 芭蕉가 光堂에 갔던 때는 쾌청한 날씨였으나, 이 句는 写実句라고는 생각되지 않는다. 따라서, 눈앞의 実景을 포착한 것이 아니고, 오히려, 긴 세월의 風雪을 감내해 온 光堂에 대한 賛嘆의 情을 노래한 것이라고 보는 것이 좋겠다. 悠久한 자연의 압력(시간적・공간적인 것의)에 대해, 果敢하게 저항하고 있는 인간적인 것에의 공감이라고 하는 것이며, 그 근저에는 지난날에 대한 회고의 情이 담겨져 있다. 初案은「五月雨や年々降りて五百たび」였다고 말해지고 있으나, 정말로 이치에 닿으며, 재미가 있다. 오랜 세월 도안 五月雨가 내려 그 비에 젖어 왔지만, 손상되지 않고 오늘까지 명맥을 이어 온 光堂에 대한 감개는,「五月雨に『降り残』されたもの」로서, 비로소 수긍이 간다. 따라서「降り残してや」라고 해서 비로소 芭蕉의 심정이 충분하게 말해진 것이라고 하겠다.

現代語訳 前々からすばらしいものとうわさに聞いていた（中尊寺）の二堂が開帳されていた。経堂には藤原三将の像が残してあり、光堂にはこれら三代の人々の棺を納め、阿弥陀三尊の像を安置している。七宝も（今は）散り失せて、珠玉をちりばめた扉も風のためにこわれ、金箔を押した柱も、多年の霜や雪で朽ちて、もう少しで崩れ何もない草むらになってしまうはずだったところを、堂の四方を新たに囲んで、上から屋根をふいて風雨をしのぎ、（こうして）しばらくの間とはいいながら、千古の昔をしのぶ記念とはなっていることだ。

物みな朽ちさすという五月雨も、ここだけは降り残しているかのごとく、数百年の風雨をしのいできて光堂は現在まで昔の姿をとどめ、さん然と輝いていることよ。

韓 譯 이전부터 훌륭한 것이라고 소문으로 듣고 있던 (中尊寺)의 二堂이 開帳되어 있었다. 経堂에는 藤原三将의 像이 남겨져 있으며, 光堂에는 이들 三代 사람들의 棺을 넣고, 阿彌陀三尊의 像을 安置하고 있다. 七寶도 (지금은) 흩어져 없어지고, 珠玉을 박아 넣은 문짝도 바람으로 인해 넘어져서 깨어졌으며, 金箔을 찍은 기둥도, 오랜 세월의 서리나 눈으로 인해 썩어서, 조금만 더하면 무너지고 황폐해져서 아무것도 없는 풀밭이 되어 버렸을 터인데, 堂의 사방에 새로이 담을 두르고, 위에다 기와지붕을 만들어 風雨를 막아, (이와 같이) 잠시 동안이라고는 하더라도, 千古의 옛날을 그리는 記念으로 되어 있는 것이다.

모든 물건을 썩게 한다는 五月雨(梅雨)도, 여기만은 내리지 않고 남겨둔 모양으로, 數百年의 風雨를 견디어 와서 光堂은 현재까지 옛 모습을 남겨, 찬연히 빛나고 있구나.

俳諧

和歌로부터 파생한 連歌는, 室町時代에 二条良基나 心敬・宗祇 등에 의해 고도의 문예로 승화되었지만, 한편에서는 서민의 감정으로부터 유리된 것이 되고, 그런 탓으로 室町시대 말기에 이르러 山崎宗鑑이나 荒木田守武에 의해, 새로운 「おかしみ」를 중심으로 한 「俳諧の連歌」가 생겨났는데, 이것을 줄여서 「俳諧」라고 한다.

俳諧는, 和歌나 連歌와 같이 소재나 용어상에서의 낡은 격식에 묶이지 않고 자유로우며, 누구에게나 친해지는 短文學으로서 출발하여, 江戶 초기 松永貞徳(貞風)나 西山宗因(談林)에 의해 대중예술로써 궤도에 올랐다. 그것을 단순한 언어의 유희가 아니고 「진실」을 구하는 俳諧로 하고, 幽玄・閑寂의 實을 구하는 예술로써 높인 사람이 元禄시대에 나타난 芭蕉이며, 그의 俳風을 「蕉風」라고 한다. 蕉風에서는 其角・去来 등 많은 고명한 俳人을 배출했다. 그 뒤 한 때 쇠미해지던 俳諧를 天明期(1781~89)에 부흥시킨 사람이 蕪村이며, 회화적・인상적인 구를 많이 남겼다. 文化文政期(1804~30)의 一茶는 생활감정을 생생하게 口語로써 유니크하게 노래하고 있다.

芭蕉

芭蕉가 談林俳諧로부터 떨어져 나와 蕉風一派를 수립한 天和年間(1681~84)의 句에서부터, 蕉風이 開眼한 貞享年間(1684~88)을 거쳐, 여행을 하면서 여행에서 죽을 것을 원하고, 圓熟으로부터 「かるみ」(제재를 평범하고 비근한 사물 가운데서 구하여 그 속에 俳句의 멋을 찾으려는 것)의 句境에 도달한 만년까지의 7句를 시대순으로 수록했다.

茅舎[1]の感

1. 芭蕉[2]野分[3]して盥[4]に雨を聞く夜かな

貞享甲子秋八月、江上の破屋をいづるほど、風の声そぞろ寒げなり

2. 野ざらしを心に風のしむ身かな

3. 初しぐれ猿も小蓑をほしげなり

乙州の東武行に餞す

4. 梅若菜まりこの宿のとろろ汁

嵯峨

5. 六月や峰に雲置く嵐山

6. 菊の香や奈良には古き仏たち

病中吟

7. 旅に病んで夢は枯れ野をかけめぐる

語句의 解釋 및 文法

1) **茅舎** 풀로 지붕을 인 허술한 집을 말함. 오두막집. 여기선 深川의 芭蕉庵을 가리키고 있다.

2) **芭蕉** 파초과의 多年草. 잎은 긴 자루를 가지며, 장대하다. 약용・관상용. 1680(延宝 8)년에 파초는 深川(ふかがわ)에 있는 杉風(門下生)의 교외에 있는 저택에 이사갔는데, 門人인 李下(りか)가 보낸 파초를 뜰에 심고 「芭蕉植ゑてまづにくむ萩のこばなかな」란 구를 남겼다. 그 뒤부터 문인들은 「芭蕉の翁」「芭蕉庵」이라고 부르고, 스스로도 芭蕉라고 칭했다.

3) **野分して** 거센 바람에 불려서 찢어져서. 파초의 잎이 몹시 바람에 흔들리고 있는 것이다. 「野分」는 9월 10일에서 28일 전후에 부는 가을의 폭풍우. 颱風, 「野を分けて吹く」란 뜻.

4) **盥に雨を聞く夜かな** 천정에서 새는 비를 받는 대야에 떨어지는 물방울 소리가, 주위의 쓸쓸함과 고요함을 한층 더 강하게 느끼게 하는 밤이구나. 「かな」는 영탄의 종조사이다.

5) **貞享甲子秋八月** 1685(貞享 2)년 8월, 『野ざらし紀行』의 여행을 가리키며, 이 구는 그 첫머리의 구이다.

6) **江上の破屋** 芭蕉庵을 가리킨다.

7) **そぞろ** 왠지 모르게. 어쩐지. 부사.

8) **野ざらし** 풍우를 맞은 백골. 산야에 방치된 해골을 말함. 「野ざらしを心に」란 『野ざらし紀行』의 첫머리에 「千里に旅立ちて、路粮をつつまず ……」라고 있는 것에 조응하여, 언제 객사할지 모르지만, 그것을 각오하고서라는 앞날에의 결의를 말한 것.

9) **風のしむ身** 「風」는 가을 바람. 「風のしむ」는 季語. 「身にしむ」를 활용시킨 것. 단순히 가을바람이 몸에 스며들어서 차다고 하는 것뿐만이 아니고 가을바람에 자극을 받아, 세상의 온갖 정취가 곰곰이 몸에 스며 느껴진다고 하는 뜻. 병약한 위에 몸의 안전이 충분히 보장되어 있지 않은 여행의 불안을 극복하려는 긴장된 파초의 결의가 나타나 있는 구.

10) **初しぐれ** 겨울의 季語. 「しぐれ」는 초겨울에 지나가는 비처럼 때때로 내리는 비. 차가운 비.

11) **猿も** 내가 도롱이를 입고 있는 것을 보고, 원숭이도란 뜻.

12) **小蓑をほしげなり** 차가운 비를 막기 위한 조그마한 도롱이가 갖고 싶은가 봐. 고요하고 쓸쓸한 산속, 여행중의 불안함, 공교롭게도 부슬부슬 내리는 우박, 한기가 차갑게 몸에 스며드는 것을 느끼고 있는 작자의 눈에, 한 마리의 원숭이가 비쳤다. 그 원숭이를 보고, 파초는 반가운 듯한 친애의 정을 느낀 것이리라.

13) **乙州** 문인이던 川井乙州. 大津사람. 乙州가 강호에 내려갈 때 보낸 銭句会의 작품이다.

14) **東武** 江戸를 말함.

15) **梅若菜**(うめわかな) (江戸에 내려 가는 도중에는) 매화가 향기롭게 피고, 어린 풀잎이 파릇파릇 돋아나 있겠지. 東海道(京都에서 江戸로 가는 国道)의 도중을 생각한 것인데, 매화의 「紅」과 若菜의 「緑」의 대조가 清新하다. 「梅・若菜」라고 季語가 겹쳐 있으나, 「若菜」를 일반적인 「若菜」라고 생각하면, 季語 「梅」만을 들면 된다.

16) **まりこの宿** 静岡市 丸子(まるこ).

17) **とろろ汁** 위의 丸子를 중심으로 한 도중의 하나의 名物로써 예시한 것. 「とろろ汁」는 참마 따위를 갈아서 멀건 장국 따위로 묽게 한 요리.

18) 嵯峨 京都市 右京区의 지명. 예부터 嵐山를 중심으로 벚꽃과 단풍의 名所로 알려져 있다.

19) 六月や 여름, 6月.「や」는 영탄의 간투조사이며「切れ字」이다.「ろくぐわつ」라고 音読한다.

20) 峰に雲置く嵐山 嵐山의 나무들은 울창하게 서 있는데, 그 봉우리 위에 거대한 구름 봉우리가 서 있다.「雲置く」란 매우 重量感이 있는 표현으로서, 소낙비 구름의 움직이지 않는 모습이 멋지게 포착되어 있다.

21) 菊の香や 9月 9日,「菊花의 名節」날.「や」는「切れ字」.

22) 古き仏たち 推古仏・白鳳仏・天平仏 등 오래된 불상. 국화의 고아한 정취와, 古都 奈良를 대표하는 古仏像의 蒼古한 분위기가 뒤섞여서, 미묘한 맛을 느끼게 하는 句이다.

23) 旅に病んで 여행 도중에 병이 들어, 병상에 누워 있으니까. 1694(元禄 7)년 10월 8일 밤의 吟句이다. 멀리 筑紫(九州)의 끝까지 여행을 계속하려는 생각으로 떠나 온 芭蕉는 이 여행 도중 大阪에서 발병하여, 드디어 그의 생애를 마치게 된다. 이 吟句를 얻은 뒤 5일 만에 죽지만, 이것이 마지막 구가되었기 때문에 辞世句로써 전해지고 있다.「旅に病んで」란 6음의「字余り」(글자수가 규정보다 많은 것-보통 첫 구는 5음이다)가 도리어, 여행을 생각하고, 여행에서 여위고, 여행 중에 죽은 파초의 마음을 묵직한 무게로써 전해 준다.

24) 夢は枯れ野をかけめぐる 꿈속에서도 허전하고 쓸쓸한 풀이 마른 들판을 뛰어 돌고 있겠지.「枯れ野」는 초목이 다 말라, 일망이 오직 넓기만 하고 차가운 바람이 불기만 하는 겨울의 들을 말한다. 芭蕉의 병중의 꿈에는 쓸쓸한 枯野를 걸어가는 자신의 모습이 비친다. 또 그 위에 지금부터 걸어야 할 枯野의 광경이 떠오른다. 죽음의 직전까지 俳諧의 진실을 구하고, 오직 그 한 길만으로 살아가려고 하는 俳聖 芭蕉의 집념이라고 할 수 있는 것이 감득되는 표현이다. 결국 그는, 일생을 풀이 마른 들을 방황하며, 俳諧의 진실을 추구하여 마지 않는 사람이었다. 그리고 이 句는 初案에 의하면「枯れ野をめぐる夢心」이었는데, 그것을「なほかけ回る夢心」로 改案을 시도해 보기도 했다고 한다. 죽을 때까지 俳諧의 道에 살려고 한 파초의 모습이 여기에도 뚜렷이 나타나 있다.

現代語訳

草ぶきのそまつな家での感じ

1. 野分の激しい風に庭の芭蕉が吹き破られ、音を立てている。家の中の雨漏りを受けるためにおいたたらいには、雨だれの音がぽとりぽとりと聞こえてくる。草ぶきの小屋に住んで、風の夜ふけにこの雨だれの音を聞いていると、孤独のわびしさがひしひしと身にしみる。

一六五八年 八月 芭蕉庵を出るにあたり、風の音がなんと冷たく身にしみる

2. 旅の途中の野山で行き倒れて、秋風に吹きさらされる白骨になるかもしれないと覚悟して、いま長い旅に出るのだが、おりからの秋風がひとしお身にしみてわびしく感じられることよ。

3. 伊勢から故郷の伊賀(いが)へと、冷たい初しぐれの降る山の中を蓑を着て歩いていると、ふと道ばたの木に、猿が寒そうにしょんぼりしているのが目に入った。猿も小蓑が欲しいことだろう。欲しそうなようすだった。

乙州が江戸へ下るときにはなむけとして

4. あなたはこれから東海道の旅に出られるのだが、季節はちょうど春のころで、道中には梅も咲いているし、若菜も美しいし、また丸子の宿では名物のとろろ汁(じる)もおいしいことであろう。どうか楽しく無事に旅をしていってほしいものだ。

嵯峨にて

5. 時は六月。嵐山はどっしりと満山緑におおわれてそびえ、その頂にまっ白い人道雲をおいている。

6. (九月九日の重陽の節句に)古都奈良に来てみると、菊のゆかしい香が漂っており、あちこちの寺には、古い仏像が立ち並んでおられることだ。

病中に吟じた句

7. これからまだ遠く(筑紫へ)旅を続けようと出た旅の途中で病のために伏す身となった。しかし眠っている間にもなお物に追われるごとく、寒々とした冬枯れ野を駆けめぐる夢を見ることであるよ。

韓 譯

풀로 지붕을 인 오두막집에서의 감회

1. 가을의 거센 폭풍에 뜰에 있는 파초의 잎이 찢겨서, 소리를 내고 있다. 방안의 천정에서 새는 비를 막기 위해 놓은 대야에는, 낙숫물 소리가 똑똑하고 들려 온다. 풀로 지붕을 인 오두막집에서 살며, 폭풍이 부는 새벽녘에 이 낙숫물 소리를 듣고 있으면 고독에서 오는 쓸쓸함이 오싹오싹 몸에 스며든다.

1685년 8월, 芭蕉庵을 나올 즈음에, 바람 소리가 어쩐지 춥게만 느껴진다

2. 여행하는 도중에 산이나 들에서 쓰러져서, 가을 바람을 그대로 맞아 백골이 될 지도 모른다고 각오하여 지금 旅行을 떠나려고 하는데, 때마침 불어오는 가을바람이 한결 몸에 스며 쓸쓸하게 느껴지는구나.

3. 伊勢로부터 고향인 伊賀에로, 차가운 첫가을비가 내리는 산 속을 도롱이를 입고 걸어가니까, 문득 길가의 나무에 원숭이가 추운 듯 기운 없이 풀이 죽은 모습으로 앉아 있는 것이 눈에 든다. 원숭이도 (원숭이 나름의) 조그마한 도롱이가 가지고 싶겠지. 가지고 싶은 듯한 눈치였다.

乙州가 江戶로 내려갈 때 선사함

4. 그대는 이제부터 東海道를 여행하게 되지만, 계절은 때마침 봄철이라 도중에는 매화도 피어있을 것이고, 새로 돋은 풀도 아름다우며, 또 丸子의 여관에서는 그곳의 명물인「とろろ汁」도 맛이 있겠지. 부디 즐겁게 탈없는 여행을 하기 바라는 것이다.

嵯峨에서

5. 때는 바야흐로 6월. 嵐山는 묵직하게 온통 푸르름에 덮여 솟아 있고, 그

꼭대기에 새하얀 소나기구름을 이고 있다.

6. (9월 9일 국화의 名節에) 고도 奈良에 와서 보니 국화의 향기가 감돌고 있고, 이곳저곳의 절에는 오래 된 불상이 나란히 서 계시는구나.

병중에 읊음

7. 이제부터 아직도 멀리 여행을 계속하려고 나선 여행의 도중에서 발병하여 자리에 누워 있는 신세가 되었다. 그러나 잠든 사이에도 더욱 무엇엔가 쫓기는 듯이, 몹시 추운 겨울의 메마른 들을 돌아다니는 꿈을 꾸고 있는구나.

蕪村(ぶそん)・一茶(いっさ)

芭蕉와는 달리 「離俗」하여 공상과 미의 세계에서 놀며, 중세 이래의 미의식에 구애받지 않고 근대적 감각을 정착시킨 蕪村과, 사회의 하층에서 학대받고 살아온 자의 감정을 노골적으로 나타낸 一茶의 句를 각각 4구씩 수록했다.

〔蕪村〕

1. [1]行く春や[2]おもたき琵琶(びわ)の抱きごころ

2. [3]愁(うれ)ひつつ岡にのぼれば[4]花いばら

3. [5]鳥羽殿(とばどの)へ[6]五六騎いそぐ野分(のわき)かな

4. [7]蕭条(しようじよう)として[8]石に日の入る[9]枯れ野かな

〔一茶〕

5. [10]有明や[11]浅間(あさま)の霧が膳(ぜん)をはふ
6. [12]春雨や[13]食はれ残りの鴨(かも)が鳴く

7. めでたさも[14]中位なりおらが[15]春

8. 涼風[16]の曲[17]がりくねつて来たりけり

語句의 解釋 및 文法

1) **行く春や** 이번 봄도 지나가 버리려고 하고 있구나.

2) **おもたき琵琶の抱きごころ** 琵琶를 손에 들고 켜 보지만, 마음은 위안을 받지 못하고, 무릎 위에 안고 있는 琵琶조차 어쩐지 무겁게 느껴진다. 「琵琶」는 인도・중국을 경유해서 奈良시대에 도래한 弦楽器.

3) **愁ひつつ** 마음에 슬픔을 안고서. 青春의 哀愁라고도 할 수 있는 것이리라. 蕪村은 소년 시절에 일찍이 양친과 사별하고, 또 멀리 고향을 떠나 긴 漂泊의 여행을 계속하고 있었다. 그러한 그의 가슴속에는 항상 어린 시절의 추억과 망향의 정이, 어렴풋하고 감미롭게, 그리고 안타깝게 맺히고 있었다고 생각된다. 그와 같은 감상적 생각이 숨겨져 있는 표현.

4) **花いばら** 들장미꽃.

5) **鳥羽殿** 京都市 伏見区 鳥羽에 있었다. 白河天皇이 造営한 離宮이며, 鳥羽上皇도 거처했다. 「保元の乱」때, 崇徳天皇이 여기에 농성했다. 정권이 옮겨지는 과도기의 院政 시대의 정경에 생각이 미친 구이다.

6) **五六騎いそぐ野分かな** 가을의 들녘에는 초겨울의 찬바람이 세차게 불고 있다. 때마침 갑옷으로 무장한 무사가, 5, 6騎 말을 달려 지나간다. 「野分」는 가을에 부는 거센 바람. 崇徳上皇의 반역은『保元物語』에 의하면, 가을 7월(음력)이며 「野分」는 아직 이르지만, 그것을 작자가 이와 같이 구성한 것. 上皇의 부르심에 응해 겨우 5, 6騎로써 오는 것을 보면, 서두른 탓도 있겠으나, 이들 무사는 커다란 武士集団에 속해 있는 것이 아닌 보잘 것 없는 무사인 것도 나타내고, 그들에게 세차게 불어닥치는 「野分」의 황량함과 더불어, 崇徳上皇의 비운의 운명까지도 암시하고 있는 듯하여, 실로 흥미가 깊다.

7) **蕭条として** 쓸쓸한 모습으로. 형용동사 「蕭条たり」의 연용형. 쓸쓸함 외에, 황량한 겨울의 엄함을 느끼게 하고, 그 위에 시간적인 경과까지도 느끼게 한다.

8) **石に日の入る** 저쪽의 커다란 돌에 겨울의 떨어지는 태양빛이 비쳐서, 보고 있는 동안에 그것이 돌에 빨려 들어가고, 주위는 조용하게 땅거미에 싸여 간다. 「の」는 주격을 나타내는 격조사.

9) **枯れ野かな** 초목이 모조리 말라 버려, 바라다 보이는 면이 온통 황량한 겨울의 황야로구나. 「かな」는 「切れ字」.

10) **有明や** (宿所의 방으로부터는) 아직도 새벽녘에 돋은 달이, 어렴풋하게 서쪽 하늘에 남아 있는 것이 보이는구나. 「有明」는 날이 밝은 뒤에도 아직 하늘에 떠 있는 달. 「や」는 영탄의 간투조사.

11) **浅間の霧が膳をはふ** 浅間山(関東지방에 있는 活火山)의 안개일까, 앉아 있는 밥상 머리까지, 기는 듯이 흘러 온다. 활짝 열어 놓은 창으로부터, 연기처럼 몰래 들어오는 안개와 그 상쾌한 감촉, 의인화에 유의.

12) **春雨や** 봄비가 연기처럼 뿌옇게 내리고 있는 것을 말함.

13) **食はれ残りの鴨が鳴く** 어제보다는 오늘이라고, 차츰 줄어든 식용의 오리가 (봄의 부슬비에 젖으면서) 울고 있구나. 「食われ残り」라는 표현이 기발하여 인상적이다.

14) **めでたさも中位なり** 모든 일에 걸쳐, 그다지 좋지도 않고 나쁘지도 않아 중간쯤 되는 터이지만, 경사스러움도 중간쯤밖에는 안 된다는 심정으로 「も」라고 표현. 「中位なり」라는 俗語를 대담하게 쓰고 있는 곳에, 작자의 심정의 기세가 味読된다. 이 시기는 작자의 불행한 晩年 가운데서도 비교적 평화로운 정월(설)이었던 듯하다.

15) **おらが春** 「おれの新年」. 나의 새해. 「おら」는 대명사. 일인칭.

16) **涼風の** 이 구에는 「裏店(うらだな)に住居して」 (뒷골목의 허술한 셋집에 살면서)라는 머리말이 있다. 작자가 江戸에서의 방랑 시대를 회상한 구이다.

17) **曲がりくねつて来たりけり** 본래 차별을 두고 불 까닭이 없는 「涼風」을 「まっすぐ吹く」와 「曲がりくねって吹く」의 둘로 나누어, 가난한 사람이 사는 내 집의 경우는 후자라고 하는 것이 재미있다. 가난한 사람들이 사는 부락의 분위기가 생생하게 묘사되어 있다.

現代語訳

1. 晩春のものういような今日、琵琶を抱いてかき鳴らしていると、それが手に重たく感じられることだ。

2. 何ということなく、愁いの心を抱いて岡に登っていくと、ふと白い野ばらの花が目についた。それをながめるにつけても、心はいっそう深い愁いに沈んでいくことだ。

3. 野は薄暗くなって野分の風が吹きまくっている。その中に、五、六騎の武者が突然現れ、声もなく鳥羽殿へ向かって馬を急がせていく。

4. 見渡すかぎり草は枯れ果てて、石がごろごろ横たわっている枯れ野、冬の夕日はあたりを赤く染めながら、重なり合っは石に向かって刻々と沈んでいき、ついに石の彼方に姿を没していく。

5. まだ有明の月が残っている早暁、食膳に向かっていると、浅間の山の方から流れてきた霧が、音もなく膳の上にただよってくることだ。

6. しとしとと春雨の降る中を、堀に飼われている鴨が鳴いている。その鴨の数は、食用に供されて昨日よりも減っている。まだ食われないで残って鳴く鴨の運命もあすはどうなることか。

7. 正月、世間の人はめでたいと言っているが、そのめでたさもおれにとってはあまりたいしためでたさではない。まあまあといえるていどのめでたさで、おれは正月を迎えたことだ。

8. 自分の家はうら長屋のつきあたりにあって、この暑いさ中に、たまに吹く涼風も、まともに吹き通ってこず、あっちの路地、こっちの路地と曲がりくねって吹いてくることだ。

韓譯 1. 늦은 봄의 어쩐지 몸이 나른하고 마음이 내키지 않는 오늘, 琵琶를 안고 퉁겨 봐도 마음은 평안하지 않고, 그것이 손에 무겁게만 느껴지는구나.

2. 이렇다 할 이유도 없이, 애수를 띤 마음을 안고 언덕에 올라서니, 우연히 흰 들장미꽃이 눈에 띈다. 그것을 바라보고 있으려니까, 마음은 더욱더 깊은 애수에 잠기기만 하는구나.

3. 들판은 어둑어둑해지고 초겨울의 찬 바람이 세차게 불어온다. 그 가운데를 5, 6騎의 무사들이 갑자기 나타나, 소리도 없이 鳥羽殿를 향해서 말을 재촉해 간다.

4. 바라다 보이는 한 풀은 다 말라 버리고, 돌이 데굴데굴 깔려 있는 메마른 들에, 겨울 해가 부근을 붉게 물들이면서, 포개져 있는 돌을 향해 시시각각으로 가라앉아, 드디어 돌 저쪽에 모습을 감추어 버린다.

5. 아직 새벽녘에 뜬 달이 어렴풋하게 남아 있는 이른 아침, 밥상을 향해 있으니 浅間山 쪽으로부터 흘러 온 안개가, 소리도 없이 밥상 위를 감돌며 다가온다.

6. 부슬부슬 봄비가 내리는 가운데, 도랑에서 기르고 있는 오리가 울고 있다. 그 오리의 수는, 食用으로 제공되어 어제보다 줄어 있다. 아직 잡아 먹히지 않고 남아 있는 오리의 운명도 내일이면 어떻게 될 것인지.

7. 正月(설)이라, 세상 사람들은 경사스럽다고 말하고 있으나, 그 경사스러움도 내게 있어서는 그다지 대단한 경사로움이 아니다. 그저 그런 정도의 경사로움으로써, 나는 설을 맞이한 것이로구나.

8. 내 집은 뒷골목 빈민촌의 막다른 곳에 있어, 이 더위 속에서 가끔 불어오는 시원한 바람도, 온전하게 불어오지 않고, 이쪽 골목길, 저쪽 골목길을 구불구불 돌아서 불어온다.

著者略歷

高麗大學校 文理科大學 卒業
日本國 九州大學 大學院 修了
日本國 福岡韓國教育院長
日本國 九州大學 比較教育・文化研究施設研究員兼
同大學 教養學部 講師
日本國 筑紫女學園短期大學 講師
慶尙大學校 師範大學 外國語教育科 教授 歷任

著書：日本文學史, アジアの文化と教育, 恨の海峽 外 多數

日本古典文學精解

2002년 4월 15일 인쇄
2002년 4월 22일 발행

저 자・신현하
발행인・김홍국

발행처・도서출판 **보고사**
등 록・1990년 12월(제6-0429)
주 소・서울시 성북구 보문동 7가 11번지
전 화・922-5120~1 팩스：922-6990
922-2246(영업부)
e-mail・kanapub3@chollian.net
home-page・www.bogosabooks.co.kr

잘못된 책은 저희 출판사나 구입처에서 직접 바꿔 드립니다.

정가 20,000원
ISBN 89-8433-121-×